Almanach de l'humour et des jeux de l'esprit

Almanach de l'humour et des jeux de l'esprit

ÉDITION 2021

Sélection
READER'S DIGEST

Almanach de **l'humour** et des **jeux** de l'esprit

est une publication de SÉLECTION DU READER'S DIGEST,
une marque exploitée par Art Gallery France.

RESPONSABLE ÉDITORIALE : Elsa Marie

SUIVI ÉDITORIAL : Sandra Acina

COUVERTURE ET PRÉPRESSE : Équipe éditoriale CIL

*Nous remercions tous ceux qui ont contribué à la conception
et à la réalisation de cet ouvrage.*

HUMOUR ET CITATIONS : Stricto Senso

CRÉATION DES JEUX : Fabrice Bouvier, Laurent Raval, Jacques Zimmer, Aurélien Kermarrec, Bernard Myers,
Laurence Pucheault, Jack Raimbault, Hossein Tengour

AVEC LA CONTRIBUTION DE : François Berland

TEXTES : Hossein Tengour, Françoise Zimmer

ILLUSTRATIONS : Claude Quiec, Isabelle Abiven, Laurent Audouin, Grégory Blot

PREMIÈRE ÉDITION
Premier tirage

191, avenue Aristide-Briand, 94230 Cachan
Site internet : www.selectionclic.com

ISBN : 978-2-7098-2799-7

Au menu cette année

L'ALMANACH 2021, ce sont 365 jours de blagues et un millier de jeux pour des joueurs de tous niveaux, afin de passer l'année dans la bonne humeur ! Retrouvez la liste de tous les jeux, classés par ordre alphabétique, après le calendrier de l'année.

L'almanach

Tout au long des 365 jours de l'année, vous avez rendez-vous avec de multiples rubriques.

L'éphéméride
Le saint du jour, le zodiaque…

L'espace notes
Un espace pour noter ce qui vous passe par la tête ce jour-là !

Les blagues et citations
Un millier de blagues, de mots d'esprit ou de perles émaillent l'*Almanach*.

Les jeux
Plus de 80 types de jeux différents pour varier les plaisirs !

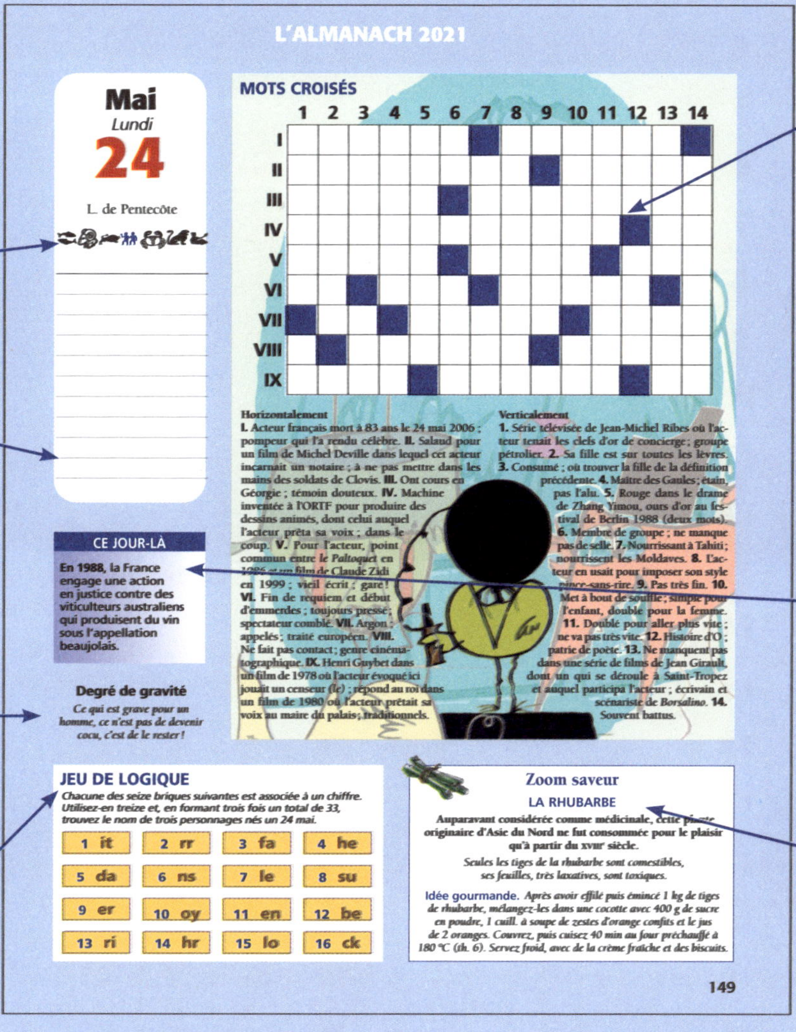

L'ALMANACH 2021

Mai
Lundi
24
L. de Pentecôte

MOTS CROISÉS

Horizontalement
I. Acteur français mort à 83 ans le 24 mai 2006 ; pompeur qui l'a rendu célèbre. II. Salaud pour un film de Michel Deville dans lequel cet acteur incarnait un notaire ; à ne pas mettre dans les mains des soldats de Clovis. III. Ont cours en Géorgie ; témoin douteux. IV. Machine inventée à l'ORTF pour produire des dessins animés, dont celui auquel l'acteur prêta sa voix ; dans le coup. V. Pour l'acteur, point commun entre *le Paltoquet* en 1986 et un film de Claude Zidi en 1999 ; vieil écrit ; gare ! VI. Fin de requiem et début d'emmerdes ; toujours pressé ; spectateur comblé. VII. Argon ; appelés ; traité européen. VIII. Ne fait pas contact ; genre cinématographique. IX. Henri Guybet dans un film de 1978 où l'acteur évoqué ici jouait un censeur (*le*) ; répond au roi dans un film de 1980 où l'acteur prêtait sa voix au maire du palais ; traditionnels.

Verticalement
1. Série télévisée de Jean-Michel Ribes où l'acteur tenait les clefs d'or de concierge ; groupe pétrolier. 2. Sa fille est sur toutes les lèvres. 3. Consumé ; où trouver la fille de la définition précédente. 4. Maître des Gaules ; étain, pas l'alu. 5. Rouge dans le drame de Zhang Yimou, ours d'or au festival de Berlin 1988 (deux mots). 6. Membre de groupe ; ne manque pas de selle. 7. Nourrissant à Tahiti ; nourrissent les Moldaves. 8. L'acteur en usait pour imposer son style pince-sans-rire. 9. Pas très fin. 10. Met à bout de souffle ; simple pour l'enfant, double pour la femme. 11. Doublé pour aller plus vite ; ne va pas très vite. 12. Histoire d'O ; patrie de poète. 13. Ne manquent pas dans une série de films de Jean Girault, dont un qui se déroule à Saint-Tropez et auquel participa l'acteur ; écrivain et scénariste de *Borsalino*. 14. Souvent battus.

CE JOUR-LÀ
En 1988, la France engage une action en justice contre des viticulteurs australiens qui produisent du vin sous l'appellation beaujolais.

Degré de gravité
Ce qui est grave pour un homme, ce n'est pas de devenir cocu, c'est de le rester !

JEU DE LOGIQUE
Chacune des seize briques suivantes est associée à un chiffre. Utilisez-en treize et, en formant trois fois un total de 33, trouvez le nom de trois personnages nés un 24 mai.

1 it	2 rr	3 fa	4 he
5 da	6 ns	7 le	8 su
9 er	10 oy	11 en	12 be
13 ri	14 hr	15 lo	16 ck

Zoom saveur
LA RHUBARBE
Auparavant considérée comme médicinale, cette plante originaire d'Asie du Nord ne fut consommée pour le plaisir qu'à partir du XVIIIe siècle.
Seules les tiges de la rhubarbe sont comestibles, ses feuilles, très laxatives, sont toxiques.
Idée gourmande. *Après avoir effilé puis émincé 1 kg de tiges de rhubarbe, mélangez-les dans une cocotte avec 400 g de sucre en poudre, 1 cuill. à soupe de zestes d'orange confits et le jus de 2 oranges. Couvrez, puis cuisez 40 min au four préchauffé à 180 °C (th. 6). Servez froid, avec de la crème fraîche et des biscuits.*

149

Les grands jeux
Des énigmes, des jeux d'histoire et de géographie, des mots croisés, mêlés, fléchés, en rosace, en girafe, entraînés par des engrenages, dissimulés dans des énigmes ou des anagrammes… Lorsque la solution vous échappe, aidez-vous de *l'Officiel du jeu Scrabble*.

Ce jour-là
Des faits de société, en France et dans le monde, qui ont eu lieu ce même jour il y a quelques années ou beaucoup plus.

Le rendez-vous de la semaine
Zooms saveur, le saviez-vous ?, mots d'enfant, déductos, proverbes du monde, contrepèteries, perles rythment l'année.

Les thèmes du mois

Chaque début de mois s'ouvre sur un hommage au cinéma et s'accompagne de jeux géants.

Janvier : *le cinéma muet*
Février : *la comédie*
Mars : *le film policier*
Avril : *le western*
Mai : *le film d'horreur*
Juin : *le péplum*
Juillet : *le film de cape et d'épée*
Août : *le film de guerre*
Septembre : *le film catastrophe*
Octobre : *le film de science-fiction*
Novembre : *le film pour la jeunesse*
Décembre : *le film d'animation*

Le rendez-vous de la semaine

Tout au long de l'année, vous avez rendez-vous avec des rubriques courtes qui rythment la semaine.

Lundi :
le mot d'enfant, une vérité plaisante à entendre

Mardi :
le zoom saveur, sur un produit de saison

Mercredi :
déducto, des titres de film dont le sens est « retourné »

Jeudi :
le jeudi, c'est contrepèterie !

Vendredi :
un proverbe du monde

Samedi :
le saviez-vous ? pour briller en société

Dimanche :
la perle de la semaine

Calendrier 2021

20 janvier 1993 : Audrey Hepburn s'éteint en Suisse.

24 janvier 1928 : Michel Serrault voit le jour à Brunoy.

15 février 1794 : adoption d'un pavillon national, le futur drapeau tricolore.

17 février 1969 : naissance du judoka David Douillet, à Rouen.

9 mars 1964 : Juliette Binoche voit le jour à Paris.

21 mars 1942 : naissance de Françoise Dorléac, sœur de Catherine Deneuve.

	Janvier	Février	Mars
1	V	L 5	L 9
2	S	M	M
3	D	M	M
4	L 1	J	J
5	M	V	V
6	M	S	S
7	J	D	D
8	V	L 6	L 10
9	S	M	M
10	D	M	M
11	L 2	J	J
12	M	V	V
13	M	S	S
14	J	D	D
15	V	L 7	L 11
16	S	M	M
17	D	M	M
18	L 3	J	J
19	M	V	V
20	M	S	S
21	J	D	D
22	V	L 8	L 12
23	S	M	M
24	D	M	M
25	L 4	J	J
26	M	V	V
27	M	S	S
28	J	D	D
29	V		L 13
30	S		M
31	D		M

	Avril	Mai	Juin
1	J	S	M
2	V	D	M
3	S	L 18	J
4	D	M	V
5	L 14	M	S
6	M	J	D
7	M	V	L 23
8	J	S	M
9	V	D	M
10	S	L 19	J
11	D	M	V
12	L 15	M	S
13	M	J	D
14	M	V	L 24
15	J	S	M
16	V	D	M
17	S	L 20	J
18	D	M	V
19	L 16	M	S
20	M	J	D
21	M	V	L 25
22	J	S	M
23	V	D	M
24	S	L 21	J
25	D	M	V
26	L 17	M	S
27	M	J	D
28	M	V	L 26
29	J	S	M
30	V	D	M
31		L 22	

4 avril 1968 : Martin Luther King est assassiné par James Earl Gray.

8 avril 1973 : décès de Pablo Picasso, à Mougins.

9 mai 1968 : naissance de la championne olympique Marie-José Pérec.

20 mai 1908 : James Stewart voit le jour en Pennsylvanie.

17 juin 1962 : naissance de la chanteuse Lio, à Mangualde (Portugal).

29 juin 1921 : naissance de Frédéric Dard, à Bourgoin-Jallieu (Isère).

3 juillet 1978 : Antenne 2 diffuse le premier épisode du manga Goldorak.

3 juillet 1608 : Champlain fonde la ville de Québec.

2 août 1973 : Jean-Pierre Melville s'éteint à Paris.

27 août 1969 : sortie du film Il était une fois dans l'Ouest, avec Henry Fonda.

9 septembre 1948 : la Corée du Nord proclame son indépendance.

15 septembre 1858 : naissance du Père Charles de Foucauld, à Strasbourg.

	Juillet	Août	Septembre
1	J	D	M
2	V	L 31	J
3	S	M	V
4	D	M	S
5	L 27	J	D
6	M	V	L 36
7	M	S	M
8	J	D	M
9	V	L 32	J
10	S	M	V
11	D	M	S
12	L 28	J	D
13	M	V	L 37
14	M	S	M
15	J	D	M
16	V	L 33	J
17	S	M	V
18	D	M	S
19	L 29	J	D
20	M	V	L 38
21	M	S	M
22	J	D	M
23	V	L 34	J
24	S	M	V
25	D	M	S
26	L 30	J	D
27	M	V	L 39
28	M	S	M
29	J	D	M
30	V	L 35	J
31	S	M	

	Octobre	Novembre	Décembre
1	V	L 44	M
2	S	M	J
3	D	M	V
4	L 40	J	S
5	M	V	D
6	M	S	L 49
7	J	D	M
8	V	L 45	M
9	S	M	J
10	D	M	V
11	L 41	J	S
12	M	V	D
13	M	S	L 50
14	J	D	M
15	V	L 46	M
16	S	M	J
17	D	M	V
18	L 42	J	S
19	M	V	D
20	M	S	L 51
21	J	D	M
22	V	L 47	M
23	S	M	J
24	D	M	V
25	L 43	J	S
26	M	V	D
27	M	S	L 52
28	J	D	M
29	V	L 48	M
30	S	M	J
31	D		V

14 octobre 1975 : Alexandra Lamy voit le jour à Alès.

25 octobre 1978 : sortie de la Cage aux folles, d'Édouard Molinaro.

1er novembre 1939 : naissance de Bernard Kouchner, à Avignon.

16 novembre 1978 : Alain Colas disparaît en mer.

7 décembre 1805 : naissance de Jean Eugène Robert-Houdin, à Blois.

19 décembre 1998 : décès d'Antonio Ordoñez, à Séville.

Les jeux au fil des jours

À fleur de mots

Une grille de mots croisés d'un genre original, puisqu'elle est en forme de fleur ! On compose des mots à partir des lettres qui sont données.
Le conseil : pour être efficace, ne cherchez pas tous les mots dans un sens, puis tous les mots dans l'autre sens ; alternez au contraire les deux sens de lecture, en démarrant à proximité des mots déjà indiqués dans la grille. On écrit les mots de l'extérieur de la fleur vers l'intérieur.

À l'identique

Une image décomposée comme un puzzle, avec un intrus.

Anagrammes croisées

Une grille dans laquelle les définitions sont remplacées par les lettres du mot à trouver. Certaines sont thématiques.

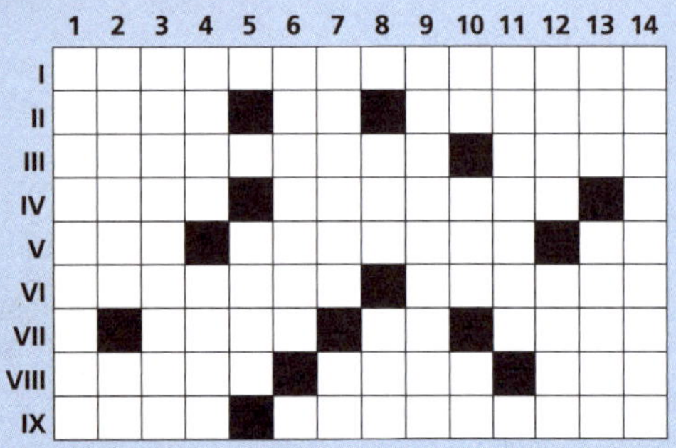

Anaphrases

Des anagrammes à replacer dans une phrase amusante.

Exemple : ***EEGILLRS et ADENRS***
Par les doux soirs d'été, rien n'exalte les sens comme la cuisine en plein air. Ah ! le barbecue qui _ _ _ _ _ _ _ _, l'odeur des _ _ _ _ _ _ de saumon ou de _ _ _ _ _ _ bien _ _ _ _ _ _ _ _ ! Tout cela vous donne envie de _ _ _ _ _ _ !

Anathéma

Des anagrammes thématisées.

Exemple : BOUCHERAI

_ _ _ _ _ _ _ _ _

Anatitres

Retrouvez les titres d'œuvres, de chansons et de tableaux cachés dans des anagrammes.

Exemple : BIGRE ! LE PLEUTRE ! _ _   _ _ _ _ _   _ _ _ _ _ _ _

Anniversaire

Des indices pour retrouver des personnalités qui auront 45, 55 ou 75 ans en 2021.

Bouche-trous

Des mots à reconstituer, parfois avec l'aide d'une définition.

Exemple : Maraboutè
_ N _ O _ _ E L _

Cache-cache

Des mots sont dissimulés dans le texte. À vous de les retrouver, en n'hésitant pas à associer la fin d'un mot avec le début du suivant.

Carré de 5, 6 ou 7

Ce carré de lettres possède une particularité : il permet de former un mot de 5, 6 ou 7 lettres avec les lettres de chaque ligne et de chaque colonne. Pour les amateurs d'anagrammes.

	1	2	3	4	5	6	7
A	N	U	R	L	T	E	A
B	E	Q	U	U	R	R	I
C	I	E	N	M	E	L	O
D	F	I	E	O	S	T	R
E	Z	M	I	R	H	A	E
F	N	I	O	B	A	D	L
G	A	M	N	E	D	I	T

Carte en questions

Des lieux (pays, villes, fleuves…) à retrouver en fonction de leur localisation sur une carte et à l'aide d'indices.

Case-briques

Des lettres à replacer dans une grille pour former des mots.

A	A	E	E	E	E
G	I	I	L	L	L
N	O	O	R	T	V

A	N		T	H		M	E
C	A		C	U		E	R
Z	E		A	T		U	R
C	H		N	E		I	S
A	L		A	R		D	E
I	D		L	A		R	E
C	H		E	T		E	N
H	A		L	L		N	S
E	L		G	A		C	E

Case-chiffres

Un petit casse-tête mathématique assez simple : il consiste en une pyramide que l'on gravit en additionnant les chiffres deux par deux.

Célibataire

Des mots à associer deux par deux pour déterminer un intrus.

Charade

La bonne vieille charade est toujours actuelle…

Chausse-trap(p)e(s)

Ce jeu « à la Pivot » vous propose une liste de mots piégés : à vous de retrouver la bonne orthographe.

Chenille

Passez d'une ligne à la suivante en remplaçant la lettre indiquée et en permutant l'ordre des lettres. Un jeu qui incite à faire de la gymnastique avec les mots !

A T O M I Q U E
–I +T _ _ _ _ _ _ _ _
–O +E _ _ _ _ _ _ _ _
–Q +L _ _ _ _ _ _ _ _
–M +S _ _ U _ _ _ _ _
–T +G _ _ _ U _ _ _ _
–T +D _ _ _ _ _ _ _ _
–S +L D E G A U L L E

Chronofilms

Des films d'un même auteur à replacer chronologiquement.

Citation cachée (la) ou proverbe caché (le)

Suivez la piste des lettres et débusquez la phrase qui zigzague dans la grille, en commençant dans un angle.

U	N	E	N
E	M	M	F
S	I	O	A
S	N	C	N
E	E	R	T
D	R	I	O
T	O	A	V
S	U	S	A
I	T	E	E
M	I	M	I
J	A	A	V

Compas dans l'œil (le)

Retrouvez les bonnes proportions parmi trois ou quatre ordres de grandeur.

Coupe-lettres

Une grille vous propose une série de mots à amputer d'une lettre pour former une nouvelle liste. Ces lettres vous livreront un mot mystère.

C	A	M	B	R	E	R	
B	R	A	I	L	L	E	
E	N	T	O	N	N	E	
C	R	I	A	N	T	E	
P	L	A	I	N	T	E	
D	E	N	T	E	L	E	
P	O	I	N	D	R	E	

Cousins (les)

Un jeu proche du coupe-lettres, mais plus facile puisque l'on vous indique l'univers auquel appartient le mot que vous devez retrouver.

BOUCHON		
FROC		
BÉER		

Créneau (le)

Remplissez la grille à l'aide des définitions : vous lirez sur la flèche en forme de créneau la réponse à la question posée.

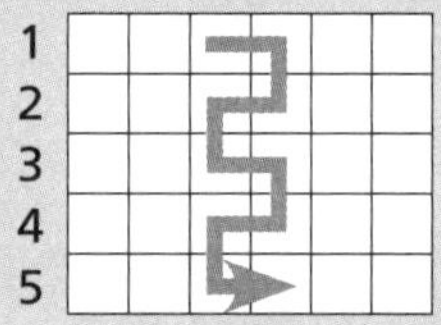

Cryptogramme

Une citation à décrypter.

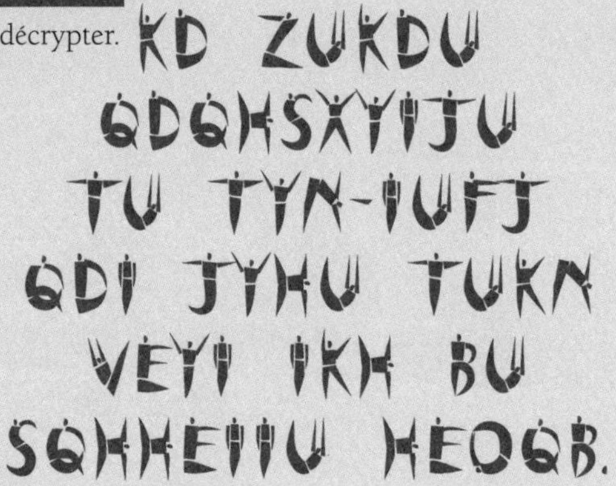

Diago (le)

À la fois jeu de lettres et jeu de logique, le diago est une petite grille où vous devez replacer des mots donnés de manière à en découvrir un autre en diagonale. Un exercice à pratiquer avec un crayon et une gomme, afin de tester différentes possibilités avant d'arriver à la bonne solution…

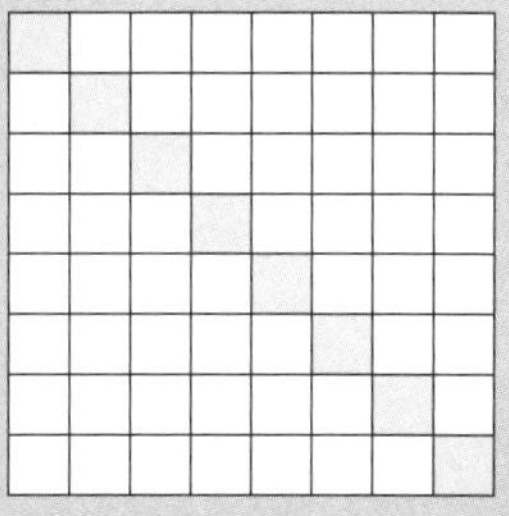

Échelle (l')

Une grille façon puzzle. Recomposez l'échelle pour trouver des mots sur le thème du jour.

Éliminathème

Les lettres d'un mot sont autant de jetons livrés à votre sagacité pour, en les mélangeant à d'autres, découvrir d'autres mots du même domaine.

M E T R O P O L I S

I O N I E N + _ _ = _ _ _ _ _ _ _ _

Engrenage (l')

Une grille originale, dans laquelle les lettres composent les rouages d'un grand engrenage.
Les mots s'emboîtent les uns dans les autres.
On joue dans le sens des aiguilles d'une montre.

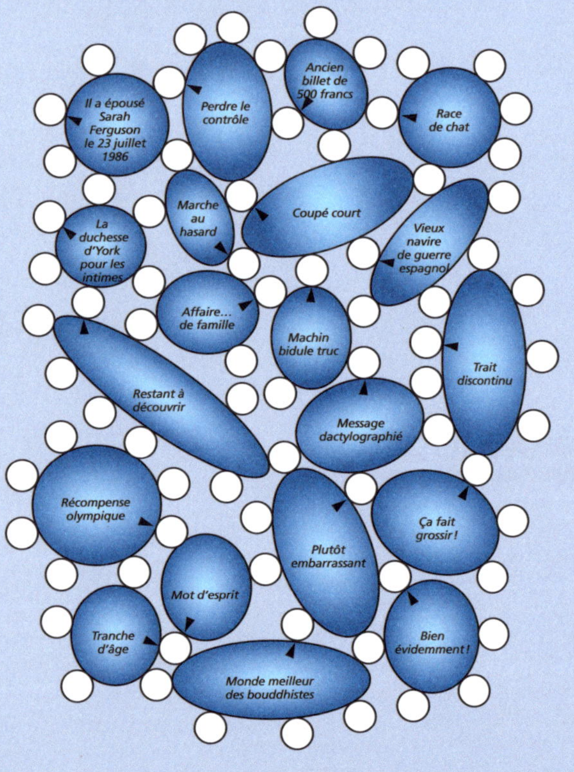

Énigme (l')

À la fois jeu de lettres, de connaissances et de logique, l'énigme vous propose, autour d'un thème et d'une illustration, d'éliminer des mots un par un pour n'en laisser apparaître qu'une poignée formant un rébus. Décryptez le rébus, vous résolvez l'énigme !

AÉRO	MIE	SABIN
BÖLL	MODÈLE	SUSTENTER
CHÊNE	NEF	VAUTOUR
COPPA	ŒUFS	VOITURE
HÉLICON	PELAS	ZAVATTA
HÉLIOTROPE	RADIAIRE	
LUETTE	ROTOR	

Escalettres

Passez d'un mot au suivant en ajoutant une lettre et en permutant l'ordre des lettres.

C A
+ R _ _ _
+ H _ _ _ _
+ E _ _ _ _ _
+ V _ _ _ E _ _
+ I _ _ C _ _ _ _
+ E _ A _ _ _ _ _ _ _
+ L _ _ _ _ _ _ _ _ _ _

Filmographie

Retrouvez des titres de films grâce à une série d'indices.

Girafe (la)

Une grille tout en hauteur. Un jeu facile sur le principe du « marabout de ficelle ». Attention de ne pas s'emmêler les pattes sur la girafe !

Intrus (l')

Une suite de mots, dont le point commun est à découvrir pour chasser l'intrus qui s'est glissé dans la liste.

Itinéraire

Une petite grille à remplir de mots pour voyager d'un lieu à l'autre.

D	R	E	S	D	E
M	A	D	R	I	D

Jeu de logique et d'observation

Des jeux de logique et des casse-tête visuels pour tester et exercer vos capacités de déduction, d'abstraction, de calcul et de représentation dans l'espace.

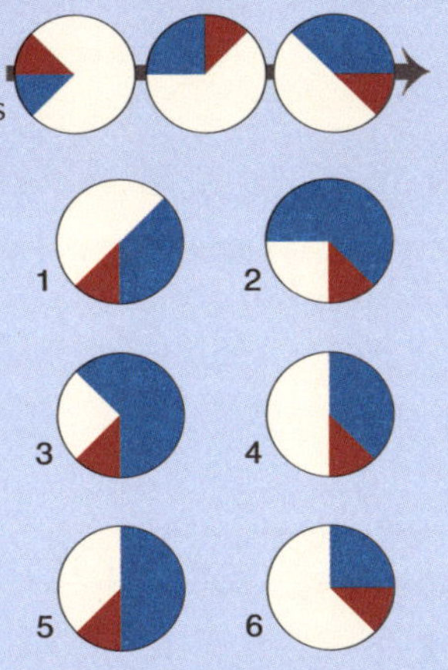

Jeu de plateau

De grands jeux pour se retrouver en famille ou entre amis.

Jeu des 7 erreurs ou différences

Pour exercer votre sens de l'observation.

Jeu phonétique

Des trous dans un texte à colmater avec d'autres mots. Une lecture phonétique redonne son sens à la phrase.

Logigramme

Pour les passionnés de jeux de logique et de casse-tête, les indices fournis permettent de remplir un tableau de synthèse grâce auquel apparaît progressivement la solution de l'énigme.

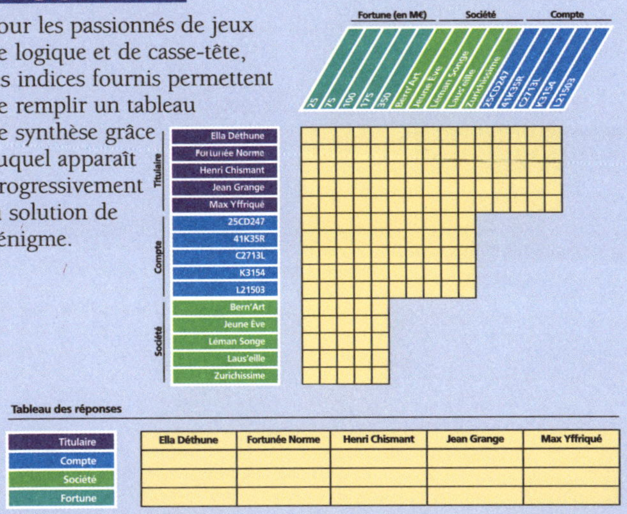

Marabout

Jouez à « marabout de ficelle » à partir des définitions proposées.

Marions-les

Associez deux à deux un pays et sa capitale, un film et son réalisateur, un animal et son cri…

Méli-mélo

Des noms se sont emmêlés. À vous de les recomposer.

Morphomots

À partir d'un mot et en vous aidant de définitions, formez d'autres mots en ajoutant à chaque fois une lettre.

Mots casés

Des mots à remettre dans une grande grille.

Mots croisés

Le classique des classiques…
Mais il y a des variantes : mots croisés mystère, mots croisés géants, mots croisés à deux vitesses, mots croisés en trois dimensions. Attention : dans de rares cas, la solution peut être un groupe de mots, comme « poisdesenteur ».

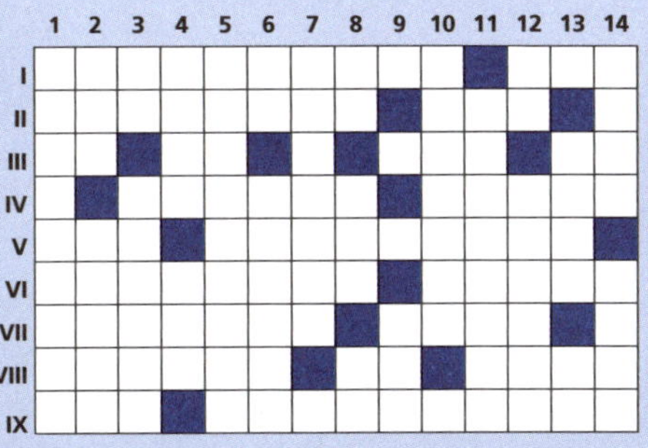

Mots de l'image (les)

Retrouvez dans une illustration des objets commençant par la même syllabe.

Mots fléchés

Des illustrations remplacent certaines définitions. Les définitions thématiques, liées à un événement du jour, apparaissent en couleurs.

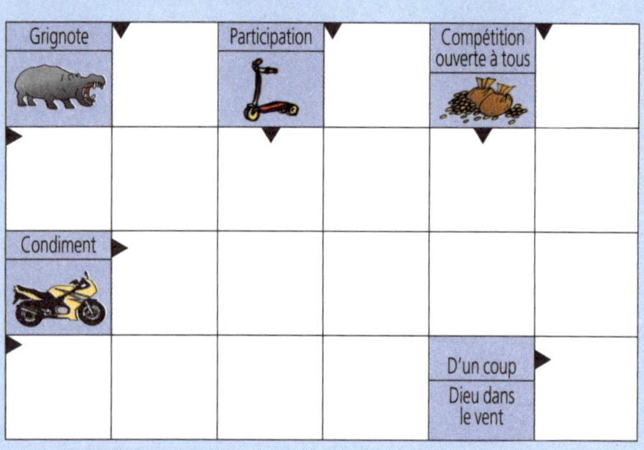

Mots mêlés

Biffez les mots qui sont dissimulés dans la grille. Avec les lettres restantes, vous formerez le mot mystère.

C	E	U	L	B	B	A	L	E	R	E	R	E	I
O	T	O	R	G	E	V	T	I	V	I	E	E	S
I	T	E	H	U	B	L	O	A	C	O	T	T	U
L	R	O	S	Z	E	C	P	R	X	L	E	R	B
L	N	E	A	S	A	U	E	A	U	L	I	E	R
I	I	L	L	E	T	D	E	L	T	E	R	R	O
O	B	G	H	O	R	S	A	C	H	E	N	E	C
T	N	A	U	V	E	A	U	R	E	C	O	I	E
I	D	U	O	A	U	B	L	A	N	C	E	N	L
A	R	T	N	F	L	E	D	L	A	Z	U	I	P
S	S	A	E	N	H	E	I	M	N	O	R	G	A
E	F	J	P	A	A	K	N	A	H	S	T	R	S
D	L	E	P	R	R	E	B	E	A	U	X	A	R
E	O	R	O	A	Z	Z	E	M	M	E	T	R	O

Nombres croisés

À mi-chemin entre les maths et les mots croisés, ce sont des nombres – et non des mots – qui composent la grille.

	1	2	3	4	5
I					■
II				■	
III			■		
IV					
V	■		■		

Personnage célèbre (le)

Une petite grille à remplir à l'aide de définitions. Vous lirez alors dans les deux colonnes colorées le prénom et le nom d'une célébrité.

1					
2					
3					
4					
5					
6					

Personnage du jour (le)

Une succession d'indices biographiques vous amène à deviner l'identité d'un personnage né ou décédé ce jour-là. En début d'année, vous pourrez partir, en famille ou entre amis, à la recherche de douze personnages qui fêtent un anniversaire important en 2021.

Pictogrille

Des mots illustrés appartenant à un même thème à replacer dans une grille.

Point commun (le)

Une suite de mots ou d'illustrations dont le point commun est à découvrir.

Preuve par 9 (la)

Des mots à trouver à l'aide des définitions données, en utilisant le tirage de 9 lettres.

R E N I T A S E C

Un vieux de la vieille. A _ _ _ _ _ _

Progresse-cases

Rejoignez la bonne croix en déterminant le vrai du faux.

Puzzle croisé

Une grille de mots croisés déjà remplie a été fractionnée en une quinzaine de morceaux disparates. À vous de la recomposer.

Quiz

Des petits jeux de connaissances sur les thèmes les plus variés, avec des solutions commentées. De grands quiz vous permettent de tester vos connaissances plus en profondeur.

Rébus

Un indémodable…

Recolle-mots

Un petit jeu de lettres tout simple, où il faut rassembler deux mots pour en former un nouveau.

Repères chronologiques

Des événements historiques à relier à d'autres qui se sont déroulés la même année ou à classer chronologiquement.

Sandwich

Une grille verticale qui vous livrera une citation quand vous aurez complété les mots horizontaux ou verticaux.

P	I		O	T
R	E		N	E
E	S		A	R
S	T		L	E
I	V	R	E	S
D	I		T	E
E	C		R	T

Sudoku

Chaque ligne, chaque colonne et chacun des neuf carrés de 3 × 3 dont le coutour est renforcé doit contenir une seule fois tous les chiffres de 1 à 9, par conséquent sans aucune répétition. Procédez par tâtonnements si vous le désirez, mais chaque sudoku peut se résoudre en utilisant seulement des raisonnements logiques, par élimination, et la solution est toujours unique.

9	6			3		2		
	1		5		2		6	
2			9		6			
		9	3	6		4		5
6		4				1		8
8		3		2	1	6		
			6		3			1
	8		2		9		4	

Suite logique et superpositions

Voir Jeu de logique et d'observation

Syllabes manquantes

Reconstituez des mots dont les syllabes manquantes sont proposées en vrac.

Syllabus

Des mots à découper par syllabes, selon les couleurs, pour en recomposer d'autres.

R E D A C T I O N
D E T E C T E U R
P R O P A G E R

P R O T E C T I O N

Texte à trous

Des extraits de textes, de citations ou de chansons célèbres amputés d'un mot à retrouver.

Trèfle (le)

Un bouquet de trèfles vous invite à cueillir une lettre dans chacun d'eux pour recomposer quatre mots.

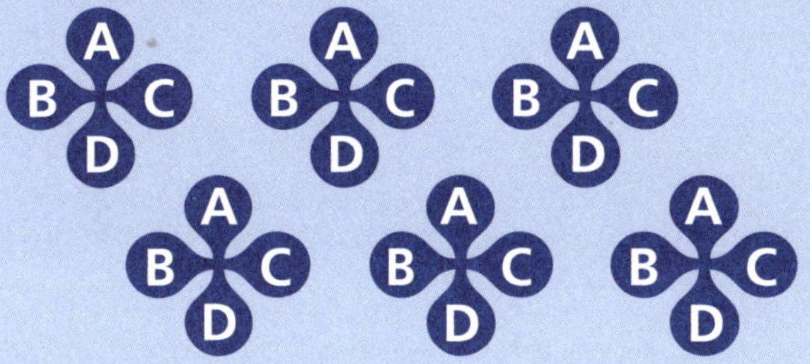

Triplets d'expressions

À partir de trois mots, trouvez-en un quatrième qui, associé à chacun des trois autres, forme une expression de la langue française ou établit un lien logique.
Par exemple : reçue, fixe, génie.
Le mot à trouver est idée (idée reçue, idée fixe, idée de génie).

Verticalettres (le)

Une grille fantaisie à remplir avec des mots définis en marge. La colonne colorée vous livrera un mot mystère.

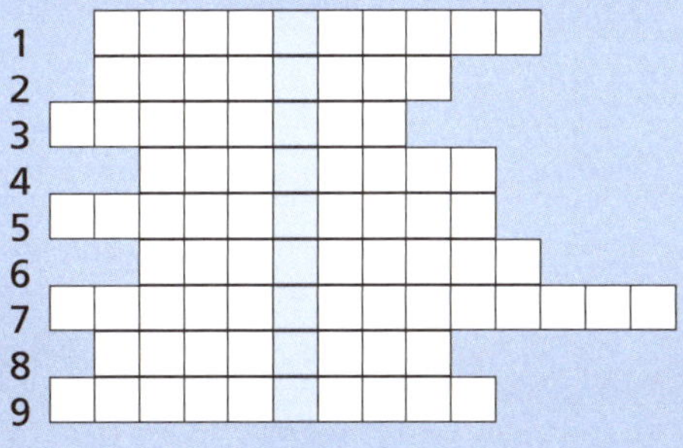

Vrai ou faux

À vous de démêler le vrai du faux dans des affirmations insolites.

Tous les jeux de l'almanach

À fleur de mots 26 janv., 28 fév., 29 mars, 12, 23 avril, 25, 31 mai, 28 juin, 26 juill., 2, 30 août, 6 sept., 1er, 26 oct., 8, 23 nov., 31 déc.

À l'identique 17 fév., 20 sept.

Anagrammes croisées 24 fév., 21 mai, 18 juin, 13 juill., 10 août, 4 oct., 20 déc.

Anaphrases 5 juin, 5 août, 3 nov., 1er déc.

Anathéma 17, 20 mars, 30 juin, 14 août, 22 sept.

Anatitres 4 janv., 7 fév., 15 août, 1er, 20 sept., 8 déc.

Anniversaire 14 fév., 30 mars, 10 sept., 23 déc.

Bouche-trous 14 fév., 4 avril, 6 (spécial Andy Warhol) août

Cache-cache 18 mars, 23 juin, 11 juill., 27 oct., 14 nov.

Carré de 5, 6 ou 7 21 fév., 17 juill., 4, 20 sept.

Carré magique 19 juin

Carré magique anagrammatique 4 (spécial Mai-68) mai, 10 (spécial Jacques Brel) oct.

Carte en questions 30 janv., 11 mai, intro juin, 28 sept.

Case-briques 25 fév., 3, 17 mars, 4 (spécial Mai-68) mai, 7, 15 juill., 10 (spécial Jacques Brel) oct.

Case-chiffres 8, 17 fév., 6, 13 mars, 4 (spécial Mai-68) mai, 1er juin, 12 août, 13 sept., 8 oct., 31 déc.

Célibataire 25 mars, 14 mai, 24 sept., 6 oct.

Charade 7, 19 janv., 7, 23 avril, 1er juill., 23 sept., 21 déc.

Chausse-tra(p)pe(s) 8 août, 10 nov., 22 déc.

Chenille 22, 28, 31 janv., 20 fév., 4, 23 mars, 6, 21 avril, 4 mai, 2, 10 juin, 9 juill., 6 (spécial Andy Warhol), 17 août, 17 oct., 28 nov., 29 déc.

Chronofilms 24 janv., 22 avril, 20, 29 mai

Chute 4 (spécial Mai-68) mai, 10 (spécial Jacques Brel) oct.

Citation cachée 8 mai, 6 juill., 28 août

Cliché des médias 2 nov.

Compas dans l'œil 11 janv., 3 fév., 11 avril, 7, 13, 26 juin, 13 juill., 4, 25 août, 1er, 19 nov.

Comptabilité 16 janv., 28 août

Coupe-lettres 6 fév., 3 mars, 9 mai, 25 août, 16 oct., 3, 15, 27 nov., 1er déc.

Cousins 28 janv., 11 mars, 22 juill., 19 sept.

Créneau 27 janv., 3 fév., 25 juin, 29 juill., 13 oct., 13, 27 nov., 12 déc.

Cryptogramme 4 (spécial Mai-68), 5 mai, 5 juill., 10 (spécial Jacques Brel) oct.

Cubes 5 fév., 11 sept.

Dates fictives 27 (spécial année bissextile) fév.

Diago 15 fév., 29 mars, 6, 26 mai, 8, 29 sept., 21 oct.

Différences 25 juill., 2 déc.

Dominos 7 mai

Échelle 6 janv., 6 avril, 31 juill., 19, 22 août

Efface-lettres 12 fév.

Éliminathème 31 janv.

Engrenage 2, 23 janv., 15, 30 mars, 2, 20 avril, 14 juin, 12, 20 juill., 3 août, 5, 29 oct., 12 nov.

Énigme 16 fév., intro, 1er, 16 mars, intro, 4 mai, intro, 9 août, 10 sept., 12 oct., 16, 22 nov.

Escalettres 24 janv., 18, 22, 29 mai, 17 juill., 6 (spécial Andy Warhol), 19 août, 4 sept., 22 oct., 5 nov., 9 déc.

Expressions 15 oct.

Filmographie 3 janv., 2, 16 mars, 3 avril, 15 mai, 16, 22 juin, 11 juill., 26 août, 25 oct., 4 déc.

Formes et couleurs 16 juill.

Girafe 8, 19 mars, 27 avril, 18 mai, 27 juill., 11, 19, 22 oct., 30 nov.

Grille à thème 12 mars, 21 sept.

Gymnastique cérébrale 8 mars

Inaccessible étoile 10 (spécial Jacques Brel) oct.

Intrus 8, 18 fév., 15 avril, 30 mai, 14, 25 juill., 7 août, 7, 15, 24 oct., 24 nov., 30 déc.

Itinéraire 8 mai

Jeu de logique 12, 14 janv., 19, 25 fév., 19, 31 mars, 18 avril, 24, 31 mai, 12, 27 juin, 4, 8, 13, 30 juill., 7, 10, 21 août, 6 sept., 13, 19 oct., 25, 26 nov., 5, 10, 11, 22 déc.

Jeu de logique enfant 17 déc.

Jeu de plateau 1er (spécial élections américaines) nov.

Jeu des 7 erreurs 13 fév., 12 mars, 16 avril, 31 août, 7, 27 sept.

Jeu d'observation 26 mai, 8 août, 16 sept., 9, 15 oct., 13 nov., 16 déc.

Jeu du menteur 27 août

Jeu ortho-typo 11 nov.

Jeu phonétique 2 fév.

Kakuro 12 janv., 23 fév.

Labyrinthe 6 fév., 12 avril, 18 mai, 11 juin, 22 juill., 6 oct., 30 nov., 30 déc.

Logicotest 27 (année bissextile) fév.

Logigramme intro janv., 10 fév., intro sept.

Marabout 25 avril, intro mai, 9 (spécial J. O. de Rio), 12 août, 27 (spécial Ve République) sept., 16 oct., 20 nov., intro déc.

Marions-les 15, 29 janv., 6 mars, 15, 21 mai, 19, 24 juin, 1er, 29 juill., 6 (spécial Andy Warhol), 26 août, 28 sept., 3 oct., 10 déc.

Matrice logique 21 juill.

Méli-mélo 2 (spécial Gainsbourg) avril, 2 mai, 22 août, 2 oct.

Morphomots 28 avril, 13 août, 9 sept.

Mots casés 1er, 16, 20, 31 janv., 1er fév., 16 avril, intro, 23 juill., 13 août

Mots croisés 1er (spécial Europe), 6, 13, 19, 27 janv., intro, 2 fév., intro, 2, 9, 22, 23 mars, intro, 6, 13, 19, 26 avril, 3, 10, 17, 24 mai, 1er, 7, 15, 21 juin, 2, 5 (spécial Québec), 6, 19 juill., 1er, 16, 23, 24, 27 août, intro, 7, 14, 27 sept., intro, 18, 25 oct., 2, 9, 15, 29 nov., intro, 13, 21, 27 déc.

Mots croisés à deux vitesses intro juill., 27 (spécial Louis de Funès) déc.

Mots croisés mystère 1er avril, 30 juin

Mots de l'image 26 mars, 28 mai, 16 juill., 17 sept., intro nov., 3 déc.

Mots fléchés intro janv., 6, 20 fév., 5 mars, 30 avril, 7 mai, 4, 25 juin, intro, 9, 30 juill., intro, 20, 31 août, 3, 13 sept., 8 oct., intro, 9, 19 nov., 17 déc.

Mots mêlés 5 janv., 9 fév., 31 mars, 5 avril, intro, 29 juin, 28 oct., 24 déc.

Nombres croisés 23 fév., 17 juin, 14 août, 8 sept.

Pavé crypté 4 (spécial Mai-68) mai, 10 (spécial Jacques Brel) oct.

Personnage célèbre 1er, 15, 21 janv., 23, 27 fév., 13, 24 mars, 1er, 21, 27 avril, 12, 30 mai, 10, 12 juin, 10, 31 juill., 11, 15, 20, 21, 29 août, 21, 30 sept., 30 oct., 6, 18, 21 nov., 5, 8, 11, 16, 25 déc.

Personnage du jour 10, 18 janv., 12 fév., 4, 18, 20, 27 mars, 10, 29 avril, 1er, 12, 19 mai, 3, 21, 26 juin, 14 juill., 1er août, 2, 12, 18, 22 sept., 10, 23 oct., 10, 14, 20, 24 nov., 9 déc.

Pictogrille 9 janv., 27 fév., 9 avril, 26 nov.

Point commun 30 août, 26 sept., 24 oct.

Portrait-robot 24 sept., 5 nov.

Preuve par 9 14 janv., 15 avril, 29 juin, 23 juill., 5, 18 août, 18 sept., 23 nov., 20, 29 déc.

Progresse-cases intro fév.

Puzzle croisé 13 fév., 11 juin, 31 juill., 24 sept.

Quiz 8, 20 janv., 7, 11, 15, 17, 22, 26, 27 (spécial année bissextile) fév., 7, 14, 21 mars, 8, 17, 24 avril, 9, 10, 16, 23 mai, 2, 4, 6, 8, 17, 20 juin, 18, 24, 27 juill., 2, 24 août, 5, 11, 15, 25 sept., 2, 14, 17, 18, 31 oct., 1er, 4, 7, 17, 28 nov., 7, 14, 19, 25, 26, 28 déc.

Rébus 6 janv., 6, 30 avril, 23 août, 21 sept.

Recolle-mots 26 oct.

Repères chronologiques 4 janv., 4 avril, 30 juin, 1er juill., 11 août

Sandwich 9 fév., 31 mars, 2 (spécial Gainsbourg), 22 avril, 22, 27 mai, 13 juin, 15, 21 juill., 6 (spécial Andy Warhol) août, 14 sept., 2, 28 déc.

Serpent 3 fév.

Sudoku 5, 12 janv., 2, 24 fév., 23 mars, 5 avril, 3, 14 mai, 8, 18, 22 juin, 5 juill., 17, 24 août, 1er oct., 8 nov., 6, 10, 24, 28 déc.

Suite de chiffres 22 mars

Suite logique 26 janv., 25 avril, 1er, 19 mai, 16, 28 juin, 1er sept., 7, 11 oct., 18, 29 nov.

Superpositions 17 janv., 25 sept., 14 déc.

Syllabes manquantes 7 janv., 7, 14 avril, 11 juin, 1er juill., 3 sept.

Syllabus 10 mars, 29 avril, 7 juill., 4 déc.

Synonymes 25 mai

Têtes d'affiche 20 oct.

Texte à trous 22 janv., 29 sept.

Trèfle 2 (spécial Gainsbourg) avril

Triplets d'expressions 1er fév., 24 mars, 10 juill., 2 sept.

Vers caché 20 fév.

Verticalettres 9, 25 janv., 4, 18, 27 (spécial année bissextile), 28 fév., 9, 28 mars, 2 (spécial Gainsbourg), 9 avril, 6, 13 mai, 9 juin, 18 août, 4, 21 oct., 6 nov., 7, 15, 18 déc.

Vrai ou faux 1er, 16, 21 janv., 1er, 5, 29 fév., 5, 10 mars, 1er avril, 2, 14, 16 mai, 3, 5 juin, 4, 28 juill., 23, 30 sept., 30 nov.

Vivement 2022 ! 31 déc.

JANVIER

2021

Lu	Ma	Me	Je	Ve	Sa	Di
				1 Jour de l'an	2 Basile	3 Geneviève
4 Odilon	5 Épiphanie	6 Mélaine	7 Raymond	8 Lucien	9 Alix	10 Guillaume
11 Paulin	12 Tatiana	13 Yvette	14 Nina	15 Rémi	16 Marcel	17 Roseline
18 Prisca	19 Marius	20 Sébastien	21 Agnès	22 Vincent	23 Barnard	24 François de Sales
25 Conv. de Paul	26 Paule	27 Angèle	28 Thomas d'Aquin	29 Gildas	30 Martine	31 Arsène

Le cinéma muet

Paris, le 28 décembre 1895, devant le Grand Café du boulevard des Capucines. Les badauds sont attirés par une affiche, « Cinématographe Lumière ». Beaucoup entrent et s'installent en face d'une toile blanche. Soudain, la lumière s'éteint. La toile s'éclaire et ils voient apparaître l'image d'un train qui semble se précipiter sur eux. Hypnotisés, ils ont le sentiment de vivre un événement mémorable et ils ont raison : ils viennent d'assister à la naissance du cinéma.

Durant une dizaine d'années, les vues Lumière, films d'une durée de cinquante secondes (*l'Arrivée d'un train en gare de La Ciotat*, etc.), sont imitées partout dans le monde. Bricoleurs et esprits fantasques se mettent à tourner des milliers de petits films, les projetant avec les moyens du bord dans les cafés ou les baraques foraines. Parmi eux, Alice Guy se distingue en 1896 avec *la Fée aux choux*, premier d'une série de longs-métrages.

En Amérique, Edison filme des numéros de cirque pour son kinétoscope, mais ses mises en scène ne sont pas remarquées. Georges Méliès est le premier à intégrer avec succès la scénographie du music-hall et du théâtre de variétés à la technique cinématographique : son *Voyage dans la Lune* (1902) connaît un succès mondial.

De 1905 à 1910, le cinéma passe du statut d'artisanat à celui d'industrie et les comédiens deviennent des stars. Le premier grand acteur comique de France puis du monde, Max Linder (*Max et sa belle*, 1910), sera le modèle de Charlie Chaplin. Le cinéma se revendique alors comme un art : « C'est parce qu'il contient les six autres que le cinéma est le septième art », clame Georges Méliès.

L'Assassinat du duc de Guise, réalisé et produit en France en 1908, va donner à David Wark Griffith l'envie de faire du cinéma le témoin moral de l'Histoire (*Naissance d'une nation*, 1914). À partir de cette période, un langage cinématographique se dessine : gros plans, plans-séquences, travellings, effets spéciaux, etc.

Parallèlement, le roman populaire explose au grand écran grâce à l'adaptation en épisodes filmés de *Fantômas* (1913) par Louis Feuillade. Le cinéma muet mythifie des héros de la littérature populaire et en crée d'autres comme Tarzan, Judex et, l'un des plus célèbres, Charlot (1914).

L'âge d'or du muet commence en 1919. À l'expressionnisme allemand de Robert Wiene (*le Cabinet du Dr Caligari*, 1920) s'oppose l'impressionnisme français initié par Germaine Dulac et Jean Epstein (*l'Auberge rouge*, 1923). Mais les deux grands cinéastes du muet sont D. W. Griffith et Sergueï Eisenstein (*le Cuirassé Potemkine*, 1925).

Si des réalisateurs comme Léonce Perret en France ont eu l'idée d'accompagner un film de musique, c'est la firme des frères Warner qui se lance la première dans le film parlant en 1927, avec le *Chanteur de jazz* d'Alan Crosland – qui ne propose pas plus d'une minute de dialogues entre les habituels intertitres.

Logigramme

Cinq cinéphiles avertis décident d'aller voir les nouveautés de la semaine au cinéma, encore muet. Leurs goûts sont éclectiques et leurs emplois du temps variés. Retrouvez le nom des jeunes gens, le film qu'ils ont choisi de voir, le pays d'origine de ce film et l'heure de la séance à laquelle ils ont assisté à l'aide des quatre indices suivants.

1. Yacine Hoche, fan de cinéma italien, ne peut pas encore sortir le soir. Samson Cémieux, qui n'est pas libre la journée pour sa part, a attendu la dernière séance.

2. Hans Ilans a vu un long-métrage allemand, juste avant que le film *Six Lances* soit projeté sous les yeux émerveillés de Jean Tanrien. Hans et Jean ne peuvent aller au cinéma que l'après-midi.

3. Le film finlandais a un peu déçu Aude Yofone, pourtant fan du roi qui tua le Minotaure. Mais le film français *La voix naît* (qui n'a rien à voir avec une femme politique), projeté deux heures plus tard, fut un véritable délice pour celui qui l'avait choisi.

4. La personne qui a vu *Bouche cousue* est allée à la séance de 14 heures pour ne pas sortir de la salle à la nuit tombée. Celle qui avait choisi *La Ferme* était déjà rentrée chez elle à cette heure-là.

		Horaire					Pays					Film				
		11 heures	14 heures	16 heures	20 heures	22 heures	Allemagne	Australie	Finlande	France	Italie	Bouche cousue	La Ferme	La voix naît	Six Lances	Thésée et vous
Cinéphile	Aude Yofone															
	Hans Ilans															
	Jean Tanrien															
	Samson Cémieux															
	Yacine Hoche															
Film	*Bouche cousue*															
	La Ferme															
	La voix naît															
	Six Lances															
	Thésée et vous															
Pays	Allemagne															
	Australie															
	Finlande															
	France															
	Italie															

Tableau des réponses

	Aude Yofone	Hans Ilans	Jean Tanrien	Samson Cémieux	Yacine Hoche
Cinéphile					
Film					
Pays					
Horaire					

Le jeu des portraits

Cette double page est destinée à vous faire jouer à plusieurs, en famille ou entre amis. Choisissez un meneur de jeu qui gardera le livre entre les mains. Les joueurs peuvent concourir seuls ou en équipes. Il s'agit bien sûr de découvrir l'identité des personnages grâce aux indices successifs, que le meneur de jeu lira dans l'ordre (les derniers indices sont plus faciles que les premiers !). Lorsqu'une équipe (ou un joueur) trouve la bonne réponse au premier indice, elle marque 1 point ; au troisième indice, elle marque 3 points… C'est donc l'équipe qui a le moins de points qui remporte le jeu. Attention : arrangez-vous pour que les joueurs ne puissent pas voir le livre, les illustrations les renseigneraient… Pour corser la difficulté, vous pouvez infliger 1 point de pénalité chaque fois qu'une mauvaise réponse est proposée ! Si vous jouez seul, sachez que les illustrations correspondant aux portraits ne se trouvent pas juste au-dessus ; mais elles vous donneront de précieux indices.

1. Je suis né en 1934 dans la banlieue de Rouen.
2. Titulaire d'un CAP d'ajusteur-fraiseur…
3. … je préfère aider mon père, cultivateur de… fraises !
4. Je m'inscris au fameux club cycliste de l'AC Sotteville.
5. Je remporte ma première victoire le 3 mai 1951 à Rouen.
6. Cinq fois vainqueur du Tour de France, j'ai dominé ma discipline pendant 15 ans.

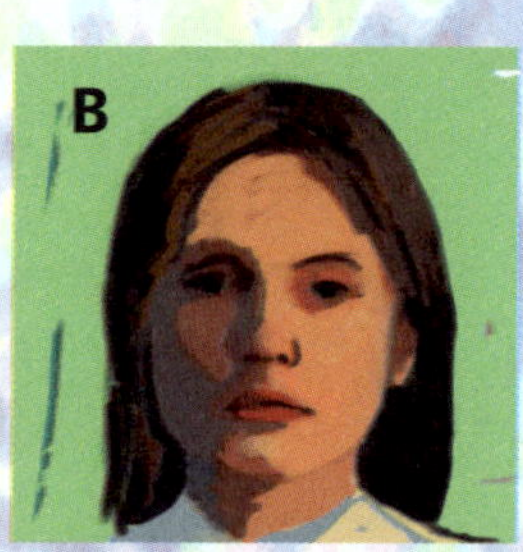

1. Je suis né en 1803 dans l'Isère.
2. Mon père, médecin, m'envoie à Paris suivre des études de médecine.
3. Je passe mon temps à l'Opéra et au théâtre, où Shakespeare et Goethe me fascinent…
4. … de même que l'actrice anglaise Harriet Smithson, que j'épouse en 1833.
5. Entré au conservatoire de musique, j'ai étudié avec Lesueur et Reicha.
6. *Roméo et Juliette, la Damnation de Faust* ou *la Symphonie fantastique* sont parmi mes œuvres les plus fameuses.

1. Je suis né en 1265 à Florence.
2. Ma famille, noble et fortunée, appartient au parti guelfe.
3. J'étudie la théologie et la philosophie, participe à la vie politique de ma cité.
4. Dès l'âge de 9 ans, j'avais rencontré Béatrice, mon inspiratrice.
5. À sa mort, en 1290, je commence une œuvre poétique où je l'idéalise.
6. *La Divine Comédie* et *la Vita Nuova* sont mes textes les plus marquants.

1. Je suis né en 1895 à Corfou.
2. Venu à Marseille avec mes parents, j'entre au lycée Thiers, où je côtoie Pagnol.
3. En 1914, je pars pour Genève, où j'étudie le droit.
4. Je prends la nationalité suisse en 1919 et deviens diplomate.
5. Délégué du mouvement sioniste auprès de la SDN, je deviens durant la guerre conseiller juri-dique de l'Organisation internationale des réfugiés.
6. Je publie à partir de 1930 l'histoire des Valeureux de la famille Solal, dont *Belle du Seigneur* est le point d'orgue.

1. Je suis né à Lupiac, dans le Gers, en 1615.
2. Gentilhomme gascon, mon vrai nom est Charles de Batz, comte de Montesquiou.
3. J'apprends le métier des armes et entre au service de Louis XIII.
4. Je suis chargé d'arrêter Fouquet à Nantes en 1661.
5. Je suis tué lors du siège de Maastricht en 1673.
6. Un fameux roman d'Alexandre Dumas a immortalisé mon personnage.

1. Je suis né à Paris en 1944.
2. J'ai grandi à Montrouge, en banlieue parisienne.
3. Après avoir raté mon certificat d'études, j'exerce une foule de petits boulots.
4. Peu avant mai 1968, je décide de devenir comédien.
5. Je fonde avec Romain Bouteille et Miou-Miou le Café de la Gare.
6. Humoriste provocateur, j'ai créé en 1985 les Restos du Cœur.

1. Je suis né en 1879 en Allemagne.
2. À 6 ans, j'apprends le violon et me passionne pour Mozart.
3. Parallèlement, mon père m'initie aux mathématiques.
4. Je me révèle vite brillant dans ce domaine, mais suis nul en langues et en biologie.
5. Recalé à l'examen d'entrée à Polytechnique de Zurich, je travaille comme employé dans un bureau de brevets.
6. La publication en 1905 de cinq mémoires sur mes recherches en mathématiques et surtout en physique bouleverse le monde scientifique.

1. Je suis né à Lyon en 1935.
2. Mes parents y tenaient une épicerie.
3. Pendant la guerre, je me réfugie avec ma mère dans le château familial de Quincié-en-Beaujolais.
4. Placé en pension à 10 ans, je découvre le sport et la lecture.
5. J'étudie le journalisme à Paris et entre au *Figaro littéraire* en 1958.
6. À partir de 1973, je deviens le plus fameux animateur d'émissions littéraires à la télévision.

1. Je suis née au XIVe siècle av. J.-C.
2. Mon nom signifie « la belle est venue ».
3. Reine d'Égypte, je suis l'épouse du pharaon Akhenaton.
4. Je participe à la révolution religieuse instaurée par mon mari, le culte du dieu solaire Aton.
5. Délaissant Thèbes, nous fondons la ville de Tell el-Amarna.
6. Je suis devenue célèbre grâce aux nombreux bustes à mon effigie retrouvés sur ce site.

1. Je suis né à Arras en 1758.
2. Mon père était avocat et ma mère issue d'une famille de marchands.
3. Orphelin, j'ai obtenu une bourse pour étudier au lycée Louis-le-Grand, à Paris.
4. Admirateur des philosophes, je rencontre Rousseau à Ermenonville.
5. Devenu avocat au conseil d'Artois en 1781, je débute en politique en 1788.
6. Dirigeant du club des Jacobins, je suis l'un des principaux acteurs de la Révolution française.

1. Je suis né à Sète en 1921.
2. Élève médiocre, je ne m'intéresse guère qu'à la poésie et à la chanson.
3. En 1939, accusé d'un vol au collège, je suis envoyé chez ma tante à Paris.
4. Là, je découvre le piano et commence à écrire.
5. En 1952, Patachou choisit d'interpréter mes chansons *Brave Margot* et *les Bancs publics*.
6. La porte du succès m'est ouverte : m'accompagnant à la guitare, je chante *le Gorille* ou *la Mauvaise Réputation*.

1. Je suis né en 1918 dans le Transkei.
2. Mon grand-père était le chef xhosa Ngubengcuka.
3. Éduqué selon la tradition, je la récuse et m'enfuis de ma famille.
4. J'étudie le droit et deviens le premier avocat noir de mon pays.
5. Entré en politique en 1944, je suis influencé par les idées de Gandhi.
6. Emprisonné en Afrique du Sud pendant 27 ans, je suis libéré en 1990 et deviens président de la République.

1. Je suis née en 1953 à Paris.
2. Je suis la benjamine d'une famille aisée de quatre enfants.
3. Après le bac, j'entre au conservatoire de Versailles et prépare parallèlement une licence de russe.
4. Je débute au théâtre avec Antoine Vitez et Robert Hossein.
5. Mon premier véritable rôle au cinéma m'est offert par Claude Sautet, dans *César et Rosalie*.
6. Actrice française majeure, j'ai obtenu deux prix d'interprétation à Cannes pour *Violette Nozière* en 1978 et *la Pianiste* en 2001.

1. Je suis née à Nantes en 1940.
2. Je me consacre très jeune au dessin.
3. J'enseigne cette discipline au début des années 1960, mais très peu de temps.
4. Je commence tout de suite à publier des dessins dans les journaux *Record, Tintin* ou *Spirou*.
5. En 1972, je fonde *l'Écho des Savanes* avec Gotlib et Mandryka.
6. J'illustre ensuite une page dans *le Nouvel Observateur : les Frustrés*, et plus tard, *le docteur Ventouse* ou *Agrippine* sont mes créations les plus fameuses, reflets de notre société.

Mots fléchés

- Cinéaste d'avant-garde / Producteur de muet
- Marques / Mecque du cinéma marocain
- Premier long-métrage du muet
- Comme le riz au cinéma / Article
- Permet de respirer / Pas muet
- Énervé
- Futures rivières / French kisses
- Sans réaction / Ingénieur aéronautique
- Man pour autiste / Sicilien irascible
- Tel un célèbre personnage du muet / Places enviées
- Garçon de courses / À lui
- Connu / Préparions à l'oscar
- Roi du muet / Prenez du champ
- Souplesse / Plein de riz
- En plein pif / Note
- Peintre français coloriste
- Entrelacs de lac
- Fait de la résistance
- Faussement annotée / Enrichit
- Prénom féminin / Out
- Note / Pour enfant gâté du cinéma
- Surnom de Van den Hoogenband / Raya
- Prénom écossais / Objet de triomphe
- Instables / Réduisit
- Fatigante / Pas lissé
- Sous quille / Overdraft
- Vainqueur du Tour
- Lit de rivière
- Pour une dame qui fait tapisserie / Héros de péplum
- Frimeurs / Falaises pour cinéaste
- Hydrocarbure / Dur travail
- Fait du mal / C'est-à-dire
- Du Nord au cinéma / Filment le muet
- Polie et nuancée / Out !
- Pour allumer le feu / Coutumes
- Ne pas rester inactif
- Pas muet comme une carpe
- Pascal / Font la paix
- Goût à rien / Moyen de transport
- Bon ou mal / Recueil rigolo
- Bout de match
- Éléments de négociation / Traditions
- N'a rien à faire là / Cinq sur cinq
- D'une seule voix
- Ni une, ni deux
- Champion
- Jeu de cartes

Janvier
Vendredi
1er

Jour de l'an

Proverbe breton

Quand les mouettes ont pied, il est temps de virer.

CE JOUR-LÀ

En 1788 paraît le premier numéro du *Times*.

En 1960 est mis en circulation le franc lourd. Le 1er janvier 2002, l'euro remplacera le franc.

Lettre de démotivation

Je ne pense pas que ma présence de dix mois soit indispensable au sein de l'armée française.

En conséquence, je ne souhaite pas effectuer mon service militaire.

Je vous demande de bien vouloir me radier de la liste des appelés.

VRAI OU FAUX

Testez vos connaissances sur les gladiateurs, dont les derniers combats ont eu lieu à Rome en janvier 404, un siècle après leur interdiction par l'empereur Constantin Ier.

1. Les combats de gladiateurs trouvent leur origine en Étrurie, qui est une région du Péloponnèse (Grèce). **V F**

2. À Rome, les plus anciens combats de gladiateurs mentionnés dans les textes remontent à 264 ap. J.-C. **V F**

3. Avant de devenir un spectacle très prisé, les combats de gladiateurs présentaient un caractère funéraire et religieux. **V F**

4. Le terme samsonite désigne un gladiateur. **V F**

5. Lorsque des chevaliers, des nobles ou des personnes de haut rang combattaient dans l'arène à la place des esclaves, les armes utilisées étaient le plus souvent inoffensives. **V F**

6. L'armement défensif des gladiateurs gaulois avait pour but d'empêcher une blessure légère de handicaper le combattant, afin de faire durer le spectacle. **V F**

7. Les gladiateurs les plus vaillants jouissaient d'une immense popularité au sein de la gent féminine, et on a retrouvé des graffitis témoignant de l'amour que portaient les femmes à certains combattants. **V F**

LE PERSONNAGE CÉLÈBRE

En répondant aux définitions suivantes, retrouvez dans les colonnes roses le nom d'un footballeur français né le 1er janvier 1972 à Pointe-à-Pitre.

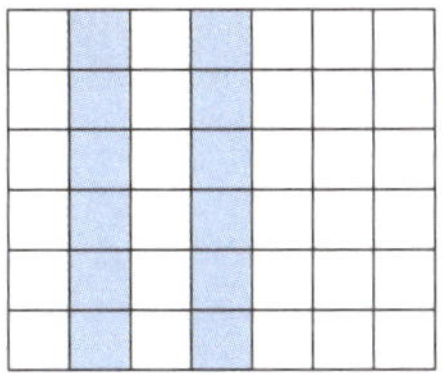

1. Nom d'un célèbre « n° 10 » français. **2.** Prénom de l'un des deux Laudrup, excellents joueurs danois. **3.** Vert devenu sinistre. **4.** Bel assemblage de morceaux de verre. **5.** Joueur prénommé Patrice qui s'illustra à Saint-Étienne. **6.** Bêtes au sens propre.

MOTS CASÉS

Il y a cinquante-sept ans naissait à Argentan (Orne) Michel Onfray, l'un des philosophes les plus brillants de sa génération. Penseur de gauche, il s'intéresse principalement à l'athéisme et à l'hédonisme, s'inspirant de Freud, Marx et Nietzsche. Pour fêter son anniversaire, nous vous proposons de reconstituer cette grille de mots casés qui lui est dédiée.

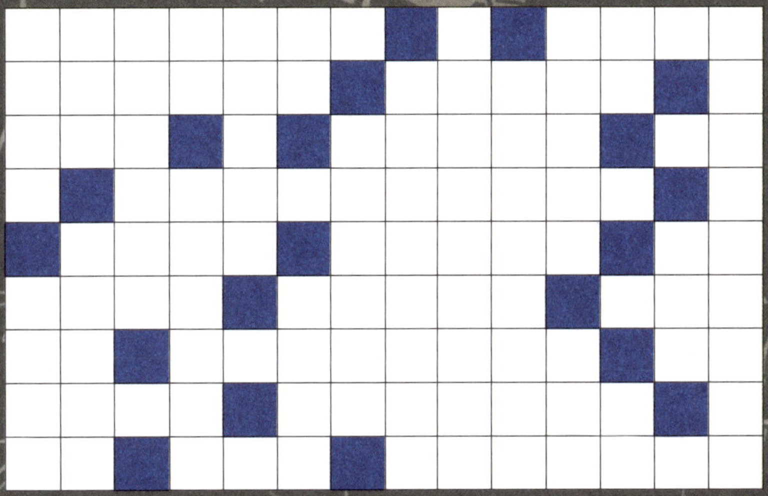

Mots de 2 lettres
AÏ, CD, EN, ET, IN, JE, NÔ, RÉ, US

Mots de 3 lettres
COU, ÉTÉ, PHI, SOI, TIN, YUE

Mots de 4 lettres
ARTS, CAEN, CHEF, ELSA, PÊNE, PROF, VASE

Mots de 5 lettres
BINER, CÈDRE, PHILO, PLEUR, RÉALE, TANCE, VAGIN

Mots de 6 lettres
COBALT, ONFRAY, PENSÉE, RHÉNAN

Mots de 7 lettres
APPÉTIT, NÉNETTE, STOMATE

Mots de 8 lettres
ARGENTAN, RÉALISTE, RELIGION

Mots de 9 lettres
FREUDISME, HÉDONISME

Mot de 10 lettres
SOCIOLOGUE

ANAGRAMMES CROISÉES

Remplissez la grille en reconstituant des mots à partir des lettres proposées (conjugaisons autorisées). Lorsqu'un astérisque suit un groupe de 4 lettres ou plus, un seul mot est possible. Pour les autres, il y a plusieurs anagrammes mais une seule permet de croiser les mots. Les noms propres, eux, sont en italique. Plusieurs mots évoquent le monde du travail.

Horizontalement

I. ANOPRT ; EEEINPRRST*.
II. AER ; EORTU ; ER ; EILT.
III. AAEEGIILLNNNOORST*.
IV. DE ; EEINRS ; EEINR.
V. EINSU ; EN ; AEEG* ; EGR.
VI. IN ; SP ; AAR ; AINRT.
VII. AEERTV ; CEHIN ; ILOT.
VIII. AEIILMPR ; EGINS.
IX. EIINRTV ; AAERRSSTU.
X. ACEEPRS ; ABERR.
XI. ET ; IS ; EEOPT ; *IRU*.
XII. EIPRS ; AEISS ; EEGNS*.
XIII. AENNRSU* ; ILOS ; *INO*.
XIV. DDEEILNOR* ; ENSU ; IN.
XV. EIMS ; EELRS ; AEM.
XVI. DOS ; AEEINORTT.
XVII. DEIINT* ; AT ; ER ; ASTU.
XVIII. BNO ; AAEIMNRRSTT*.
XIX. AENT ; BCEEIOQSU* ; PU.
XX. AERSTU ; ILN ; NO ; IRS.
XXI. AS ; AEFILNRTT ; ABTU.
XXII. CEI ; BEEGI* ; EFR.
XXIII. *EINS* ; CEIRS ; ACIMNO.
XXIV. DEEEMO* ; EEGIMNOOR*.
XXV. EEINOSTT ; AAEILRSS.

Verticalement

1. CDEIIOPRTTUV* ; ABDEEIILNORT*.
2. AEERS ; IMR ; *EMOPS** ; ENNOS ; ENO.
3. AGT ; AEINPT ; DEIMNRSTU* ; CDEI.
4. AAEEIINNRRSSV* ; AEISSTT.
5. EENOR* ; *CEIR* ; ALS ; DIT ; AER ; EM.
6. INOR ; AEINPS ; EIILNOQTU* ; CET.
7. EESSU ; AEEEINNRS* ; NU ; *BFI*.
8. AEINT ; CL ; *EESS* ; AEEILRT.
9. ENTS ; AH ; EPRS ; ABEEIILNRST*.
10. AEIRS ; *AOS* ; ER ; AEEGMNRS.
11. AAEGIINNOORRST* ; ACRT ; EN ; AG.
12. *EEENR* ; EENRT ; ELNORTTTU* ; LMO.
13. EINT ; ABEEGGI* ; *IOR* ; AAFN*.
14. EINR ; EIRRU* ; AEISST ; ENORT.
15. AEGILLL* ; EINRU ; EMSU ; IIMRSU*.
16. ELS ; AIJOR* ; AEEINRR* ; BIP ; EIO.
17. EEENTTT ; AINOSS* ; AACENRSSSU*.

	1	2	3	4	5	6	7	8	9	10	11	12	13	14	15	16	17
I							■										
II				■						■			■				
III																	
IV			■							■						■	
V						■			■					■			
VI		■			■			■				■					
VII							■						■				
VIII									■						■		■
IX								■									
X		■								■						■	
XI			■		■			■						■			
XII						■						■					
XIII	■								■					■			
XIV										■					■		
XV					■						■		■				■
XVI		■		■				■									
XVII							■			■			■				
XVIII				■												■	
XIX					■										■		
XX							■				■			■			
XXI			■										■				
XXII		■				■						■				■	
XXIII					■						■						
XXIV							■	■									
XXV									■								

Janvier
Samedi
2

Basile

Deuxième décan du Capricorne

L'ENGRENAGE

Pour chaque roue de l'engrenage, cherchez le mot correspondant à la définition. Inscrivez-le dans les petits cercles touchant la roue, en démarrant toujours par celui qu'indique la flèche et en tournant dans le sens des aiguilles d'une montre.

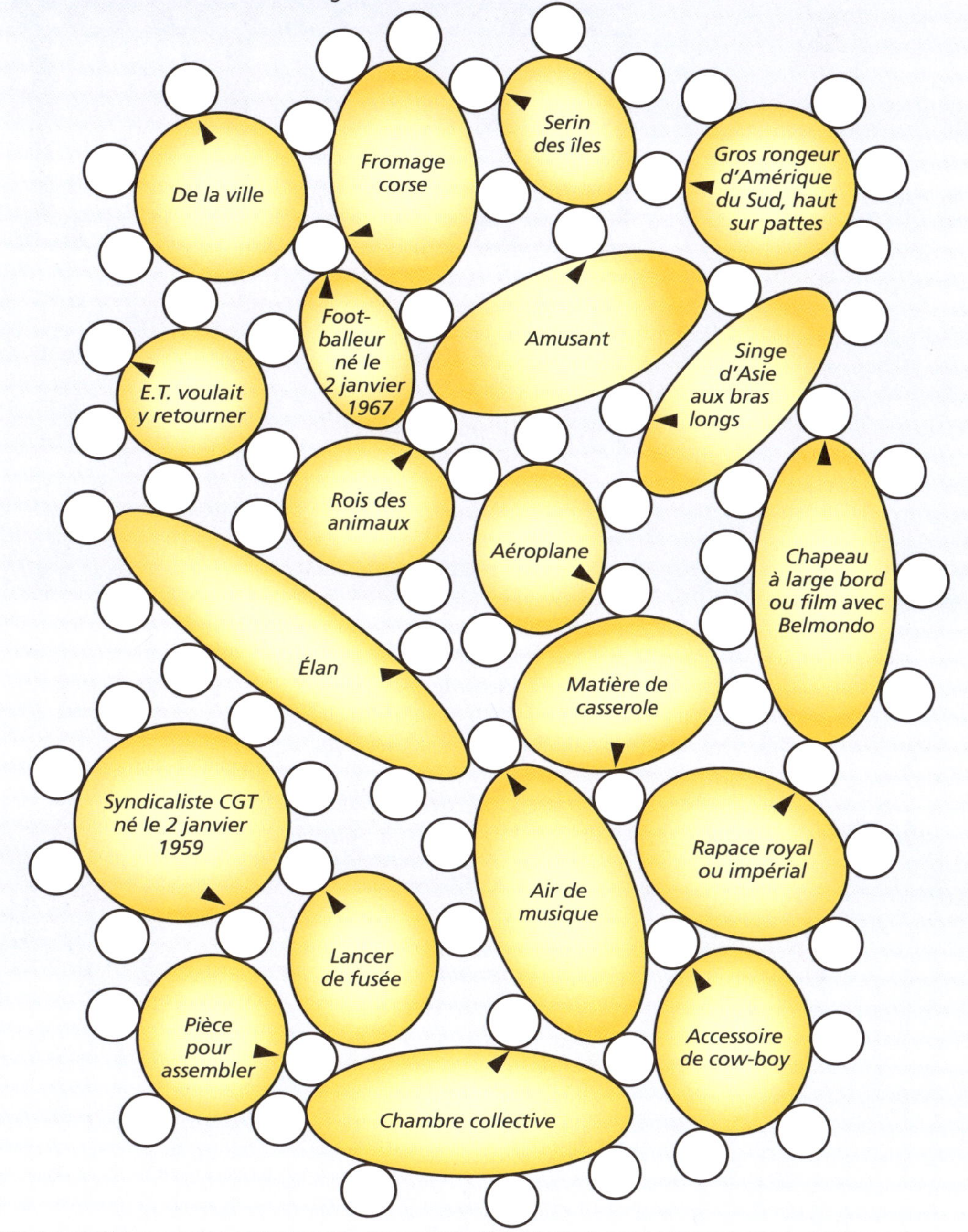

CE JOUR-LÀ

En 1871, lors du siège de Paris par les Prussiens, l'éléphant du Jardin des Plantes est abattu pour être mangé par les habitants.

Devinette

Comment dit-on témoin de Jéhovah en chinois ?

Ding, dong !

Le saviez-vous ?

La dernière fois que des savants ont prêté attention à un alchimiste se vantant d'avoir changé du plomb en or remonte à 1783. La Royal Society de Londres somma son membre James Price d'en faire la démonstration. Incapable de renouveler son expérience, Price se suicida sous les yeux de ses confrères en avalant de l'acide prussique.

Toto

La famille est à table et Toto mange salement.

Son père lui dit :

– Tu manges vraiment comme un goret !

– Hein ?

– Tu sais ce que c'est qu'un goret, au moins ?

– Oui, c'est le fils d'un cochon.

Spectacle

Sept petits garçons arrivent chez le dentiste. L'un d'eux annonce :

– Je viens pour me faire arracher une dent…

– Et tes petits camarades ? Qu'est-ce qu'ils viennent faire ici ?

– Ils viennent pour m'entendre crier !

Les Belges

Dans la mer, deux Belges nagent depuis un moment. Tout à coup, l'un des deux regarde au fond de l'eau et dit à son compagnon :

– T'as vu, il y a une mouette qui est morte !

Alors l'autre regarde le ciel désespérément bleu :

– Où ça ?

Janvier
Dimanche
3

Geneviève

FILMOGRAPHIE Mel Gibson

Homme d'action pure dans ses premiers films, cet acteur né le 3 janvier 1956 a aussi interprété des personnages plus complexes avant de passer à la mise en scène. Retrouvez le titre de cinq films où il a joué grâce aux indices suivants.

1. Dans ce début de trilogie, il prouvait que les routiers ne sont pas toujours sympas.

2. Il n'avait pas le mal de mer dans cette nouvelle version d'une célèbre tragédie maritime.

3. Le premier de quatre films consacrés à un policier excessivement dangereux.

4. Enfin un héros indécis et contemplatif, qui tarde à passer à l'action pour venger son père.

5. Il y démontre à l'ennemi anglais qu'il ne porte rien sous son kilt.

La psychologie selon
Jean Yanne

Le baby blues, c'est quand on montre l'enfant à la mère et qu'elle s'aperçoit qu'il a quatre mains.

Devinette

Quelle est la différence entre une Lada et les Témoins de Jéhovah ?

Avec les Témoins de Jéhovah, vous pouvez fermer la porte.

Futé…

Deux Écossais discutent :

– Je suis malade, mais j'ai peur d'aller chez le médecin : la consultation coûte cher !

– Tu devrais aller chez le docteur MacNamara. Il pratique un tarif dégressif : quand on revient le voir, il ne prend plus que la moitié !

John se présente donc chez le médecin en question :

– Bonjour, docteur ! C'est encore moi !

La perle de la semaine

Un sonnet est formé de deux quatrains et deux tiercés.

CE JOUR-LÀ

En 1905, l'acteur Ray Milland, inoubliable dans le film de Billy Wilder le Poison (1945), voit le jour. Il s'éteindra ce même jour de 1986.

Janvier
Lundi
4

Odilon

REPÈRES CHRONOLOGIQUES

Le 4 janvier 1798, la grande majorité des notables de Mulhouse se prononce en faveur du rattachement de la ville à la France. Un traité entérinera cette décision le 28 janvier. Essayez de classer, de la plus ancienne à la plus récente, ces étapes de la constitution du territoire français.

A. Rattachement de Mulhouse.

B. Rattachement de Verdun, 96 ans après l'entrée victorieuse d'Henri II.

C. Nice et la Savoie reviennent à la France, aux termes d'un traité signé par Napoléon III.

D. Dernier retour de l'Alsace-Lorraine à la France.

E. La France perd le comté de Barcelone.

F. Dernière rectification de la frontière française avec Andorre.

G. La France annexe le val de Tende, alors italien.

H. Union de la France et de la Bretagne.

I. Rattachement de la Corse, un an avant la naissance de Napoléon Bonaparte.

J. Louis XI annexe la Provence.

CE JOUR-LÀ

En 1809 naît Louis Braille, inventeur de l'écriture pour les non-voyants.

En 1958, Spoutnik 1 se désintègre dans l'espace.

Mot d'enfant

Benoît, 4 ans, découvre un nichoir dans un arbre chez sa grand-mère. Il lui dit :

– Mamie, c'est la boîte aux lettres des oiseaux ?

ANATITRES

Formez cinq titres d'albums de Thomas Fersen, né le 4 janvier 1963. La structure de la réponse vous est donnée, ainsi que l'année de sortie.

1. Le bas sale, odieux (1993).
_ _ _ _ _ _ _ _
_ _ _ _ _ _ _

2. Ces drôles radotent (1995).
_ _ _ _ _ _ _ _ _ _
_ _ _ _ _ _ _

3. Pousser un joli *do* (1997).
_ _ _ _ _ _ _ _ _
_ _ _ _ _ _ _

4. Traqué (1999).
_ _ _ _ _ _

5. Le vol fou des lapins (2005).
_ _ _ _ _ _ _ _ _ _ _
_ _ _ _ _ _ _ _

Janvier
Mardi
5

Épiphanie

MOTS MÊLÉS

Diane Keaton est née le 5 janvier 1946 à Los Angeles. Rayez dans la grille les noms de ces acteurs, actrices et réalisateurs avec lesquels elle a travaillé. Les lettres restantes vous donneront le titre d'un film de Woody Allen pour lequel elle a remporté un oscar.

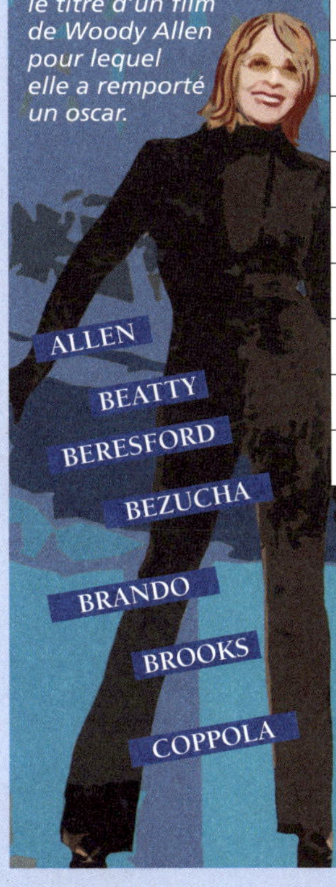

A	L	L	E	N	A	Y	H	P	R	U	M	N	P
H	M	U	T	N	I	C	N	H	U	S	T	O	A
E	A	R	R	U	T	H	C	R	D	O	N	I	C
L	N	R	B	B	R	O	I	A	E	G	R	I	F
N	N	O	R	O	O	L	A	G	N	I	R	O	F
A	M	A	A	K	S	S	N	E	Y	H	S	T	I
Y	I	R	N	P	E	O	N	R	I	L	T	H	E
R	Z	T	D	O	E	R	T	S	M	H	O	N	R
K	A	I	N	A	R	L	I	O	A	L	E	P	O
S	E	R	S	H	Y	L	R	A	H	E	K	I	L
G	Y	Z	U	C	D	E	P	S	E	W	S	T	T
E	E	E	B	R	O	W	A	F	R	E	B	Y	A
R	M	K	U	D	D	I	C	O	R	R	K	E	E
E	A	L	O	P	P	O	C	L	D	A	P	R	B

ALLEN
BEATTY
BERESFORD
BEZUCHA
BRANDO
BROOKS
COPPOLA
DE NIRO
DICAPRIO
GARCIA
GERE
GRIFFITH
HAMILTON
HUSTON
KUDROW
LEHMANN
MARTIN
MEYERS
MURPHY
NICHOLSON
PACINO
PARKER
ROPELEWSKI
RYAN
RYDELL
SHYER
STREEP
TURTURRO
ZAKS

CE JOUR-LÀ

En 1757 a lieu l'attentat de Damiens. Robert François Damiens (1715-1757), un illuminé, est l'auteur d'un inoffensif attentat contre Louis XV perpétré avec… un canif. Il sera torturé puis écartelé. Le matin de son exécution, il se serait exclamé : « La journée sera rude ! »

Équilibre alimentaire

Un avaleur de sabres se rend à la mercerie et demande une boîte d'aiguilles. La vendeuse lui demande :

– Ah, vous faites de la couture ?

– Non, je fais un régime.

SUDOKU

			7	4				6
		4			5			9
	1	6				2		4
3						6		
	8		5		6		2	
		9						8
8		5				9	1	
9			8			7		
1				5	2			

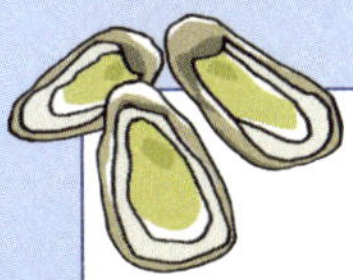

Zoom saveur

LES HUÎTRES

Fort prisées des Celtes, des Romains et des Grecs (qui, déjà, pratiquaient leur élevage !), les huîtres ont été consommées à Paris dès le Moyen Âge.

Il existe de nombreuses variétés de ce coquillage bivalve, de la belon plate, puissamment iodée, à la délicate fine de claire, creuse, en passant par la gravette plate du bassin d'Arcachon, peu salée, ou les succulentes bouzigues, plus corsées plates que creuses.

Idée gourmande. *En ouvrant les huîtres, videz la première eau qu'elles contiennent : elles délivreront aussitôt une eau nouvelle, plus claire et plus savoureuse.*

Janvier
Mercredi
6

Mélaine

MOTS CROISÉS

Horizontalement
I. Nom d'une célèbre astrologue née le 6 janvier 1938. **II.** Événement imprévisible ; elle eut un destin vachement peu enviable. **III.** Jubilé ; gentil surnom d'un chef d'État dont notre astrologue fut la conseillère. **IV.** Bien charpentés ; cœur de marmot. **V.** Deuxième signe du zodiaque. **VI.** Espace de temps. **VII.** Donna à voir. **VIII.** Indien des Rocheuses ; fléchir. **IX.** Tombera, à l'instar de l'indice de crédibilité de notre astrologue malmenée par Guy Carlier.

	1	2	3	4	5	6	7	8	9
I									■
II					■		■		
III			■						
IV						■			■
V								■	
VI	■		■		■				
VII									
VIII				■					
IX								■	

Verticalement
1. Jeu de cartes autres que celle du ciel, mais dans lesquelles l'avenir se lit aussi ; oiseau de mauvais augure. **2.** Homophone du prénom de notre astrologue. **3.** Fin de partie ; donc bien prédit ; pas grand-chose. **4.** Planète gouvernant le Capricorne, à laquelle on a longtemps attribué une influence fatale. **5.** Tente sa chance ; elle jette un froid à Londres. **6.** Atome dénaturé ; ville d'Afrique du Nord où naquit notre astrologue, sous le véritable nom de Germaine Hanselmann. **7.** Escroqua. **8.** Cité au pied des monts Dôme ; on la dit voleuse. **9.** Médit plus qu'il ne prédit ; corps céleste.

CE JOUR-LÀ

En 1709, il est difficile de se gondoler à Venise : à cause de la rigueur de l'hiver, les canaux sont gelés !

L'ÉCHELLE

À l'aide des six croisillons, reconstruisez l'échelle composée de deux mots de neuf lettres verticaux et trois mots de six lettres horizontaux, les deux verticaux ayant un rapport avec le monde d'Étienne de Montgolfier, né le 6 janvier 1745, quinzième de seize enfants.

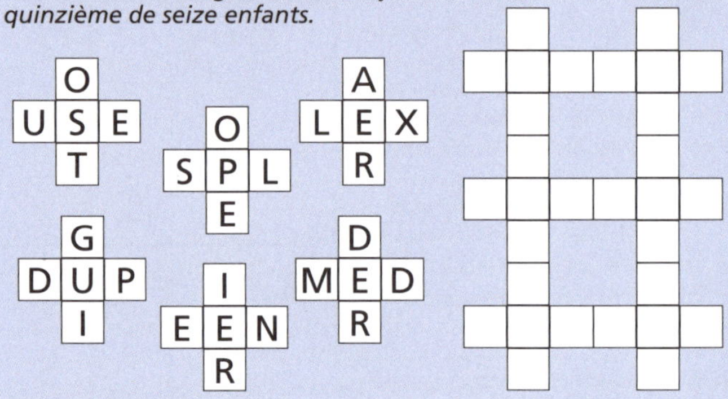

Déducto

En début d'apnée

À bout de souffle
(Jean-Luc Godard, 1959)

Rappel à l'ordre

Dans un wagon de métro bondé, une voyageuse s'adresse à un type qui est collé contre elle :

– Vous savez que vous risquez de graves ennuis avec l'Ordre des masseurs-kinésithérapeutes s'il apprend que vous lui faites de la concurrence déloyale ?

Belle-maman

Deux amis se rencontrent sur le parking du vétérinaire :

– J'amène mon chien parce qu'il a mordu ma belle-mère.

– Ah bon, tu ne vas quand même pas le faire euthanasier ?

– Non, tu rigoles… Je viens pour lui faire aiguiser les dents.

RÉBUS

Retrouvez le titre d'une émission que présentait Thierry Ardisson, né ce jour en 1949 à Bourganeuf.

Janvier
Jeudi
7

Raymond

CE JOUR-LÀ

En 1927, les Harlem Globetrotters, joueurs de basket-ball américains, remportent leur première victoire en NBA. C'est la première équipe composée uniquement de joueurs noirs à s'imposer dans le championnat américain.

SYLLABES MANQUANTES

Reconstituez dix mots en utilisant les syllabes proposées. Les initiales des mots trouvés vous révéleront le nom d'une journaliste et écrivaine française née le 7 janvier 1959 à Roubaix.

1. __ CRAS ____
2. __ PAT __ DE
3. ____ TO ___ CAN
4. ___ PIÉ ___ ME
5. ___ BRI __ ÏDE
6. ___ ___ LA __
7. ___ __ ___ MENT
8. __ ___ DE ___
9. __ ___ TA ___
10. ___ TAM ____

ble	bule	co	con
dé	dem	épi	eu
fi	ho	im	lom
mar	me	met	noc
pom	ri	rie	ris
soir	stra	tha	vol

Composition

Sur l'étiquette d'un pull qu'elle souhaite acheter, une cliente voit « 40 % laine et 55 % coton ».

– À quoi correspondent les 5 % restants ? s'étonne-t-elle.

– Heu… dit la vendeuse. C'est certainement ce qui rétrécit au premier lavage…

CHARADE

1 Mon premier soutient le navire en cours de construction.

2 Mon deuxième est un mot d'enfant.

3 Mon troisième reste à payer.

4 Mon quatrième est à économiser.

5 Mon cinquième est à voile et à vapeur.

6 Mon sixième ne désigne ni un blond ni un brun.

Mon tout est le nom d'une jeune paysanne née le 7 janvier 1844 et canonisée en 1933.

La contrepèterie de la semaine

Le doigt dans le trou du fût, la main entre les caisses.

Janvier
Vendredi
8

Lucien

QUIZ Simone de Beauvoir

Cette femme de lettres au parcours exceptionnel, née dans un milieu très pratiquant, devint une scandaleuse, une féministe, une existentialiste, auteure d'une œuvre passionnément militante.

1. *Son ami Sartre la coiffa au poteau en 1929 :*
A. Au concours d'entrée de Normale sup.
B. À l'agrégation de philosophie.
C. Au concours général.

2. *Son premier roman s'intitule :*
A. *L'Invitée.* **B.** *Le Sang des autres.*
C. *Mémoires d'une jeune fille rangée.*

3. *Elle a écrit un ardent essai sur les femmes intitulé :*
A. *Tous les hommes sont mortels.*
B. *Les Bouches inutiles.*
C. *Le Deuxième Sexe.*

4. *Qui a écrit « Elle ébauche les raisonnements et les développe dans un style relâché pour faire vécu » ?*
A. Céline. **B.** Jacques Laurent.
C. Jean-Paul Sartre.

CE JOUR-LÀ

En 1887, la Ville de Paris accorde à l'ingénieur Gustave Eiffel une subvention de 1,5 million de francs pour construire une tour métallique qui doit être le clou de l'Exposition universelle de 1889.

Les blondes

Deux blondes font du stop. Le soir venu, elles décident de planter leur tente pour passer la nuit.

– On va la planter sur le bas-côté, dit l'une.

– Non, non, on va la mettre au milieu de la route, c'est plus plat, dit l'autre.

Le lendemain matin, en se levant, elles voient un camion accidenté sur le bas-côté.

– Ah, tu vois ! dit la seconde. On a bien fait de planter la tente au milieu de la route.

Proverbe espagnol

Mieux vaut bien chevaucher un âne que de se faire désarçonner par un cheval.

Janvier

Samedi

9

Alix

CE JOUR-LÀ

En 1608, on assiste à un record de froid à Paris. On est obligé de couper le vin… à la hache.

En 1873, l'empereur Napoléon III, déclaré déchu en 1870, meurt à Chislehurst, en Angleterre.

Le saviez-vous ?

Lord Ernest Rutherford (1871-1937), physicien britannique qui a découvert l'existence des neutrons dans le noyau atomique, ouvrant ainsi la voie à l'énergie et aux armes nucléaires, a déclaré en 1933 : « L'énergie résultant de la fission de l'atome ne vaut pas grand-chose. La transformation de l'atome en source énergétique n'a pas d'intérêt. »

PICTOGRILLE

Placez dans la grille les noms correspondant aux quinze dessins qui l'entourent et qui ont un rapport avec le cinéma.

LE VERTICALETTRES

À l'aide des définitions, retrouvez les noms de dix chanteuses françaises ou francophones afin de faire apparaître verticalement celui d'une chanteuse née en Belgique le 9 janvier 1970.

1. Née en 1978, celle-ci a trouvé sa voie en 2005 : explorer sa voix au « fil » de concepts étonnants. **2.** « Ah, que la vie est belle ! » ironise cette chanteuse subversive, née il y a 76 ans… à Kekeland ? **3.** Son vrai nom, Claudine Luypaerts, laisse entendre que cette « fille très scène » est d'origine belge. **4.** Grande chanteuse québécoise qui a joué le rôle d'une serveuse automate dans *Starmania*. **5.** Comédienne et peintre, cette chanteuse née à Montréal semble, avec ses costumes excentriques, atteinte de « folie douce ». **6.** Autre Québécoise, née en 1966, dont les belles chansons à histoires sont la « signature ». **7.** Fille d'un philosophe et d'une physicienne, comédienne et actrice, cette chanteuse française née en 1968 a débuté sa carrière avec un album intitulé *Paramour*. **8.** On ne présente plus cette Canadienne née également en 1968, qui n'a pas sombré avec le *Titanic* ! **9.** Loin d'avoir tiré sa « révérence », cette chanteuse française a fait une tournée triomphale en 2015. **10.** « Quelqu'un m'a dit » que cet ex-top-modèle né à Turin en 1968 en pinçait pour Raphaël.

Janvier
Dimanche
10

Guillaume

LE PERSONNAGE DU JOUR

Découvrez un personnage célèbre grâce aux indices suivants, que vous lirez l'un après l'autre.

1 Je suis née le 19 août 1883 à Saumur, où je mourrai le 10 janvier 1971, à l'âge de 87 ans.

2 Après la mort de ma mère et abandonnée par mon père, je suis envoyée dans un orphelinat en Corrèze.

3 Puis je monte à Paris, où je cherche ma voie. J'y débute dans la chanson.

4 Je suis l'amante d'Arthur Capel, lequel me permet d'ouvrir une boutique à Deauville en 1913, puis une autre à Paris.

5 Je fréquente les milieux artistiques de l'époque. Je rencontre Picasso, Cocteau, Diaghilev…

6 Après avoir fabriqué des chapeaux, je m'intéresse à la mode féminine et me lance dans la couture.

7 Pour mon pseudonyme, je change de prénom (Gabrielle), mais conserve mon nom à une lettre près.

8 Je professe qu'il n'y a pas de mode si elle ne descend pas dans la rue.

9 En accord avec la mode garçonne des années 1920, je popularise le jersey et le pantalon pour femmes.

10 J'ai immortalisé un célèbre tailleur et un parfum légendaire symbolisé par son numéro.

CE JOUR-LÀ

En 1429, le duc de Bourgogne Philippe le Bon fonde la Toison d'or, un ordre de chevalerie qui passera ensuite à la maison des Habsbourg.

La consultation selon
Michel Leeb

À un journaliste qui lui demandait :

– Qu'est-ce qui est le plus difficile quand vous examinez un enfant malade ?

Robert Debré, pédiatre de renom, répondit :

– Faire taire ses parents.

La perle de la semaine

On dit qu'une ligne droite est perpendiculaire quand elle se met à tourner d'un seul coup.

Janvier
Lundi
11

Paulin

CE JOUR-LÀ

En 1443 meurt La Hire, le fidèle compagnon de Jeanne d'Arc, qu'il tenta de sauver. Son nom est à jamais immortalisé par le valet de cœur des jeux de cartes.

Hérédité

Un gangster rentre chez lui après avoir accompli un hold-up.

– Tu vas être fier, lui annonce sa femme. Notre petit garçon a dit ses premiers mots.

– Lesquels ?

– Haut les mains !

Convalescence

Deux gamins de 5 ans urinent l'un à côté de l'autre pendant la récréation. Soudain, l'un des deux s'exclame :

– Ouah ! Ton zizi n'a pas de peau au bout !

– Non, j'ai été circoncis.

– Ça veut dire quoi ?

– Ça veut dire qu'on a coupé la peau au bout quand j'avais 2 semaines.

– Et ça fait mal ?

– Tu parles si ça fait mal ! J'ai pas pu marcher pendant un an après !

Mot d'enfant

Julie, 3 ans et demi, regarde son grand-père faire le plein de la voiture.

– Mamie, viens voir, papy donne le biberon à sa voiture !

LE COMPAS DANS L'ŒIL

Culture et intuition devraient vous aider à estimer ces records de précocité.

1. *Le 11 janvier 1980, le Britannique Nigel Short devient le plus jeune joueur d'échecs nommé maître international. Quel âge a-t-il ?*
A. 7 ans. **B.** 11 ans. **C.** 14 ans. **D.** 19 ans.

2. *À quel âge le Français Noël Vandernotte, barreur en aviron, a-t-il décroché deux fois le bronze à Berlin, en 1936, devenant le plus jeune médaillé de l'histoire des jeux Olympiques ?*
A. 9 ans et demi. **B.** 11 ans. **C.** 12 ans et demi. **D.** 13 ans et 267 jours.

3. *Quel âge avait John Fitzgerald Kennedy lorsqu'il est devenu le plus jeune président des États-Unis ?*
A. 31 ans. **B.** 35 ans. **C.** 39 ans. **D.** 43 ans.

Janvier
Mardi
12

Tatiana

Troisième décan du Capricorne

SUDOKU

			3	6				
2	5				4		3	
	7						8	9
4	9				3		2	
			4		6			
	2		9				4	6
8	3						9	
	4		1				6	2
				3	2			

Zoom saveur

LA TRUFFE

Champignon souterrain des plus recherchés, la truffe est connue depuis l'Antiquité car les Anciens lui prêtaient des vertus aphrodisiaques…

La reine des truffes est sans conteste la sublime Tuber melanosporum, *diamant noir du Périgord. Sa saveur finement poivrée, sublimée d'affolants arômes de sous-bois, en fait un inimitable joyau gastronomique.*

Idée gourmande.
Pour régaler 4 personnes sans vous ruiner, faites cuire 400 g de pâtes fraîches ; ajoutez-y 80 g de beurre ainsi qu'une truffe de 30 g nettoyée et finement émincée.

Devinette

Qu'est-ce qu'un fou qui travaille à La Poste ?

Un timbré !

La relève

Louis XIII est mourant. On amène à son chevet le Dauphin, âgé de 5 ans. Il se soulève péniblement sur ses oreillers et lui dit :

– Comment t'appelles-tu ?

Et l'enfant réplique :

– Louis XIV…

Devinette

Pourquoi les Corses sont-ils petits ?

Parce que, quand ils étaient enfants, leur père leur disait toujours : quand tu seras grand, tu travailleras.

CE JOUR-LÀ

En 1833 meurt le plus célèbre cuisinier de son temps. Il a servi Napoléon, Talleyrand et le tsar Alexandre Ier. Ce seigneur de la gastronomie, né en 1784, n'avait pas un nom prédestiné, puisqu'il s'appelait Marie-Antoine Carême.

KAKURO

JEU DE LOGIQUE

A et B représentent le même dé vu sous des angles différents. Ce dé, non conventionnel dans la mesure où la somme des points sur les faces opposées n'est pas toujours égale à 7, a été créé en pliant l'une des formes 1 à 4. Laquelle ?

Janvier
Mercredi
13

Yvette

CE JOUR-LÀ

En 2001, un tremblement de terre au Salvador fait 1 100 victimes : 600 morts et 500 disparus.

Déducto

Lorsque la campagne se réveille

Quand la ville dort (John Huston, 1950)

MOTS CROISÉS

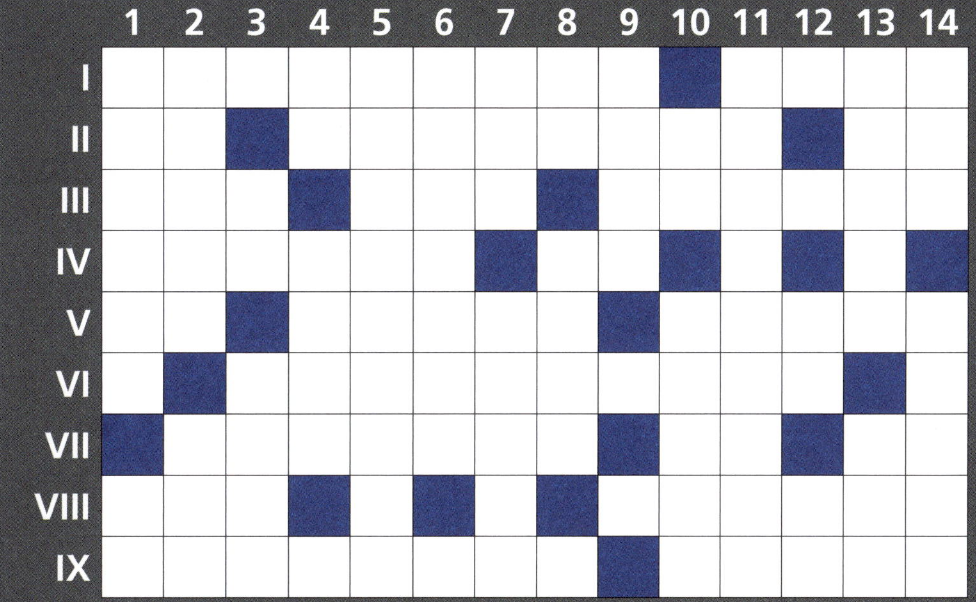

Horizontalement
I. Prénom et véritable nom du dessinateur Cabu, né le 13 janvier 1938 à Châlons-sur-Marne ; nez en pointe. **II.** Morceau abrégé ; modernisa l'atelier ; deuxième degré. **III.** Singe à barbe ; femme de lettres américaine ; portion de troufion. **IV.** Magazine de BD auquel Cabu collabora à partir de 1962 ; la Terre des Grecs. **V.** Cité en Bourgogne ; mortel ; un type rendu populaire par Cabu. **VI.** Croqua à la manière de Cabu. **VII.** Avant-toits ; gondolé ; demi-poulbot. **VIII.** Lettres du Burundi ; nom d'un héros et d'un hebdo de BD. **IX.** Célèbre animatrice TV dont Cabu… croqua le nez ! ; rien de rien.

Verticalement
1. Nom d'un présidentiable encouragé par Cabu dans un album en 1999 ; l'art de Cabu. **2.** Tel un trait exécuté au fusain ; le grand Duduche, personnage de lycéen lymphatique imaginé par Cabu, en est un. **3.** Personnel masculin ; type de pataquès. **4.** Noir aux extrémités ; nom de plusieurs rois de Norvège. **5.** Vendirent leurs salades. **6.** Relatif au sapin. **7.** Cap sur la Tunisie ; herbe de saint Christophe. **8.** Bas de gamme et obsolète ; son sombre. **9.** Variante pour la bagnole. **10.** Au pied du sapin ; outil de graveur. **11.** Nom d'une méchante fille dont Cabu illustra le *Journal* avant qu'elle « saute au paf » ! **12.** Arrose le Nord ; morceau de tarte. **13.** Bien avancé ; béquille de bâtiment. **14.** Sou du Tokyoïte ; fait semblant.

La bonne mesure

Madame, sur la balance :

– Oh, mon Dieu, je suis trop petite !

Le mari, qui observe :

– Tu veux dire trop grosse !

– Non, non. Regarde, c'est écrit là sur le guide : « Une femme de 1,70 m doit peser 65 kg. »

– Oui, je vois. Eh bien ?

– Eh bien, eh bien… il me manque 10 cm !

Présentations

James Bond est invité à une soirée. Très vite, il s'aperçoit que c'est plein de beaufs, mais bon… il se résigne. Il repère la fille qui a l'air d'être la moins ringarde et se présente :

– Bonsoir, je me présente. Bond, James Bond.

– Bonsoir, moi c'est Monde, Ray Monde.

Les pantoufles de Philippe Bouvard

Énième cambriolage dans ma résidence secondaire. On compare les dommages d'une effraction à l'autre. Le brigadier dit malicieusement à ma femme en lorgnant vers mes vieilles pantoufles :

– Votre mari devrait en changer. Ça fait trois fois qu'ils les laissent.

À l'hôpital

L'interne de garde interroge un homme qui vient d'être amené avec une fracture du crâne.

– Que vous est-il arrivé ?

– Ma femme n'a pas apprécié quand je lui ai dit que le bifteck qu'elle m'avait servi était dur.

– Et alors ?

– Elle m'a donné un coup sur la tête avec.

Janvier
Jeudi
14

Nina

LA PREUVE PAR 9

Trouvez les cinq mots correspondant aux définitions, formés uniquement avec les lettres ci-dessous.

T E L T A
R E S T

1. Ses œufs servent à préparer le caviar.
S _ _ _ _ _ _

2. On les prend au mot…
L _ _ _ _ _ _

3. Ses falaises reçoivent beaucoup de touristes.
E _ _ _ _ _ _

4. Constituer une preuve.
A _ _ _ _ _ _ _

5. Elle espère qu'on dira d'elle un jour qu'elle a bien tourné.
S _ _ _ _ _ _ _ _

Définition

L'homme : un chauffage d'appoint qui ronfle.

CE JOUR-LÀ

En 1986, pendant le Paris-Dakar, l'organisateur Thierry Sabine et le chanteur Daniel Balavoine trouvent la mort dans un accident d'hélicoptère.

La contrepèterie de la semaine

Cette presse est spécialiste du foot.

Devinette

Quelle est la différence entre un cendrier et une théière ?

Le cendrier c'est pour des cendres ; la théière, c'est pour mon thé.

JEU DE LOGIQUE

ABCD-AEDB représente les dates de naissance et de mort d'un Français célèbre. Retrouvez ces dates à l'aide des indications ci-dessous. Quel est cet homme auquel la ville de Lyon doit une fière chandelle ?

C + A = B − A

A + A + B = C + D

B + B = D × D

(_ _ _ _ - _ _ _ _)

Janvier
Vendredi
15

Rémi

LE PERSONNAGE CÉLÈBRE

En répondant aux définitions suivantes, retrouvez dans les colonnes bleues le nom d'un footballeur né le 15 janvier 1950 à Sainte-Anne.

1								
2								
3								
4								
5								
6								

1. Chanson enfantine. **2.** Discours violent. **3.** Club des Girondins, dont notre joueur fut un élément « précieux ». **4.** Mouvement accompagnant le tacle. **5.** Belles ouvertures pouvant conduire au but. **6.** Marquer.

CE JOUR-LÀ

En 1988, on annonce le décès du juriste irlandais Sean MacBride, cofondateur d'Amnesty International.

MARIONS-LES

Né le 15 janvier 1908, le physicien hongrois Teller Ede est connu comme le père de la bombe à hydrogène. Saurez-vous apparier les découvertes suivantes avec ceux qui les ont faites, leur nom de famille servant facilement d'indice ?

L'ascenseur à vapeur	A	1	Fichet
La Bakélite	B	2	Daimler
Le balai mécanique	C	3	Appert
La balance à deux fléaux	D	4	Otis
Le carburateur à essence	E	5	MacIntosh
Les conserves stérilisées	F	6	Baekeland
Le crayon à mine	G	7	Gillette
L'imperméable en caoutchouc	H	8	Bissel
Le rasoir de sûreté	I	9	Roberval
La serrure de précision	J	10	Conté

Proverbe chinois

Agneau en peau de tigre craint encore le loup.

Souffre-douleur

– Allez, mon grand, debout, c'est la rentrée des classes.

– Non, je veux pas y aller, ils sont pas gentils avec moi, ils me font que des misères.

– Allons, allons, c'est toi l'instituteur, quand même.

Toto

Toto dit à son père :

– Papa, j'ai eu zéro parce que je ne savais pas où est le col du fémur !

Le père :

– Tu dois réviser ta géographie !

Janvier
Samedi
16

Marcel

MOTS CASÉS

Kate Moss, le célèbre mannequin britannique, est née le 16 janvier 1974. Reconstituez cette grille dont certains termes (en couleur) évoquent le monde de la mode et de la haute couture.

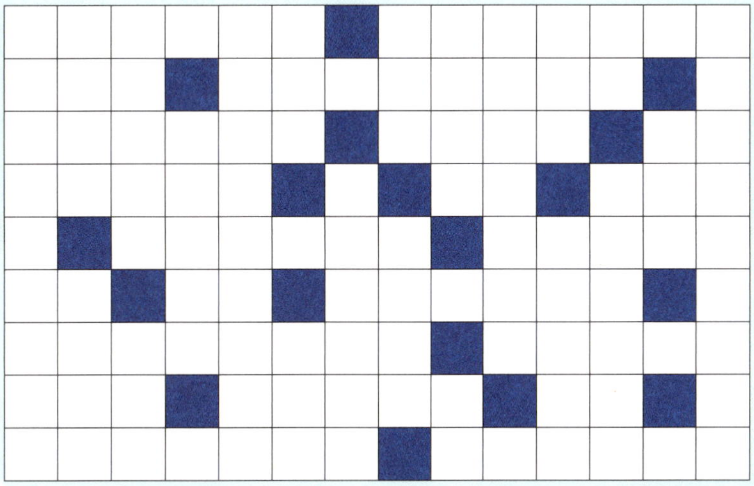

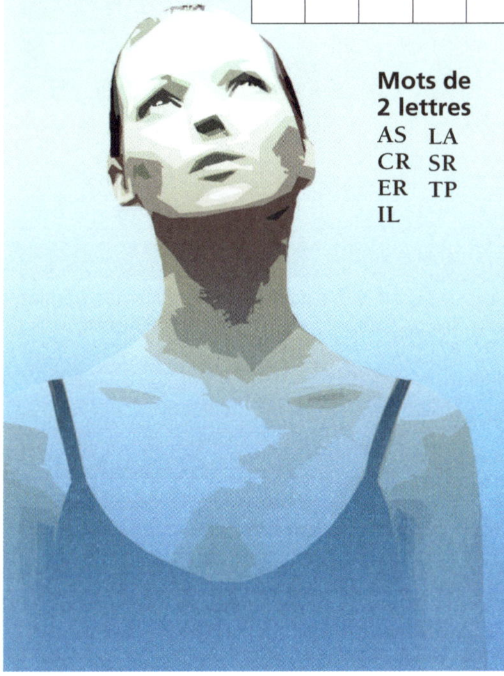

Mots de 2 lettres
AS LA
CR SR
ER TP
IL

Mots de 3 lettres
BAR MIE
CAP NÉO
COR OIE
ÉPI VIT
MAC

Mots de 4 lettres
AINE
ARAS
NEYS
RACE
RIPE

Mots de 5 lettres
AGILE
KLEIN
OKAPI
RÉAGI
RÉGAL
TOAST
XÉRUS

Mots de 6 lettres
CARDIN
CÉCILE
LITRON
MAËRLS
PANSES
ROCHAS
UNGARO

Mots de 7 lettres
BALMAIN
LACROIX
SETTERS

Mots de 8 lettres
GIVENCHY
RÉPARAIS

Mots de 9 lettres
COURRÈGES
IRRITANTE
NARCISSES

COMPTABILITÉ

Combien comptez-vous de cercles ?

Le saviez-vous ?

La souris australienne empile des petits cailloux devant son terrier pour que la rosée se dépose dessus puis se condense. C'est ainsi que, au petit matin, elle trouve sa ration d'eau quotidienne à sa porte.

VRAI OU FAUX

Kate Moss a fait couler beaucoup d'encre dans les magazines people. Distinguez la vérité du mensonge dans ces affirmations.

1. Elle a boxé en amateur avant d'être top-modèle. V F
2. Elle a été découverte par Calvin Klein. V F
3. Menue, elle mesure 1,60 m et pèse 40 kg. V F
4. Elle est célèbre pour son incarnation du « waif look » (allure d'enfant abandonné). V F
5. En 2002, elle a eu une petite fille avec Johnny Depp : Lila Grace. V F
6. Le *Daily Mirror* a publié une photo la montrant en train de sniffer de la cocaïne. V F

CE JOUR-LÀ

En 1996 sort le Grand Secret, un ouvrage dans lequel l'ex-médecin de François Mitterrand révèle que le chef de l'État se savait atteint d'un cancer depuis 1981.

Ultimatum

Un Inuit a rendez-vous avec une amie. Celle-ci tardant à venir, il sort son thermomètre et dit :

– Si à moins dix elle n'est pas là, j'me tire !

Coupe-chique

– Comment voulez-vous que je vous coiffe ? demande le coiffeur à un type visiblement énervé.

– En silence ! répond ce dernier.

Les blondes

Une blonde entre dans un bar. Elle s'approche du barman et lui chuchote dans l'oreille :

– Où sont vos toilettes ?

– De l'autre côté.

Alors la blonde se déplace et lui chuchote dans l'autre oreille :

– Où sont vos toilettes ?

Janvier
Dimanche
17

Roseline

SUPERPOSITIONS

Imaginez que les plaquettes ci-dessous soient en carton. Trouvez les trois qu'il faut superposer pour obtenir la figure A, ainsi que l'ordre de superposition.

CE JOUR-LÀ

En 1991, l'Anglais Richard Branson et le Suédois Per Lindstrand établissent un nouveau record (deux jours) de traversée du Pacifique en montgolfière. Au cours de ce voyage, ils atteignent également la vitesse record de 394 km/h à bord de leur aérostat.

Les blondes

Comment fait une blonde pour imprimer un texte à partir d'un ordinateur ?

Elle met l'écran sur la photocopieuse.

La Genèse selon Coluche

Les choses sont très bien réparties dans la nature. Dieu a mis les pommes en Normandie parce qu'il sait que c'est là-bas qu'on boit du cidre !

Parade

Le professeur d'histoire raconte l'assassinat de Marat dans sa baignoire par Charlotte Corday. Un élève soupire :

– S'il avait pris une douche, il ne serait pas mort !

La perle de la semaine

Le zéro est très utile, surtout si on le met derrière les autres chiffres.

Janvier
Lundi
18

Prisca

CE JOUR-LÀ

En 1800, Napoléon crée la Banque de France.

Le mariage selon Montaigne

Le mariage est comme une volière : les oiseaux qui sont à l'extérieur voudraient bien entrer, et ceux qui sont à l'intérieur voudraient bien sortir.

Mot d'enfant

Pour faire comprendre à Lucie, 5 ans, à quel point les ordinateurs ont évolué, son père lui explique que, à l'époque où il faisait ses études, un ordinateur de la puissance de leur actuel PC aurait eu la taille d'une maison. Complètement ébahie, la fillette demande :

– Et la souris, alors ?

LE PERSONNAGE DU JOUR

Découvrez un personnage dont le nom est célèbre à plus d'un titre grâce aux indices suivants, que vous lirez l'un après l'autre.

1 Je suis né à Paris le 18 janvier 1881.

2 Mon père, Paul, est rentier ; il collectionne les livres rares et les tableaux impressionnistes. Il est l'ami d'Auguste Renoir.

3 J'étudie sept ans au lycée Condorcet, où je fais la connaissance de Roger Martin du Gard. J'arrête mes études après avoir obtenu mon baccalauréat en 1898.

4 En 1910, je suis engagé à *la Nouvelle Revue française* comme gérant. Avec André Gide et Jean Schlumberger, j'apporte le capital nécessaire. En 1913, je suis nommé administrateur du théâtre du Vieux-Colombier, qui vient d'être créé. J'y fais la connaissance de la comédienne Valentine Tessier, qui devient ma maîtresse.

5 En 1918, je décide de créer une véritable entreprise clairement distincte de la NRF. Ce sera la librairie qui porte mon nom. En 1928, je crée ZED-Publications, qui vise à lancer des hebdomadaires (*Détective, Voilà, Marianne…*) et des revues (*la Revue du cinéma…*). L'hebdomadaire de faits divers *Détective*, dont le créateur est Joseph Kessel, rencontre un grand succès.

6 En 1960, Albert Camus et Michel, mon neveu – que je considère comme mon fils –, se tuent dans un accident de voiture. Je meurs en 1975 à Neuilly-sur-Seine, après avoir transmis le pouvoir à mon fils Claude.

Janvier

Mardi

19

Marius

CE JOUR-LÀ

En 1737 naît au Havre Henri Bernardin de Saint-Pierre, l'auteur de Paul et Virginie (1788).

Toto

Le papa de Toto :

– Toto, tu sais, on va avoir un bébé !

– C'est vrai ? Il faut prévenir maman !

MOTS CROISÉS

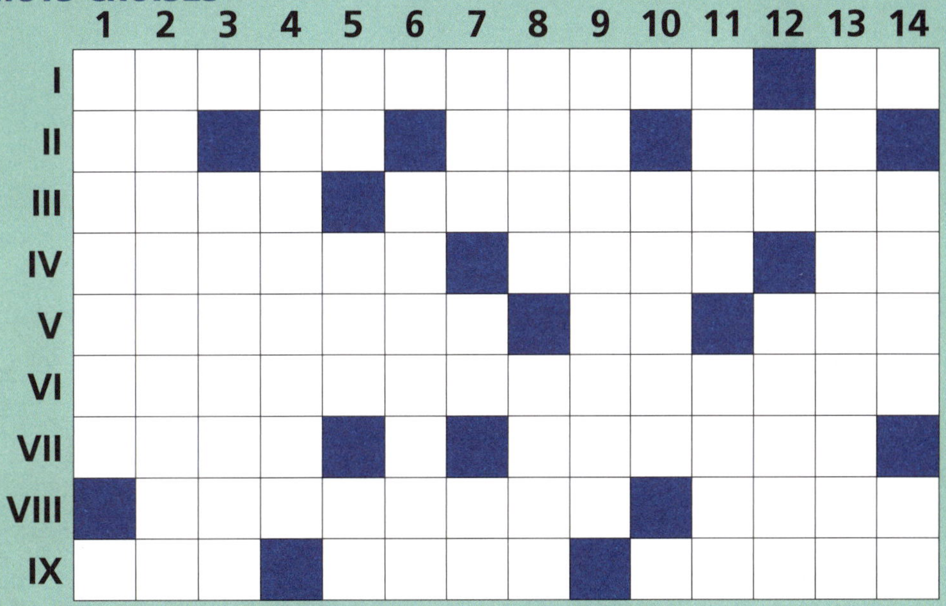

Horizontalement

I. Ce rockeur, créateur de *Blue Suede Shoes*, disparut le 19 janvier 1998 ; cette lady était disparue l'année précédente. **II.** Langue elle aussi disparue ; roulé dans la farine ; cri de bûcheron ; Lucy nous a en quelque sorte permis d'en changer. **III.** Groupe de rock punk italien, ou dans une version russe de *Back in the USSR* de McCartney ; groupe de hard rock. **IV.** Virement post-mortem ; valent dix ou quinze ; heavy metal. **V.** Ça vaut mieux que d'attraper la scarlatine ; rire à Paris, ou salut à New York ; ADN modifié pour l'international. **VI.** Rock de Bill Haley vendu à 20 millions d'exemplaires. **VII.** Ne fais pas de bien ; parfois supère. **VIII.** À sec en hiver encore plus qu'en été ; nuance d'espoir. **IX.** Coquin ; sorti ; s'accompagne parfois de fracas.

Verticalement

1. Annoncé comme le successeur d'Elvis, cette légende du rock meurt à 21 ans des suites d'un accident de voiture. **2.** Venues en groupies. **3.** Sacré vase. **4.** Joue de la crécelle, mais ce n'est pas la musique qu'elle a dans la peau. **5.** Réussi ; dans la solution, et même au bout ; corde de guitare. **6.** Habite la ville du Brie. **7.** Ancienne unité de fluidité ; gentil extraterrestre ; méchant Terrien. **8.** Entraînement aux arts martiaux ; poisson fadasse. **9.** Dont la dernière note n'a été ni écrite ni jouée. **10.** Fait sortir le petit oiseau. **11.** Moyen de transport pour le retour ; comme un bon concert de rock. **12.** Pouffé ; peindre comme un début de gamme. **13.** Ensemble, surtout pour des musiciens. **14.** Liqueur ; équerre.

CHARADE

1 Mon premier est un phénomène apparu sur terre il y a quelque 3,5 milliards d'années.

2 Mon deuxième est un jeu d'origine chinoise.

3 Mon troisième constitue le terme de mon premier.

4 Mon quatrième fait dix à Londres et rime avec Big Ben.

5 Mon cinquième est une petite pièce japonaise.

Mon tout est un acteur américain qui a remarquablement tenu le rôle d'Aragorn dans la trilogie le Seigneur des anneaux*.*

Zoom saveur

LE VACHERIN

Le plus réputé des vacherins est le mont-d'or du haut Doubs, pourvu d'une AOC depuis 1981. Divinement crémeux, il a une saveur douce et boisée.

Idée gourmande. *Préchauffez le four à 220 °C (th. 7-8). Enlevez le couvercle de la boîte de vacherin, puis enveloppez-la d'aluminium ménager. Creusez-y cinq trous de 1 cm de diamètre sur 2 cm de profondeur. Déposez une pincée d'ail écrasé dans chaque trou. Ajoutez du vin blanc sec pour tout juste recouvrir le fromage. Enfournez pour 20 à 25 min. Servez-le chaud, à la cuillère, sur des pommes vapeur.*

Janvier
Mercredi
20

Sébastien

Dernier jour du Capricorne

Déducto

La Petite Veille

Le Grand Sommeil (John Huston, 1946)

Un léger doute

Cérémonie à l'église pour un vieil homme qui vient de mourir. Le curé ne tarit pas d'éloges : quel bon mari c'était, et quel bon chrétien, et comme il aimait ses enfants, etc. À un moment, la veuve se penche vers l'un des enfants et lui glisse à l'oreille :

– Va jusqu'au cercueil et regarde si c'est bien ton père qui est dedans.

CE JOUR-LÀ

En 1709 décède le Père La Chaise, confesseur de Louis XIV depuis trente-cinq ans. Le domaine dont le roi lui avait fait cadeau deviendra le cimetière qui porte son nom.

MOTS CASÉS

Replacez dans la grille les mots ci-dessous. Jules Dumont d'Urville n'a pas découvert que la Vénus de Milo ; il a également été le premier à fouler le sol de la terre Adélie, le 20 janvier 1840.

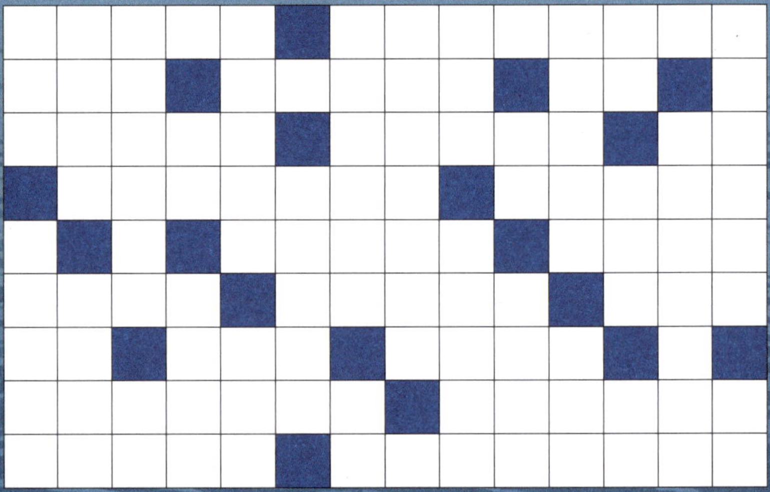

Mots de 2 lettres
ET, ON, SU, GI, RU, UR, LU, RU, ME, SE

Mots de 3 lettres
ANS, NÉS, UNE, EAU, NON, UNI, GEL, SIR

Mots de 4 lettres
AUBE, RIRA, ENVI, TIEN, INCA, YETI, LAID

Mots de 5 lettres
DATES, LAPER, DRÈGE, LITRE, ÉCIMÉ, LODEN, ÉGARD, PEARY, ÉLÉIS, SAINT, FROID, TRIAS, GLACE

Mots de 6 lettres
ADÉLIE, ATOLLS, AUTOUR, NORDIR

Mots de 7 lettres
DOUILLE, ICEBERG, MÉCÉNAT, URVILLE

Mots de 8 lettres
AMUNDSEN, INSINUÉE

QUIZ

Audrey Hepburn

Audrey Hepburn est née à Bruxelles le 4 mai 1929. Cette jeune femme à l'allure juvénile et timide a su imposer son image à Hollywood dans les années 1950, époque où la mode était plutôt aux vamps aux formes rebondies. Elle est morte le 20 janvier 1993 à Tolochenaz, dans le canton de Vaud, en Suisse.

1. *Elle obtient l'oscar de la meilleure actrice en 1953 pour le film :*
A. *Vacances romaines*, de William Wyler.
B. *Sabrina*, de Billy Wilder.
C. *Drôle de frimousse*, de Stanley Donen.

2. *Durant la Seconde Guerre mondiale, elle se livre à une activité particulière pour son jeune âge. Laquelle ?*
A. Elle travaille dans une usine d'armement.
B. Elle chante et danse pour l'armée allemande.
C. Elle transporte à vélo des messages pour les partisans.

3. *À partir de 1988, Audrey Hepburn s'engage dans une organisation dont elle devient l'ambassadrice spéciale pour l'Afrique et l'Amérique latine. Il s'agit de :*
A. L'Unicef. **B.** L'Unesco.
C. La Croix-Rouge.

4. *Avec lequel de ces trois acteurs n'a-t-elle jamais tourné ?*
A. Cary Grant. **B.** Sean Connery.
C. Marlon Brando.

Janvier
Jeudi
21

Agnès

Premier jour du Verseau

VRAI OU FAUX

En 1789, la Bastille tombe. Quatre années plus tard, la France vit sous le régime de la Terreur. Parmi tous ces événements qui se sont déroulés en 1793, saurez-vous démêler le vrai du faux ?

1. Le 21 janvier, Louis XVI est exécuté. **V F**

2. Le 10 mai, la Vendée se soulève et le Tribunal révolutionnaire est institué. **V F**

3. Le 6 avril, le Comité de salut public est créé. **V F**

4. Le 13 juillet, Marat meurt d'une crise cardiaque dans sa cuisine. **V F**

5. Le 23 juillet, les Prussiens prennent Mayence. **V F**

6. Le 17 septembre est votée une loi qui s'appelle la « loi des coupables ». **V F**

LE PERSONNAGE CÉLÈBRE

En répondant aux définitions suivantes, retrouvez dans les colonnes bleues le nom d'une actrice américaine née le 21 janvier 1956.

1. Notre actrice, qui mesure 1,83 m, l'est au sens propre ! **2.** État du golfe Persique. **3.** Espèce de chicorée. **4.** Bien pourvue. **5.** Corbeille-d'argent.

1						
2						
3						
4						
5						

CE JOUR-LÀ

En 1885, Pasteur inocule pour la première fois le vaccin contre la rage.

La contrepèterie de la semaine

L'alpiniste avait du mal à démêler la corde.

Nos amies les bêtes

Deux chats discutent le bout de gras au bord du trottoir :

– J'aimerais être journaliste !

– Tu sais, c'est un métier très difficile…

– Oui, mais je me contenterais de la rubrique des chiens écrasés.

Bon mot

Sur le tournage d'un film, un pompier demande à Francis Blanche d'éteindre sa pipe. Le comédien lui répond :

– Si vous n'aimez pas le feu, changez de métier !

Devinette

Quel est l'homme le plus malchanceux du monde ?

Le cosmonaute Popov. Après avoir fait des centaines de fois le tour de la Terre, il s'est posé en Russie…

Janvier
Vendredi
22

Vincent

CHENILLE

Le thème du mois étant le cinéma muet, passez de BU—UEL (Un chien andalou, l'Âge d'or) à MURNAU (Nosferatu le vampire, Faust) en remplaçant la lettre indiquée et en modifiant l'ordre des lettres, tout en respectant l'indice.

B U — U E L
– N + T _ _ _ _ _ _ (PETIT TUBE)
– U + O _ _ _ _ _ _ (UN SACRÉ CRAMPON)
– B + R _ _ _ _ _ _ (MAMMIFÈRE AQUATIQUE)
– L + N _ _ _ _ _ _ (FAIT DU CINÉMA)
– O + A _ _ _ _ _ _ (SANS AFFECTATION)
– E + M _ _ _ _ _ _ (CONDAMNANT)
– T + U M U R N A U

CE JOUR-LÀ

En 1901, *l'Angleterre est en deuil : la reine Victoria, née en 1819, vient de mourir.*

Proverbe américain

Le prix du chapeau n'est pas la mesure du cerveau.

TEXTE À TROUS

Hercule Poirot, le fameux détective belge imaginé par Agatha Christie, est né le 22 janvier 1877. Retrouvez les onze mots manquants dans cet extrait des Vacances d'Hercule Poirot (Evil under the Sun, 1948).

Poirot parlait :
« Un matin, vous vous en souvenez sans doute, nous nous trouvions comme
d'habitude assis sur la plage et je comparais les corps ______ qui autour
de nous se doraient au soleil à des pièces de ______ exposées sur l'étal
d'un ________. C'est c'était en…que je remarquai pour la première fois
combien il y a peu de différence entre un corps et un _____ […]. Rien ne
ressemble plus à une jeune femme gentiment faite qu'une autre jeune femme
gentiment faite ! Deux ______ pain d'épice, deux ____ assortis, un maillot
de bain pour relier l'_________ et voilà un corps bon pour la plage ! _____
__ comme tous les autres ! Quand une femme marche, quand elle parle, quand
elle tourne la tête, quand elle fait un geste de la main, alors, oui, elle est _
______________, alors, oui, elle a une ______________ ! Mais, au moment
où elle sacrifie à la _________ du bain de soleil, elle n'en a plus… »

Janvier
Samedi
23

Barnard

CE JOUR-LÀ

En 1955 est lancée Télé Luxembourg, première chaîne privée d'Europe.

L'ENGRENAGE

Pour chaque roue de l'engrenage, cherchez le mot correspondant à la définition. Inscrivez-le dans les petits cercles touchant la roue, en démarrant toujours par celui qu'indique la flèche et en tournant dans le sens des aiguilles d'une montre.

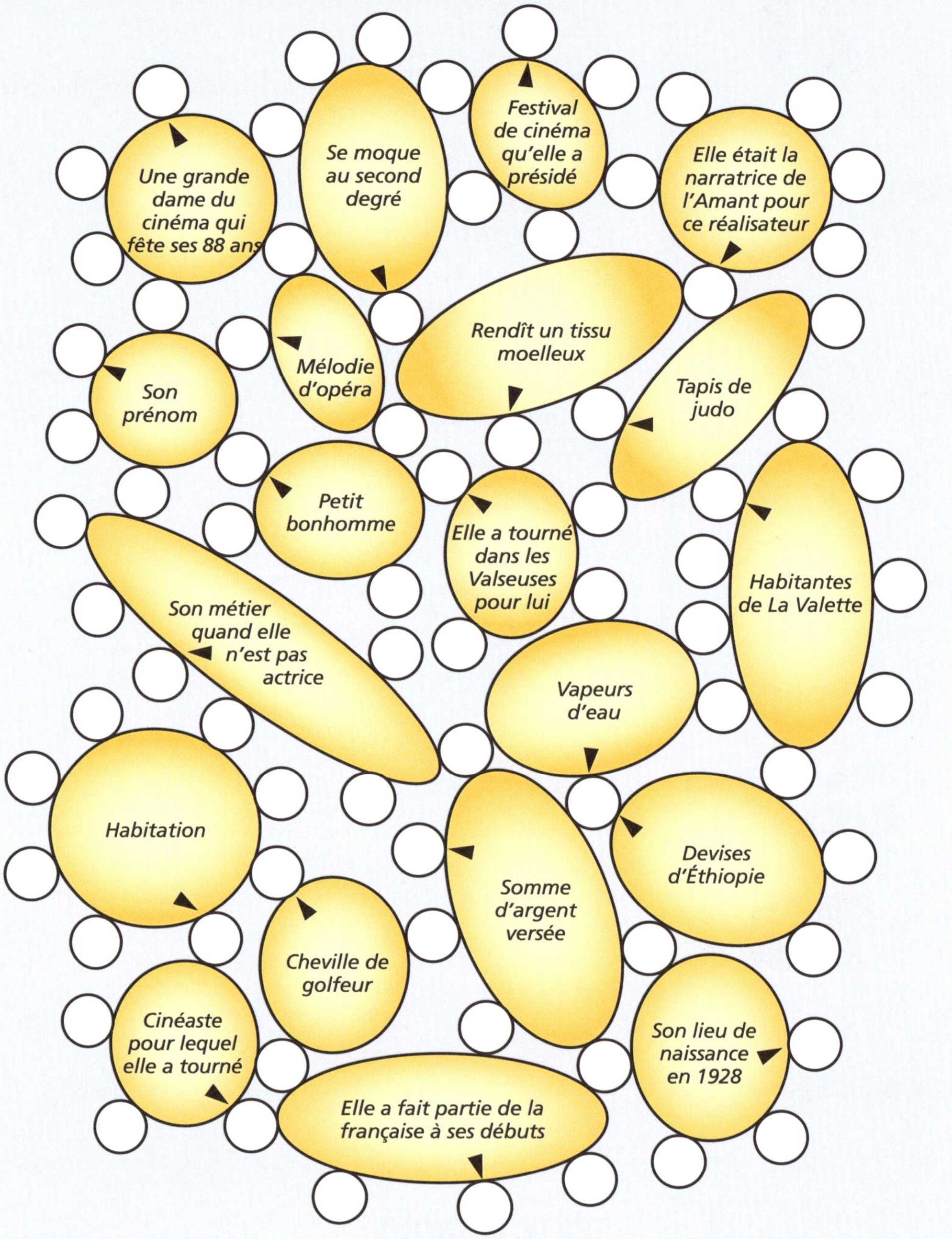

Toto

Toto rentre chez lui et va voir son papa :

– J'ai parlé de toi dans ma rédac, papa…

– Ah bon ? Quel était le sujet ?

– Ben, on nous demandait notre héros, notre modèle dans la vie, quoi…

– Je suis très fier… Et qu'as-tu dit ?

– Que tu es fort, beau, intelligent, gentil…

Le papa est très heureux.

– Vraiment, je ne savais pas que je comptais tellement pour toi…

– Non, c'est juste que je savais pas écrire Arnold Schaerwzeniger, heu… Shiaerzeneggaer… Schwartzinaegger…

Le saviez-vous ?

Pour le philosophe Platon, la cité modèle, souveraine et démocratique, ne devait pas compter plus de 5 000 citoyens. Aristote pensait quant à lui que chaque citoyen devait connaître tous ses concitoyens de vue.

Devinette

Pourquoi les hommes mariés prennent-ils du poids alors que les célibataires restent minces ?

Les célibataires ouvrent leur frigo, ils n'y trouvent rien qui leur plaise, alors ils retournent au lit.

Les hommes mariés vont au lit, ils n'y trouvent rien qui leur plaise, alors ils vont au frigo.

Le sens des priorités

Sur le Titanic, un homme voit une chaloupe, la jette à la mer et s'apprête à sauter dedans quand le capitaine lui crie :

– Qu'est-ce que vous faites ? Il y a encore des femmes à bord !

Et l'autre de répondre :

– Si vous croyez que c'est le moment de penser à ça !

Janvier
Dimanche
24

François de Sales

CHRONOFILMS
Michel Serrault

Né le 24 janvier 1928 et mort le 29 juillet 2007, ce comédien spécialisé à ses débuts dans les rôles comiques a su se montrer également un grand tragédien. En replaçant les titres qui suivent dans l'ordre chronologique, vous retrouverez, grâce aux lettres en gras, un lieu où il a exercé son art en compagnie de son compère Jean Poiret.

A *Le Viager.*
T *Ah ! les belles bacchantes.*
E *Vous n'avez rien à déclarer ?*
R *Nelly et M. Arnaud.*
E *Albert est méchant.*
H *Clara et les méchants.*
T *Mortelle Randonnée.*

CE JOUR-LÀ

En 76 naît en Espagne le futur empereur romain Hadrien, immortalisé dans le roman de Marguerite Yourcenar Mémoires d'Hadrien (1951).

Un bon conseil

Pour épouser un homme jeune, beau, riche et intelligent, mariez-vous quatre fois…

Leçon de français

On ne dit pas… c'est l'Amazone, on dit… c'est là que j'habite.

La perle de la semaine

Un nombre réel est un nombre qu'on peut toucher du doigt.

Superflu

Si la femme servait à quelque chose, Dieu en aurait eu une.

ESCALETTRES

Le 24 janvier 1984, Apple lance le premier ordinateur avec interface graphique doté d'une souris. En ajoutant une lettre à chaque étape et en permutant l'ordre des lettres, retrouvez le nom de cet ordinateur.

I S O
+N _ O _ _
+C _ I _ _ _
+A _ A _ _ _ _
+H _ N _ _ _ _ S
+M _ _ _ _ C _ _ _
+T _ _ _ I _ _ O _ _

Janvier
Lundi
25

Conversion de Paul

LE VERTICALETTRES

1
2
3
4
5
6
7
8

En répondant aux définitions, retrouvez verticalement le nom d'un homme né le 25 janvier 1858, pionnier et promoteur de la culture perlière.

1. Matière minérale ou organique, telle la perle, utilisée en bijouterie, orfèvrerie et joaillerie. **2.** Île qui produit de belles perles de culture de couleur naturelle. **3.** Nom d'une petite perle de grande valeur cultivée au Japon depuis des lustres. **4.** Irisation de la surface d'une perle, rappelant la lumière du soleil levant. **5.** Nom de perles hémisphériques appelées également demi-perles. **6.** Qualificatif associé à une perle de forme irrégulière. **7.** Méléagrine ou pintadine. **8.** Autre mollusque pouvant renfermer une perle.

Mot d'enfant

Un soir, en voiture, Laurianne, 3 ans, observe le ciel :

– Regarde, maman, la lune est allumée.

Puis, désignant une étoile, elle ajoute :

– Et, à côté, il y a… une goutte de lune.

Estimation

Une vieille dame croise un jeune homme dans la rue et lui demande :

– Quel âge me donnez-vous ?

– Les jambes 30, les bras 25, les seins 35, le visage 30, les hanches 25…

– Oh ! Mais vous me flattez !

– Attendez ! Je n'ai pas encore fait l'addition !

CE JOUR-LÀ

En 1910, Paris est inondé. Le Zouave du pont de l'Alma a de l'eau jusque sous la moustache.

En 1855, dans un accès de folie, Gérard de Nerval se pend à un lampadaire de la rue de la Vieille-Lanterne (à l'emplacement de l'actuel Théâtre du Châtelet).

Les blondes

Deux blondes font du vélo. L'une d'elles s'arrête et dégonfle ses pneus.

– Qu'est-ce que tu fais ? demande sa copine.

– Mon siège est trop haut, répond l'autre.

Alors la copine descend à son tour de son vélo, met la selle à la place du guidon et vice versa. La première lui demande :

– Pourquoi tu fais ça ?

– Je rentre chez moi, t'es vraiment trop bête…

Janvier

Mardi

26

Paule

CE JOUR-LÀ

En 1939, le franquisme s'installe en Catalogne : le général Franco vient de prendre Barcelone, dernière poche tenue par les républicains.

À FLEUR DE MOTS

Roger Vadim est né le 26 janvier 1928. Remplissez la fleur en formant des mots à partir des lettres ci-dessous. Inscrivez vos solutions de l'extérieur de la rosace vers le centre. Certaines séries autorisent plusieurs anagrammes, mais une seule permet de compléter la grille en croisant les mots.

A. EGIIV
B. CDEES
C. AERRS
D. GLOUV
E. CENOT
F. AHMST
G. CERSU
H. EEOPT
I. EIMSS
J. AEFSX
K. EEFMM
L. AELSV
M. EILSS
N. AFIRU
O. DENOR
P. ENSTU
Q. EGORR
R. AFMNU

1. AEGUV
2. CEINS
3. EGRRU
4. ADIMV
5. CEERU
6. ELMOS
7. AGNSS
8. OPTTU
9. CEHMO
10. EFIRS
11. AEFST
12. EEEVX
13. AELMS
14. FILMS
15. ERSSU
16. EORST
17. EEINR
18. ADFNO

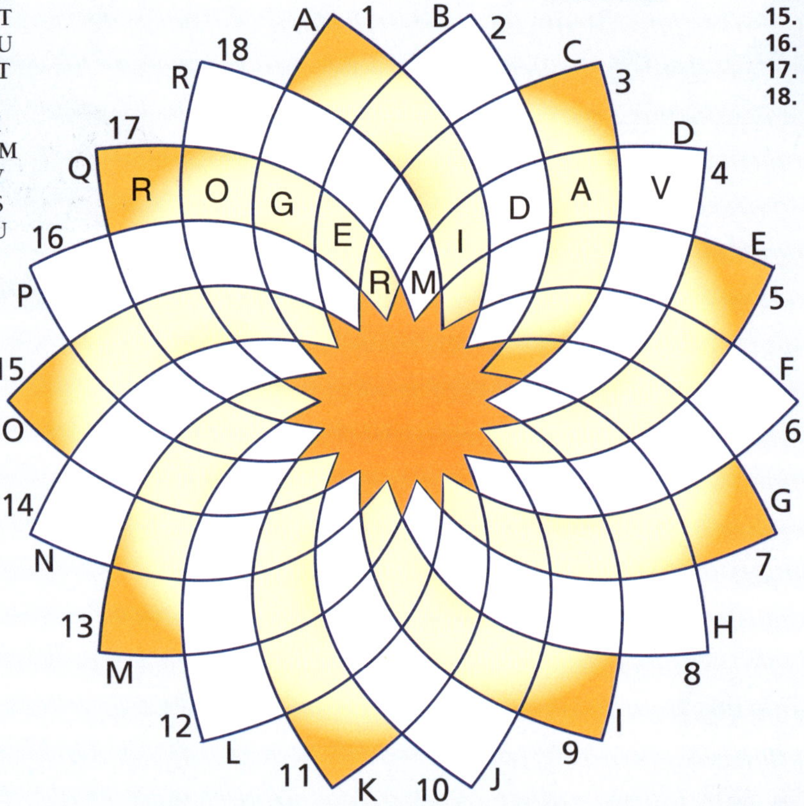

Amour toujours

Un petit garçon demande à son père :

– Papa, combien ça coûte, un mariage ?

Le père répond :

– Je ne sais pas, mon fils, je paie encore…

Rythmique

Un vieux tout tremblotant assis sur un banc voit un jeune homme encasqué d'un Walkman s'asseoir près de lui et trembloter tout pareil.

Le vieux :

– Parkinson ?

Le jeune :

– Non, Jackson !

Devinette

Comment fait-on pour qu'une blonde passe une journée dans sa douche ?

On lui donne un shampooing portant l'inscription « laver, rincer, répéter l'opération » !

Les bourdes de George W. Bush

Il est clair que notre nation est dépendante du grand pétrole étranger. De plus en plus de nos importations viennent de l'étranger.

SUITE LOGIQUE

Trouvez la figure numérotée qui continue la série.

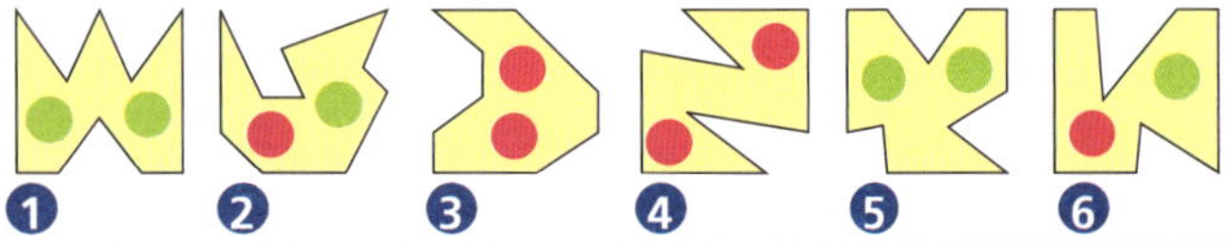

Zoom saveur

LE PHYSALIS

Également appelée alkékenge, coqueret du Pérou, lanterne chinoise ou amour-en-cage, cette baie spectaculaire est à redécouvrir !

Ressemblant à une cerise rouge ou jaune enveloppée d'un calice brun, ce petit fruit possède une saveur très agréablement aigrelette.

Idée gourmande. *Après avoir écarté les feuilles du calice pour mettre en valeur la baie comestible, utilisez les physalis pour décorer une glace, une salade de fruits ou un gâteau, voire pour accompagner un magret de canard, des côtes de porc ou un poisson grillés.*

Janvier

Mercredi

27

Angèle

MOTS CROISÉS

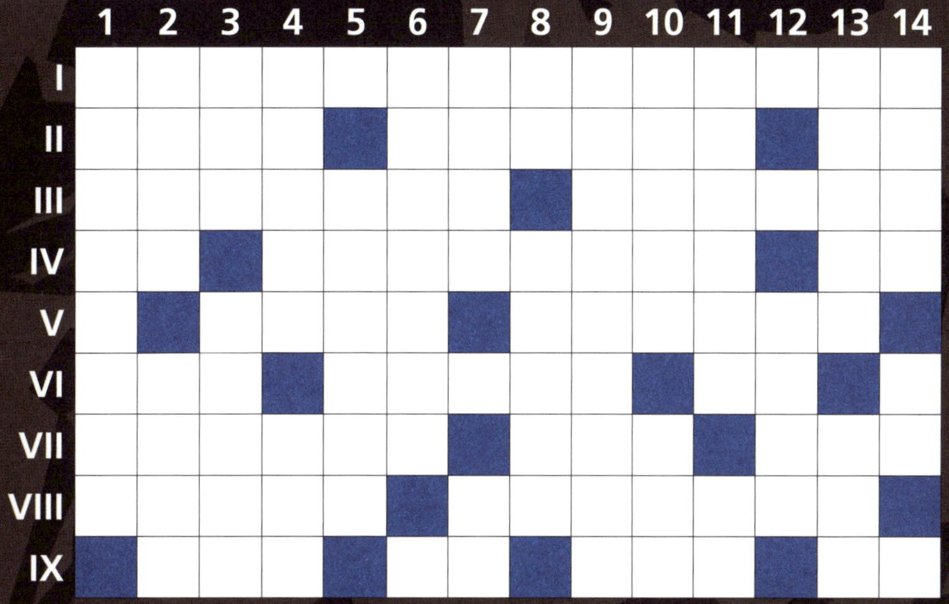

Horizontalement

I. Premier roman de Fiodor Dostoïevski, publié en 1946. **II.** L'auteur l'a connu dès 1849, après un simulacre d'exécution ; il hante le quotidien de Golyadkin en essayant de ruiner sa réputation ; de choix. **III.** Révolutionnaire, mais pas russe ; plus élégante sur un costume que sur une voiture. **IV.** Onze marseillais ; agréments de diplômes ; personnel. **V.** Poisson d'eau douce ; détruit de l'intérieur. **VI.** Protection ; permet au cordonnier de lisser le cuir ; dans la gamme. **VII.** Peut qualifier le roman *les Frères Karamazov* ; volaille joueuse ; Dostoïevski a raconté celle du moujik Mareï. **VIII.** Ville d'Italie ; comme le mari dans un roman de Dostoïevski. **IX.** Encouragement d'Espagnol ; vieux *do* ; venue au monde ; d'un passé révolu.

Verticalement

1. Ce roman de Dostoïevski a été adapté plusieurs fois au cinéma, notamment par Claude Autant-Lara. **2.** Passage obligé pour l'étudiant ; elle veille sur l'histoire. **3.** Citation ; lieu de sacrifice. **4.** Pas bon dans l'aile ; indique la sortie. **5.** Roman de Maupassant de 1885. **6.** Club de football italien. **7.** Se dirigent ; conjonction de coordination. **8.** Deviendra peut-être rivière ; tel le prince Mychkine, héros du roman le plus connu de Dostoïevski. **9.** Comme l'écrivain Nicolas Rey. **10.** Type de langage qui ne convient pas à la belle littérature ; période vaste. **11.** Réagit à chaud ; négation. **12.** Il raconte celui d'un homme ridicule en 1877 ou celui de l'oncle en 1855. **13.** Quantité généralement admise comme référence ; terre à l'eau. **14.** Salaire de labeur ; 21 points sur six faces.

CE JOUR-LÀ

En 1832 naît Charles Dodgson. Ce mathématicien deviendra célèbre sous le nom de plume de Lewis Carroll. Il enchantera petits et grands avec Alice au pays des merveilles, De l'autre côté du miroir, la Chasse au Snark, Sylvie et Bruno.

Le remède ubuesque de **Sacha Guitry**

J'ai pris mon rhume en grippe.

LE CRÉNEAU

En répondant aux définitions suivantes, retrouvez sur le créneau le nom d'un acteur célèbre qui nous a quittés le 27 janvier 1983.

1. Un instrument pour prisonnier ? **2.** Quelle misère ! **3.** Arrose New York. **4.** Excellent fourrage quand il est incarnat. **5.** Un petit moment chez le notaire. **6.** Pas précieux quand il est public.

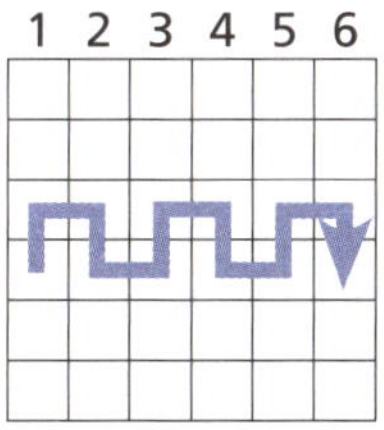

Commémoration

« Pour fêter les trente ans des premiers pas de l'homme sur la Lune, Neil Armstrong, Buzz Aldrin et Michael Collins arriveront au cap Canaveral dans une limousine. Neil et Buzz participeront aux festivités de la journée, tandis que Michael restera dans la voiture à attendre… »

Déducto

Salut mon laideron

(Dick Richards, 1975)

Adieu ma jolie

Le fatalisme de **Coluche**

On ne fait pas d'aveugles sans casser des yeux.

Janvier
Jeudi
28

Thomas d'Aquin

CHENILLE

Nicolas Sarkozy est né le 28 janvier 1955. Passez de son prénom à son nom dans la chenille suivante en opérant les substitutions indiquées et en modifiant l'ordre des lettres, tout en respectant les indices.

	N I C O L A S	
– L + N	_ _ _ _ _ _ _	(SUDISTE)
– C + F	_ _ _ _ _ _ _	(DRAPEAUX)
– N + R	_ _ _ _ _ _ _	(ITINÉRANTS)
– I + B	_ _ _ _ _ _ _	(VOLEURS)
– F + C	_ _ _ _ _ _ _	(HUÉES)
– B + Y	_ _ _ _ _ _ _	(JAMBES)
– N + Z	_ _ _ _ _ _ _	(RHUMES DE CERVEAU)
– C + K	S A R K O Z Y	

CE JOUR-LÀ

En 814, Charlemagne, l'empereur à la barbe fleurie, meurt à Aix-la-Chapelle.

La contrepèterie de la semaine

Omar craint les scorpions depuis qu'il en vit un sur le porc de Sabine.

Exercice physique

Une dame très enveloppée demande à un ami médecin quel est le meilleur moyen de maigrir. Le docteur lui répond :

– C'est d'avoir une activité physique. Je vous conseille les mouvements suivants : lorsque vous êtes à table et qu'on vous propose des plats, vous agitez plusieurs fois la tête de droite à gauche !

LES COUSINS

Il y a onze ans nous quittait un immense acteur au physique rondelet. Parmi ses plus grands succès, on peut citer l'Été en pente douce, la Soupe aux choux et le Dîner de cons. Remplacez une lettre des mots suivants par une autre, de façon à obtenir des noms ayant un rapport avec le cinéma. En reportant la nouvelle lettre dans la colonne de droite, vous découvrirez verticalement le nom de cet acteur émouvant, disparu trop tôt.

ARCHINES		
PROSE		
COUPEURS		
CHIPS		
PORCHE		
FILME		
SERIN		
MUER		

Janvier
Vendredi
29

Gildas

MARIONS-LES

Saurez-vous apparier ces écrivains français ayant tous obtenu le prix Nobel de littérature et leur citation ? L'un d'entre eux, Romain Rolland, est né le 29 janvier 1866.

Sully Prudhomme (1901) **A**
Frédéric Mistral (1904) **B**
Romain Rolland (1915) **C**
Anatole France (1921) **D**
Roger Martin du Gard (1937) **E**
André Gide (1947) **F**
François Mauriac (1952) **G**
Albert Camus (1957) **H**
Jean-Paul Sartre (1964) **I**
Claude Simon (1985) **J**

1 « La sagesse n'est pas dans la raison, mais dans l'amour. »
2 « Il n'y a qu'un problème philosophique vraiment sérieux : c'est le suicide. »
3 « Quel arbre humain n'est, par quelques-uns de ses fruits, un mauvais arbre ? »
4 « Nul ne peut se vanter de se passer des hommes… »
5 « Tous les gestes engagent ; surtout les gestes généreux. »
6 « Pas besoin de gril, l'enfer, c'est les autres. »
7 « Si le monde signifie quelque chose, c'est qu'il ne signifie rien – sauf qu'il est. »
8 « La fatalité, c'est ce que nous voulons. »
9 « Je chante une jeune fille de Provence. »
10 « Le livre est l'opium de l'Occident. »

Proverbe anglais

Le poivre est noir mais il a bon goût. La neige est blanche mais on la laisse à terre.

La politique selon Jean Mistler

La majorité a toujours raison, mais la raison a bien rarement la majorité aux élections.

Toto

Toto et un copain discutent de la valeur intrinsèque de leurs parents respectifs. Le copain dit :

– Ouais, eh ben, ma maman, elle est meilleure que ta maman !

Toto réfléchit deux secondes et répond :

– Ouais, j'pense que t'as raison. Mon père dit la même chose.

CE JOUR-LÀ

En 1726, une ordonnance du roi décide que les rues de Paris seront désormais numérotées.

En 1635, Richelieu fonde l'Académie française.

Janvier
Samedi
30

Martine

CE JOUR-LÀ

En 1875, le mot « république » est introduit dans les projets de lois constitutionnelles, à la majorité d'une voix (353 contre 352) !

En 1948, Gandhi est assassiné.

Nos amies les bêtes

Une vieille dame achète deux perroquets, mais elle ne sait pas quel est le mâle. Quand elle en voit un monter sur l'autre, elle lui coupe les plumes du dessus de la tête. Un jour, ce perroquet voit un moine qui passe sous la fenêtre. Il lui crie :

– Alors ? Toi aussi, on t'a pris en train de baiser ?

Le saviez-vous ?

Dans certains quartiers du Caire et de sa banlieue, la densité de population atteint 104 000 hab./km2. Ainsi la capitale égyptienne est-elle presque quatre fois plus peuplée que l'île de Manhattan, à New York.

CARTE EN QUESTIONS

Le 30 janvier 1948, Gandhi est assassiné par un extrémiste hindou qui reproche au Mahatma sa trop grande tolérance vis-à-vis des Indiens musulmans. Attention, Indira Gandhi et son fils Rajiv, eux aussi assassinés, ne sont pas de la même famille que le fondateur de l'Inde moderne. Identifiez les lieux où se sont produits ces douze assassinats politiques à l'aide des indices suivants.

1. Gavrilo Princip, un anarchiste de 20 ans, y assassina l'héritier du trône d'Autriche, l'archiduc François-Ferdinand, ainsi que sa femme, en 1914, ce qui accéléra le déclenchement de la Première Guerre mondiale.
2. Prix Nobel de la paix en 1994, Yitzhak Rabin, un des signataires de l'accord d'Oslo, y fut assassiné par un extrémiste israélien en 1995.
3. Le leader de la droite populiste Pim Fortuyn y a été tué par balle en 2002, à quelques jours d'un scrutin où son parti semblait devoir rafler la mise. C'était le premier assassinat politique dans ce pays depuis 1672 !
4. C'est pour se venger des Français, parce qu'ils n'intervenaient pas en Russie contre les bolcheviks, que Paul Gorgulov assassina le président Paul Doumer en 1932, dans une ville où il fut guillotiné quatre mois plus tard.
5. Abraham Lincoln y est mort assassiné en 1865 à la suite d'un complot des confédérés, alors qu'il avait été réélu à la présidence des États-Unis peu auparavant.
6. C'est dans cette ville que fut assassiné le roi de Yougoslavie Alexandre Ier, arrivé à bord du croiseur *Dubrovnik* pour une visite officielle en 1934.
7. Le ministre antisyrien Pierre Amine Gemayel y a été tué en 2006, vingt-quatre ans après son oncle Bechir Gemayel.
8. Un anarchiste italien, Caserio, y assassina le président français Sadi Carnot en 1894.
9. Ce voyage officiel dans cette ville fut le dernier en 1963 pour John Fitzgerald Kennedy, assassiné par Lee Harvey Oswald dans des circonstances restées mystérieuses.
10. C'est au pic à glace qu'un agent de Staline parvint à assassiner Léon Trotski dans sa villa en 1940, alors que le révolutionnaire était en exil près de cette grande ville.
11. Olof Palme y fut assassiné d'une balle dans le dos alors qu'il sortait d'un cinéma en 1986.
12. C'est dans cette ville allemande, au cours de la révolution spartakiste de 1919, que tombèrent les militants révolutionnaires Rosa Luxemburg et Karl Liebknecht.

Humour noir

Qu'est-ce qui a quatre pattes et un bras ?

Un pitbull dans un jardin d'enfants.

Janvier
Dimanche
31

Arsène

Deuxième décan du Verseau

MOTS CASÉS

Il y a cent dix ans naissait Joseph Kessel, qui fut tour à tour écrivain, grand reporter, aviateur, parolier, aventurier, résistant, académicien, et qui est mort en 1979. Nous vous proposons de reconstituer cette grille de mots casés en son honneur.

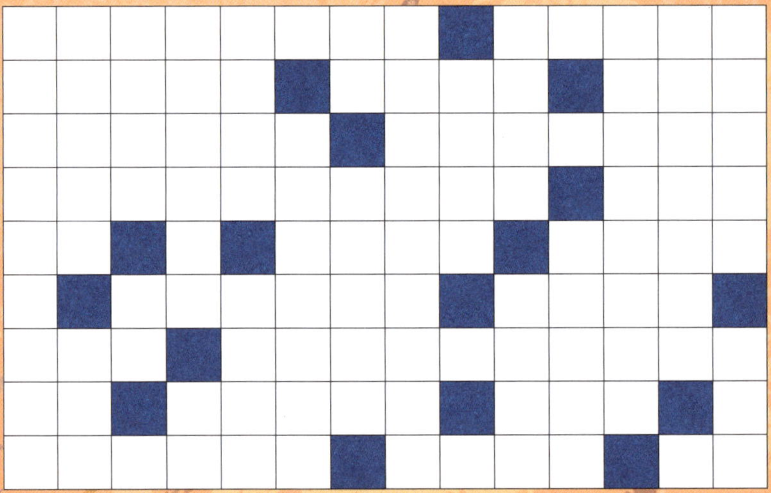

Mots de 2 lettres
DE EU RA
EN NE WU

Mots de 3 lettres
COR DUO IDE
DAL EAU ÖRE

Mots de 4 lettres
BIRR **LION** RAIT
CROC NERI RUÉE
LÈGE PELÉ TUNE
LIME POSE

Mots de 5 lettres
BRAVO ORALE
ÉPAVE **ROMAN**
LIVRE ROULA
OPÉRA

Mots de 6 lettres
DÉCRUT
MALAIS
ORANTE
ROSACE

Mots de 7 lettres
SUPRÊME
SURPAYA
VOYAGES

Mots de 8 lettres
ACADÉMIE
REPORTER

Mots de 9 lettres
RÉSISTANT
ROMANCIER

Mots de 10 lettres
AVENTURIER
RELATIVISE

CHENILLE

En partant du mot ÉCRIVAIN et en opérant les substitutions indiquées, vous arriverez au mot REPORTER (conjugaisons acceptées).

É C R I V A I N
–I +T _ _ _ _ _ _ _ _
–V +O _ _ _ _ _ _ _ _
–C +R _ _ _ _ _ _ _ _
–N +P _ _ _ _ _ _ _ _
–A +E _ _ _ _ _ _ _ _
–I +R R E P O R T E R

Amour toujours

Le couple vient de se marier. Dans la chambre nuptiale, le mari :

– Chérie, regarde, j'ai acheté ce magnum de champagne rien que pour nous deux. Nous allons le déguster maintenant, afin de continuer les festivités…

La femme :

– Non merci, le médecin m'a conseillé de ne pas prendre d'alcool avec les somnifères…

ÉLIMINATHÈME

En éliminant petit à petit les lettres du mot JOURNALISTE, une des activités de Joseph Kessel, trouvez quatre termes en rapport avec le septième art.

J O U R N A L I S T E

P E R C U T E + _ _ _ = _ _ _ _ _ _ _ _ _ _
C I M E + _ _ = _ _ _ _ _ _
R A C E + _ _ = _ _ _ _ _ _
R A R E + _ _ _ _ = _ _ _ _ _ _ _ _

CE JOUR-LÀ

En 1958, la fusée Jupiter place sur orbite le premier satellite américain.

En 1977, le centre Georges-Pompidou est inauguré à Paris en présence de la veuve du président.

La perle de la semaine

La loi des probabilités s'appelle ainsi car on n'est pas sûr qu'elle existe.

FÉVRIER

2021

Lu	Ma	Me	Je	Ve	Sa	Di
1 Ella	2 Présentation du Seigneur	3 Blaise	4 Véronique	5 Agathe	6 Gaston	7 Eugénie
8 Jacqueline	9 Mardi gras	10 Carême	11 N.-D. de Lourdes	12 Félix	13 Béatrice	14 Valentin
15 Claude	16 Julienne	17 Alexis	18 Bernadette	19 Gabin	20 Aimé	21 Pierre Damien
22 Isabelle	23 Lazare	24 Modeste	25 Roméo	26 Nestor	27 Honorine	28 Romain

La comédie

L'un des tout premiers films de l'histoire du cinéma est un film comique : *l'Arroseur* arrosé, de Louis Lumière (1895). Ce nouveau procédé va permettre au comique et à l'humour de se développer de façon considérable. Puisant dans les moyens techniques dont ils disposent désormais, les créateurs redoublent d'invention pour faire rire le spectateur.

La comédie se décline au pluriel : on parle de comédie burlesque, de comédie sentimentale, de comédie dramatique... Il en va de même pour les différents registres comiques dont le cinéma se sert pour faire rire.

Ainsi, dans la comédie burlesque, le registre comique repose sur des gags visuels et des situations absurdes, comme dans les films des Marx Brothers, de Jerry Lewis, de Peter Sellers... Dans la comédie sentimentale, dramatique ou autre, le registre comique est un peu moins soutenu et le comique de situation (sitcom) est mis en valeur par des quiproquos, des jeux de mots, des calembours...

Ce que l'on appelle le comique de mots a permis à des dialoguistes de talent (Michel Audiard, Michel Blanc...) de créer des répliques qui sont à jamais inscrites dans la mémoire collective, donnant aux films auxquels ils ont collaboré le statut de mythes. Qui ne connaît pas les dialogues des *Tontons flingueurs ou du Père Noël est une ordure* ?

Quant à la parodie, elle est un formidable exemple de dénonciation du lieu commun en même temps qu'un doux exercice d'iconoclastie. La plus célèbre parodie de film catastrophe est sans doute *Y a-t-il un pilote dans l'avion ?* (1980), dans lequel une série ininterrompue de gags renvoie avec humour et tendresse à des chefs-d'œuvre ou à des gros succès du cinéma américain : *Tant qu'il y aura des hommes* (Fred Zinnemann), *le Magicien d'Oz* (Victor Fleming), *la Fièvre du samedi soir* (John Badham), *les Dents de la mer* (Steven Spielberg).

De nombreux autres genres sont touchés par la parodie : le film d'espionnage (*Y a-t-il un flic pour sauver la reine ?*), le film de chevalerie (*Monty Python, sacré Graal*) et le péplum biblique (*la Vie de Brian*).

Une bonne comédie utilise donc toutes les ficelles du genre, qui doivent être mises au service d'acteurs doués d'un vrai potentiel comique, car, les spécialistes vous le diront, au cinéma il est plus difficile de faire rire que de faire pleurer. La France a compté et compte de grands acteurs comiques, parmi lesquels Louis de Funès, Bourvil, Fernandel, Pierre Richard ou les membres de la troupe du Splendid. Pour les États-Unis, on ajoutera aux noms des comiques du cinéma muet, qui sont légion, les Marx Brothers, Jerry Lewis, Woody Allen, Eddie Murphy ou Jim Carey.

Depuis une quarantaine d'années, un personnage récurrent fait les grandes heures du cinéma comique français. Inventé par Francis Veber, François Pignon est gaffeur, hypocondriaque, envahissant... Il bouleverse la vie de ceux qui ont le malheur de le rencontrer. Plusieurs comédiens sont entrés dans la peau de François Pignon : le premier fut Jacques Brel (*l'Emmerdeur*, 1973) et le dernier en date est Patrick Timsit (*l'Emmerdeur*, 2008), mais il y a eu aussi Pierre Richard (*les Compères*, 1983 ; *les Fugitifs*, 1986), Jacques Villeret (*le Dîner de cons*, 1997), Daniel Auteuil (*le Placard*, 2000) Gad Elmaleh (*la Doublure*, 2006).

Mots croisés

Horizontalement

I. Réalisateur de la fameuse comédie *les Bronzés* (1978) ; un chevalier et son laquais projetés par Jean-Marie Poiré du Moyen Âge au XXe siècle (deux mots). **II.** Céleri à côtes ou céleri-rave ; rayonna ; arrivés à terme. **III.** Titre d'une comédie dramatique de Claude Berri (1990), d'après un roman de Marcel Aymé, avec Depardieu dans le rôle principal ; mit les côtes à l'air ; pointe en tête dans la cuisine. **IV.** Ne dit rien ; rouge dans un drame de Robert Enrico (1986) ; familièrement, c'est de la comédie ; réplique enfantine. **V.** Impératrice byzantine ; cité moldave ; Pierre, Paul et Alexandre. **VI.** Morceau de rire retentissant ; curieux ou rigolo ; chant religieux. **VII.** Détrôné, celui-ci se retrouve à New York dans une comédie de Charlie Chaplin (1957) ; victime d'une punition vachement drôle ; mesure abrégée ; enclin à rire ; mise en pièces. **VIII.** Il est du genre bolet ; à ne pas croquer ; nuisibles. **IX.** Prénom d'une jeune fille romanesque qui découche dans une délicieuse comédie du réalisateur américain Frank Tashlin (1954) ; elles brassent de l'air ; excellente appréciation. **X.** Un peu d'effet ; celle-ci jadis ; coule dans la Botte ; salé, séché et fumé. **XI.** Des flics pas très clairs filmés en pleine « inaction » par Claude Zidi (1984) ; causé un préjudice ; berceau de la ville de New York et titre d'une grande comédie de Woody Allen (1979). **XII.** Sort ses tripes ; vieux Méditerranéens ; au fond du parc ; joyeux participe ; moyen métrage en Chine. **XIII.** Un à Berlin ; dieu d'Héliopolis ; cité du Hainaut, bien connue pour ses mannequins géants ; un tout petit peu d'ère ; sujet à discussion. **XIV.** De la nature de l'eau ; mis à niveau ; sacrée chez Arcady. **XV.** Dans les mœurs ; force du jet ; elle crève l'écran ; précède la pagaille dans une comédie dramatique d'Ivan Passer (1974).

Verticalement

1. Nom du père des *Tontons flingueurs* (1963) ; réalisatrice de *Trois Hommes et un couffin* (1985). **2.** À l'état naturel ; trompé mais magnifique, à l'instar d'André dans une comédie d'Antonio Pietrangeli (1964) ; aux bords des quais. **3.** Réalisateur de comédies au ton sarcastique, telle *La vie est un long fleuve tranquille* (1987) ; il fait le tour de la chambre. **4.** Trois sur quatre ; chef de rayons ; imiter en se moquant. **5.** Âme du Gard ; sans effets. **6.** Bois rouge ; nymphe des eaux ; société anonyme. **7.** Bout d'acier ; pâté impérial ; gus ou jules ; hellénique. **8.** Appelle sa biche ; recueil poilant ; héros d'épopée. **9.** Majeur en Italie ; quart de comptoir ; donc corrigée ; un qui s'accroche, aux arbres comme aux grilles. **10.** Prénom et nom du réalisateur de *la Cage aux folles* (1978). **11.** Huile anglaise ; mouron d'eau ; petit nom de Laurel. **12.** Il confère l'immunité ; titane pour le chimiste ; complètement flapi. **13.** Répété devant une bonne comédie ; administration du Trésor ; traverse ; fortiche, tel Belmondo dans un film de Gérard Oury (1982). **14.** Derrière ; publiait. **15.** Presque cent à Rome ; armé de ses pattes de velours (c'est un siamois !), il défait une bande de gangsters dans une comédie de Robert Stevenson (1965). **16.** Un sacré incrédule ; grand rôle de Raimu dans une célèbre comédie mélodramatique de Marcel Pagnol (1936) ; terre de fouilles. **17.** Berné ; islamisation. **18.** Pays de Caroline et Virginie ; passion de Brice… de Nice ; premier degré, et archaïque ; cours pour les felouques. **19.** Naguère dans le vent ; vent à décorner les chèvres ; lac du val d'Astau. **20.** Plus qu'osés ; réalisateur et principal acteur de *La vie est belle* (1998).

	1	2	3	4	5	6	7	8	9	10	11	12	13	14	15	16	17	18	19	20
I								■												
II					■								■						■	
III							■								■		■			
IV				■					■		■							■		
V		■						■					■						■	
VI						■								■						
VII				■			■		■			■				■				
VIII	■					■							■							■
IX								■										■		
X			■		■							■			■					
XI							■				■									
XII					■							■			■			■		
XIII		■				■			■				■			■			■	
XIV								■							■					
XV			■									■					■			

Février

Progresse-cases

Dans ce jeu, vous devez atteindre la bonne croix. En commençant par la flèche DÉPART, déterminez si l'affirmation est vraie (V) ou fausse (F), puis suivez la direction indiquée. Seules les bonnes réponses vous mèneront à la bonne croix, les mauvaises vous conduiront à des impasses.

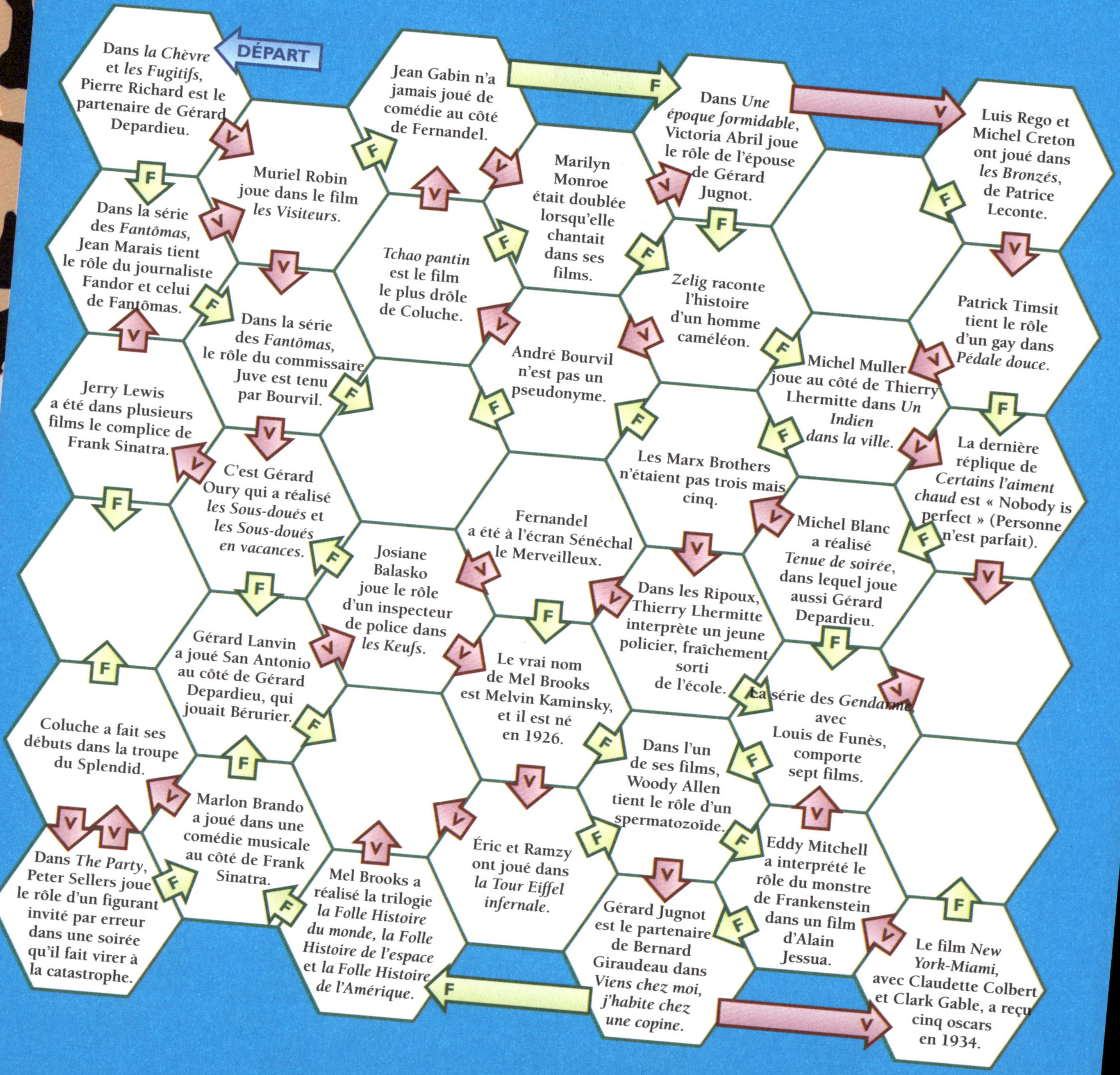

Février
Lundi
1er

Ella

CE JOUR-LÀ

En 1879, *la Marseillaise,* écrite en 1792, devient l'hymne national français. Dans sa version officielle, le chant comporte sept couplets.

Mot d'enfant

Sa mère demande à Camille, 8 ans:

– Qu'est-ce que tu aimes et qu'est-ce que tu n'aimes pas à l'école?

Elle répond:

– J'aime bien l'école, mais je n'aime pas la cantine et les études.

VRAI OU FAUX

De son vrai nom Henri Grouès, l'abbé Pierre (1912-2007) est demeuré durant plus de soixante ans le symbole de la lutte contre la pauvreté et l'une des personnalités les plus populaires de France.

1. Il a rencontré le général de Gaulle dès 1943.	**V F**
2. Il a été élu député du XVIe arrondissement en 1945.	**V F**
3. C'est à la suite de son appel de l'hiver 1954 qu'il a créé la fondation Emmaüs.	**V F**
4. Il a été interprété au cinéma par Lambert Wilson.	**V F**
5. Il a toujours refusé toutes les distinctions.	**V F**
6. Dans son ouvrage *Mon Dieu, pourquoi?*, il s'oppose à Benoît XVI sur l'homosexualité.	**V F**

Le fair-play selon George Orwell

Pratiqué avec sérieux, le sport n'a rien à voir avec le fair-play. Il déborde de jalousie haineuse, de bestialité, du mépris de toute règle, de plaisir sadique et de violence; en d'autres mots, c'est la guerre, les fusils en moins.

Mathématiques

La femme, c'est:

– l'addition des ennuis;

– la soustraction du porte-monnaie;

– la multiplication des ennemis;

– et la division des hommes.

TRIPLETS D'EXPRESSIONS

Trouvez un mot par ligne qui, associé à chacun des trois autres, établit un lien logique ou évoque une expression courante. Les initiales des mots trouvés vous donneront l'identité d'un acteur comique disparu en 2006.

1. Bonjour, limiter, eaux.

2. Cri, angle, accent.

3. Devoir, chasse, officier.

4. Lancement, feux, escalier.

5. Ficelle, enrouler, tata.

6. Zéro, gaz, accompagnée.

7. Rhin, tombe, mer.

8. Toile, site, page.

9. Métrage, drink, cours.

MOTS CASÉS

C'est l'anniversaire de la princesse Stéphanie de Monaco. Nous vous proposons, pour célébrer l'événement, de reconstituer cette grille de mots casés sur la famille Grimaldi.

						■							
		■			■								
■				■									
									■		■		■
			■		■			■					
	■						■			■			
		■											
						■							
				■									

Mots de 2 lettres
ÇA, CI, IL, LI, LU, MÛ, UT, VS, YS

Mots de 3 lettres
ÂNE, CEP, CRI, GÎT, IDE, LAO, NET, OST, ROM

Mots de 4 lettres
ALEP, APAX, DEPP, LISP, TOUX, URÉE, VIAN

Mots de 5 lettres
AILES, ALADI, ASPIC, HOURI, LOUIS, OASIS, OTITE, PAULO, STÈRE

Mots de 6 lettres
CANYON, MONACO, PALAIS, SCRIPT

Mots de 7 lettres
OURAGAN
RAINIER

Mot de 8 lettres
CAROLINE

Mots de 9 lettres
ANAPESTES
CASEMATÂT
PRINCESSE
STÉPHANIE

Mot de 10 lettres
PRINCIPAUTÉ

Février
Mardi
2

Présentation

Devinette

Comment fait un fonctionnaire pour vous faire un clin d'œil ?

Il ouvre un œil !

JEU PHONÉTIQUE

Complétez phonétiquement les phrases suivantes par des noms d'acteurs essentiellements comiques.

1 Évoquant le caractère sans peur de la championne de natation Manaudou, son entraîneur déclarait : « _ _ _ _ _ _ _ _ _ _ _ _ _ _. _ _ _ _ _ ents mètres ne lui font pas peur. »

2 Rome est une _ _ _ _ _ _ _ _ ellement fascinante. Même dans _ _ _ _ _ _ _ tes circonstances, ses habitants sont capables de faire la fête. Quelque part, c'est bien vrai : ils sont fous _ _ _ _ _ _ _ _ mains !

3 Ouh là là ! Quelle _ _ _ _ _. Tu as trop bu, _ _ _ _ _ _ me après avoir avalé dix pastilles à la menthe tu empestes encore l'alcool. Je t'accorde une vieille _ _ _ _ _ _ un café _ _ _ _ _ _ au lit !

MOTS CROISÉS

Au Canada, le 2 février est le jour de la marmotte (Groundhog Day). Si, lorsque l'animal se montre à l'entrée de son terrier, le soleil projette son ombre, il se rendort pour six semaines. Mais, si le temps est couvert, la marmotte, pressentant un printemps précoce et doux, reste éveillée et annonce ainsi aux hommes la fin de l'hiver.

	1	2	3	4	5	6	7	8	9
I									
II				■					
III						■			
IV							■		■
V					■				
VI							■		
VII					■				
VIII		■		■					
IX								■	

Horizontalement

I. Labour précédant l'hiver. **II.** Vieille rogne ; il ne redoute pas un froid de canard. **III.** Vieux fâcheux ; petite pièce nordique. **IV.** Terre défrichée. **V.** Circulait en Espagne ; espèces disparues. **VI.** Immaculées ; troisième sous *sol*. **VII.** Terres d'Orient ; virage en montagne. **VIII.** Bonheur dans le pré ? **IX.** Refroidiront.

Verticalement

1. Qui passe l'hiver à dormir. **2.** Pleines de couleurs. **3.** Changeant. **4.** Letton ou lituanien. **5.** Raller ; demi-mal. **6.** Tête de nigaud ; bout de verre. **7.** Ingrat de par son âge ; garda pour soi. **8.** Elles sont la preuve que le froid hivernal, ça creuse ! **9.** Gros temps ; répandre en diffusant.

SUDOKU

					5			1
	9					8		
2		7	4				9	
			5			2	4	8
	5						1	
3	6	2			4			
	3				2	1		7
		5					6	
9			7					2

Zoom saveur

LA COQUILLE SAINT-JACQUES

C'est au XIXe siècle que commence la commercialisation de ce succulent coquillage jusqu'alors uniquement connu des populations côtières.

Strictement réglementée, la pêche des coquilles Saint-Jacques n'est autorisée que de la mi-octobre à la mi-mai. Hors cette période, vous ne les trouverez plus que surgelées.

Idée gourmande. *Escalopez finement des noix de saint-jacques crues très fraîches. Alternez-les en rosace avec de très fines rondelles de radis noir. Arrosez d'un filet d'huile d'olive et de quelques gouttes de vinaigre balsamique. Poivrez et servez.*

CE JOUR-LÀ

En 1960 est inaugurée la première liaison transatlantique Air France par avion à réaction.

Février
Mercredi
3

Blaise

CE JOUR-LÀ

En 1994, Bill Clinton lève l'embargo commercial imposé au Viêt Nam en 1975 par les États-Unis.

Déducto

La Mort derrière nous

La Vie devant soi (Moshe Mizrahi, 1977)

Goujats !

Un homme, après cinq ans de vie avec sa compagne, décide de se marier, mais il ne connaît pas trop les coutumes concernant l'offrande. À la fin de la cérémonie, il en parle au prêtre, qui lui dit :

– En fait, plus la mariée est jolie, plus c'est cher !

Le jeune homme regarde sa femme et met la main dans sa poche. Il sort une pièce de 1 euro et la tend au prêtre, qui lui dit :

– Attendez ! Je vous rends la monnaie.

LE SERPENT

Remplissez le serpent avec des mots qui s'enchaînent selon le principe du « marabout de ficelle ». La première définition renvoie à une série télévisée : l'une des actrices est née le 3 février 1965 et son nom termine le serpent.

1. Série hospitalière de Michael Crichton.
2. Siège de la gastrite.
3. Nom de l'acteur jouant le Dr David Morgenstern.
4. Inflammation de la vessie.
5. Qui expulse le ver solitaire.
6. Prénom de l'acteur incarnant Doug Ross.
7. Fit mal aux lèvres.
8. Prénom de l'infirmière Hathaway, jouée par Julianna Margulies.
9. Boulots d'acteurs.
10. Modification d'un organe suite à un choc par exemple.
11. Oscille sur l'électrocardiogramme.
12. Pas pour les internes de nuit.
13. Nom du docteur joué par Noah Wyle, parti vivre en Afrique avec Kem.
14. Stade guère réjouissant pour un malade.
15. Port de tête.
16. Nom de l'actrice qui tient le rôle d'Abby Lockhart.

LE COMPAS DANS L'ŒIL

Le 3 février 1972, l'empereur du Japon Hirohito ouvre les jeux Olympiques d'hiver de Sapporo, auxquels participent plus de mille concurrents. Culture et intuition vous aideront à estimer ces records.

1. *À combien s'élevait, en francs de l'époque, le total des droits de télévision mondiaux pour la retransmission de ces Jeux ?*
A. 380 000 francs.
B. 1,8 million de francs.
C. 38 millions de francs.
D. 1,48 milliard de francs.

2. *Combien d'athlètes ont participé aux JO d'hiver de Turin en 2006 ?*
A. env. 1 900. **B.** env. 2 800.
C. env. 4 500. **D.** env. 7 600.

3. *C'est en 2014 à Sotchi que la France a obtenu son maximum de médailles au cours de JO d'hiver. Quel est ce record ?*
A. 9 médailles.
B. 11 médailles.
C. 15 médailles.
D. 21 médailles.

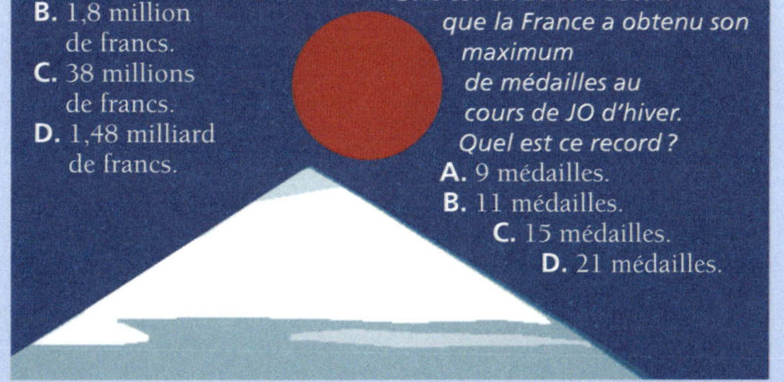

Devinette

Que dit le 0 au 8 ?

– Tiens ! tu as mis ta ceinture…

LE CRÉNEAU

En répondant aux définitions suivantes, retrouvez sur le créneau le nom d'un cinéaste américain mort le 3 février 1989.

1. Petite addition. **2.** Vieille pierre. **3.** Lieu de relâche. **4.** Saucisson à pattes. **5.** Relever le défi. **6.** Autre rôle de notre cinéaste. **7.** Modèle de richesse.

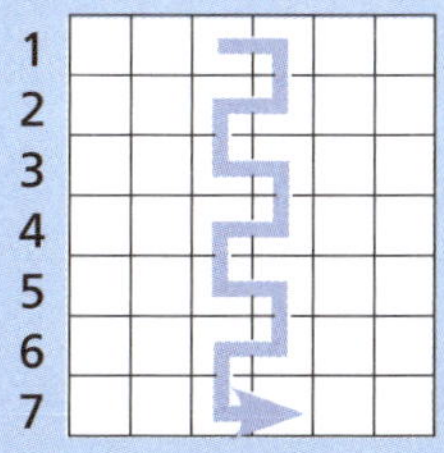

Février
Jeudi
4

Véronique

La contrepèterie de la semaine

L'Afrique est dans l'attente d'une lutte passive.

LE VERTICALETTRES

En répondant aux définitions, retrouvez verticalement le nom d'une actrice et réalisatrice hollywoodienne née le 4 février 1918 à Londres.

1. Ma sorcière l'est bien dans des épisodes qu'elle a réalisés. **2.** Lieu de tournage. **3.** Grande pour le film de Walsh dans lequel elle a tourné en 1941. **4.** Petit tableau numérotant les séquences d'un film. **5.** Fait écho à moteur, pour terminer une scène. **6.** Bibi ou cloche. **7.** Elle a réalisé trois épisodes de cette série dans laquelle Richard Kimble tente d'échapper à la police. **8.** Sœurs dont elle a incarné Emily. **9.** Trouve preneur sur un plateau.

Réparation

Un vieil homme qui se balade sur la plage se prend les pieds dans un truc métallique. Il dégage l'objet du sable, le nettoie et se rend compte qu'il s'agit d'une lampe magique. Un génie en sort et lui demande s'il a un vœu à exaucer. Le vieil homme lui dit :

– À la place, est-ce qu'il est possible de lever une malédiction qui me frappe depuis quarante ans ?

– Oui, pas de problème, mais j'ai besoin de la phrase qui a mis le sort en place.

Sans hésiter, le vieux répond :

– Je vous déclare désormais mari et femme.

Le bon ustensile

Au Moyen Âge, un chevalier s'est trompé de chemin au retour de la croisade. Il est perdu dans le désert. Il n'a pas bu depuis des jours. Il n'en peut plus, il tombe. Soudain, un lion s'approche, se penche sur lui et flaire son armure.

– Zut, grogne-t-il, je n'ai pas d'ouvre-boîte !

CE JOUR-LÀ

En 1945 débute la fameuse conférence de Yalta, à laquelle participent Staline pour l'URSS, Churchill pour la Grande-Bretagne et Roosevelt pour les États-Unis. La France est absente.

Février
Vendredi
5

Agathe

VRAI OU FAUX

Fondée le 5 février 1919 par Mary Pickford, Charles Chaplin, Douglas Fairbanks et D. W. Griffith, la United Artists produisit et distribua des films pour lutter contre la mainmise des grands studios. Démêlez le vrai du faux dans ces affirmations.

1. Ils mirent un point d'honneur à ne pas se produire eux-mêmes. **V F**

2. En 1916, Mary Pickford, actrice la plus payée au monde, recevait 40 000 dollars uniquement pour lire les scénarios. **V F**

3. Dans les années 1920, Chaplin assurait ses pieds pour 150 000 dollars. **V F**

4. Après leur mariage, Mary Pickford et Douglas Fairbanks fondèrent la société Pickfair. **V F**

5. La United Artists a été reprise par Tom Cruise en 2006. **V F**

6. Athlète complet, Douglas Fairbanks n'était jamais doublé pour ses cascades. **V F**

CUBES

Formez trois noms de pays asiatiques en prenant chaque fois une lettre différente sur une des faces des cubes.

CE JOUR-LÀ

En 1988, une décision conjointe des ministères de l'Intérieur et de la Défense stipule que les appelés du contingent pourront désormais faire leur service national dans la police.

Économie

Un jeune homme demande conseil à un vieux milliardaire :

– Y a-t-il un moyen sûr de gagner un million d'euros ?

– Bien sûr, répond le vieil homme d'affaires. Tu achètes un million de litres de pétrole à 1 euro le litre, et tu les revends à 2 euros le litre.

Proverbe flamand

La maison est à l'envers lorsque le coq se tait et que la poule chante.

Février

Samedi

6

Gaston

MOTS FLÉCHÉS

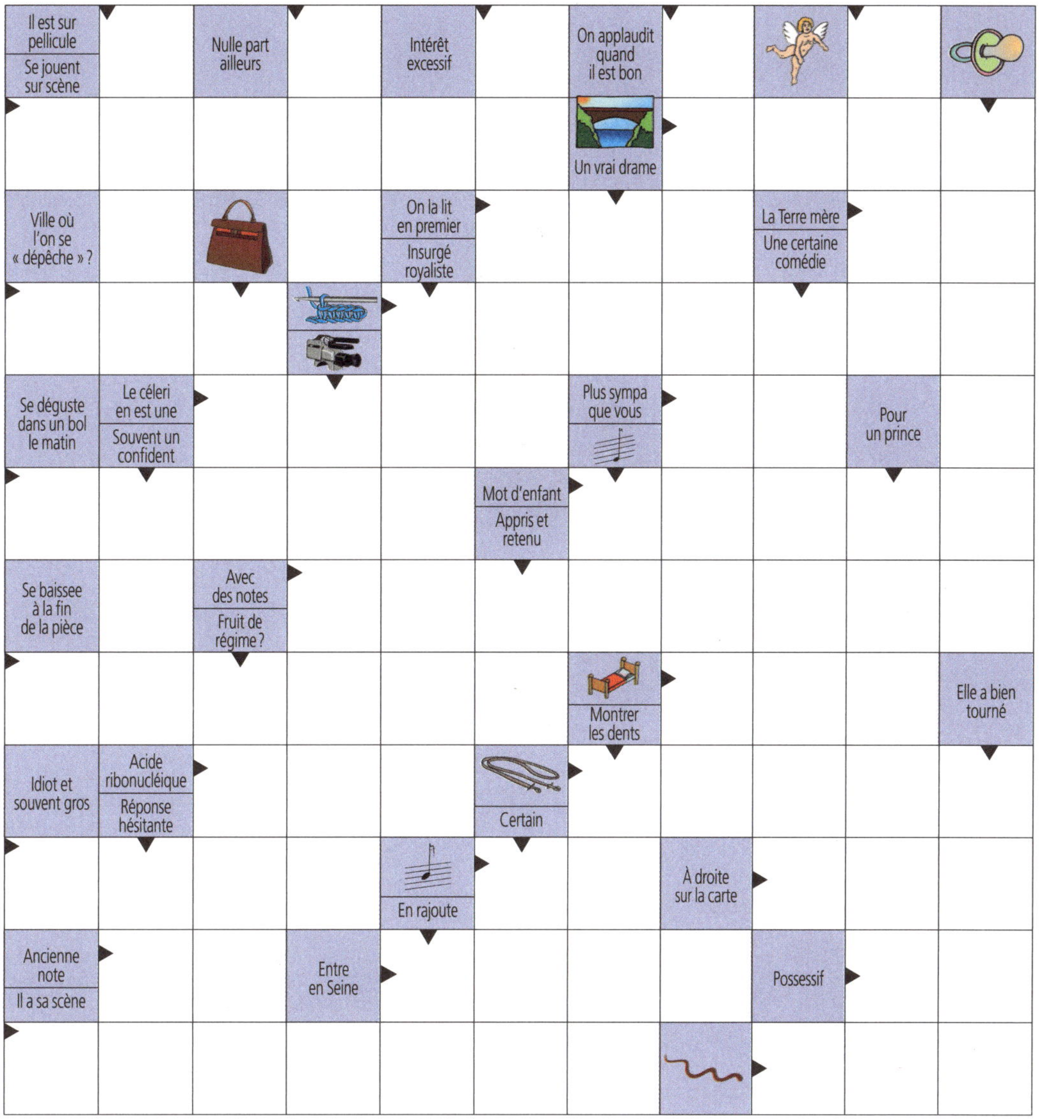

CE JOUR-LÀ

En 1945, Robert Brasillach est fusillé.

En 1952, la princesse Élisabeth devient reine de Grande-Bretagne sous le nom d'Élisabeth II.

COUPE-LETTRES

Rayez une lettre dans chacun des mots ci-dessous, en formant de nouveaux mots. Reportez la lettre rayée à droite pour trouver le nom d'un célèbre violoniste et chef d'orchestre, qui se produisit pour la première fois à Paris en 1927, à l'âge de 10 ans !

C	R	A	M	B	E	S	
T	R	E	I	L	L	E	
R	O	N	D	E	U	R	
C	H	A	U	S	S	E	
C	H	A	R	T	E	R	
E	T	O	I	L	E	S	
B	R	O	N	C	H	E	

Le saviez-vous ?

Les danseurs de corde qui se jouent du vertige ont de lointains ancêtres. En effet, les Romains et fort probablement les Grecs de l'Antiquité avaient déjà leurs funambules. Ce mot vient du latin funambulus, *contraction de* funis, *corde, et* ambulare, *marcher.*

LABYRINTHE

Aidez notre souris affamée à se frayer un chemin dans ce dédale afin qu'elle retrouve son morceau de fromage.

Février
Dimanche
7

Eugénie

QUIZ New York, New York

La chanson New York, New York, dont la première interprète fut Liza Minnelli dans le film du même nom, est devenue l'hymne officiel de la ville en 1985.

1. New York, New York (le film) a été réalisé par :
A. Steven Spielberg. **B.** Vincente Minnelli.
C. Martin Scorsese.

2. Le film, qui a été exploité dans une version de 2 h 16 min, durait à l'origine :
A. 2 h 30 min. **B.** 3 h 30 min.
C. 4 h 30 min.

3. Le film a été tourné :
A. Sur place en décors naturels.
B. En Angleterre, à Pinewood.
C. À Los Angeles, en studio.

4. Dans le film, les deux protagonistes (Liza Minnelli et Robert De Niro) :
A. Se marient. **B.** Ont un enfant.
C. Se séparent.

ANATITRES

À partir des anagrammes suivantes, retrouvez le titre de cinq films ayant pour cadre la ville de New York. Pour vous aider, le nom du réalisateur est donné entre parenthèses.

1. Hanna, Matt…
_ _ _ _ _ _ _ _ _
(Woody Allen)

2. Han ! Mana mort !
_ _ _ _ _ _ _ _ _ _ _
(John Schlesinger)

3. Lapin rare.
_ _ _ _ _ _ _ _ _
(Francis Ford Coppola)

4. Aïe ! Forte musique italienne !
_ _ _ _ _ _ _ _ _ _
_ _ _ _ _ _ _ _ _ _ _ _ _ _
(Sergio Leone)

5. « Ravi ! » dit Rex.
_ _ _ _ _ _ _ _ _ _
(Martin Scorsese)

CE JOUR-LÀ

En 1971, un référendum accorde le droit de vote aux femmes en Suisse. Ce pays était le dernier d'Europe à ne pas l'avoir fait.

La perle de la semaine

Henri IV fut tué dans un accident de voiture par un fou nommé Cadillac.

Celui-ci fut écartelé par une quatre chevaux.

Février
Lundi
8

Jacqueline

L'INTRUS

Ce jour de 1828 naissait dans une famille de la bourgeoisie nantaise le célèbre romancier Jules Verne. Retrouvez l'intrus qui s'est glissé dans chacune de ces séries.

1. *De la Terre à la Lune.*
L'Étoile du Sud.
L'Île au trésor.
Le Tour du monde en quatre-vingts jours.
Les Enfants du capitaine Grant.
Vingt Mille Lieues sous les mers.

2. Arthur Gordon Pym.
Hector Servadac.
Le capitaine Nemo.
Michel Strogoff.
Phileas Fogg.
Wilhelm Storitz.

Mot d'enfant

Mathilde, 6 ans, se plaint à sa grand-mère de picotements dans les yeux.

– Tu dois faire une petite allergie, lui explique sa mamie. À la fin du printemps, il y a beaucoup de pollen dans l'air.

– Mais non, rétorque Mathilde, c'est surtout le soir que ça pique. Je dois faire une allergie à la lecture.

CE JOUR-LÀ

En 1962, une manifestation anti-OAS se déroule à Paris. Neuf personnes trouveront la mort au métro Charonne, dans le XIe arrondissement.

Devinette

Deux pères et deux fils vont à la pêche. Chacun pêche un poisson, mais, au retour, il n'y a que trois poissons. Pourquoi ?

Il y a un grand-père, un père et un fils, ils ne sont donc que trois… Le grand-père est le père du père et le père est le fils du grand-père.

CASE-CHIFFRES

Chaque brique du case-chiffres est la somme des deux briques situées juste au-dessous. Reconstituez la totalité de la pyramide en respectant les chiffres placés.

Février
Mardi
9

Apolline

MOTS MÊLÉS

La mort, avait-il dit, c'est un manque de savoir-vivre. Le 9 février 1975, à 82 ans, Pierre Dac s'éteint. Rayez dans la grille ces mots évoquant sa vie. Les lettres non biffées vous donneront le nom d'une de ses célèbres parodies, qui assura son succès au music-hall.

P	A	I	D	P	L	S	O	L	L	A	C	O	L
E	R	T	E	B	I	F	F	E	R	U	T	S	L
L	E	R	N	R	A	U	S	U	B	D	A	M	E
R	A	I	R	E	H	L	K	N	R	I	L	H	E
U	X	H	E	S	C	F	E	O	A	O	2	2	U
F	S	S	T	N	A	R	S	P	B	X	U	A	R
E	I	E	I	C	S	E	E	D	A	I	B	A	R
N	G	U	A	I	N	C	A	R	D	N	E	P	R
F	O	Q	F	S	E	A	N	E	R	S	D	A	A
U	N	A	L	B	P	A	A	S	U	O	T	R	S
O	C	D	R	E	I	S	T	I	T	R	E	L	L
L	H	R	D	V	U	D	H	A	D	F	Q	C	E
S	E	O	N	A	L	B	O	B	C	B	B	E	O
E	D	I	A	C	A	D	N	S	L	O	S	A	M

L'Os libre – BBC – Pensées – Studio 22 – Dac – Signé Furax – André Isaac – Bons Baisers de partout – Sar Rabindranath Duval – Faites chauffer la colle – Francis Blanche – L'Os à moelle – LKNOPDA – Le Parti d'en rire – Malheur aux barbus – Roi des loufoques – CQFD

CE JOUR-LÀ

En 1881, la Russie et le monde entier sont en deuil : l'un des plus grands écrivains de son temps, Fiodor Dostoïevski, est mort.

Identification

Sur la route, un gars écrase une poule devant une ferme. Il s'arrête pour s'excuser, mais le fermier lui dit :

– Ben non, cette poule n'est pas à moi, elle n'est à personne du village. Des poules plates comme celles-là, on n'en a jamais vu par ici !

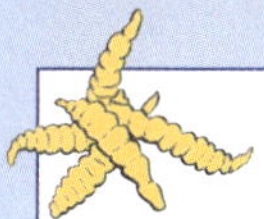

Zoom saveur

LE CROSNE

Si le stachys japonais porte aujourd'hui le nom de crosne, c'est parce qu'il a été cultivé pour la première fois en France en 1882 à Crosne, village de l'Essonne.

Le goût délicat de ce tubercule insolite, semblable à un petit coquillage nacré, est proche de celui du fond d'artichaut.

Idée gourmande. *Choisis très frais, les crosnes ne s'épluchent pas. Nettoyez-les en les plaçant dans un linge avec une poignée de gros sel. Frottez bien pour éliminer la peau fine, puis rincez-les et épongez-les. Faites-les ensuite braiser au vin blanc et servez-les avec une viande blanche.*

Nos amies les bêtes

Un poisson, un ours et un hippopotame discutent de leurs futures vacances. Le poisson dit :

– Nous, dans notre famille, on a des écailles. On va donc aller à Deauville.

L'ours dit :

– Nous, on a tous des poils. On va donc aller au Groenland.

L'hippopotame dit :

– Nous, on a une grande gueule : on va donc aller à Paris !

SANDWICH

Complétez les mots horizontaux de cinq lettres (noms propres autorisés). Plusieurs solutions sont parfois possibles, mais une seule permet de retrouver une citation de Pierre Dac.

P	I	E	R	R	E	D	A	C	H	U	M	O	R	I	S	T	E	F	O	N	D	A	T	E	U	R	D	U	J	O	U	R	N	A	L	L	O	S	A	M	O	E	L	L	E
I	M	N	A	U	S	O	N	H	I	R	U	R	O	D	O	U	C	U	R	E	A	N	A	L	S	E	E	X	E	U	R	U	I	R	I	E	I	E	D	A	B	N	I	A	C
O	G	E	U	A	O	C	E	N	E	N	T	E	I	A	G	O	L	I	E	N	S	R	U	V	E	L	O	A	P	S	U	E	B	T	G	A	I	N	L	G	S	I	N	D	A
N	E	R	T	L	C	E	E	E	R	E	S	R	N	L	E	R	E	E	S	T	E	E	S	E	L	S	N	L	S	E	S	S	E	E	E	L	F	T	E	E	E	E	S	E	T

Février
Mercredi
10

Arnaud

LOGIGRAMME

Le 10 février 1996, l'ordinateur Deep Blue est opposé au champion du monde d'échecs Garry Kasparov. L'homme s'impose, mais il devra s'incliner un an plus tard devant un nouveau programme plus abouti, Deeper Blue. À l'aide des quatre indices, retrouvez pour chacun de nos joueurs d'échecs le nom de l'ordinateur qu'il a vaincu, la pièce qui lui a permis de le faire et la somme qu'il a empochée pour sa victoire.

1. Grâce à un mat finalisé par une des trois pièces qui peuvent prendre en diagonale, Pat Forcé a encaissé autant que le Polonais Lech Ekemat et le vainqueur de Deep Black réunis.
2. En ajoutant les gains de Kader Oké, vainqueur de l'ordinateur au nom le plus rock, à ceux du joueur qui a achevé le roi adverse grâce à sa tour, on atteint la somme empochée par le champion ayant mis fin élégamment à la partie grâce au judicieux déplacement d'un pion.
3. Matt Duberger, un peu tendre, n'a encaissé que 10 000 dollars. Le vainqueur du tournoi, quant à lui, a conclu sa journée en défaisant Deep Pink.
4. L'échec infligé à Deep Black a rapporté plus à son auteur que celui asséné par une reine, mais moins que celui infligé à Deep Yellow par une pièce qui n'était pas un fou.

		Gain					Pièce					Ordinateur				
		5 000 dollars	10 000 dollars	15 000 dollars	25 000 dollars	50 000 dollars	Cavalier	Fou	Pion	Reine	Tour	Deep Black	Deep Pink	Deep Purple	Deep White	Deep Yellow
Joueur	Kader Oké															
	Lech Ekemat															
	Matt Duberger															
	Pat Forcé															
	Théo Ridujeu															
Ordinateur	Deep Black															
	Deep Pink															
	Deep Purple															
	Deep White															
	Deep Yellow															
Pièce	Cavalier															
	Fou															
	Pion															
	Reine															
	Tour															

Tableau des réponses

	Kader Oké	Lech Ekemat	Matt Duberger	Pat Forcé	Théo Ridujeu
Joueur					
Ordinateur					
Pièce					
Gain					

CE JOUR-LÀ

En 1633, Galilée abjure son « hérésie » en public, devant le tribunal de l'Inquisition.

Soyez gentils…

À la gare routière, deux amis attendent le bus quand arrive une vieille dame qui leur demande :

– Les enfants ! Pouvez-vous m'acheter un billet, j'ai oublié mon porte-monnaie !

Les garçons s'exécutent. La vieille dame les remercie, puis leur demande :

– Les enfants ! Aidez-moi à monter dans le bus !

Et ensuite :

– Les enfants, soyez gentils… Trouvez-moi une place assise, je ne peux pas rester debout !

Ils lui trouvent une place à côté d'un vieux monsieur. Celui-ci se lève alors en s'écriant :

– Laissez-moi descendre avant qu'elle ne vous demande de lui trouver un mari !

Déducto

Les Ténèbres
de la campagne

Les Lumières de la ville
(Charlie Chaplin, 1931)

Devinette

Pourquoi les soldats éthiopiens sont-ils les meilleurs du monde ?

Parce que ce sont les seuls qui peuvent se cacher derrière leur fusil.

Les blondes

Deux copines blondes discutent :

– J'ai été mariée trois fois.

– Des enfants ?

– Non, des adultes !

Février
Jeudi
11

Notre-Dame de Lourdes

Troisième décan du Verseau

CE JOUR-LÀ

En 1936 a lieu à Londres la première du film les *Temps modernes*, de Charlie Chaplin.

En 1948, Sergueï Eisenstein, le réalisateur du Cuirassé Potemkine, meurt à Moscou.

Teinture

Au Moyen Âge, un chevalier rentre chez lui après de longues années de croisade.

Lorsqu'il retire son armure, sa femme s'exclame :

– Comme tu es bronzé !

– Non, répond-il, c'est de la rouille !

La contrepèterie de la semaine

Elle n'arrête pas de mastiquer, la sotte !

QUIZ

Joseph L. Mankiewicz

Né le 11 février 1909, scénariste et réalisateur, il s'est illustré dans tous les genres avec des films comme Ève, Jules César, la Comtesse aux pieds nus, Cléopâtre *ou* le Limier.

1. À 19 ans, il était :
A. Cascadeur à Hollywood.
B. Serveur à Manhattan.
C. Journaliste à Berlin.

2. Il a été scénariste :
A. À la Paramount.
B. À la Metro.
C. À la Fox.

3. Sa particularité pour l'oscar :
A. Il ne l'a jamais obtenu.
B. Il l'a obtenu pour son premier et son dernier film (*le Château du dragon* en 1946, *le Limier* en 1972).
C. Il l'a obtenu deux fois et deux années de suite (pour *Chaînes conjugales* en 1949 et *Ève* en 1950).

4. Pour Blanches Colombes et vilains messieurs (1955), il a obtenu de Marlon Brando quelque chose d'exceptionnel :
A. Qu'il dise son texte en articulant.
B. Qu'il interprète un homosexuel.
C. Qu'il chante et qu'il danse.

Février
Vendredi
12

Félix

CE JOUR-LÀ

En 1763 meurt Pierre Carlet de Chamblain, plus connu au théâtre sous le nom de Marivaux.

EFFACE-LETTRES

Rayez cinq lettres dans chacun des mots suivants pour découvrir, sans changer l'ordre des lettres, des noms de comiques ayant fait carrière sur scène ou à l'écran.

1 • Coquelucheux
2 • Cokéfaction
3 • Chaptalisant
4 • Limonadiers
5 • Chamboulant
6 • Obligeance
7 • Serpillières
8 • Balivernes
9 • Pleurnichard
10 • Victimisait

LE PERSONNAGE DU JOUR

Découvrez un personnage dont le nom est célèbre à plus d'un titre grâce aux indices suivants, que vous lirez l'un après l'autre.

1 Je suis né à Paris, dans le quartier de Montmartre, le 15 septembre 1894, et je suis mort à Beverly Hills le 12 février 1979.

2 Je suis le second fils d'un grand peintre impressionniste.

3 Lors de la Première Guerre mondiale, j'ai été blessé à la jambe. Cette blessure a provoqué une claudication que j'ai conservée toute ma vie.

4 En 1920, j'ai épousé l'un des modèles de mon père, Andrée Heuchling, qui sous ma direction est devenue une vedette du grand écran, Catherine Hessling.

5 En 1921, la sortie du film d'Erich von Stroheim *Folies de femmes* a décidé de ma carrière de cinéaste.

6 Je me suis illustré dans le cinéma réaliste avec des films comme *la Grande Illusion* (1937) ou encore *la Règle du jeu* (1939).

Proverbe indien

L'homme vertueux ressemble à l'arbre touffu qui, exposé aux rayons du soleil, répand la fraîcheur sous ses branches.

Février
Samedi
13

Béatrice

PUZZLE CROISÉ

Replacez les morceaux dans le tableau vierge de manière à reconstituer une grille de mots croisés traditionnelle, sachant qu'elle contient cinq mots ayant un rapport avec Jean-Jacques Servan-Schreiber, journaliste, essayiste et homme politique français né le 13 février 1924 et mort le 7 novembre 2006.

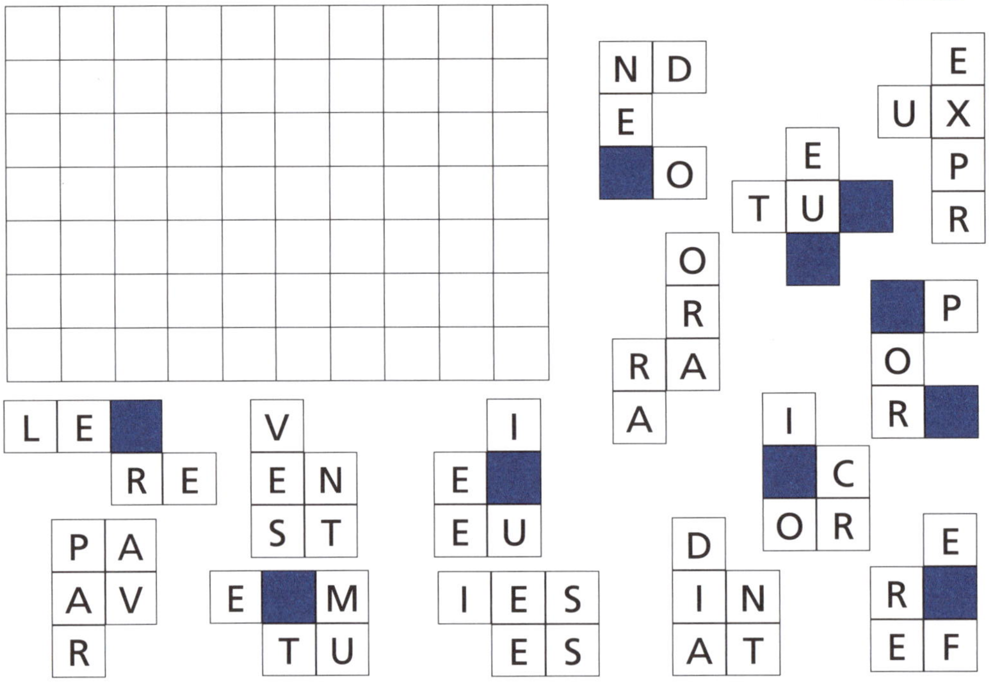

Toto

Toto revient de l'école avec son bulletin. Des zéros partout.

– Quelle excuse vas-tu encore me donner ? soupire sa mère.

– Eh bien… j'hésite entre l'hérédité et l'environnement familial !

Le saviez-vous ?

Si l'on devait décerner un prix à la langue la plus originale, celui-ci serait sûrement attribué au sol-ré-sol. Imaginée en 1858 par un maître de musique français, Jean-François Sudre, cette langue pouvait être chantée, jouée sur un instrument ou parlée, car tous ses mots étaient des combinaisons des sept notes de la gamme.

CE JOUR-LÀ

En 1960 a lieu la première expérience nucléaire française. Une bombe explose dans le désert du Tanezrouft, en Algérie.

JEU DES 7 ERREURS

Février
Dimanche
14

Valentin

75 ANS CETTE ANNÉE

Comme André Dussollier et Liza Minnelli, ils ont 75 ans cette année. Reconnaissez-les.

1. Cette chanteuse d'origine britannique a interprété les chansons de son mari, célèbre compositeur français.

2. Ce réalisateur américain né à Cincinnati (Ohio) est considéré comme le cinéaste le plus rentable de l'Histoire.

3. Cette actrice américaine née à Los Angeles a joué dans d'excellents films à succès, tels *le Parrain*, *Annie Hall* ou encore *Manhattan*.

4. Révélée par Visconti, cette actrice au fascinant regard bleu acier fut pendant plusieurs années l'épouse de Jean-Michel Jarre.

5. Ce célèbre réalisateur et photographe écologiste, président de l'association GoodPlanet, a été fait officier de la Légion d'honneur.

6. Cette chanteuse brune née à Avignon, aînée d'une famille de 14 enfants, a vendu plus de 23 millions de disques en France.

7. Ce journaliste sportif français né à Paris, qui a fait carrière au sein du service public audiovisuel, est chevalier de l'ordre national du Mérite depuis 2010.

BOUCHE-TROUS

James Bond (4 janvier 1900-14 février 1989) est un ornithologue américain célèbre pour avoir donné son nom au héros de Ian Fleming, le fameux agent 007. À partir des définitions, retrouvez cinq mots qui contiennent certaines lettres d'HOMONYME.

1. Bonne entente.
H _ _ MON _ E

2. Disque démodé.
_ _ NY _ E

3. Instruction religieuse.
HOM _ _ _ E

4. Tout penaud.
HON _ E _ _.

5. Nom de famille.
_ _ _ _ ONYME

6. Ne meurt jamais ?
_ _ M _ _ N

CE JOUR-LÀ

En 1933 est inaugurée en France l'horloge parlante.

En 1988, un drame éclate dans le milieu de la boxe : l'ancien champion du monde Carlos Monzón est accusé du meurtre de sa femme.

La perle de la semaine

Dans une ampoule, le fil amant ne brûle jamais.

Février
Lundi
15

Claude

CE JOUR-LÀ

En 1871, le général Denfert-Rochereau évacue Belfort après une résistance héroïque.

En 1989, le retrait des troupes soviétiques d'Afghanistan est effectif.

Mot d'enfant

On demande à Mathieu, 5 ans, pourquoi il ne mange pas la sauce persillée de ses escargots.
– Parce que je n'aime pas la poussière de tondeuse.

Devinette

Pourquoi les femmes parlent-elles moins en février ?

Parce qu'il y a moins de jours !

Le code vestimentaire de **Jean Yanne**

Les clowns se marient en grande pompe.

LE DIAGO

Placez dans la grille les huit noms suivants pour découvrir en diagonale celui d'une actrice magnifique dans Barry Lyndon, *de Stanley Kubrick, née le 15 février 1947 à New York : ANDERSON, BASINGER, BELLUCCI, CHARISSE, DARRIEUX, GIRARDOT, ROBINSON, THOMPSON.*

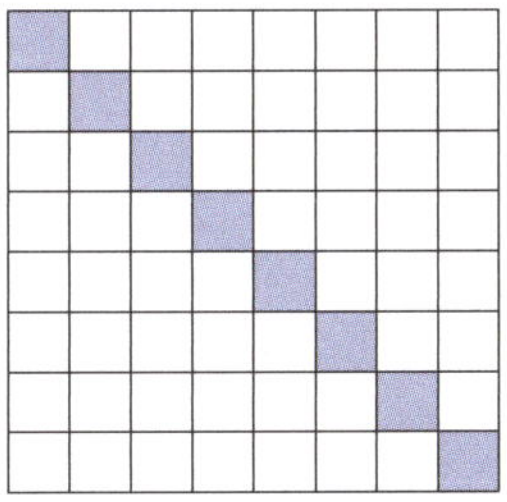

QUIZ Emblème national

En 1794, la Convention adopte un pavillon national qui deviendra en 1812 le nouveau drapeau français aux trois couleurs.

1. Ce pavillon fut dessiné par :
A. David. **B.** Ingres. **C.** Gros.

2. La plus ancienne des trois couleurs était :
A. Le bleu. **B.** Le blanc. **C.** Le rouge.

3. Le drapeau blanc fut rétabli :
A. Par Napoléon Bonaparte en 1804.
B. Par la Restauration en 1814.
C. Par Napoléon III en 1852.

Février
Mardi
16

Mardi gras

L'ÉNIGME DU VIN

Parmi les vingt-quatre mots contenus dans l'illustration, biffez ceux qui correspondent aux indices ci-dessous. Chaque indice renvoie à un seul mot, sauf indication contraire. Les cinq mots restants vous livreront sous forme de rébus le prénom et le nom d'une actrice américaine, petite-fille d'un grand écrivain. Née le 16 février 1955, celle-ci avait été baptisée en l'honneur d'un grand cru bordelais !

1. Changez une voyelle dans un verbe conjugué au passé simple pour siroter un bourgogne blanc sec que l'on boit généralement jeune. **2.** Rendez-vous dans un petit bois pour humer le parfum d'un vin en substituant une voyelle à une consonne. **3.** Ce n'est pas difficile d'insérer un R dans cette matière pour l'associer à Charlemagne et obtenir ainsi un vin blanc d'un bel or vert. **4.** Changez une consonne dans un nom de couleur pour obtenir le mot qui désigne celle d'un vin. **5.** Insérez une consonne dans un paysage parfois triste l'hiver pour vous rendre dans une région dont les vins font pétiller vos fêtes. **6.** Ce verbe au passé simple est l'homonyme de la région qui produit les vins d'Arbois. **7.** Amputez un mot de ses deux lettres finales et canonisez-le pour former une appellation du haut Médoc. **8.** Restons dans le vignoble bordelais pour déguster un vin blanc liquoreux prestigieux, à condition de bousculer franchement certains parlementaires dont la lenteur est notoire. **9.** En transformant une consonne de ce mot, vous serez sur la bonne voie pour découvrir un cépage d'Anjou et de Touraine. **10.** Assemblez deux mots de la liste et vous boirez un délectable vin rouge de la vallée du Rhône. **11.** Remuez sérieusement votre domestique pour qu'il vous serve un verre de ce vin que certains considèrent comme le meilleur rosé de France. **12.** Faites chanter ce nom d'oiseau pour entendre à peu près celui d'un cépage blanc donnant des vins secs et charpentés. **13.** Cessez d'être lubrique, et soyez-en bouleversé au point de vous rendre dans la région qui produit le riesling et le gewurztraminer. **14.** Changez la dernière voyelle de ce participe passé pour apprécier un vin rouge tannique du Beaujolais. **15.** Évitez les secousses en remplaçant un T par un R et rendez-vous dans l'un des plus anciens vignobles de France, situé dans le Sud-Ouest. **16.** Prenez de la graine et ajoutez une consonne afin de vous rafraîchir avec un vin blanc sec de la région nantaise. **17.** Remplacez deux lettres au cœur d'un ivrogne par une consonne géminée pour boire – avec modération – un bourgogne rouge très estimé. **18.** Glissez certaines coutumes dans un nom de saucisson pour lamper un vin blanc de Savoie accompagnant le beaufort local.

Zoom saveur

LE SCORSONÈRE

Ce salsifis noir à chair blanche, fondante après cuisson, fut introduit en France au XVIIe siècle. Son nom évoque une plante censée soigner les morsures de vipère. Un légume injustement oublié sur nos tables quotidiennes !

Difficiles à éplucher, les scorsonères ? Pas si vous les faites préalablement tremper au moins 30 min dans de l'eau froide !

Idée gourmande.
Après les avoir épluchés, coupez les scorsonères en tronçons, puis blanchissez-les 10 min à l'eau bouillante salée et citronnée. Égouttez-les, puis faites-les sauter 5 min dans du beurre chaud. Nappez-les de crème fraîche et servez-les avec des côtes de veau poêlées.

CE JOUR-LÀ

En 1826 meurt René Laennec, l'inventeur du stéthoscope.

En 1909, le Français Fernand Forest invente le moteur à explosion.

Toto

Toto rentre de l'école tout content. Il dit à sa mère :

– Je suis le seul à ne pas avoir eu zéro au devoir ; le maître a dit : « Mathieu zéro, Thomas zéro, Christophe zéro et Toto idem ! » Tu peux être fière de moi !

Le bon plan de Cavanna

La bonne combine à Lourdes, c'est d'arriver juste quand on vient de changer l'eau de la piscine, avant que sa capacité de miracles n'ait eu le temps de se diluer dans les microbes d'autrui.

Février
Mercredi
17

Alexis

QUIZ David Douillet

Lui qui possède son double en cire au musée Grévin (grandeur nature, c'est impressionnant) est l'un des sportifs les plus populaires de France. Il est né le 17 février 1969 à Rouen.

1. À 13 ans, il mesurait :
A. 1,75 m. **B.** 1,85 m. **C.** 1,95 m.

2. Son premier titre fut :
A. Français. **B.** Européen.
C. Mondial.

3. Lors des jeux Olympiques de Barcelone, d'Atlanta et de Sydney, il a remporté un total de :
A. 2 médailles d'or.
B. 3 médailles d'or.
C. 4 médailles d'or.

4. Dans la hiérarchie du judo, il est :
A. 6e dan.
B. 10e dan.
C. 12e dan.

CASE-CHIFFRES

Chaque brique du case-chiffres est la somme des deux briques situées juste au-dessous. Sachant que parmi les cinq nombres de la base figurent des nombres qui se suivent mais pas dans l'ordre, remontez les marches de la pyramide de façon à trouver la valeur du sommet.

Devinette

Qu'est-ce qu'il y a de plus beau sur le corps d'une femme ?

Un homme…

Déducto

Le Mauvais,
le Doux et l'Intègre
(Sergio Leone, 1968)

Le Bon, la Brute et le Truand

CE JOUR-LÀ

En 1800, Bonaparte crée le corps préfectoral.

En 1871, Adolphe Thiers devient président de la République. Il succède à Napoléon III.

À L'IDENTIQUE

On peut reconstituer le dessin avec seize des dix-sept pièces proposées. Laquelle est en trop ? (Les pièces et le modèle ne sont pas présentés à la même échelle.)

Février
Jeudi
18

Bernadette

LE VERTICALETTRES

En répondant aux définitions, retrouvez verticalement le nom d'un acteur, né le 18 février 1954, qui dansa d'abord au bal du diable en 1976.

1. Talentueux réalisateur de *Pulp Fiction*. **2.** Titre d'un film musical avec Olivia Newton-John. **3.** Nom d'une prison et d'un acteur ayant fait volte-face au cinéma. **4.** Effervescence du samedi soir. **5.** Opération qui porte un nom de poisson-épée. **6.** Réalisateur musclé de *Staying Alive*. **7.** Elle tient le rôle de Mia dans *Pulp Fiction*. **8.** Son bébé l'appelle au téléphone !

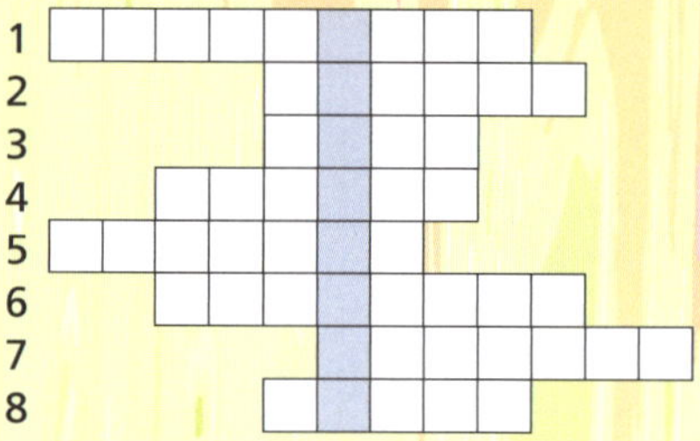

La contrepèterie de la semaine

Le cuisinier balance sa rouille dans le coulis.

L'INTRUS

Cinéaste et ethnographe considéré comme un documentariste tout à la fois rigoureux et poète, cet amoureux de l'Afrique est l'un des pères du cinéma-vérité. Trouvez quel est le film qui n'appartient pas à la filmographie de Jean Rouch, mort le 18 février 2004.

- *La Pyramide humaine.*
- *Moi, un Noir.*
- *Monsieur Albert prophète.*
- *La Chasse à la panthère.*
- *L'An 01.*
- *Cocorico, monsieur Poulet.*

CE JOUR-LÀ

En 1806, Napoléon ordonne la construction de l'arc de triomphe de l'Étoile.

En 1896 naît celui qui deviendra le « pape du surréalisme », André Breton.

Toto

Sa maman gronde Toto.

– Comment as-tu pu dire à tante Ginette qu'elle était si bête ? Va la voir et dis-lui que tu regrettes !

Toto s'exécute et va voir sa tante.

– Tante Ginette, je regrette que tu sois si bête !

Février
Vendredi
19

Gabin

Dernier jour du Verseau

JEU DE LOGIQUE

Les villes de ce réseau ferré ont été remplacées par des numéros. Replacez-les sur la carte en vous aidant des indices suivants. Attention, notre réseau contient une ville sans nom.

Indice 1 :
de Dorte, on ne peut aller directement qu'à Bravo et à Clime, et, de Clime, on peut aller directement vers plusieurs villes, dont Bravo et Avril ; en revanche, on ne peut passer directement de Bravo à Avril.

Indice 2 :
Avril est reliée directement à trois autres villes.

Indice 3 :
Ère, qui n'est pas un terminus, est reliée directement à Flou.

Indice 4 :
Gong n'est pas reliée directement à Clime.

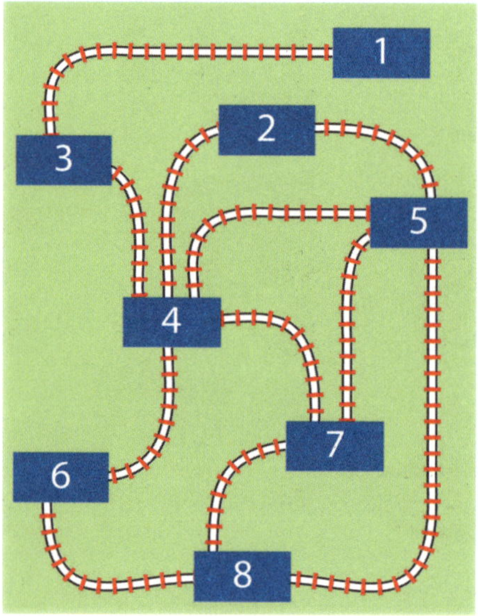

Proverbe égyptien

Le singe est toujours une gazelle dans les yeux de sa mère.

CE JOUR-LÀ

En 1950, le sénateur républicain Joseph McCarthy lance la célèbre « chasse aux sorcières » dans l'Administration et le milieu du cinéma américains.

En 1964 sort le film les *Parapluies de Cherbourg*, de Jacques Demy, qui décrochera la palme d'or au festival de Cannes la même année.

Réconfort parental

Un petit garçon interpelle sa maman :

– Maman, maman ! Hein qu'j'suis pas p'tit comme les copains d'l'école y disent ?

– Mais non ! Je sais bien que tu n'es pas petit !

Quelques minutes plus tard, la maman appelle son fils :

– Pierrot ! Prends l'escabeau et va me chercher des fraises dans le jardin !

Février
Samedi
20

Aimé

Premier jour des Poissons

Le saviez-vous ?

La mythologie puis l'imagination ont inspiré les noms des astéroïdes, ces planètes dont les dimensions ne dépassent pas quelques centaines de kilomètres.

L'orbite du n° 694 ayant été calculée par les étudiants de l'université Drake de l'Iowa (États-Unis), cet astéroïde a été baptisé Ekard – palindrome de Drake.

Le n° 1625 est devenu le Norc en hommage au Naval Ordnance Research Calculator, l'un des premiers ordinateurs. Hapag est le sigle d'une compagnie maritime allemande. Bettina est le prénom de l'épouse du baron Albert de Rothschild.

Quatre astéroïdes découverts dans les années 1980 portent les noms de chacun des Beatles !

MOTS FLÉCHÉS

Se déguste au ciel ? / Bernanos en était un		Pour un fumeur / Dieu rayonnant		Il y est né en 1888 / Dans ses affaires		La radio et la télé		De campagne, il a écrit son journal		Ceux de Montaigne sont célèbres
								L'Union européenne		
Boire dans l'écuelle / Certes avec oui						Certains le sont de la feuille…				
		Allonge / Sous le *soleil de...* est l'un de ses romans						Mot du docteur / Me rendrai		
En Côte-d'Or / Un certain accent			Coutumes / Donc bien nets			Est conditionnel / Prise par le modèle			Avoir un mouvement sinueux	
					Vues en songe		Homme fort aux cartes			
Contractions musculaires	Non dit / Il n'en a écrit qu'une			Il y combat la médiocrité / Masse pâteuse						
							Le même en plus court / Hurlement			Tel le renard
Au goût du jour / Sujet personnel			En compagnie / Argon de chimiste					Patrie d'Abraham / Caractère homérique		
		Les années passées / Cœur qui bat				Feuilleté à nouveau / Largeur d'étoffe				
Il a écrit leurs dialogues / Cubes										
			Résine malodorante				S'étale			

CHENILLE

Le 20 février 1877, le Lac des cygnes de Tchaïkovski est présenté à Moscou. En partant du mot THÉÂTRE et en opérant les substitutions indiquées, vous arriverez au mot BOLCHOÏ (conjugaisons interdites).

	T H É Â T R E
– T + I	_ _ _ _ A _ _
– H + L	_ _ _ L _ _ _
– E + B	_ _ _ B _ _ _
– T + C	_ _ _ _ _ I _
– A + O	_ _ _ _ _ _ _
– E + O	_ _ _ _ _ _ _
– R + H	B O L C H O Ï

LE VERS CACHÉ

Retrouvez un vers de Verlaine, qui publia le 20 février 1869 les Fêtes galantes. On passe d'une lettre à la suivante horizontalement, verticalement ou en diagonale, de haut en bas et de bas en haut. La première lettre est dans un angle.

E	L	N	Q	U	L
L	E	E	S	E	E
A	S	I	A	N	F
V	A	T	P	E	R
C	E	B	A	L	C
E	N	S	T	S	E

CE JOUR-LÀ

En 1951 a lieu la première de la Leçon, pièce d'Eugène Ionesco qui tiendra l'affiche pendant des années.

Devinette

Je commence par un E,
je finis par un E et je contiens
une lettre. Qui suis-je ?

Une enveloppe.

Les bourdes de
George W. Bush

Nous prenons les bonnes décisions afin de mettre fin à la solution.

Février
Dimanche
21
Pierre Damien

CE JOUR-LÀ

En 1830 a lieu au Théâtre-Français la première, mouvementée, d'Hernani, de Victor Hugo.

En 1954, une locomotive française bat le record du monde de vitesse : 331 km/h.

Association d'idées

Dans une cour de ferme, une poule interpelle le cochon :

– Pourquoi prends-tu toujours un air renfrogné dès que tu m'aperçois ?

– Parce que tu me fais penser aux œufs au bacon !

La perle de la semaine

Une bouteille d'eau explose s'il gèle car, sous l'effet du froid, l'eau devient un explosif.

CARRÉ DE 7

Reconstituez des mots de sept lettres dans les quatorze lignes horizontales et verticales (conjugaisons interdites). Le 21 février 1903 naissait Raymond Queneau, auteur du célèbre Zazie dans le métro. *Les quatre premières lignes horizontales sont en rapport avec sa vie ou son œuvre. Attention : la première et la deuxième sont des noms propres.*

	1	2	3	4	5	6	7
A	A	R	H	V	E	L	E
B	R	E	I	T	P	O	R
C	E	I	E	R	H	N	O
D	T	A	L	E	I	E	R
E	I	O	P	S	E	T	C
F	N	T	R	A	C	E	S
G	O	D	T	N	E	I	I

A. ....
B. ....
C. ....
D. ....
E. ....
F. ....
G. ....

1. ....
2. ....
3. ....
4. ....
5. ....
6. ....
7. ....

Charitable

– Il faut être bon avec les animaux, explique le papa à son enfant.

– Oui papa, il ne faut pas les traiter comme des bêtes.

L'optimisme de
Pierre Desproges

Il ne faut pas désespérer des imbéciles. Avec un peu d'entraînement, on peut arriver à en faire des militaires.

Février
Lundi
22
Isabelle

CE JOUR-LÀ

En 2003, le film franco-polonais de Roman Polanski *le Pianiste*, adaptation d'un roman autobiographique de Wladyslaw Szpilman, remporte sept césars, dont celui du meilleur film de l'année 2002.

Mot d'enfant

La maîtresse d'école de Nicolas, 6 ans, demande à toute la classe de penser à quelque chose qui commence par la lettre C et de le dessiner. Nicolas choisit le mot collant et dessine un rectangle. Étonnée, la maîtresse lui fait remarquer qu'un collant a deux jambes et deux pieds.

– Je sais, répond-il. Mais il est encore dans le paquet.

QUIZ Simone Simon

Disparue le 22 février 2005, cette ravissante actrice française, partenaire de Gabin dans la Bête humaine *en 1938, rencontra la gloire à Hollywood en 1942 avec* Cat People, *qui immortalisa son visage de chatte.*

1. *Le titre français du film est :*
A. *La Chatte.*
B. *La Panthère d'amour.*
C. *La Féline.*

2. *Elle y était hantée par l'idée de se transformer en fauve :*
A. Par les nuits de pleine lune.
B. Chaque samedi soir.
C. Lorsqu'elle perdrait sa virginité.

3. *Son patronyme :*
A. Vient de sa parenté avec Michel Simon.
B. Est un hommage à René Simon, dont elle suivit les cours.
C. Est son véritable nom.

4. *En 1931, à 20 ans, elle tourna :*
A. *Le Chanteur inconnu.*
B. *Mam'zelle Nitouche.*
C. *La Petite Chocolatière.*

Février
Mardi
23

Lazare

CE JOUR-LÀ

En 1958, le champion automobile Manuel Fangio est enlevé à La Havane par des rebelles cubains.

En 1997, on annonce le clonage de la brebis Dolly.

Les Belges

On est en plein Paris-Dakar, et l'équipage belge est dans le Ténéré. Soudain, le copilote se met à hurler :

– Freine, mais freine !

– Pourquoi ? La piste est dégagée…

– Y'a du verglas, freine, j'te dis !

– En plein désert ? Bon, je vais vérifier si ça peut te faire plaisir…

Il arrête la voiture et descend voir. Il remonte, l'air complètement défait :

– T'as raison : ils ont sablé la route !

KAKURO

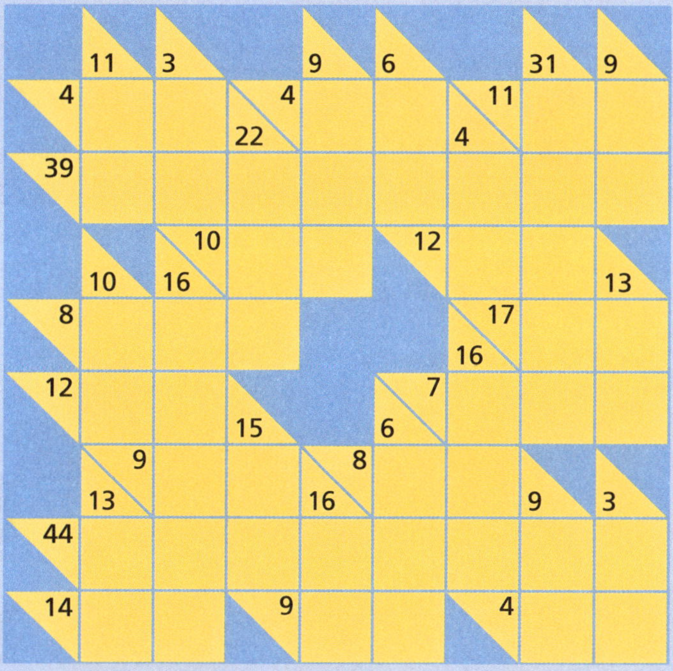

Code de la route

Une dame descend de sa voiture en colère.

– Vous êtes en tort, car je viens de la droite et j'ai la priorité.

– Peut-être, répond l'automobiliste, mais vous êtes dans mon garage !

À l'école

En classe de sciences naturelles, le professeur demande à un élève :

– Pouvez-vous me dire comment se reproduisent les hérissons ?

– En faisant très, très attention ! répond le gamin.

NOMBRES CROISÉS

Horizontalement
I. Cette année-là, pour 10 millions de dollars, les États-Unis se voient concéder la zone entourant le futur canal de Panamá. **II.** Multiple de 11 ; indicatif téléphonique international du Pérou. **III.** Carré. **IV.** Le nombre du 4 vertical **r** le premier du 2 vertical divisé par 7. **V.** Le produit de *nnn* **u** *n*, *n* étant la somme des deux premiers chiffres du multiple à trouver.

Verticalement
1. Année de la mort de Ferdinand de Lesseps, qui avait mis en chantier le canal de Panamá. **2.** Deux chiffres dont la somme est 17 et le produit 72 ; nombre de kilomètres du canal de Panamá d'un océan à l'autre. **3.** Premier nombre premier à trois chiffres. **4.** Trois chiffres successifs. **5.** Année de l'inauguration du canal de Panamá.

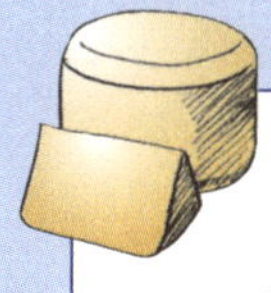

Zoom saveur

LE SALERS

Fabriqué depuis plus de 2 000 ans, ce fromage fermier bénéficie d'une AOC depuis 1961. Son nom vient du bourg de Salers, situé au cœur des monts du Cantal.

La pâte ferme de cet ancêtre du cantal, haute en saveur fruitée, est fort appréciée par les amateurs de fromages au caractère affirmé. C'est parce qu'il est fabriqué avec le lait des vaches qui paissent l'herbe parfumée des alpages, entre la mi-avril et la fin octobre, que son goût est exceptionnel.

Idée gourmande. *Accompagnez le salers de noix fraîches et d'un saumur rouge servi à 12 °C. Un vrai bonheur !*

Toto

– Maman, est-ce que le cœur a des jambes ?

– Non, Toto. Pourquoi ?

– C'est que, hier soir, en passant devant votre chambre, j'ai entendu papa dire : « Écarte tes jambes, mon cœur. »

Au cinéma

– Mademoiselle, quel film est programmé à la prochaine séance, s'il vous plaît ?

– Demain ne meurt jamais, *répond la caissière.*

– Ah ! Mais aujourd'hui ? insiste le spectateur.

LE PERSONNAGE CÉLÈBRE

En répondant aux questions suivantes, retrouvez dans les colonnes bleues le nom d'un publicitaire né à Paris le 23 février 1934.

1. Parler beaucoup pour ne rien dire. **2.** Écourtent leur discours. **3.** Opération de communication publicitaire. **4.** Confus. **5.** Mortifiées. **6.** Conditionner le produit. **7.** Bonne affaire pour une mauvaise presse.

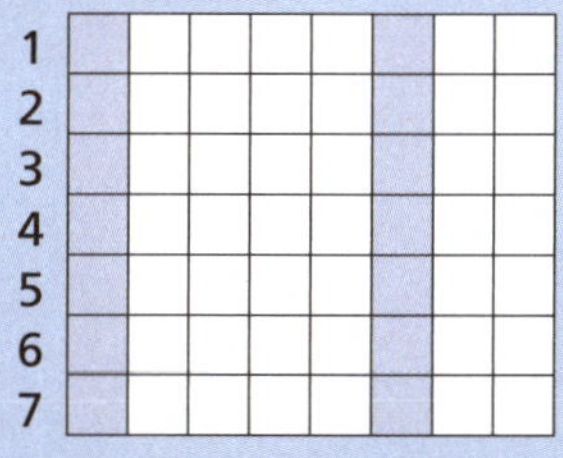

Février
Mercredi
24

Modeste

ANAGRAMMES CROISÉES

Reconstituez des mots à partir des lettres proposées (noms propres autorisés). Un astérisque derrière plus de trois lettres indique qu'une seule solution est possible (partie noms communs des dictionnaires). Pour les autres, plusieurs anagrammes sont envisageables. Le 24 février 1955 naît Steve Jobs, qui fondera en 1976 une célèbre société dont l'anagramme figure dans la grille.

	1	2	3	4	5	6	7	8	9	10	11	12	13	14
I									■					
II											■			
III					■							■		■
IV		■				■							■	
V			■						■					
VI				■				■				■		
VII									■					
VIII				■		■				■				
IX							■						■	

Horizontalement
I. ACEILORS ; AELPP. **II.** ADEINORRTU ; ESU. **III.** EMNU* ; CHINNO. **IV.** EER ; AEEMNS. **V.** SU ; CEENR ; EIPUZ*. **VI.** CET ; NOT ; ITT ; DE. **VII.** ACEEHNRR* ; EILRS. **VIII.** ART ; ANT ; ELNT*. **IX.** EILMSY* ; DEMMO*.

Verticalement
1. CEMOPRSTU. **2.** EOR. ACEMS. **3.** ADEN* ; CHIT*. **4.** EILRU. **5.** IN ; EEENRT. **6.** ACS ; CNO. **7.** EEEHNRTT*. **8.** EEINR ; AMR. **9.** ENU ; NO. **10.** MOPPRST*. **11.** AEILNTU. **12.** EL ; IS ; ELM. **13.** PUY ; DEEN*. **14.** ES ; AERTYZ.

CE JOUR-LÀ

En 1525, le maréchal de La Palice meurt à la bataille de Pavie. Selon la première lapalissade, « un quart d'heure avant sa mort, il vivait encore ».

Soyons précis

Un automobiliste a crevé sur une route passant près d'un asile de fous. Il pose les quatre boulons dans l'enjoliveur mais, au moment où il va les mettre sur la roue de secours, une voiture le frôle, touche l'enjoliveur et fait valser les boulons dans la nature. Il ne sait pas quoi faire. Un fou qui le regarde lui dit qu'il a une idée. L'autre lui demande laquelle. Le fou lui dit de prendre un boulon sur chacune des trois autres roues et de les mettre sur la roue de secours.

– Mais c'est génial, s'écrie l'automobiliste. Vous n'êtes pas fou ?

Le fou lui répond :

– Je suis fou, mais pas idiot !

Déducto

Le Porte-bonheur

(José Giovanni, 1972)
La Scoumoune

Géographie féminine

Il faut d'abord trouver une femme dans la Moselle, s'assurer qu'elle est Seine et bien en Cher. Lorsque l'on sent son Eure venue, on commence par lui caresser le Haut-Rhin puis on descend vers le Bas-Rhin. On contourne alors l'Aisne pour entrer dans la Creuse. Là, on trouve quelque chose de bien Doubs… Sans perdre le Nord, on attend que ça Vienne et, si on ne se débrouille pas comme un Manche, on peut y rester jusqu'à l'Aube. En Somme, il ne s'agit Pas-de-Calais pour être un Hérault.

SUDOKU

						2		9
	1		8		5		6	
3		6				1	8	5
		1		4			5	
4			7	5	6			1
	6			3		7		
	2	7				6		3
	5		1		7		9	
1		8						

Février
Jeudi
25

Roméo

CE JOUR-LÀ

En 1935, Louis Lumière présente à l'Académie des sciences le cinéma en relief.

En 2001, un séisme de magnitude 4,6 secoue la Côte d'Azur.

JEU DE LOGIQUE

Les dix-neuf abeilles de cette ruche sont des matheuses. Elles se rangent de 1 à 19 dans les alvéoles de façon à atteindre sur chaque diagonale (il y en a dix) le total de 38. Comment ? Pour vous aider, vous devez replacer chaque chiffre dans une case de couleur identique à celle dans laquelle il vous est proposé.

CASE-BRIQUES

Placez toutes les lettres dans la grille de manière à former sept mots. Vous lirez alors verticalement, dans les cases vertes, le prénom et le nom d'un chanteur né le 25 février 1947.

A B D E E E H
L N O R R R T

C		O	R	A		E
M		D	U	S		R
O		P	H	E		N
O		S	C	E		E
V		G	E	T		L
B		O	C	A		D
E		O	U	R		I

La contrepèterie de la semaine

La jeune fille contemple le plant qui vient de la Guinée.

Humour noir

– Papa, pourquoi mémé elle est toute froide ?

– Tais-toi et creuse !

Devinette

Que signifie Fiat ?

Fédération italienne des autos truquées !

Février
Vendredi
26

Nestor

QUIZ Honoré Daumier

Honoré Daumier est né le 26 février 1808 à Marseille et mort le 10 février 1879 à Valmondois (Val-d'Oise). Il a été peintre, sculpteur, caricaturiste et lithographe.

1. *Honoré Daumier a réalisé environ 1 000 gravures sur bois et 4 000 lithographies. Parmi ces personnages, lequel n'a-t-il jamais représenté ?*
A. Gargantua.
B. Don Quichotte.
C. Hamlet.

2. *En tant que caricaturiste, Honoré Daumier a collaboré à de nombreux journaux de son époque. Parmi ces titres, quel est celui avec lequel il n'a jamais travaillé ?*
A. *La Marseillaise.*
B. *Le Charivari.*
C. *La Caricature.*

3. *Quel personnage, mécontent de sa caricature, fit emprisonner Daumier pendant six mois ?*
A. Louis-Philippe.
B. Louis XVIII.
C. Napoléon III.

4. *Un ami peintre prête à Daumier, qui connaît de graves difficultés financières, une jolie maison dans le centre du village de Valmondois. C'est là que Daumier finira ses jours. Quel est ce peintre ?*
A. Manet.
B. Corot.
C. Monet.

CE JOUR-LÀ

En 1815, Napoléon quitte l'île d'Elbe, située au large de l'Italie, à la tête d'une troupe de 400 hommes. Il débarque le 1er mars à Golfe-Juan et remonte vers Paris. Aujourd'hui, la route qu'il a empruntée dans le Sud-Est s'appelle route Napoléon.

Les blondes

Si un jour vous avez besoin d'une greffe de cerveau et que vous avez le choix entre le cerveau d'une brune et celui d'une blonde, lequel choisirez-vous ?

Celui de la blonde, bien sûr, il n'a jamais servi…

Proverbe suédois

Parmi les plus faibles, le plus fort est celui qui n'oublie pas sa faiblesse.

Février
Samedi
27

Honorine

CE JOUR-LÀ

En 1939, la France et l'Angleterre reconnaissent le gouvernement du général Franco.

Le saviez-vous ?

Durant la décennie qui suivit la Seconde Guerre mondiale, le Dr Walter Freeman pratiqua plus de 3 500 lobotomies (cette intervention, très controversée, consiste à sectionner les lobes frontaux du cerveau afin de « calmer » certains grands malades mentaux).

Freeman détient un terrible record : il a lobotomisé 25 femmes en une journée. Il se plaisait à dire que cette opération transformait « schizophrènes, homosexuels et autres gauchistes » en « citoyens américains modèles »…

PICTOGRILLE

Louis Vuitton, créateur de bagages, est né le 4 août 1821 et mort le 27 février 1892. Il fut engagé par l'impératrice Eugénie, la femme de Napoléon III, séduite par son talent. Actuellement, la société qui porte son nom est présente dans 52 pays avec plus de 300 boutiques. Placez dans la grille les douze mots correspondant aux illustrations.

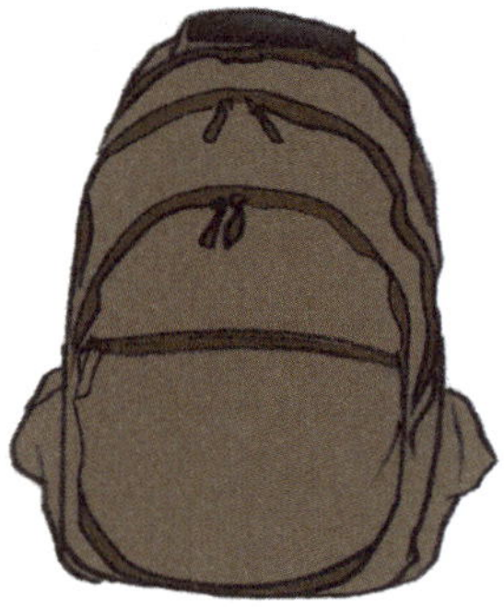

Toto

Toto rentre du jardin, où il était en train de jouer avec son lance-pierre.

– Papa ! Maman ! Vous qui vous demandiez quand vous alliez faire connaissance avec les nouveaux voisins, je peux vous dire que c'est dans deux minutes.

LE PERSONNAGE CÉLÈBRE

En répondant aux définitions suivantes, retrouvez dans les colonnes roses le nom d'un grand ténor né à Naples le 27 février 1873.

1. Instrument à vent volumineux. **2.** Incitation à jouer avec vivacité. **3.** Qui ne chante pas, mais braille. **4.** Galettes de sons ! **5.** Se rincer largement le gosier. **6.** Travaille à une œuvre musicale.

1							
2							
3							
4							
5							
6							

LE POP'ART

Le pop'art, qui a connu son apogée dans les années 1960, est l'un des mouvements artistiques les plus importants du XXe siècle. Il est intimement lié au développement de la société de consommation. Ses représentants, dont Andy Warhol, disparu le 22 février 1987, puisent leur inspiration dans les objets et les images nés de la production de masse.

1. *Que signifie pop'art à l'origine ?*
A. Population artistique.
B. Article populaire.
C. Art populaire.

2. *Quel critique proposa le terme de pop'art ?*
A. John Glenn.
B. Lawrence Alloway.
C. Raymond Chandler.

3. *Lequel des artistes suivants peut être considéré comme un précurseur du pop'art ?*
A. Dalí.
B. Duchamp.
C. Delvaux.

4. *Lequel des peintres suivants n'en fait pas partie ?*
A. Lichtenstein.
B. Rothko.
C. Warhol.

5. *Comment nommait-on l'atelier d'Andy Warhol ?*
A. The Factory.
B. The Bridge.
C. The Studio.

6. *Pour quels artistes Andy Warhol a-t-il réalisé la pochette d'un album ?*
A. The Who.
B. The Rolling Stones.
C. The Beatles.

7. *Le pop'art a donné naissance, indirectement, à d'autres mouvements artistiques. Lequel des trois suivants n'existe pas ?*
A. Land Art.
B. Art parodique.
C. Art conceptuel.

8. *Quel artiste du pop'art a peint un tableau représentant le drapeau des États-Unis ?*
A. Andy Warhol.
B. Robert Rauschenberg.
C. Jasper Johns.

9. *Quel artiste, mort en 1991, fut le mari de Niki de Saint Phalle ?*
A. Jean Tinguely.
B. Hervé Télémaque.
C. Yves Klein.

Février

Dimanche

28

Romain

LE VERTICALETTRES

Trouvez quelle chanteuse française fête aujourd'hui ses 58 ans en inscrivant dans la grille les noms des artistes de la même génération qui se cachent derrière ces définitions.

1. Actrice interprète en 1983 du tube *Pull marine*, écrit par Gainsbourg. **2.** Artiste *Libertine* et *Anamorphosée.* **3.** Nom de scène de la chanteuse belge Claudine Luypaerts. **4.** Alias « le Chanteur énervant » ou « le Renard ». **5.** Chanteur-poète, auteur de l'ouvrage *Révoltons-nous.* **6.** *Ève, lève-toi*, c'était elle ! **7.** Un « homme en or ». **8.** Chanteur de charme amoureux des *Yeux revolver*. **9.** Artiste fatale mariée à un philosophe.

CE JOUR-LÀ

En 1986, le Premier ministre suédois Olof Palme est assassiné à Stockholm.

En 1988, l'opération Hydra VIII se déroule à Cassis : six plongeurs descendent à la profondeur record de 570 m.

Les Belges

Deux Belges sont au bord de l'Amazone. L'un dit à l'autre :

– Comment on va traverser ?

– On va sauter sur les troncs d'arbres.

– Mais c'est pas des troncs d'arbres, c'est des crocodiles !

Il prend une pierre et la lance sur la tête d'un crocodile, qui arrive furieux ! Celui qui a envoyé la pierre se cache derrière un arbre et dit :

– Viens, tu vas te faire bouffer !

– Mais c'est pas moi qui ai jeté la pierre !

La perle de la semaine

Les examens sont utiles pour le dépistage de l'ignorance.

Devinette

Quel est le point commun entre un avocat et un spermatozoïde ?

Tous les deux ont une chance sur trois millions de devenir un jour un être humain.

À FLEUR DE MOTS

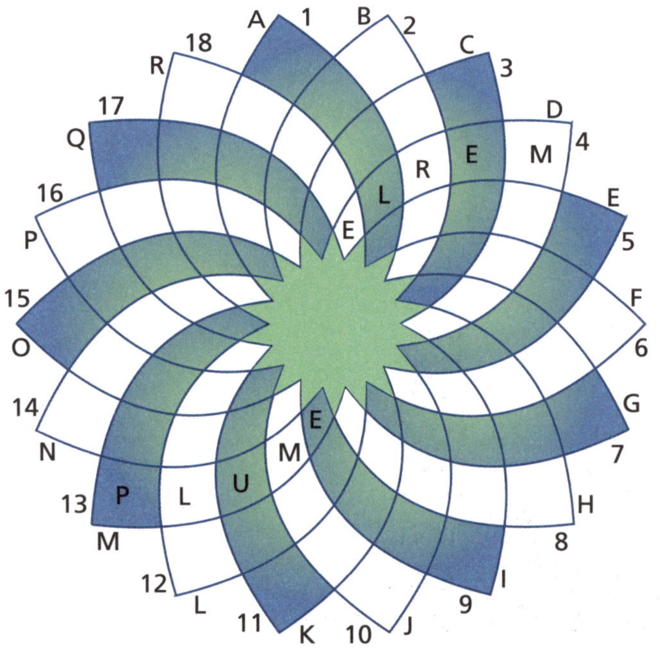

A. BEELL
B. EINRS
C. ABDET
D. ELMTU
E. AILLS
F. EEIMM
G. BEEGR
H. AEGIT
I. AEEMN
J. AMRSU
K. ALNSU
L. AEILT
M. ELOPU
N. CILOS
O. AEILS
P. EILPT
Q. AACLO
R. ACENR

1. ABELS
2. AENST
3. CDELO
4. EELMR
5. BEILU
6. AILMN
7. EGILT
8. AAMRT
9. AEEGS
10. ABEIM
11. AEERT
12. AELNU
13. ELMPU
14. CINOS
15. AOSTU
16. EILLP
17. CEIIL
18. AELRS

CE JOUR-LÀ

En 596 est publiée la décrétion de Childebert. Inspiré par la reine mère Brunehaut, ce texte organise et modernise la justice et la police en Austrasie.

En 888, le comte de Paris Eudes est élu roi par ses pairs, les grands seigneurs de la Francie occidentale.

Leçon de français

On ne dit pas… un pinailleur, on dit… un mari infidèle.

Mot d'enfant

Deux sœurs discutent. L'aînée, 9 ans, explique :

– Mémé, c'est la maman de papa.

– La maman de papa ?

Après mûre réflexion, la plus jeune, 6 ans, rectifie :

– Quand il était petit, alors !

MARS

2021

Lu	Ma	Me	Je	Ve	Sa	Di
1 Aubin	2 Charles le Bon	3 Guénolé	4 Casimir	5 Olive	6 Colette	7 Fête des Grands-mères
8 Jean de Dieu	9 Françoise	10 Vivien	11 Rosine	12 Justine	13 Rodrigue	14 Mathilde
15 Louise	16 Bénédicte	17 Patrice	18 Cyrille	19 Joseph	20 Printemps	21 Clémence
22 Léa	23 Victorien	24 Catherine de Suède	25 Annonciation	26 Larissa	27 Habib	28 Gontran
29 Gladys	30 Amédée	31 Benjamin				

Le film policier

Depuis l'invention du cinéma, il est un genre qui s'est toujours maintenu dans le domaine de la production et qui a toujours connu les faveurs du public : le film policier. Ce n'est pas le cas du péplum ou du western, dont l'âge d'or a été suivi d'un déclin, même s'ils sont entrés depuis quelques années dans une période de revival. Ce phénomène est sans doute lié au caractère psychologique et sociologique du genre policier.

Le spectateur se projette plus facilement dans un film policier que dans un film de science-fiction, par exemple, peut-être à cause du décor, qui est celui de la ville. La ville avec ce qu'elle véhicule de peur, d'angoisse, de fantasmes et de danger.

Car, dans le terme policier, il y a *polis* (cité, ville). Ainsi, le film policier est le film de la cité, comme en témoignent des réalisateurs qui en font leur sujet : John Huston avec *Quand la ville dort* (1950), Michael Winner avec *Un justicier dans la ville* (1974), Henri Verneuil avec *Peur sur la ville* (1974)…

Si la ville est l'élément majeur de la « catharsis » du genre policier, l'autre élément en est le héros, qu'il s'agisse d'un détective privé, d'un flic, d'un journaliste, d'un avocat… C'est la plupart du temps un solitaire qui se situe au-delà du bien et du mal. La seule cause qu'il défend est celle de la justice, qu'il place au-dessus de la loi.

Ce héros ne fait qu'un avec la ville, dont il connaît tous les mystères. Il la parcourt à la fois géographiquement et sociologiquement, son enquête l'entraînant aussi bien dans les bas-fonds que dans les hautes sphères de la bourgeoisie, de la finance ou de la politique.

Il séduit le spectateur car, tout en se présentant comme un homme ordinaire, il est un surhomme. Non pas tant à cause de ses exploits, qu'il accomplit au nom de la justice, mais par sa manière d'être et d'agir face au monde et aux autres.

Qui ne s'est jamais projeté dans la peau d'un héros de polar ? Qui n'a jamais voulu envoyer paître ses supérieurs hiérarchiques comme le font Harry Callahan (Clint Eastwood, *Dirty Harry*…) ou Martin Riggs (Mel Gibson, *l'Arme fatale* 1, 2, 3, 4) ? Qui n'a jamais voulu rouler à tombeau ouvert dans les rues de la ville en faisant fi des feux et des panneaux de signalisation ? Qui n'a jamais voulu posséder ce fameux badge de flic qui permet de rabaisser le caquet de fonctionnaires un peu trop zélés ?

Le secret du film policier est peut-être là : il nous plonge dans notre quotidien, qu'il rend à la fois mystérieux et dangereux, et il nous venge de nos frustrations à travers un héros qui n'est ni tout à fait le même ni tout à fait un autre que nous.

Le film policier, c'est le film de la ville sublimée dans le bien comme dans le mal, c'est aussi le film purge de l'homme de la rue.

L'énigme du film policier

Parmi les trente mots contenus dans l'illustration, biffez ceux qui correspondent aux indices. Les derniers mots vous livreront sous forme de rébus le nom d'un film policier de 1967 évoquant la montée des minorités.

ANNEAU
BARBARE
BISSE
BLANC
CAGNE
CHANDELIER
COPAIN
CORDEAU
CYPHOSES
DELÀ
DENTS
FACE
FANTOMAL
HALEUR
IMMOLÉS
LÂCHE
LIMÉES
MAGRET
MERCI
MIENNE
NÉVÉS
NOMINÉS
NUIS
POIREAU
PORTER
POURRIS
ROGUE
SIGNER
TERVUEREN
TRÔNE

1. Déplacez les deux lettres du milieu d'un mot vers le tout début pour lire le nom de l'inventeur du spectacle cinématographique, qui tourna dès 1899 *Pickpocket et Policeman*.

2. Un mot est l'anagramme d'un point commun à de nombreux films policiers. Cette anagramme permet de compléter le titre d'un film français tourné en 1901 par Ferdinand Zecca : *Histoire d'un…*

3. *L'Attaque du grand rapide* (1903) met en scène aux États-Unis le premier hold-up du cinéma, dans un western. Le nom de son réalisateur figure dans la partie noms communs du dictionnaire français. Biffez-le.

4. Si Josef von Sternberg invente le gangster gentleman dans *les Nuits de Chicago* en 1927, un auteur français dont le nom figure dans la liste amputé d'un article verra son Arsène triompher au cinéma tout au long du XXe siècle.

5. Modifiez la dernière lettre d'un mot pour lire le nom du héros d'Allain et Souvestre.

6. En Angleterre, Miss Marple sort de l'imagination de la plus grande spécialiste du roman policier. Son autre détective figure dans la liste sous la forme d'un homophone.

7. Les enquêtes de Sherlock Holmes passionnent lecteurs et spectateurs. Un mot de la liste peut être associé au deuxième terme du nom de son créateur, Arthur … Doyle, pour évoquer un autre succès du cinéma.

8. Un mot est l'anagramme du nom qui complète le titre d'un des premiers films policiers du cinéma parlant : *l'… public*, de William A. Wellman (1931).

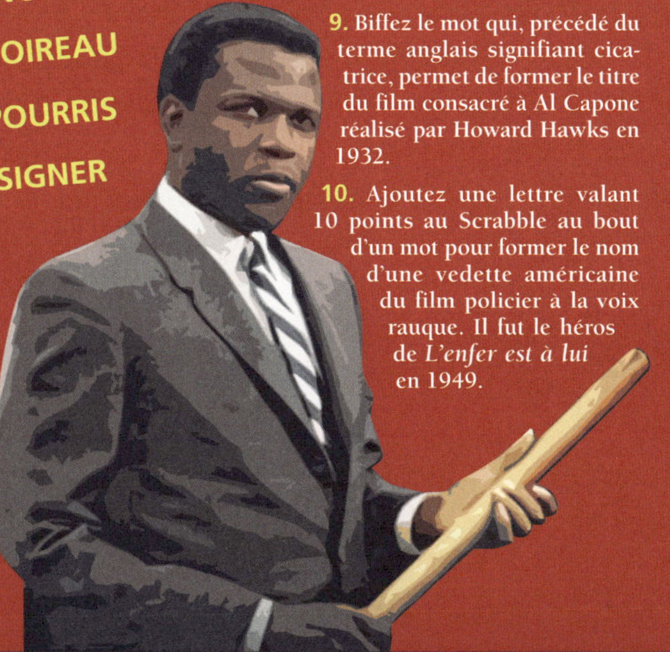

9. Biffez le mot qui, précédé du terme anglais signifiant cicatrice, permet de former le titre du film consacré à Al Capone réalisé par Howard Hawks en 1932.

10. Ajoutez une lettre valant 10 points au Scrabble au bout d'un mot pour former le nom d'une vedette américaine du film policier à la voix rauque. Il fut le héros de *L'enfer est à lui* en 1949.

11. Humphrey Bogart, cinq ans après *le Faucon maltais*, incarne un célèbre détective dans un film dont le titre peut être complété par l'anagramme d'un mot de la liste : *le Grand…*

12. Éliminez deux voyelles dans un mot pour lire, sans changer l'ordre des lettres, le nom du créateur de ce détective, Philip Marlowe.

13. Un mot évoquant le cinéma est aussi l'anagramme du nom du créateur d'un personnage qu'on retrouve dans *le Chien jaune*, *la Nuit du carrefour* ou *la Tête d'un homme*.

14. Ajoutez un I à l'un des mots pour lire le nom de ce personnage inséparable de sa pipe.

15. Modifiez la lettre centrale d'un mot pour lire le nom de l'animal qui a donné son titre au film tourné en 1943 par Henri-Georges Clouzot avec Pierre Fresnay.

16. Alfred Hitchcock s'affirme rapidement comme un maître du suspense avec *Fenêtre sur cour*, *Sueurs froides* et l'un de ses plus célèbres films, dont l'anagramme figure dans la liste.

17. Biffez le nom d'un chien qui s'écrit avec les mêmes lettres que le qualificatif d'un certain Jack, dont la vie fut adaptée plus de quarante fois au cinéma.

18. Dans *Ascenseur pour l'échafaud*, en 1958, Louis Malle met en scène au côté de Jeanne Moreau un acteur au regard noir qui apparaîtra dans de nombreux films policiers. Déplacez l'initiale d'un mot à la fin de celui-ci pour lire son nom.

19. Cette actrice d'origine française figure en 1968 au générique de *Bullitt*, avec Steve McQueen dans le rôle du commissaire. Ajoutez une consonne au bout d'un mot pour lire son nom.

20. Inversez deux lettres d'un mot pour lire la couleur du cercle de Jean-Pierre Melville dans un film policier de 1970 mettant en scène Bourvil et Alain Delon.

21. Un mot de la liste est l'anagramme du nom de l'acteur qui incarnait Serpico dans le film homonyme de Sydney en 1973.

22. Ce mot a fourni (en verlan) son titre au film tourné en 1984 par Claude Zidi sur les policiers corrompus, qui a attiré près de 6 millions de spectateurs.

23. *Le Nom de la rose* (1986) est un policier médiéval qui se déroule au sein d'une communauté de moines. Sean Connery en est le héros. Biffez le mot qui est un homophone du nom du réalisateur.

24. En 1995, David Fincher tourne avec Brad Pitt un chef-d'œuvre de thriller basé sur les péchés capitaux. Inversez le sens de lecture d'un mot pour lire le titre de ce film.

25. Inversez deux lettres au cœur d'un mot pour lire le nom du réalisateur du film *Usual Suspects*, avec Kevin Spacey, une enquête policière basée sur la mystification.

Le film policier

Mots croisés 3D

Ces mots croisés en trois dimensions se lisent horizontalement de gauche à droite (lettres), verticalement de droite à gauche (chiffres romains) et verticalement de gauche à droite (chiffres arabes), en partant toujours du haut. Les mots peuvent s'étendre sur plusieurs faces de différents cubes mais suivent toujours le même axe.

Horizontalement de gauche à droite

A. Bison d'Europe ; négation.

B. Pense selon Pascal et penche pour La Fontaine.

C. Très en musique.

D. Conviendra ; comme Pamela Rose dans un film policier français avec Kad et Olivier.

E. Château d'Indre-et-Loire qui aurait inspiré à Perrault *la Belle au bois dormant* ; inséparable du truand dans un célèbre trio ; bout de pain.

F. Dans la gamme ; dans un bon polar, un malfrat ou un policier, même dans cet état, tire encore des coups de feu.

G. Ripou ; note ; grosse colère ; avec son contraire, soulève une grave question.

H. Tennisman chilien ; le fond du fond ; mauvaise langue ; en association dans un très célèbre film de Lelouch ; article espagnol.

I. Équerre ; mesure le temps de pose pour une bonne photographie ; Jean Dujardin lui a prêté ses traits.

Verticalement de gauche à droite

1. Premier mot du titre d'un film tourné en 1975 par Pierre Granier-Deferre, avec Lino Ventura et Patrick Dewaere ; second mot du titre de ce film policier ; monnaies de 36 g d'argent.

2. Son de cloche ; pas ripoux.

3. Quintessence ; fait marcher Jésus ; M pour Fritz Lang.

4. Marcher comme le criminel de *Usual Suspects*.

5. Noces ; dans le fichier ADN.

6. Un petit meurtre de 1994 ; club de foot.

7. Cri de victime.

8. Comme le riz au cinéma.

9. Un docteur génie du crime.

Verticalement de droite à gauche

I. Film noir de Billy Wilder nommé aux Oscars en 1945.

II. Vieilles pièces d'Espagne ; tombé dans le pastis ; l'homme de l'an II selon Jean-Paul Rappeneau.

III. Comme les péripéties de l'intrigue d'un film de Hitchcock ; le bon endroit pour chercher Charlie.

IV. A tendance à s'enrichir ; vieille vache.

V. Club plusieurs fois champion de France de football ; vous les verrez plutôt à Pâques qu'à la Trinité.

VI. Affluent de l'Oubangui ; qui n'a pas perdu la tête.

VII. Personnage récurrent dans les films policiers.

VIII. Prénom de l'acteur Levine ou du réalisateur Kotcheff ; venu sur terre.

IX. Bougées littérairement.

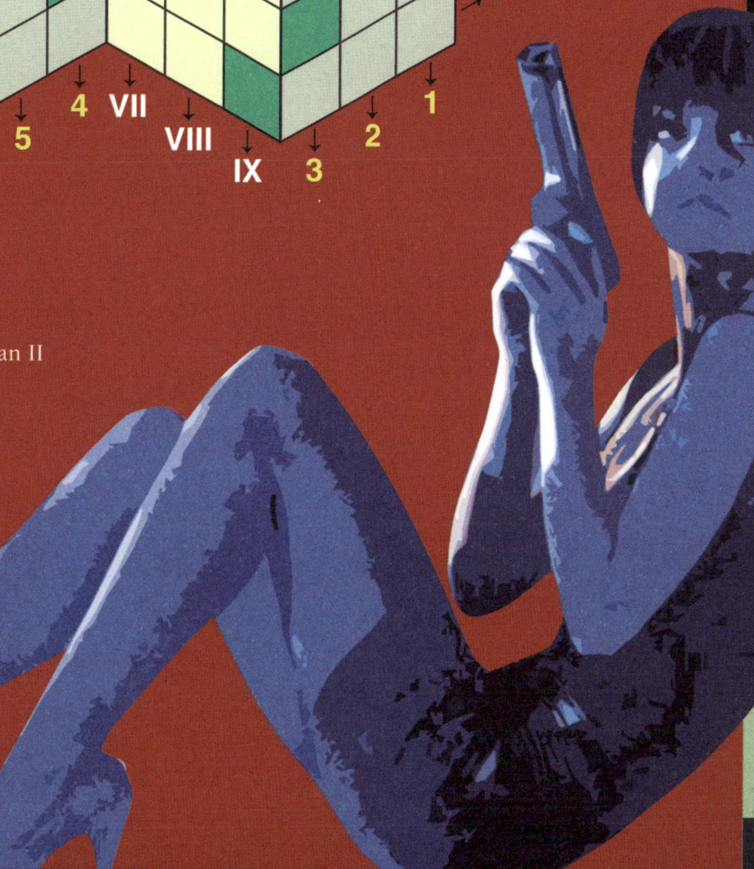

Mars
Lundi
1er

Aubin

Deuxième décan des Poissons

CE JOUR-LÀ

En 1960, un tremblement de terre détruit à 90 % la ville d'Agadir, au Maroc.

En 1994, le Nouveau Code pénal entre en vigueur.

Le combat de
Francis Blanche

On m'a demandé ce qui me frappait chez une femme. Je ne permettrais jamais à une femme de me frapper !

L'ÉNIGME DE JACQUES RIVETTE

Les indices ci-dessous permettent d'éliminer quinze des vingt mots présents dans l'illustration (tous font référence au même mouvement cinématographique). Les cinq mots restants vous livreront sous forme de rébus le nom d'un film tourné en 1958 par le réalisateur, né le 1er mars 1928, dont vous aurez trouvé le nom au dernier indice.

1. Ce sont des anciens critiques des *Cahiers du cinéma*, devenus cinéastes, qui créent ce mouvement. Changez une lettre d'un mot pour trouver son nom, dû à la plume de Françoise Giroud, qui le fait précéder d'un adjectif. **2.** Ajoutez une lettre à un mot pour trouver le nom de celui qui incarne ce mouvement en 1959 avec *les Quatre Cents Coups*. **3.** Supprimez une lettre d'un mot pour déterminer ce qui est qualifié d'américaine dans un film de ce réalisateur en 1973. **4.** Dans *À bout de souffle*, de Jean-Luc Godard, Jean Seberg déclare à Jean-Paul Belmondo : « Entre le … et le néant, je choisis le … » Complétez cette phrase avec un mot de la liste en verlan. **5.** Ajoutez un I, puis réorganisez les lettres d'un nom pour lire celui du personnage joué par Jean-Pierre Léaud dans plusieurs films. **6.** Inversez les voyelles d'un mot pour lire le nom de l'actrice découverte dans *les Mistons* et *la Maman et la putain*, qui rompait avec le jeu affecté des actrices des années 1950. **7.** Ajoutez un N dans un mot pour lire un terme figurant dans des titres de films d'Éric Rohmer, associé par exemple à « moraux ». **8.** Trouvez dans une anagramme le nom de la réalisatrice de *Cléo de 5 à 7*, qui épousera Jacques Demy. **9.** Remplacez l'initiale d'un mot par une autre lettre pour lire le nom d'actrice que choisit Coco Chanel pour Hanne Karen Blarke Bayer, débarquée à 17 ans de son Danemark natal. **10.** Inversez les syllabes d'un mot et ajoutez-y une consonne finale pour lire le nom du réalisateur qui a publié un livre d'entretiens intitulé *Et pourtant je tourne*… **11.** Dans *le Beau Serge*, du réalisateur précédent, qui joue le rôle-titre ? Remplacez l'initiale d'un mot par la lettre qui la suit dans l'alphabet pour lire le nom de cet acteur. **12.** Trouvez dans l'anagramme d'un nom d'habitants le nom d'un monteur de formation qui réalisera *Hiroshima, mon amour*. **13.** Inversez deux lettres d'un mot pour lire la profession d'un personnage dont le nom apparaît dans le titre d'un film de Jean-Pierre Melville en 1961. **14.** Trouvez l'anagramme du nom du réalisateur de *Benjamin ou les Mémoires d'un puceau* et de *l'Ours et la poupée*. **15.** Il est né le 1er mars 1928 et a donné le coup d'envoi du mouvement avec *le Coup du berger* en 1956. Sans changer l'ordre des consonnes d'un mot, bougez les voyelles pour reformer son nom.

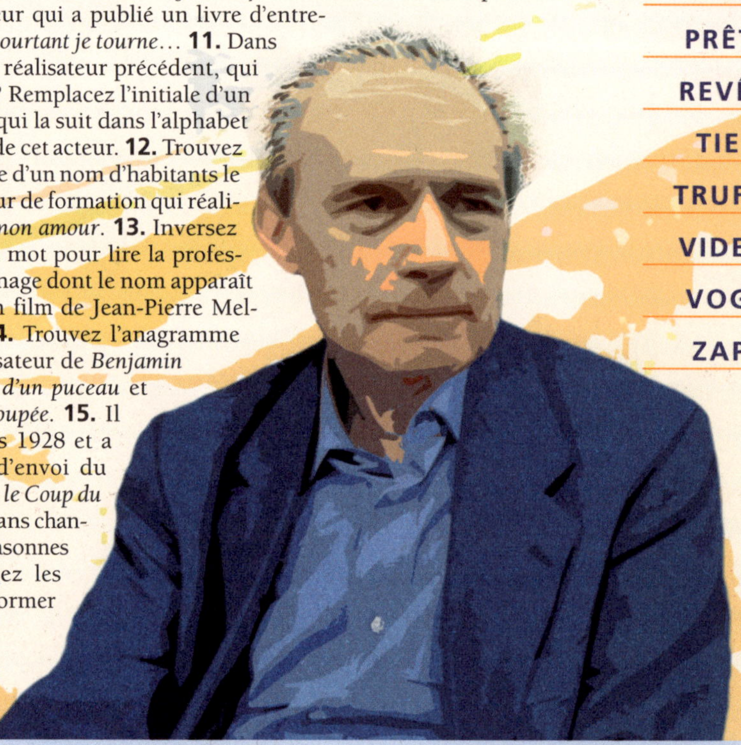

- ALAIN
- ART
- BROCHA
- COTES
- DELON
- DRAVA
- GRINCHA
- INUIT
- ISERANS
- LOFANT
- MARINA
- NOUE
- PARIENT
- PRÊTER
- REVÊTIT
- TIENS
- TRUFFÂT
- VIDELLE
- VOGUE
- ZAPPE

Zoom saveur

LA SOLE

C'est en ce moment que la sole est le plus abondante sur ses lieux de pêche de l'Atlantique et de la mer du Nord, donc le moins onéreuse !

Ce poisson plat présente la particularité d'avoir les deux yeux d'un seul côté de la tête : reposant toujours sur le fond marin quand elle ne chasse pas, elle n'a pas trop de ses deux yeux pour repérer ses proies !

Idée gourmande. *Pour goûter au mieux la finesse de sa chair, poivrez-la et farinez-la avant de la poêler vivement au beurre demi-sel, 5 à 7 min de chaque côté, puis arrosez-la de beurre fondu citronné.*

Animaux de compagnie

Une vieille dame entre chez un droguiste et demande :

– Vous avez quelque chose de bon pour les cafards ?

– Bien sûr, madame. Voilà, c'est du DDT !

– Oh, non ! Je ne veux surtout pas ça. J'ai déjà essayé, ça les tue !

Mars
Mardi
2

Charles le Bon

MOTS CROISÉS

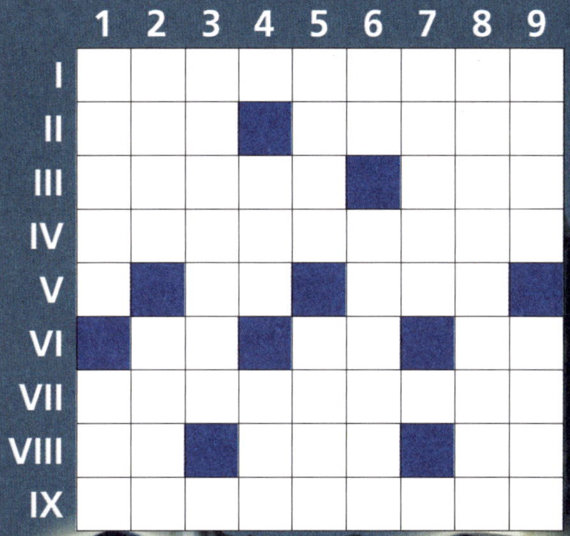

Horizontalement
I. Comédie musicale apparue en 1978. **II.** Danse de claquettes ; avec première pour une générale. **III.** Fenêtre en saillie ; moins poétique au singulier qu'au pluriel. **IV.** De Paris. **V.** Enclume ; organisation fondée en 1964. **VI.** Après stand, ne fait guère évoluer les choses ; souvent associé à un mot latin en expression ; note de base du musicien. **VII.** Parolier né le 2 mars 1942, connu pour ses comédies musicales, dont certaines sont évoquées dans cette grille. **VIII.** Milieu de tout et même du bout ; langage informatique ; vin renversé. **IX.** Chanteur du *Temps des cathédrales*.

Verticalement
1. Tel est son monde ; type de musique ou d'opéra, comme *Sand et les romantiques* de notre parolier. **2.** Sorte de patate tropicale ; feeling tristounet qui, suivi d'un S, devient déprime de businessman. **3.** Déclencha la compassion. **4.** Lentille bâtarde ; a ses forces. **5.** Ziggy, par exemple… ; bon à la mer et près d'une centrale nucléaire. **6.** Bonjour phonétique à César ; filât. **7.** Qui tombe parfois à l'eau. **8.** Sans grande utilité. **9.** Nous chauffe ; Renard pour Renaud.

CE JOUR-LÀ

En 1956 est proclamée l'indépendance du Maroc.

En 1968 a lieu le premier vol d'essai du Concorde.

FILMOGRAPHIE Jennifer Jones

D'une fulgurante beauté, cette actrice née le 2 mars 1919 épousa le grand producteur David O. Selznick, qui lui confia ses meilleurs rôles aux côtés des plus illustres séducteurs de l'époque. Retrouvez le titre de cinq de ses films grâce aux indices suivants.

1. Un oscar en 1943 pour son interprétation d'une sainte qui gardait des moutons.

2. En ardente Gitane, elle aime Gregory Peck, qu'elle défie dans un célèbre duel (1947).

3. Héroïne scandaleuse, dont son auteur disait qu'elle l'incarnait, lui (1948).

4. Elle y porte le nom (féminisé) d'un animal qui n'est guère chassé qu'en Angleterre (1950).

5. Au côté d'Humphrey Bogart, qui (dans le titre) prétend surpasser Lucifer (1954).

Humour noir

Deux copains discutent dans un bar.

– Vendredi, j'étais en train de me balader le long d'une voie ferrée quand je suis tombé sur une fille superbe. Elle avait un corps de rêve. Je l'ai emmenée chez moi et on a fait l'amour tout le week-end.

– Cool… J'espère au moins qu'elle t'a fait une pipe ?

– Ah ça non : j'ai pas trouvé sa tête sur les rails.

Déducto

La Petite Réalité

La Grande Illusion (Jean Renoir, 1937)

Berlue

Le commissaire de police d'une petite ville de province s'épanche auprès d'un de ses subordonnés.

– Encore un individu qui affirme avoir vu passer une soucoupe volante ! C'est la même chose tous les jours depuis qu'a ouvert ce mauvais restaurant italien dont les clients, furieux, balancent leurs pizzas par les fenêtres.

Point de vue

Un couple visite un logement neuf à vendre.

– Oh ! s'écrie la femme, ravie, regarde, chéri, de chaque côté du couloir ils ont prévu de grands placards à balais.

– Madame, proteste le promoteur, vous faites erreur : ce que vous appelez un couloir, c'est la salle de séjour. Quant aux prétendus placards à balais, ce sont les chambres d'enfants.

Désintoxication

Entrant dans la salle de séjour avec la lance d'arrosage qu'elle utilise d'ordinaire dans le jardin, une dame dit à son mari :

– Il faut te résoudre à l'évidence, le patch que tu t'es collé derrière l'oreille pour te faire passer l'envie de fumer n'a eu aucun effet. À présent, on va tenter une dissuasion de mon invention.

Mars
Mercredi
3

Guénolé

COUPE-LETTRES

Rayez une lettre sur chaque ligne en formant de nouveaux mots. Reportez-la dans la colonne de droite pour découvrir verticalement le nom et le prénom d'une actrice américaine blond platine née le 3 mars 1911 et morte brutalement le 7 juin 1937.

R	A	J	O	U	T	S	
P	L	E	U	R	A	L	
F	R	A	I	S	E	S	
T	A	N	C	H	E	S	
D	E	H	A	L	E	R	
M	O	R	F	A	L	E	
P	E	R	D	A	N	T	
V	O	U	L	A	N	T	
O	R	A	C	L	E	S	
P	A	W	N	E	E	S	

Sport

On demande à un joueur de tennis :

– Vous préférez l'herbe ou le synthétique ?

– Je sais pas, j'ai jamais fumé de synthétique…

La contrepèterie de la semaine

Superman a une bouille incroyable.

Question de confiance

Un alpiniste s'est attaqué, seul, à la face nord des Grandes Jorasses. Soudain, sa corde cède. Il se rattrape in extremis à une paroi verglacée. Sentant ses doigts glisser, il hurle :

– Il y a quelqu'un ?

Une voix profonde et puissante lui répond :

– Oui, moi, Dieu ! Si tu crois en Moi, lâche tes deux mains et un ange te rattrapera !

L'alpiniste réfléchit rapidement et intensément, puis hurle à nouveau :

– Y aurait pas quelqu'un d'autre ?

CASE-BRIQUES

Placez les dix lettres dans la grille pour lire cinq mots horizontaux. Vous découvrirez verticalement le nom de deux romanciers français, un homme et une femme, décédés ce même jour en 1996.

A A D E L
M R S T U

A		A	N		E
B		D	A		D
G		O	I		E
M		R	L		N
S		R	E		S

CE JOUR-LÀ

En 1984, Coluche reçoit le césar du meilleur acteur pour le rôle de Lambert, un pompiste de nuit alcoolique, dans *Tchao pantin*, de Claude Berri.

Mars
Jeudi
4

Casimir

Proverbe allemand

Vieux chien n'aboie pas en vain.

CHENILLE

Claude Nougaro, chanteur, compositeur et poète né à Toulouse en 1929, peintre et dessinateur à ses heures, nous a quittés le 4 mars 2004. Il était le fils de Pierre Nougaro, chanteur d'opéra, et de Liette Tellini, professeur de piano. Passez d'un mot au suivant en opérant la substitution indiquée et en modifiant l'ordre des lettres (conjugaisons interdites).

	N O U G A R O
– O + A	_ _ _ _ G _ _
– O + I	G _ _ _ _ _ I
– A + L	G _ _ _ _ I _
– U + E	_ _ I _ _ _ _
– R + T	G _ _ _ _ _ _
– A + I	_ _ G _ I _ _
– G + L	T E L L I N I

LE PERSONNAGE DU JOUR

Découvrez un personnage célèbre grâce aux indices suivants, que vous lirez l'un après l'autre.

1 Je suis né à Marseille le 4 septembre 1896. Mes véritables prénoms sont Antoine, Marie, Joseph.

2 Dès mon enfance, je manifeste des troubles nerveux et des phobies que l'on attribue à une méningite.

3 En 1920, je monte à Paris et commence à écrire : poèmes, scénarios de films, textes théoriques sur le théâtre…

4 Je suis figurant, apprenti comédien chez Charles Dullin, acteur pour le *Napoléon* d'Abel Gance, où je prête mon physique halluciné à Marat.

5 En 1925, on édite mon recueil de poèmes *l'Ombilic des limbes*.

6 Interné en asile psychiatrique en 1937, j'y passerai neuf ans et mourrai en 1948, alors que paraît *Pour en finir avec le jugement de Dieu*.

CE JOUR-LÀ

En 2004, l'éditeur de logiciels antivirus F-Secure envoie un mail à ses clients. Ce courrier contient… un virus !

Devinette

Quelle est la différence entre une fille sage et une fille bien ?

La fille sage accepte un rendez-vous, rentre à la maison et va au lit. La fille bien accepte un rendez-vous, va au lit et rentre à la maison.

Mars
Vendredi
5

Olive

CE JOUR-LÀ

En 2002, des jumeaux finlandais âgés de 70 ans sont fauchés par un camion sur leur bicyclette, à deux heures d'intervalle et sur la même route.

Le saviez-vous ?

Une octogénaire, le Dr Martha Voegli, de Thoune, en Suisse, fut bien étonnée en 1978 lorsque le facteur lui apporta une lettre avec vingt-sept ans de retard. La lettre provenait d'un sac postal découvert par des stagiaires de la gendarmerie française qui s'entraînaient à 1 200 m sur le glacier des Bossons (Mont-Blanc). Ce sac faisait partie d'un envoi transporté par un avion d'Air India, le Malabar Princess, qui s'était écrasé en montagne en novembre 1950.

MOTS FLÉCHÉS

Les mots en bleu sont consacrés au savant Pierre Simon de Laplace, mort le 5 mars 1827, à 78 ans.

On lui en doit sur l'électro-magnétisme / De Panurge		Avec Charden / Harmonie d'ensemble		Possèdent		Il est dirigé par son chef		 Sorte de rire crispé		Ses travaux portent sur cette mécanique
						Trouille / S'exprimer bêtement				
Veille nourrice / 				... du calcul des probabilités / Héroïne de Flaubert						
					... et tout le reste / Aux couleurs variées				Travaillant au trottoir	
	Près de l'œil / Groupe de pression						Servi avec muffins / Quelle personne ?			
			Le place en était un / 							
Il sert de refuge		Le ver blanc / Pris en famille				Se servit / Près de Melun				
				Confident / Doctorant				Bien arrivé / 7		
Béryllium / En a formulé une cosmogonique			Service payant / Organisation mondiale				Petit saint / Personnel réfléchi			Levée de boucliers
									La belle ou la bête ?	
Avec Lavoisier, il a étudié les calorimétriques	Charge bestiale									
							Avec les poules			

VRAI OU FAUX

Le 5 mars 1949 naissait Bernard Arnault, célèbre homme d'affaires et milliardaire français. Distinguez le vrai du faux dans ces affirmations sur sa vie et sa fortune.

1. Bernard Arnault est né à Lille, dans le département du Nord (59). **V F**
2. Il est père de sept enfants. **V F**
3. Il a été le témoin du mariage de Jacques Chirac. **V F**
4. En 1989, il est devenu le principal actionnaire du groupe LVMH, spécialisé dans le luxe. **V F**
5. En 2005, il était l'homme le plus riche de France, devant Liliane Bettencourt (L'Oréal). **V F**
6. Sa fortune, très variable, s'élève aujourd'hui à environ 5 milliards d'euros. **V F**

Définition

Un homme, c'est comme la lettre Q, un gros zéro et une petite queue !

Misogynie

Demander à une femme « à quoi tu penses ? », c'est déjà lui faire un compliment.

Tentation

Un Écossais et un Grec qui viennent de mourir se retrouvent devant saint Pierre. Persuadés que leur heure n'est pas arrivée, ils sont bien décidés à redescendre sur terre et plaident leur cause. À la fin, saint Pierre, excédé, leur en donne le droit. Mais il les prévient : à la première tentation, ils iront droit en enfer… Nos deux compères se retrouvent sur terre dans leur costume traditionnel. Ils marchent quand, soudain, l'Écossais aperçoit un billet de 500 euros. Il se penche pour le ramasser, et hop ils disparaissent tous les deux…

Mars
Samedi
6

Colette

MARIONS-LES

Le polar et ses personnages : flic ou voyou ? Saurez-vous apparier les titres de ces films français avec leurs interprètes ?

Touchez pas au grisbi	**A**	**1**	Michel Piccoli
Le Samouraï	**B**	**2**	Jean Marais
L'assassin habite au 21	**C**	**3**	Jean Gabin
Max et les ferrailleurs	**D**	**4**	Jean Yanne
Fantômas	**E**	**5**	Alain Delon
Le Doulos	**F**	**6**	Louis Jouvet
La Môme Vert-de-Gris	**G**	**7**	Lino Ventura
Quai des Orfèvres	**H**	**8**	Eddie Constantine
Le Boucher	**I**	**9**	Jean-Paul Belmondo
Le Deuxième Souffle	**J**	**10**	Pierre Fresnay

CE JOUR-LÀ

En 1836, le siège de fort Alamo prend fin. L'armée américaine est décimée. Parmi les morts, on compte deux figures légendaires de l'Ouest américain, le trappeur Davy Crockett, « l'homme qui n'a peur de rien », et Jim Bowie, l'inventeur du couteau qui porte son nom, le Bowie Knife.

L'interrogation de
Erik Satie

Pourquoi l'argent n'aurait-il pas d'odeur, lui qui peut tout avoir ?

Les blondes

Qu'est-ce qui est long et dur pour une blonde ?

Penser.

Misogynie

Que fait une femme dans le salon ?

Du tourisme.

CASE-CHIFFRES

Chaque brique du case-chiffres est la somme des deux briques situées juste au-dessous. Sachant que les cinq nombres de la base sont des nombres impairs qui se suivent mais pas dans l'ordre, remontez les marches de la pyramide pour trouver la valeur du sommet.

La perle de la semaine

Les Égyptiens mettaient leurs momies dans des scaphandres.

Mars
Dimanche
7

Fête des Grands-mères

QUIZ
Anna Magnani

Cette actrice, née le 7 mars 1908 à Rome, demeure le symbole de la femme italienne de la grande époque du néoréalisme.

1. *Elle fait montre d'un tempérament particulièrement volcanique dans :*
A. *Vulcano.*
B. *Stromboli.*
C. *Le Volcan interdit.*

2. *Elle a reçu un oscar en 1956 pour son rôle dans la Rose tatouée. Qui était son partenaire ?*
A. Marlon Brando.
B. Gary Cooper.
C. Burt Lancaster.

3. *Elle a tourné pour Claude Autant-Lara :*
A. *Josepha.*
B. *Joseph vendu par ses frères.*
C. *Le Magot de Josefa.*

4. *Si sa mère était née à Rimini, son père était :*
A. Français.
B. Américain.
C. Égyptien.

CE JOUR-LÀ

En 1966, le général de Gaulle envoie au président américain Lyndon B. Johnson un message lui annonçant le retrait des forces françaises de l'OTAN.

Bon appétit

Un homme demande à son pharmacien :

– Je voudrais un préservatif parfumé, s'il vous plaît.

– À quel parfum le voulez-vous ?

– Aux pommes, c'est pour un boudin !

La définition de
Les Nuls

Assurance chômage : pour être sûr de ne jamais retrouver de boulot.

Devinette

Quand sait-on qu'un homme dit des niaiseries ?

Quand ses lèvres bougent.

Mot d'enfant

– Mamie, quand tu travaillais, tu faisais quoi ? demande Clara, 5 ans, à sa grand-mère.

– J'étais secrétaire.

– Alors, c'est toi qui gardais les secrets ?

Mars
Lundi
8

Jean de Dieu

CE JOUR-LÀ

En 1969 a lieu la première journée internationale de la Femme.

En 1974 est inauguré l'aéroport Roissy-Charles-de-Gaulle.

Au bureau

Un homme s'approche d'une collègue de travail et lui dit que ses cheveux sentent bon. Folle de rage, celle-ci va immédiatement voir son patron. Elle s'explique et conclut :

– Je veux déposer plainte pour harcèlement sexuel !

Le patron dit :

– Mais enfin, qu'est-ce qu'il y a de mal là-dedans ? Un collègue vous dit que vos cheveux sentent bon et vous voulez porter plainte ?

Elle répond alors :

– C'est un nain !

LA GIRAFE

Remplissez la grille girafe à l'aide des définitions, sachant que les mots s'enchaînent selon le principe du « marabout de ficelle ».

1. On célèbre aujourd'hui sa journée internationale.
2. Génitrice.
3. Tel le corps des mannequins (de).
4. La mère du genre humain d'après la Bible.

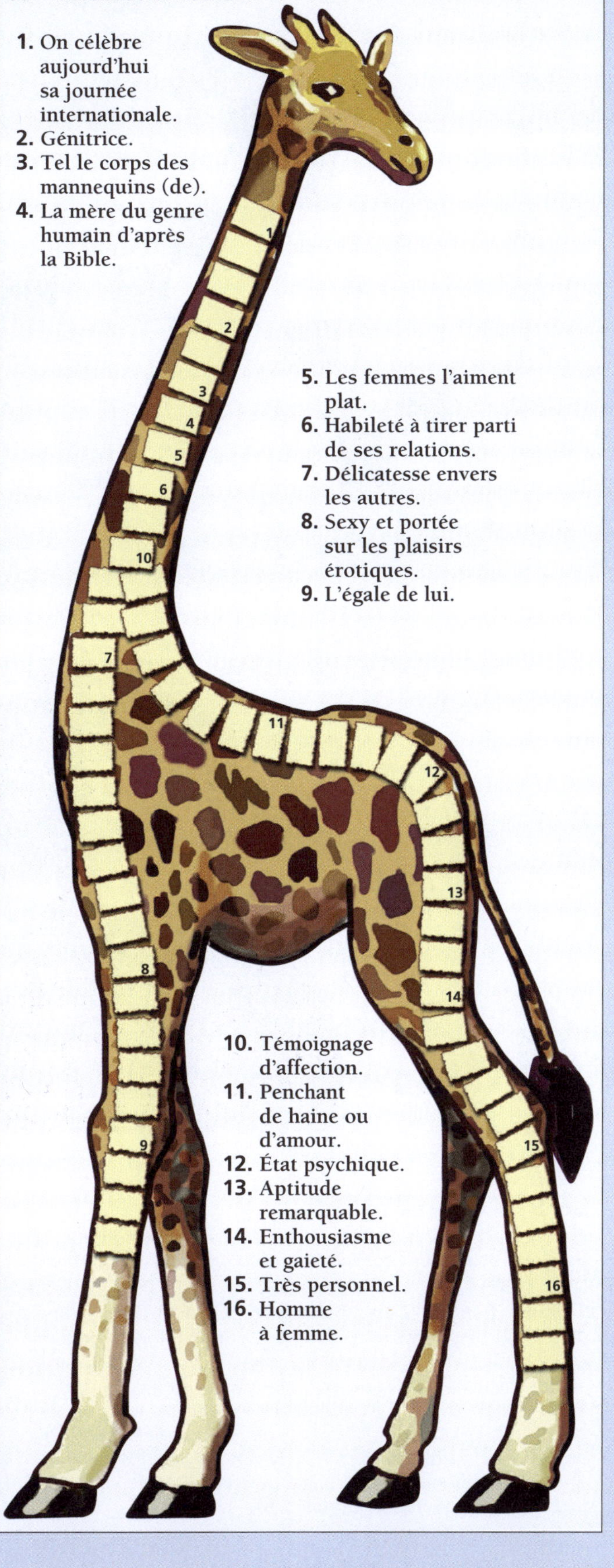

5. Les femmes l'aiment plat.
6. Habileté à tirer parti de ses relations.
7. Délicatesse envers les autres.
8. Sexy et portée sur les plaisirs érotiques.
9. L'égale de lui.

10. Témoignage d'affection.
11. Penchant de haine ou d'amour.
12. État psychique.
13. Aptitude remarquable.
14. Enthousiasme et gaieté.
15. Très personnel.
16. Homme à femme.

GYMNASTIQUE CÉRÉBRALE

1. *Vous êtes dans une pièce dont chaque mur, le sol et le plafond sont intégralement couverts de miroirs. Il n'y a que vous à l'intérieur de la pièce, aucun objet. Combien de réflexions de votre propre image pouvez-vous voir ?*
A. Aucune.
B. 30 (5 par paroi).
C. 120 (5 u 4 u 3 u 2 u 1).
D. Une infinité.

2. *Vous êtes au ski, confortablement installé sur le télésiège 84. Au moment où vous croisez le 48, votre meilleur ami, installé au 152, croise pour sa part le 160. Sachant que tous les sièges sont régulièrement espacés et numérotés dans l'ordre du numéro 1 au dernier, pouvez-vous déterminer le nombre de sièges ?*

3. *En se rendant à l'écurie, un cheval croise cinq juments, chacune accompagnée de deux poulains sur chacun desquels se sont posés trois moineaux. Combien d'animaux au total se dirigent vers l'écurie ?*

Zoom saveur

LA MORILLE

Apprécié en France dès le XVIIe siècle, ce champignon est fort prisé des gourmets. Il doit être consommé suffisamment cuit car, cru, il est toxique.

Nettoyez les morilles sous un filet d'eau pour déloger les impuretés contenues dans les alvéoles, mais ne les laissez pas tremper : elles y perdraient en saveur.

Idée gourmande.
Cuisez doucement des morilles salées et poivrées 10 min dans du beurre chaud avec des échalotes hachées. Ajoutez de la crème fraîche citronnée. Laissez épaissir 3 à 4 min en remuant. Servez avec des escalopes de veau poêlées.

Mars
Mardi
9

Françoise

MOTS CROISÉS

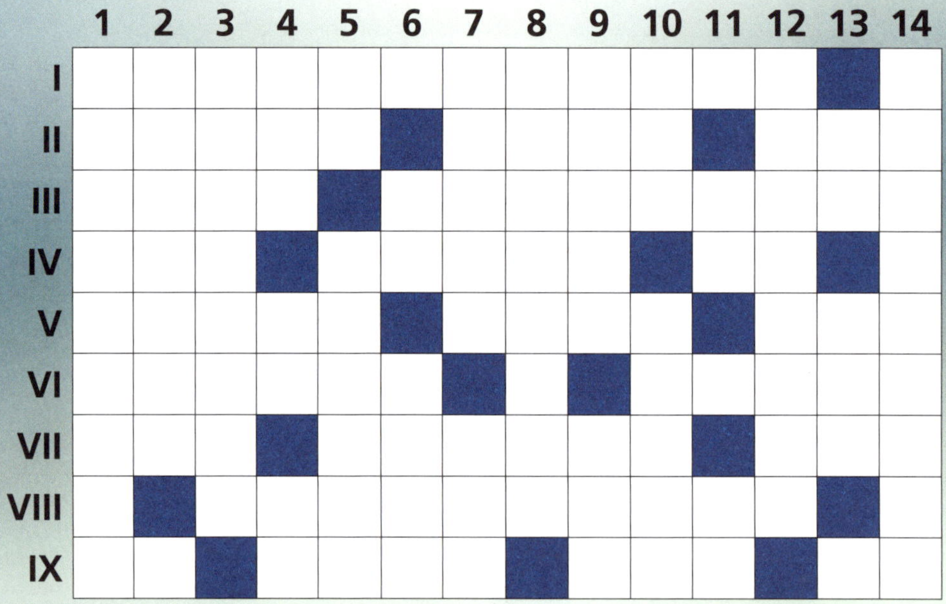

Horizontalement
I. Premier rôle au cinéma pour Juliette Binoche, née le 9 mars 1964. **II.** Binoche fait celui de l'amour dans un film de Godard en 2001 ; cet animal est aussi le titre de la pièce de Tchekhov qu'elle a jouée au théâtre en 1979 et 1980 ; joué les parasites. **III.** Acteur comique français, l'un des Gendarmes ; faits sans gravité. **IV.** Beaux jours ; Barbare cinématographique ; la langue des acteurs. **V.** Débarrassa de tout son argent, surtout liquide ; temps ; fait le bon cœur. **VI.** Présentés en 2006, 2007 et 2010 par l'actrice évoquée au 1 vertical ; ce réalisateur a tourné avec les deux actrices, l'une dans *Fatale* et l'autre dans *Milou en mai*. **VII.** Coup de chaud ; cachai de façon théâtrale ; cœur de vieux. **VIII.** Jouâtes les Nikita. **IX.** Vont à grande eau ; élément d'ensemble ; lettre grecque ; pièce de squelette.

Verticalement
1. Actrice née également le 9 mars 1964, vue dans *les Vacances du petit Nicolas*. **2.** Avec lui, c'est circulez, même s'il y a quelque chose à voir. **3.** Le lac de Constance. **4.** Truc perso ; passionne Freud ; lettre grecque et nombre romain. **5.** Note ; partenaire de l'actrice dans la série de Jean-Michel Ribes *Palace*. **6.** Ruminante involontaire ; pris au sein. **7.** En Bourgogne ; conclusion du cogito. **8.** Un film de 2007 évoque 12 h 08 à l'est de cette ville. **9.** Écarteur ; eau de Berne. **10.** En fait voir de toutes les couleurs ; actrice américaine décédée en février 2007. **11.** Ne fait pas un pli, mais l'aide à arriver ; deux points opposés. **12.** Comme Jacquouille et Béatrice de Montmirail. **13.** Sert de clé ; à boire à Londres. **14.** Film de 1993 pour lequel l'actrice obtint une récompense.

CE JOUR-LÀ

En 1999, la Cour de justice de la République prononce la relaxe pour Laurent Fabius et Georgina Dufoix, mis en examen dans le scandale du sang contaminé.

La mise au point de
Paul-Loup Sulitzer

Un banquier ne vous prête de l'argent que dans la mesure où vous n'en avez pas besoin. Si vous avez vraiment besoin d'argent, c'est que vous êtes dans une situation désespérée. Et, dans une situation désespérée, vous n'intéressez pas un banquier.

LE VERTICALETTRES

En répondant aux définitions, retrouvez verticalement le nom d'un joueur de football français d'origine arménienne né le 9 mars 1968.

1. Joueur français célèbre pour sa technique et son… coup de tête ! **2.** Bien Aimé après la victoire de l'équipe de France en 1998. **3.** Club dans lequel le joueur à découvrir s'illustra comme meilleur buteur du championnat de France en 1994. **4.** Tir d'angle. **5.** Sacré Raymond ! Il y a soixante ans, il rejoignait le Real Madrid. **6.** Défenseur de l'équipe de France lors de la Coupe du monde en 1998. **7.** Coup de pied de réparation. **8.** Fédération internationale de football créée en 1904. **9.** Tel un coup sanctionnant une faute.

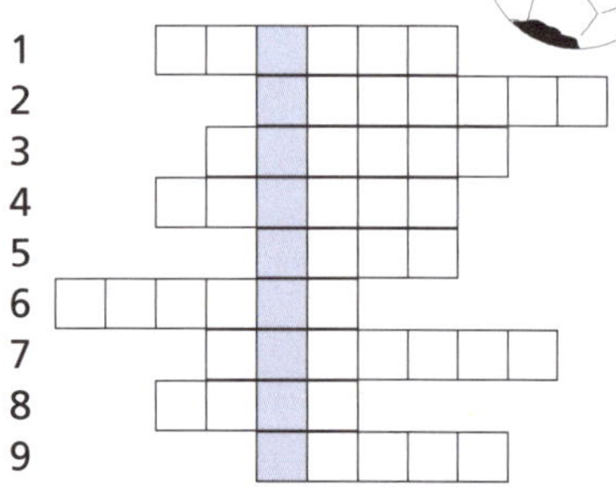

Déducto

Surplace au début du paradis

Voyage au bout de l'enfer
(Michael Cimino, 1978)

Mars
Mercredi
10

Vivien

CE JOUR-LÀ

En 1831, Louis-Philippe crée la Légion étrangère.

SYLLABUS

En prenant dans chacun des trois mots donnés une syllabe située à une place différente (première, deuxième ou troisième), trouvez trois mots ayant un rapport avec Sharon Stone, la célèbre actrice américaine, qui fête aujourd'hui ses 58 ans.

HANNETON
BALDAQUIN
MATADOR

★ ★ ★ ★ ★ ★ ★

QUATORZE
BAISEMAIN
INTERNAT

★ ★ ★ ★ ★ ★ ★

DOMINO
MUSICAL
CATOGAN

VRAI OU FAUX

Arthur, animateur de télévision qui fête aujourd'hui ses 50 ans, est également un homme-orchestre du spectacle : radio, scène, ouvrages divers, sans oublier son activité de producteur…

1. Il a débuté en donnant les résultats sportifs sur une radio locale. **V F**

2. Il a demandé à ses auditeurs de simuler un orgasme en public. **V F**

3. Il a battu le record du monde homologué d'animation radio non-stop. **V F**

4. Guy Carlier l'a surnommé « l'animateur le plus con de la bande FM ». **V F**

5. Il a été marié à Estelle Lefébure. **V F**

6. Il a figuré dans *les Bidochons*, de Serge Korber, en 1996. **V F**

La sex-appeal de
Woody Allen

La célébrité m'a apporté un gros avantage : les femmes qui me disent non sont plus belles qu'autrefois.

La contrepèterie de la semaine

Les jeunes filles aiment le tennis en pension.

Succès mitigé

Le directeur d'une galerie de peinture téléphone à un artiste.

– Ton exposition a attiré des gens malhonnêtes : la galerie a été cambriolée cette nuit.

– C'est la gloire ! s'écrie le peintre.

– Euh… Oui et non. Parce que je dois t'avouer qu'ils ont laissé tes tableaux et se sont contentés d'emporter ce qui a de la valeur : les cadres.

Mars
Jeudi
11

Rosine

Troisième décan des Poissons

LES COUSINS

Remplacez une lettre dans les mots de la colonne de gauche pour former des noms de chanteurs français en hommage à Claude François, mort accidentellement le 11 mars 1978. En reportant dans la colonne de droite les lettres que vous avez ajoutées, vous formerez le titre d'un album de Cloclo sorti en 1972.

BREF		
CHARDON		
DAMA		
PATACHON		
BRASSÉES		
MONTANT		
REVERS		
BARBERA		
RENARD		
LIMON		
AMANT		
PARA		
DISTAL		
ROSSE		
CABRER		

CE JOUR-LÀ

En 1963, Jean Bastien-Thiry, membre de l'OAS et chef du commando qui a attenté à la vie du général de Gaulle au Petit-Clamart, est fusillé au fort d'Ivry.

Les bourdes de
George W. Bush

Mon gouvernement appelle tous les leaders du… du… Moyen-Orient à faire tout ce qu'ils peuvent pour que cesse la violence, pour dire aux différentes parties impliquées qu'il ne pourra jamais y avoir de paix.

La définition de
Gustave Flaubert

Fonds secrets : sommes incalculables avec lesquelles les ministres achètent les consciences.

Devinette

Pourquoi les plongeurs plongent-ils toujours en arrière et jamais vers l'avant ?

Parce que sinon ils tombent dans le bateau !

Proverbe portugais

On chante selon son talent et on se marie selon sa chance.

Mars
Vendredi
12

Justine

GRILLE À THÈME

Remplissez cette grille thématique sur un célèbre animateur de télévision à l'aide des définitions suivantes.

1. Chroniqueur cuisine à la télé en lutte contre la malbouffe. **2.** Gabriel pour l'animateur avant qu'il passe sur France 2. **3.** Il a présenté … *de Stars*. **4.** Sa chienne, mise en BD par Gibrat. **5.** Le samedi soir de janvier 1982 à juin 1990, avec un générique inoubliable. **6.** Sa ville de naissance, dans le Calvados. **7.** Le prénom de sa nièce, journaliste et ancienne compagne de Cyril Lignac. **8.** Il présentait cette émission sur TF1. **9.** Nom de sa femme depuis 1973. **10.** Nom de l'animateur. **11.** Sport qu'il a commenté pendant des années. **12.** Qui dévore la télé. **13.** Il a présenté *Stars en…* **14.** Rouge dans l'émission qu'il présente en 2000. **15.** Il les a présentés bien avant Valérie Lemercier. **16.** *Vivement* … **17.** Il y a débuté comme reporter et commentateur sportif.

CE JOUR-LÀ

En 1930, Gandhi entame sa « marche du sel » : il s'agit de donner au peuple indien le droit d'extraire le sel, jusqu'alors monopole des Anglais.

Le saviez-vous ?

La chaîne, unité d'arpentage anglo-saxonne inventée au XVIIe siècle par l'astronome et mathématicien Edmund Gunter, est unique en son genre. Divisée en 100 maillons, cette chaîne métallique de 20,12 m de long est la seule mesure décimale du système britannique impérial. Si on multiplie la longueur et la largeur d'un terrain en maillons, puis que l'on divise le produit obtenu par 10, on obtient la surface en acres. Un terrain de 5 chaînes de côté a donc une superficie de 2,5 acres (1 ha).

JEU DES 7 ERREURS

Mars
Samedi
13

Rodrigue

LE PERSONNAGE CÉLÈBRE

En répondant aux définitions ci-dessous, retrouvez dans les colonnes roses le nom de l'auteur d'Un singe en hiver, adapté au cinéma par Henri Verneuil. Ce romancier et journaliste français était aussi passionné de cyclisme, notamment de la Grande Boucle.

1. Pilule facile à avaler, et qui a pourtant un effet. **2.** Philippine célèbre pour ses trottoirs. **3.** Encre du pamphlétaire. **4.** Verre de bière. **5.** Premier jour du calendrier républicain, avant duodi. **6.** Oubli consécutif à un choc. **7.** Habitants de France, pas tous surréalistes.

1							
2							
3							
4							
5							
6							
7							

Organe compatible

Une infirmière qui fait sa pause cigarette à l'entrée de l'hôpital voit deux médecins en blouse blanche penchés sur un parterre de fleurs.

– Vous avez perdu quelque chose ? leur demande-t-elle.

– Non, répond l'un des docteurs, mais on doit faire une transplantation cardiaque à un inspecteur des impôts et on recherche une pierre de taille adéquate.

La perle de la semaine

Momification : c'est quand on vide le corps et qu'on lui met du sparadrap tout autour.

CE JOUR-LÀ

En 1988 est inauguré le plus long tunnel sous-marin du monde (53 km) : il relie l'île d'Honshu à celle d'Hokkaido, au Japon.

Allô, docteur ?

Un vieux monsieur, appuyé sur sa canne, rentre chez son médecin en clopinant.

– Docteur, il faut que vous me donniez quelque chose pour faire baisser mes envies sexuelles !

– Allons, allons, monsieur Martin, vous savez bien que, la libido, c'est dans la tête que ça se passe…

– Ben justement docteur, c'est ce que je voulais dire : il faudrait que ça se passe un peu plus bas !

CASE-CHIFFRES

Chaque brique du case-chiffres est la somme des deux briques situées juste au-dessous. Reconstituez la totalité de la pyramide en respectant les chiffres placés.

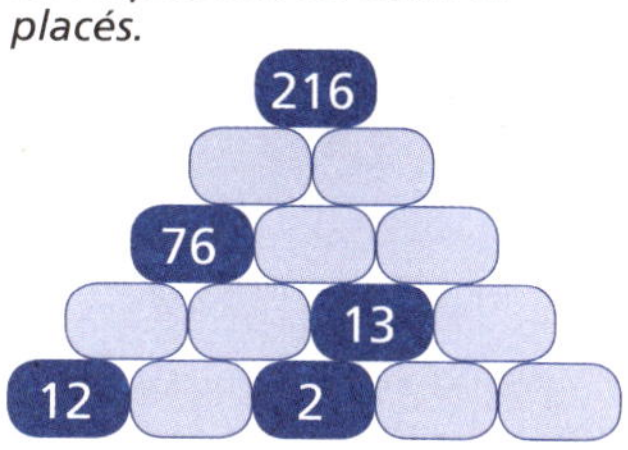

Mars
Dimanche
14

Mathilde

Mot d'enfant

Comme tous les enfants de son âge, Léna, 6 ans, aime que les histoires aient une fin heureuse. Un jour, en rentrant de l'école, elle va voir sa maman et, inquiète, lui demande :

– Dis, maman, l'histoire de France, ça finit bien ?

CE JOUR-LÀ

En 1990, Mikhaïl Gorbatchev est élu à la présidence de l'URSS.

Toto

– Toto, veux-tu arrêter de faire des grimaces ?

– Pourquoi, papa ?

– Parce que sinon, quand tu seras grand, tu auras le visage tout déformé !

– Ça alors ! Tu as dû en faire un paquet, toi, quand tu étais petit !

QUIZ Albert de Monaco

Né le 14 mars 1958, Albert de Monaco est monté sur le trône de la principauté le 6 avril 2005, après la mort du prince Rainier, son père.

1. *Des trois enfants du prince Rainier et de Grace Kelly, il est :*
A. L'aîné.
B. Le cadet.
C. Le benjamin.

2. *Il a fait ses études militaires en France, comme le veut la tradition :*
A. À Polytechnique.
B. À Saint-Cyr.
C. À l'École navale.

3. *En avril 2006, de façon surprenante, il a dirigé :*
A. Les épreuves de bobsleigh en principauté.
B. L'ascension du Rocher par la face sud.
C. Une expédition en traîneau au pôle Sud.

4. *Comment se prénomment ses jumeaux ?*
A. Marina et Alberto.
B. Gabriella et Jacques.
C. Julia et Jean.

5. *Il a participé aux jeux Olympiques d'hiver :*
A. Une fois.
B. Deux fois.
C. Quatre fois.

Mars
Lundi
15

Louise

L'ENGRENAGE

Pour chaque roue de l'engrenage, cherchez le mot correspondant à la définition. Inscrivez-le dans les petits cercles touchant la roue, en démarrant toujours par celui qu'indique la flèche et en tournant dans le sens des aiguilles d'une montre.

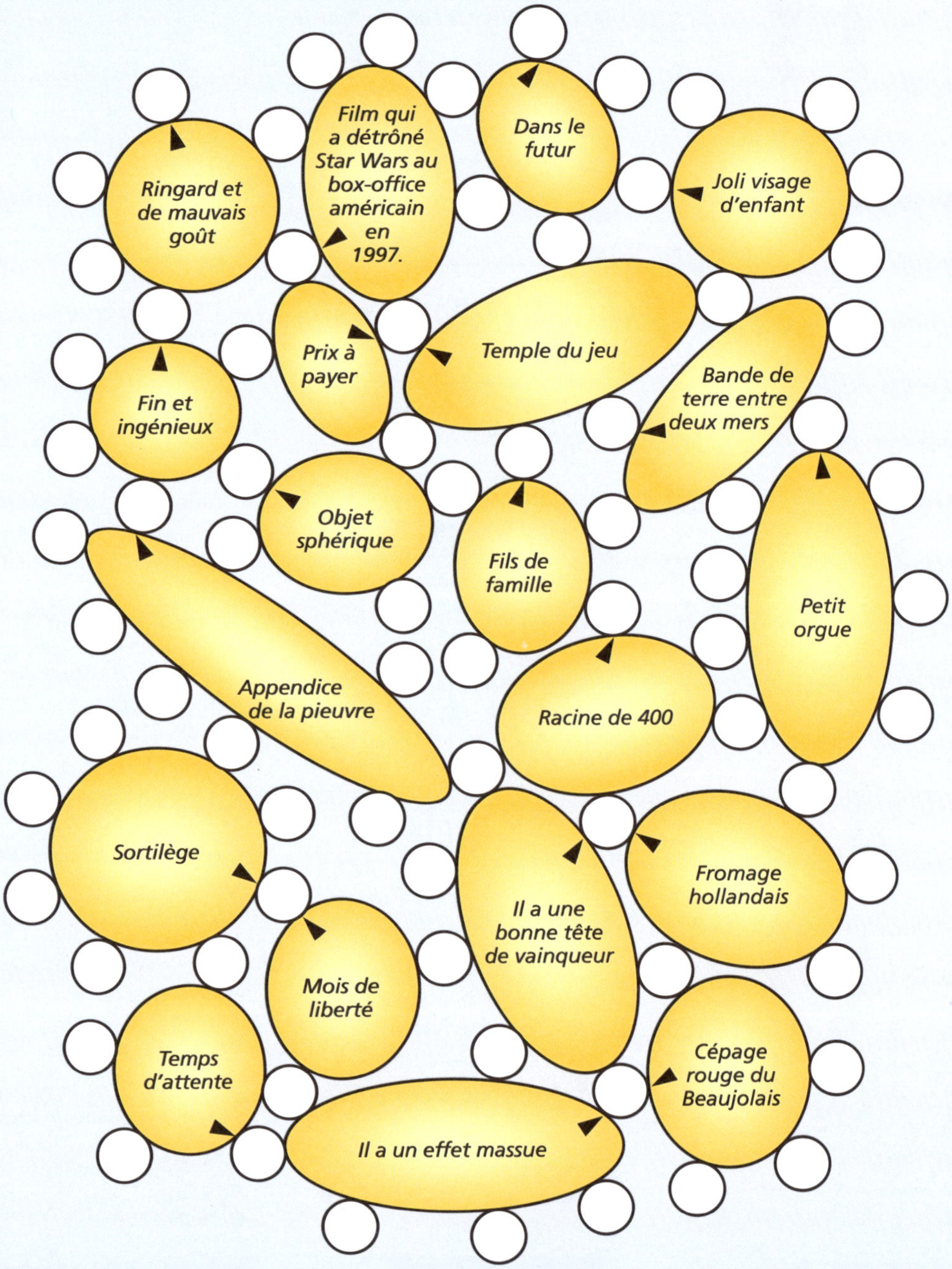

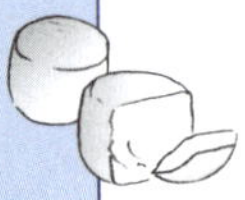

Zoom saveur

LE CROTTIN DE CHAVIGNOL

Ce fromage de chèvre très populaire détient une appellation d'origine contrôlée (AOC) depuis 1976. Son terroir : le Cher, ainsi qu'une partie de la Nièvre et du Loiret.

À déguster primeur ce mois-ci, le crottin de Chavignol est très doux. Encore légère, sa saveur caprine ne deviendra prégnante qu'au fur et à mesure de son affinage.

Idée gourmande. *Écrasez à la fourchette un crottin de Chavignol frais en y incorporant un filet d'huile d'olive, 1 cuill. à soupe de ciboulette ciselée et du poivre. Tartinez le crottin sur une tranche de pain de campagne grillée frottée d'ail. Un régal à l'apéritif !*

CE JOUR-LÀ

En 1917, à la suite de la révolution de Février, le tsar Nicolas II abdique.

Devinette

Pourquoi ne faut-il pas frapper quelqu'un avec des lunettes ?

Parce que ce n'est pas très efficace. Il vaut mieux utiliser une batte de base-ball.

Diététique

Dans le train, un gamin voit une femme qui s'apprête à allaiter son bébé. Il demande à sa mère :

– Maman, est-ce que le bébé va manger tout ça sans pain ?

Question de solidarité

Un employé demande à son patron :

– Chef, pourrais-je quitter le bureau trois heures plus tôt pour pouvoir aller faire du shopping avec ma femme ?

– Il n'en est pas question !

– Merci, chef. Je savais que vous ne me laisseriez pas tomber.

Mars
Mardi
16

Bénédicte

L'ÉNIGME DE L'ENVIRONNEMENT

Parmi les dix-neuf mots contenus dans l'illustration, biffez ceux qui correspondent aux indices ci-dessous. Chaque indice renvoie à un seul nom. Les mots restants vous livreront sous forme de rébus le nom d'un pétrolier battant pavillon grec qui a coulé au large de Karachi, au Pakistan, en 2003.

1. Le 16 mars 1978, un supertanker s'échoue au large des côtes bretonnes et déverse plus de 220 000 tonnes de pétrole. Pour retrouver son nom, ajoutez une voyelle devant un mot rare désignant un marin et adjoignez-lui le nom espagnol d'une ville où habite une Belle. **2.** Dans quel pays ce pétrolier construit en 1974 était-il immatriculé ? Inversez deux lettres d'un mot pour le savoir. **3.** Après la catastrophe, les écologistes appellent au boycott de la compagnie pétrolière à laquelle appartenait la cargaison. Ajoutez une lettre devant un mot pour trouver son nom et passer de l'enfer américain à l'enfer breton. **4.** Quel écologiste dirigeait les Amis de la Terre, organisation qui fit un procès retentissant – mais perdu – à cette compagnie ? Supprimez l'initiale du nom d'un homme que celui-ci peut encore côtoyer et réorganisez les sept dernières pour le découvrir. **5.** En 1969, quel fleuve pollué accidentellement près de Bingen par un fût de 500 litres d'Endosulfan, un insecticide, vit périr 20 millions de ses poissons ? Supprimez la moitié des lettres d'un mot pour le savoir. **6.** Ajoutez une voyelle finale à un mot pour lire le nom de l'usine où un réacteur chimique a explosé en 1976. **7.** Dans quel pays retentit en décembre 1984 l'explosion d'une usine de pesticides qui tuera plus de 20 000 personnes autour de Bhopal ? Remplacez une lettre d'un mot par celle qui la précède dans l'alphabet pour le découvrir. **8.** Quel endroit quittait l'*Exxon Valdez* lorsqu'il s'échoua et provoqua une marée noire en 1989 ? Pour le savoir, lisez les quatre dernières puis les deux premières lettres d'un mot qui en compte sept. **9.** En avril 1986, le cœur du réacteur de la centrale nucléaire située à 15 km de Tchernobyl fond et libère dans l'atmosphère de grandes quantités d'isotopes radioactifs. Quel nom porte cette centrale ? Supprimez une lettre d'un mot pour le lire. **10.** En 1999, un nouveau pétrolier, battant cette fois pavillon maltais, fait naufrage au large de la Bretagne. Changez une lettre d'un mot pour trouver son nom. **11.** Quelle ministre de l'Écologie a déclaré une douzaine de jours après ce naufrage que « ce n'était pas la catastrophe du siècle » ? Supprimez la lettre centrale d'un mot et inversez deux des lettres restantes pour lire son nom. **12.** Dans la liste figure l'anagramme d'un pays où, en 2000, furent déversés 100 000 m^3 d'eau contaminée au cyanure. **13.** Quel élément dont le nom figure dans la liste a donné son nom à l'usine chimique de Toulouse où un stock de 400 tonnes d'ammonitrate a explosé en septembre 2001 ? **14.** En novembre 2005, ce sont des benzènes et nitrobenzènes qui se déversent dans un affluent du fleuve Amour. Dans quel pays dont l'anagramme figure dans la liste se déroule cette catastrophe ? **15.** Quel sigle figurant dans la liste désigne le Centre de documentation, de recherche et d'expérimentation sur les pollutions accidentelles des eaux ?

AUMÔNIER
AZOTE
BRUSHING
CÈDRE
EDIKA
HELL
HITS
HOLLANDE
IODE
KAMALAS
LÉONINE
LIBÉRAI
MANNE
MOCO
NICHE
SÈVES
SPIRE
TASSE
VOYANTE

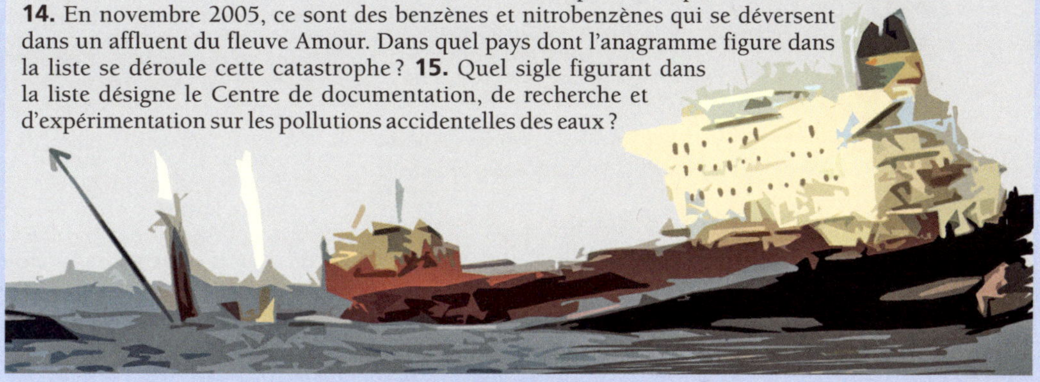

Déducto

Le Tintamarre

Le Silence (Ingmar Bergman, 1963)

Compliment

Un incorrigible gaffeur s'est bien juré de ne plus commettre d'impair. Arrivant chez des amis, il dit galamment à la maîtresse de maison :

– Chère Martine, comme vous avez changé !

La dame minaude :

– En bien ou en mal ?

Et le gaffeur, une fois de plus :

– Une femme comme vous, dit-il, ne peut changer qu'en mieux.

CE JOUR-LÀ

En 1978, l'Amoco Cadiz s'échoue au large de la Bretagne. Une marée noire déferle sur 350 km de côtes.

FILMOGRAPHIE Bernardo Bertolucci

D'abord assistant de Pasolini, cet intellectuel italien, qui fête aujourd'hui ses 75 ans, est passé du film politique fauché aux superproductions internationales sans renier ses engagements ni son goût pour la provocation. Retrouvez le titre de cinq de ses films grâce aux indices suivants.

1. Brando fait scandale dans notre capitale par ses ébats amoureux sans fards (1972).

2. Une vaste fresque consacrée à l'origine du siècle (1976).

3. L'histoire de l'ultime souverain chinois chassé par la révolution maoïste (1987).

4. On y boit une boisson typiquement britannique dans un désert qui fut français (1990).

5. Retour à l'Orient pour cette initiation d'un enfant, réincarnation d'un lama (1993).

Mars
Mercredi
17

Patrice

La contrepèterie de la semaine

Avez-vous déjà aperçu le linge qui sèche ?

CE JOUR-LÀ

En 1994 débute le procès de l'ancien milicien Paul Touvier. Il sera condamné à perpétuité le 20 avril suivant.

CASE-BRIQUES

Placez les quatorze lettres dans la grille de manière à lire sept mots horizontaux. Vous découvrirez verticalement le prénom et le nom d'un peintre dont une exposition fit sensation à Paris en 1901.

A C E G G H I
N N N O T V V

R	E		I		R	E
S	P		R		L	E
F	I		A		C	E
C	O		A		N	E
P	R		V		I	R
R	O		T		E	N
L	I		C		I	S

Leçon de français

On ne dit pas… j'aime pas ce salami, on dit… ce n'est plus mon copain.

Condamnation

La peine prévue pour la bigamie, c'est d'avoir deux belles-mères.

ANATHÉMA

Trouvez par anagramme six termes liés au monde de la danse et un nom propre désignant le pays d'origine d'un danseur étoile et chorégraphe autrichien né le 17 mars 1938, dont vous pourrez former le nom à partir des lettres initiales des solutions.

1. ENTOURÂT
_ _ _ _ _ _ _ _

2. APÉRO
_ _ _ _ _

3. SÛRS
_ _ _ _

4. ART
_ _ _

5. CARTE
_ _ _ _ _

6. TACHÈRENT
_ _ _ _ _ _ _ _ _

7. SLAVE
_ _ _ _ _

Mars
Jeudi
18

Cyrille

LE PERSONNAGE DU JOUR

Découvrez un personnage célèbre grâce aux indices suivants, que vous lirez l'un après l'autre.

1 J'ai vu le jour le 18 mars 1940 aux Lilas (93).

2 Je pratique la politique depuis mon adolescence, et ma vie personnelle a toujours été préservée.

3 En 1974, je me fais connaître en animant une grève des salariés du Crédit Lyonnais.

4 Cette même année, mon parti me présente à l'élection présidentielle.

5 J'ai pour habitude de m'adresser en priorité aux femmes avec mon célèbre : « Travailleuses, travailleurs ! »

6 En 2007, j'ai été candidate à la présidentielle pour la sixième et dernière fois.

CACHE-CACHE

En hommage à Luc Besson, né le 18 mars 1959, retrouvez les vingt et un noms de réalisateurs dissimulés dans le texte ci-dessous.

« On va dimanche se promener en forêt », avais-je annoncé à Clémentine un samedi matin. Cela l'enchanta. « Tiens ! ajoutai-je, nous pourrions aller voir Robert. Quand tu l'auras rencontré, tu ne l'oublieras pas de sitôt ! C'est un ami d'enfance, un vieux solitaire un peu bourru. Je l'ai connu au Cadre noir, où il était un cavalier hors pair. » Le lendemain, nous nous rendîmes donc au chalet de Robert. Celui-ci, allègre, trottait en compagnie de Mylène, sa fidèle jument âgée de 20 ans. Lorsqu'il aperçut Clémentine, il l'effeuilla d'emblée du regard : « Mignonne, la jeunette ! Mais pourquoi diable est-elle en chaussures de ville ? » Clémentine fut surprise, mais ne le prit pas mal : le personnage lui plaisait. « Ta monture semble encore vigoureuse ! », fis-je remarquer à Robert. « Mylène ? Bien sûr ! Elle saute tous les obstacles, c'est loin d'être une vieille carne ! » Clémentine voulut savoir pourquoi il avait choisi de vivre aussi isolé. « Voyez-vous, mademoiselle, autant la rase campagne m'ennuie, autant la forêt me captive. Elle conte mille et une histoires à qui sait les entendre. Les arbres sont de bonne compagnie. Je leur parle, ils me répondent à leur manière. Et, lorsque les grands bois se taisent, je rêve, bercé par le silence des nuits sylvestres. » Sur le chemin du retour, Clémentine m'avoua avoir été impressionnée par la force de caractère de mon ami Robert.

CE JOUR-LÀ

En 1962 sont signés les accords d'Évian, qui mettent fin à la guerre d'Algérie.

Proverbe portugais

La paix avec un gourdin dans la main, c'est la guerre.

Mars
Vendredi
19

Joseph

CE JOUR-LÀ

En 1990, Deng Xiaoping abandonne la présidence de la Commission militaire. C'était sa dernière fonction officielle.

Le saviez-vous ?

Le paon de nuit mâle et quelques autres papillons, représentants de la famille des saturnidés, auraient l'odorat le plus subtil du monde animal. Ils s'en servent exclusivement pour repérer les phéromones des femelles, qu'ils sont capables de détecter jusqu'à 500 m de distance. Les grandes antennes plumeuses qui surmontent la tête des mâles comportent chacune près de 40 000 cellules réceptrices.

LA GIRAFE

Remplissez la grille girafe à l'aide des définitions, sachant que les mots s'enchaînent selon le principe du « marabout de ficelle ».

1. Ville où furent signés les accords qui aboutirent au cessez-le-feu en Algérie, appliqué le 19 mars 1962.
2. Belle actrice blonde venue de Berne, née le 19 mars 1936.
3. Saut périlleux.
4. Île reliée au continent depuis le 19 mars 1966 par le plus long pont de France.
5. Âne sauvage.
6. Département d'outre-mer depuis le 19 mars 1946.
7. Sam ou Tom en Amérique.
8. Ville d'Indre-et-Loire où, le 19 mars 1563, fut proclamé un édit instituant la paix entre catholiques et protestants.
9. Dévolu par le sort.
10. Merci pour le chocolat à cette actrice française née en mars 1953.
11. Sacré et interdit.
12. Romancière française qui, après *le Sourire de l'ange*, nous a quittés le 19 mars 2003.
13. Joua un rôle.
14. Prénom de Métayer, humoriste français né le 19 mars 1930, qui nous a quittés en 2004.

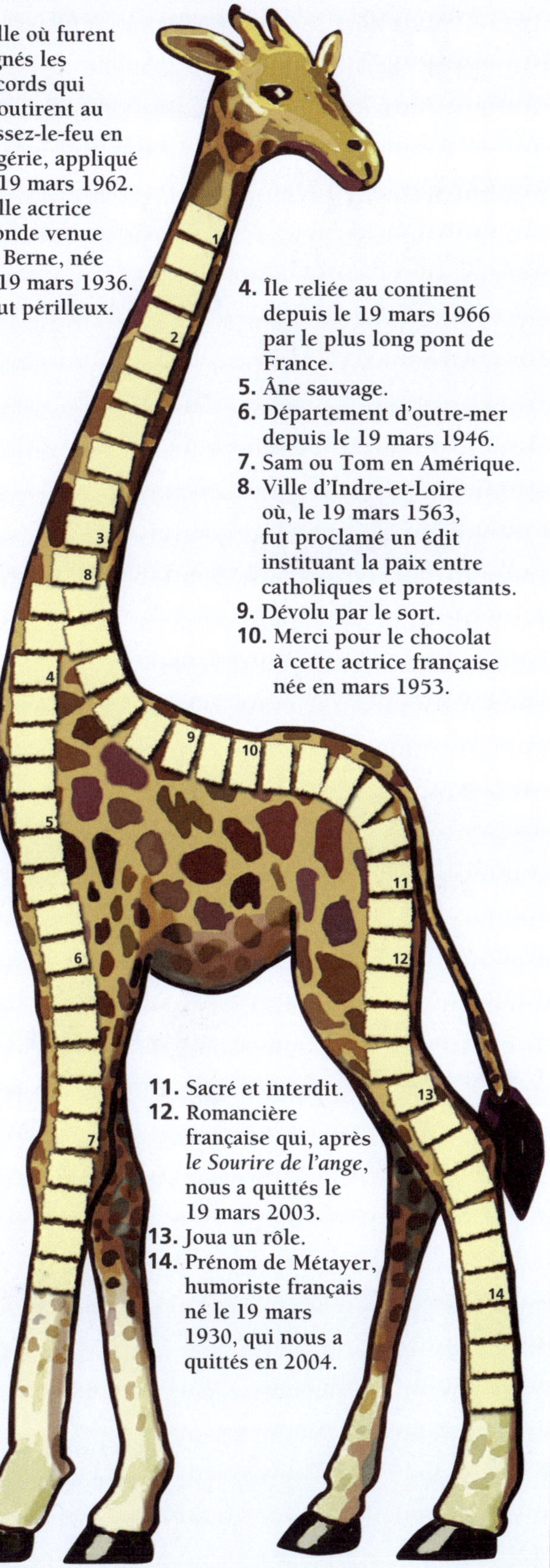

JEU DE LOGIQUE

Combien de façons différentes y a-t-il de traverser cette maison sans passer plus d'une fois dans une pièce lors d'une même traversée ? (Par exemple 1-4-7-9-10 et 1-2-4-7-9-10 représentent deux traversées différentes.)

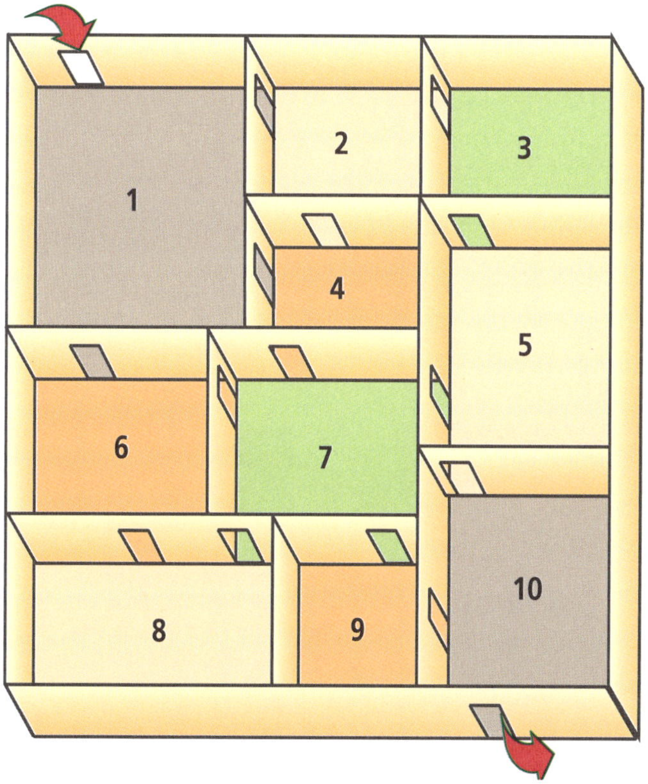

Mars
Samedi
20

Clémence
Printemps

Dernier jour des Poissons

ANATHÉMA

Trouvez par anagramme neuf termes liés au monde des cosmétiques. Avec les initiales, vous formerez verticalement le nom du fondateur de L'Oréal, né le 20 mars 1881.

1. AVONS
_ _ _ _ _
2. PARCELLISAI (relatifs aux cheveux)
_ _ _ _ _ _ _ _ _ _ _
3. HÉ ! LUI !
_ _ _ _ _
4. RECUIRAIT
_ _ _ _ _ _ _ _ _
5. CENSÉES
_ _ _ _ _ _ _
6. SQUALE
_ _ _ _ _ _
7. LIÂT
_ _ _ _
8. ÉPLOIERAIT(qui fait la peau lisse)
_ _ _ _ _ _ _ _ _ _
9. ORGUE
_ _ _ _ _

LE PERSONNAGE DU JOUR

Découvrez un personnage célèbre grâce aux indices suivants, que vous lirez l'un après l'autre.

1 Je suis né le 19 mars 1809 en Ukraine.

Mon père se pique de littérature, mais il meurt lorsque j'ai 16 ans. Par contre, ma mère, dévote et traditionaliste, exercera sur moi une influence considérable. **2**

3 Dès le collège, je me signale par mes talents de comédien et de poète. À Paris, j'exerce des emplois subalternes avant de me consacrer à la littérature.

Sous le pseudonyme de Rudy Panko, je publie *les Veillées à la ferme de Dikan'ka* en utilisant mes souvenirs d'enfance. **4**

5 Si ma nouvelle *Tarass Boulba* connaît un grand succès public, je deviens un écrivain majeur avec *le Nez*, *le Journal d'un fou* ou encore *le Manteau*.

Après avoir quitté mon pays pour l'Allemagne, la France et l'Italie, je compose mon œuvre majeure, *les Âmes mortes*, qui me vaudra une renommée internationale. **6**

CE JOUR-LÀ

En 1962, par l'accord Bourguiba-Pineau, la France reconnaît l'indépendance de la Tunisie.

La perle de la semaine

Il n'y a pas d'arbre dans le désert parce qu'on n'arrive pas à faire pousser de l'eau.

Mars
Dimanche
21

Clémence

Premier jour du Bélier

QUIZ Françoise Dorléac

Cette très fine comédienne née le 21 mars 1942 est morte dans un accident de voiture à l'âge de 25 ans, alors qu'elle avait été remarquée par René Clair, Philippe de Broca, François Truffaut.

1. *Elle était la sœur aînée de :*
A. Françoise Fabian.
B. Claude Jade.
C. Catherine Deneuve.

2. *Son partenaire dans* l'Homme de Rio *était :*
A. Alain Delon.
B. Jean-Paul Belmondo.
C. Yves Montand.

3. *Avec Roman Polanski, elle a tourné :*
A. *Mise à sac.*
B. *La Main dans le sac.*
C. *Cul-de-sac.*

4. *De 1959 à 1967, elle avait déjà tourné :*
A. Plus de 5 films. **B.** Plus de 10 films.
C. Plus de 15 films.

Mot d'enfant

Dans un immeuble, devant l'ascenseur, une dame attend pour aller promener son chien. Arrive une voisine avec Corentin, 4 ans, qui s'exclame :

– Oh, regarde, le petit chien va se promener avec sa maman !

– Ce n'est pas sa maman, répond la mère, c'est sa maîtresse.

– Ah bon ? Elle lui fait aussi l'école ?

CE JOUR-LÀ

En 1804 est promulgué le Code civil, ou Code Napoléon. Mariage civil, droit des héritiers… : égalité des citoyens et prééminence du contrat prennent le pas sur les règles de l'Ancien Régime.

La culture selon André Malraux

La culture… ce qui a fait de l'homme autre chose qu'un accident de l'Univers.

Devinette

Comment appelle-t-on une femme qui sait tous les soirs où se trouve son mari ?

Une veuve !

Mars
Lundi
22

Léa

MOTS CROISÉS

Horizontalement

I. Buena Vista pour Wim Wenders ; pas encore réglés. **II.** A tendance à sécher ; membre du groupe de chanteurs cubains, il est décédé le 22 mars 2006. **III.** Groupe rock grunge dont l'histoire s'arrête en 1994 ; pieuses initiales. **IV.** Appelle à se grouiller ; instruments de musique. **V.** Pas béni-oui-oui ; un anglais ; pas grand-chose. **VI.** … *gardenias*, dans la chanson du film, interprétée par Isolina Carillo ; fait partie de la vie à Cuba ; la Florida Caribbean Cruise Association vous aidera peut-être à visiter Cuba. **VII.** Un Simpson footballeur ; Porter pour *Begin The Beguine* ; cigare cubain. **VIII.** Fout les abeilles aux abeilles ; pas imaginés. **IX.** Espèce forcément endogame ; façon rasta.

Verticalement

1. Chanteur cubain du groupe, mort à 95 ans à La Havane, inventeur de l'*armónico*. **2.** Langue ; vins espagnols. **3.** Instruments de musique typiquement cubains ; de l'eau dans la botte. **4.** Cubain ; à l'œil. **5.** Chanson ; chant accompagné à la guitare à Cuba. **6.** Tire vers le haut ; *cayo* cubain. **7.** Interdit avec un *londrès* cubain. **8.** Parc cubain ; puis. **9.** Son bonnet n'est guère prisé. **10.** Tour de Babel ; cherche du pétrole. **11.** Amoureux. **12.** Accouchements difficiles. **13.** Meilleur ennemi des bronzeurs ; plancher des vaches. **14.** Musique cubaine ; enzyme.

	1	2	3	4	5	6	7	8	9	10	11	12	13	14
I											■			
II									■					
III		■								■			■	
IV					■									
V						■				■				
VI				■					■					■
VII			■					■						
VIII	■								■					
IX							■							

CE JOUR-LÀ

En 1968, 142 étudiants occupent la salle du conseil de la tour administrative de Nanterre, à la suite de l'arrestation de militants lors d'une manifestation contre la guerre du Viêt Nam. C'est ainsi que voit le jour le Mouvement du 22 mars, dont la figure emblématique est Daniel Cohn-Bendit.

Zoom saveur

LES POIS GOURMANDS

Subtilement sucrés, les premiers pois gourmands arrivent sur les étals. Ne tardez pas pour vous régaler de leur exceptionnelle fraîcheur !

Ces petits pois primeurs se dégustent avec leur gousse tant cette dernière est tendre ! Précoces, ils n'ont pas besoin d'être effilés.

Idée gourmande. *Faites cuire les pois gourmands 10 min environ à l'eau bouillante salée pour les garder un peu croquants. Égouttez-les et laissez-les refroidir. Servez-les en entrée, arrosés d'une vinaigrette à l'huile de noisette et parsemés de cerfeuil ciselé.*

SUITES DE CHIFFRES

1. *Quel chiffre termine cette série exhaustive ?*

10	6	13	1	13	10	10	1	19	15	14	

2. *Quel chiffre complète logiquement cette série ?*

3		36	80	168	344

3. *Quel chiffre complète cette troisième série ?*

7	41	28	65	31	26	25	

Mars
Mardi
23

Victorien

CE JOUR-LÀ

En 1918, la Grosse Bertha commence à bombarder Paris.

Célébrations

Au réveil, un 1er novembre, le mari se tourne vers sa femme et lui embrasse les deux seins. Elle lui dit :

– Qu'est-ce que tu fais ?

Il répond :

– Ben quoi ? C'est la fête de tous les saints, aujourd'hui, n'est-ce pas ?

Le lendemain, à la même heure et dans les mêmes circonstances, sa femme se tourne vers lui et lui fait un petit bisou sur le sexe.

Son mari lui dit :

– Qu'est-ce qui te prend ?

Sa femme répond :

– Tu as oublié ? Le lendemain de la Toussaint, c'est la fête des Morts, n'est-ce pas ?

Définition

Canon : instrument utilisé dans la rectification des frontières nationales.

Déducto

La nuit tombe

Le jour se lève (Marcel Carné, 1939)

CHENILLE

Le 23 mars 1998, le film Titanic est couronné meilleur film de l'année 1997, en décrochant onze oscars. Son réalisateur, James Cameron, égale ainsi le record de Ben Hur en 1960. Passez d'un mot à l'autre en remplaçant la lettre indiquée et en modifiant éventuellement l'ordre des lettres.

	T I T A N I C
–T +F	_ _ _ _ _ _ _
–T +R	_ _ _ _ _ _ _
–F +E	_ _ _ _ _ E _
–I +M	_ _ _ _ I _ _
–I +O	C A M E R O N

MOTS CROISÉS

	1	2	3	4	5	6	7	8	9
I								■	
II							■		
III									
IV			■		■				
V		■					■		■
VI						■			
VII	■			■					
VIII									■
IX				■					

Horizontalement
I. Nom d'un humoriste français né le 23 mars 1968 à Bordeaux. **II.** Incroyable mais vraie ; accord de Poutine. **III.** Tête-à-tête. **IV.** Deuxième degré ; nouveau nom pour Christiania. **V.** Pris pour faire l'important. **VI.** L'Estonie en VO ; terrain de vague ? **VII.** Pouffé ; grande amie de notre humoriste, pour laquelle il a écrit plusieurs one-woman-show. **VIII.** Comédien drôle et attachant, alias la Denrée ou François Pignon, disparu en 2005. **IX.** Service éclair ; tas de glaces.

Verticalement
1. Prénom de l'humoriste à découvrir horizontalement ; roule. **2.** Roumanoff quand elle prétend avoir 20 ans ; complice de Ramzy. **3.** Lopin de terre ; on y croise un monde fou. **4.** Condamnait. **5.** Accuse le coup ; deviennent fous quand on les pique. **6.** Humoriste français qui jonglait avec les mots ; sous la couronne. **7.** Vieilles habitudes ; ria. **8.** Posa les bornes. **9.** Il a bien du mal ; chef d'entreprise.

SUDOKU

	5	1						
			6	7				5
	3	6			5			
		2			7	5	9	
			8	6	4			
	4	3	2			7		
			1			6	3	
6				3	2			
							9	7

Belle-maman

Un type croise un de ses copains dans la rue.

– Tiens, Jean, ça va ?

– Figure-toi que ma belle-mère est morte la semaine dernière…

– Oh, mince ! Qu'est-ce qu'elle avait ?

– Bof, trois fois rien : une table, un buffet…

Les blondes

Une blonde entre dans une bibliothèque et dit :

– Un Coca, des frites et un Big Mac !

– Madame, vous êtes dans une bibliothèque !

– Ah, d'accord…

Et, en chuchotant :

– Un Coca, des frites…

Mars
Mercredi
24

Catherine de Suède

LE PERSONNAGE CÉLÈBRE

En répondant aux définitions suivantes, retrouvez dans les colonnes bleues le nom d'un humoriste français d'origine tunisienne né le 24 mars 1964.

1. Petit récipient à four. **2.** Complètement insensé. **3.** On y met la main à la pâte. **4.** Méchant comme une teigne. **5.** Sans toit ni loi. **6.** Sans lendemain. **7.** Vieille guenon ou jeune thon.

1								
2								
3								
4								
5								
6								
7								

TRIPLETS D'EXPRESSIONS

Trouvez un mot par ligne qui, associé à chacun des trois autres, établit un lien logique ou évoque une expression courante. Avec les initiales des solutions, trouvez le nom de scène d'un chanteur dont le vrai nom est Nyungura, né en Allemagne, à Fribourg-en-Brisgau, le 24 mars 1977.

7. Épargne, opéra, scolaire. ……

4. Pied, barbe, creux. ……

1. Tour, sirènes, cygne. ……

8. Cabinets, soleil, serpent. ……

5. Bœuf, cause, surprise. ……

2. Peuple, laitue, fumerie. ……

9. Opération, beurre, escalier. ……

6. Synthèse, père, Épinal. ……

3. Barrage, soustraction, source. ……

CE JOUR-LÀ

En 1944, le droit de vote est accordé aux femmes en France : « Les femmes seront électrices et éligibles dans les mêmes conditions que les hommes. »

La contrepèterie de la semaine

Quel beau métier, professeur !

Les empêchements de
Jacques Dutronc

La télévision, on ne peut pas la regarder. Quand on est debout, on ne la regarde pas. Quand on est assis, on s'endort.

Les blondes

Pourquoi les blondes dansent-elles devant les feux de signalisation ?

Parce qu'elles se croient en boîte !

Mars
Jeudi
25

Annonciation

CE JOUR-LÀ

En 1957, la France, l'Italie, la RFA et le Benelux signent à Rome le traité instituant la Communauté économique européenne et la Communauté européenne de l'énergie atomique (Euratom).

Proverbe arabe

Il ne faut pas rincer la coupe de l'amitié avec du vinaigre.

Générosité

Au parc :

– Maman, est-ce que je peux avoir 1 euro pour donner à la vieille dame ?

– Mais oui, dit la mère, heureuse de voir que sa fille est généreuse.

– Si tu veux aussi une glace, donne-moi 2 euros.

LE CÉLIBATAIRE DES SÉRIES TV

Associez ces actrices de série télé à leur année de naissance. Il restera une année célibataire, celle de Sarah Jessica Parker, star de Sex and the City *notamment, née le 25 mars.*

Barbara Bel Geddes
(Dallas)

Colette Renard
(Plus belle la vie)

Courteney Cox
(Friends)

Elizabeth Montgomery
(Ma sorcière bien-aimée)

Eva Longoria
(Desperate Housewives)

Joanna Lumley
(Absolutely Fabulous)

Linda Evans
(Dallas)

Mallaury Nataf
(Sous le soleil)

Sarah Michelle Gellar
(Buffy)

1922 · 1924 · 1933 · 1942 · 1946 · 1964 · 1965 · 1972 · 1975 · 1977

Mars
Vendredi
26

Larissa

LES MOTS DE L'IMAGE

Retrouvez au moins quinze mots commençant par POL et dont l'illustration ou l'idée figurent dans ce dessin.

Le saviez-vous ?

On croyait jadis que naître coiffé (une partie de la membrane fœtale encapuchonnant la tête du nouveau-né) portait bonheur. Au XIXe siècle, on vendait fort cher les coiffes de nouveau-nés aux marins, qui les tenaient pour une protection contre la noyade.

Toto

Toto est dans le tram avec son père. Il voit une pièce de 1 euro et la ramasse. Son père lui dit alors :

– Toto, ce n'est pas bien de ramasser ce qui est par terre.

Le lendemain, Toto, sa grand-mère et son père sont dans le tram. La grand-mère tombe par terre.

– Toto, aide ta grand-mère à se relever, voyons !

– Mais, papa, tu m'as dit que ce n'était pas bien de ramasser des choses par terre.

CE JOUR-LÀ

En 1979, les 13 membres de l'OPEP se réunissent. L'Irak plaide pour une hausse de 20 % du prix du pétrole. C'est le début du deuxième choc pétrolier.

En 2007, un accord historique est signé en Irlande du Nord pour la formation d'un gouvernement associant catholiques et protestants.

Les mutations de
Cavanna

La chenille devient papillon, le cochon devient saucisson, c'est une grande loi de la nature.

Les blondes

Pourquoi les blondes sucent-elles leur montre ?

Parce que Tic-Tac c'est seulement 2 calories !

Don de persuasion

Un homme d'affaires rencontre une magnifique jeune femme à la terrasse d'un café.

– Je serai direct avec vous, lui dit-il. Je suis là pour une nuit seulement et vous me plaisez. On couche ensemble ?

– Eh bien, répond la jeune femme en rougissant, d'habitude je ne cède jamais aux hommes aussi facilement mais là, franchement, vous m'avez convaincue !

Mars
Samedi
27

Habib

Jardinage

Un fou se précipite dans le cabinet du médecin de l'asile.

– Docteur, j'ai un problème : j'ai une carotte qui pousse dans l'oreille gauche !

– C'est assez surprenant, en effet !

– Surtout que j'avais planté des laitues !

La perle de la semaine

Passé simple du verbe faire : je fus – tu fusses – il fut – nous fumons – vous fumez – ils futent.

Pas de chance…

Un homme vient de se faire renverser par une auto. Le conducteur sort et lui dit :

– Vous avez de la chance, on est juste devant le cabinet d'un médecin.

– Oui ! Sauf que le médecin, c'est moi !

CE JOUR-LÀ

En 1933, le Japon, condamné pour l'occupation et la colonisation de la Mandchourie l'année précédente, se retire de la SDN.

LE PERSONNAGE DU JOUR

Découvrez un personnage dont le nom est célèbre à plus d'un titre grâce aux indices suivants, que vous lirez l'un après l'autre.

1 Je suis né le 27 mars 1963 à Knoxville, dans le Tennessee. Mon prénom, je le dois à Quint, le métisse de la série western *Gunsmoke*, joué par Burt Reynolds.

À 22 ans, je suis vendeur aux Video Archives de Manhattan Beach. Avec mes deux collègues, Roger Avary et Jerry Martinez, je fais de cette boutique une école de cinéma *bis*. **2**

3 En 1991, j'écris mon premier film, dans lequel les personnages portent des noms de couleurs.

En 1994, je remporte la palme d'or à Cannes avec mon deuxième long-métrage. Celui-ci permettra à John Travolta de relancer sa carrière. **4**

5 Bien que je sois réalisateur de films, ma vocation première était de devenir acteur : aussi, je joue dans mes films et dans ceux de mes copains. J'ai notamment joué dans *Une nuit en enfer*, de mon copain Robert Rodriguez.

Avec Uma Thurman, j'ai réalisé un film en deux volets qui est un hommage aux films d'arts martiaux que j'allais voir dans les cinémas de quartier de mon enfance. **6**

Mars
Dimanche
28

Gontran

LE VERTICALETTRES

Répondez aux définitions suivantes pour retrouver verticalement le nom d'un compositeur et pianiste russe mort d'un cancer le 28 mars 1943. Il aurait eu 70 ans le 1er avril de cette même année.

1. Œuvre lyrique et dramatique. **2.** Compositeur allemand du XIXe siècle, auteur des *Danses hongroises*. **3.** Musique à pas mesurés. **4.** Admirable compositeur allemand du XVIIIe siècle. **5.** Mouvement final de la *Neuvième Symphonie* de Beethoven, célébrant la joie. **6.** Compositeur d'un *Concerto pour la main gauche* et du célèbre *Boléro*. **7.** Nouvelle de Mérimée et fameux opéra de Bizet. **8.** Drame lyrique à caractère religieux, proche de la cantate. **9.** Virtuose italien qui fit faire des *Caprices* à son violon. **10.** Compositions à voix décalées, grandioses chez Pachelbel. **11.** Grand compositeur russe, créateur des ballets *le Lac des cygnes* et *Casse-Noisette*.

CE JOUR-LÀ

En 1882 est promulguée une loi qui rend l'enseignement primaire laïque et obligatoire.

Toto

Toto dit à sa copine :

– J'aurais bien aimé vivre au Moyen Âge !

Sa copine :

– Pourquoi, Toto ?

– Parce que j'aurais eu moins d'histoire à apprendre !

Devinette

Pourquoi la petite fille tombe-t-elle de la balançoire ?

Parce qu'elle n'a pas de bras…

Leçon de français

On ne dit pas… une bonne paella, on dit… la bonne espagnole est en congé.

Mot d'enfant

L'institutrice interpelle Chloé, 7 ans.

– Chloé, je t'ai déjà dit plusieurs fois que répéter ne prend qu'un « p ».

– Oui, maîtresse, mais je ne sais jamais lequel il faut enlever.

Mars
Lundi
29

Gladys

CE JOUR-LÀ

En 1939, la reddition des troupes républicaines met fin à la guerre civile espagnole, qui a fait 600 000 victimes.

À FLEUR DE MOTS

Remplissez la fleur en formant des mots à partir des lettres ci-dessous. Inscrivez vos solutions de l'extérieur de la rosace vers le centre. Certaines séries autorisent plusieurs anagrammes, mais une seule permet de compléter la grille en croisant les mots. Plusieurs mots évoquent les cafés et le tabac, banni des lieux de travail pour la première fois en Irlande, le 29 mars 2004.

A. EEFMU
B. FIMTU
C. AENST
D. ACEPR
E. ANOST
F. EEILP
G. ACEGS
H. CINOT
I. AORST
J. EEGJU
K. CEEHS
L. ACELM
M. BCEER
N. DEEIN
O. ENOPR
P. GILLR
Q. AABCT
R. AAHRS

1. ABEFL
2. ALMRU
3. ACMSU
4. ACEFS
5. AENTT
6. AIPRT
7. CELOP
8. AEINN
9. EGIST
10. ACEEJ
11. ORSSU
12. EGMOT
13. ACERS
14. CDEEH
15. BEILP
16. EEEGR
17. CNORT
18. AEHIN

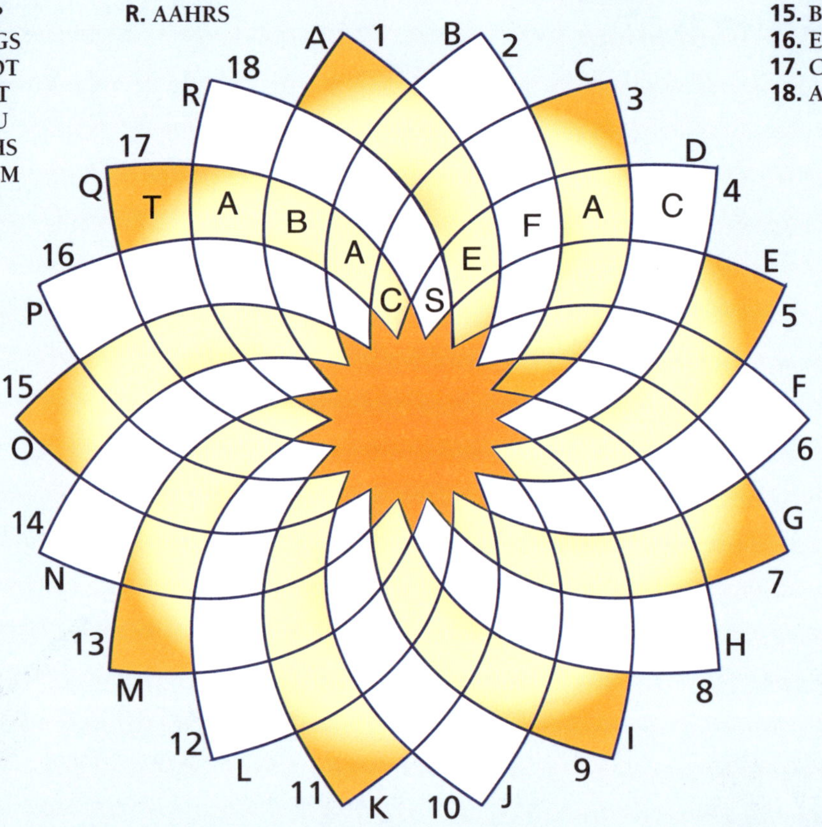

Intelligence supérieure

Deux copains se rencontrent. L'un dit à l'autre :

– Tu as l'air bien content !

– Eh oui ! J'ai réussi à faire un puzzle en six mois.

– Et qu'y a-t-il d'extraordinaire ?

– Sur la boîte, c'était écrit de quatre à six ans !

Au comptoir

Accoudé au zinc, un consommateur demande au garçon :

– S'il vous plaît, un café noir sans crème !

– Je suis désolé, monsieur, répond le barman, nous n'avons plus de crème… Est-ce que je peux vous le servir sans lait ?

Leçon de français

On ne dit pas… mélodie en sous-sol, on dit… gare la voiture dans le parking.

Forage

Il paraît qu'ils ont fini par trouver du pétrole à l'OM. Normal, à force de descendre !

LE DIAGO

Placez ces sept mots ayant un rapport avec le cinéma pour pouvoir lire en diagonale le nom d'un acteur né ce jour en 1957 : AUTEURS, LUMIÈRE, CAMÉRAS, RALENTI, CHARIOT, WESTERN, DOUBLER.

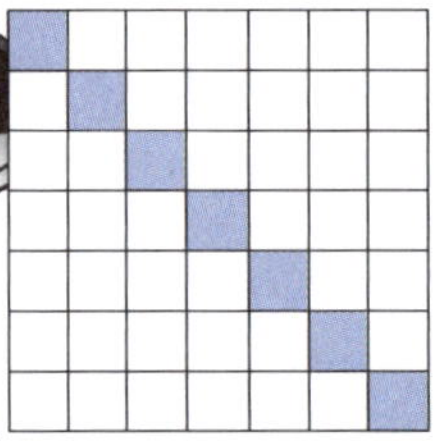

Zoom saveur

L'AGNEAU DE PRÉ-SALÉ

L'exceptionnelle saveur de cet agneau provient de son mode d'élevage, sur les herbus, pâturages marins qui bordent les côtes.

Recouverts par la mer lors des marées, les herbus s'imprègnent de sel et d'iode et donnent à l'agneau de pré-salé qui les broute son goût spécifique.

Idée gourmande. *Simplement rôti au four (préchauffé à 220 °C, th. 7/8) 10 à 12 min par livre, le gigot de pré-salé révèle sa saveur authentique. Ne le piquez pas d'ail (qui masquerait son goût très fin), enduisez-le légèrement de beurre demi-sel et retournez-le à mi-cuisson.*

Mars
Mardi
30

Amédée

L'ENGRENAGE

Pour chaque roue de l'engrenage, cherchez le mot correspondant à la définition. Inscrivez-le dans les petits cercles touchant la roue, en démarrant toujours par celui qu'indique la flèche et en tournant dans le sens des aiguilles d'une montre.

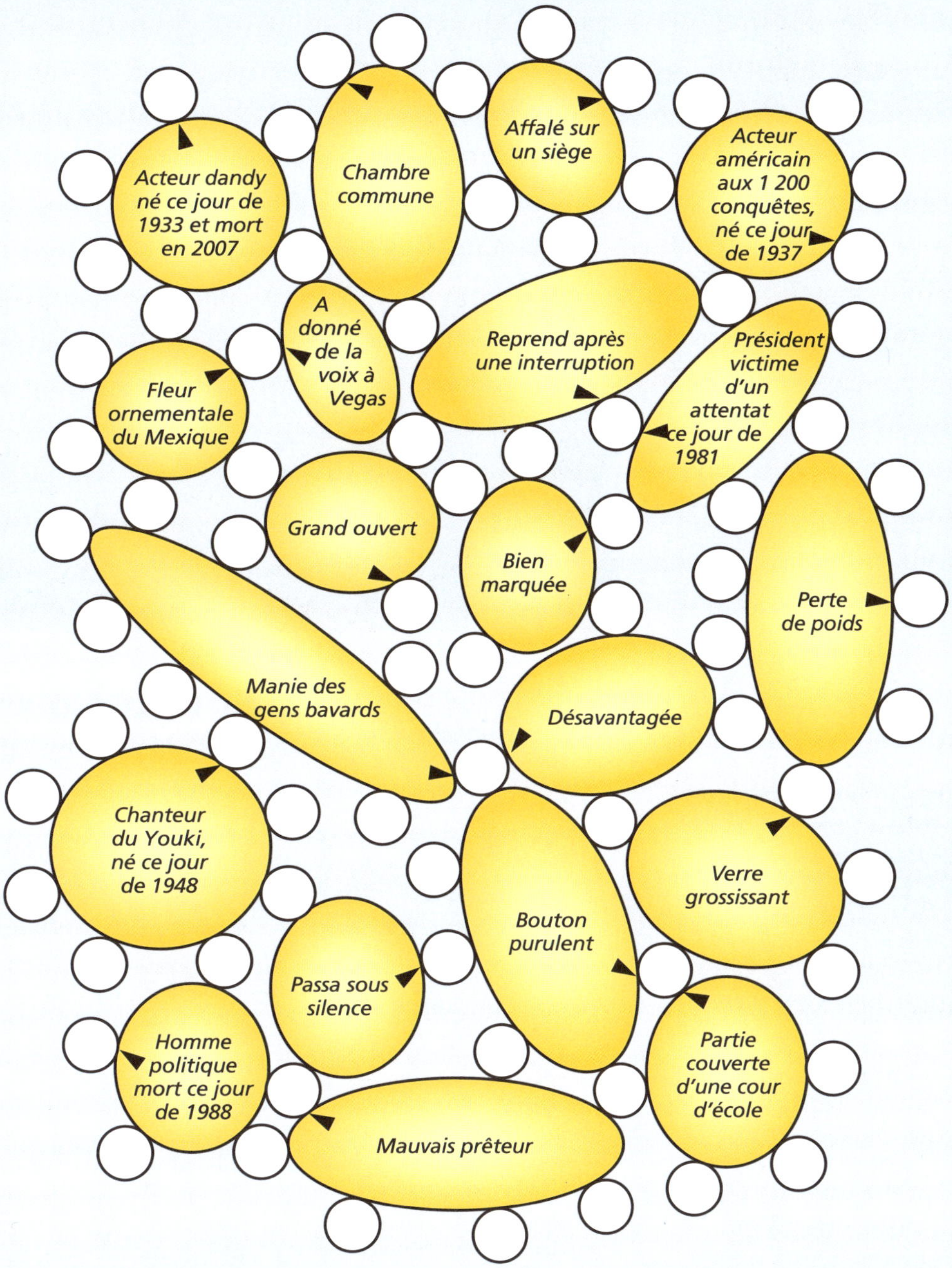

CE JOUR-LÀ

En 1912 est signée la convention de Fez : le Maroc passe sous protectorat français.

En 1981, un ancien membre d'un groupuscule néonazi tire sur le président américain Ronald Reagan.

Les blondes

Une brune et une blonde sont en voiture. Sur la route, la blonde s'écrie :

– Oh, regarde les chevals !

La brune lui dit :

– Non, ce sont des chevaux…

– T'avoueras quand même qu'ils ressemblaient à des chevals.

Déducto

L'Amateur

Le Professionnel (Georges Lautner, 1981)

45 ANS CETTE ANNÉE !

En hommage à l'actrice Chloé Lambert, née le 30 mars 1976, devinez qui sont ces célèbres quadragénaires.

1. Une autre comédienne, américaine cette fois, qui a incarné Lara Croft.
2. Récompensée par un oscar, cette grande actrice a séduit Guillaume Canet.
3. Ce footballeur anglais, joueur anglais de l'année en 2003, meilleur joueur du Real Madrid en 2006, a fini sa carrière en 2013 au PSG.
4. Ce journaliste français, né en 1974 à Chambéry, anime *le Petit Journal* (Canal +) depuis 2004.
5. Cet ancien facteur fut le porte-parole du NPA jusqu'en 2011.

Mars
Mercredi
31

Benjamin

MOTS MÊLÉS

Biffez dans la grille des mots en rapport avec l'écologie. Ceux-ci peuvent se lire horizontalement ou verticalement, dans les deux sens, avec éventuellement un ou plusieurs coudes. Avec les lettres non utilisées, vous formerez le nom d'un homme politique français, géochimiste, né à Paris le 31 mars 1937.

VERTS — GREENPEACE — SAUVEGARDE — ÉCOSYSTÈME — RECYCLAGE — ENVIRONNEMENT — POLLUTION — TERRE

V	C	S	L	E	L	L
E	R	T	A	C	U	O
R	G	A	E	U	T	P
E	E	N	P	E	I	T
D	S	E	R	R	O	N
U	A	T	E	A	N	E
V	E	N	R	O	N	M
E	L	V	I	L	N	E
G	A	E	M	C	L	A
E	R	E	E	Y	G	G
C	D	E	T	C	R	E
O	S	Y	S	E	R	E

La contrepèterie de la semaine

Son engin sent le calvados.

CE JOUR-LÀ

En 1889, l'ingénieur Gustave Eiffel fête l'achèvement de sa tour.

En 1957, le sommet accueillera un relais de la télévision nationale.

Malentendu

Une superbe jeune femme promène ses deux chiens dans un bois, quand elle croise un petit enfant.

– Bonjour, madame.

– Bonjour, tu veux caresser mes saint-bernard ?

– Oh oui, madame, mais je ne m'appelle pas Bernard !

Réclame

Un restaurateur dont l'établissement se trouve en face d'un salon funéraire, voulant faire de l'humour aux dépens de son voisin, installe à l'entrée cet écriteau : « Quoi qu'on dise, quoi qu'on fasse, il vaut mieux être ici qu'être en face. »

Son voisin, piqué au vif, réplique avec cette enseigne : « Quoi qu'on dise, quoi qu'on fasse, ceux qui sont ici viennent d'en face. »

JEU DE LOGIQUE

Une flotte de dix bateaux est dissimulée dans cette grille : un porte-avions composé de quatre éléments, deux destroyers de trois éléments, trois sous-marins de deux éléments et quatre torpilleurs d'un seul élément. Les bâtiments sont placés soit horizontalement, soit verticalement, et ne se touchent pas.
Au bout de chaque ligne et de chaque colonne figure le nombre d'éléments de bateau qu'elle comporte. Nous vous indiquons trois tirs touchés et les quatre tirs à l'eau pour vous aider. Commencez par repérer toutes les cases obligatoirement vides.

		×							×	2
										1
		▶					●			5
										0
										5
										1
				×						3
							▼			1
										0
		×								2
0	3	3	3	3	0	1	4	1	2	

1 porte-avion: ◀ ● ● ▶
2 destroyers: ◀ ● ▶
3 sous-marins: ◀ ▶
4 torpilleurs: ■
Tir « à l'eau »: ×

SANDWICH

Complétez les mots horizontaux de cinq lettres (deux conjugaisons et un nom propre autorisés). Plusieurs solutions sont possibles parfois, mais une seule permet de retrouver une citation d'Al Gore, homme politique américain né à Washington le 31 mars 1948.

S	E	N	S	I	B	I	L	I	S	A	T	I	O	N	L	E	R	E	C	H	A	U	F	F	E	M	E	N	T	D	E	L	A	P	L	A	N	E	T	E
A	T	A	E	L	I	R	A	D	O	N	R	N	B	A	I	X	U	S	O	O	C	S	I	A	C	A	P	A	U	I	S	I	M	O	I	R	E	L	E	L
L	P	P	T	A	O	S	R	A	G	R	V	E	I	S	R	I	D	A	R	T	E	N	A	H	L	V	I	A	O	T	A	N	L	L	A	B	V	T	O	V
E	E	E	I	L	N	E	E	L	E	E	E	E	R	E	E	E	E	I	T	E	S	S	L	O	E	E	S	L	R	E	R	S	E	E	S	E	I	E	N	E

AVRIL

2021

Lu	Ma	Me	Je	Ve	Sa	Di
			1 Hugues	1 Sandrine	3 Richard	4 Pâques
5 L. de Pâques	6 Marcellin	7 Jean-Baptiste de La Salle	8 Julie	9 Gautier	10 Fulbert	11 Stanislas
12 Jules	13 Ida	14 Maxime	15 Paterne	16 Benoît-Joseph	17 Étienne	18 Parfait
19 Emma	20 Odette	21 Anselme	22 Alexandre	23 Georges	24 Fidèle	25 Marc
26 Alida	27 Zita	28 Valérie	29 Catherine de Sienne	30 Robert		

Le western

Le western est un genre cinématographique qui apparaît en 1903 avec *l'Attaque du grand rapide*, d'Edwin S. Porter. Soit après la conquête de l'Ouest et au commencement du cinématographe.

Le western est l'équivalent pour l'Amérique des textes fondateurs de la culture européenne, comme *l'Iliade* et *l'Odyssée*, le cycle d'Arthur ou les sagas nordiques.

S'il s'attache aux exploits de personnages qui ont réellement existé (Jessie James, Buffalo Bill, Wyatt Earp...), c'est à ses débuts un cinéma mythologique bien plus qu'historique. Au lieu de raconter l'histoire de la conquête de l'Ouest, le western préfère véhiculer les légendes du Far West qui ont vu le jour dans des fascicules à deux sous, les *dimes* novels.

Son âge d'or se situe dans les années 1940 et 1950, entre la *Chevauchée fantastique* de John Ford (1939) et *Rio Bravo* d'Howard Hawks (1959). Le genre connaît un passage à vide dans les années 1960, avant de revenir métamorphosé au milieu des années 1960 au travers du western spaghetti.

Avec Pour une poignée de dollars (1964), *Et pour quelques dollars de plus* (1965) puis *le Bon, la Brute et le Truand* (1966), Sergio Leone lui donne ses lettres de noblesse. Après *Il était une fois dans l'Ouest* (1968), du même Leone, le western subit une éclipse de deux décennies.

Il revient en force dans les années 1990. Le cow-boy bon et vertueux (incarné par John Wayne ou Gary Cooper) a cédé la place à un être torturé par le doute, diminué par le vice ou peu sympathique (Clint Eastwood dans des westerns crépusculaires comme Impitoyable, 1992), mais le schéma, presque toujours manichéen, n'a pas évolué. C'est pour cela que le western, simple même dans la complexité, plaît tant.

Le héros, bon ou mauvais, relève toujours d'une éthique mise au service d'une esthétique de la violence, qu'elle soit légitime ou problématique. Les plus beaux exemples de westerns à portée philosophique et psychologique, voire métaphysique, sont *Johnny Guitare* de Nicholas Ray (1954), *le Gaucher* d'Arthur Penn (1958), *la Porte du paradis* de Michael Cimino (1980) et *Dead Man* de Jim Jarmush (1995), qui tente de renouveler le genre.

Mots croisés

Horizontalement

I. Surnom de William Frederick Cody (1846-1917), héros de l'Ouest souvent incarné à l'écran (deux mots) ; telle la charge menée par John Wayne pour sauver un convoi attaqué par les Indiens dans un film de John Ford (1949). **II.** Nom d'un cours d'eau en espagnol, que l'on retrouve dans le titre de nombreux westerns ; celui du loup est silencieux ; ça vaut une claque ; enfant illégitime ; étain du chimiste. **III.** Roue à gorge ; eau bue par mégarde ; terme figurant sur les avis de recherche dans les westerns. **IV.** Échassier couleur de terre ; pastis turc ; vieux bison. **V.** Tour du khan ; bête à corne, mais que l'on ne trouve pas dans l'Ouest ; place ; lettres de cour. **VI.** A donc bras et jambes coupés ; préceptes pour certains Indiens ; décor de western. **VII.** Accord du Sud ; homme de main ; pointe en queue ; refroidis. **VIII.** Un amour de dieu ; note moyenne ; voie sacrée ; permet de tirer un trait. **IX.** Une qui resta en travers de la gorge d'Ésaü ; chemin de halage ; Zeus la traita en cow-boy ; fausse laine. **X.** Objet de ruée vers l'ouest ; chargea ; néphrétique ; précieux au labo. **XI.** Religieuse ; bourra ; refuges des Indiens. **XII.** Supprime ; réalisateur du western mythique *la Horde sauvage* (1969), il s'est aussi attaqué à la légende de deux grandes figures de l'Ouest, avec *Pat Garrett et Billy le Kid* (1973) ; tel le visage d'un cow-boy vu par un Indien. **XIII.** Bleu chez Sternberg, il devient, toujours avec Marlene Dietrich, celui des maudits dans un grandiose et étrange western de Fritz Lang en 1952 ; fête à Madrid comme à Nîmes ; plus de cent à Rome ; Indien des Rocheuses ; lettres de Lamartine. **XIV.** Acteur ayant réglé ses comptes à O.K. Corral ; une course fantastique filmée par John Ford en 1939, devenue un classique du genre. **XV.** Effrontée ; jeux pour les cow-boys ; passasse au tamis.

Verticalement

1. Réalisateur de *la Chevauchée sauvage*, en 1975 ; titre (deux mots) d'un western réalisé par Howard Hawks en 1966, réunissant Robert Mitchum et John Wayne en shérif alcoolique. **2.** Dictateur de Brecht ; derechef ; possessif. **3.** Spécialiste du western, ce cinéaste américain d'origine irlandaise est réellement parti à *la Conquête de l'Ouest* (1962) ; spécialiste des images. **4.** On y parle gaélique ; grand chef des opérations. **5.** Geronimo fut leur chef ; personnel familier. **6.** Pour un départ en fanfare ; à doubler pour une peau de chien ; une qui siffle dans les westerns ; loin à l'ouest, en V.O. **7.** Bien visible ; circule au Mexique. **8.** Sentiment assimilé à une fleur sauvage dans un western de Lesley Selander (1955) ; poursuivre en justice. **9.** Bêtes à six pattes ; non dit. **10.** Moulu ; milieu de vers ; le plus grand État de l'Union. **11.** Flânerie du cow-boy solitaire ; un mot qui laisse rêveur ; symbole du césium. **12.** Patrie de saint Anselme ; ferme de l'Ouest. **13.** Réalisateur des westerns *Rio Bravo* (1959) et *Rio Lobo* (1970) ; grand lac d'Amérique ; voleuses à plumes. **14.** Soutien provisoire ; céda ; sied. **15.** Drame de Kurosawa (1984) ; film pathétique ; conspuas. **16.** On y jette son froc quand on quitte les ordres ; arme du cow-boy ; passés sous silence. **17.** Du rouge dans l'eau ; aspirer à vivre ; racine vomitive. **18.** Donc à rendre ; filet d'eau ; but à coups de langue ; fourbu. **19.** Couleur locale ; volées de coups. **20.** Lieu ténébreux d'où semblent s'être échappés quatre terribles cavaliers dans un western d'Herbert Coleman (1961) ; mitraille au Japon ; mise en terre.

	1	2	3	4	5	6	7	8	9	10	11	12	13	14	15	16	17	18	19	20
I												■								
II				■				■			■							■		
III		■				■						■							■	
IV										■					■		■			
V			■											■				■		
VI						■							■							■
VII	■			■						■				■		■				
VIII					■			■										■		
IX									■			■			■					
X		■			■						■						■			■
XI							■						■		■					
XII		■				■										■				
XIII					■						■			■				■		
XIV								■		■										
XV					■							■								

Avril
Jeudi
1er

Hugues

Deuxième décan du Bélier

L'ENGRENAGE

Pour chaque roue de l'engrenage, cherchez le mot correspondant à la définition. Inscrivez-le dans les petits cercles touchant la roue, en démarrant toujours par celui qu'indique la flèche et en tournant dans le sens des aiguilles d'une montre.

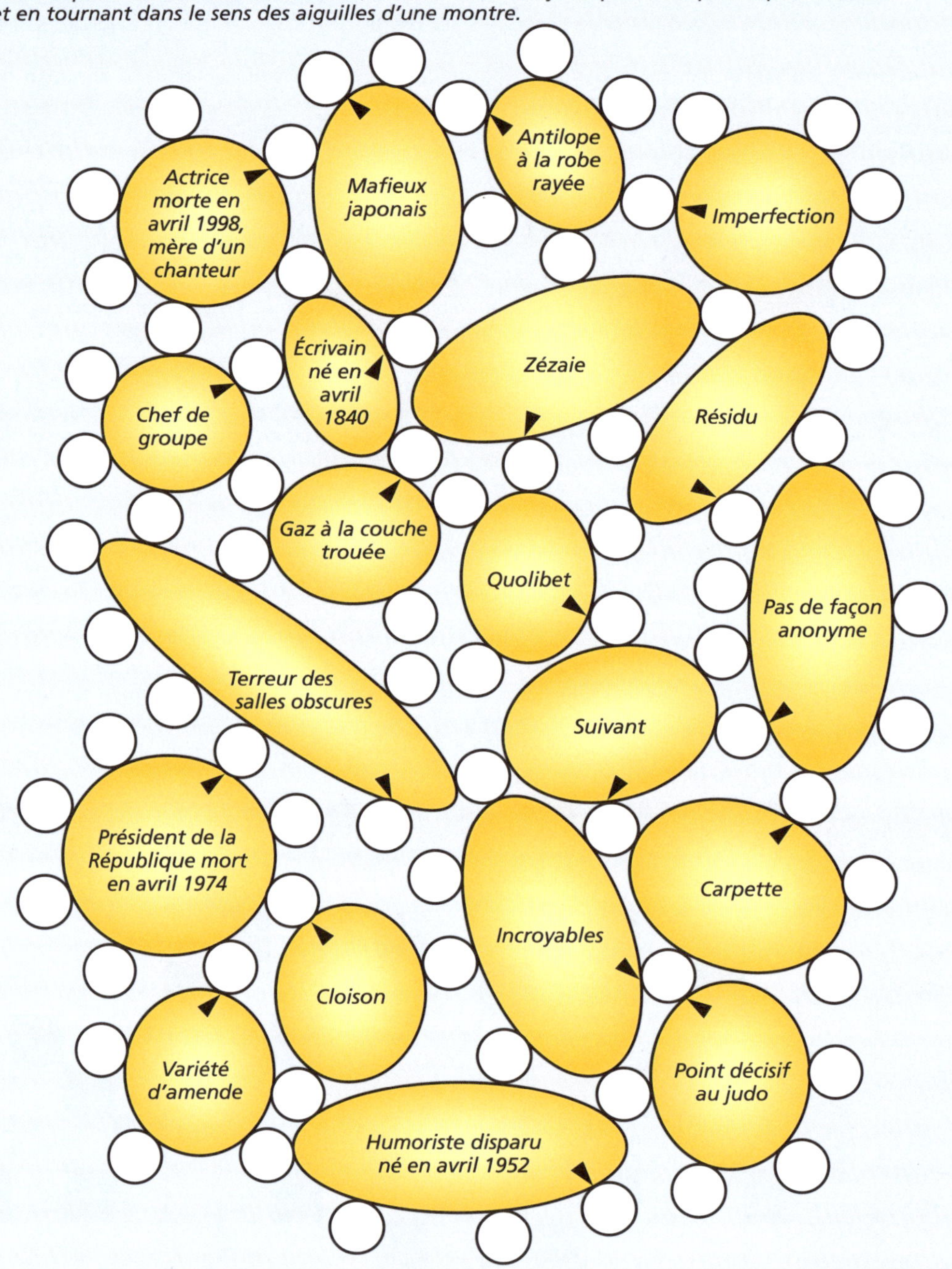

CE JOUR-LÀ

En 1564, le roi de France Charles IX décrète que l'année civile débutera désormais le 1er janvier et non plus le 1er avril.

En 2010, en Inde, une loi est promulguée afin de rendre l'école obligatoire pour les enfants de 6 à 14 ans.

Le saviez-vous ?

Dans l'Antiquité, les vaisseaux chinois servaient à calculer le volume de grains et de vin ; ils devaient donc garantir une mesure précise. Les Chinois les construisaient en respectant des cotes non pas de dimensions, mais de forme, de poids et de résonance, car toute variation de ces cotes se traduisait par une variation du volume du navire.

Question de conviction

– J'ai parfois des insomnies, confie une dame à une amie. Tenez, la nuit dernière, pour m'endormir, j'ai dû compter 6 953 pommes de terre !

– Des pommes de terre ? Mais pourquoi ne comptez-vous pas les moutons, comme tout le monde ?

– Parce que je suis végétarienne !

Allô, docteur ?

Un homme va consulter son médecin, qui lui annonce :

– Je vous mets au régime. Plus d'alcool ni de vin, que du lait.

Un mois plus tard, l'homme revient.

– Alors, comment ça va ? demande le docteur.

– Mieux, mais je comprends pourquoi les bébés pleurent tout le temps.

Spécialisation

Deux jardiniers travaillent dans un parc public. L'un creuse un grand trou et le second le remplit. Un passant leur demande :

– Mais qu'est-ce que vous faites ? Dire qu'on vous paie pour ça !

– C'est pas de notre faute : d'habitude on est trois, mais aujourd'hui il manque celui qui met les arbres.

Avril
Vendredi
2

Sandrine

VRAI OU FAUX

Le 2 avril 1838 naissait Léon Gambetta, brillant avocat et grande figure de la gauche réformatrice et modérée. Essayez de distinguer le vrai du faux dans ces affirmations sur l'homme et son parcours.

1. Né à Cahors d'un père immigré italien et d'une mère gasconne, Léon Gambetta a opté pour la nationalité française à l'âge de 21 ans. **V F**

2. Gambetta, qui a occupé les plus hautes fonctions politiques (député, ministre, président de la Chambre, etc.) au cours de sa carrière, est devenu président de la République française en 1879. **V F**

3. À ses débuts, il a été simultanément député de Paris et de Marseille. **V F**

4. Parmi ses combats politiques, on trouve la suppression de l'impôt sur le revenu, la privatisation des chemins de fer, le rapprochement de l'Église et de l'État, le renforcement de l'armée. **V F**

5. À sa mort, en 1882, il fut inhumé au Panthéon. Mais son corps fut par la suite transféré au cimetière de Nice, à la demande de sa famille. **V F**

CE JOUR-LÀ

En 1982 s'ouvre le premier Festival du film policier de Cognac. Le grand prix sera attribué à Pas l'ombre d'un doute, de John Laing (Nouvelle-Zélande).

Proverbe japonais

Le bonheur va vers ceux qui savent rire.

LE PERSONNAGE CÉLÈBRE

En répondant aux questions suivantes, retrouvez dans les colonnes roses le nom d'un footballeur français né à Boulogne-sur-Mer en avril 1983.

1						
2						
3						
4						
5						
6						

1. Sournois. **2.** Véloce, à l'instar du joueur à découvrir. **3.** Coussin gonflable. **4.** Le 10 pour Platini. **5.** Couvrir le terrain. **6.** Montagnard d'Algérie.

MOTS CROISÉS MYSTÈRE

Remplissez la grille, puis reportez dans la réglette les lettres numérotées pour découvrir le nom d'une femme politique qui a démissionné de son poste de Premier ministre il y a vingt-neuf ans.

	1	2	3	4	5	6	7	8	9
I			1		■				
II				■					
III					■		3		
IV									
V			■			■			■
VI	■				■				
VII		■						■	
VIII							■		
IX				4	■				
X				■					5
XI						■			
XII		2		■					
XIII					■			6	
XIV	7		■						

Horizontalement
I. Adjointe de Bush à la Maison-Blanche (Condoleezza). Marque de dédain. **II.** Opéra un retrait. Danse viennoise. **III.** Ancienne mesure anglo-saxonne de longueur. Elle a défendu la loi sur l'IVG en 1975 (Simone). **IV.** Pays dirigé par Angela Merkel depuis novembre 2005. **V.** Étalon chinois. Hypothèse. Pronom personnel. **VI.** Représentant du peuple. Administra. **VII.** Greffas à l'ancienne. **VIII.** Qui manifeste de l'orgueil et de la fierté. Le chlore. **IX.** Éléments à monter. Poisson d'eau douce. **X.** Peuple du Nigeria. Commune de l'Orne. **XI.** Palais du Luxembourg. Sans aucun motif. **XII.** Travail de sélection. Habitation primitive. **XIII.** Forme d'avoir. Ville sur la Tamise connue pour son collège. **XIV.** Révolte de mineur. Posséderons.

Verticalement
1. La première femme à avoir accédé au second tour des présidentielles françaises. Pays musulman qui a eu une femme chef de gouvernement. **2.** Patrie de la Cicciolina. Ellen Johnson-Sirleaf est devenue présidente de ce pays africain en 2006. **3.** Prénom d'un certain Lewis. Pays balte gouverné par une femme de 1999 à 2007. **4.** Plus sur la même longueur d'onde. Statut de société. **5.** Pour moitié. Expression méridionale. Cité de la « tour de Burbant », en Belgique. **6.** Utilisa une hie. Stationnât. Département de recherche d'une université. **7.** Comportements des gens qui gardent leur sang-froid. Femme qui a été Premier ministre du Pakistan à deux reprises (Benazir). **8.** Passer à la machine. Dans la famille, Hillary pourrait bien imiter Bill. **9.** Petite lucarne. Habitants de la première commune de France par la superficie.

1	2	3	4	5	6	7

Le 2 avril 1928 naissait à Paris Lucien Ginsburg, dit Serge Gainsbourg. Chanteur et auteur-compositeur de talent, cinéaste à ses heures, ce grand poète et provocateur disparu le 2 mars 1991 manque à ses nombreux admirateurs.

SANDWICH

Complétez les mots horizontaux de cinq lettres (conjugaisons autorisées). Plusieurs solutions sont possibles parfois, mais une seule permet de former le titre du premier film de Gainsbourg (1976), qui fit passer une onde de choc au sein de la critique française; c'est aussi le titre d'une de ses chansons.

D	E	P	A	R	D	I	E	U	E	T	B	I	R	K	I	N
O	B	A	N	A	E	D	U	S	L	A	L	N	U	I	N	E
O	N	R	L	D	O	A	E	N	T	G	N	E	I	O	I	S
S	E	E	E	E	N	L	S	S	E	O	D	E	N	S	T	S

LE TRÈFLE

Prenez chaque fois de gauche à droite une lettre différente dans une feuille du trèfle pour former quatre noms évoquant la vie et la carrière de Serge Gainsbourg.

U A I A — I D K B — N U N T

B B L B — R M C R — O I O E

MÉLI-MÉLO (... DY NELSON !)

Retrouvez dans chacun des énoncés suivants, après les avoir démêlés, une chanson écrite par Serge Gainsbourg et le nom de son interprète.

1. MILREEILDLREAPDEAUNAORCIR
2. FLARANCONAIMOSEHARDUYR
3. NALANAPEMOTUISTEKOROURSIE
4. FLERSANSUCECEGALTTELS
5. PLAGETAUDOLACLAURKE
6. PISAUBLELLLEMARADIJANINE

LE VERTICALETTRES

En complétant les paroles suivantes, extraites de chansons de Serge Gainsbourg, retrouvez l'un de ses titres, dont le clip fut considéré comme sulfureux.

1. « J'suis l'poinçonneur des … ».
2. « Comme dit si bien Verlaine au … mauvais ».
3. « Comment il vécut, comment il est … ».
4. « Elisa, Elisa, Elisa / Cherche-moi des … ».
5. « Que tes mains frôlent mes … ».
6. « Il était …, il était beau / Il sentait bon le sable chaud ».
7. « Une nuit que j'étais / À me … ».
8. « Je suis l'homme à tête de … ».
9. « Love on the … ».
10. « Marilou … sous la neige ».
11. « 69, année … ».

1
2
3
4
5
6
7
8
9
10
11

Avril
Samedi
3

Richard

FILMOGRAPHIE Marlon Brando

Cet immense acteur aussi célèbre pour son talent de comédien que pour ses frasques et ses engagements naquit ce jour en 1924. Retrouvez le titre de cinq de ses films (par ordre chronologique) grâce aux indices suivants.

1. Un de ses tout premiers rôles, un tee-shirt déchiré et la moiteur de La Nouvelle-Orléans (1951).

2. Il y rencontre Sophia Loren et Charlie Chaplin, qui le dirige dans une de ses rares comédies (1967).

3. Les joues pleines de coton, il y impose un terrible vieillard à la voix confidentielle (1972).

4. Il y fait scandale dans des scènes de sexe tout en dansant dans notre belle capitale (1972).

5. Il y incarne pour quelques instants le père d'un super-héros de bande dessinée (1977).

CE JOUR-LÀ

En 1942 est publié clandestinement le poème de Paul Eluard *Liberté*.

En 1974, on annonce le décès du président Georges Pompidou, survenu la veille.

La perle de la semaine

Comme souvent, le peuple s'en est pris à un bouc et mystère.

Traitement invasif

Le roi souffre des dents. Son dentiste lui dit :

– Sire, il faudrait changer de couronne.

– Ah ça, jamais ! répond le roi.

Vocation

Une mère dit à son jeune fils :

– N'oublie pas que nous sommes sur terre pour travailler.

– Bon, alors, plus tard je serai marin !

À l'école

Un professeur de sciences demande à un élève :

– Comment s'appelle la femelle du hamster ?

– Amsterdam, m'sieu.

Avril
Dimanche
4

Pâques

REPÈRES CHRONOLOGIQUES

Martin Luther King

Le 4 avril 1968, Martin Luther King est assassiné par James Earl Gray, un ségrégationniste. Chacun des événements suivants a eu lieu une année différente entre 1962 et 1969. Essayez de les remettre dans l'ordre.

A. Discours de Martin Luther King : « I have a dream… » et assassinat de JFK.

B. Martin Luther King reçoit le prix Nobel de la paix.

C. Début de la Révolution culturelle chinoise.

D. Émeutes au Quartier latin, à Paris.

E. Crise des missiles de Cuba.

F. De Gaulle réélu président contre Mitterrand.

G. Guerre des Six-Jours, déclenchée par Israël.

H. Le vol Apollo 11 atteint son objectif : la Lune.

Mot d'enfant

Zoé, 9 ans, admire la pleine lune et s'écrie :

– C'est le soleil de la nuit !

BOUCHE-TROUS

Bernard Campan, acteur, réalisateur et scénariste français, pilier du trio les Inconnus, fête aujourd'hui ses 58 ans. À partir des définitions, retrouvez les mots qui contiennent des lettres de son nom.

1. Rustique.
CAMPA _ N _ _ _

2. Vin des fêtes.
C _ AMPA _ N _

3. Partaient en courant.
_ _ CAMPA _ _ N _

4. Plutôt collant.
C _ AMP _ N

5. Individu quelconque.
C _ AMP _ N

6. Spécialiste des prises de vues.
CAM _ _ A _ _ N

CE JOUR-LÀ

En 1791, l'Assemblée constituante décrète que le Panthéon sera destiné à accueillir les grands hommes.

Devinette

Pourquoi Gounod et Shakespeare n'étaient-ils pas d'accord ?

Parce que, pendant que Gounod faisait l'Ave Maria, Shakespeare Othello !

Avril
Lundi
5

L. de Pâques

MOTS MÊLÉS

Bette Davis est née le 5 avril 1908 dans le Massachusetts, mais c'est à Paris qu'elle a terminé sa vie. Rayez dans la grille ces noms de films et d'acteurs, actrices et réalisateurs avec lesquels elle a travaillé. Les lettres restantes vous donneront le titre du film qui lui valut le premier de ses deux oscars, pour dix nominations.

E	L	J	A	L	O	U	G	A	C	L	I	I	N
B	R	O	K	U	C	S	N	E	A	M	D	S	U
E	Z	C	E	I	K	I	C	Y	I	U	R	O	M
Z	N	I	W	C	N	E	U	N	Y	A	P	A	C
E	C	D	R	R	A	M	R	N	L	R	R	G	A
J	O	A	O	A	Z	I	T	G	F	T	A	O	L
E	M	D	F	W	O	B	T	N	I	D	L	U	D
N	O	N	R	A	G	G	A	N	N	I	W	R	R
C	F	U	T	M	A	N	B	O	D	U	S	T	I
I	D	E	H	A	V	I	E	W	O	H	U	H	C
N	I	D	N	A	L	L	R	A	R	D	S	T	I
E	T	S	U	H	S	H	N	E	S	L	E	R	N
V	O	N	A	U	J	A	R	D	H	Y	W	V	O
E	Z	E	R	G	I	S	H	T	E	R	M	A	N

ALDRICH
BERNHARDT
BOGART
CAGNEY
CAPRA
COMENCINI
CRAWFORD
CUKOR
CURTIZ
DE HAVILLAND
ÈVE
FLYNN
FONDA
GISH
GOULDING
HOWARD
HUSTON
JALOUSIE
JEZEBEL
JUAREZ
MANGANO
MANKIEWICZ
MUNI
SHERMAN
SORDI
TRAUMA
USTINOV
WINDUST
WYLER

CE JOUR-LÀ

En 1964, le général MacArthur, vainqueur de la guerre du Pacifique, meurt à Washington.

En 1982, la Grande-Bretagne s'engage dans la guerre des Malouines contre l'Argentine.

Devinette

Qu'est-ce qui a trois bosses ?
Un chameau qui s'est cogné.

Innocence perdue

– Dis, tata, pourquoi est-ce que tu n'as pas eu d'enfant ?

– Parce que la cigogne ne m'en a pas apporté, mon petit !

– La cigogne ? Si tu crois encore à l'histoire de la cigogne, ça ne m'étonne pas !

SUDOKU

3				9	4			5
9		2	6			4		
2			8	1		3		
		1				7		
		8		7	6			9
		9			3	6		8
1			5	6				

Zoom saveur

LE CHOU ROMANESCO

Comme son nom l'indique, ce cousin du chou-fleur et du brocoli est originaire de Rome. Ses fleurettes pyramidales sont particulièrement décoratives.

Idée gourmande. *Faites cuire les fleurettes d'un chou romanesco 8 à 10 min à la vapeur pour les garder un peu fermes. Laissez-les refroidir. Déposez-les sur un plat de service, puis arrosez-les de citronnette balsamique (1 cuill. à soupe de jus de citron, 1 cuill. à soupe de vinaigre balsamique, sel, poivre, 4 cuill. à soupe d'huile d'olive). Parsemez-les de ciboulette ciselée et de copeaux de parmesan.*

Avril
Mardi
6

Marcellin

CE JOUR-LÀ

En 1199, le roi d'Angleterre Richard Cœur de Lion meurt lors du siège de Châlus, dans le Limousin.

En 1722, Jacob Roggeveen découvre l'île de Pâques, dont les énigmatiques statues, connues sous le nom de moai, intriguent encore aujourd'hui les archéologues.

L'avidité selon
Laurent Ruquier

Dans les théâtres, si les ouvreuses ont une lampe de poche, c'est uniquement pour vérifier le montant de votre pourboire.

Déducto

Le Loser

(Alain Delon, 1982)
Le Battant

MOTS CROISÉS

Raffaello Sanzio ou Santi, dit Raphaël, est un grand peintre de la Renaissance né le 6 avril 1483 et mort le 6 avril 1520 à Rome.

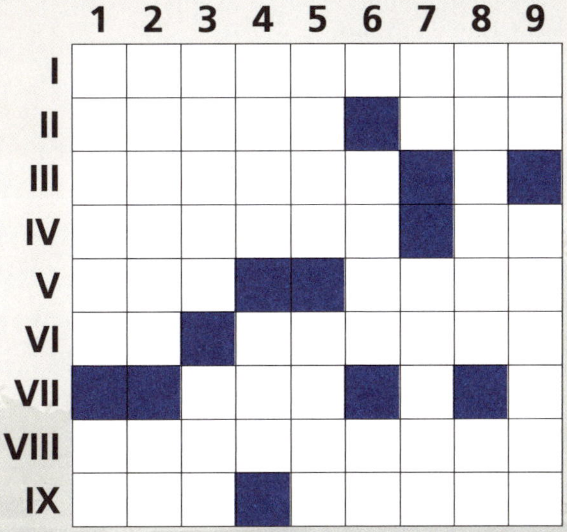

Horizontalement
I. Peintre italien de la Renaissance qui fut l'un des maîtres de Raphaël (deux mots). **II.** Forme d'un visage peint par Raphaël ; nid de colombes. **III.** Ville d'Italie, dans les Marches, où est né Raphaël. **IV.** Vents fétides ; début de l'hymne à saint Jean-Baptiste. **V.** Temps des amours ; maculé. **VI.** Jules de jadis ; panache. **VII.** Femme merveilleuse. **VIII.** Ministre chassé du Temple et représenté dans les « loges » de Raphaël. **IX.** Bouquet de plumes ; délicieusement désuet.

Verticalement
1. On peut y admirer *la Belle Jardinière*, de Raphaël ; marque de surprise. **2.** Cité dans l'Eure ; cœur de pierre. **3.** Cinéaste allemand, réalisateur de *Loulou* et de *la Rue sans joie* ; coup de baguette. **4.** Prends pour amant ; auteur de la pyramide du Louvre. **5.** Prénom et roman de Chateaubriand ; nom d'un pape pour lequel œuvra Raphaël. **6.** Dont la charpente est solide ; à doubler pour un bidet. **7.** Casse-tête chinois ; tribune au chœur de l'église. **8.** Bandelette au front des prêtres romains ; feu sacré. **9.** Académie des peintres ; célèbre peintre vénitien, dont l'influence sur Raphaël est visible dans *la Messe de Bolsena*.

CHENILLE

Le 6 avril 1930 prenait fin la marche du Sel, organisée par le Mahatma Gandhi, premier pas vers l'indépendance de l'Inde. Passez d'un mot au suivant en opérant la substitution indiquée et en modifiant l'ordre des lettres (conjugaisons interdites).

	G A N D H I
– H + E	_ _ _ _ _ _
– D + M	_ G _ _ _ _
– N + R	_ _ I _ _ _
– G + H	_ _ _ _ _ _
– I + C	M A R C H E

RÉBUS

Retrouvez le titre d'un célèbre western avec John Wayne (1959).

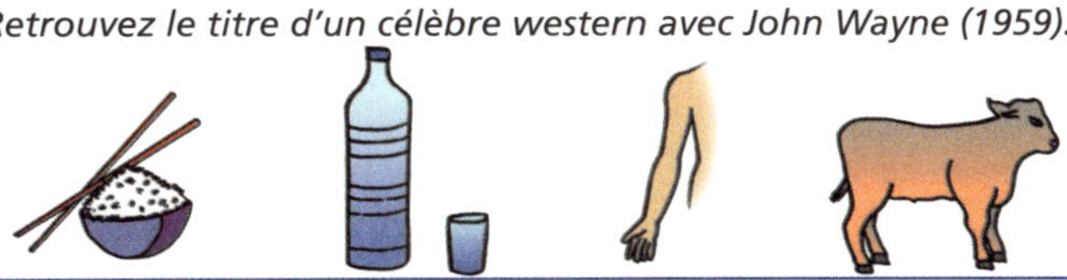

L'ÉCHELLE

À l'aide des six croisillons, reconstruisez l'échelle, composée de deux mots de neuf lettres verticaux et de trois mots de six lettres horizontaux. La plupart ont un rapport avec le monde de la science-fiction, en hommage à Isaac Asimov, grand romancier spécialisé dans ce domaine qui nous a quittés ce jour de 1992.

Toto

L'institutrice demande à ses élèves de lui citer des noms d'animaux dangereux et féroces…

Martin répond :

– Le tigre, m'dame.

Et Léo :

– Le puma, m'dame.

Quand Toto lève le doigt :

– Oui, Toto ?

– Le crocolion, m'dame.

– Le crocolion ? C'est quoi, ça, Toto ?

– C'est un animal avec une tête de lion d'un côté et une tête de crocodile de l'autre côté.

– Mais ça n'existe pas, Toto. Un animal comme ça ne pourrait pas faire caca.

– Je sais, m'dame. C'est pour ça qu'il est si féroce…

Avril
Mercredi
7
Jean-Baptiste de La Salle

CE JOUR-LÀ

En 1891, le fondateur du cirque Barnum, Phineas Taylor Barnum, s'éteint à l'âge de 81 ans.

Le bon interlocuteur

À 1 000 m d'altitude, le parachute ne s'ouvre pas…

– Saint Thomas, viens à mon secours, je t'en prie !

Une énorme main sort des nuages et soutient l'infortuné parachutiste.

– Quel saint Thomas as-tu demandé pour t'aider ?

– Euh… euh… Saint Thomas d'Aquin !

– Désolé, ce n'est pas moi…

Et il le relâche.

La contrepèterie de la semaine

Pioline a un tennis prévisible.

SYLLABES MANQUANTES

Reconstituez huit mots en utilisant les syllabes proposées. Les initiales des mots trouvés vous révéleront le nom d'un journaliste disparu il y a exactement dix-huit ans aujourd'hui.

1. ___ TO ___ TE
2. __ ___ TIS __
3. ___ NO ____ TIE
4. __ RÉ ___ BLE
5. ___ DEL ____
6. __ __ RA ___
7. ___ ___ RI ____
8. __ ___ DA ___

ble	cé	cha	cul
doch	don	fia	fier
im	mas	me	oc
opo	per	plas	ra
sac	tif	ul	ura

CHARADE

1 Mon premier est un élément vital.

2 Mon deuxième est un refus catégorique.

3 Mon troisième n'est pas encore acquitté.

4 Mon quatrième n'est pas grand-chose.

5 Mon cinquième tombe à verse.

6 Des espèces disparues en France constituent mon sixième.

7 Mon septième connaît sa leçon.

Mon tout est le nom d'une émission présentée par Yves Mourousi en décembre 1988 sur TF1.

Avril
Jeudi
8
Julie

QUIZ Pablo Picasso

Né le 25 octobre 1881 et mort le 8 avril 1973, peintre, dessinateur et sculpteur, Pablo Picasso reste l'un des artistes majeurs du XXe siècle. Si son œuvre est connue, qu'en est-il de sa vie ?

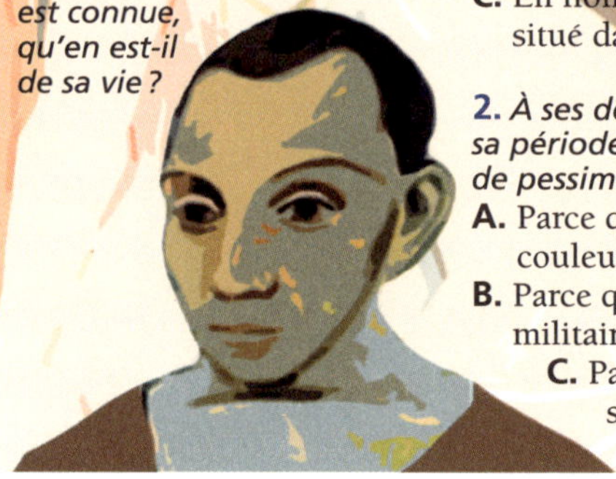

1. *Il adopte le nom de Picasso en 1901 :*
A. En hommage à son père, lui-même peintre.
B. En hommage à sa mère.
C. En hommage à son village natal, situé dans la province de Málaga.

2. *À ses débuts, il entre dans sa période dite « bleue », teintée de pessimisme :*
A. Parce qu'il était pauvre, cette couleur étant très bon marché.
B. Parce qu'il effectuait son service militaire.
C. Parce qu'un de ses amis s'était suicidé.

3. *Devant Guernica, des officiers allemands lui demandent : « C'est vous qui avez fait ça ? » Il leur répond :*
A. « Non : je ne fais pas de politique ! »
B. « Non : c'est franchement mal dessiné… »
C. « Non : c'est vous ! »

4. *Dans quel pays existe-t-il le plus de musées Picasso ?*
A. L'Espagne.
B. La France.
C. Les États-Unis.

Proverbe mexicain

L'homme intelligent se remet vite d'un échec. L'imbécile ne se remet jamais d'un succès.

Amour toujours

Quelle est la principale cause de divorce ?

Le mariage.

L'évolution selon **Jean Yanne**

L'homme descend du singe et monte sur la femme.

CE JOUR-LÀ

En 1795, la Convention instaure le système métrique.

En 1990 se déroulent en Hongrie les premières élections démocratiques après quarante ans de communisme.

Avril
Vendredi
9

Gautier

CE JOUR-LÀ

En 1865, la guerre de Sécession s'achève par la reddition du général Lee à Appomattox : elle a fait 600 000 morts.

Amour toujours

Deux vieux amis se rencontrent alors qu'ils ne se sont pas vus pendant plusieurs années.

Ils discutent à la terrasse d'un café et, dans la conversation, l'un dit à l'autre :

– Ta femme est toujours aussi jolie ?

– Oui, ça lui prend juste un peu plus de temps.

PICTOGRILLE

Placez dans la grille les noms correspondant aux quatorze dessins qui l'entourent et qui ont un rapport avec le western.

L'interrogation de
Pierre Desproges

Si ce sont les meilleurs qui partent les premiers, que penser des éjaculateurs précoces ?

LE VERTICALETTRES

Répondez aux définitions suivantes pour retrouver verticalement le nom d'un acteur français né le 9 avril 1933.

1. Casse sans familiarité. **2.** Fonction de Léon Morin. **3.** Il se tient à l'écart. **4.** C'est la poisse. **5.** Chapeau à Jacques Deray ! **6.** Individu hors normes. **7.** Réalisateur de *Pierrot le Fou*. **8.** Étranger à la maison.

1
2
3
4
5
6
7
8

Le saviez-vous ?

Les chutes d'eau les plus élevées du monde (979 m) sont celles du Salto Angel, au Venezuela, dont seuls les Indiens connaissaient l'existence jusqu'en 1910. Elles doivent leur nom au pilote américain Jimmy Angel, qui, en 1937, survécut à un atterrissage forcé non loin de là alors qu'il survolait les hauts plateaux pour tenter d'y trouver de l'or.

Avril
Samedi
10

Fulbert

LES PERSONNAGES DU JOUR

Découvrez deux personnages célèbres grâce aux indices suivants, que vous lirez l'un après l'autre.

1 Je suis né le 10 avril 1932 à Alexandrie dans une famille catholique, d'un père marchand de bois.

2 Je fais mes études au collège britannique Victoria du Caire. J'y apprends cinq langues, dont le français.

3 Je rentre à la Royal Academy of Dramatic Art de Londres pour y devenir acteur.

4 Je débute au cinéma à 22 ans dans un film de mon compatriote Youssef Chahine.

5 J'incarne un prince du désert dans *Lawrence d'Arabie* en 1962.

6 En 2004, je reçois un césar pour mon rôle dans *M. Ibrahim et les fleurs du Coran*.

1 J'ai vu le jour le 10 avril 1932 à Beyrouth.

2 Je prends mes premiers cours de comédie avec Pierre Bertin et Tania Balachova.

3 Refusée au TNP, où l'on trouve ma voix et ma diction trop particulières, je m'exile aux États-Unis.

4 Je rentre à Paris et Alain Resnais me confie le rôle principal de son deuxième film.

5 Je retourne au théâtre puis reviens vers Resnais : après *l'Année dernière à Marienbad*, je tourne *Muriel*.

6 Truffaut, Duras, Losey ou Buñuel : j'ai joué pour les plus grands avant de mourir, en 1990.

CE JOUR-LÀ

En 1998, un accord de paix historique est conclu en Irlande du Nord entre protestants et catholiques.

Hep, taxi !

Un gars complètement ivre appelle un taxi et demande :

– Vous… hips ! acceptez de charger une caisse de whisky, douze bières, quatre bouteilles de champagne et six bouteilles… hips ! de vin ?

– Bien sûr, monsieur.

Alors le gars ouvre la porte arrière du taxi :

– Chouette, en voiture !

La perle de la semaine

Le hérisson est un rongeur de la famille des piquants.

Avril
Dimanche
11

Stanislas

Troisième décan du Bélier

LE COMPAS DANS L'ŒIL

Dicton du jour : « S'il gèle à la Saint-Stanislas, on aura deux jours de glace. » Culture et intuition devraient vous aider à estimer ces records de température.

1. *Quelle est la température approximative la plus élevée jamais observée sur le globe, à El-Azizia, en Libye, en septembre 1922 ?*
A. 75 °C. **B.** 69 °C.
C. 58 °C. **D.** 52 °C.

2. *Quelle température fut relevée par une équipe norvégienne au pôle Sud en 1965 ?*
A. + 62,4 °C. **B.** + 35,9 °C.
C. – 57,2 °C. **D.** – 94,5 °C.

3. *En France, quel est l'écart maximal relevé entre deux températures extrêmes : la plus haute dans le Gard en 2003 et la plus basse dans le Doubs en 1985 ?*
A. 65 °C. **B.** 75 °C.
C. 85 °C. **D.** 95 °C.

Trompe-l'œil

Un touriste qui visite le Mexique se fait voler sa montre. Or il doit rejoindre son épouse à 16 heures précises. Il demande alors à un Mexicain allongé sous un sombrero :

– Quelle heure est-il, s'il vous plaît ?

Le Mexicain tend le bras vers son âne, lui empoigne la queue, la soulève et dit :

– Il est 15 heures.

Le gars, épaté, demande au Mexicain :

– Vous pouvez dire l'heure en soulevant la queue de votre âne ?

– C'est facile, derrière, sur l'église là-bas, il y a une horloge !

CE JOUR-LÀ

En 1979, le dictateur ougandais Amin Dada est renversé. Il avait pris le pouvoir en renversant le président Milton Obote en janvier 1971.

L'échappatoire selon
Michel Leeb

Chamfort était radicalement athée. Sur son lit de mort, un abbé insistait pour lui donner l'extrême-onction. Chamfort attira vers lui un ami et lui murmura :

– Je vais faire semblant de ne pas mourir.

Mot d'enfant

Joanna, 7 ans, rentre de l'école et dit à sa mère :

– Tu sais, maman, les hommes préhistoriques, ils cognaient des cailloux pour faire du feu.

Après un instant de réflexion :

– Même qui z'avaient pas de briquet !

Avril

Lundi

12

Jules

À FLEUR DE MOTS

En ce jour de Saint-Jules, remplissez la fleur en formant des mots ou des prénoms à partir des lettres ci-dessous. Inscrivez vos solutions de l'extérieur de la rosace vers le centre. Certaines séries autorisent plusieurs anagrammes, mais une seule permet de compléter la grille en croisant les mots.

A. AELRS
B. ACLOS
C. CEPSU
D. EIJLU
E. CEILU
F. AMNNO
G. ILNOS
H. AFSTU
I. ACERS
J. EEGLU
K. AGLLO
L. AFLOU
M. BEGIO
N. AFNNY
O. AENPS
P. EINOT
Q. AINST
R. DEINS

1. EEINR
2. ACENN
3. ILOPT
4. EJLSU
5. ACLSU
6. ELMSU
7. ACILS
8. EFIIN
9. ACENO
10. GNORU
11. AGLSS
12. AFSTU
13. EEGLO
14. EFLOU
15. ABLOP
16. AAINT
17. ENNOS
18. ADISY

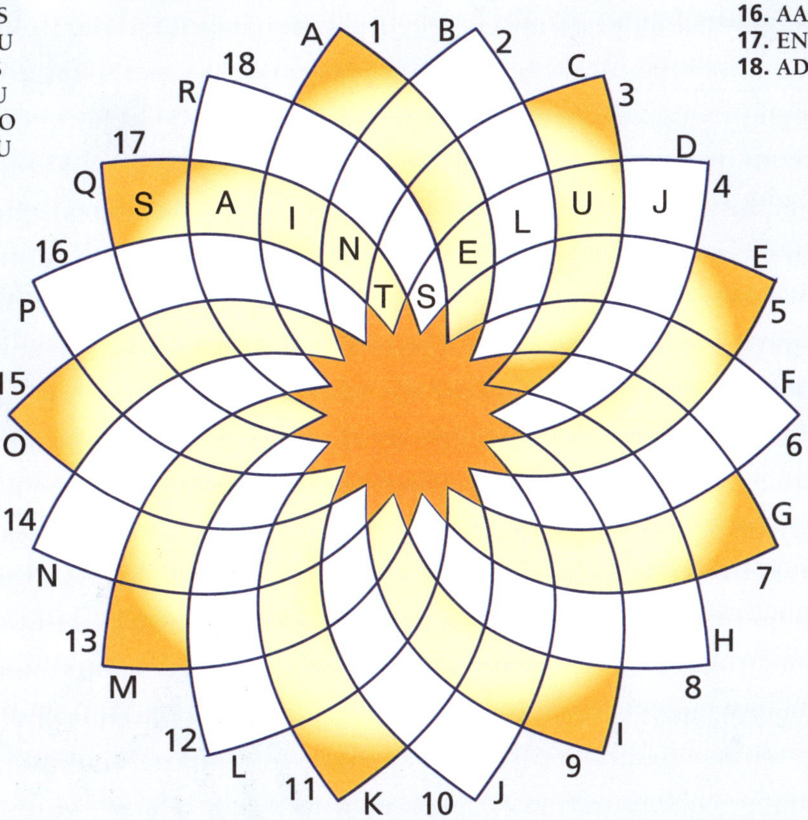

Innocence perdue

Deux enfants de 6 ans discutent. L'un des deux dit :

– Eh ! Ce matin, j'ai trouvé une capote dans la véranda.

L'autre lui répond :

– C'est quoi une véranda ?

LABYRINTHE

Notre robot est au bord de la panne sèche. Votre mission ? L'aider à rejoindre la pompe pour faire le plein…

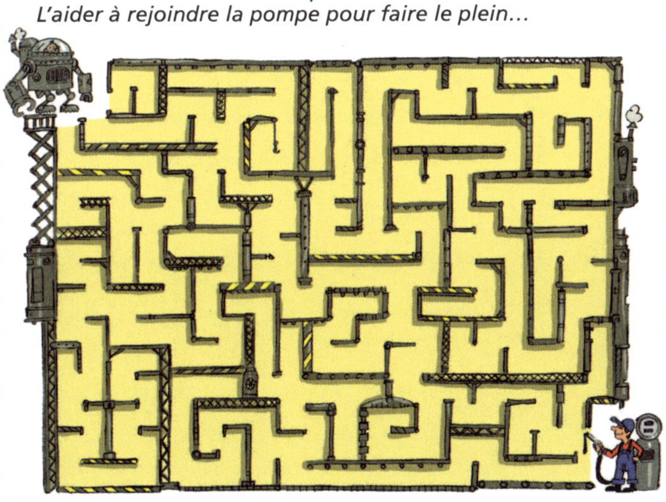

CE JOUR-LÀ

En 1992, le parc Euro Disney Resort ouvre à Marne-la-Vallée.

Devinette

Quelle est la définition d'un homme ?

Un vibromasseur équipé d'un portefeuille !

Zoom saveur

LA ROQUETTE

Déjà cultivée par les Grecs et les Romains, qui appréciaient son goût poivré, la roquette est une salade originale aux longues feuilles dentelées.

Soupçonnée d'être aphrodisiaque, la roquette fut longtemps interdite de cueillette aux… ecclésiastiques !

Idée gourmande. *Pour vous régaler à deux, ajoutez une poignée de feuilles de roquette lavées, essorées et ciselées à 4 œufs battus avec du sel, du poivre et 1 cuill. à soupe d'eau. Poêlez l'omelette dans du beurre chaud en la ramenant du bord vers le centre. Quand elle est bien dorée, poudrez-la de parmesan fraîchement râpé.*

Avril
Mardi
13

Ida

MOTS CROISÉS

	1	2	3	4	5	6	7	8	9	10	11	12	13	14
I							■							
II					■			■						
III		■							■			■		■
IV								■						
V	■						■				■			
VI				■		■						■		
VII					■									
VIII			■						■					
IX								■						■

Horizontalement
I. Nom d'un scénariste et dessinateur né le 13 avril 1941, qui signa ses premières BD sous le nom de Jean-Marc Roussillon ; prénom d'une mère indigne portraiturée au vitriol par notre dessinateur. **II.** Grande gueule de Sicile ; il se la coule douce en Amazonie ; marieras. **III.** Prénom de Bretécher ; mère des Titans. **IV.** Prépare le champ pour les semailles ; auteur de *la Rubrique-à-brac*. **V.** Sortie ; nom de Carmen chez Lelong ; palindrome spatial. **VI.** Son de tambour ; une salamandre dans la cheminée ; tête de série. **VII.** Tirés début janvier ; petite plante sylvestre. **VIII.** Agent de liaison ; mou et amourettes ; godelureau. **IX.** Croqué ; triste fin, le 5 novembre 1983, pour notre dessinateur.

Verticalement
1. Prénom de Goscinny ; père de Philémon et fondateur, avec Cavanna et notre dessinateur, du mensuel de BD pour adultes *Hara-Kiri*. **2.** Créature de Spielberg ; fameux hebdo de BD intégré par notre dessinateur à la fin des années 1960. **3.** Taillai dans le vif. **4.** Telles certaines blagues de *l'Écho des savanes* illustrées par notre dessinateur, puis reprises par Vuillemin ; lieu de décompression. **5.** Pied-de-veau ; bique et bouc. **6.** Cela revient à raller ; groupie. **7.** Faisait fureur jadis ; vieille branche. **8.** Repose-têtes. **9.** Possédé ; père d'Achille Talon. **10.** Ville où l'on fête annuellement la bande dessinée depuis 1974. **11.** Veto de Poutine ; roi de Suède. **12.** Bout de vair ; tête de linotte ; un anglais. **13.** Algues microscopiques. **14.** Entre le titre et la matière ; dessinateur des *Bidochon*.

Déducto

Lune mûre

(Richard Fleischer, 1973)
Soleil vert

Devinette

Quelle est la différence entre un homme et une tempête de neige ?

Aucune. On ne sait jamais combien il y aura de centimètres et combien de temps ça va durer.

CE JOUR-LÀ

En 1436, les troupes de Charles VII reprennent Paris aux Anglais.

En 1695, la cigale et la fourmi, le corbeau et le renard, parmi bien d'autres, sont en deuil : leur père, le fabuliste Jean de La Fontaine, vient de s'éteindre.

Abus d'alcool

Un buveur invétéré est invité à un dîner un peu mondain. Au dessert, il réalise qu'il a encore trop bu et décide de se surveiller. Alors, quand l'hôtesse lui présente ses filles, des jumelles, il s'écrie :

– Oh ! comme elle est mignonne !

Le succès de Coluche

Les gens se déplacent pour me voir. Ils paient, et après ils disent : « Tout seul sur scène pendant une heure et demie ! Tout de même ! Il est formidable ! » Et pourtant, si les gens n'étaient pas venus, je ne serais pas resté.

Les blondes

Vous prenez l'avion pour Londres et vous voulez avoir le fauteuil près du hublot, qui est déjà occupé par une blonde. Que faites-vous pour l'obtenir ?

Vous lui dites que seuls les sièges de la rangée du milieu vont à Londres.

Avril
Mercredi
14

Maxime

SYLLABES MANQUANTES

Reconstituez huit mots en utilisant les syllabes proposées. Les initiales des mots trouvés vous révéleront le nom d'un Français né le 14 avril 1912 auquel le musée d'Art moderne de Chicago a consacré une exposition en 1960.

1. __ ____ ____ SÉ
2. __ NE __ ___ TE
3. __ __ LEM ____
4. ___ RAG ___
5. __ TES ___ __
6. __ ___ TI ___
7. __ __ FI _____
8. __ ___ MON ____

ar	bour	ce	cen
cieux	cli	dé	din
do	en	geoi	in
ma	ment	ni	nis
or	que	sma	tain
ti	tra	ul	

CE JOUR-LÀ

En 1865, le président Abraham Lincoln est assassiné dans un théâtre par un fanatique prosudiste, John Wilkes Booth. C'est son élection sur un programme antiesclavagiste qui, en 1861, a déclenché la guerre de Sécession.

La contrepèterie de la semaine

Elle tricote des pulls comme personne.

Réminiscence

Le directeur d'un laboratoire pharmaceutique convoque l'un de ses chercheurs :

– C'est curieux, le nom que vous avez donné à ce somnifère de votre invention !

– Godillard ? Oh, c'est juste une association d'idées. C'était le nom de mon prof de latin.

Jouet

Un père se fâche contre son jeune fils :

– Mais enfin, qu'est-ce que je dois faire pour que tu cesses une bonne fois de jouer avec des allumettes ?

– Je ne sais pas, moi, répond le gamin. Peut-être m'acheter un briquet.

Naufrage

Un scaphandrier marche sur le fond de la mer à 100 m sous la surface quand son téléphone portable vibre. Il entend alors :

– Vite ! Dépêchez-vous de remonter ! Le bateau coule…

Avril
Jeudi
15

Paterne

LA PREUVE PAR 9

Trouvez les cinq mots correspondant aux définitions proposées, formés uniquement avec les lettres ci-dessous. Si vous réussissez, c'est que vous n'êtes pas nouille !

S A G E
T I P H T

1. Je n'ai que ce mot à la bouche : douloureux.
A _ _ _ _ _

2. Pour suivre l'animal à la trace.
P _ _ _ _ _ _

3. Alors là, tu exagères, tu…
A _ _ _ _ _ _

4. Qui a la forme d'un fer de flèche.
S _ _ _ _ _ _

5. Un western peut l'être, même pour celui qui est bonne pâte.
S _ _ _ _ _ _ _ _

CE JOUR-LÀ

En 1912, à 2 h 20, le Titanic s'enfonce dans les eaux glacées de l'Atlantique Nord. Ce drame inspirera par la suite de nombreux films, dont celui de James Cameron, qui remportera onze oscars.

L'INTRUS

Emma Watson, née le 15 avril 1990, est une actrice britannique devenue célèbre après avoir interprété Hermione Granger dans la série des Harry Potter. Retrouvez l'intrus qui s'est glissé dans chacune de ces séries, portant sur les grands rôles d'enfants et leurs acteurs.

1
Brigitte Fossey
Charlotte Gainsbourg
Jean Gabin
Jean-Pierre Léaud
Romy Schneider
Sophie Marceau

2
Jeux interdits
L'Argent de poche
La Guerre des boutons
Le Petit Baigneur
Les Quatre Cents Coups
Zéro de conduite

Proverbe arabe

Celui qui se marie avec des dettes donnera ses enfants pour intérêts.

Devinette

Pourquoi les Éthiopiens se mettent-ils des Coton-Tige dans les oreilles pour prendre leur douche ?

Pour ne pas passer dans la grille.

Avril
Vendredi
16

Benoît-Joseph

MOTS CASÉS

Le compositeur américain Henry Mancini, auquel on doit notamment la musique de la Panthère rose, est né le 16 avril 1924 et mort le 14 juin 1994. En hommage, nous vous proposons de reconstituer cette grille thématique sur les instruments du monde.

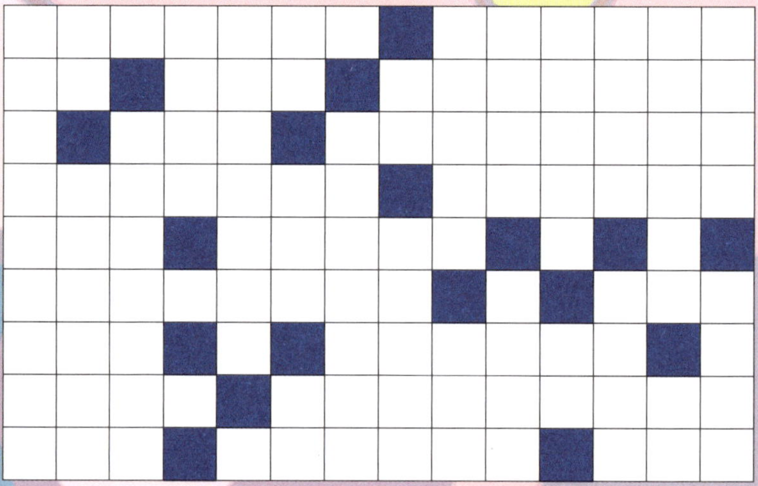

Mots de 2 lettres
CI NI
GI NI
HA PI
NE

Mots de 3 lettres
COR RAP
EST RIO
GAI **TAR**
NÉS TEK
NON

Mots de 4 lettres
ACRA **KORA**
ALTO **KOTO**
ÂNES OSER
IGOR TSAR

Mots de 5 lettres
FLÛTE
GOLFE
MÈTRE
RIEUR

Mots de 6 lettres
CAISSE
COINCE
FUTONS
GÉNÉRA
MARACA
ROUANS

Mots de 7 lettres
AGRIPPE
BALAFON
CAPÂTES
HÉLICON
OCARINA
PARIGOT

Mots de 8 lettres
BATTERIE
DIAGONAL

Mots de 9 lettres
ACCORDÉON
NOTARIANT

CE JOUR-LÀ

En 1913, le docteur Albert Schweitzer fonde l'hôpital missionnaire de Lambaréné, au Gabon. C'est là qu'il mourra, en 1965.

Le saviez-vous ?

Le fœtus rêve dans le ventre de sa mère. Des tests pratiqués durant la grossesse ont permis d'observer qu'il présentait les mêmes mouvements rapides des yeux qu'un rêveur adulte.

Abus de caféine

– De quoi est mort ton voisin ?
– Il a pris trop de café.
– Trop de café ?
– Oui, un sac de 100 kg.

JEU DES 7 ERREURS

Avril
Samedi
17

Étienne

QUIZ Claire Bretécher

Née le 17 avril 1940, Claire Bretécher est devenue une star dans un domaine presque exclusivement masculin: la bande dessinée. Elle est passée avec talent de la presse pour jeunes à un grand hebdomadaire politique.

1. *Elle a travaillé pour:*
A. Tintin. **B.** Spirou. **C.** Pilote.

2. *Sa célèbre série du* Nouvel Observateur *s'intitule:*
A. Les Bronzés.
B. Les Frustrés.
C. Les Soldés.

3. *Quel est le point commun entre ces deux personnages: Cellulite et Baratine?*
A. Ils sont très bavards.
B. Ils sont très riches.
C. Ils sont nobles.

4. *Son personnage de médecin (le docteur Ventouse) est:*
A. Psychologue.
B. Gynécologue.
C. Bobologue.

La perle de la semaine

Au Moyen Âge, les paysans devaient remettre à leur seigneur tous les produits de leur femme.

CE JOUR-LÀ

En 1961, un groupe d'exilés anticastristes, aidé par les Américains, tente de débarquer dans la baie des Cochons, à Cuba. Il est repoussé: c'est un grave échec pour Kennedy et un important succès pour Castro.

À retardement

Qu'il est donc désespérément suisse, ce parachutiste suisse! Pourtant, on lui avait bien dit:

– Vous sautez de l'avion, vous comptez jusqu'à 3, vous tirez sur la manette et le parachute s'ouvre.

Effectivement, il saute de l'avion… mais son parachute ne s'ouvre pas et il s'écrabouille sur le sol. Une ambulance arrive rapidement, et un infirmier s'approche du malheureux. Il entend alors une petite voix qui gémit:

– Trois!

Avril
Dimanche
18

Parfait

JEU DE LOGIQUE

Dans chacune des séries de chiffres suivantes, intercalez trois des quatre signes classiques d'opérations pour obtenir le résultat indiqué à la fin de chaque ligne. Un signe ne peut être utilisé qu'une seule fois par ligne. Les calculs se font de gauche à droite et les uns après les autres.

8	3	6	5	=	1
3	5	6	7	=	3
9	7	4	8	=	1
6	2	5	8	=	7

Reportez ci-dessous, dans l'ordre des opérations, les quatre signes non utilisés ci-dessus. Le chiffre final vous révélera la date du premier western du cinéma, l'Attaque du grand rapide (The Great Train Robbery).

1898	1	3	1	7	=

Prévoyant

Quand Lech Walesa dort, il met toujours deux verres sur sa table de nuit. Un verre rempli d'eau et un verre vide. Pourquoi? Parce que, quand il se réveille, des fois il a soif et des fois il n'a pas soif.

Descriptif

– Dis, papa, qu'est-ce qui a dix pattes, qui est vert, gluant, et qui mesure 20 cm?

– Je ne sais pas.

– Moi non plus, mais tu en as un dans le cou.

CE JOUR-LÀ

En 1506, la première pierre de la basilique Saint-Pierre de Rome est posée par le pape Jules II.

En 1906, San Francisco est entièrement détruite par un tremblement de terre. La reconstruction de la ville sera achevée en 1909.

Mot d'enfant

Ce sont les grandes marées de septembre dans le Morbihan. Stéphane, 5 ans, qui a passé tout l'été au bord de la mer, voit les bateaux échoués dans le port.

– Pourquoi tous les bateaux sont couchés, maman?

– Parce que la mer est partie loin, très loin, mon chéri.

D'un air triste, il constate:

– Alors, c'est vraiment fini, les vacances…

Avril
Lundi
19

Emma

MOTS CROISÉS

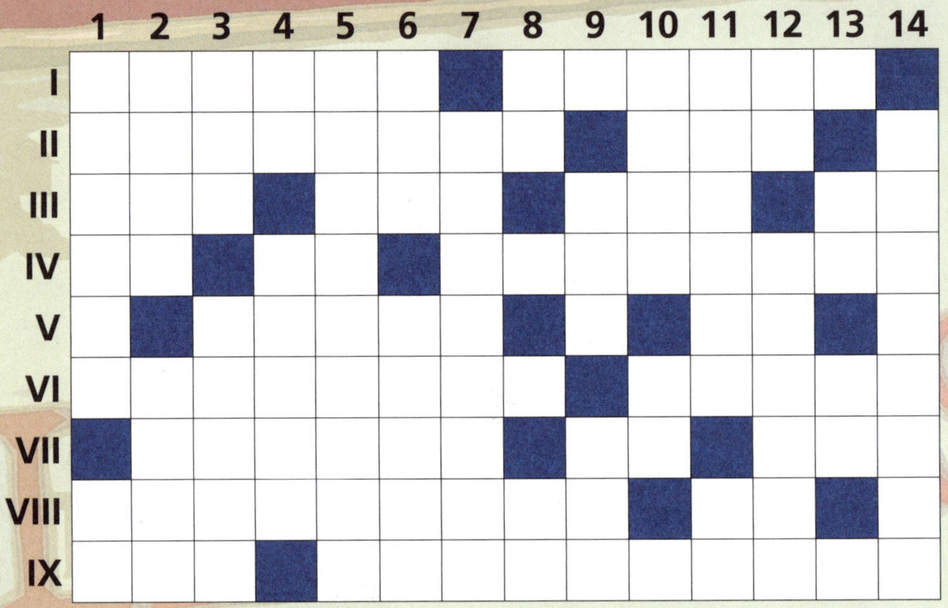

Horizontalement
I. Nom d'un grand producteur de la télévision française, mort le 19 avril 1998 ; son prénom. **II.** Ils font place nette ; maudite femme. **III.** Fièvre de cheval ; basket aux États-Unis ; beau parleur ; bas de gamme. **IV.** Gâterie du mâtin ; tête de colonne ; lettres dont Rimbaud a inventé la couleur. **V.** Eau stagnante ; eau courante, dans le Nord et dans les grilles. **VI.** On le voit rose quand on est noir ; exposerai. **VII.** Échauffa la bile ; possessif ; cité dans la Drôme. **VIII.** Célèbre verbicruciste qui fut l'un des meneurs du jeu *Des chiffres et des lettres* ; mot de Marcel Pagnol. **IX.** Lettre grecque ; accrocs.

Verticalement
1. Nom du présentateur des *Dossiers de l'écran* ; lettres de l'AFP. **2.** Mauvais usage ; jurassique inférieur. **3.** Il fallait trouver le plus long avant *Des chiffres et des lettres* ; homme de main. **4.** Lettre grecque ; réalisateur d'*Arsenic et vieilles dentelles*. **5.** Amateur de vins. **6.** Naguère pris pour être dans le bain ; grain de chapelet. **7.** Arbre du voyageur. **8.** De l'arsenic sur la table ; long métrage chinois. **9.** Vins de Champagne ; sorgho s'il est gros. **10.** Supérieure au couvent ; oui ouï en Russie. **11.** Crus ; compris. **12.** A vu le jour, tel notre producteur le 4 avril 1922 ; piquer et repiquer. **13.** Roule sur le tapis ; il se meut au ralenti. **14.** Un film suivi d'un débat à l'écran, le tout formant une émission produite par la personnalité à découvrir horizontalement.

Zoom saveur

LA MANGUE

Regardez bien la forme d'une mangue, fruit exotique originaire d'Inde : vous comprendrez pourquoi elle a inspiré le motif cachemire…

La mangue possède une chair onctueuse, dont la saveur, selon la variété, peut évoquer la pêche, le citron, l'abricot, la banane, la menthe… Dégustée nature, elle n'est réellement délicieuse que quand elle est mûre à point.

Idée gourmande.
Pour vérifier sa maturité, pressez légèrement la mangue du bout des doigts : elle doit être souple sans être molle, et dégager une fragrance capiteuse et fleurie.

CE JOUR-LÀ

En 1943, le ghetto de Varsovie se soulève. Après un mois de combats, le ghetto sera rasé et les survivants seront déportés. Des 400 000 juifs qui habitaient ce ghetto en 1940, seuls 200 auront survécu en 1945.

À l'école

Un gamin rentre de l'école en pleurant :

– Maman, la maîtresse arrête pas de m'embêter !

La mère va à l'école pour se plaindre. La maîtresse lui propose d'assister au cours et pose une question au gamin :

– 3 plus 2, cela fait combien ?

Le gosse s'écrie :

– Tu vois, maman, elle recommence !

Évolution

Les mecs, c'est comme les brioches : au bout d'un moment, ça commence à gonfler !

Misogynie

Pourquoi la statue de la Liberté est-elle une femme ?

Il fallait que la tête soit vide pour y installer un restaurant.

Les blondes

Pourquoi les blondes ont-elles les yeux bleus ?

Parce qu'elles ont de l'eau dans la tête !

Avril
Mardi
20

Odette

Dernier jour du Bélier

CE JOUR-LÀ

En 1916, l'Irlande se soulève contre l'Angleterre. Le poète irlandais W. B. Yeats immortalisera le début de l'insurrection dans un magnifique poème, Pâques 1916.

L'ENGRENAGE

Pour chaque roue de l'engrenage, cherchez le mot correspondant à la définition. Inscrivez-le dans les petits cercles touchant la roue, en démarrant toujours par celui qu'indique la flèche et en tournant dans le sens des aiguilles d'une montre.

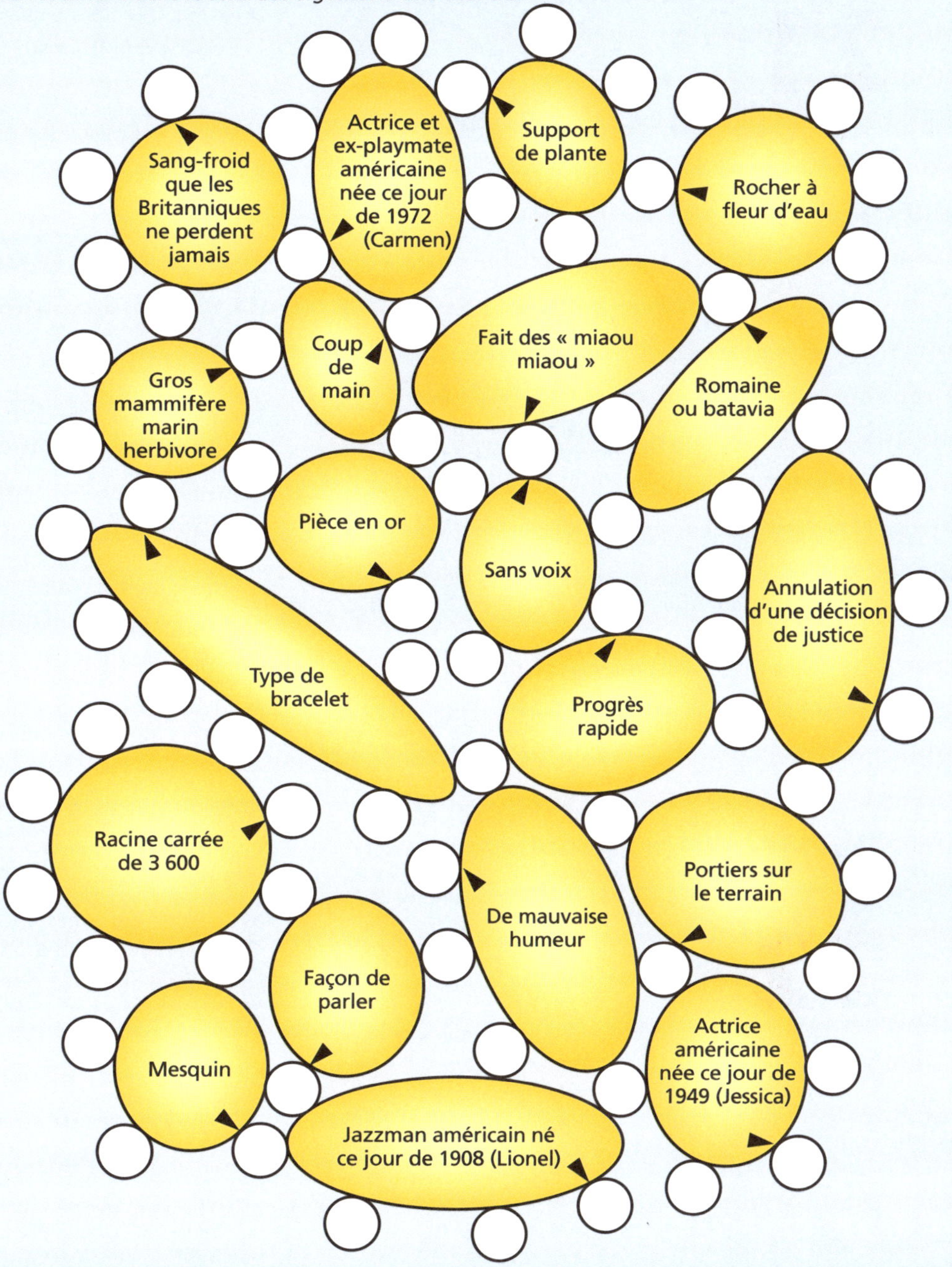

Malin…

Dans le désert, un type qui porte une cabine téléphonique sur le dos croise un type qui porte une enclume. Ce dernier lui demande à quoi sert la cabine :

– Si un lion arrive, je me planque dedans !

Et l'enclume ?

– Si un lion arrive, je la lâche et je cours deux fois plus vite !

Distinction

Un jeune garçon demande à son père la différence entre la richesse et la pauvreté. Son père dit :

– La richesse, c'est le caviar, le champagne et les femmes.

Son fils :

– Et la pauvreté ?

– La pauvreté, c'est le hareng, la bière et ta mère !

Compétence

Une secrétaire de direction soupire :

– Quand une femme fait le même travail qu'un homme, elle doit le faire deux fois mieux pour être considérée comme son égale.

Puis elle ajoute avec malice :

– Heureusement, ce n'est pas trop difficile !

Remise en place

C'est le Déluge. Noé s'occupe des animaux qui montent dans l'arche. Afin de faciliter l'opération, il crie :

– Tout le monde en file indienne !

Mais deux malins essaient de se faufiler. Noé les aperçoit et leur crie :

– Eh, les morpions, à la queue, comme tout le monde !

Déducto

Grand Froid

Canicule (Yves Boisset, 1983)

Avril
Mercredi
21

Anselme

Premier jour du Taureau

La contrepèterie de la semaine

J'ai les jambes en béton : j'ai causé debout toute la nuit.

Identité

– Bonjour, j'aimerais changer de nom.

– Oui, bien sûr, monsieur. Vous vous appelez comment ?

– Je m'appelle Jacques Leconard.

– Et vous voudriez vous appeler comment ?

– Paul Leconard.

Amour toujours

– Je m'apprête à célébrer mes noces de glace, confie un employé de bureau à un collègue.

– Ça consiste en quoi, au juste, les noces de glace ?

– Eh bien, depuis sept ans que je suis marié, ma femme m'a nourri exclusivement de plats surgelés.

Devinette

Que dit un Japonais qui a eu une très mauvaise note à l'oral du bac ?

– Imasaké !

CE JOUR-LÀ

En 1960, Brasília devient la nouvelle capitale du Brésil.

CHENILLE

Le 21 avril 2007, l'Olympique Lyonnais est champion de France pour la sixième année consécutive, établissant ainsi un record. Passez d'un mot au suivant en opérant la substitution indiquée et en modifiant l'ordre des lettres.

	L	Y	O	N	N	A	I	S
– Y + E	_	_	_	_	_	N	_	_
– L + C	_	_	N	_	_	_	_	_
– N + M	_	_	_	_	_	_	_	_
– E + H	_	_	_	I	_	_	_	_
– S + P	C	H	A	M	P	I	O	N

LE PERSONNAGE CÉLÈBRE

En répondant aux définitions suivantes, retrouvez dans les colonnes vertes le véritable nom du Baron rouge, as de l'armée allemande dont l'avion fut abattu le 21 avril 1918.

1. Point d'eau pour les canards. **2.** Manière de voir. **3.** C'est la fête ! **4.** Vent des Alpes. **5.** Bruit dans le moteur. **6.** Retour de son. **7.** Demi-volée au rugby. **8.** Appâts pour le brochet. **9.** Obstacle de steeple-chase. **10.** Fille de Zola.

1				
2				
3				
4				
5				
6				
7				
8				
9				
10				

Avril
Jeudi
22

Alexandre

CHRONOFILMS

Née le 22 avril 1946, Nicole Garcia est actrice (Calmos, Péril en la demeure…), *mais aussi réalisatrice* (le Fils préféré, Un beau dimanche…). *En replaçant les titres qui suivent dans l'ordre chronologique, vous retrouverez, grâce aux lettres indiquées en gras, son pays d'origine.*

G *Garçon.*
R *Outremer.*
A *Que la fête commence.*
E *Kennedy et moi.*
L *Le Cavaleur.*
I *Le Fils préféré.*
E *Péril en la demeure.*

CE JOUR-LÀ

En 2007, après une journée marquée par une très forte participation au scrutin (83,78 %), Nicolas Sarkozy (31,18 %) et Ségolène Royal (25,87 %) sont tous deux qualifiés pour le second tour des élections, qui verra la victoire du candidat UMP à la présidence de la République française.

Proverbe persan

Crois, si tu veux, que des montagnes ont changé de place ; mais ne crois pas que des hommes puissent changer de caractère.

Le crédit selon Coluche

Acheter une maison à crédit : c'est le crédit qui est cher, pas la maison. La preuve, c'est que quand on a fini de payer, si on pouvait vendre le crédit, on se ferait plus de pognon qu'en vendant la maison !

SANDWICH

Complétez les mots verticaux de cinq lettres. Plusieurs solutions sont possibles parfois, mais une seule permet de retrouver une citation de Jack Nicholson, formidable acteur américain, réalisateur à ses heures, né le 22 avril 1937.

S	H	I	N	I	N	G	B	A	T	M	A	N	L	E	D	E	R	N	I	E	R	N	A	B	A	B
A	U	C	I	S	O	E	R	R	E	I	G	I	I	C	R	I	U	U	N	C	E	A	P	L	R	R
O	R	U	C	A	U	K	M	I	O	L	C	B	N	A	I	E	N	E	I	M	I	N	E	M	E	V
N	D	S	E	M	D	O	E	N	N	E	E	E	E	T	N	R	E	S	C	E	F	E	E	E	R	E

Avril
Vendredi
23

Georges

À FLEUR DE MOTS

Remplissez la fleur en formant des mots à partir des lettres ci-dessous. Inscrivez vos solutions de l'extérieur de la rosace vers le centre. Certaines séries autorisent plusieurs anagrammes, mais une seule permet de compléter la grille en croisant les mots. Le 23 avril 1951, l'acteur Jules Berry, le diable des **Visiteurs du soir**, *mourait à Paris, à 68 ans.*

A. CORTU
B. CEFOR
C. ABEST
D. BENRS
E. EIRRT
F. AIPRS
G. ABEGU
H. AEGLN
I. EERTV
J. AEMNN
K. EMORS
L. AEIRT
M. CEIMR
N. OPRST
O. AEPST
P. ACELT
Q. EJLSU
R. APRTY

1. ACELS
2. EFORT
3. BOSTU
4. BERRY
5. ACRTT
6. EEIPT
7. ABNRS
8. AELRS
9. AGIRV
10. EMNSU
11. AEGMR
12. ENOTT
13. ACENR
14. EIPRS
15. EIOPR
16. AELMR
17. AEJTT
18. CEPSU

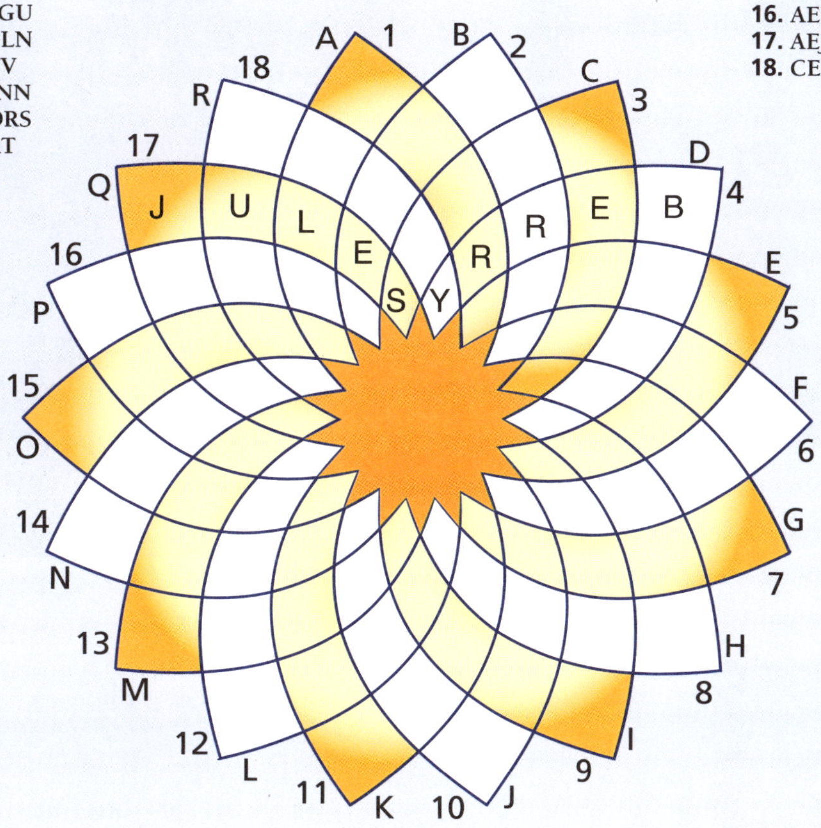

Allô, docteur ?

– Docteur, je suis très inquiet. Votre diagnostic n'est pas le même que celui de votre confrère.

– Je sais. C'est toujours comme ça, mais l'autopsie prouvera que j'avais raison.

CE JOUR-LÀ

En 1616, le monde perd dans le même temps deux génies de la littérature universelle : Cervantès et Shakespeare.

CHARADE

Retrouvez le nom d'une célèbre speakerine qui nous a quittés le 23 avril 1998.

- Mon premier peut être de conscience.
- Mon deuxième se fait à la poste.
- Mon troisième est parfois coulant.
- Mon quatrième n'est pas rapide.
- Mon cinquième sait cajoler.
- Mon tout est une speakerine qui fut l'épouse de Pierre Sabbagh.

Toto

La maman de Toto appelle son mari :

– Toto se plaint qu'il a mal à la tête. Je pense qu'il faudrait faire venir le médecin.

– Oh, laisse tomber, il nous fait le coup au moins une fois par semaine.

– Oui, mais aujourd'hui c'est la première fois qu'il le fait alors qu'il n'y a pas école !

Le bon costume

La nouvelle bonne d'un grand avocat est allongée, nue, sur le lit conjugal.

– Pourquoi, s'étonne-t-elle, mettez-vous votre robe avant de me rejoindre ?

– Afin d'être plus à l'aise pour plaider ma cause, au cas où ma femme rentrerait à l'improviste.

Le saviez-vous ?

En Australie, les jeunes garçons de l'ethnie kukata pratiquent le rituel du passage du feu pour ne plus avoir peur. Dans d'autres tribus aborigènes, les femmes les poussent dans le feu ou leur lancent des bâtons enflammés par-dessus la tête.

Avril
Samedi
24

Fidèle

QUIZ Jean-Paul Gaultier

Le génial créateur de mode français Jean-Paul Gaultier est né le 24 avril 1952 à Arcueil, près de Paris. Dans les années 1980, son succès est fulgurant : sa vision à contre-courant de la mode traditionnelle et la perfection de ses créations le propulsent au sommet de la profession. Il y surfe toujours.

1. *Chez quel créateur a-t-il fait ses premiers pas à 18 ans ?*
A. Christian Dior. **B.** Yves Saint Laurent. **C.** Pierre Cardin.

2. *Pour quelle chanteuse a-t-il confectionné les costumes du Blond Ambition Tour en 1990, jouant avec les bustiers coniques qui font sa renommée ?*
A. Kylie Minogue. **B.** Madonna.
C. Mylène Farmer.

3. *Duquel de ces films n'a-t-il pas signé les costumes ?*
A. *Les Visiteurs*, de Jean-Marie Poiré.
B. *Kika*, de Pedro Almodóvar.
C. *Le Cinquième Élément*, de Luc Besson.

4. *Quelle émission de télévision a-t-il animée régulièrement en duo avec Antoine de Caunes, dans un anglais à fort accent franchouillard ?*
A. *Rapido*.
B. *Eurotrash*.
C. *Nice People*.

CE JOUR-LÀ

En 1792, à Strasbourg, l'officier du génie Rouget de Lisle compose le Chant de guerre pour l'armée du Rhin. La même année, un bataillon de volontaires marseillais l'ayant chanté lors de son entrée à Paris, il est baptisé la Marseillaise. Décrété hymne national en 1795, il est interdit en 1815 puis rétabli en 1879.

L'innocence trahie de
Jacques Dutronc

J'ai arrêté de croire au père Noël le jour où, dans une galerie marchande, il m'a demandé un autographe.

La perle de la semaine

Le mercure est le seul liquide imbuvable parce qu'il est solide.

Avril
Dimanche
25

Marc

Mot d'enfant

Mathieu, 4 ans, va au cinéma pour la première fois. Il regarde avec émerveillement la salle, les fauteuils… et les publicités qui défilent sur l'écran géant. Mais, au bout de dix minutes, il s'écrie soudain :

– Dis, papa, elle est où la télécommande ?

MARABOUT

Répondez aux définitions suivantes, en sachant que les réponses s'enchaînent sur le principe du « marabout de ficelle ».

1. Qualificatif pour westerns à l'italienne, comme ceux de Sergio Leone.

2. Cette île d'Indonésie en proie à des guérillas incessantes a un nom qui évoque la peur.

3. Créateur de la bande-son de nombreux westerns, comme *Il était une fois dans l'Ouest*.

4. Cet ancien James Bond et Highlander était le partenaire de Brigitte Bardot dans le western *Shalako*.

5. Western de Howard Hawks (1959) avec Dean Martin et John Wayne en shérif.

6. Cet acteur italien au nom opiniâtre était le partenaire de Clint Eastwood dans *Pour une poignée de dollars* en 1966.

CE JOUR-LÀ

En 1945, la SDN (Société des Nations) devient l'ONU (Organisation des Nations unies).

SUITE LOGIQUE

Quelle figure numérotée continue la série ?

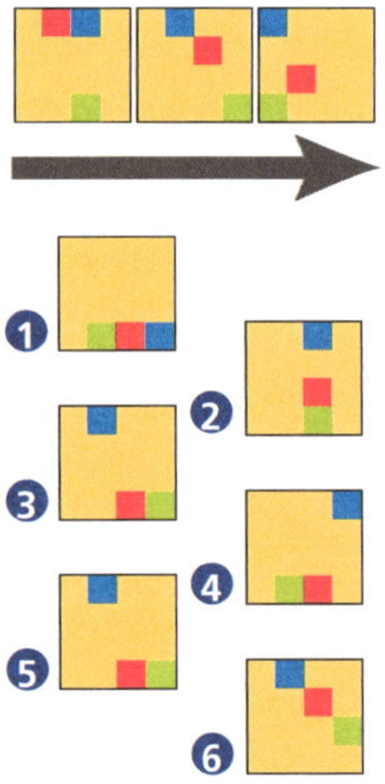

À l'asile

Un psychanalyste dit avec autorité à son client :

– Qu'est-ce que ça veut dire ? Vous n'avez aucune raison de penser que tout le monde vous prend pour un chien ! Allez, couché !

Avril
Lundi
26

Alida

MOTS CROISÉS

	1	2	3	4	5	6	7	8	9	10	11	12	13	14
I										■				
II						■					■			
III														
IV							■			■				
V								■				■		
VI	■			■					■					■
VII					■									
VIII			■										■	
IX						■								

Horizontalement
I. Peintre romantique né le 26 avril 1798, auteur de *la Mort de Sardanapale* ; Jacob lutte avec lui dans un de ses tableaux exposé à l'église Saint-Sulpice, à Paris. **II.** Baudelaire a écrit à propos du *Tasse en prison*, un de ses tableaux : « Le poète au cachot [...] mesure d'un regard que la terreur enflamme l'escalier de vertige où s'... son âme » ; casse la croûte sous le manteau ; arme de guerre ou d'amour. **III.** Champagne pour tous. **IV.** Il en peint une dans *Scènes des massacres de Scio* par exemple ; fait docte ; dominé. **V.** Coupas court ; diapositive mise à l'envers ; le peintre l'est à Charenton-Saint-Maurice. **VI.** Sans l'impôt ; prénom ; nom du père. **VII.** Calme la soif ailleurs ; rendu pur. **VIII.** Article ; porte l'hostie dans les tableaux religieux ou luit comme un souvenir pour Baudelaire. **IX.** Comme un Turc fumant, sur un divan, pour le peintre ; quelques vieux drachmes.

Verticalement
1. Le peintre l'a représenté en barque, avec Virgile, aux Enfers ; dit trois fois pour ne rien dire. **2.** Pas encore peintes. **3.** Elle guide le peuple, selon lui. **4.** Fixe une voile ; comme Numa Pompilius à Rome, peint par l'artiste. **5.** Handicap interdit aux peintres ; nazi. **6.** Premier magnat de la presse à sensation. **7.** Lave plus blanc quand il est nouveau ; lieux de visites virtuelles. **8.** Pastille de décontamination ; valeur en francs de l'artiste, sur nos anciennes reproductions de son autoportrait au gilet vert. **9.** Parle bantou en Afrique du Sud ; Afrique du Sud. **10.** À la langue bien pendue ; héros de Dostoïevski. **11.** Jugement de Dieu. **12.** Pas top ; oseille éthiopienne. **13.** Spécialités sociales de septembre. **14.** Égosille (s') ; discordantes dans un plat.

CE JOUR-LÀ

En 1897, l'École nationale des beaux-arts s'ouvre aux femmes.

En 1986, une catastrophe nucléaire aux conséquences incalculables se produit à Tchernobyl, en Ukraine.

Soins adaptés

Deux femmes jouent au golf. Soudain, la balle dévie et atteint un joueur, qui s'effondre en serrant très fort ses mains entre ses jambes. La joueuse maladroite se dirige vers lui, s'excuse et, comme elle est kinésithérapeute, lui propose de soulager sa douleur. Elle défait sa braguette et commence à lui masser les organes génitaux.

– Est-ce que vous vous sentez mieux ? demande-t-elle.

– Oh oui... Ça va bien, admet-il. Mais mon pouce me fait toujours un mal d'enfer.

Zoom saveur

LE CAMEMBERT

Né au XVIIIe siècle à Camembert, petite ville de l'Orne, dans la ferme de Marie Harel, ce fromage est aujourd'hui unanimement apprécié.

Les camemberts au lait cru pourvus d'une AOC, gage de qualité, possèdent une saveur caractéristique extraordinairement riche. Les puristes n'en veulent pas d'autres !

Idée gourmande. *Coupez un camembert à point en deux dans l'épaisseur. Déposez les deux moitiés, croûte au-dessous, dans un plat à four. Poudrez-les de chapelure et faites-les cuire 5 min au four préchauffé à 240 °C (th. 8). Servez avec des pommes vapeur, une salade verte et du pain grillé.*

Avril
Mardi
27

Zita

LE PERSONNAGE CÉLÈBRE

En répondant aux définitions suivantes, retrouvez dans les colonnes vertes le nom d'un sculpteur français né à Tournon le 27 avril 1894, qui fut le disciple d'Aristide Maillol et suivit les conseils de Renoir.

1. Bout du bras de la *Vénus de Milo*. **2.** Peintre ou sculpteur. **3.** Nationalité de Brancusi. **4.** Atlante ou cariatide quand elle est sculptée. **5.** Taille dans le bide. **6.** Piquais la viande.

1							
2							
3							
4							
5							
6							

Le régime selon
Coluche

Vous savez comment Elizabeth Taylor a perdu 10 kg en une seule soirée ? Elle s'est démaquillée.

LA GIRAFE

Remplissez la grille girafe du jour à l'aide des définitions, sachant que les mots s'enchaînent selon le principe du « marabout de ficelle ».

1. Il a été aboli en 1848 à l'initiative de Victor Schœlcher.
2. Succursale d'une banque.
3. Senteur parfumée issue d'une combustion.
4. Interdiction de s'exprimer.
5. Sans aucun doute.
6. Conseilleur expérimenté.
7. Foulure plus ou moins grave.
8. Plan de secours en cas de catastrophe.
9. Système français de télévision en couleurs.
10. Appareil de prise de vues.
11. Nom savant du cerveau.
12. Rythme de la respiration que l'on perd parfois.

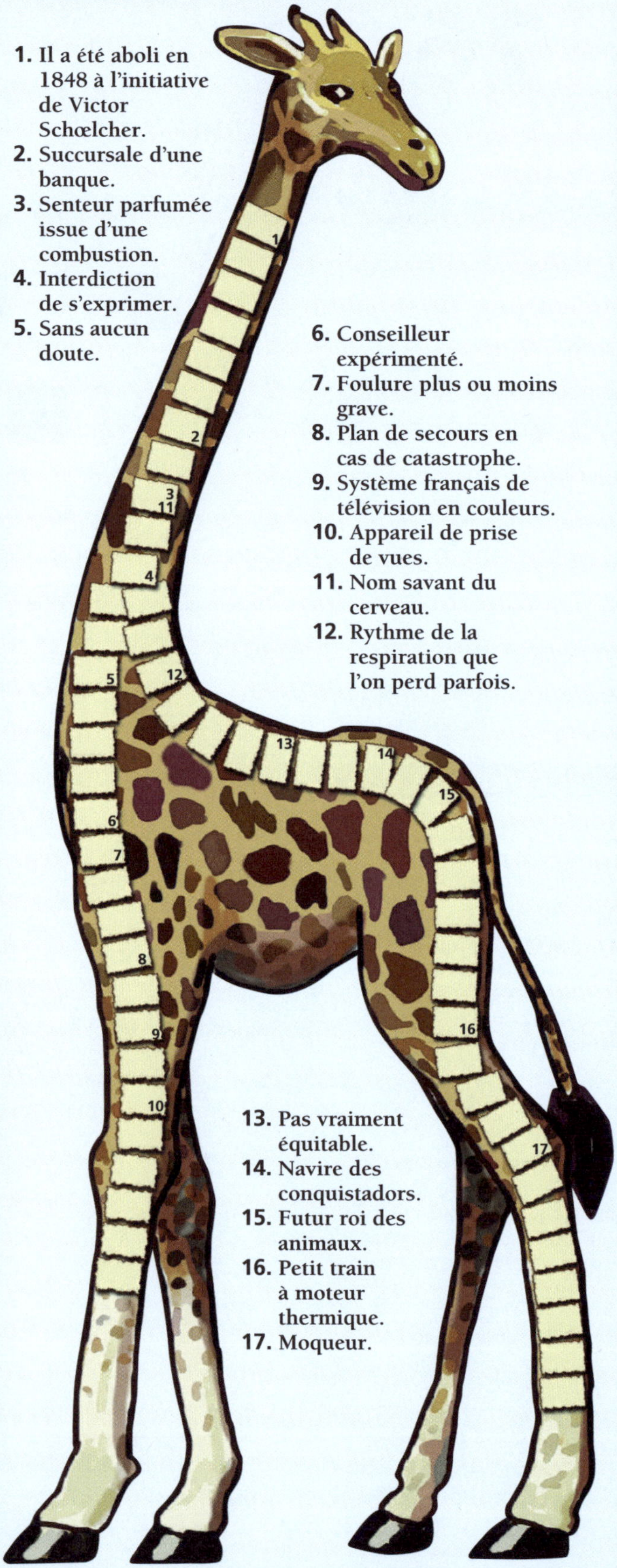

13. Pas vraiment équitable.
14. Navire des conquistadors.
15. Futur roi des animaux.
16. Petit train à moteur thermique.
17. Moqueur.

CE JOUR-LÀ

En 1848, l'esclavage est aboli dans les colonies françaises grâce à Victor Schœlcher, député de la Martinique.

En 2005, l'avion civil quadriréacteur long-courrier A380, construit par Airbus, s'envole pour la première fois depuis l'aéroport de Toulouse-Blagnac devant une centaine de personnes venues assister à l'événement.

À l'école

Dans la cour de récréation, deux gamins discutent.

– Je viens d'avoir une petite sœur, dit le premier. Mais j'aurais préféré un petit frère.

– Eh bien, dit l'autre, tu n'as qu'à demander à tes parents d'aller l'échanger !

– Impossible, dit le premier, ça fait au moins une semaine qu'on s'en sert !

Positif

Un prisonnier revient du parloir, où il a reçu la visite de son avocat.

– Tu as l'air bien joyeux, s'étonne son compagnon de cellule.

– Il y a de quoi. Deux experts ont procédé à une analyse de mon sang. Ils ont établi que l'ADN est le même que celui qu'on a retrouvé sur la femme que je suis accusé d'avoir violée et tuée…

– Et c'est ça qui te rend hilare ?

– Attends ! La même analyse montre que, depuis six mois que je suis en préventive, mon taux de cholestérol a baissé de moitié.

Déducto

Le Petit Emprisonnement

La Grande Évasion (John Sturges, 1963)

Avril
Mercredi
28

Valérie

CE JOUR-LÀ

En 1919 est adopté le Pacte de la Société des Nations, destiné à éviter une autre guerre mondiale.

En 1945, le dictateur italien Benito Mussolini est fusillé. Deux jours plus tard, Hitler le suivra dans la mort en se suicidant dans son bunker en compagnie de sa maîtresse, Eva Braun.

La contrepèterie de la semaine

L'émir du Koweït a été forcé de baiser les mains de Saddam.

MORPHOMOTS

En ajoutant deux lettres à celles de pistolet, il est possible de former de nouveaux mots. Retrouvez-les à l'aide des définitions. Les solutions sont classées par ordre alphabétique.

1. PISTOLET + EG : triangles qui ferment les larynx.
_ _ _ _ _ _ _ _ _ _
2. PISTOLET + OU : gamines, mioches.
_ _ _ _ _ _ _ _ _ _
3. PISTOLET + MU : ordinateur connecté à différents endroits.
_ _ _ _ _ _ _ _ _ _
4. PISTOLET + NN : qui ne valent rien aux matrices.
_ _ _ _ _ _ _ _ _ _
5. PISTOLET + IS : décortiquent en spécialistes la vie de la cité.
_ _ _ _ _ _ _ _ _ _
6. PISTOLET + EN : qui ne demandent qu'à s'exprimer.
_ _ _ _ _ _ _ _ _ _

Devinette

Qu'est-ce qu'un homme avec une mitraillette dans un champ de blé ?

Un céréales killer…

À l'asile

Un fou demande à un autre :

– Peux-tu me dire l'heure ?

L'autre lui répond :

– Il est 125 kg.

– Ah bon ? J'avance alors, j'ai 35 litres.

L'appel radio de Coluche

Je voudrais dire à l'auditrice malvoyante qui a appelé tout à l'heure et qu'on essaie de rappeler depuis un quart d'heure qu'elle est aussi malentendante !

Avril
Jeudi
29

Catherine de Sienne

CE JOUR-LÀ

En 2004 sort le livre de Corinne Maier Bonjour paresse : de l'art et de la nécessité d'en faire le moins possible en entreprise. L'ouvrage deviendra un best-seller en Italie, en Espagne et en Allemagne.

LES PERSONNAGES DU JOUR

Découvrez deux personnages célèbres grâce aux indices suivants, que vous lirez l'un après l'autre.

1 Je suis né le 29 avril 1970, d'un père boxeur.

2 Tennisman ayant fait preuve d'une longévité exceptionnelle, je suis le seul à avoir remporté tous les tournois du Grand Chelem sur quatre surfaces différentes.

3 Mes duels avec Pete Sampras sont célèbres. Autrefois surnommé le Kid de Las Vegas, je suis marié avec Steffi Graf. Père de famille, désormais chauve, je resterai pour longtemps le chouchou du public.

1 Je suis née le 29 avril 1970, d'un père américain et d'une mère suédoise, mannequin.

2 À 15 ans, remarquée par un producteur, je débute au cinéma. Mais je dois mon premier grand rôle à la Cécile de Volanges des *Liaisons dangereuses*.

3 Je serai criminelle dans *Sang chaud pour meurtre de sang-froid*, puis prostituée dans *Mad Dog and Glory*, mais c'est Tarantino qui fera de moi une star avec *Pulp Fiction* et *Kill Bill*.

SYLLABUS

En prenant dans chacun des trois mots donnés une syllabe située à une place différente (première, deuxième ou troisième), retrouvez trois mots ayant un rapport avec le monde du western (attention, il y a un mot composé).

E N Q U E T E R
C O N C O R D A T
C R A V A T E

C A R T O N N E S
V O Y E L L E S
C H E M I N E E

D E R O U T E
A S P E R G E
P E A U F I N E R

Proverbe arabe

Jette le chanceux dans la rivière, il en ressortira avec un poisson dans la bouche.

Avril
Vendredi
30

Robert

MOTS FLÉCHÉS

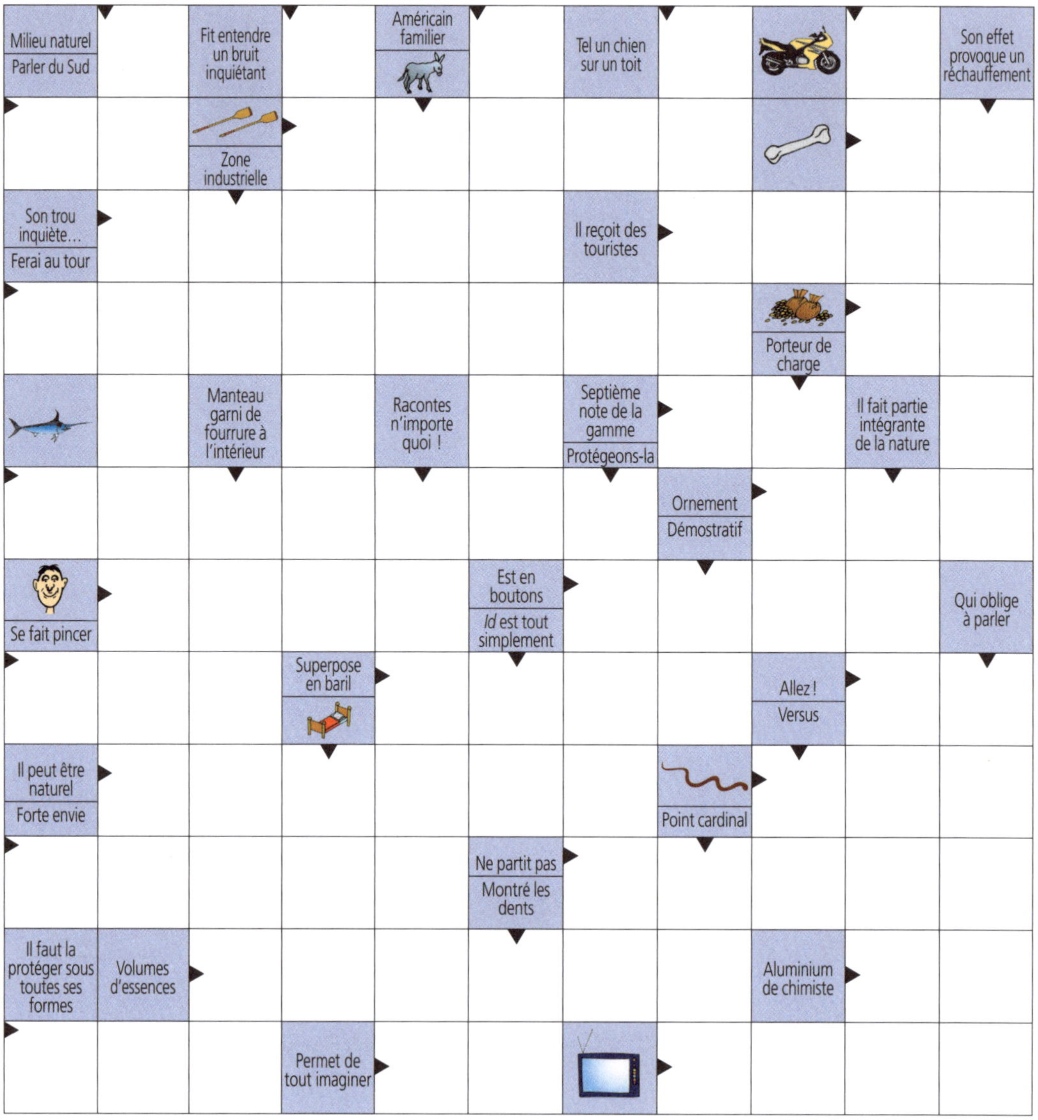

Le saviez-vous ?

Le premier cascadeur de l'histoire du cinéma s'appelle Frank Hanaway. D'origine américaine, il a fait ses débuts dans l'Attaque du grand rapide en 1903. Il avait été choisi parce qu'il pouvait tomber de cheval sans se blesser !

CE JOUR-LÀ

En 1900, Charles Cros dépose à l'Académie des sciences de Paris un pli cacheté qui décrit son invention : le phonographe. Seulement voilà, on attribue cette invention à l'inventeur américain Thomas Edison, qui saura tout de suite l'exploiter techniquement, industriellement et commercialement.

Raté !

Un cosmonaute rentre d'un voyage autour de la Terre. Il a réussi à prendre une photo de notre planète à 250 km d'altitude. On se hâte de la développer et, au bout d'une demi-heure, on lui dit :

– C'est loupé ! Quelqu'un a bougé.

Discrétion

Au bal, une femme danse avec un inconnu. Soudain, un pet lui échappe. Gênée, elle s'adresse à son cavalier :

– Excusez-moi ! J'espère que cela restera entre nous ?

– Moi non, j'espère que ça va circuler !

Moyen de pression

Un gamin se glisse dans la voiture de son frère. Celui-ci va chercher sa petite amie et l'emmène en forêt. Là, il lui demande :

– Tu veux ou tu veux pas ?

La fille dit :

– Je veux pas !

– Alors rentre à pied !

Le lendemain, le gamin prend son vélo pour aller voir sa copine. Il l'emmène sur son vélo jusqu'à la forêt. Là, il lui demande :

– Tu veux ou tu veux pas ?

La fillette dit :

– Je veux !

– Alors prends le vélo, moi je rentre à pied !

RÉBUS

Retrouvez le titre d'une émission qu'a longtemps présentée Nicolas Hulot, né le 30 avril 1955. C'est également le nom de l'agglomération la plus méridionale du monde.

MAI

2021

Lu	Ma	Me	Je	Ve	Sa	Di
					1 Fête du Travail	2 Boris
3 Philippe et Jacques	4 Sylvain	5 Judith	6 Prudence	7 Gisèle	8 Victoire de 1945	9 Pacôme
10 Solange	11 Estelle	12 Achille	13 Ascension	14 Matthias	15 Denise	16 Honoré
17 Pascal	18 Éric	19 Yves	20 Bernardin	21 Constantin	22 Émile	23 Pentecôte
24 L. de Pentcôte	25 Sophie	26 Bérenger	27 Auguste	28 Germain	29 Aymar	30 Fêtes des Mères
31 Visitation						

Le film d'horreur

Longtemps rattaché au cinéma fantastique traditionnel, le film d'horreur est aujourd'hui un genre autonome possédant ses propres codes et registres. Ce genre cinématographique, fluctuant et spécial, a toujours su déjouer les pièges de la censure et a survécu grâce à un public fidèle et fanatique.

Avec des films comme *la Nuit des morts-vivants* de George Romero (1969), *l'Exorciste* de William Friedkin (1973) ou Carrie de Brian De Palma (1976), le film d'horreur, encore appelé film gore (en anglais, « sang versé »), devient un genre à part entière dans les années 1980.

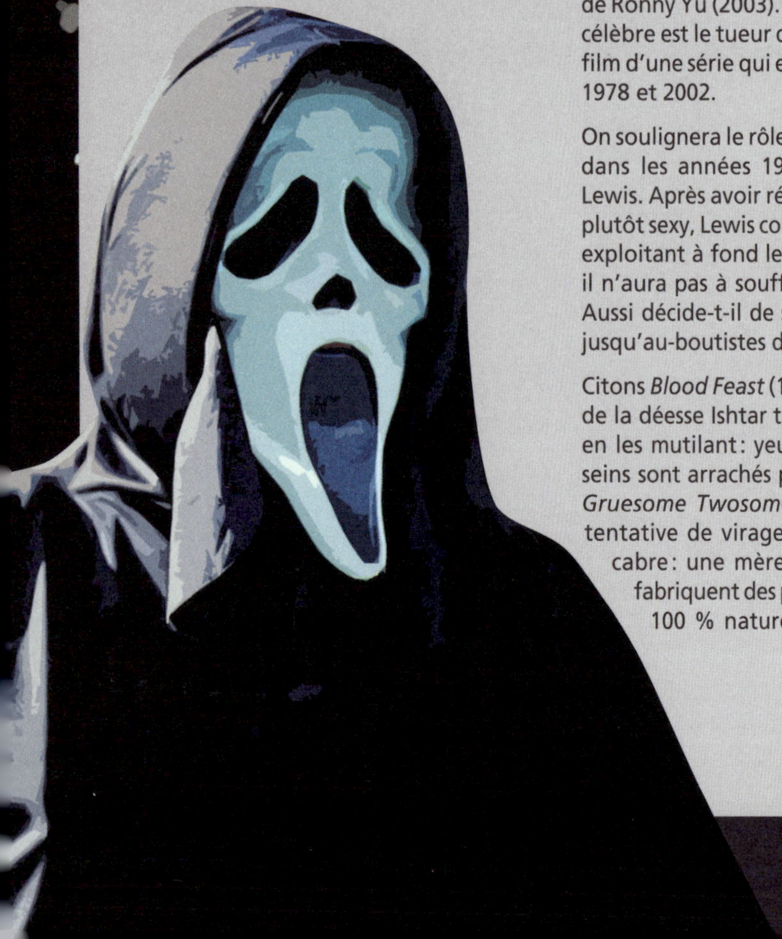

C'est le temps où sévit *Vendredi 13*, qui connaîtra dix épisodes entre 1980 et 2000. Son héros, Jason, le tueur au masque de hockey, rencontrera l'autre icône du film d'horreur, Freddy Krueger, le sombre héros de Wes Craven (des *Griffes de la nuit* en 1984 à Freddy sort de la nuit en 1994), dans un film d'anthologie, *Freddy contre Jason*, de Ronny Yu (2003). Un autre psychopathe célèbre est le tueur de *Halloween*, premier film d'une série qui en comptera huit entre 1978 et 2002.

On soulignera le rôle de pionnier qu'a joué dans les années 1960 Herschell Gordon Lewis. Après avoir réalisé quelques séries Z plutôt sexy, Lewis comprend très vite qu'en exploitant à fond le sadisme et la cruauté il n'aura pas à souffrir de la concurrence. Aussi décide-t-il de s'atteler à des œuvres jusqu'au-boutistes dans l'horreur.

Citons *Blood Feast* (1963), où un adorateur de la déesse Ishtar tue des jeunes femmes en les mutilant : yeux, langue, cervelle et seins sont arrachés puis cuits au four. *The Gruesome Twosome* (1967) marque une tentative de virage vers la comédie macabre : une mère et son fils dégénéré fabriquent des perruques aux cheveux 100 % naturels, ce qui donne lieu à des scènes d'anthologie à base de scalps et de décapitations, au couteau électrique bien sûr. Dans *The Wizard of Gore* (1970), le final délirant est tourné dans des lieux réels et les cadavres entrevus dans la maison de pompes funèbres sont authentiques.

Herschell Gordon Lewis, qui tournait ses films à la va-vite, avec des acteurs non professionnels et sans réels moyens, a toujours assumé le statut de nullité conféré à ses films. Pourtant, et en dépit de leur diffusion confidentielle, ils ont exercé une influence indéniable sur le cinéma d'horreur contemporain.

« Le tueur tuera toujours ses victimes à l'arme blanche » : tel est le premier précepte du film d'horreur. Il peut s'agir d'un couteau (sous toutes ses formes), d'une tronçonneuse, d'une perceuse ou encore d'un crochet de boucher (*Souviens-toi l'été dernier*, 1997). La victime, elle, est la plupart du temps un(e) adolescent(e) travaillé(e) par ses hormones.

« Le tueur ne meurt jamais de façon explicite » : tel est le second précepte. Il disparaît le plus souvent mystérieusement, peut-être pour laisser place à la suite…

L'énigme du film d'horreur

Parmi les trente mots contenus dans l'illustration, biffez ceux qui correspondent aux indices. Les mots restants vous livreront sous forme de rébus le nom d'un film d'horreur de 1982 d'un des maîtres du genre.

ABUSE
ALINE
BELA
CAFÉINE
CARIER
CHARPENTIER
CHUCKY
COTAIT
CRAVE
CRIQUE
DÉBLAI
DRING
DÉMINA
ENSOUFRÂT
GREFFES
DÛMES
HÂTURE
HARET
LAQUE
LARDON
LOUCHE
MÂCHOIRES
NAGER
OGRE
PING-PONG
RAIES
RAMERA
ROMAN
ROMANCE
SARCASME

1. Le premier mouvement de panique vécu dans une salle de cinéma intervient en 1895, lorsqu'une locomotive projetée sur une toile par les frères Lumière avance vers les spectateurs. Déplacez une lettre d'un mot, puis ajoutez un article défini devant, pour lire le nom de la ville dans laquelle ce train arrive.

2. Ajoutez une lettre maudite devant un mot pour découvrir le nom du docteur criminel et mégalomane de Fritz Lang qui terrifie les spectateurs en 1922.

3. La même année, un vampire mis en scène par Friedrich Wilhelm Murnau inaugure un genre qui fait toujours recette aujourd'hui. Trouvez l'anagramme du nom de nuit du comte Orlock, joué par Max Schreck.

4. Biffez le prénom de l'acteur choisi par Tod Browning pour incarner Dracula en 1931.

5. Après le Frankenstein joué par Boris Karloff en 1931, quel personnage James Whale nous présente-t-il au côté du monstre dans la suite de 1935 ? Cette personne se cache derrière une anagramme.

6. Inversez deux lettres pour trouver où se déroule l'action de *Freaks, la monstrueuse parade*, de Tod Browning, en 1932. Le public, choqué, boudera le film à sa sortie.

7. En changeant les initiales d'un mot, retrouvez le héros du film de Merian C. Cooper et Ernest B. Schoedsack qui terrifie New York en 1933.

8. Ce mot est l'anagramme du nom du réalisateur à qui l'on doit *l'Homme qui rétrécit*, *le Météore de la nuit* (premier film en relief) et *Tarantula*, entre 1953 et 1957. Ce nom est aussi le prénom de l'acteur de *Terminator*.

9. Quel est le nom du réalisateur de *Terminator* 1 et 2 (et également de *Titanic*, plus romantique) ? Son anagramme figure dans la liste.

10. Inversez deux lettres d'un mot pour lire le nom du style qui se développe après 1968 avec de plus en plus de scènes sanguinolentes.

11. Biffez le prénom du réalisateur de *Rosemary's Baby* en 1968. Il évoque, sans jamais le montrer à l'écran, un enfant du démon.

12. Remplacez les A d'un mot par des O pour lire le nom du réalisateur de *la Nuit des morts-vivants*. Dès 1969, ce film évoque tous les thèmes les plus tabous, comme le cannibalisme.

13. L'anagramme d'un mot de la liste évoquera la tronçonneuse de Tobe Hooper, qui met en scène en 1974 des fous maniaques débitant en morceaux une bande de copains dans une maison isolée.

14. Lu à l'envers, un mot donne le prénom de la jeune fille que le père Merrin tente de sauver du démon dans *l'Exorciste* en 1974.

15. Ce mot est la traduction littérale du titre américain du film d'horreur *les Dents de la mer*, réalisé par Steven Spielberg en 1975 et qui remportera trois oscars.

16. L'anagramme d'un mot vous fournira le prénom français du jeune enfant, né à la 6e heure, le 6e jour du 6e mois, qui est le héros de *The Omen, la malédiction 666*, sorti en 1976.

17. En déplaçant une seule lettre dans un mot, reformez le nom de cette héroïne de Brian De Palma qui, en 1976, se venge d'être la risée du collège lorsqu'elle se découvre des pouvoirs surnaturels.

18. Amityville est sa maison depuis 1979. Trouvez-le caché derrière une anagramme.

19. Et j'ai crié … en inversant les deux dernières lettres d'un mot. Les extraterrestres de Ridley Scott sont apparus en 1979.

20. Un mot est la traduction du nom du réalisateur de *Halloween, la nuit des masques* en 1978, puis de *The Thing* en 1982.

21. Remplacez une lettre d'un mot par celle qui la suit dans l'alphabet pour retrouver ce film tourné en 1986 par David Cronenberg, où Jeff Goldblum se transforme jour après jour en un monstrueux insecte.

22. Biffez le personnage créé par Tom Holland en 1988 : son identité complète est Charles Lee Ray, contraction des noms de trois meurtriers, Charles Manson, Lee Harvey Oswald et James Earl Ray.

23. Ajoutez un N au bout d'un mot pour lire le nom du réalisateur de *Scream* (1996), qui renoue avec la tradition des *slashers*, ces films où un sérial killer s'en prend à une flopée d'adolescents.

24. Changez une voyelle d'un mot pour retrouver le nom évoquant Freddy Krueger dans une série inaugurée par le même réalisateur douze ans auparavant.

25. Un film de Hideo Nakata fondé sur la légende urbaine d'une cassette vidéo tueuse devient un véritable phénomène de société au Japon en 1998. Biffez l'initiale d'un mot pour retrouver le titre original de ce film dont une suite est sortie en 2005.

Mai
Marabout géant

À l'aide des définitions, retrouvez vingt-quatre termes, acteurs, personnages, réalisateurs ou titres appartenant à l'univers terrible des films d'horreur. La dernière lettre ou la dernière syllabe d'un mot donne à entendre le début du suivant.

1. Réalisateur de *Halloween* (1978) et de *Vampires* (1998).

2. Nouvelle grande frayeur dans le chapitre 5 des *Vendredi 13*.

3. En anglais, c'est un cercle : deux cinéastes en ont fait le tour, Hideo Nakata en 1998 et Gore Verbinski en 2002.

4. Terribles doigts crochus filmés de nuit par Wes Craven en 1984.

5. Prénom de l'affreux croquemitaine muni des armes à découvrir ci-dessus.

6. Évanouie, envolée… à l'instar de Diane (Sandra Bullock) dans un film réalisé par George Sluizer en 1993.

7. Réalisateur des *Griffes du cauchemar* (1987), troisième volet des horribles aventures de Krueger.

8. Série britannique mettant en scène les cénobites, créatures infernales adeptes du sadomasochisme.

9. Film australien de Russell Mulcahy (1984) où l'horreur prend la forme d'un sanglier aux défenses mortelles.

10. Nom d'un chien ! Il pense et il faut s'en méfier… C'est un film français de Jérôme Boivin sorti en 1989.

11. Réalisateur de *la Nuit des morts-vivants* (1969), grand classique du genre.

12. Réalisateur d'*Amityville, la maison du diable* (1979).

13. Grand cinéaste suédois dont les *Cris et chuchotements* (1972) ont quelque chose d'horrible.

14. Film de William Lustig (1988) dans lequel un zombi déguisé en policier tue froidement des citoyens.

15. Grand cinéaste américain qui a su filmer en esthète l'horreur du Viêt Nam dans *Apocalypse Now* (1979).

16. Film de Ridley Scott (2001) où l'horreur côtoie le raffinement.

17. Du même réalisateur, en 1979, un « huitième passager » déjà terrifiant…

18. Il joue le rôle d'un écrivain gagné par une folie meurtrière dans *Shining*, de Stanley Kubrick (1980).

19. Nom du vampire filmé dans son château des Carpates par Murnau, en 1922.

20. Deux serial killers prennent en otage l'animateur d'un reality show dans ce film terrible d'Oliver Stone (1994).

21. Horrible, tel le secret du Dr Hichcock, dans un film d'épouvante italien traitant de la nécrophilie.

22. Des cinéastes en herbe ont pour « projet » d'enquêter sur les sorcières de cette région… dont ils ne reviendront jamais.

23. Maître incontesté du film à suspense, réalisateur du chef-d'œuvre *Psychose* (1960).

24. Film de Brian De Palma (1976) dans lequel une collégienne dotée de pouvoirs surnaturels se venge de ses méchants camarades.

Mai
Samedi
1er

Fête du Travail

Deuxième décan du Taureau

SUITE LOGIQUE

Trouvez la figure numérotée qui continue la série.

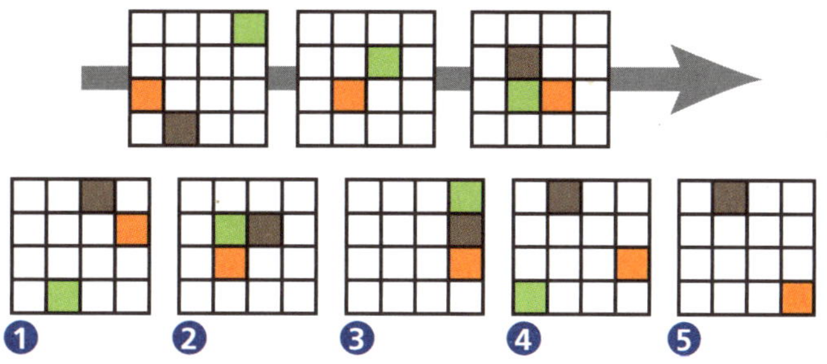

CE JOUR-LÀ

En 1889 a lieu la première célébration de la fête du Travail en France. C'est à partir de 1937 qu'elle deviendra un jour chômé.

En 1993, le Premier ministre Pierre Bérégovoy se donne la mort.

La perle de la semaine

Le général de Gaulle est connu surtout parce qu'on l'a mis dans le dictionnaire !

Leçon de français

On ne dit pas… ils sont décongelés, mais… les surfeurs des neiges ont froid.

Toto

Le professeur demande à Toto de conjuguer le verbe manger à la première personne du présent, du futur et du passé composé. Toto dit :

– Euh… je mange, je mangerai… Euh, euh… j'ai plus faim !

LE PERSONNAGE DU JOUR

Découvrez un personnage célèbre grâce aux indices suivants, que vous lirez l'un après l'autre.

1 Je suis né en Hollande le 1er mai 1857 et me suis éteint en 1891.

Mon arrière-petit-fils, réalisateur polémiste qui était mon homonyme, a été assassiné en 2004. **2**

3 J'ai épousé Johanna à Amsterdam en 1889.

Paul Rhys m'a incarné dans un film de Robert Altman sorti en 1990. **4**

5 Je fus un grand collectionneur de toiles.

Mon frère Vincent m'écrivait en 1883 : « Le but de ma vie est de créer des dessins et des peintures autant que possible. » **6**

Mai
Dimanche
2

Boris

VRAI OU FAUX

L'un des plus célèbres footballeurs en activité, David Beckham, né le 2 mai 1975, marié à une ex-Spice Girl (Victoria) et roi des contrats publicitaires, est d'ores et déjà un mythe. Saurez-vous distinguer le vrai du faux dans ces affirmations qui le concernent ?

1. Il a disputé son premier match professionnel à l'âge de 17 ans.	**V F**
2. Son entraîneur de l'époque l'a blessé en lui jetant une chaussure à la tête.	**V F**
3. Il a été le premier Anglais à signer au Real Madrid.	**V F**
4. Il a quatre enfants, trois garçons et une fille.	**V F**
5. Il interprète le rôle principal du film *Joue-la comme Beckham.*	**V F**
6. Dans son nouveau club (le Los Angeles Galaxy), il touchera 250 millions de dollars pour cinq ans.	**V F**

Mot d'enfant

Lydie, 4 ans, regarde la télévision chez sa grand-mère. Au moment du tirage du Loto, cette dernière s'apprête à changer de chaîne.

– Mais non, mamie, proteste aussitôt Lydie, moi j'aime bien regarder la machine à laver les boules.

Devinette

Pourquoi les maisons ne sont-elles pas solides en Angleterre ?

Parce qu'elles sont en glaise.

MÉLI-MÉLO

Le comédien et chanteur français Serge Reggiani est né le 2 mai 1922 et mort le 23 juillet 2004. Démêlez dans les énoncés suivants les noms de six réalisateurs, acteurs et actrice avec lesquels il a tourné.

1. BESICGKNORERET

……………………

……………………

2. SAMONUTATENTD

……………………

……………………

3. MBELELVIMLONLDEO

……………………

……………………

CE JOUR-LÀ

En 1945, l'Armée rouge plante le drapeau soviétique sur le Reichstag. Berlin, que ne défendent plus que les anciens combattants et les plus jeunes, tombe après plusieurs jours de lutte acharnée.

Mai
Lundi
3

Philippe et Jacques

Zoom saveur

LE SAINT-PIERRE

La légende prétend que la tache noire que ce poisson possède sur chacun de ses flancs serait l'empreinte des doigts de saint Pierre…

La pêche du saint-pierre étant en ce moment très abondante, il est moins onéreux : profitez-en pour vous régaler de son exceptionnelle délicatesse.

Idée gourmande.
Comptez un filet de saint-pierre par personne. Enfermez le poisson salé, poivré et citronné dans une papillote de papier d'aluminium. Faites-le cuire à la vapeur 5 à 7 min selon son épaisseur. Servez-le dans sa papillote, en l'arrosant au dernier moment d'un filet d'huile d'olive.

MOTS CROISÉS

	1	2	3	4	5	6	7	8	9
I									
II					■				
III				■					
IV						■			
V									
VI				■					
VII					■				
VIII	■					■		■	
IX									

Horizontalement
I. Homme politique et philosophe italien né le 3 mai 1469, dont la doctrine cynique fit scandale. **II.** Manifestas ; explosa. **III.** Vieux préjudice ; attaquai le chiendent. **IV.** Canon ; la police des polices. **V.** Batailles. **VI.** Lieu d'études ; garder le secret. **VII.** Normande sans bon sens ; crier dans les bois. **VIII.** Circulait en Espagne. **IX.** Actions viles ou serviles.

Verticalement
1. Nom d'une famille qui compta pour Florence, de Cosme l'Ancien à Jean-Gaston. **2.** Flattera pour parvenir à ses fins. **3.** Scellées. **4.** Crevé ; fin de combat ; héros de romans policiers. **5.** Dont la maturité est excessive ; article. **6.** Pomme de comptine ; dans la bouillabaisse. **7.** Riches Italiens pris à partie par la ligue de Cambrai en 1508. **8.** Elle en supporte, des choses ! **9.** Abandonneras.

CE JOUR-LÀ

En 1324, des jeux floraux (concours de poésie) sont organisés pour la première fois en France.

En 1968, les États-Unis et le Nord Viêt Nam ouvrent des pourparlers de paix à Paris.

Comme un pot

Dans le métro, une vieille dame se penche vers un jeune homme assis en face d'elle, qui mâche consciencieusement son chewing-gum :

– Ce n'est pas la peine d'insister, lui dit-elle, je suis complètement sourde.

À l'asile

Deux fous sont dans un jardin. L'un des deux plante des presse-purée.

– Ça sert à quoi ? demande l'autre.

– À éloigner les girafes.

– Mais il n'y a pas de girafes, ici !

– C'est normal, puisque je plante des presse-purée.

Orientation

Un aveugle attend à un passage pour piétons. Son labrador est assis à côté de lui. Un type regarde la scène. Le feu du passage piétons passe au vert, le chien ne bouge pas. Quelques minutes après, le feu repasse au vert, le chien ne bouge toujours pas. L'aveugle sort alors un gâteau de sa poche et le tend au chien. Le type qui regardait la scène s'approche de l'aveugle et lui dit :

– Excusez-moi, monsieur, mais votre chien ne fait pas son boulot et vous lui donnez quand même une récompense ?

– Mais non ! C'est pour savoir où est sa tête, comme ça je peux lui mettre un coup de pied au cul !

SUDOKU

		3		5		6		
9			1				2	
2					7	5		
			3		9			6
		2				7		
3			8		6			
		8	5					2
	3				4			5
		1		3		9		

Mai
Mardi
4

Sylvain

L'ÉNIGME D'AUDREY HEPBURN

Parmi les vingt mots contenus dans l'illustration, biffez ceux qui correspondent aux indices ci-dessous. Chaque indice renvoie à un seul mot. Les mots restants vous livreront sous forme de rébus le nom d'un film de 1964 dans lequel Audrey Hepburn incarne Eliza et qui reçut huit oscars.

1. D'origine aristocratique, Audrey Hepburn, née le 4 mai 1929 en Belgique, frôle la mort dans sa petite enfance. Incluez une conjonction de subordination dans un mot pour découvrir la maladie qui faillit l'emporter à 6 ans. **2.** Après la guerre, elle obtient quelques contrats de mannequin et des petits rôles au music-hall dans une ville dont l'anagramme figure dans la liste. **3.** Modifiez l'initiale d'un mot pour lire le nom de la femme écrivain qui la repère sur le tournage de *Nous irons à Monte-Carlo*, en 1952. **4.** Triomphant sur scène à Broadway dans *Gigi*, elle décroche son premier grand rôle au cinéma dans un film de William Wyler en 1953. Modifiez la place d'une lettre dans un mot pour lire dans quelle ville Audrey Hepburn tourne ces « vacances ». **5.** Le film précédent, pour lequel elle obtient l'oscar de la meilleure actrice, la propulse au rang de star. Modifiez l'initiale d'un mot pour lire le nom de l'acteur qui en partage la vedette avec elle. **6.** Ajoutez un H à l'un des mots et mélangez les lettres pour former le nom d'un acteur au côté duquel elle joue dans *Sabrina*, film tourné par Billy Wilder en 1954. **7.** L'anagramme thématique d'un mot de la liste fournit le titre d'une pièce de Jean Giraudoux qu'elle jouera à Broadway avec Mel Ferrer avant de l'épouser en Suisse. **8.** Remplacez la lettre centrale d'un mot pour lire le nom du réalisateur de *Guerre et paix*, qu'elle tourne avec son mari en 1956. **9.** En 1957, dans *Drôle de frimousse*, elle partage l'affiche avec une star dansante dont le vrai nom est Frederick Austerlitz et dont l'anagramme du nom de scène figure dans la liste. **10.** Quel acteur, dont l'homophone du nom figure dans la liste, partage avec elle en 1957 l'affiche d'*Ariane*, film de Wilder dont elle interprète le rôle-titre ? **11.** Dans *Charade*, de Stanley Donen, elle incarne une femme prise dans une histoire d'espionnage et d'identités multiples, à la recherche d'un mystérieux butin. Enlevez une lettre dans l'un des mots pour lire le nom de l'acteur hitchcockien qui incarne son mari. **12.** Dans *la Rose et la flèche*, quelle lady incarne-t-elle face à un Sean Connery excellent archer ? L'anagramme de son prénom dans le film figure dans la liste. **13.** Audrey Hepburn apparaîtra pour la dernière fois au cinéma en 1989, dans un film de Steven Spielberg, *Always (Pour toujours)*. Supprimez les extrémités d'un mot pour découvrir la nature du personnage qu'elle y incarne, Hap. **14.** Insérez un adjectif démonstratif dans un mot pour lire le sigle d'une organisation dans laquelle l'actrice s'est beaucoup impliquée de 1988 à 1992, en tant qu'ambassadrice spéciale pour l'Afrique et l'Amérique latine. **15.** Changez la quatrième lettre d'un mot pour découvrir un objet sur lequel figure Audrey Hepburn. Il n'en existe que trois exemplaires connus, dont le dernier a été adjugé 135 000 euros en 2005. **16.** L'actrice meurt des suites d'un cancer en janvier 1993 à Tolochenaz, où elle est enterrée. L'anagramme d'un mot de la liste vous aidera à situer cette ville.

Le sens des priorités

Sur les Champs-Élysées, un samedi soir, débarque une superbe Ferrari conduite par un petit flambeur avec lunettes fumées sur la tête, gourmette en or, chemise ouverte, la musique à fond…

Il se gare, ouvre la portière pour descendre quand déboule un autre véhicule qui, passant trop près, arrache la portière de la Ferrari en même temps que le bras de son propriétaire. Rouge de colère, ce dernier s'énerve :

– Espèce d'abruti, t'as déglingué ma Ferrari… !

– Mais, monsieur, le plus grave c'est que je vous ai arraché le bras, répond l'automobiliste abasourdi.

– Purée… ma Rolex !

Déducto

Chenille

Papillon (Franklin J. Schaffner, 1973)

CE JOUR-LÀ

En 1600, l'ambassadeur de France au Portugal, Jean Nicot, s'éteint. C'est à lui que l'on doit l'introduction du tabac en France, et certains pensent que ce n'est sûrement pas la meilleure idée qu'il ait eue.

Allô, docteur ?

Avant d'être opéré du cœur, le patient demande au chirurgien :

– L'intervention va-t-elle me coûter cher ?

– Laissez donc ce souci à vos héritiers.

CARRÉ MAGIQUE ANAGRAMMATIQUE

Atteignez la somme de 68 sur toutes les lignes et dans toutes les colonnes avec les chiffres correspondant aux définitions. Dans chaque carré figure un mot dont une anagramme est la réponse à une définition. Inscrivez-y l'anagramme et le numéro de définition correspondant. Attention : trois de ces définitions n'ont pas d'équivalent dans la grille. Reportez ensuite l'initiale des vingt-cinq nouveaux mots au-dessus des chiffres correspondants pour trouver une définition du mot barricade évoquant Mai 68.

LAGONS	PORTEUSE	CATION	CHAÎNERA	MARBRÉES	= 68
VOLETER	RÉDIMER	LAVANDES	COUDAIENT	SURINVESTIE	= 68
LOVER	COLTINÉES	LIMITANT 4 MILITANT	MIGRAINE	SINUES	= 68
BÉLÎTRE	RUGINES	CARTÉSIENS	FACTUEL	TAGUERAIT	= 68
LYCÈNE	PROTÉINE	BOSSAIENT	ÉPINÇÂMES	SONOS	= 68
= 68	= 68	= 68	= 68	= 68	

1. Celle de droit du Panthéon annonçait : « Ayez des idées ! » **2.** Mesure physique du désordre. **3.** « L'agresseur n'est pas celui qui se … mais celui qui affirme. » **4.** Engagé politiquement. **5.** Mettre le feu. **6.** Celui d'Henri-IV répétait : « Soyez salés, pas sucrés. » **7.** « L'…, c'est Je » à Nanterre, qui ne veut ni dieu ni maître. **8.** « Vous êtes en face d'une force. Prenez garde de déclencher la guerre civile par votre … », menaçait-on à Nanterre. **9.** Lieux de mobilisation étudiante. **10.** « …, pièges à cons », scandait-on place Saint-Michel. **11.** Vulgairement parlant, c'en était un beau ! **12.** Remue les foules. **13.** « Manquer d'imagination, ce n'est pas … le manque. » **14.** Petite formule marquante. **15.** Aucun étudiant de l'époque ne l'était. **16.** Places de grèves. **17.** Casseurs. **18.** Râle. **19.** Libérés de toute contrainte. **20.** « La … d'autrui étend la mienne à l'infini. » **21.** Sous eux, la plage. **22.** « Je suis …, tendance Groucho. » **23.** « Libérez nos … . » **24.** « L' … ne doit pas être une réaction mais une création. » **25.** « Vous aussi, vous pouvez … », prétendait-on à la Sorbonne. **26.** Mot d'ordre impératif de Nanterre. **27.** En rébellion, debout sur les barricades. **28.** Nationale pour les profs.

			M																								
1	2	3	4	5	6	7	8	9	10	11	12	13	14	15	16	17	18	19	20	21	22	23	24	25	26	27	28

PAVÉ CRYPTÉ

Toutes les lettres de la grille servent à reconstituer une phrase entendue dans les universités pendant la révolte estudiantine. À chaque lettre est associé un chiffre, de la manière suivante : au M du coin haut, on associera 1 r 1 t 2. Au P du coin bas, 8 r 1 t 9 ; au R, sixième lettre de la quatrième ligne, 4 r 6 t 10 et ainsi de suite. Les chiffres ainsi obtenus ont servi à crypter la citation. Plusieurs possibilités s'offrent à vous (sauf pour le chiffre 2 et le chiffre 16 ; commencez par eux, puis passez aux 15 et aux 3, etc.). Chaque lettre de la grille doit être utilisée une seule fois. Bon décryptage !

	1	2	3	4	5	6	7	8
1	M	I	R	C	C	E	I	E
2	N	R	E	E	U	B	T	N
3	I	I	T	M	R	A	R	E
4	E	U	E	A	E	R	E	O
5	U	L	D	N	L	T	L	E
6	L	N	I	A	E	O	R	I
7	C	T	L	D	C	N	A	D
8	P	U	T	A	L	I	E	B

10 9 / 13 8 16 5 13 9 11 / 5 12 2 7 11 13 8 9

9 14 10 / 6 10 13 / 14 8 11 7 8 15 14 6 11 3 12 3

12 15 10 12 6 / 8 11 / 9 6 5 4 7 / 10 / 7 12

7 4 8 9 4 6 5 / 11 ' 8 10 9 10 7 9

GRAFFITI 68

Recomposez ce graffiti lu dans une faculté de médecine en répondant aux définitions dans un premier temps. Reportez ensuite chaque lettre dans le carré chiffré correspondant. Le graffiti comporte évidemment… 68 caractères !

1. La fac où tout a commencé. **2.** En 1968, l'offensive du Têt y entame le moral américain. **3.** Goupil, mais pas Romain. **4.** La vie de la cité. **5.** Volaient en direction des CRS. **6.** Suivi par la police. **7.** Théâtre du Quartier latin. **8.** Commun, habituel. **9.** D'État ou de fusil. **10.** Ivre. **11.** Qui peut voler. **12.** Nations unies.

1 : 13 20 61 58 46 52 4 42

2 : 54 11 23 48 27 66 19

3 : 33 53 2 31 41 22

4 : 38 55 43 16 10 36 14 49 37

5 : 65 62 6 51 28

6 : 35 8 59 24 57 29

7 : 12 17 45 39 21

8 : 9 47 40 5 63

9 : 32 26 1 67

10 : 30 68 7 25 56

11 : 64 34 44 3 18

12 : 60 50 15

1 2 3 / 4 5 6 7 8 9 10 11 12 13 / 14 15 16 / 17 18 19 20 21 22 23

24 25 ' 26 27 / 28 29 / 30 31 32 33 34 35 36 37 / 38 39 40 41 / 42 43 44 45

46 47 48 / 49 50 51 / 52 53 54 55 56 57 58 59 60 61 / 62 / 63 64 / 65 66 67 68

LA CHUTE

Faites tomber les briques de chaque colonne verticalement. Elles sont pour l'instant simplement rangées dans l'ordre alphabétique, il vous faut bien entendu le modifier pour déchiffrer un slogan inscrit dans le grand amphithéâtre de la Sorbonne. La citation se lit ligne après ligne, un mot peut enjamber deux lignes, seule une case noire indique que l'on passe au mot suivant (pas une fin de ligne, donc). Il ne vous reste plus qu'à remplir les… 68 cases.

A	D	E	A	A	N	N	E	E	C	C	D	I	D	E	A	A
N	D	R	I	E	O	R	I	N	E	N	E	N	E	P	E	E
N	N	R	N	E		R	O	O	N	N	O	P	Q	R	M	R
O			R					V			U			U	R	

		■			■											
	■					■			■			■				
					■					■			■			
				■			■									■

Mai
Mercredi
5
Judith

La contrepèterie de la semaine

Voilà une chose qui me fait prier.

CHENILLE

L'éditeur français Louis Hachette est né dans les Ardennes le 5 mai 1800. Passez d'ÉDITEURS à HACHETTE en opérant les substitutions indiquées et en modifiant l'ordre des lettres.

É D I T E U R S
– R + P _ _ _ _ _ _ _ _
– D + L _ _ _ _ _ _ _ _
– P + A _ _ _ _ _ _ _ _
– U + G _ _ _ _ _ _ _ _
– I + T _ _ _ _ _ _ _ _
– L + C _ _ _ _ _ _ _ _
– S + H _ _ _ _ _ _ _ _
– G + H H A C H E T T E

CRYPTOGRAMME

Décodez cette citation de Bernard Pivot, né le 5 mai 1935, extraite de son ouvrage Remontrance à la ménagère de moins de 50 ans.

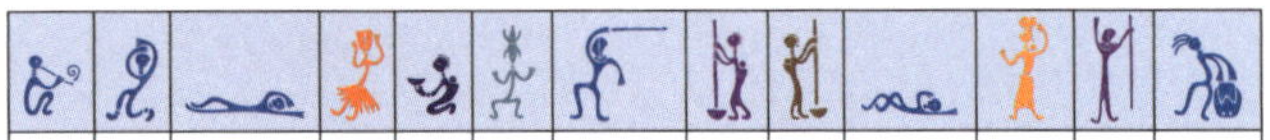

A B	C D	E F	G H	I J	K L	M N	O P	Q R	S T	U V	W X	Y Z

CE JOUR-LÀ

En 1821, Napoléon Ier meurt à Sainte-Hélène, où il a été déporté six ans plus tôt par les Anglais. En 1840, les cendres de l'Empereur seront rendues à la France et déposées aux Invalides.

Mai
Jeudi
6
Prudence

LE DIAGO

Positionnez ces sept mots dans la grille pour former en diagonale le nom d'un homme politique gaulliste, né le 6 mai 1928 à Moulins, qui fut maire de Dijon : ACCORDS, CLIVAGE, EXTRÊME, POUVOIR, PROJETS, ROUAGES, SOCIÉTÉ.

CE JOUR-LÀ

En 1932, le président de la République française Paul Doumer est assassiné par un exalté russe, Paul Gorgulov, qui voulait se venger de la non-intervention française contre les bolcheviks. L'agresseur sera guillotiné.

LE VERTICALETTRES

À l'aide des définitions, retrouvez le nom de huit actrices de nationalités variées afin de découvrir verticalement celui d'une star américaine d'origine allemande qui s'est éteinte le 6 mai 1992.

1. Gamine des *Temps modernes* devenue l'épouse de Charlie Chaplin. **2.** Actrice autrichienne ayant interprété Sissi de façon impériale. **3.** Belle Suédoise qui a joué une *Sonate d'automne* pour un réalisateur portant le même nom qu'elle. **4.** Après un *Voyage au bout de l'enfer*, elle a gagné l'Afrique, puis on l'a retrouvée *Sur la route de Madison*. **5.** Américaine d'origine suédoise, divine dans *la Reine Christine* et *Anna Karenine*. **6.** Actrice française d'origine allemande, que Jacques Becker a coiffée d'un *Casque d'or*. **7.** Prénommée Ginette, elle a donné la réplique à Raimu dans *la Femme du boulanger*. **8.** Actrice britannique qui tenait le rôle de Lara dans *Docteur Jivago*.

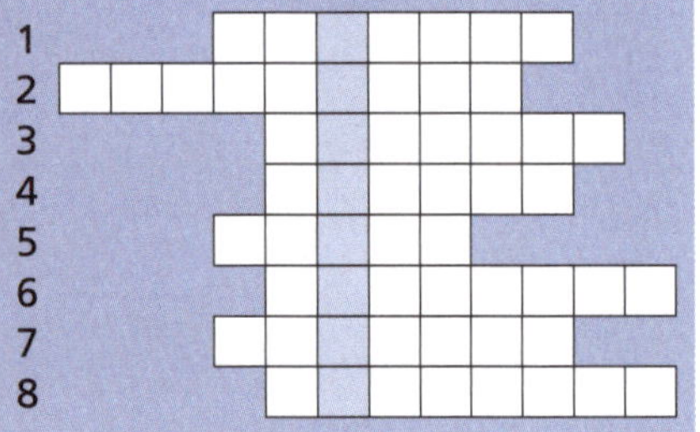

La discipline sportive de **José Artur**

Si le remonte-pente devenait une discipline olympique, la France aurait une chance de plus d'obtenir la médaille d'or.

Proverbe anglais

Cervelle inoccupée, le diable y trouve tente dressée.

Mai
Vendredi
7

Gisèle

MOTS FLÉCHÉS

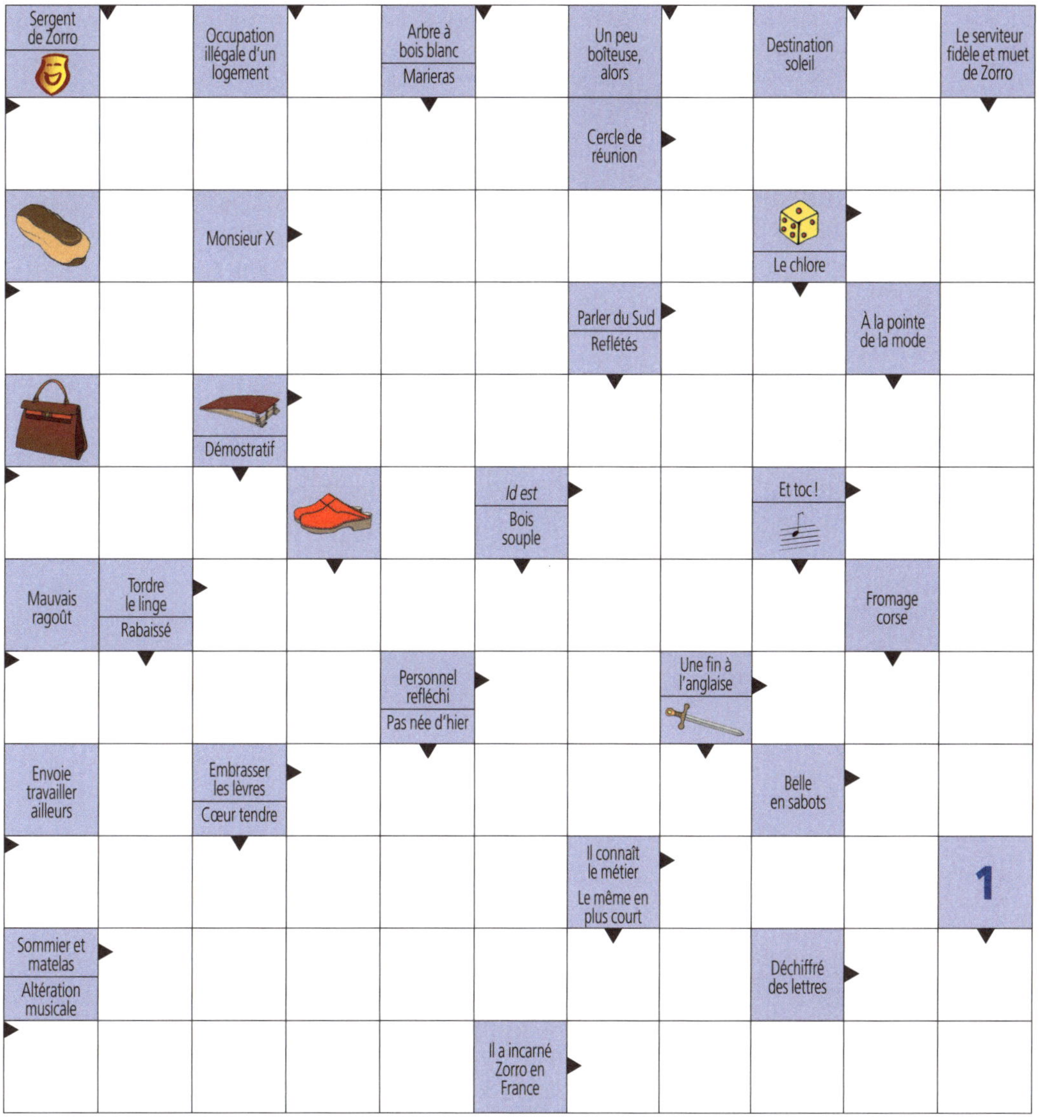

Le saviez-vous ?

Après leur carrière professionnelle, les sumotoris maigrissent rapidement et parviennent en quelques mois à retrouver un poids normal pour leur taille. Mais toutes ces années de surcharge pondérale se paient très cher : leur espérance de vie n'est que de 64 ans.

DOMINOS

Quel domino s'insère logiquement dans la série suivante ?

Devinette

Celui qui le fabrique le voit,
celui qui l'achète le voit,
celui qui l'utilise ne le voit pas.
Qu'est-ce que c'est ?

Un cercueil.

CE JOUR-LÀ

En 1969, le Sénat français approuve l'octroi de la quatrième semaine de congés payés.

En 1995, Jacques Chirac remporte les élections, avec 52,64 % des suffrages, face à Lionel Jospin (47,36 %). Il devient le cinquième président de la Vᵉ République.

À l'école

Le maître vérifie le cahier d'un élève. Il s'étonne :

– C'est quoi, cette page blanche ?

– Ça, c'est une page de calcul mental !

Allô, docteur ?

Un enfant demande à sa mère de l'emmener chez le médecin.

– Pourquoi ? lui répond-elle.

– Parce que la maîtresse m'a dit de soigner mon écriture !

Mai
Samedi
8

Victoire de 1945

CE JOUR-LÀ

En 1902, l'éruption de la montagne Pelée, en Martinique, détruit la ville de Saint-Pierre. On dénombre 30 000 morts. Le seul rescapé est un homme qui se trouvait détenu dans la prison.

LA CITATION CACHÉE

Retrouvez, dissimulée dans cette grille, une citation de Romain Gary, écrivain français né le 8 mai 1914. On passe d'une lettre à la suivante horizontalement, verticalement ou en diagonale, de haut en bas et de bas en haut. La première lettre est dans un angle.

O	U	J	O	R
T	T	A	U	S
S	E	P	L	Q
C	A	N	I	U
E	A	N	A	E
I	V	L	S	D

Devinette

Pourquoi les Français ont-ils choisi le coq comme emblème ?

C'est le seul animal capable de chanter les pieds dans la merde.

La perle de la semaine

Le mercredi est un jour de congé en souvenir des enfants morts pour l'école.

Les Belges

Deux Belges, donc, se promènent dans un jardin public, quand ils aperçoivent un chien en train de se lécher les parties génitales. Le premier, rêveur, dit :

– J'aimerais bien pouvoir faire ça…

Le second lui répond :

– Ma foi, je veux bien t'aider et le tenir, mais ce serait plus agréable si vous preniez le temps de vous connaître…

ITINÉRAIRE

Complétez les noms de lieu suivants, en vous aidant éventuellement d'un dictionnaire, pour découvrir les différents noms que porte un dessinateur né le 8 mai 1938 à Nogent-sur-Marne.

	U		R	A	T
	J		V	S	K
	W		N	D	A
	O		A	C	O
	U		R	É	E
	P		N	A	L
	E		L	I	N
	T		L	I	E
	R		N	D	I
	Y		N	E	Y

Amour toujours

Un mari inspecte, devant tous les invités, les vingt-six bougies plantées sur le gâteau d'anniversaire de sa femme.

– Tu as bien fait de ne pas les mettre toutes, chérie, lui dit-il. Sinon, nos amis auraient risqué d'être incommodés par la chaleur.

Mai
Dimanche
9

Pacôme

QUIZ
Marie-José Pérec

Née le 9 mai 1968, elle est la seule sportive française à détenir trois titres olympiques.

1. *Marie-José est une fille des îles. Mais où est-elle née ?*
A. À Basse-Terre, en Guadeloupe.
B. À Fort-de-France, en Martinique.
C. À Saint-Denis de la Réunion.

2. *Par qui a-t-elle été élevée ?*
A. Par sa mère.
B. Par son oncle et sa tante paternels.
C. Par sa grand-mère.

3. *En quelle année a-t-elle remporté son premier titre national ?*
A. 1985.
B. 1987.
C. 1988.

CE JOUR-LÀ

En 1960, la pilule contraceptive est autorisée à la vente en France.

En 1977, le corps d'Aldo Moro est retrouvé dans le coffre d'une voiture en Italie. L'assassinat est revendiqué par les Brigades rouges.

Devinette

Les cigognes qui amènent les bébés sont-elles des femelles ou des mâles ?

Des mâles, naturellement ! Avez-vous déjà vu des femelles fermer leur bec plus de cinq minutes ?

COUPE-LETTRES

Rayez une lettre dans chacun des huit mots en en formant de nouveaux. Reportez-la à droite pour trouver un écrivain allemand né ce jour en 1805.

C	O	U	S	I	N	E	
C	H	A	M	E	A	U	
D	O	U	C	H	E	S	
P	L	A	I	N	T	E	
C	O	U	P	L	E	R	
B	L	A	G	U	E	S	
E	C	O	U	T	E	R	
F	R	E	L	O	N	S	

Devinette

Quelle est la définition du soutien-gorge ?

Il soutient les faibles, maintient les forts et ramène les égarés.

Mot d'enfant

Pour Halloween, Valentin, 7 ans, reçoit une panoplie de sorcier. Il enfourche immédiatement le balai, attend, pousse un énorme soupir et se tourne vers son père :

– Tu aurais dû l'essayer chez le marchand. Il ne marche pas !

Mai
Lundi
10

Solange

MOTS CROISÉS

	1	2	3	4	5	6	7	8	9	10	11	12	13	14
I							■							
II						■								
III					■					■		■		
IV						■								
V		■												■
VI				■			■		■			■		
VII			■										■	
VIII				■						■				
IX									■				■	

Horizontalement
I. Prénom de l'homme politique devenu le premier président noir d'Afrique du Sud, le 10 mai 1994 ; son patronyme. **II.** Solides soutiens ; ustensiles de table. **III.** Digitale s'il est de Notre-Dame ; signes de Croix ; permet de rêver. **IV.** Mal dégrossis ; son cœur est de glace quand elle est norvégienne. **V.** Titre d'une chanson dédiée à notre homme par Johnny Clegg. **VI.** Meuble d'écu ; deuxième sous *sol* ; à moitié vert ; sots sur les bords. **VII.** Tête de série ; ségrégation raciale institutionnalisée et pratiquée en Afrique du Sud jusqu'en 1990. **VIII.** On en attend du neuf ? ; portée aux nues ; cours dans le désert. **IX.** Qui lorgne sur le bien d'autrui ; le plus ancien parti d'opposition en Afrique du Sud, dont notre homme fut président.

Verticalement
1. Ensemble des caractères culturels propres aux Noirs. **2.** Pièce d'établi ; grison. **3.** Voiture pour enfants ; activités passées. **4.** Points de vue remarquables. **5.** Pièce de charpente ; spontané. **6.** Cri de chartreux. **7.** Type à la hauteur ; filets à vairons. **8.** Exprimée à voix basse. **9.** Créature venue d'ailleurs ; attire l'attention. **10.** Tête de nigaud ; esprit protecteur à Rome. **11.** Peine à laquelle notre homme était condamné à perpétuité… jusqu'à sa libération en 1990. **12.** Finit premier ; trésorerie générale ; rapace nocturne. **13.** Chargeas. **14.** Grand Orient ; syndrome ayant atteint le fils de notre homme, et contre lequel ce dernier se bat aujourd'hui.

Zoom saveur

LE VEAU SOUS LA MÈRE

La chair de ce veau printanier exclusivement nourri du lait de sa mère (ou de l'une de ses tantes !) est divinement tendre, quasi fondante.

Idée gourmande.
Pour profiter au mieux de la finesse de sa viande d'exception, préparez cette recette toute simple. Salez, poivrez et citronnez légèrement des côtes de veau de lait de 2 cm d'épaisseur. Parsemez-les d'origan, arrosez-les d'un filet d'huile, puis faites-les griller 6 min de chaque côté sur feu moyen. Couvrez-les d'aluminium et laissez-les reposer 5 min avant de les servir, simplement nappées de leur jus, avec des haricots verts persillés.

CE JOUR-LÀ

En 1869, l'Union Pacific et la Central Pacific relient par le rail la côte Est et la côte Ouest des États-Unis.

Devinette

Quelle est la différence entre un roi et un taureau ?

Le taureau rentre entièrement dans l'arène.

QUIZ LEADERS NOIRS

Devinez le nom de quatre grands leaders noirs grâce à ces éléments.

1. Esclave puis manœuvre à Baltimore en 1825, il quitte les États-Unis pour le Royaume-Uni. Grand orateur, il revient au pays et s'impose comme leader incontesté de la cause noire de 1845 à 1895.
2. Né à Atlanta en 1929, militant des droits civiques, il est connu dans le monde entier pour son célèbre « I have a dream ». Prix Nobel de la paix, il est assassiné en public le 4 avril 1968.
3. Plus radical que le précédent et précurseur du Black Power. Son père, pasteur baptiste, fut assassiné. Quant à lui, il connut le même sort au cours d'une conférence publique le 21 février 1965.
4. Ce sportif incomparable surnommé « le Boxeur du siècle », trois fois champion du monde, a changé de nom lorsqu'il s'est converti à l'islam et a provisoirement sacrifié sa carrière en refusant de servir au Viêt Nam.

Mai
Mardi
11

Estelle

CARTE EN QUESTIONS

Identifiez ces douze villes grâce aux indices historiques fournis.

1. Le 11 mai 330, son chef suprême donne à l'Empire romain une nouvelle capitale nommée Nouvelle Rome. Cette cité du Bosphore prendra le nom de l'empereur à sa mort, puis en changera encore pour une forme tirée phonétiquement du grec signifiant « je vais à la ville » *(eis tin polin)*. **2.** Charlemagne fit de cette ville connue pour ses sources chaudes la capitale de son empire. **3.** Neuf papes se succédèrent dans cette ville entre 1309 et 1423. Elle fut annexée à la France, en tant que capitale du Comtat Venaissin, en 1791. **4.** Cette ville portuaire de la mer Baltique était surnommée la « Reine de la Hanse ». Elle régna sur le commerce européen pendant plusieurs siècles et fut même incorporée à l'Empire français en 1810. **5.** Ville de l'empire d'Alexandre le Grand, elle développa des relations commerciales importantes avec l'Égypte. Au début du XIVe siècle, elle fut conquise par les Hospitaliers, qui y établirent des murailles colossales. **6.** Prise par Édouard III d'Angleterre en 1347 à la suite d'un long siège, cette ville reste célèbre pour les six bourgeois qui furent présentés au roi en chemise, pieds nus et la corde au cou, au début de la guerre de Cent Ans. **7.** La crypte de la cathédrale de cette ville de Galice est censée abriter le tombeau d'un apôtre du Christ décapité en Palestine. Depuis le IXe siècle, elle draine un des plus importants pèlerinages chrétiens. **8.** Elle fut le dernier bastion maure de la péninsule Ibérique, et la Reconquista s'acheva en 1492 par la remise des clés de la ville aux Rois Catholiques. Cette année, associée à la découverte de l'Amérique par Christophe Colomb, marque symboliquement la fin du Moyen Âge. **9.** Cette ville est le siège d'un concile convoqué par le pape Paul III pour arbitrer le conflit du réformateur Luther avec la papauté. La discussion durera dix-huit ans… **10.** Ville qu'Homère disait « riche en or », elle a donné son nom à une civilisation qui a prospéré de la fin de l'âge du bronze jusqu'aux invasions des Doriens et des Peuples de la Mer, qui mirent fin à son rayonnement au XIIe siècle av. J.-C. **11.** Mise à sac en 390 av. J.-C. par les Gaulois malgré l'alarme donnée par les oies, elle fut encore pillée par les Wisigoths en 410, puis par les Vandales en 456 et encore par Charles Quint en 1527, mais elle a régné sur l'Europe et au-delà pendant des siècles. **12.** Assiégé par César, le chef arverne Vercingétorix y rend les armes en 52 avant notre ère. Des recherches archéologiques et historiques tendent à situer ce lieu hautement symbolique de la Gaule dans la Côte-d'Or.

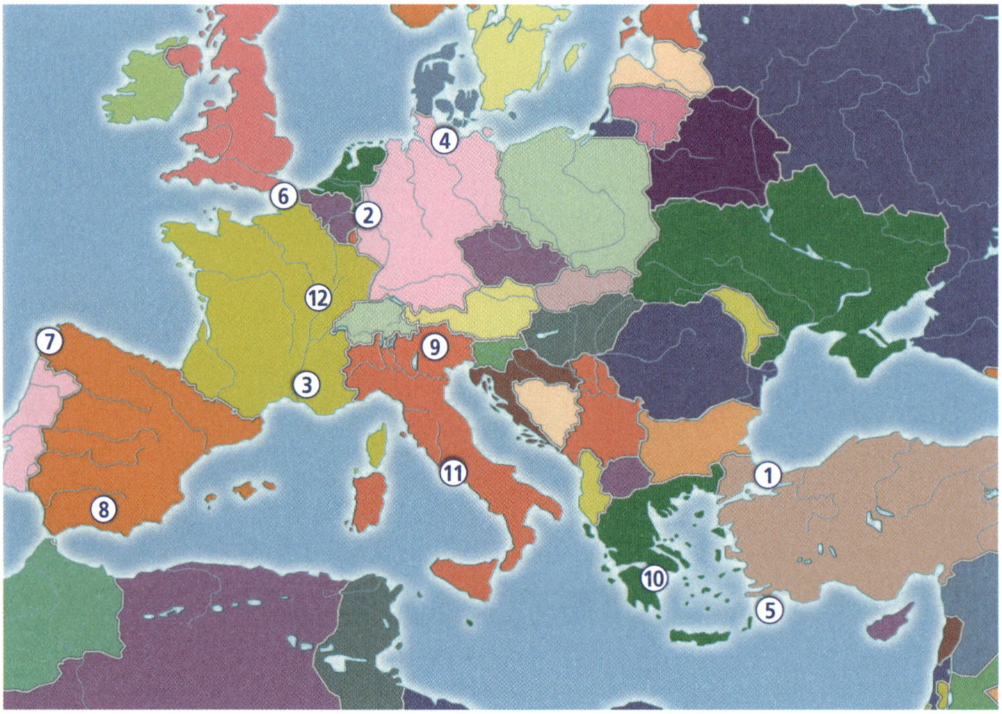

CE JOUR-LÀ

En 1960, le paquebot France est lancé.

En 1968, le Quartier latin connaît une nuit chaude : soixante voitures sont incendiées.

Déducto

Nous avons perdu ce matin

(Robert Wise, 1949)

Nous avons gagné ce soir

Amour toujours

Trois femmes s'épanchent sur leurs adultères respectifs dans le compartiment d'un train :

La première :

– Non, je ne peux lui cacher la vérité, je raconterai tout à mon mari.

La deuxième :

– Quel courage !

La troisième :

– Quelle mémoire !

Précocité

Deux mères discutent :

– Ma fille est tellement intelligente qu'elle peut épeler son nom dans les deux sens !

– Ah oui, quel est son nom ?

– Anna.

Allô, docteur ?

Une naine va chez son gynéco :

– Je ne comprends pas, quand il pleut, j'ai les lèvres irritées.

Le gynéco :

– Arrêtez de mettre des bottes en caoutchouc !

À l'asile

Deux fous se rencontrent :

– Vous me reconnaissez, je suis Napoléon.

– Qui vous a dit cela ?

– Jésus-Christ.

– Mais je n'ai jamais dit ça !

Mai
Mercredi
12

Achille

Troisième décan du Taureau

LE PERSONNAGE DU JOUR

Découvrez un personnage célèbre grâce aux indices suivants, que vous lirez l'un après l'autre.

1 Fille d'un grand cinéaste, je suis née le 12 mai 1971 à New York.

2 D'abord costumière pour *The Spirit of '76*, de Lucas Reiner, je me lance ensuite dans une carrière d'actrice – en vain.

3 Mariée de 1999 à 2003 avec le réalisateur Spike Jonze, je vis actuellement avec Thomas Mars, chanteur du groupe de pop-rock Phoenix.

4 J'ai donné naissance à deux petites filles, Romy (2006) et Cosima (2010).

5 Mon premier long-métrage en tant que réalisatrice, *Virgin Suicides*, a été encensé par la critique en 1996.

6 Mon film *Lost in Translation* a obtenu en 2002 l'oscar du meilleur scénario original.

CE JOUR-LÀ

En 1941, Darlan rencontre Hitler à Berchtesgaden. Il concède certains avantages aux Allemands en Syrie et en Afrique. Mais bientôt sa politique de résistance diplomatique déplaît au Führer, qui exige le retour de Laval au pouvoir.

La contrepèterie de la semaine

Non ! Le Var ne se déverse pas dans l'Oder !

Perle du bac

Le génie de la Renaissance italienne est Mickey l'ange.

LE PERSONNAGE CÉLÈBRE

En répondant aux définitions suivantes, retrouvez dans les colonnes vertes le nom du fondateur (né le 12 mai 1915 à Provence, en Suisse) de la communauté de Taizé, installée en Bourgogne.

1. Proposé avec générosité. **2.** Nom de baptême. **3.** Mise vachement bas. **4.** Cochonnes de nature. **5.** Consacrera au culte.

1
2
3
4
5

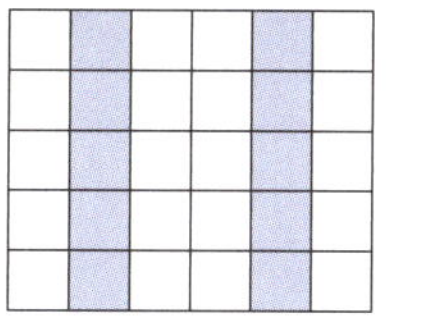

Mai
Jeudi
13

Ascension

LE VERTICALETTRES

Répondez aux définitions suivantes pour retrouver le nom d'un trompettiste, chanteur et compositeur de jazz américain mort à Amsterdam le 13 mai 1988.

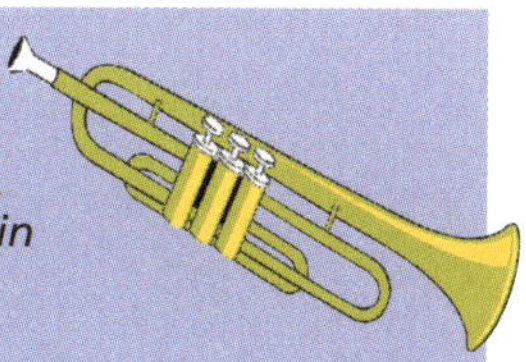

1. Improvisation de jazz faite d'onomatopées. **2.** Jazz « chaud » des années 1925-1939. **3.** Temps fort d'une mesure en jazz. **4.** Musique syncopée et rapide, une des sources du jazz. **5.** Forme musicale elle aussi à l'origine du jazz. **6.** Réunion de jazzmen. **7.** Pause musicale en jazz. **8.** Style de jazz New Orleans. **9.** Qualificatif pour un jazz « libre », spontané.

1
2
3
4
5
6
7
8
9

CE JOUR-LÀ

En 1950 se déroule le premier grand prix de l'histoire de la formule 1 (sur le circuit britannique de Silverstone).

En 1981, le pape Jean-Paul II est blessé dans un attentat place Saint-Pierre. Il se déplacera désormais en « papamobile ». L'agresseur, Ali Agça, condamné à la perpétuité en Italie, sera extradé en Turquie le 14 juin 2000.

Le thermostat de Coluche

Vous savez comment ma grand-mère faisait cuire les gâteaux ? Une vieille recette italienne : vous faites deux gâteaux identiques, un grand et un petit, vous mettez les deux au four, et quand le petit est brûlé c'est que le grand est cuit !

Le langage des fleurs

Un type entre chez un fleuriste. Au-dessus du comptoir, il voit une grande pancarte qui annonce : « Dites-le avec des fleurs ! » Il appelle alors une vendeuse et lui dit discrètement :

– Je voudrais des fleurs artificielles ! C'est pour un mensonge…

Devinette

Comment s'appellent les parents de l'Homme invisible ?

Les Transparents !

Proverbe anglais

Biens apportés sur le dos du diable tournent avec la selle.

Mai
Vendredi
14

Matthias

CE JOUR-LÀ

En 1979, la physicienne Yvonne Choquet-Bruhat est la première femme élue à l'Académie des sciences.

Le saviez-vous ?

Le Coca-Cola peut remplacer l'huile pour voitures, ce qui permettra peut-être aux automobilistes de réaliser quelques économies. Pour démontrer cette étrange théorie, le médecin britannique Jack Schofield a fait en 1989 l'aller et retour Liverpool-Manchester (115 km) au volant d'une voiture lubrifiée avec du Coca… et un additif particulier.

Plausible

Un homme qui n'a pas posté à temps sa déclaration de revenus cherche comment justifier ce retard pour échapper à la pénalité de 10 %.

– Tu pourrais, suggère sa femme, raconter à l'inspecteur des contributions que tu avais laissé ta déclaration sur la table, que le chien des voisins, qui poursuivait notre chat, l'a mise en pièces et que, juste à ce moment, une tempête s'est levée…

– Arrête, fait le mari. Il ne croira jamais ça. Non, je vais plutôt lui dire que j'ai mis ma déclaration, dûment timbrée, à la poste et qu'elle s'est perdue au service du tri. Ça, il le croira.

LE CÉLIBATAIRE

George Lucas

Le producteur et réalisateur George Lucas est né le 14 mai 1944 en Californie. Avec le succès des Indiana Jones et des Star Wars, sa richesse le situe parmi les plus grandes fortunes de la planète. Associez à chaque personnage un acteur qui l'a incarné, manipulé, ou qui lui a prêté sa voix dans la Guerre des étoiles. À la fin, il restera un célibataire.

Alec Guinness
R2-D2
Dark Vador
Natalie Portman
Comte Dooku
Ewan McGregor
Maître Yoda
Padmé Amidala
Roger Carel
Han Solo

Ian McDiarmid
Harrison Ford
Luke Skywalker
Palpatine
Christopher Lee

Mark Hamill
C-3PO
Frank Oz
Obi-Wan Kenobi
Hayden Christensen

Devinette

Pourquoi les femmes ne portent-elles jamais de vêtements en cuir ?

Parce que ça ne sert à rien d'enlever la peau d'une vache pour la mettre sur une autre !

Comparatif

Un éléphant croise un homme sur une plage nudiste. Après l'avoir détaillé des pieds à la tête, il s'écrie :

– Et c'est avec ÇA que tu veux manger ?

VRAI OU FAUX

Frank Sinatra, le crooner à la voix de velours, s'est éteint le 14 mai 1998 à Los Angeles. Parmi ces anecdotes et événements qui ont émaillé sa vie, saurez-vous démêler le vrai du faux ?

1. Il est né à Hoboken, New Jersey, le 12 décembre 1915, d'un père et d'une mère italiens. **V F**
2. En 1953, il a reçu l'oscar du meilleur second rôle pour *Tant qu'il y aura des hommes*. Il aurait obtenu le rôle grâce aux pressions de la Mafia sur le producteur et réalisateur Fred Zinnemann. **V F**
3. Il a été marié à Jane Russell et à Kim Novak. **V F**
4. Il a enregistré plusieurs duos avec sa fille Nancy, dont le plus célèbre est *Something Stupid*. **V F**
5. Son ami Dean Martin a rapporté une anecdote présentée comme véridique, où il est question des liens qu'entretenait Sinatra avec la Mafia et des relations qu'il avait avec des caïds de la pègre comme Willie Moretti, Lucky Luciano et Sam Giancana. **V F**
6. La chanson *My Way* est une reprise de *Comme d'habitude*, de Claude François. **V F**

SUDOKU

	9							1
		6			9	5		
	8		3					2
		9	5					6
		2	9		8	7		
7					3	8		
5					7		4	
		3	8			2		
2							8	

Mai
Samedi
15

Denise

FILMOGRAPHIE Mireille Darc

Née le 15 mais 1938, cette actrice pétillante a été l'interprète favorite d'Audiard, la partenaire de Lino Ventura, de Pierre Richard, d'Alain Delon (dans la vie aussi pour ce dernier), avant de se reconvertir dans la photo et la réalisation de téléfilms. Retrouvez le titre de cinq de ses films grâce aux indices suivants.

1. Le titre est le prénom de l'héroïne, symbole des nouvelles femmes libres (1966).

2. Un insecte charmant qui convient admirablement à son physique donne son titre au film (1967).

3. Elle rencontre un grand distrait et le séduit avec une robe qui mérite le détour (1972).

4. Elle est une call-girl sympathique dont s'éprend Pierre Mondy, beauf provincial (1975).

5. Avec Alain Delon cette fois, tel qu'en lui-même et tel que le titre (1983).

MARIONS-LES

Michel Audiard, né le 15 mai 1920 à Paris, fut l'un des plus talentueux scénaristes du cinéma français. Il passa ensuite à la réalisation. Saurez-vous apparier les auteurs suivants et leur œuvre ? Ils l'ont adaptée eux-mêmes pour le cinéma, et sous le même titre.

Françoise Sagan	**A**	**1**	*Rouletabille chez les Bohémiens*
Jules Romains	**B**	**2**	*La Scoumoune*
Boris Vian (Vernon Sullivan)	**C**	**3**	*Les Rivières pourpres*
François Mauriac	**D**	**4**	*Le Dialogue des carmélites*
Gaston Leroux	**E**	**5**	*La Chamade*
José Giovanni	**F**	**6**	*Le Fils de Caroline chérie*
Georges Bernanos	**G**	**7**	*Thérèse Desqueyroux*
Colette	**H**	**8**	*Knock*
Jean-Christophe Grangé	**I**	**9**	*Gigi*
Jacques Laurent (Cécil Saint-Laurent)	**J**	**10**	*J'irai cracher sur vos tombes*

CE JOUR-LÀ

En 1988, à la suite des accords de Genève, les premières troupes russes quittent l'Afghanistan.

La perle de la semaine

Pour allumer, on tourne l'interlocuteur.

Mai
Dimanche
16

Honoré

VRAI OU FAUX

Disparu le 16 mai 1953, Django Reinhardt est né dans une roulotte, a appris à jouer de la musique très jeune mais, victime d'un incendie, a perdu deux doigts de la main gauche. Inventant une nouvelle technique incluant le pouce, il est pourtant devenu l'un des guitaristes les plus célèbres de sa génération. Les affirmations suivantes sont-elles exactes ou relèvent-elle de la légende ?

1. Il a joué du violon avant de passer à la guitare. **V F**

2. Il ne savait pas lire, même pas la musique. **V F**

3. Il a joué avec le grand orchestre de Duke Ellington. **V F**

4. Son autre passion était la peinture. **V F**

5. En hommage à son producteur de disques, il a composé le *Blues for Barclay*. **V F**

QUIZ Henry Fonda

Henry Fonda est né le 16 mai 1905 et mort le 12 août 1982. Il a incarné comme personne l'honnête homme, le citoyen exemplaire, les grands personnages historiques intègres et les militaires courageux.

1. *Il a obtenu un oscar à :*
A. 26 ans. **B.** 46 ans. **C.** 76 ans.

2. *Dans* Douze Hommes en colère *:*
A. Il dirige une équipe de football américain.
B. Sergent, il mate une section de fortes têtes.
C. Juré, il convainc ses partenaires.

3. *À la fin de* Il était une fois dans l'Ouest *:*
A. Il tue Charles Bronson.
B. Il est tué par Charles Bronson.
C. Il partent tous deux vers l'Ouest.

4. *Il a interprété :*
A. Abraham Lincoln. **B.** L'amiral Nimitz.
C. Theodore Roosevelt Jr.

CE JOUR-LÀ

En 1957, l'incorruptible Elliot Ness meurt. C'est lui qui a mis fin à la tristement célèbre carrière d'Al Capone.

Mot d'enfant

Léna, 5 ans, se prend dans des ronces.

– Maman, je ne peux pas passer à cause des branches qui ont des arêtes.

Mai
Lundi
17

Pascal

MOTS CROISÉS

	1	2	3	4	5	6	7	8	9	10	11	12	13	14
I				■						■				
II						■			■					
III		■			■						■			
IV			■						■				■	
V								■						
VI			■		■						■			
VII				■				■				■	■	
VIII							■							■
IX		■												

Horizontalement

I. Pseudonyme d'Eugène Torquet, disparu le 17 mai 1918, premier prix Goncourt en 1903 avec *Force ennemie* ; prénom d'un des deux frères Goncourt, disparu en 1870 ; prénom de Frapié, deuxième prix Goncourt pour *la Maternelle*. **II.** Négative quand elle se retrouve au tableau ; pige ; épreuve qui prend corps. **III.** Personnage de Brecht ; subit le sort d'une chétive pécore ; enfile. **IV.** Mot de Pagnol ; tire à la ligne ; fixette de l'écolo. **V.** Mise au vert mais en vers ; domestiques criminelles chez Genet. **VI.** Saint de Normandie ; corruptible ; comptes à régler. **VII.** Feuilletés ou dévorés ; mis au jour ; épilogue. **VIII.** Donner à voir ; prix Goncourt en 1919 pour *À l'ombre des jeunes filles en fleurs*. **IX.** Écrivains sans envergure.

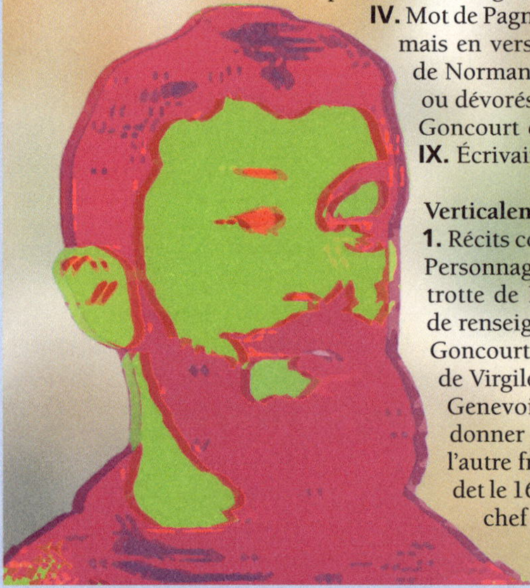

Verticalement

1. Récits courts. **2.** Matin londonien ; il a l'eau à la bouche. **3.** Personnage de Jarry ; essence indienne. **4.** Pilon de baratte ; trotte de Pékinois. **5.** Sujet de l'écrivain égotiste ; bureau de renseignements ; bien marqué. **6.** Pour les académiciens Goncourt chez Drouant. **7.** Piquées de toutes parts. **8.** Héros de Virgile ; professeur abrégé. **9.** S'empiffra. **10.** Roman de Genevoix ayant obtenu le Goncourt en 1925. **11.** Pour donner le ton ; queue de lapin ; effeuillée. **12.** Prénom de l'autre frère Goncourt, mort chez son ami Alphonse Daudet le 16 juillet 1896 ; acquis. **13.** Bête de jeu ; bien attrapé ; chef de travaux. **14.** Copiasse.

Zoom saveur

LES PETITS POIS

Mme de Maintenon, la seconde épouse de Louis XIV, les appréciait énormément : en 1696, elle fait part de « son impatience d'en manger, son plaisir d'en avoir mangé et sa joie d'en manger encore ».

La saveur des petits pois frais est inégalable. Profitez-en sans attendre !

Idée gourmande.

Écossez 1 kg de petits pois. Mettez-les dans une cocotte avec un cœur de laitue ciselé, 12 oignons grelots, une poignée de menthe ciselée, 60 g de beurre, 1 cuill. à café de sucre, 15 cl d'eau, du sel et du poivre. Laissez frémir 30 min à couvert en remuant de temps en temps. Pour un accord parfait, servez avec des côtes de veau de lait : un régal !

CE JOUR-LÀ

En 1980, de violentes émeutes raciales éclatent à Miami après l'acquittement de quatre policiers blancs accusés d'avoir frappé à mort un Noir : il y aura 15 morts et 200 blessés.

Devinette

Savez-vous pourquoi les hommes ont les jambes arquées ?

Parce que ce qui est sans importance est toujours mis entre parenthèses.

Les blondes

Comment amuser une blonde toute une journée ?

Il faut lui donner une feuille portant des deux côtés la phrase « retournez la feuille ».

Interprétation libre

Un homme se balade sur la plage. Il trouve une lampe magique, il la frotte et un génie en sort. Le génie lui dit :

– Tu peux faire trois vœux !

L'homme répond :

– OK, alors, j'aimerais avoir le ventre plein, le cul au chaud et une femme qui me tienne la queue !

Et le voilà instantanément transformé en casserole…

Mai
Mardi
18

Éric

ESCALETTRES

Le 18 mai 2007, les Français découvrent le nom des ministres qui constituent le gouvernement de François Fillon. En ajoutant une lettre à chaque étape et en permutant l'ordre des lettres, trouvez la fonction de celui qui les a nommés.

P S I
+E _ _ S _
+R _ _ E _ _
+N _ _ _ _ _ _
+T _ _ R _ _ _ _
+E _ _ _ E _ T _ _
+D _ _ _ S _ _ _ _ _

Déducto

Gnome

Géant
(George Stevens, 1956)

La sécurité aérienne selon
José Arthur
On ne tombe pas deux fois du même avion.

CE JOUR-LÀ

En 1953, Jacqueline Cochran, aviatrice américaine, est la première femme à franchir le mur du son à bord d'un F-86 Sabre.

En 1974, l'Inde devient le sixième pays à posséder l'arme nucléaire.

LABYRINTHE

Aidez Joséphine à traverser la ville pour rejoindre l'immense tas d'os que lui a promis son maître.

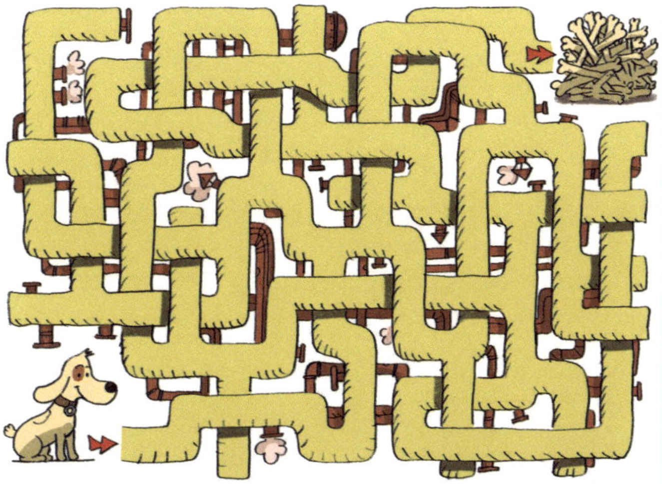

LA GIRAFE

Remplissez la grille girafe à l'aide des définitions, sachant que les mots s'enchaînent selon le principe du « marabout de ficelle ».

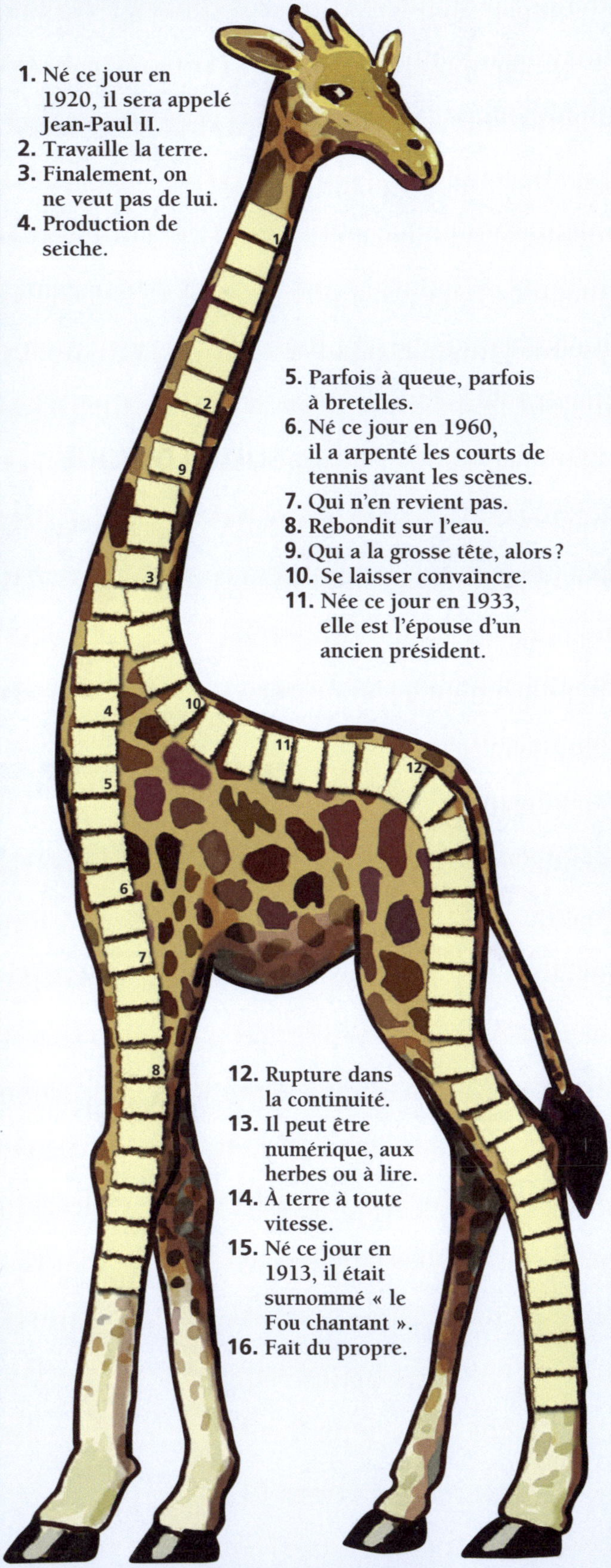

1. Né ce jour en 1920, il sera appelé Jean-Paul II.
2. Travaille la terre.
3. Finalement, on ne veut pas de lui.
4. Production de seiche.
5. Parfois à queue, parfois à bretelles.
6. Né ce jour en 1960, il a arpenté les courts de tennis avant les scènes.
7. Qui n'en revient pas.
8. Rebondit sur l'eau.
9. Qui a la grosse tête, alors ?
10. Se laisser convaincre.
11. Née ce jour en 1933, elle est l'épouse d'un ancien président.
12. Rupture dans la continuité.
13. Il peut être numérique, aux herbes ou à lire.
14. À terre à toute vitesse.
15. Né ce jour en 1913, il était surnommé « le Fou chantant ».
16. Fait du propre.

Mai
Mercredi
19

Yves

LE PERSONNAGE DU JOUR

Découvrez un personnage célèbre grâce aux indices suivants.

1 De mon vrai nom de famille Mendoza, je suis née le 19 mai 1948 à Spanish Town, en Jamaïque.

2 Ma famille émigre aux États-Unis alors que je suis encore enfant. Je deviens mannequin grâce à ma taille (1,79 m).

3 En 1977, j'enregistre un premier disque mêlant le disco et le reggae.

4 En 1984, je joue le rôle de Zula aux côtés d'Arnold Schwarzenegger dans *Conan le destructeur*.

5 Je rejoins les James Bond Girls en 1985 pour *Dangereusement vôtre*, où j'interprète une tueuse qui s'oppose à Roger Moore.

6 Jean-Paul Goude a véritablement créé mon personnage de vénus noire androgyne.

SUITE LOGIQUE

Trouvez la figure numérotée qui continue la série.

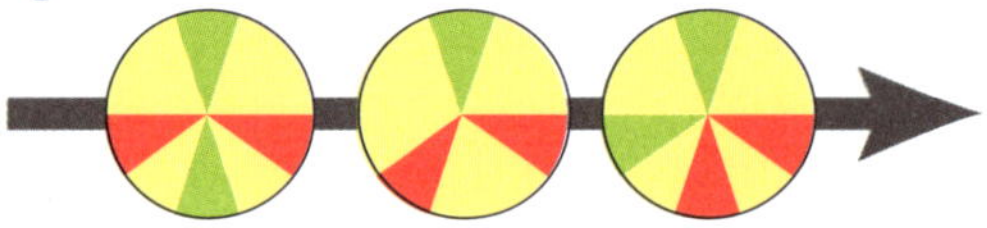

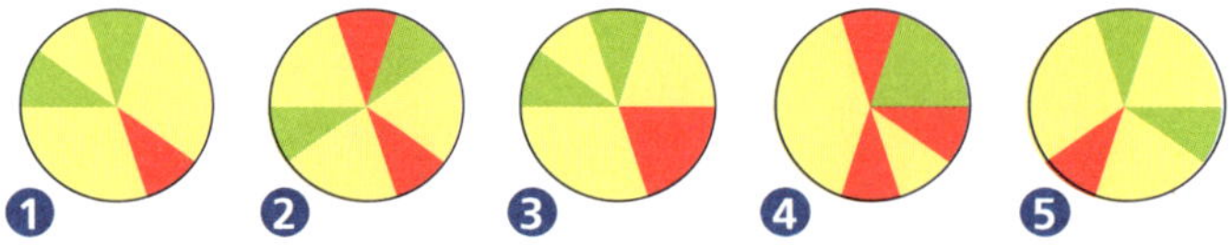

CE JOUR-LÀ

En 1906 a lieu l'ouverture officielle du tunnel du Simplon, long de 20 km.

En 1988, l'île de Ré n'est plus vraiment une île. Le pont qui la relie au continent vient d'être ouvert au public.

Éducation

Dans une salle d'attente :

– Madame, s'il vous plaît, auriez-vous l'amabilité de dire à votre jeune garçon de cesser de m'imiter ?

La dame à son fils :

– Louis, je t'ai déjà dit cent fois d'arrêter de faire l'imbécile !

La contrepèterie de la semaine

Ma belle-mère admire les rossignols du caroubier.

Mai
Jeudi
20

Bernardin

Dernier jour du Taureau

CE JOUR-LÀ

En 1927, Charles Lindbergh traverse l'Atlantique à bord du Spirit of Saint Louis. Parti de New York, il atterrira au Bourget 33 h 30 min plus tard.

Proverbe québécois

Il ne faut pas laisser voir ce qui bout dans sa marmite.

CHRONOFILMS — James Stewart

Il y a cent huit ans naissait James Stewart, qui a incarné à merveille le héros américain idéaliste au cœur gros comme ça. Dans son abondante filmographie, un trou de 1941 à 1945 : il pilotait un bombardier. En replaçant les titres qui suivent dans l'ordre chronologique, vous découvrirez, grâce aux lettres en gras, quel était son grade à la fin de la guerre.

- **N** *Je suis un aventurier.*
- **C** *Vous ne l'emporterez pas avec vous.*
- **O** *Indiscrétions.*
- **E** *Sueurs froides.*
- **O** *La Corde.*
- **L** *La vie est belle.*
- **L** *Les Cheyennes.*

Compagnons de voyage

Une femme est dans un compartiment de train avec deux jeunes appelés. L'un des deux lui demande :

– Où allez-vous ?

– Je vais à Lille.

L'autre insiste :

– Lille avec deux L ?

– Non, avec deux cons !

Amour toujours

Après avoir vu sa femme, plutôt ronde, partir vers la salle de bains pour se peser, un monsieur lui lance :

– Ce cri d'horreur que je viens d'entendre, c'est toi qui l'as poussé ou c'est la balance ?

Devinette

Pourquoi les hommes ne mettent-ils jamais deux fois le même costume quand ils veulent s'habiller élégamment ?

Parce que la mode a changé entre leur mariage et leur enterrement.

Mai
Vendredi
21

Constantin

Premier jour des Gémeaux

Le saviez-vous ?

Un chercheur suédois a découvert que la perdrix grise femelle en quête d'un conjoint cherche surtout un bon papa pour sa future couvée. Il a tenté une expérience en plaçant des mâles dans deux volières, l'une fermée au monde extérieur, l'autre ouverte. Les femelles, qui devaient choisir entre les deux groupes, ont accordé leurs faveurs aux mâles de la volière ouverte. Plus vifs que leurs congénères enfermés, ils protégeraient mieux les couvées…

CE JOUR-LÀ

En 1871 débute la « semaine sanglante ». Du 21 au 27 mai, les troupes de Thiers, parties de Versailles, reprennent Paris aux insurgés de la Commune. La répression fera officiellement 17 000 morts.

ANAGRAMMES CROISÉES

Remplissez la grille en reconstituant des mots à partir des lettres proposées : conjugaisons, abréviations, symboles d'éléments chimiques et noms propres autorisés. Lorsqu'un astérisque suit un mot de plus de trois lettres, une seule solution est possible. Pour les autres, plusieurs anagrammes sont envisageables, mais une seule permet de terminer la grille. Quelques-uns des termes à découvrir sont en lien avec Barbara Cartland, célèbre romancière britannique décédée le 21 mai 2000.

	1	2	3	4	5	6	7	8	9	10	11	12	13	14
I						■								
II					■		■							
III												■		
IV	■			■				■		■				
V					■									■
VI								■					■	
VII							■			■		■		
VIII						■					■			
IX				■										

Horizontalement
I. ABEGU ; ACEMNORS. **II.** INSU ; ABEILST. **III.** CEEEINQRTUX* ; AN. **IV.** IL ; ABU ; IORS. **V.** EESS ; EIIKNOPS*. **VI.** BEINRSU ; ELNU*. **VII.** EILOSS ; AL ; HO. **VIII.** EMNOR ; EINR ; DES. **IX.** EST ; EEEOPRSTTY*.

Verticalement
1. BEU ; BEIRS. **2.** AEEINSSUX. **3.** CEGILNORT. **4.** ESU ; ILOS. **5.** NB ; EMNS. **6.** AEEPST. **7.** ERSU ; ER. **8.** BIO ; AIR. **9.** AEEILLMQU*. **10.** ALU ; NU ; NO. **11.** EINNORS. **12.** CS ; EIO ; DY. **13.** AEIST ; EHP. **14.** ENSS* ; EORS.

MARIONS-LES

Ce jour de 1945, la star hollywoodienne Humphrey Bogart, qui a 46 ans, épouse la vedette montante Lauren Bacall, qui a 21 ans. Saurez-vous rendre à chacun sa chacune dans les listes ci-dessous ?

Clark Gable	**A**	**1**	Giuletta Masina
Marcello Mastroianni	**B**	**2**	Mireille Darc
Steve McQueen	**C**	**3**	Vivien Leigh
Paul Newman	**D**	**4**	Jane Russell
Robert Taylor	**E**	**5**	Ava Gardner
Richard Burton	**F**	**6**	Catherine Deneuve
Alain Delon	**G**	**7**	Carole Lombard
Howard Hugues	**H**	**8**	Joanne Woodward
Federico Fellini	**I**	**9**	Barbara Stanwyck
Frank Sinatra	**J**	**10**	Ali MacGraw
Laurence Olivier	**K**	**11**	Elizabeth Taylor

Lifting

– Tous les matins, quand je me rase, j'ai l'impression de rajeunir de vingt ans.

– Tu devrais te raser le soir !

Devinette

Quel est le point commun entre les nuages et les hommes ?

Quand ils s'en vont, on peut espérer une belle journée.

Leçon de français

Monsieur vient de mourir. Madame se désole. Le personnel de la maison s'affaire à la toilette mortuaire et pose beaucoup de questions à madame :

– Quelle chemise faut-il mettre au mort ?

– Avec quel costume faut-il habiller le mort ?

– Faut-il mettre des chaussettes et des souliers au mort ?

– Faut-il mettre des fleurs sur le lit du mort ?

– Faut-il allumer des bougies dans la chambre du mort ?

À chaque question, madame répond, en ajoutant qu'on ne dit pas « le mort », mais « monsieur ». Lorsque le service des pompes funèbres arrive, Firmin annonce à madame l'arrivée des… « croque-monsieur ».

Mai
Samedi
22

Émile

SANDWICH

Complétez les mots verticaux de cinq lettres dans la grille ci-dessous (le dernier est un nom propre). Plusieurs solutions sont possibles parfois, mais une seule vous permettra de découvrir le véritable nom du chanteur Charles Aznavour, né à Paris le 22 mai 1924.

M	E	S	E	M	M	E	R	D	E	S	C	A	R	O	L	I	N	E	I	S	A	B	E	L	L	E
E	T	E	C	A	Y	T	U	A	N	C	O	V	O	P	E	M	A	N	S	A	T	R	C	A	I	R
S	E	N	E	I	P	D	A	I	I	L	N	D	D	L	E	G	E	U	R	O	M	T	A	D	N	S
E	R	T	C	E	E	E	L	R	E	P	E	E	E	E	R	E	S	I	D	N	E	E	N	E	E	T

CE JOUR-LÀ

En 1972, Richard Nixon est accueilli à Moscou. Il signe avec Brejnev des accords de limitation des armements, SALT 1 (Strategic Arms Limitation Talks) et ABM (Anti-Balistic Missile).

La perle de la semaine

Il ne faut pas toucher aux filles dénudées ou tombées à terre.

Divorce bien compris

Une femme entre dans un magasin de jouets pour acheter une poupée Barbie à sa fille. Le vendeur lui présente les différents modèles disponibles. Il lui dit :

– Il y a la Barbie adolescente à 18 euros, la Barbie adulte à 32 euros et la Barbie divorcée à 350 euros.

La femme interroge :

– Pourquoi la Barbie divorcée coûte-t-elle aussi cher ?

Et le vendeur de répondre :

– Parce qu'elle va avec l'auto de Ken, la maison de Ken, le bateau de Ken…

ESCALETTRES

L'acteur et chanteur Guy Marchand est né le 22 mai 1937. Ajoutez une à une les lettres indiquées afin de retrouver le titre d'une chanson qu'il interprète dans la bande originale du film Le Père Noël est une ordure, *de Jean-Marie Poiré (conjugaisons autorisées).*

—	I D E
+ S	S _ _ _
+ E	_ I _ _ _
+ T	_ _ _ S _ _
+ E	_ _ _ _ _ _ _
+ N	_ _ _ T _ _ _ _

Mai
Dimanche
23

Pentecôte

CE JOUR-LÀ

En 1949, le chancelier Konrad Adenauer proclame l'adoption de la Loi fondamentale de la RFA.

En 1971, le train rapide Aquitaine de la SNCF relie Paris à Bordeaux en quatre heures.

Les blondes

Pourquoi les blondes ont-elles le front aplati ?

Parce qu'elles se tapent souvent dessus en disant : « Qu'est-ce que je suis conne ! »

Correspondance

– Au revoir, bonnes vacances, et n'oublie pas de m'écrire dès ton arrivée, sans faute…

– Oh, moi, tu sais, l'orthographe…

Mot d'enfant

Un matin d'hiver, l'instituteur remarque l'absence de Jean. Il demande à Julien :

– Qu'est-ce qu'il a, ton copain Jean ?

– Il a un œil gelé…

– Un œil gelé ?

– Oui, un bouton sur la paupière.

– Ah… Un orgelet !

QUIZ
Jean Yanne

Réalisateur, acteur, producteur, auteur, compositeur, chanteur… Jean Yanne est mort le 23 mai 2003.

1. *Parmi ces trois films dans lesquels a joué Jean Yanne, quel est celui qui n'a pas été réalisé par Claude Chabrol ?*
A. Nous ne vieillirons pas ensemble.
B. Le Boucher. **C.** Que la bête meure.

2. *Dans le film* Je te tiens, tu me tiens par la barbichette, *qu'il a réalisé, quel monde Jean Yanne parodie-t-il ?*
A. Le monde politique.
B. Le monde de la radio.
C. Le monde de la télévision.

3. *Né le 18 août 1933 aux Lilas (Seine-Saint-Denis), il a pour véritable patronyme :*
A. Jean Moncorgé. **B.** Jean Gouyé.
C. Jean Muraire.

4. *Jean Yanne est l'auteur de nombreuses maximes, dont celle-ci : « L'argent ne fait pas le bonheur… »*
A. … des convoyeurs de fonds.
B. …, le manque d'argent non plus.
C. …, l'or, si.

Mai
Lundi
24

L. de Pentecôte

CE JOUR-LÀ

En 1988, la France engage une action en justice contre des viticulteurs australiens qui produisent du vin sous l'appellation beaujolais.

Degré de gravité

Ce qui est grave pour un homme, ce n'est pas de devenir cocu, c'est de le rester !

MOTS CROISÉS

	1	2	3	4	5	6	7	8	9	10	11	12	13	14
I							■							■
II									■					
III						■								
IV												■		
V						■					■			
VI			■				■						■	
VII	■			■						■				
VIII		■							■					
IX					■							■		

Horizontalement
I. Acteur français mort à 83 ans le 24 mai 2006 ; pompeur qui l'a rendu célèbre. **II.** Salaud pour un film de Michel Deville dans lequel cet acteur incarnait un notaire ; à ne pas mettre dans les mains des soldats de Clovis. **III.** Ont cours en Géorgie ; témoin douteux. **IV.** Machine inventée à l'ORTF pour produire des dessins animés, dont celui auquel l'acteur prêta sa voix ; dans le coup. **V.** Pour l'acteur, point commun entre *le Paltoquet* en 1986 et un film de Claude Zidi en 1999 ; vieil écrit ; gare ! **VI.** Fin de requiem et début d'emmerdes ; toujours pressé ; spectateur comblé. **VII.** Argon ; appelés ; traité européen. **VIII.** Ne fait pas contact ; genre cinématographique. **IX.** Henri Guybet dans un film de 1978 où l'acteur évoqué ici jouait un censeur (*le*) ; répond au roi dans un film de 1980 où l'acteur prêtait sa voix au maire du palais ; traditionnels.

Verticalement
1. Série télévisée de Jean-Michel Ribes où l'acteur tenait les clefs d'or de concierge ; groupe pétrolier. **2.** Sa fille est sur toutes les lèvres. **3.** Consumé ; où trouver la fille de la définition précédente. **4.** Maître des Gaules ; étain, pas l'alu. **5.** Rouge dans le drame de Zhang Yimou, ours d'or au festival de Berlin 1988 (deux mots). **6.** Membre de groupe ; ne manque pas de selle. **7.** Nourrissant à Tahiti ; nourrissent les Moldaves. **8.** L'acteur en usait pour imposer son style pince-sans-rire. **9.** Pas très fin. **10.** Met à bout de souffle ; simple pour l'enfant, double pour la femme. **11.** Doublé pour aller plus vite ; ne va pas très vite. **12.** Histoire d'O ; patrie de poète. **13.** Ne manquent pas dans une série de films de Jean Girault, dont un qui se déroule à Saint-Tropez et auquel participa l'acteur ; écrivain et scénariste de *Borsalino*. **14.** Souvent battus.

JEU DE LOGIQUE

Chacune des seize briques suivantes est associée à un chiffre. Utilisez-en treize et, en formant trois fois un total de 33, trouvez le nom de trois personnages nés un 24 mai.

1 it	2 rr	3 fa	4 he
5 da	6 ns	7 le	8 su
9 er	10 oy	11 en	12 be
13 ri	14 hr	15 lo	16 ck

Zoom saveur

LA RHUBARBE

Auparavant considérée comme médicinale, cette plante originaire d'Asie du Nord ne fut consommée pour le plaisir qu'à partir du XVIIIe siècle.

Seules les tiges de la rhubarbe sont comestibles, ses feuilles, très laxatives, sont toxiques.

Idée gourmande. *Après avoir effilé puis émincé 1 kg de tiges de rhubarbe, mélangez-les dans une cocotte avec 400 g de sucre en poudre, 1 cuill. à soupe de zestes d'orange confits et le jus de 2 oranges. Couvrez, puis cuisez 40 min au four préchauffé à 180 °C (th. 6). Servez froid, avec de la crème fraîche et des biscuits.*

Mai
Mardi
25

Sophie

Déducto

Le Droitier

Le Gaucher
(Arthur Penn, 1957)

À FLEUR DE MOTS

Jonny Wilkinson est né le 25 mai 1979 à Frimley. Cet Anglais a été élu meilleur rugbyman du monde en 2003. Remplissez la fleur en formant des mots à partir des lettres ci-dessous. Inscrivez vos solutions de l'extérieur de la rosace vers le centre. Certaines séries autorisent plusieurs anagrammes, mais une seule permet de compléter la grille en croisant les mots.

TA. BEERV
B. BEGOU
C. CELRU
D. EELRS
E. DEILU
F. AEGLL
G. ABELS
H. AMRST
I. AENTV
J. BEIOR
K. EMORT
L. ABEIN
M. OPRST
N. EEEIM
O. ADELU
P. AEOTU
Q. JNNOY
R. EHNRY
1. EENTV
2. BEENN
3. LORRY
4. BGRUY
5. CDEEU
6. EEGRU
7. AELLS
8. AILSS
9. ABELM
10. AELOV
11. BEEOR
12. BENRT
13. AIMST
14. EEIPR
15. AMNOT
16. ADEIR
17. EJOTU
18. EHLOU

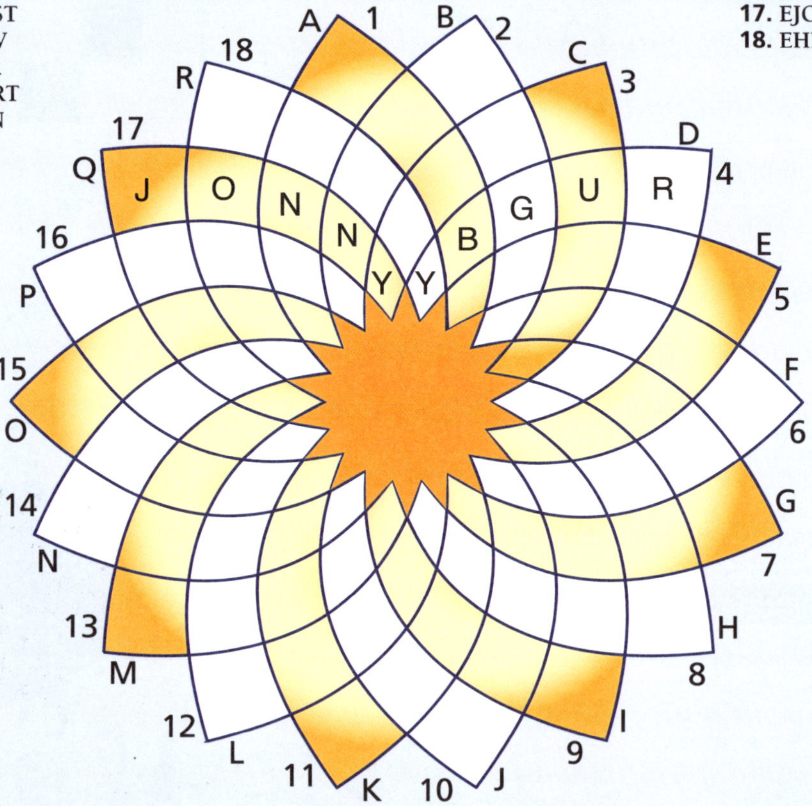

Les blondes

Une blonde qui a fait de longues études de droit vient d'ouvrir un cabinet d'avocat. Le premier jour, un homme arrive. Pour l'impressionner, elle décroche son téléphone et fait comme si elle négociait une affaire difficile :

– Oui… Ce sera dur, mais je sais déjà comment utiliser les faits en notre faveur…

Au bout de dix minutes, elle raccroche enfin, se tourne vers le jeune homme et lui dit :

– Que puis-je faire pour vous, monsieur ?

– Bonjour, je travaille chez France Télécom et je viens installer votre ligne téléphonique !

CE JOUR-LÀ

En 1963 est fondée l'Organisation de l'unité africaine (OUA). Elle pose notamment le principe du respect des frontières, celui de la souveraineté et celui de la non-ingérence

SYNONYMES

Retrouvez deux synonymes en utilisant toutes les lettres de chaque cercle.

Toto

Toto fait de la luge en compagnie de sa sœur.

Sa maman lui dit :

– N'oublie pas de prêter ta luge à ta sœur, Toto !

– Oui, m'man, je prends la luge pour descendre et, elle, elle la remonte.

Du flair

J'ai un nouveau chien, il est formidable ! Je lui ai fait sentir une patte de lapin, il m'a rapporté un lapin. Je lui ai fait sentir une plume de faisan, il m'a rapporté un faisan. Je lui ai fait sentir le string de ma femme, il m'a rapporté le voisin !

À l'église

Le pasteur parle de la Création. Il évoque l'homme, fait par Dieu à son image…

Soudain, au fond de l'église, un IMC (infirme moteur cérébral) aveugle et séropositif s'écrie :

– Et moi, je suis quoi ? Le prototype ?

Mai
Mercredi
26

Bérenger

CE JOUR-LÀ

En 1521, le réformateur Martin Luther est mis au ban de l'empire par l'édit de Worms.

En 1923 ont lieu les premières 24 Heures du Mans.

LE DIAGO

Placez dans la grille les sept noms suivants pour former en diagonale le prénom d'une danseuse américaine née le 26 mai 1878, qui révolutionna la danse par ses improvisations : ASTAIRE, CHARRAT, GORDEEV, IRLANDE, LEFÈVRE, PAVLOVA, PRÉVOST.

JEU D'OBSERVATION

Toutes les figures vont par paire, sauf trois. Lesquelles ?

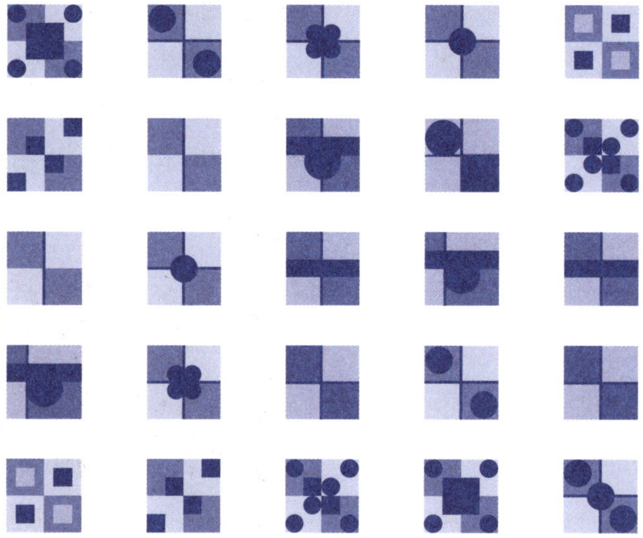

La contrepèterie de la semaine

Je fais le bossu cocu !

L'éligibilité selon Laurent Ruquier

Désormais, on pourra être sénateur ou député à 18 ans, et donc mis en examen à 19.

Mai
Jeudi
27

Auguste

SANDWICH

Complétez les mots verticaux de cinq lettres. Plusieurs solutions sont possibles parfois, mais une seule vous permettra de découvrir une citation de Louis Ferdinand Destouches, né le 27 mai 1894, médecin et écrivain français devenu célèbre sous le nom de plume de Céline.

N	O	R	M	A	N	C	E	N	O	R	D	D	U	N	C	H	A	T	E	A	U	L	A	U	T	R	E
E	F	E	O	R	A	R	S	A	B	E	R	A	N	A	R	A	P	O	L	T	H	A	R	L	E	A	B
G	A	T	E	B	P	B	A	I	S	E	P	D	T	I	M	N	E	A	V	A	A	N	O	M	T	O	N
E	G	E	U	E	E	E	I	R	E	R	S	Y	E	F	E	E	E	L	E	S	N	E	T	A	E	N	E

CE JOUR-LÀ

En 1968, après deux jours de négociations entre gouvernement, patronat et syndicats, sont signés les accords de Grenelle. Le SMIC augmente de 25 %, les salaires de 10 %.

Devinettes

Quand un homme dit des cochonneries à une inconnue, qu'est-ce que c'est ?

– Du harcèlement sexuel.

Quand une femme dit des cochonneries à un inconnu, qu'est-ce que c'est ?

– Le téléphone rose.

Au cirque

– Je fais un numéro formidable. Je plonge de 20 m de haut dans une bouteille de Coca posée sur la piste. Et je rentre dedans !

– C'est pas possible, y a un truc ?

– Bien sûr, mais gardez-le pour vous. Je mets un entonnoir sur la bouteille…

Casting

Un producteur convoque un metteur en scène pour lui dire qu'il veut tourner la vie d'Aznavour avec Belmondo dans le rôle-titre…

– Belmondo ? répond l'autre. Mais ce ne serait pas plus simple de prendre Aznavour lui-même ?

– Ah non ! Il est trop petit !

Proverbe géorgien

Quand Dieu se fit homme, le diable s'était déjà fait femme. Dieu est la consolation du pauvre.

Mai
Vendredi
28

Germain

LES MOTS DE L'IMAGE

Trouvez au moins quinze mots contenant la séquence HOR et dont l'illustration ou l'idée figurent dans le dessin ci-dessous.

Le saviez-vous ?

Les fourmis couseuses d'Afrique portent leurs larves dans leurs mâchoires, et se servent de la soie collante que ces dernières sécrètent pour agglutiner les feuilles formant le toit des chambres où elles les déposent. Les larves contribuent ainsi à l'édification de leur abri.

Allô, docteur ?

– Docteur, mon mari se prend pour un cheval de course. Il dort à l'écurie, marche à quatre pattes et mange du foin.

– Oh là ! Ça va prendre du temps et beaucoup d'argent…

– L'argent n'est pas un problème, il a déjà gagné deux courses !

CE JOUR-LÀ

En 1988, à Erevan, 20 000 personnes manifestent pour une Arménie indépendante.

Religion

Quelle est la prière d'un voleur ?

Au nom du pèze, du fric, du saint bénéfice, amène la caisse.

Le développement de Cavanna

Expliquer une allusion culturelle, c'est comme pisser sur un ver luisant : ça l'éteint.

Mai
Samedi
29
Aymar

CHRONOFILMS
Romy Schneider

Révélée très jeune avec le personnage romantique de Sissi, cette actrice ne tarde pas à prouver qu'elle est à l'aise dans tous les genres avec des films comme le Vieux Fusil *ou* Garde à vue. *En replaçant les titres qui suivent dans l'ordre chronologique, vous retrouverez, grâce aux lettres, le nom de la ville où elle est née le 23 septembre 1938. Romy Schneider est morte à Paris le 29 mai 1982.*

I *Katia.*
N *Le Mouton enragé.*
V *Éva.*
E *La Banquière.*
N *La Piscine.*
E *Le Procès.*

CE JOUR-LÀ

En 1985, le monde du football est endeuillé par le drame du Heysel. Les supporters de Liverpool s'en prennent à ceux de Turin avant le début du match qui doit opposer les deux équipes en finale de la Coupe d'Europe. On dénombre 39 victimes, piétinées.

À l'école

Le professeur rend les copies :

– David, ta rédaction sur les chiens ressemble mot pour mot à celle de ta sœur.

– C'est normal, monsieur : nous avons le même chien.

La perle de la semaine

Hannibal a réussi à aller de l'autre côté des Alpes en escaladant des éléphants.

Leçon de français

Comment s'appelle le fait d'épouser plusieurs femmes ?

La polygamie.

Comment s'appelle le fait d'épouser deux femmes ?

La bigamie.

Comment s'appelle le fait d'épouser une seule femme ?

La monotonie.

ESCALETTRES

Le 29 mai 1328, Philippe VI de Valois est sacré roi : les Valois succèdent aux Capétiens. Ajoutez les lettres indiquées en formant de nouveaux mots pour trouver le nom des habitantes de la ville où eut lieu le sacre.

R O I
+S S _ _ _
+E _ E _ _ _
+S _ S _ _ _ _
+E _ _ _ _ E _ _
+M _ _ _ O _ _ _ _

Mai
Dimanche
30
Fête des Mères

LE PERSONNAGE CÉLÈBRE

En répondant aux définitions suivantes, retrouvez dans les colonnes vertes le nom d'une cinéaste française née le 30 mai 1928.

1. Sans un poil sur le caillou. **2.** Sans reconnaissance. **3.** Sans connaissances. **4.** Carnet de notes. **5.** Travaillas dur.

1						
2						
3						
4						
5						

Le bon remède

Un apprenti commence à travailler chez un pharmacien. Il essaie d'apprendre par cœur le nom de tous les médicaments, et s'étonne de voir sur une étagère un bocal portant l'étiquette « illisible ».

– C'est ce qu'on donne quand on n'arrive pas à lire l'ordonnance, lui dit le pharmacien.

L'INTRUS

« Un malheur n'arrive jamais seul. » Comme il le faisait plaisamment remarquer, l'acteur Michel Simon était né la même année que le cinématographe, en 1895. Il nous a quittés le 30 mai 1975.

1. *Dans lequel de ces films n'a-t-il pas joué ?*
Drôle de drame.
Jean de la Lune.
La Bête humaine.
La Chienne.
Les Disparus de Saint-Agil.
Le Quai des brumes.

2. *Parmi les titres suivants, lequel n'est pas celui d'un film muet ?*
Docteur Folamour.
Intolérance.
La Roue.
Metropolis.
Nosferatu le vampire.
Un chapeau de paille d'Italie.

Mot d'enfant

La petite Marion, 3 ans, écoute sa maman raconter à son papa l'échographie qu'elle vient de passer.

– Le médecin m'a dit que tout était normal. Le bébé mesure 20 cm, pèse environ 250 g et… c'est un garçon !

Marion demande alors :

– Il t'a dit aussi comment il s'appelle ?

CE JOUR-LÀ

En 1431, Jeanne d'Arc est brûlée vive sur la place du Marché à Rouen.

Le progrès selon Luis Rego

Cinquante ans après les débuts de l'aviation, Blériot traversait la Manche. Cinquante ans après son invention, la télé n'arrive toujours pas à traverser mon salon.

Mai
Lundi
31

Visitation

À FLEUR DE MOTS

Remplissez la fleur consacrée à l'actrice italienne Alida Valli, née le 31 mai 1921 et morte le 22 avril 2006, en formant des mots à partir des lettres ci-dessous. Inscrivez vos solutions de l'extérieur de la rosace vers le centre. Certaines séries autorisent plusieurs anagrammes, mais une seule permet de compléter la grille en croisant les mots. Dans les cases rosées, vous pourrez lire deux titres de films dans lesquels elle a tourné.

A. IILRS
B. ADELL
C. ABIRR
D. AEIRV
E. ACEHM
F. EFSTU
G. ELRSY
H. AEMNN
I. INOPS
J. ABEGR
K. ENORT
L. ACEMS
M. EEEGN
N. ENOSS
O. DEIGU
P. AENNO
Q. AADIL
R. ACDIN

1. AENIS
2. DDEIN
3. AABDR
4. AILLV
5. AILMR
6. AEFIR
7. CEILR
8. EHMTY
9. AEPRU
10. BEINS
11. ANOST
12. CENOR
13. AGGNS
14. EEEMS
15. EEGNR
16. AENSU
17. AEINS
18. CDLOO

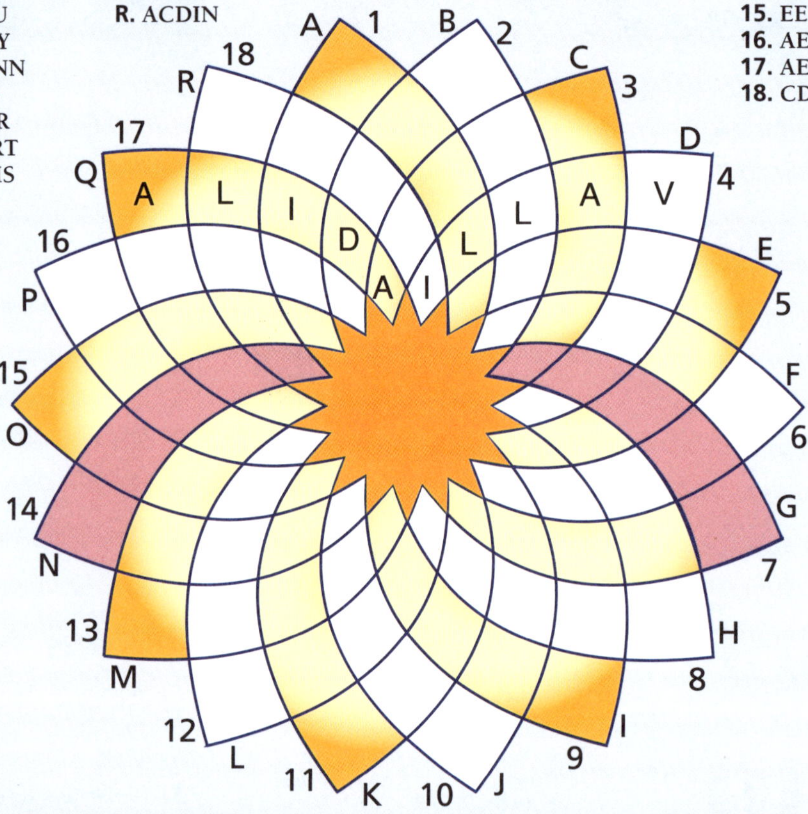

Gaspillage

Deux vieilles filles sont assises sur un banc. L'une tricote, l'autre lit le journal. Soudain, elle relève la tête et dit à son amie :

– Tu te rends compte, Marie-Louise ! Je suis en train de lire que, au Mexique, deux femmes ont brûlé leur mari.

– C'est incroyable ! Ici, on n'arrive pas à en trouver, et là-bas on les brûle…

CE JOUR-LÀ

En 1859, Big Ben donne l'heure à Londres pour la première fois. Sa cloche ne pèse pas moins de 13,5 tonnes.

JEU DE LOGIQUE

Le 31 mai 1578, Henri III pose la première pierre du Pont-Neuf à Paris, en présence de Catherine de Médicis. Remplissez le carré avec les lettres du nom HENRI. Aucune lettre ne doit apparaître en double, ni sur une ligne, ni dans une colonne, ni sur une diagonale, et le nom du roi apparaît sur l'une des lignes.

	N	R	I	
		I	H	

Zoom saveur

LA SALICORNE

Cette étonnante petite plante charnue pousse naturellement sur les terrains salés qui bordent l'Atlantique, notamment autour du Mont-Saint-Michel.

Disponible toute l'année conservée au vinaigre, c'est consommée fraîche, en ce moment, qu'elle délivre le mieux sa saveur délicieusement iodée.

Idée gourmande. *Rincez les pousses de salicorne. Faites-les blanchir 3 min à l'eau bouillante non salée et égouttez-les. Faites-les sauter au beurre avec du persil ciselé et une pointe d'ail pendant 5 min, pas plus, pour qu'elles restent croquantes. Délicieux avec un poisson grillé !*

Vendue, la mèche

Un client entre dans une librairie. Il fouille dans les rayons pendant une demi-heure en laissant des taches sur tous les livres et, finalement, il se présente à la caisse avec un tout petit roman policier à 3 euros. Il demande :

– Il est bien, celui-là ?

– Oui, dit le libraire en pinçant les lèvres. Vous verrez ! On ne devine pas avant la dernière page que l'assassin c'est le facteur…

JUIN

2021

Lu	Ma	Me	Je	Ve	Sa	Di
	1 Justin	2 Blandine	3 Kévin	4 Clotilde	5 Igor	6 Norbert
7 Gilbert	8 Médard	9 Diane	10 Landry	11 Barnabé	12 Guy	13 Antoine de Padoue
14 Élisée	15 Germaine	16 Jean-François Régis	17 Hervé	18 Léonce	19 Romuald	20 Fêtes des Pères
21 Été	22 Alban	23 Audrey	24 Jean-Baptiste	25 Prosper	26 Anthelme	27 Sacré-Cœur
28 Irénée	29 Pierre et Paul	30 Martial				

Juin

Le péplum

Aujourd'hui, on appelle péplums tous les films qui se déroulent dans l'Antiquité (grecque, romaine ou égyptienne) et les films bibliques. Mais, à l'origine, le terme ne s'appliquait qu'aux productions « post-herculéennes », en référence aux Travaux d'Hercule, de Pietro Francisci (1958), pionnier du genre antique en Italie. Aux États-Unis, après avoir fait florès, le genre s'éteindra provisoirement avec un film au titre prémonitoire, la Chute de l'Empire romain, d'Anthony Mann (1964).

Cinéma de genre oblige, le péplum, tout comme les films d'horreur ou de kung-fu, est très codé. Les personnages, les décors, les couleurs, les motifs reposent sur un manichéisme très simpliste.

Le héros de péplum est un homme athlétique et court-vêtu, dont la musculature des bras et des jambes est mise en valeur. Il a toujours le visage glabre. À l'opposé, le méchant porte une petite barbe finement taillée, il est maigre et vêtu d'une longue toge, avec une chevelure brune.

Les personnages féminins suivent ce même modèle binaire. La méchante, dans une robe longue, couverte de bijoux et outrageusement fardée, est brune. Elle véhicule un érotisme fait de lascivité et de perversité. L'héroïne est très légèrement vêtue d'une tunique qui met en valeur ses formes avantageuses, elle n'a ni bijoux ni fard, et elle est toujours blonde. C'est une jeune fille fraîche et virginale… même si le rôle est souvent tenu par des actrices d'un âge peu en rapport.

Les décors ne varient jamais. Ce sont des palais, éléments auxquels s'ajoutent des forums et des cirques dans le péplum romain, la campagne et les bords de mer dans le péplum grec, le désert dans le péplum égyptien ou biblique.

Les couleurs ont un rôle plus kitsch que significatif, à l'exception du noir et du blanc, qui caractérisent le méchant et le gentil : ces codes se retrouvent, par exemple, dans la célèbre course de chars du *Ben Hur* de William Wyler (1959), où les chevaux de Ben Hur sont blancs et ceux de Messala noirs.

Les motifs sont incontournables. La danse ou le bain correspondent aux moments érotiques du film et prennent place plutôt au début. La catastrophe, qui se produit en général à la fin, est le moment cathartique : après tant de violence, d'hypocrisie, de traîtrises, de stupre, elle vient tout purifier, par un incendie dans Quo Vadis, de Mervyn LeRoy (1951), par une éruption dans *les Derniers Jours de Pompéi*, de Mario Bonnard et Sergio Leone (1959)…

Le péplum a lui aussi connu sa traversée du désert, du début des années 1970 à la fin des années 1990. Ridley Scott relance le genre avec *Gladiator* (1999). Dans les années 2000 sortent Alexandre, d'Oliver Stone, et *Troie*, de Wolfgang Petersen. Dans les années 2010, citons le *Choc des Titans*, de Louis Leterrier et *la Légende d'Hercule* de Renny Harlin.

Carte en questions

Trouvez les noms des quinze lieux signalés sur la carte. Chacun d'eux a été exploité dans le cadre d'un péplum dont un rapide synopsis vous est livré dans les indices suivants.

1. Le réalisateur français Louis Feuillade raconte en 1911 l'histoire d'un des tyrans de cette ville. Plus tard, un chanteur dit qu'il aimerait la voir, ainsi que l'île de Pâques et Kairouan.

2. Dans cette ville se déroule la majeure partie du film *Golgotha*, de Julien Duvivier (1935), où Jean Gabin incarne Ponce Pilate.

3. Un général d'armée y tombe amoureux d'une esclave, Lygia. Chrétienne, elle ne veut rien entendre aux soupirs de l'homme de guerre. Le film *Quo vadis*, adapté du roman du Polonais Henryk Sienkiewicz qui lui valut le prix Nobel, coûta 7 millions de dollars en 1951.

4. C'est dans sa mère patrie que le mythique Ulysse essaie de retourner, malgré la malédiction de Cassandre lui prédisant que les dieux s'opposeront à son entreprise. Où Pénélope attend-elle son époux dans le film *Ulysse*, de Mario Camerini, en 1953?

5. Dans son film *les Dix Commandements*, en 1956, Cecil B. DeMille met en scène Charlton Heston dans le rôle de Moïse. Il force Ramsès II (Yul Brynner) à libérer son peuple en déclenchant les dix plaies d'Égypte. Par où le peuple de Moïse s'échappe-t-il?

6. Quel royaume légendaire, situé entre le Yémen et l'Éthiopie, est évoqué dans le film de King Vidor sorti en 1958 ? Gina Lollobrigida y joue le rôle de la reine, qui tente de séduire Salomon pour trouver ses points faibles et le détruire.

7. Quelle est la bataille évoquée dans le film franco-italien de Jacques Tourneur en 1959? L'action met en scène Philippidès, vainqueur des jeux Olympiques et amoureux de la belle Andromède.

8. Dans un film tourné en 1959 par Carmine Gallone, la ville « qui doit être détruite » est en flammes. Hiram, chef militaire, s'exile pour échapper aux Romains, mais doit laisser sa fiancée Ophir.

9. Sergio Leone retrace les derniers jours de cette ville dans un film de 1959. L'histoire s'y figera définitivement en 79 ap. J.-C.

10. Dans un film sorti en 1961, le même réalisateur raconte l'histoire d'un général grec qui se retrouve mêlé à un complot visant à éliminer le tyran Sersès. Celui-ci a fait ériger une statue gigantesque, symbolisant sa puissance et sa richesse, à l'entrée du port de la ville à identifier sur la carte.

11. Où se déroule l'ultime bataille d'Attila dans le péplum historique tourné par Dick Lowry en 2001? Le chef hun, repoussé par les légions romaines et les Wisigoths, se retire chez lui, où il sera empoisonné dans son palais.

12. En 2001, dans *Vercingétorix: la légende du druide roi*, le réalisateur français Jacques Dorfmann raconte la bataille qui opposa à cet endroit les légions romaines de Jules César aux Arvernes et aux autres peuples rassemblés derrière le grand chef gaulois.

13. Dans un film américain de 2004 portant le nom de cette ville, Brad Pitt incarne Achille, grâce à la force duquel Agamemnon, roi de Mycènes, tente de fédérer la Grèce.

14. Quel fleuve né dans l'Himalaya Alexandre le Grand atteint-il pour fonder l'un des plus grands empires ayant jamais existé ? Les aventures du héros, de son enfance à l'âge de 32 ans, ont été contées dans un film d'Oliver Stone en 2004.

15. Quel est le nom de ce défilé de Locride orientale où eut lieu un terrible combat raconté en 2007 dans le film *300* ? Zack Snyder nous y présente trois cents Spartiates héroïques, dans des scènes inspirées de la bande dessinée de Frank Miller.

Juin

Mots mêlés

Biffez dans la grille tous ces noms évoquant les péplums : leur univers, leurs titres, leurs héros, réalisateurs ou acteurs. Les mots se lisent dans tous les sens en formant éventuellement des coudes, mais jamais en diagonale. Avec les lettres restantes, vous découvrirez le nom d'une superproduction hollywoodienne de 1923, reprise en 1956 dans une version en couleurs par le même réalisateur. Celui-ci figure dans la liste.

AGRIPPINE
ALEXANDRE
ANTIQUITÉ
ANDROCLÈS
BABYLONE
ATTILA
BEN HUR
BARABBAS
CABIRIA
BURTON
CARTHAGE
CALIGULA
CECIL B DEMILLE
CÉSAR
CINECITTÀ
CLÉOPÂTRE
COTTAFAVI
DOUGLAS
ÉGYPTE
ESCLAVE
FELLINI
FRANCISCI
FREDA
GLADIATEUR
GLAIVE
GOLGOTHA
HAWKS
HERCULE
HESTON
HOMÈRE
ILIADE
INTOLÉRANCE
KUBRICK
MACISTE
MANGANO
MANKIEWICZ
MARATHON
MARC ANTOINE
MÉDÉE
MESSALINE
NÉRON
ODYSSÉE
PASOLINI
PÉPLUM
PHARAON
POMPÉI
PROMÉTHÉE
QUO VADIS
REMUS
RÉTIAIRE
ROMAINS
ROMULUS
SAMSON
SANDALES
SAPHO
SATYRICON
SCIPION L'AFRICAIN
SPARTACUS
SYRACUSE
TAYLOR
TROIE
TUNIQUE
ULYSSE
WYLER

P	Y	E	N	O	L	P	G	L	A	I	I	E	P	M	O	P	D	I	S
T	G	E	L	I	Y	E	P	L	U	V	E	E	Q	U	O	V	A	I	S
E	N	E	B	L	B	A	B	R	M	R	I	P	P	I	N	E	S	C	N
U	H	S	A	I	C	E	S	A	A	G	E	S	U	C	N	C	I	C	O
R	E	A	D	S	D	N	O	A	R	I	I	N	E	A	A	I	L	A	R
I	T	B	E	E	L	A	S	E	A	T	O	R	E	R	R	G	U	L	E
U	Q	B	S	A	N	D	C	X	H	N	A	T	S	Y	F	C	S	A	N
T	I	A	R	A	A	M	L	A	P	A	P	O	K	N	I	P	U	T	R
N	A	L	U	B	C	R	U	V	R	C	G	E	I	A	N	A	C	A	A
O	S	Y	R	E	I	M	E	E	A	M	L	L	E	M	I	S	M	O	P
E	S	C	C	H	S	E	T	A	I	D	A	C	W	M	L	O	A	R	S
T	T	O	U	H	T	N	N	O	S	M	A	S	I	C	Z	R	I	B	U
A	D	N	L	A	E	I	L	A	A	C	A	B	I	Y	L	O	N	E	R
F	R	A	E	W	M	A	R	S	O	D	Y	I	R	A	T	N	S	R	T
A	E	X	E	K	E	T	A	S	E	M	S	A	R	E	T	I	A	I	O
V	I	D	L	S	R	H	E	C	E	T	S	E	E	E	I	O	R	T	N
H	T	E	A	P	E	O	N	I	C	U	N	I	U	L	U	G	O	T	H
E	A	M	O	R	M	N	I	L	I	M	N	Q	M	A	S	L	E	R	A
E	T	C	E	H	O	F	E	L	L	B	O	U	O	T	G	O	M	U	E
S	T	I	N	O	I	E	S	E	L	D	T	E	R	T	I	L	A	S	C
A	N	O	I	N	P	I	C	K	L	E	S	D	N	S	A	E	R	A	N
P	A	W	C	L	A	F	R	U	I	M	E	O	U	G	L	L	D	A	E
H	G	Y	L	E	R	C	I	B	A	T	H	C	L	E	S	O	E	S	E
O	N	A	S	N	I	A	N	R	N	D	R	O	H	T	C	T	R	F	D
M	A	T	Y	R	I	C	O	I	C	K	E	G	A	R	A	N	I	M	E

Juin
Mardi
1er

Justin

MOTS CROISÉS

	1	2	3	4	5	6	7	8	9	10	11	12	13	14
I								■						
II				■							■			
III			■					■		■				
IV					■							■		
V						■								■
VI							■		■			■		
VII	■			■										
VIII									■			■		
IX				■			■							■

Horizontalement
I. Nom du dessinateur de *Superman* lors de sa première parution, le 1er juin 1938 ; prénom de la mère adoptive de Superman. **II.** Particule atomique ; petit poisson qui deviendra grand ; raclement de gorge. **III.** Étoiles au front ; emprunte la voie de Superman ; cadre de la série *The New Adventures of Superman*, avec George Reeves. **IV.** Viande à la noix ; contourner ; contre abrégé. **V.** Vert à pied ; extrait de la fève de Calabar. **VI.** Crabe des Moluques ; en plein rêve ; initiales du premier amour de Superman et de la collègue journaliste qui deviendra sa femme. **VII.** Accord du Kremlin ; version moderne de *Superman* sur le petit écran. **VIII.** Relative à un certain rocher ; coulée de lave ; Lana Lane pour Superman. **IX.** Baie de Honshu ; au bout de la ligne ; cité sur la Nonette.

Verticalement
1. Nom du premier scénariste de *Superman* ; dans les chiffres et les lettres. **2.** Crimes, parmi d'autres, contre lesquels lutte Superman. **3.** Indéfini ; projectile naturel. **4.** N'est plus à un poil près. **5.** Principe de Lao-tseu ; photographe du *Daily Planet* prénommé Jimmy. **6.** Personnel féminin ; retournée. **7.** Nom de l'acteur, décédé en 2004, qui a incarné Superman au grand écran ; superchampion. **8.** Super loin de tout. **9.** Qui comprend les deux sexes. **10.** Le temps d'une révolution ; capitale en Arménie. **11.** Très terre à terre. **12.** Rituel anglais. **13.** « Petits choux » coiffés d'une mitre d'évêque. **14.** Principes spirituels ; prénom de Luthor.

CE JOUR-LÀ

En 1987 est lancée sur les ondes radio la station France Info. Créée par Roland Faure et Jérôme Bellay, elle fait partie du groupe Radio France, aux côtés de France Inter, France Culture, France Musiques, FIP, France Bleu, Le Mouv' et France Vivace (une webradio).

Empêchement

Pendant la finale de la Coupe du monde, un homme est assis dans les gradins et regarde le siège d'à côté, vide…

– Vous êtes seul ? lui demande un supporter.

– Oui, j'avais des billets pour moi et ma femme, mais elle est décédée…

– Il fallait venir avec un ami, une connaissance…

– J'aurais bien voulu, répond le veuf, mais ils sont tous partis à son enterrement !

CASE-CHIFFRES

Chaque brique du case-chiffres est la somme des deux briques situées juste au-dessous. Reconstituez la totalité de la pyramide en respectant les nombres placés, sachant que les trois chiffres des unités de la date du jour figurent à la base de la pyramide et que les deux A du troisième niveau sont identiques.

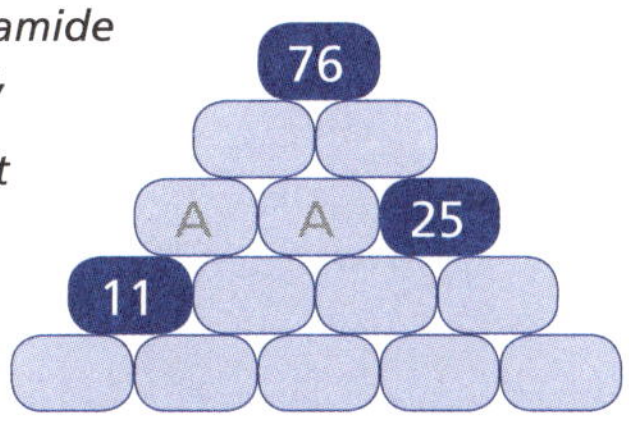

Déducto

Diurne Cow-Boy

Nocturne indien
(Alain Corneau, 1989)

Devinette

Pourquoi la drogue est-elle interdite en prison ?

Parce qu'elle détruit les cellules.

Juin
Mercredi
2

Blandine

Deuxième décan des Gémeaux

CHENILLE

Le 2 juin 1997, Lionel Jospin est nommé Premier ministre et entame une cohabitation avec Jacques Chirac. Passez de Lionel à Jospin dans la chenille en opérant à chaque ligne la substitution indiquée et en modifiant l'ordre des lettres.

	L I O N E L
–L +P	_ _ _ _ _ _
–I +A	_ _ _ _ _ _
–N +R	_ _ _ _ _ _
–E +S	_ _ _ _ _ _
–A +O	_ _ _ _ _ _
–R +I	_ _ _ _ _ _
–L +N	_ _ _ _ _ _
–O +J	J O S P I N

Reproduction

Une dame entre dans une quincaillerie et demande une prise de courant.

– Une prise mâle ou femelle ? s'informe le vendeur.

– Mais enfin, répond la cliente, c'est pour une réparation, pas pour faire de l'élevage…

QUIZ
Charlie Watts

Beaucoup moins médiatique que Mick Jagger ou Keith Richards, Charlie Watts, né le 2 juin 1941, est un peu l'inconnu du célèbre groupe des Rolling Stones.

1. *De ce groupe, il est :*
A. Le chanteur. **B.** Le trompettiste. **C.** Le batteur.

2. *Il a débuté sa culture musicale, étant enfant, en jouant :*
A. Du piano. **B.** Du banjo. **C.** Du saxo.

3. *Par rapport à ses flamboyants compères, il est réputé pour :*
A. Sa timidité. **B.** Sa sobriété. **C.** Son sérieux.

4. *Charlie Watts est :*
A. Célibataire.
B. Trois fois divorcé.
C. Marié avec la même femme depuis plus de cinquante ans.

CE JOUR-LÀ

En 1953 a lieu le couronnement d'Élisabeth II d'Angleterre, âgée de 27 ans. La cérémonie est l'occasion de la première retransmission télévisuelle en direct par Eurovision.

La contrepèterie de la semaine

C'est long comme lacune !

Juin
Jeudi
3

Kévin

LE PERSONNAGE DU JOUR

Découvrez un personnage célèbre grâce aux indices suivants.

1 Je suis né à Vannes le 3 juin 1922. Je m'intéresse très tôt à la littérature, au théâtre, au cinéma…

2 Je suis d'entrée passionné par les séries policières populaires et les BD.

3 Je confirme ces goûts en tournant un *Fantômas* et une adaptation du *Meilleur des mondes*.

4 Mon premier long-métrage raconte la passion d'une jeune femme et d'un Japonais.

5 *L'Année dernière à Marienbad*, *Smoking/No Smoking*, *On connaît la chanson*, *les Herbes folles* : ma carrière est jalonnée de succès critiques et publics.

VRAI OU FAUX

En juin 1998 est créée en France l'association altermondialiste ATTAC. Saurez-vous distinguer le vrai du faux dans ces affirmations ?

1. Le sigle ATTAC signifie Appel aux Terroirs et au Triomphe Actif du Civisme. **V F**

2. La taxe qui porte son nom fut inventée par James Tobin à Seattle en 1999. **V F**

3. L'appellation altermondialisme a succédé à antimondialisme pour donner un aspect positif au mouvement. **V F**

4. Y cohabitent des marxistes et des souverainistes (nationalistes). **V F**

5. ATTAC s'oppose à tous les brevets sur le code génétique pour des raisons éthiques. **V F**

6. On estime à environ 10 000 ses militants en France. **V F**

CE JOUR-LÀ

En 1950, l'Annapurna est conquis par Maurice Herzog et Louis Lachenal. C'est la première fois que des alpinistes plantent leur drapeau sur un sommet de plus de 8 000 m.

Proverbe écossais

Qui mange à la gamelle du diable a besoin d'une longue cuillère.

Juin

Vendredi

4

Clotilde

CE JOUR-LÀ

En 1958, le général de Gaulle lance à la population algérienne son célèbre « Je vous ai compris ».

En 1989, l'armée chinoise exerce une répression sanglante sur les étudiants qui manifestent place Tian'anmen, à Pékin.

Le saviez-vous ?

La zorille, qui abonde en Afrique, a une façon très personnelle de se débarrasser de ses ennemis. Cet animal proche de la belette, au pelage noir rayé de bandes claires, présente son derrière frétillant à son adversaire et l'asperge du contenu nauséabond de ses glandes anales. La zorille détient incontestablement le record de la puanteur animale, faussement attribué au putois.

MOTS FLÉCHÉS

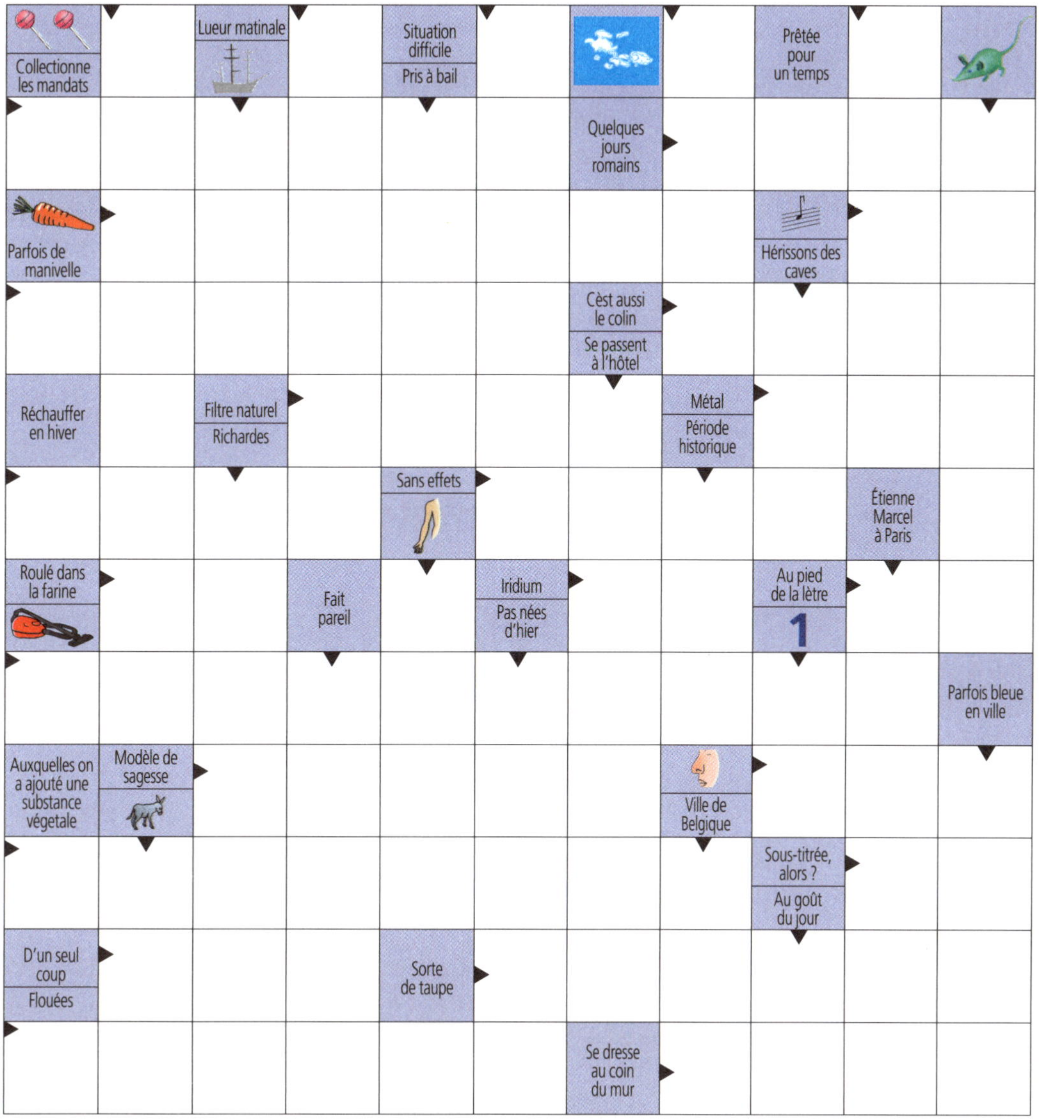

QUIZ Noah Wyle

Noah Wyle, né le 4 juin 1971, était l'une des stars de la célèbre série Urgences, qui fut un énorme succès mondial. Le connaissez-vous bien ?

1. *Dans la série, il interprétait le docteur :*
A. Douglas Ross.
B. John Carter.
C. Mark Greene.

2. *Il détenait le record :*
A. Des conquêtes féminines.
B. Des opérations réussies.
C. De la fidélité à la série.

3. *Il se relevait d'une grave addiction :*
A. Au jeu. **B.** À la boisson. **C.** À la drogue.

4. *En 1995, il a fait une apparition amusante en médecin et avec George Clooney dans une autre série :*
A. Friends.
B. Sex and the City.
C. L'Hôpital et ses fantômes.

À l'école

L'inspecteur, qui visite une école, demande à un élève :

– Peux-tu me dire en quoi le tabac est mauvais pour la santé ?

– Euh… Par exemple, moi, à cause du tabac, j'ai les fesses brûlantes tous les vendredis soir.

– Comment cela ?

– Depuis que la maîtresse a cessé de fumer, elle est sur les nerfs. Alors, pour se défouler, elle donne des notes épouvantables à tout le monde. Le vendredi, quand je rentre avec mon livret plein de zéros, chaque fois c'est pareil : mon père me flanque une fessée.

Juin
Samedi
5

Igor

VRAI OU FAUX

James Connolly, né le 5 juin 1868 et mort le 12 mai 1916, était un militant syndicaliste imprégné des théories marxistes. Il a été l'un des principaux acteurs de la lutte pour l'indépendance de l'Irlande.

1. Ce futur défenseur du sous-prolétariat était né dans une famille aristocratique. **V F**
2. Il a connu son pays en faisant partie de l'armée britannique d'occupation. **V F**
3. Exilé en Écosse, il y a rencontré la fille de Karl Marx. **V F**
4. Passant à l'action violente, il a fondé l'ICA (Irish Citizen Army), groupe armé clandestin. **V F**
5. Grièvement blessé lors des tragiques événements de Pâques 1916, il a été fusillé assis sur une chaise. **V F**

CE JOUR-LÀ

En 1947 est signé le plan Marshall, qui propose un plan d'aide à la reconstruction des pays européens.

La perle de la semaine

L'automobile revint sur ses pas.

ANAPHRASES

Remplissez les blancs avec des anagrammes constituées des lettres proposées.

1. A E I M N N O S T , A D E I M N N O S T

Avant que nous n'_ _ _ _ _ _ _ _ _ ce voyage aux États-Unis, je t'avais dit que je ne voulais pas aller au _ _ _ _ _ _ _ _ _. En étant les invités du gouverneur en sus, nous sommes obligés de subir les _ _ _ _ _ _ _ _ _ _ des classes _ _ _ _ _ _ _ _ _ _ qui _ _ _ _ _ _ _ _ _ _ les plus démunis, trop pauvres pour se loger décemment.

2. A B C E H O R S T U

Pour passer l'oral, ces étudiants égyptiens, _ _ _ _ _ _ _ _ _ _ stakhanovistes, s'étaient parés de leurs plus beaux _ _ _ _ _ _ _ _ _ _, tous de couleur différente.

3. B C D E E I I I L R T

Le gouvernement a perdu toute _ _ _ _ _ _ _ _ _ _ _ en faisant voter cette loi _ _ _ _ _ _ _ _ _ _ _.

Juin
Dimanche
6

Norbert

QUIZ Charles II (823-877)

Devenu le premier roi de France en 843, Charles II ne sera couronné que le 6 juin 848. Connaissez-vous bien ce souverain quelque peu oublié, petit-fils de Charlemagne ?

1. *Comme beaucoup de princes régnants, il avait un surnom. Lequel ?*
A. Le Simple. **B.** Le Chauve. **C.** Le Gros.

2. *Par le traité de Verdun, en 843, il concède une part de l'empire de Charlemagne à :*
A. Ses enfants.
B. Ses frères.
C. Ses voisins l'Allemagne et l'Italie.

3. *Il met fin aux incursions des Normands qui ravagent la Bretagne et l'Aquitaine :*
A. En les rejetant à la mer.
B. En nommant leurs chefs pairs du royaume.
C. En leur payant tribut.

CE JOUR-LÀ

En 1249, Saint Louis prend Damiette, en Égypte, au cours de la septième croisade.

Mot d'enfant

Margaux, 8 ans, doit constituer son arbre généalogique pour l'école. Elle demande à sa mère le prénom de ses arrière-grands-parents, qu'elle n'a pas connus.

– Mon grand-père maternel s'appelait Louis… commence sa mère.

Le visage de Margaux s'illumine :

– Ah bon ! Louis combien ?

La critique selon Coluche

Les journalistes, ils viennent quand une pièce a beaucoup de succès. Seulement, une fois que ça marche, on n'a plus besoin d'eux.

Tricheur !

Deux lapins jouent aux cartes. Soudain, le premier pose ses cartes sur la table et demande au second :

– Mais qui a mangé tous les trèfles ?

Devinette

Pourquoi les éléphants ont-ils des chaussons roses ?

Pour qu'on ne les voie pas dans les pommiers en fleur.

Juin

Lundi

7

Gilbert

LE COMPAS DANS L'ŒIL

L'artiste connu sous le nom de Prince est né le 7 juin 1958. Culture ou intuition devraient vous aider à trouver les réponses à ces questions.

1. *Quelle est la taille de ce géant de la musique ?*
A. 1,48 m.
B. 1,57 m.
C. 1,65 m.
D. 1,98 m.

2. *Combien de disques (approximativement) a-t-il vendus depuis 1978 ?*
A. Plus de 20 millions.
B. Plus de 60 millions.
C. Plus de 400 millions.
D. Plus de 1 milliard.

3. *En 1984, il joue dans le film* Purple Rain, *qui rapportera 71 millions de dollars. Il est alors numéro 1 simultanément pour un album, un film et une tournée. Combien d'artistes avant lui ont eu ce privilège ?*
A. Aucun.
B. Un seul, Elvis.
C. Trois.
D. Six.

MOTS CROISÉS

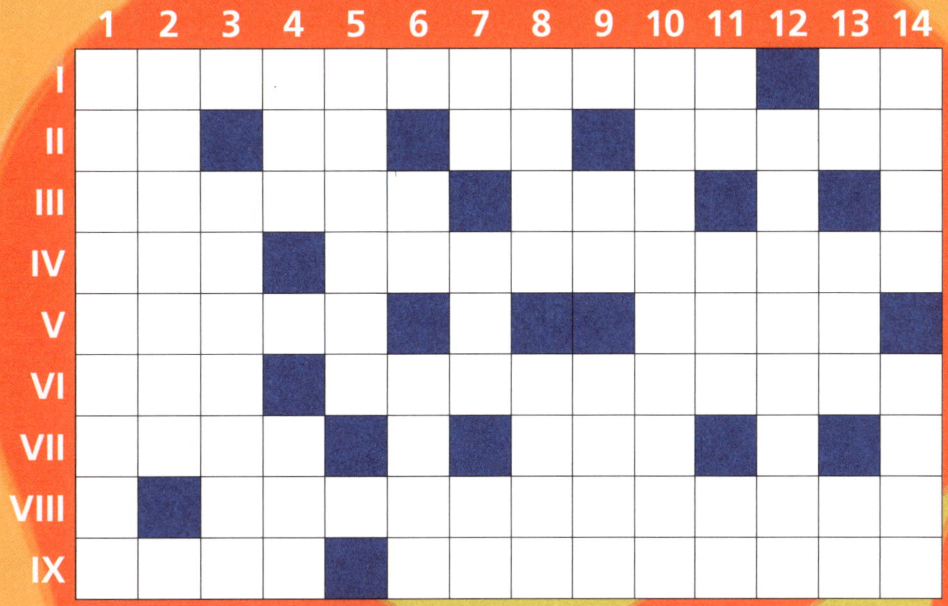

Horizontalement
I. Ville des États-Unis où Prince, chanteur, compositeur et multi-instrumentiste, est né ; disque audionumérique. **II.** Pareil en plus court ; classiquement suivi d'un numéro pour situer le morceau ; cours des petits ; grains de beauté. **III.** Nom d'un célèbre amiral britannique, et véritable patronyme de Prince ; désert de dunes. **IV.** Premier Goncourt ; titre d'un film (en deux mots), oscar de la meilleure musique en 1985, dans lequel Prince joue son propre rôle. **V.** Potache ; nom d'un comédien et humoriste français. **VI.** Fait la manche à Wimbledon ; stupeur et tremblement. **VII.** Armées de jadis ; royal avec du champagne. **VIII.** Triple album édité par Prince en 1996, qui marquait symboliquement son affranchissement de la Warner Bros. **IX.** Qui ne manque pas de moyens ; titre érotique d'un ballet néoclassique de Prince paru en 1997.

Verticalement
1. Nom de l'État américain où Prince a vu le jour. **2.** Parfaites en théorie. **3.** « Petites grappes ». **4.** Possessif ; sigle européen. **5.** Aventure héroïque, à l'instar de celle de Prince dans le monde de la production musicale. **6.** Sans effets ; courant musical dont Prince s'est largement inspiré pour créer son propre style. **7.** Micro personnel ; chasse anglaise ; plus familier que cela. **8.** Elle fixe les prix du pétrole ; clone de Tarzan créé par Pedrazza et Renzi. **9.** Noyau de burlat ; glissa. **10.** Goberas. **11.** Type de société ; dose de centrale ; il le suit. **12.** Superposait par rangs. **13.** Parcours professionnel ; particule à charge ; matière pour un bon disque. **14.** Chanteuse canadienne pour laquelle Prince a composé *With this Tear* ; Turner dans l'intimité.

CE JOUR-LÀ

En 1971, le vaisseau Soyouz 11 s'amarre avec trois hommes à bord à Saliout 1, la première station orbitale du monde. Le 29 juin, au terme d'une mission réussie, ils périront lors du retour vers la Terre à cause d'un problème de dépressurisation.

Zoom saveur

LES CERISES

Il est bien court, le temps des cerises ! Profitons donc sans attendre de leur abondance actuelle : elles rougissent si joliment les étals.

Les cerises poussaient déjà en Europe plus de 3 000 ans av. J.-C. : on a retrouvé des noyaux fossilisés dans les plus anciennes cités lacustres ! Aujourd'hui, de nombreuses variétés coexistent, des plus douces (burlat, napoléon, summit, marmotte…) aux plus acides (griotte) en passant par les aigrelettes cerises anglaises.

Idée gourmande. *Ne dénoyautez pas les cerises que vous destinez à un clafoutis : il sera beaucoup plus parfumé !*

Juin
Mardi
8
Médard

CE JOUR-LÀ

En 1795, Louis XVII meurt dans la prison du Temple, à l'âge de 10 ans.

En 1944, Bayeux, en Normandie, est la première ville française à être libérée.

Déducto

Le Vrai Innocent

Le Faux Coupable
(Alfred Hitchcock, 1957)

Compliment

Une riche bourgeoise demande à sa cuisinière d'acheter une poularde, qu'elle veut servir au cours d'un dîner d'apparat. Quand la cuisinière revient du marché, la patronne ne dissimule pas sa contrariété :

– Cette bête n'a rien d'extraordinaire ! s'écrie-t-elle.

– Mais, madame, dit en toute innocence la cuisinière, il faut attendre qu'elle soit truffée. À ce moment-là, vous verrez qu'elle fera de l'effet. Exactement comme quand madame est bien habillée et qu'elle a mis ses bijoux.

Simplicité

Les femmes ont des goûts simples dans la vie. Un exemple ? Les hommes.

SUDOKU

	8	7		3				6
		1						
		9			6	5	4	
5				8		6		
			4	6	1			
		6		2				8
	6	2	1			4		
						8		
9				7		2	3	

QUIZ Sir Tim Berners-Lee

Physicien britannique passionné par les systèmes de classement et de communication, Tim Berners-Lee, né le 8 juin 1955, est l'un des pionniers d'Internet et l'inventeur du World Wide Web.

1. *En 1885, l'invention de la carte perforée aux États-Unis a servi à :*
A. Établir le fichier des armées, hommes et matériels.
B. Dresser le catalogue de la bibliothèque du Congrès.
C. Recenser la population américaine.

2. *La première transmission d'images à distance (par John Baird) a eu lieu :*
A. En 1900. **B.** En 1920.
C. En 1940.

3. *En 1925, on a inventé un microfilm qui, sur 1 pouce carré (6,5 cm²), contenait :*
A. Le texte entier de la Bible.
B. 10 fois ce texte.
C. 50 fois ce texte.

4. *Tim Berners-Lee a étudié la physique :*
A. À Oxford.
B. À Cambridge.
C. Par correspondance.

5. *Le 16 juillet 2004, il a été :*
A. Obligé de s'expatrier aux États-Unis pour raisons fiscales.
B. Amené à déposer le bilan de son entreprise, ruinée par IBM.
C. Anobli par la reine.

6. *Internet est apparu en France :*
A. Au début des années 1960.
B. Au début des années 1980.
C. Au début des années 2000.

7. *En 1987, le nombre d'ordinateurs connectés dans le monde s'élevait à :*
A. 10 000. **B.** 100 000.
C. 1 000 000.

8. *En Chine, le dispositif de censure sur le Web s'appelle :*
A. La « grande muraille ».
B. La « chasse aux sorciers ».
C. Le « bouclier d'or ».

9. *Actuellement, le nombre d'utilisateurs d'Internet dans le monde se monte à :*
A. 800 millions.
B. 1 milliard.
C. 3 milliards.

Recette

D'une caravane à une autre, on échange des recettes de cuisine.

– Vous faites revenir votre veau, explique une campeuse, avec des oignons et des petits lardons…

– Et vous laissez combien de temps à l'autocuiseur ?

– Si votre mari respecte les limitations de vitesse, environ 20 km.

Rentabilité

Deux explorateurs perdus dans le désert tirent à la courte paille pour savoir lequel sera mangé par l'autre. Le vainqueur ne sait pas par où entamer sa victime, qui lui conseille de commencer par le moins utile : son sexe. L'autre prend un couteau et s'apprête à le couper, mais l'intéressé lui dit :

– Attends, flatte-le un peu, tu en auras plus !

Juin
Mercredi
9

Diane

LE VERTICALETTRES

En répondant aux définitions, retrouvez verticalement le prénom et le nom d'un acteur de cinéma américain né le 9 juin 1963.

1. Entre *21* et *Street* dans la série télévisée qui a lancé sa carrière. **2.** Réalisateur de *Platoon* (1986). **3.** Prénom associé à une chocolaterie. **4.** Réalisateur atypique dont il est l'acteur fétiche. **5.** Matière associée aux mains d'Edward. **6.** État où il est né. **7.** Nom de son ex-compagne, chanteuse et actrice française. **8.** Réalisateur des *Griffes de la nuit* (1984), dans lequel il tenait un petit rôle. **9.** Rôle à répétition sous le soleil des Caraïbes. **10.** Il a franchi la neuvième en 1999 avec Roman Polanski.

1 2 3 4 5 6 7 8 9 10

CE JOUR-LÀ

En 1815, neuf jours avant Waterloo, l'acte final du congrès de Vienne redessine pour un siècle la carte de l'Europe.

La contrepèterie de la semaine

Arrivé au chalet, je masserai ta patte.

Dopage

Deux fans de vélo discutent :

– Je suis sûr que tous les coureurs du Tour sont dopés.

– Mais non, qu'est-ce qui te fait dire ça ?

– L'an dernier, j'ai vu passer un coureur, il a bu le contenu de son bidon et il l'a jeté dans le champ d'à côté. Une vache qui passait par là a fini le bidon.

– Et alors ?

– Ben, la vache a quand même fini deuxième à Auteuil…

Gastronomie

– Bien sûr, mon chéri, que je sais cuisiner, dit une jeune mariée. Tiens, va donc me chercher mon livre de cuisine que je te prépare un bon sandwich.

Devinette

Vous voyez une Lada en mille morceaux sur le bas-côté de la route. Que s'est-il passé ?

Le portable du conducteur a sonné… en position vibreur.

Juin
Jeudi
10

Landry

CE JOUR-LÀ

En 1837, le musée du château de Versailles est inauguré par Louis-Philippe.

En 1944, tous les habitants d'Oradour-sur-Glane, un village de Haute-Vienne, sont massacrés par les SS.

Proverbe japonais

On commence à vieillir quand on finit d'apprendre.

CHENILLE

Le 10 juin 1982, le cinéaste et dramaturge allemand Rainer Werner Fassbinder mourait à l'âge de 37 ans. Son œuvre, impressionnante, comporte une quarantaine de films pour le cinéma et la télévision. Passez d'un mot à l'autre en remplaçant la lettre indiquée et en modifiant éventuellement l'ordre des lettres (conjugaisons et pluriels autorisés).

	C I N É A S T E
– E + D	_ _ _ _ _ _ _ _
– N + L	_ _ _ _ _ _ _ _
– S + A	_ _ C _ _ _ _ _
– C + L	_ _ T _ _ _ _ _
– T + M	_ _ M _ _ _ _ _
– I + N	A L L E M A N D

LE PERSONNAGE CÉLÈBRE

En répondant aux définitions suivantes, retrouvez dans les colonnes roses le nom d'un leader noir d'origine jamaïcaine, mort à Londres le 10 juin 1940, qui fut considéré comme un prophète par les adeptes du mouvement rasta.

1. Changer de région. **2.** Métamorphose. **3.** Campagnards. **4.** Cabaret de Montmartre. **5.** Docteurs de l'islam. **6.** Doux au toucher.

1 2 3 4 5 6

Allô, docteur ?

Le docteur, très en colère, téléphone à un patient.

– Monsieur, votre chèque d'il y a deux jours est revenu !

– Mes rhumatismes sont revenus eux aussi, cher monsieur !

Les Belges

À la chasse, deux Belges voient passer un deltaplane. Le premier épaule et tire :

– Tu l'as raté, constate le second.

– Oui, mais il a lâché sa proie.

Juin
Vendredi
11

Barnabé

PUZZLE CROISÉ

Replacez les morceaux dans le tableau vierge de manière à reconstituer une grille de mots croisés traditionnelle, sachant qu'elle contient le nom d'un peintre britannique, à la fois romantique et réaliste, qui fut l'un des initiateurs du paysage moderne.

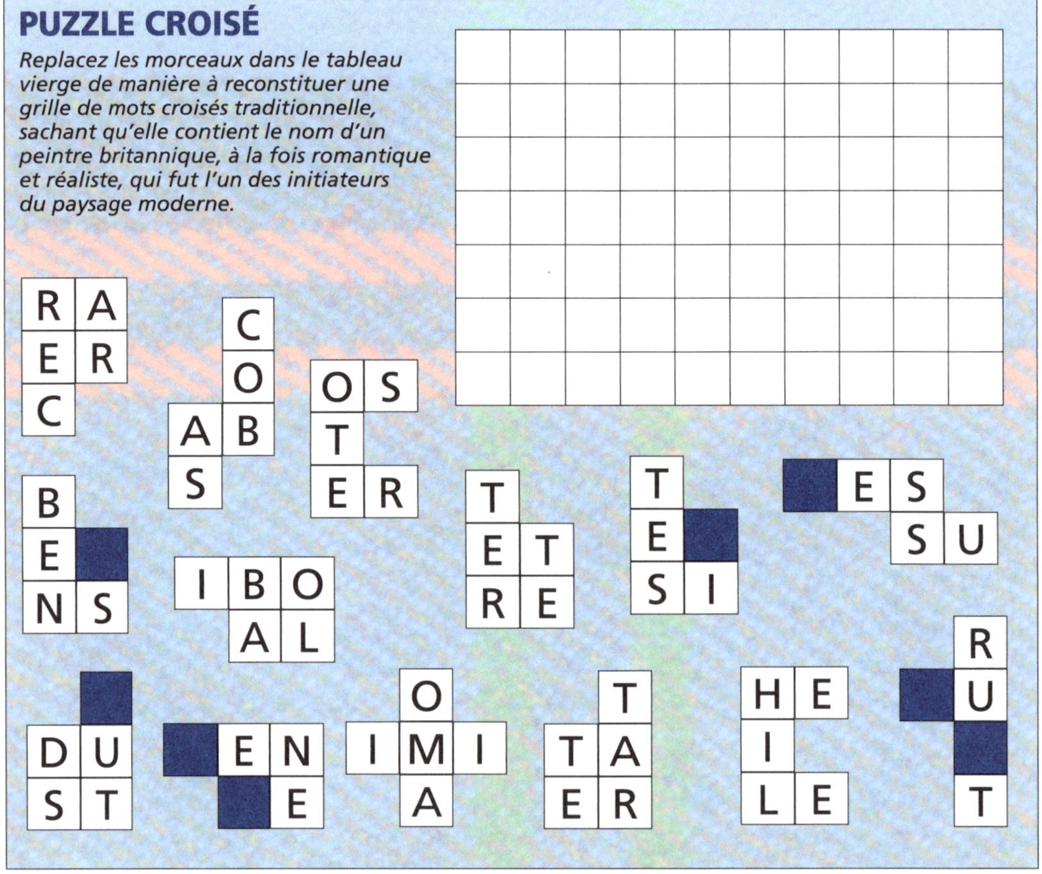

SYLLABES MANQUANTES

Reconstituez neuf mots en utilisant les syllabes proposées. Les initiales des mots trouvés vous révéleront le nom d'un artiste britannique né le 11 juin 1776 et donc contemporain de William Turner, le peintre de la lumière.

1. ___ TI ____ ___
2. __ TO __ ___
3. __ __ PLA __
4. ___ TA ____
5. __ RÉ ___ __ LE
6. __ BA ___ __ __
7. ____ TO ___ RE
8. ___ __ SPI __
9. __ CAR ___ __

ar	bil	bra	bron
cail	cri	er	es
gie	le	lep	ler
lét	lo	na	ne
on	re	ri	sau
sec	té	teur	to
	tu	vi	

Le saviez-vous ?

Chez les Indiens Hopis d'Amérique du Nord, une jeune fille ne devient femme qu'après quatre jours d'isolement passés dans la maison d'une tante, où elle occupe son temps à broyer des céréales. Durant sa retraite, elle ne doit pas se gratter le corps avec la main mais utiliser une baguette. À sa sortie, elle se coiffe autrement pour montrer qu'elle est prête au mariage.

CE JOUR-LÀ

En 1982, Steven Spielberg donne naissance à E. T. l'extraterrestre. Le film restera en tête du box-office international durant onze ans avant de laisser la place à un autre film de Spielberg : Jurassic Park !

LABYRINTHE

Aidez cette petite abeille à retrouver la fleur qui lui permettra de fabriquer son miel.

Juin
Samedi
12

Guy

Troisième décan des Gémeaux

LE PERSONNAGE CÉLÈBRE

Ce critique français de cinéma et de télévision qui nous a quittés le 12 juin 1992 a développé une théorie de l'image. Retrouvez son nom dans les colonnes bleues en répondant aux définitions ci-dessous.

1. Mesure en profondeur. **2.** Grand pour le cinéma. **3.** Reprise de combat. **4.** Petit cochon. **5.** Rend joyeux.

1					
2					
3					
4					
5					

La perle de la semaine

Les paysans étaient presque tous des cerfs.

CE JOUR-LÀ

En 1969 est inauguré le Café de la Gare, créé par Romain Bouteille et Coluche. S'y côtoient Miou-Miou, Patrick Dewaere, puis Gérard Depardieu. Leur slogan : « C'est moche, c'est sale, c'est dans le vent ! »

Pratique

Mamie est déjà au lit, alors que papy est encore dans la salle de bains :

– Mais qu'est-ce que tu fais, maintenant ?

– Eh ! je me lave les dents !

– Alors, lave les miennes aussi.

JEU DE LOGIQUE

Un collectionneur de DVD de péplums met en vente certaines de ses acquisitions qu'il possède en double. À côté de chaque titre figure le prix de vente. Trouvez logiquement le prix du dernier.

Juin
Dimanche
13

Antoine de Padoue

CE JOUR-LÀ

En 1983, la sonde américaine Pioneer 10 est le premier objet terrestre à sortir du système solaire. Elle avait quitté l'atmosphère terrestre en mars 1972.

Mot d'enfant

Ce jour-là, le ciel est bien gris. Sébastien, 4 ans, contemple une cheminée d'usine qui crache de la fumée :

– Maman, c'est une usine où on fabrique du ciel ?

LE COMPAS DANS L'ŒIL

Le 13 juin 1998, le navigateur Éric Tabarly disparaissait en mer d'Irlande en manœuvrant son Pen Duick, à l'âge de 66 ans.

1. *En 1980, il a battu le record de la traversée de l'Atlantique d'ouest en est en multicoque. Il a mis environ :*
A. 8 jours. **B.** 10 jours. **C.** 16 jours. **D.** 23 jours.

2. *Parmi ses nombreuses victoires, il a remporté la première Transpacifique en 1969 sur* Pen Duick V. *Il a relié San Francisco à Tokyo en 39 jours et 15 heures. De combien devançait-il son second ?*
A. 30 secondes. **B.** 1 heure. **C.** 1 jour. **D.** 11 jours.

3. *Éric Tabarly a remporté la Transat anglaise en solitaire de 1976 à bord de* Pen Duick VI. *Ce bateau, basé désormais à Saint-Malo, continue à former des équipages en haute mer. Combien de milles affiche-t-il approximativement au loch (au compteur) ? Indication : le tour de la Terre à l'équateur est de 21 600 milles.*
A. 100 000. **B.** 270 000. **C.** 720 000. **D.** 2 700 000.

SANDWICH

Complétez les mots verticaux de cinq lettres (conjugaisons interdites). Plusieurs solutions sont possibles parfois, mais une seule vous permettra de former un terme en lien avec un jour attendu par certains et redouté par d'autres.

P	O	R	T	E	C	H	A	N	C	E	S	U	P	E	R	S	T	I	T	I	O	N
I	P	A	R	S	A	Y	L	O	O	B	A	S	I	C	A	U	A	C	R	M	L	O
E	L	E	C	A	E	N	I	R	E	N	I	G	O	I	D	V	E	O	N	U	V	U
R	E	S	E	I	S	E	N	E	R	E	S	E	N	N	E	E	R	R	C	E	E	D

Juin
Lundi
14

Élisée

L'ENGRENAGE

Pour chaque roue de l'engrenage, cherchez le mot correspondant à la définition. Inscrivez-le dans les petits cercles touchant la roue, en démarrant toujours par celui qu'indique la flèche et en tournant dans le sens des aiguilles d'une montre.

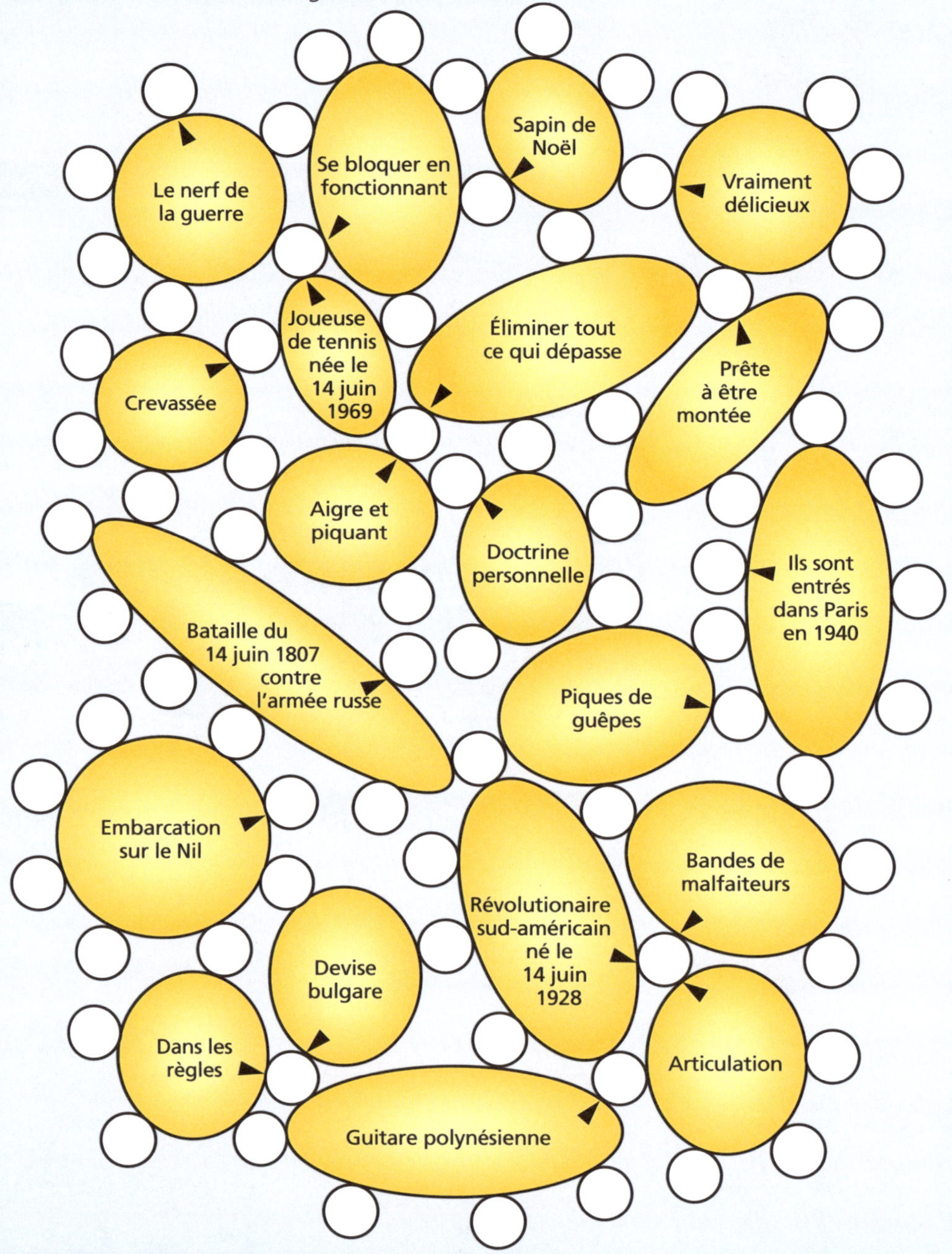

Zoom saveur

LES FLEURS DE COURGETTE

C'est quand les courgettes sont à peine formées que l'on récolte leurs fleurs, de forme allongée et d'un splendide jaune vif. Elles sont aussi belles que savoureuses !

Délicates, les fleurs de courgette se conservent mal : elles doivent donc être utilisées le jour de leur cueillette ou de leur achat. Juste avant de les cuisiner, nettoyez-les délicatement avec un linge humide puis supprimez le pistil et le pédoncule.

Idée gourmande.
Coupez quelques belles fleurs de courgette en fines lanières, puis ajoutez-les tout simplement à une omelette : c'est rapide, original et… délicieux !

CE JOUR-LÀ

En 1985 sont signés les accords de Schengen, visant à supprimer les frontières dans l'espace communautaire du même nom. Ils seront appliqués à partir de 1995.

Constat

Les hommes, c'est comme les places de parking : les bons sont toujours pris, et ceux qui restent sont des handicapés.

Allô, docteur ?

Il doit y avoir quelque chose d'efficace dans l'acupuncture… On n'a jamais vu un hérisson malade !

À l'asile

Deux fous s'amusent dans le parc de l'hôpital. Le premier demande au second en mettant son doigt devant sa figure :

– Qu'est-ce que tu vois ?

– Ben… Un doigt.

Le premier rétorque alors, tout fier :

– Je suis bien caché, hein ?

Juin
Mardi
15

Germaine

CE JOUR-LÀ

En 1785, Pilâtre de Rozier est la première victime de la conquête des airs : son ballon prend feu peu après avoir décollé.

Déducto

Un divorce

Un mariage
(Robert Altman, 1978)

Toto

Toto revient de l'école et annonce tout fier :

– On a fait une compo de sciences naturelles. La maîtresse a demandé combien de pattes avait une vache. J'ai dit trois, et je suis premier !

– Mais comment est-ce possible ? demande sa mère.

– Parce que tous les autres avaient dit deux !

MOTS CROISÉS

	1	2	3	4	5	6	7	8	9	10	11	12	13	14
I													■	
II											■			
III				■			■							
IV									■				■	
V					■			■						
VI		■											■	
VII			■			■			■					
VIII							■					■		
IX	■									■				

Horizontalement
I. Famille royale qui a régné sur la Prusse et dont est issu Guillaume II, couronné empereur d'Allemagne le 15 juin 1888. **II.** Baume utilisé en parfumerie ; protecteur. **III.** Pose ; patrie d'Abraham ; façons de voir. **IV.** Rachidien ; un anglais. **V.** Saint sur l'Aa ; démonstratif ; pousse. **VI.** Prix Nobel de chimie 1908, un des pionniers de la radioactivité. **VII.** À la tête du Rwanda ; article ; négation ; comme les films sous Guillaume II. **VIII.** Qui montre de grandes dispositions ; bec de gaz ; note. **IX.** Homme politique prussien autoritaire, qui dut renoncer au pouvoir deux ans après l'avènement de Guillaume II ; font que les cheveux se dressent sur la tête.

Verticalement
1. Principal débouché maritime de l'Allemagne, devenu port franc en 1881. **2.** Acide sulfurique ; Internet. **3.** Guillaume II, réfugié aux Pays-Bas, lui envoya un télégramme de félicitations lorsqu'il soumit la France en 1940 ; demi-peau de chien. **4.** Point commun entre un zèbre et un clebs ; moyen d'accès à la culture. **5.** Conclut une entente, pas forcément triple ; produit d'une entente. **6.** Cité alémanique ; donne le ton. **7.** De d'ailleurs ; tiers de pas grand-chose. **8.** Moyen d'accéder à la culture ; peu enclin au changement. **9.** Général ; fait la haie ; le Royaume-Uni des Britanniques. **10.** Améliore les conditions de travail. **11.** Pli dans le lit. **12.** Ver carnassier. **13.** A son lecteur ; opération de facteur. **14.** Maintiennent l'attention et la tension.

Devinette

Pourquoi la tête des hommes a-t-elle pris de la valeur cette année ?

Parce que la taxe sur l'eau a augmenté.

Nos amies les bêtes

Quels sont les deux animaux les plus dangereux ?

La tortue, parce qu'elle tord et qu'elle tue, et le serpent, parce qu'il serre et qu'il pend.

L'âge de José Arthur

Je suis à l'âge où l'on ne peut plus se retirer un cil de l'œil : sans lunettes, on ne le voit pas ; avec, on ne peut pas l'atteindre.

Juin
Mercredi
16

Jean-François Régis

FILMOGRAPHIE Michel Blanc

Membre de la troupe du Splendid, ce comédien né le 16 juin 1952 a alterné le registre farfelu et comique (Marche à l'ombre) *et les emplois plus sombres* (Uranus) *avant de passer avec talent derrière la caméra* (Grosse Fatigue). *Retrouvez le titre de cinq films dans lesquels il a joué, tous réalisés par Patrice Leconte, grâce aux indices suivants.*

1. Il y passait des vacances de cauchemar sans jamais parvenir à conclure (1978).

2. Il n'y réussissait pas davantage et, en plus, il souffrait du froid (1979).

3. Il y persécutait Bernard Giraudeau en squattant l'appartement de l'amie de ce dernier (1981).

4. Son premier emploi dramatique, dans un remake d'un film de Duvivier adapté de Simenon (1989).

5. Impresario de théâtre véreux, il embauchait un trio de comédiens ringards et tonitruants (1996).

SUITE LOGIQUE

Par quelle série de signes faut-il continuer cette série en chiffres romains ?

I I I V V I I I X X I I X I V ----

1 VIX **2** IIX **3** IIV **4** XV **5** XVII **6** IXXI

CE JOUR-LÀ

En 1963, Valentina Terechkova est la première femme dans l'espace.

Devinette

Comment les hommes trient-ils leur linge à laver ?

« Sale » et « sale mais portable ».

La sexualité de Franck Dubosc

Les femmes, c'est comme les photos, j'aime bien les prendre mais pas être dessus !

La contrepèterie de la semaine

Les populations du Cap mettaient les échecs en valeur.

Juin
Jeudi
17

Hervé

NOMBRES CROISÉS

Le champion cycliste Eddy Merckx est né un 17 juin. En 1996, le roi des Belges lui a conféré le titre de baron.

	1	2	3	4	5
I					■
II		■			
III			■		
IV				■	
V	■				

Horizontalement
I. Année de naissance du Cannibale. **II.** Un an et une semaine. **III.** Paris, où il acheva victorieusement cinq fois le Tour de France ; son compatriote Jacques Brel voulait-il y voir Vesoul ? **IV.** Naissance de Charles II le Chauve. **V.** Entendu avant le départ du contre-la-montre.

Verticalement
1. Année de la retraite sportive d'Eddy Merckx. **2.** Nombre de victoires qu'il a remportées dans sa carrière (multiple de 5). **3.** Haute-Loire, à l'inverse du suivant ; nombre d'étapes du Tour de France qu'il a remportées. **4.** Nombre premier constitué de chiffres impairs. **5.** Juste après l'odyssée de Kubrick.

QUIZ Lio

Née au Portugal le 17 juin 1962, Lio (Wanda Ribeiro de Vasconcelos) a mené de front des activités musicales et cinématographiques.

1. *À 6 ans, elle quitte le Portugal pour :*
A. La France. **B.** La Suisse. **C.** La Belgique.

2. *Son premier 45-tours s'intitule :*
A. *Ice Cream.* **B.** *Banana Split.* **C.** *Vanilla Sky.*

3. *En 1983, elle tourne son premier film avec Chantal Akerman. Quel en est le titre ?*
A. *Les Années 1980.* **B.** *Les Années sandwich.*
C. *Les Années lumière.*

4. *Dans* Après l'amour, *de Diane Kurys (1992), elle est abandonnée par son mari :*
A. Bernard Giraudeau.
B. Hippolyte Girardot. **C.** Yvan Attal.

CE JOUR-LÀ

En 1972, le siège de campagne du Parti démocrate, à Washington, est cambriolé. L'affaire du Watergate commence. Elle sera à l'origine de la chute de Richard Nixon.

Proverbe inuit

Heureux celui qui sait prendre son temps pour aller plus vite.

Juin
Vendredi
18

Léonce

CE JOUR-LÀ

En 1815, Napoléon Ier est battu par Wellington et Blücher à Waterloo.

Estimation

Une étude a été faite aux États-Unis au sujet de la valeur des hommes et des femmes. Le résultat est que les femmes valent 65 000 000 dollars et les hommes 22 dollars.

En effet, chez une femme, il y a:

– un centre de fabrication, 20 000 000 dollars;

– une centrale laitière, 20 000 000 dollars;

– un centre d'accueil, 25 000 000 dollars.

Soit au total 65 000 000 dollars.

Chez un homme, il y a:

– une fricandelle, 10 dollars;

– deux boulettes, 5 dollars pièce;

– 2 dollars pour la sauce…

ANAGRAMMES CROISÉES

Remplissez la grille en reconstituant des mots à partir des lettres proposées: conjugaisons, pluriels et noms propres (en gras) autorisés. Lorsqu'un astérisque suit un mot de plus de trois lettres, une seule solution est possible. Pour les autres, plusieurs anagrammes sont envisageables, mais une seule permet de terminer la grille. Quelques-uns des termes à découvrir sont en rapport avec Jamel Debbouze, jeune acteur français d'origine marocaine né à Paris le 18 juin 1975.

	1	2	3	4	5	6	7	8	9	10	11	12	13	14
I														
II					■						■			
III		■				■		■		■				■
IV				■							■			
V						■				■				
VI		■									■			
VII						■		■						
VIII		■					■						■	
IX								■			■			

Horizontalement

I. AAABEIILLNNOST*. **II.** ESSU; AINSU; OTU. **III.** EPS; FNU. **IV.** ETU; **BEILOX***; ABC. **V.** EELRU; EGR; CEHI*. **VI.** AEEILLRS; ARS. **VII.** AABRV*; EINORS. **VIII.** IIRS*; EEHRS. **IX.** AAEENST*; SS; ABN.

Verticalement

1. BEIMNORSU*. **2.** AS; EU. **3.** AEEIRSTTT. **4. EIS**; AALRV. **5.** AILNOPU. **6.** NU; ES. **7. AEIRSTX.** **8.** IL; **EEL**. **9.** DEEGIINNS. **10.** AS; ORSS*. **11.** IS. **12. ABBCEHORU***. **13.** AEILNRU. **14.** ET; **BENOSS**.

SUDOKU

		2		7			9	
						3		2
		9	4	5			8	
8		5					7	
		4	8	1	9	2		
	2					9		8
	5			8	4	6		
4		3						
	7			2		4		

Le saviez-vous ?

L'ours polaire est un animal aussi agile que véloce. Plus rapide que le renne, il se déplace à 40 km/h sur de courtes distances, peut sauter 3,70 m en longueur et 2 m en hauteur.

Nos amies les bêtes

Le lion demande à la gazelle:

– Qui c'est, le roi de la jungle ?

– C'est toi, grand lion !

Même scène avec le singe. Finalement, il pose la question à l'éléphant, qui le saisit avec sa trompe et l'envoie dans un baobab. Le lion crie alors:

– Ben quoi, on ne peut plus poser de questions, maintenant ?

Juin
Samedi
19

Romuald

MARIONS-LES

Salman Rushdie est un écrivain britannique né à Bombay le 19 juin 1947. La parution en 1988 de ses Versets sataniques engendre une violente réaction dans le monde islamique. Le livre est interdit dans de nombreux pays. Reliez à leur auteur ces autres œuvres attaquées en justice, censurées en partie ou en totalité lors de leur publication.

Pantagruel	A	1	Pierre Louÿs
Gamiani ou Deux Nuits d'excès	B	2	Charles Baudelaire
Les Chansons de Bilitis	C	3	Molière
Les Onze Mille Verges	D	4	François Rabelais
Emmanuelle	E	5	Henry Miller
Les Fleurs du mal	F	6	Gustave Flaubert
Tropique du Cancer	G	7	Alfred de Musset
J'irai cracher sur vos tombes	H	8	Emmanuelle Arsan
Tartuffe	I	9	Guillaume Apollinaire
Madame Bovary	J	10	Vernon Sullivan (Boris Vian)

CARRÉ MAGIQUE

Ordonnez les chiffres de 1 à 25 pour atteindre la somme de 65 sur toutes les lignes et dans toutes les colonnes. Placez-les chacun dans une case de couleur identique à celle où il figure. Indication : dans la diagonale indiquée, le total est également de 65.

7	11	13	15	24
5	8	10	19	22
3	6	21	23	25
1	9	14	18	20
2	4	12	16	17

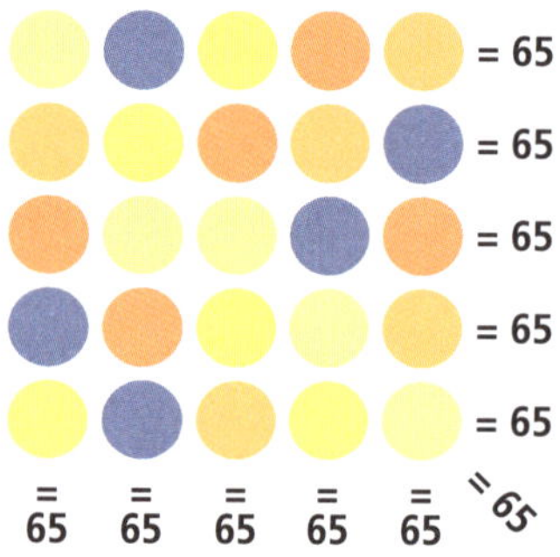

La perle de la semaine

Comme il n'y avait pas d'autos, ils payaient des impôts sur le sel, sur la taille…

CE JOUR-LÀ

En 1867, l'empereur Maximilien, que Napoléon III a voulu imposer au peuple mexicain en 1864, est fusillé à Querétaro.

Juin
Dimanche
20

Fête des Pères

QUIZ

Nicole Kidman

D'origine australienne, cette actrice née le 20 juin 1967 à Hawaii se montre douée pour les interprétations les plus variées et les plus périlleuses.

1. *Elle a tourné son premier film à :*
A. 15 ans. **B.** 20 ans. **C.** 25 ans.

2. Le film qui l'a fait connaître au public international avait pour titre :
A. *Croc Blanc.* **B.** *Calme blanc.* **C.** *Y a bon les Blancs.*

3. Elle n'a tourné qu'un seul film avec son ex-mari Tom Cruise. Lequel ?
A. *Batman Forever.* **B.** *Dogville.* **C.** *Eyes Wide Shut.*

4. Elle n'a jamais tourné avec un réalisateur :
A. Italien. **B.** Danois. **C.** Espagnol.

Mot d'enfant

Un dentiste se rend un jour à l'école maternelle de sa fille pour parler de son métier aux enfants. Il commence par demander :

– Quelle est la première chose qu'on fait quand on va chez le dentiste ?

– On attend, répond Maxime, 4 ans.

Solidarité

Une nouvelle enseignante commence son cours en utilisant un peu de psychologie :

– Si quelqu'un parmi vous croit qu'il est stupide, qu'il se lève !

Après un instant, Manu se lève. L'enseignante lui demande :

– Tu crois que tu es stupide, Manu ?

– Non, mais je trouve ça triste de voir que vous êtes la seule debout…

CE JOUR-LÀ

En 1789, les députés du tiers état prononcent le serment du Jeu de paume : ils ne se sépareront pas avant d'avoir donné une Constitution à la France.

Leçon de français

On ne dit pas… le processus de paix est enclenché, on dit… je vais lâcher une caisse.

Juin
Lundi
21

Rodolphe
Été

MOTS CROISÉS

	1	2	3	4	5	6	7	8	9	10	11	12	13	14
I									■					
II			■											
III				■					■					
IV												■		
V				■						■				
VI							■							■
VII								■						
VIII		■			■				■		■			
IX												■		

Horizontalement
I. Chanteur de rock français à la carrière internationale, né le 21 juin 1961 ; fonçait. **II.** Note ; titre phare de son premier album solo, où figure aussi *Je ne t'aime plus*. **III.** Fonça légèrement ; marque de transport ; ne foncent pas. **IV.** Son surnom au sein du groupe de musique latine évoqué au 1 vertical ; forme d'être. **V.** Fait la lumière ; solide, il liquide ; qualifie parfois sa voix ou sa gueule. **VI.** Creuser au centre ; prénom masculin. **VII.** Ex-groupe de Peter Gabriel et Phil Collins ; a un style tout en longueur. **VIII.** Fin d'intérim ; n'a plus ; au boulot. **IX.** Étude de la surface de Mars ; ne venait pas de Mars.

Verticalement
1. Le clan des sept jusqu'en 1994. **2.** Clause guère ouverte. **3.** Anémone de mer. **4.** Au bout du truc ; aperçu musical. **5.** Font sortir de l'ombre. **6.** Pas côtier. **7.** Prénom masculin ; fit comme Eugène ? **8.** Guère poli ; travaux pratiques. **9.** Mouvement contre le racisme. **10.** Ville de Norvège où il s'est produit en 1990 ; *veni, vidi*, … . **11.** Mesurais au bois. **12.** Premier chez nous ; sans bavures. **13.** Qualité d'artiste engagé. **14.** Cogne contre le quai ; est à gagner.

Zoom saveur

LE REBLOCHON

Préparé à partir de lait de vache cru, ce remarquable fromage savoyard, divinement crémeux et délicatement parfumé, bénéficie d'une AOC depuis 1958.

Reblochon vient du terme reblocher, c'est-à-dire traire une seconde fois pour obtenir un lait le plus crémeux possible, donc un fromage des plus onctueux !

Idée gourmande.
Dégustez le reblochon en tartiflette : grattez-le légèrement au couteau, coupez-le en deux dans l'épaisseur, puis disposez chaque moitié, peau dessus, sur des pommes de terre préalablement sautées avec des oignons et des lardons. Enfournez 15 min à 230 °C (th. 7/8).

LE PERSONNAGE DU JOUR

Découvrez un personnage célèbre grâce aux indices suivants, que vous lirez l'un après l'autre.

1 Je suis mort à Paris le 21 juin 2006.

2 À 16 ans, je rejoins mon père en Auvergne pour donner des « coups de main contre les Allemands ou les miliciens ».

3 Fou de marche, je suis le premier Occidental à réaliser la liaison Lhassa (Tibet)-Katmandou (Népal), en 1985.

4 Conteur prolixe, j'ai consacré de nombreux livres à cette passion, dont *Marches et rêves* (J.-C. Lattès, 1988).

5 J'ai exercé les métiers les plus divers : peintre, mineur, journaliste, rédacteur en chef, animateur radio, scénariste…

6 En pleine période yé-yé, je rencontre un chanteur portant le même prénom que moi, pour lequel j'écris de nombreuses chansons à succès : *les Cactus, Et moi, et moi, et moi…*

CE JOUR-LÀ

En 1946, le microsillon fait son apparition aux États-Unis.

Sécurité routière

Deux amis entrent dans un bar. Le premier titube et soudain s'effondre, ivre mort. L'autre appelle le barman et lui dit :

– Un whisky double !

– OK ! fait le garçon. Et pour votre ami, qu'est-ce que ce sera ?

– Vous rigolez ou quoi ? Faut rien lui donner ! C'est lui qui conduit…

Juin
Mardi
22

Alban

Dernier jour des Gémeaux

FILMOGRAPHIE Fred Astaire

Disparu le 22 juin 1987, de son vrai nom Frederick Austerlitz, il est considéré comme le plus grand danseur de toute l'histoire du cinéma. Sa technique, son élégance, son humour sont légendaires. Retrouvez le titre de cinq de ses films grâce aux indices suivants.

1. Un hommage au plus grand directeur de spectacles de music-hall de Broadway (1946).

2. Un titre qui résume toute la vie d'un habitué des planches (1953).

3. Il y rencontre une séduisante commissaire politique venue de l'autre côté du rideau de fer (1957).

4. Il ne danse plus dans ce terrifiant constat de la destruction possible du monde (1960).

5. L'un de ses derniers films, où il est enfermé, parmi bien d'autres, dans un immeuble en feu (1975).

CE JOUR-LÀ

En 1815, Napoléon abdique pour la seconde fois. Quatre jours après Waterloo, l'empereur renonce. C'est la fin des Cent-Jours.

Déducto

Le Bon Père

Le Mauvais Fils (Claude Sautet, 1980)

Étiquette

Attiré par l'exotisme d'outre-Manche, Jacques Dubois s'est engagé dans l'armée britannique. Un officier lui demande un jour :

– Comment tu t'appelles ?

– Jacques Dubois.

– Tu dois dire « sir » quand tu réponds à un officier britannique. Comment tu t'appelles ?

– Sir Jacques Dubois.

Comment ?

Deux types sont à table. L'un d'eux lève la tête et voit que l'autre a des bananes dans les oreilles.

– Eh, vieux, t'as des bananes dans les oreilles !

– Quoi ?

– T'as des bananes dans les oreilles !

– Parle plus fort, je t'entends pas, j'ai des bananes dans les oreilles !

La précaution selon Coluche

Francis Lalanne donne un concert dans un petit village. L'après-midi, l'épicier voit arriver un mec qui lui dit :

– Je viens acheter tout votre stock de tomates pourries, tout ce que vous avez !

– Ah ! je comprends, c'est pour aller au gala de Francis Lalanne !

– Non. Je suis Francis Lalanne !

L'évolution selon Jean-Charles

La forme la plus élevée de la vie animale est la girafe.

SUDOKU

		5	8		2			6
						7		
	7				4			2
	3		5				1	
8				2				7
	1				9		4	
7			9				6	
		9						
4			2		5	1		

SUDOKU

7					3			
		8	5			7	2	4
		5						9
		2		1				
4			8	5	9			6
				2		5		
6						1		
8	9	1			5	3		
			9					5

Juin
Mercredi
23

Audrey

Premier jour du Cancer

CACHE-CACHE

En hommage à Jean Anouilh, dramaturge (Antigone, le Voyageur sans bagage) *et metteur en scène né le 23 juin 1910 à Bordeaux, découvrez, dissimulés dans la lettre ci-dessous, le nom de douze autres écrivains français auteurs de pièces de théâtre.*

Cher Claude,

La promenade de dimanche fut merveilleuse, même si nos montures se montrèrent parfois rétives, à l'instar de ces ânes rouges de Mongolie que l'on nomme des hémiones. Côte à côte, nous chevauchions en silence. Je me sentais touchée par Éros. Tandem, duo, couple, qu'étions-nous exactement ? Le parfum de l'humus s'étirait dans l'atmosphère ; au loin, des corneilles croassaient. Soudain, dans le bois, un bruissement. Quelque animal sans doute… La biche jaillit du bois et bondit avec grâce par-dessus une grosse racine qui coupait le sentier. Au moment de nous quitter, la journée m'avait semblé trop courte. L'inexprimé me pesait. Je vous trouvais beau, marchais à pas lents. Je vous parlai d'amour. Franc et loyal, vous m'avouâtes qu'il y avait déjà une femme dans votre vie…

Pardon, mon ami, si l'aveu de mes sentiments vous a offusqué.

Bien à vous, Hugoline de Jarrycourt.

CE JOUR-LÀ

En 1848 débute à Paris une insurrection des ouvriers, qui demandent « du travail et du pain ». Elle sera écrasée le 26 juin.

Nos amies les bêtes

– J'ai un chien formidable, dit Bernard. Il fait le beau, joue au ballon, grimpe à l'échelle…

– Pas si formidable que mon chat, s'exclame Annie. Il saute dans un cerceau, fait des pirouettes…

– Tout cela n'est rien à côté de mon cochon, proclame le père Arthur. C'est bien simple, quand je remonte une bouteille de la cave, il me présente sa queue en tire-bouchon !

Caféine

Les hommes sont comme le café. Les meilleurs sont riches, chauds, et peuvent te tenir éveillée toute la nuit.

Équipement en option

Dans une Mercedes, t'as l'air conditionné. Dans une Ford, t'as l'airbag. Dans une Lada, t'as l'air con.

La contrepèterie de la semaine

Arriver à Béziers la veille.

Juin
Jeudi
24

Jean-Baptiste

Proverbe chinois

Si perçante soit la vue, on ne se voit jamais de dos.

Amour toujours

Une dame qui veut se marier pour la quatrième fois va acheter une robe de mariée. La vendeuse lui rappelle qu'elle ne peut pas porter une robe blanche, puisqu'elle s'est déjà mariée trois fois. Elle affirme :

– Bien sûr que je peux, je suis toujours vierge !

La vendeuse lui répond :

– Impossible !

Et la dame dit :

– C'est pourtant vrai : mon premier mari était psychologue, tout ce qu'il voulait c'était en parler. Le deuxième était gynécologue, il ne voulait que regarder. Et le troisième, ah, le troisième ! Il était philatéliste. Mon Dieu, comme il me manque…

MARIONS-LES

Né le 24 juin 1930, Claude Chabrol fut marié avec Stéphane Audran, qu'il dirigea dans de nombreux films. Saurez-vous apparier ces couples célèbres – mariés ou non – de réalisateurs et d'actrices unis dans la vie comme à l'écran ?

Josef von Sternberg	A	1	Brigitte Bardot
Jean-Luc Godard	B	2	Anouk Grinberg
Orson Welles	C	3	Judy Garland
Roger Vadim	D	4	Marlene Dietrich
Vincente Minnelli	E	5	Rita Hayworth
Bertrand Blier	F	6	Vera Amado
Ingmar Bergman	G	7	Anna Karina
Henri-Georges Clouzot	H	8	Jacqueline Delubac
Yvan Attal	I	9	Charlotte Gainsbourg
Sacha Guitry	J	10	Liv Ullmann

CE JOUR-LÀ

En 1982, Jean-Loup Chrétien devient le premier Français à séjourner dans l'espace.

En 1999, la guitare sur laquelle Eric Clapton a composé le tube international Layla est vendue aux enchères pour près de 400 000 euros !

Devinette

Quel bout de la corde envoie-t-on à un huissier qui se noie ?

Les deux !

Le danger réel selon
W. C. Fields

Plus d'hommes se sont noyés dans l'alcool que dans la mer.

Juin
Vendredi
25

Prosper

MOTS FLÉCHÉS

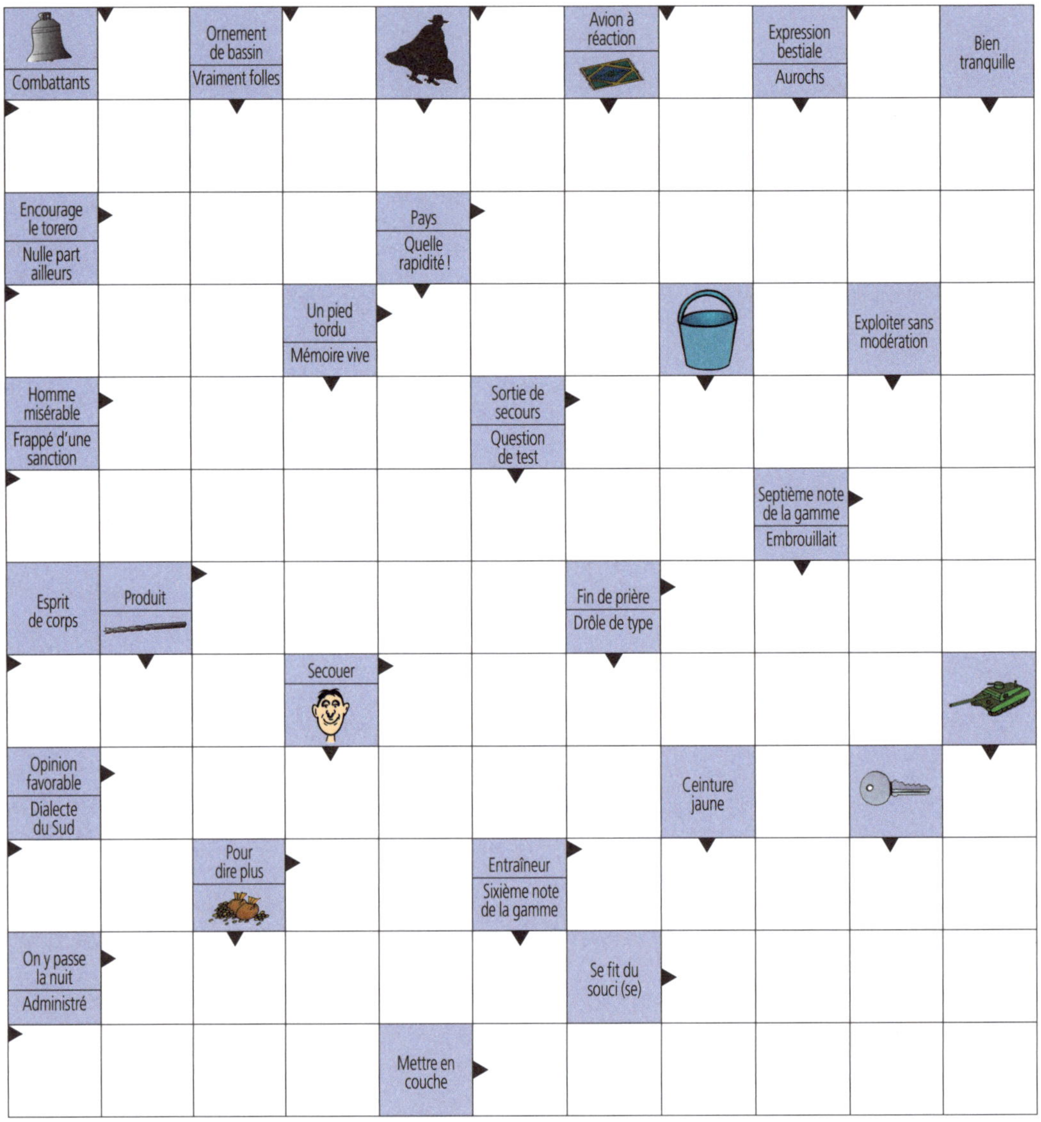

Le saviez-vous ?

Ce sont les expériences agréables, les sujets qui nous intéressent et les choses dont nous avons une raison spéciale de nous souvenir que nous oublions le moins. À noter : nous nous rappelons particulièrement bien les pensées qui nous traversent l'esprit juste avant le sommeil – un truc à ne pas oublier !

CE JOUR-LÀ

En 1876, les Sioux et les Cheyennes anéantissent les troupes du général Custer à Little Big Horn. Cette bataille marque la dernière victoire des Indiens sur les Blancs et le commencement de la fin pour ces peuples fiers et libres.

LE CRÉNEAU

En répondant aux définitions suivantes, retrouvez sur le créneau le nom de plume d'Eric Blair, essayiste et romancier anglais né en Inde le 25 juin 1903.

1. Passages d'une œuvre littéraire. **2.** D'aucuns y lisent l'avenir. **3.** Gagne-pain du journaliste. **4.** Gros mot. **5.** Pouvoir anglo-saxon. **6.** Remplace la plume sur certains stylos.

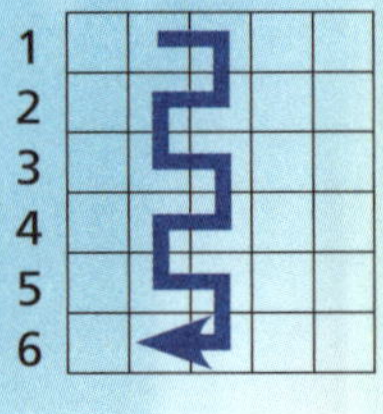

La meilleure option selon
Woody Allen

Nous avons hésité un moment entre un divorce et des vacances. Nous avons pensé que des vacances aux Bermudes c'est fini en deux semaines, alors qu'un divorce ça dure toute la vie.

Nos amies les bêtes

Une maman kangourou demande à sa voisine :

– Pourquoi te grattes-tu ?

L'autre lui répond :

– Si tu crois que c'est facile d'élever un enfant qui n'aime que les biscottes.

Les blondes

Une rousse, une brune et une blonde sont poursuivies par un maniaque. Elles se réfugient dans une grange. Trouvant des sacs à patates vides, elles décident de se cacher dedans. Le maniaque entre, secoue le sac où se trouve la rouquine et entend :

– Miaou ! Miaou !

Il se dit que ce doit être un chat. Il secoue alors le sac dans lequel s'est cachée la brune :

– Wouf ! Wouf !

Il se dit que ce doit être un chien. Apercevant le dernier sac, où s'est réfugiée la blonde, il le secoue et entend :

– Patate ! Patate !

Juin
Samedi
26
Anthelme

LE PERSONNAGE DU JOUR

Découvrez un personnage célèbre grâce aux indices suivants, que vous lirez l'un après l'autre.

1 Je suis né le 26 juin 1913 dans une famille très modeste. J'entre à l'École normale supérieure en 1935.

2 Professeur de lycée, je fonde avec ma femme Suzanne la revue *Tropiques*. En 1945, je suis élu maire de ma commune et député avec le soutien du Parti communiste français.

3 Je rassemble des poèmes de facture surréaliste dans le recueil *les Armes miraculeuses* en 1946.

4 Je suis également joué au théâtre, en particulier avec *la Tragédie du roi Christophe*, en 1963.

5 Né en Martinique, je suis un porte-parole de la « négritude », qui inspire mon œuvre comme mon action politique.

6 J'ai ainsi été l'un des artisans de la départementalisation des anciennes colonies, et les candidats passant en Martinique recherchent mon soutien.

CE JOUR-LÀ

En 1945, la Charte des Nations unies est signée à San Francisco. Son but ? Assurer le maintien de la paix dans le monde.

La perle de la semaine

Autrefois, les impôts les plus élevés étaient la cime, la gamelle et l'épatante.

LE COMPAS DANS L'ŒIL

Culture ou intuition devraient vous aider à trouver les réponses aux questions suivantes. En hommage au thème du mois, elles concernent le chef-d'œuvre de William Wyler, qui fit de Charlton Heston une légende.

1. *Combien le film Ben Hur a-t-il obtenu d'oscars en 1960 ?*
A. 0, c'est un film de 1934.
B. 1 seul.
C. 7.
D. 11.

2. *Quel fut le budget de ce film de 214 minutes (en millions de dollars) ?*
A. 1. **B.** 15.
C. 100. **D.** 600.

3. *Combien de spectateurs français ont vu au cinéma ce film dans lequel jouent plus de 400 000 figurants ?*
A. 500 000.
B. 1 million.
C. 3 millions.
D. 13 millions.

Juin
Dimanche
27
Sacré-Cœur

CE JOUR-LÀ

En 1905, l'équipage du cuirassé Potemkine, fleuron de la flotte de guerre russe, se mutine à Odessa. La révolte s'étend et oblige le tsar à décréter l'état de siège.

JEU DE LOGIQUE

Placez les quatre dominos suivants comme indiqué sur la figure pour former une opération valide, dont le signe est à déterminer. Vous pouvez faire pivoter les dominos dans tous les sens et jouer sur la valeur marquée d'un point d'interrogation.

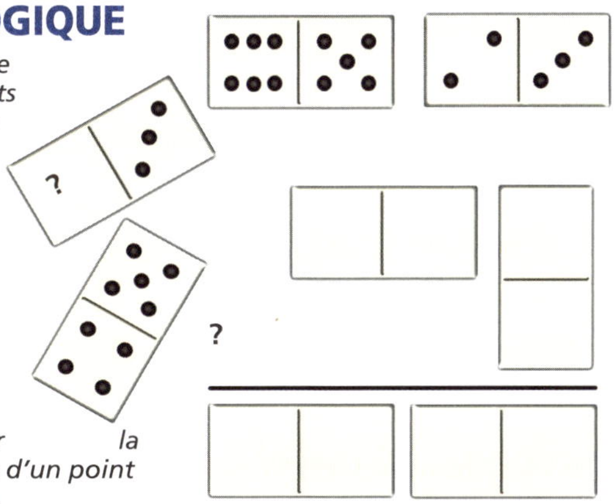

Mot d'enfant

La maîtresse demande aux enfants d'une classe de CP d'expliquer ce qu'est un rêve.
– Un rêve, répond Maïlis, 6 ans, c'est un petit cinéma qui vous passe dans la tête.

Rétribution

La baronne de Beaumont-le-Vicomte, excédée du je-m'en-foutisme de sa cuisinière, décide de la renvoyer. La cuisinière, après avoir touché son dernier salaire, prend ses affaires et quitte la maison. Sur le pas de la porte, elle s'arrête, prend une pièce dans sa poche et la balance au chien qui dormait sur le paillasson. La baronne s'énerve :

– Mais qu'est-ce que c'est encore que ces gamineries ?

La cuisinière lui répond :

– Il l'a bien mérité. Depuis trois semaines, c'est lui qui nettoie les assiettes.

Éducation

Il ne faut pas contredire les enfants. Cela les brime. Si votre enfant veut se jeter par la fenêtre, laissez-le faire. De toute manière, il ne recommencera pas…

Perle hospitalière

J'ai travaillé en milieu hospitalier, et quelqu'un est venu quelque temps après son opération pour se faire enlever ses points de soudure.

Juin
Lundi
28

Irénée

À FLEUR DE MOTS

René Madec est un aventurier breton mort le 28 juin 1784. Marin depuis l'âge de 11 ans, il crée une armée privée au service des princes indiens et du Grand Moghol, qui le fait nabab. Remplissez la fleur en formant des mots à partir des lettres ci-dessous. Inscrivez vos solutions de l'extérieur de la rosace vers le centre. Certaines séries autorisent plusieurs anagrammes, mais une seule permet de compléter la grille en croisant les mots.

A. AABCN
B. ABIRS
C. AEKNR
D. AALNV
E. AAFMT
F. EIIPT
G. EELST
H. EELMM
I. EEGRS
J. AEELL
K. ADEIR
L. AEENN
M. DEEIL
N. AENSU
O. EEGNR
P. GLMOO
Q. ACDEM
R. ABHIS

1. ACDOR
2. AEHLS
3. ABCIK
4. AABBN
5. AIMNR
6. AEPRV
7. AINTT
8. AELLT
9. EFGIL
10. AEEMR
11. AELMS
12. AEEIL
13. DEINS
14. ADEEN
15. EEGRU
16. EEEMN
17. ELMNO
18. AEGSS

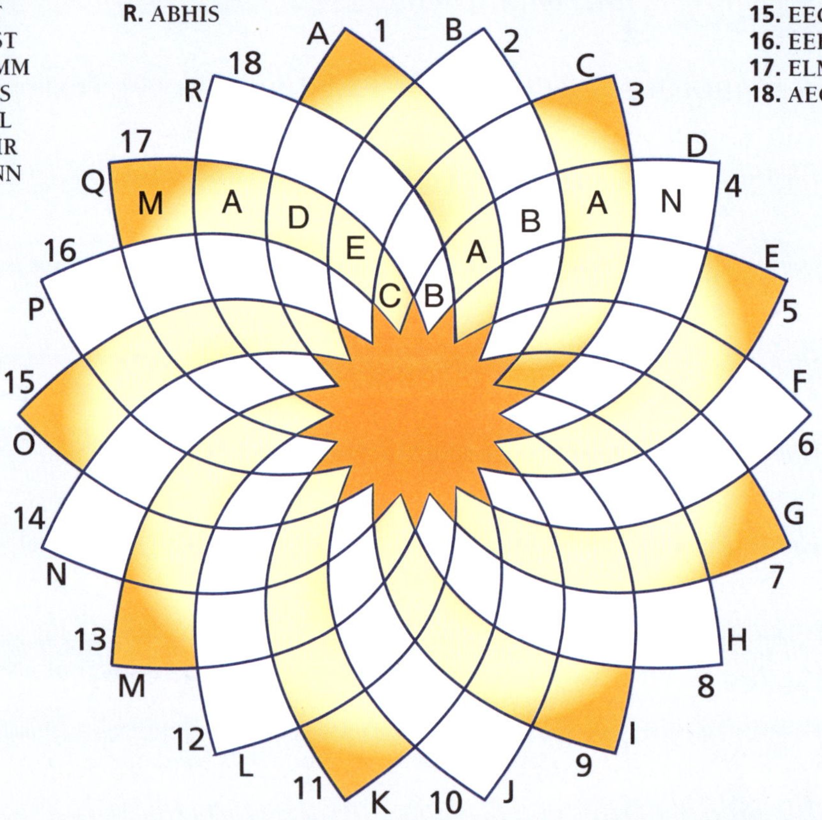

SUITE LOGIQUE

Quels dessins continuent la série ?

Zoom saveur

LA SARDINE

C'est parce qu'elle abondait le long des côtes de la Sardaigne que les Grecs appelèrent *sardiné* ce petit poisson qui se déplace en bancs serrés.

Idée gourmande.

Comptez 2 ou 3 sardines par personne selon leur taille. Demandez au poissonnier de les écailler et de lever les filets. Disposez-les côte à côte, peau dessous, dans un plat creux. Mélangez le jus d'un citron vert avec du sel, du poivre, 4 cuill. à soupe d'huile d'olive et 2 cuill. à soupe de coriandre ciselée. Versez sur les sardines, couvrez de film alimentaire et mettez au réfrigérateur. Laissez mariner 12 h. Servez en entrée avec du pain grillé beurré.

CE JOUR-LÀ

En 1914, l'archiduc François-Ferdinand, héritier du trône d'Autriche, est assassiné à Sarajevo. Par le jeu des alliances, cet événement déclenchera la Première Guerre mondiale.

Les bourdes de
George W. Bush

Tout ce que je sais de la Slovaquie, c'est ce que j'en ai appris directement de votre Premier ministre, qui est venu au Texas. C'est-à-dire pas grand-chose, puisque cette rencontre a eu lieu avec Janez Drnovsek, le Premier ministre de la Slovénie…

Fatalité

Un statisticien rentre chez lui. Il dit à sa femme :

– Je suis épuisé, mais j'ai obtenu le chiffre que je cherchais. Il y a un Français sur 428 qui mesure plus de 1,90 m…

– Oui, répond la femme. Et c'est toujours lui qui est devant moi au cinéma.

Juin
Mardi
29

Pierre et Paul

CE JOUR-LÀ

En 1919, le Tour de France reprend après l'interruption due à la guerre. C'est cette année-là qu'est introduit le célèbre maillot jaune.

Déducto

Un gorille en été

Un singe en hiver
(Henri Verneuil, 1962)

Allô, docteur ?

Au cours d'un dîner, une dame accable de questions personnelles son voisin, qui est médecin. Au bout d'une heure, le médecin s'adresse à son vis-à-vis, qui est avocat :

– Maître, cette dame m'interroge depuis une heure sur sa santé. Suis-je en droit, d'après vous, d'exiger des honoraires ?

– Absolument ! Quant à vous, vous me devez 30 euros.

MOTS MÊLÉS

Frédéric Dard, créateur des aventures du commissaire San-Antonio et de son adjoint Bérurier, est né le 29 juin 1921 et mort le 6 juin 2000. Rayez dans la grille ces noms, qui seraient tous des pseudos de l'écrivain. En rassemblant les lettres non biffées, vous en trouverez un dernier, le plus court de tous, duquel il signa la Foire aux asticots.

A	R	E	O	P	L	R	E	D	E	K	A	N	T
H	L	L	S	O	E	A	R	I	R	F	V	N	O
C	E	S	G	L	S	H	C	C	G	E	E	I	R
E	N	I	N	D	D	A	A	O	O	N	R	O	I
I	A	S	R	R	E	S	W	D	Y	U	I	G	O
L	Y	S	A	P	A	I	I	L	H	L	C	O	N
E	N	E	L	B	M	L	L	L	I	O	T	M	E
T	O	L	B	E	E	T	K	I	M	N	T	E	G
N	M	E	O	C	A	I	N	R	T	O	I	L	N
A	A	X	I	I	R	W	G	O	K	L	I	M	A
C	F	O	N	R	D	E	L	N	T	E	I	V	L
I	R	T	F	D	D	E	C	A	R	R	R	G	I
R	E	N	A	S	Y	N	S	E	D	R	O	U	N
E	D	T	N	A	S	E	Y	M	A	J	L	A	I

ANTONIO GIULOTTI
COMEL MILK
ÉLIANE CHARLES
F. D. RICARD
FRÉDÉRIC ANTONY
FRÉDÉRIC CHARLES
JAMES CARTER
KILL HIM
L'ANGE NOIR
LÉOPOLD DA SERRA
MAXEL BEETING
SAN-ANTONIO
SYDENEY
VERNE GOODY
VIRGINIA LORD
WEL NORTON
WILLIAM BLESSINGS

LA PREUVE PAR 9

Trouvez les cinq mots correspondant aux définitions proposées, formés uniquement avec les lettres ci-dessous.

I T A N
E I U T Q

1. Se sépara définitivement.
Q _ _ _ _ _

2. Dialecte ionien qui était la langue de l'Athènes d'autrefois.
A _ _ _ _ _ _

3. S'arrêtant sur un détail déplaisant.
T _ _ _ _ _ _

4. Provoqua des sueurs froides.
I _ _ _ _ _ _ _

5. On la situe des origines des temps historiques jusqu'à la chute de l'Empire romain.
A _ _ _ _ _ _ _ _

Devinette

Pourquoi les femmes passent-elles plus de temps à soigner leur apparence qu'à se cultiver ?

Parce que la plupart des hommes sont stupides, mais peu sont aveugles !

L'injustice d'après Alphonse Allais

C'est drôle, on parle souvent du pôle Nord, plus rarement du pôle Sud, et jamais du pôle Ouest ni du pôle Est. Pourquoi cette injustice… ou cet oubli ?

Taquinerie

Au cours d'un festival de musique, Stevie Wonder arrive discrètement derrière Ray Charles, lui colle les mains sur les oreilles et dit :

– Devine qui est là ?

Juin
Mercredi
30

Martial

CE JOUR-LÀ

En 1777, le marquis de La Fayette débarque à Georgetown pour se battre aux côtés des insurgés américains contre les Anglais.

Code vestimentaire

Pourquoi les hommes portent-ils des cravates ?

C'est plus joli qu'une laisse.

La contrepèterie de la semaine

La cuvette est remplie de bouillon.

REPÈRES CHRONOLOGIQUES

Le 30 juin 2005, huit ans avant la France, les députés espagnols ont légalisé le mariage homosexuel et l'adoption d'enfants par les couples homoparentaux. Essayez de remettre les événements suivants dans l'ordre chronologique.

A. Oscar Wilde est condamné à deux ans de travaux forcés pour homosexualité.
B. Soulèvement gay de Stonewall contre les forces de police.
C. Le Parlement français adopte le pacs par 315 voix contre 249.
D. François Mitterrand ramène la majorité sexuelle de 21 à 15 ans (comme pour les hétérosexuels) pour les homosexuels.
E. Rock Hudson, première personnalité à avoir annoncé publiquement sa maladie, meurt du sida.
F. Le Code Napoléon dépénalise les relations entre personnes du même sexe.
G. André Gide publie anonymement *Corydon*, qui fait l'apologie de l'amour entre hommes.
H. Première Gay Pride à New York.
I. Arthur Rimbaud tire à plusieurs reprises sur Paul Verlaine.
J. *Mort à Venise*, de Thomas Mann, est adapté au cinéma par Luchino Visconti.

ANATHÉMA

Trouvez par anagramme douze termes ou noms propres (en gras) liés à la philosophie. Avec leurs initiales, vous formerez verticalement le nom d'un intellectuel français, écrivain et auteur d'essais, né à Paris le 30 juin 1949.

1. **Chétif**. _ _ _ _ _ _
2. Laide. _ _ _ _ _
3. Navarin. _ _ _ _ _ _ _
4. **Tank**. _ _ _ _
5. Roi nié. _ _ _ _ _ _
6. **Glènes**. _ _ _ _ _ _
7. **Alevins**. _ _ _ _ _ _ _
8. **Lek, sen**. _ _ _ _ _ _
9. Ornais. _ _ _ _ _ _
10. **Aortites**. _ _ _ _ _ _ _ _
11. Toupie. _ _ _ _ _ _
12. **Haltes**. _ _ _ _ _ _

MOTS CROISÉS MYSTÈRE

Remplissez la grille, puis reportez dans la réglette les lettres qui se trouvent dans les cases numérotées pour découvrir un nom en rapport avec notre thème.

	1	2	3	4	5	6	7	8	9
I							■		
II						■			1
III				8				■	
IV	3	■					■		■
V			■			■			
VI				■	4				■
VII						■			
VIII		■	6		■		■		
IX			■						
X								■	
XI	■			■					
XII	2					■	7		
XIII		■					■		
XIV	■							■	5

Horizontalement
I. Boxeur français qui fut le grand amour d'Édith Piaf. Quand le boxeur reste au moins dix secondes à terre. **II.** Des mélodies vocales… qui causent bien du souci. Au bord des larmes. **III.** Il peut se permettre de vivre sans travailler. **IV.** Autour de la main d'un boxeur. **V.** Avant la date. Faisons un rêve... Courbure du sourcil. **VI.** Madame la comtesse l'est bien. Avant nous. **VII.** Boxeur américain né ce jour en 1966. Hérissons des caves. **VIII.** Césium. La Confédération générale du travail. **IX.** Ne peut pas être le mot de la fin. Fis paraître. **X.** Vaut le round. **XI.** Donné avant une exécution. Jeune qui fréquente les égouts. **XII.** Catégorie en boxe. Vieil Indien d'Amérique. **XIII.** Son nombre est un rapport de vitesse. Vaut de l'or. **XIV.** En boxe, mi-moyen.

Verticalement
1. Boxeur français, champion du monde des mi-lourds en 1920. Entre trois et quatre. **2.** Des siècles et des siècles. Maréchal surnommé le Brave des braves. Célèbre arbalétrier. **3.** On y distribue des marrons et des châtaignes… Les premières marches de l'escalier. On l'a en main. **4.** Mis au jour. Se montrer téméraire. Celui du siècle est la mélancolie. **5.** Propre à l'âne. En boxe, coup porté devant soi en détendant le bras horizontalement. **6.** Héros de Spielberg. Cachet pour voyager. Exclamatif. **7.** Erbium. L'autre nom de Cassius Clay. Qui ne cédera pas. **8.** Pour un kilomètre. Enta. Fit place nette. **9.** Celui qui est KO l'est. Il intervient entre deux rounds.

1	2	3	4	5	6	7	8

JUILLET

2021

Lu	Ma	Me	Je	Ve	Sa	Di
			1 Thierry	2 Martinien	3 Thomas	4 Florent
5 Antoine	6 Mariette	7 Raoul	8 Thibault	9 Amandine	10 Ulrich	11 Benoît
12 Olivier	13 Henri et Joël	14 Fête nationale	15 Donald	16 Notre-Dame du Mont-Carmel	17 Charlotte	18 Frédéric
19 Arsène	20 Marina	21 Victor	22 Marie-Madeleine	23 Brigitte	24 Christine	25 Jacques le Majeur
26 Anne	27 Nathalie	28 Samson	29 Marthe	30 Juliette	31 Ignace de Loyola	

Le film de cape et d'épée

Le cinéma d'aventures se décline en plusieurs sous-genres cinématographiques. L'un des plus remarquables est le film de cape et d'épée, régi par des codes très simples : un héros se bat en duel (ou seul contre plusieurs), il risque sa vie pour sauver l'honneur d'une dame ou pour défendre le faible et l'opprimé.

Le film de cape et d'épée fait vivre les aventures de héros sans peur… si ce n'est sans reproche. Des mousquetaires : d'Artagnan dans les Trois Mousquetaires (George Sidney, 1948), avec Gene Kelly. Des gentilshommes : Lagardère dans *le Bossu* (André Hunebelle, 1960), avec Jean Marais ; Pardaillan dans *le Chevalier de Pardaillan* (Bernard Borderie, 1962), avec Gérard Barray. Ou des bandits d'honneur : Cartouche dans le film homonyme (Philippe de Broca, 1962), avec Jean-Paul Belmondo ; Mandrin dans *Mandrin, bandit gentilhomme* (Jean-Paul Le Chanois, 1962), avec Georges Rivière.

Si un cadre historique est respecté en France (de la fin du XVIe à la fin du XVIIIe siècle), les studios d'Hollywood n'hésitent pas à situer Scaramouche (George Sidney, 1952), avec Stewart Granger, en pleine Révolution française alors qu'il s'agit d'un personnage du XVIIe siècle, ni à créer le mythe du héros de cape et d'épée (incarné par Zorro) galopant dans un western.

On peut y associer les films qui se déroulent au Moyen Âge, comme les Aventures de *Robin des bois* (Michael Curtiz, 1938), avec Errol Flynn, ou *Ivanhoé* (Richard Thorpe, 1952), avec Robert Taylor, et les films de pirates, comme *le Corsaire rouge* (Robert Siodmak, 1953), avec Burt Lancaster, ou *l'Aigle des mers* (Michael Curtiz, 1940), avec Errol Flynn.

On rencontre trois types de femmes dans les films de cape et d'épée. Tout d'abord, la femme belle et douce, victime du méchant qui finit par l'enlever. Le héros la délivre puis l'épouse : il en est ainsi d'Olivia De Havilland (lady Marianne) dans *les Aventures de Robin des bois* ou d'Elizabeth Taylor (Rebecca d'York) dans Ivanhoé.

Un deuxième type d'héroïne est la femme téméraire qui combat au côté du héros. Tendre et douce avec lui, elle peut se révéler cruelle avec ses ennemis : Claudia Cardinale (Vénus) dans *Cartouche* ou Gina Lollobrigida (Adeline) dans *Fanfan la Tulipe* (Christian-Jaque, 1952), avec Gérard Philipe, sont les plus connues.

Enfin on trouve l'aventurière, l'intrigante. Toujours opposée au héros, elle est d'une certaine manière son double noir. D'une beauté fatale, elle est rousse ou brune… le blond étant réservé à l'héroïne : Lana Turner (Milady), dans les *Trois Mousquetaires*, est un modèle du genre !

Mots fléchés

Courte lame
Mettras à mal
Ville morte
Sans ornement
Sort du rang
Dédain dit
Poèmes lyriques
Enfin là
Gascon cher à Dumas
Passe au peigne fin

Bout de pain
Intérêt
Grand orateur
Œuf dur
Feu sacré
Malheur de Midas

Faire un procès
Imbéciles
État d'Afrique

Sa botte est fameuse
Sous sol
Coupé court
Vent dans les bois

Vieille épée
Embrochera
Terre ancienne
Faisais le singe

Grand rôle de Philipe
Nom du Bossu
Grandes démonstra-tions
Bourde
Révérend père
Se croit supérieur
Il était là
Grand mouvement
Petite monnaie

Remis l'épée
Carat

Fille familière
Fort actif
Campagnard
Bout de métal
Vieille nourrice
Voix ou instruments

Rejetât
Copie conforme
Mi-homme, mi-cheval

Bien affûtées
Charges de baudets
Impulsion
Dangereux

Loin des désirs
Quelqu'un
Haï ou adoré
Possessif
Acteur dans **le Capitan**

Pleine d'esprits
Faux diamant
Effeuillés
Héros de Féval
Sud-Américains

Gros réservoirs
Possessif
Pour rêver
Lianes volubiles

Trucida
Sales boutons
Pique fort
Boîte à secrets
Pureté de diamant
Drôle de type
Prince

Gelé
Lessive

Poufferont sous cape
On l'a à l'œil
Harpagon
Trahi
Passage historique

Femme de raja
Scandium
Semblable
Vachement belle

Sous chapelure
Vents mauvais
On y laisse des plumes

Découpes
Téméraires

Le film de cape et d'épée

Mots croisés à deux vitesses

FORCE 1

Horizontalement

I. Acteur principal de nombreux films de cape et d'épée, tels *le Capitan*, *le Bossu*, *le Masque de fer*… ; trois bonnes épées sous les ordres de D'Artagnan et sous la plume de Dumas. **II.** Alcaloïde antispasmodique ; cabriolets de naguère ; petit mot entre amis. **III.** Cardinal et ministre sous Louis XIII, il fit interdire les duels en 1626 ; célèbre vengeur masqué qui signe son nom à la pointe de l'épée ; coups directs. **IV.** Cours moyen ; pièce de charpente ; préposition ; tranchant de l'épée ; divertissements en mouvement. **V.** Tifs rébarbatifs ; service sous l'Occupation ; inattendue. **VI.** Article défini contracté ; film de Chaplin avec le petit Jackie Coogan *(The)* ; danse cubaine proche de la salsa ; temps d'arrêt. **VII.** Cité biblique ; la merveilleuse, l'indomptable marquise des Anges ; un directeur plutôt familier. **VIII.** Titre royal ; admirable, tel Gérard Philipe dans *Fanfan la Tulipe* ; allure de monture ; vieille mesure. **IX.** Puissant faisceau ; manche au tennis ; groupe d'officiers ; communauté de l'Est. **X.** Questions de test ; matière pour louis ; pronom familier ; un des Trois Mousquetaires. **XI.** Réussites ; enseignaient les rudiments. **XII.** En la matière ; soldat grec de cavalerie légère ; encrasser ; pronom réfléchi.

Verticalement

1. Elle incarne la fille de D'Artagnan dans une comédie de Tavernier ; outil de sculpteur. **2.** Viciés ; grosse quantité. **3.** Juste après ric ; neuf à Rome ; hameau antillais. **4.** Le plus mélancolique des Trois Mousquetaires ; le dernier des Trois. **5.** Colères piquées au temps des mousquetaires ; Parlement israélien. **6.** Monnaie du Pérou ; type familier ; noir sur le tour. **7.** En noir et blanc, mais pas muette ; cinéaste ayant sorti sa version du *Bossu* en 1997. **8.** Mes proches ; largeur d'étoffe ; rouge en Angleterre. **9.** Organisation internationale ; sélectionnas ; pose une condition. **10.** Europe unie ; surintendant des Finances de Louis XIV, arrêté par d'Artagnan à Nantes en 1661. **11.** Zone industrielle ; actionné ; on y trouve un hussard chez Giono puis chez Rappeneau. **12.** Raillerie ; naguère à la mode. **13.** Réplique puérile ; soleil d'Égypte ; cité en Bourgogne. **14.** Telle une toile vierge ; apprivoisa. **15.** Principe chinois ; haschisch ; accord de trouvère. **16.** Appréciation correcte ; il ferme la porte ; authentique. **17.** Titre du premier film de cape et d'épée « sexy » ; coup de feu. **18.** Fameux chef d'une bande de voleurs exécuté en place de Grève, joué par Belmondo. **19.** Ayant subi le sort de Marie-Antoinette ; tubes luminescents. **20.** Connusse ; théiste.

	1	2	3	4	5	6	7	8	9	10	11	12	13	14	15	16	17	18	19	20
I							■													
II		■									■		■					■		
III										■						■				
IV			■			■			■				■		■					
V					■		■				■									
VI				■				■						■						■
VII			■										■						■	
VIII	■					■					■					■				
IX		■						■				■			■		■			
X						■			■				■							
XI										■										
XII			■									■						■		

FORCE 2

Horizontalement

I. Il s'illustra dans le rôle fracassant d'un fameux capitaine ; célèbres cavaliers de Louis XIII. **II.** Elle dilate la pupille ; voitures anciennes ; il le suit. **III.** Personnage historique dont les agents eurent affaire aux mousquetaires ; renard surgi de la nuit ; services non rendus. **IV.** Mesure abrégée ; gâterie du mâtin ; queue de chien ; qui passe par là trépasse ; jeux d'enfants ou pour les grands. **V.** Rebelles en chef ; service obligatoire ; obtenue contre toute attente. **VI.** Article ; gamin de Londres ; du rythme dans l'air ; commandement militaire. **VII.** Cité dans le passé ; Michèle Mercier dans un rôle d'ange ; au-dessus du surgé. **VIII.** Peu recommandable quand il est triste ; bien tourné ; pas pressé ; bourdaine quand il est noir. **IX.** Matière d'épée pour Skywalker ; dessus de table ; amas d'étoiles ; fédération créée en 1991. **X.** Éléments à part ; modèle de franchise ; après moi ; bon géant proche de D'Artagnan. **XI.** Les soldats en usaient pour astiquer leurs boutons ; faisaient des adeptes. **XII.** Suit parfois le docteur ; éclaireur de la Renaissance ; déshonorer ; seul en tête.

Verticalement

1. A mimé la fille de D'Artagnan ; dérape. **2.** Pas clairs ; on peut y apprendre son boulot. **3.** Extrémité de racine ; romains en paix ; dans les Grenadines. **4.** Son fils apparaît dans *le Vicomte de Bragelonne*, dernier volet de la trilogie de Dumas ; subtil et intrigant, il lutte au côté de D'Artagnan. **5.** Vieux pétards ; chambre unique en Israël. **6.** Blé de Lima ; drôle de type ; lettres de D'Artagnan. **7.** Elle vole dans les plumes ; cinéaste ayant tiré sa première Cartouche dans le genre en 1961. **8.** Possessif ; bande en jupe ; rougeur toute britannique. **9.** Nid de colombes ; choisis la fine fleur ; invitation à rêver. **10.** 27 en 2007 ; surintendant à la tête de Vaux ! **11.** Zone d'activités ; grecque ; perchoir pour le hussard. **12.** Sorte de pointe ; en latin. **13.** Mot de marmot ; brillait à Memphis ; est à Londres. **14.** Brute ; assujettit. **15.** En principe, c'est chinois ; merde en barre ; oui qui n'est plus ouï. **16.** Au cœur de l'étable ; traverse ; loyal et sincère. **17.** Encore plus sexy qu'Angélique ; coup de mousquet. **18.** Rôle détonant pour le tout jeune Belmondo. **19.** Privée de chef ; les lumières de la ville. **20.** Fusse au courant ; l'Univers l'embarrasse, et il ne peut songer que « cette horloge existe et n'ait point d'horloger ».

Juillet

Mots casés

Reconstituez cette grille de mots casés en replaçant au bon endroit les mots de la liste ci-dessous, dont certains concernent les films de cape et d'épée. Partez des lettres déjà placées.

Mots de 2 lettres

AI
AÏ
AS
CI
DÛ
EN
ÈS
ES
EU
GO
IL
IN
IN
NE
NU
OC
OR
SA
SA
TA
TU
UN
VA

Mots de 3 lettres

ADA
AIR
ÂNE
ATH
ATP
AVE
BIS
BOA
DAM
ÉCU
ÈRE
ÊTA
IBO
ICI
LEU
LOT
ÔTE
RIE
SIR
SUE
TAS
TED
TIN
UNS
USA
UTE

Mots de 4 lettres

ÂGES
CLOS
DERS
DEUX
DUEL
ÉONS
ÉPÉE
FRAI
LAIT
NANA
NOCE
ORÉE
RARE
RASE
ROUX
SIAM
TIRS
VISA
VŒU

Mots de 5 lettres

AMÈNE
ASSEC
AVARE
CALOT
ÉLUDE
GARDE
HÉROS
MARÉE
RADAR
RENNE
SABRE
TAPES
TOLET

Mots de

6 lettres

ACCÈDE
BLASON
DÉESSE
ÉCUMÉE
ÉPATES
ESSORS
ÉTEINT
ÉTIAGE
ÉTOILA
FÊTERA
MOIRÂT
OUATÉE
POINTU
TAUPES
TSÉ-TSÉ

Mots de 7 lettres

ALIÉNER
AXOLOTL
CHEVAUX
DÉCENCE
DÉFENSE
DÉISTES
ESCRIME
GENÈSES
HONNEUR
LE BOSSU
LIONNES
MATRIÇA
RÂPIÈRE
RÉITÉRÉ
REVOILÀ
SONGEUR

Mots de 8 lettres

BOUCLIER
DÉRÉELLE
HÉPATITE
SOUPIRER
ULTRASON
WESTERNS

Mots de 9 lettres

AVENTURER
CARTOUCHE
CHEVALIER
D'ARTAGNAN
LEUCÉMIES
REDÉMARRE
SQUELETTE
TUTÉLAIRE

Mot de 10 lettres

CHEVALERIE

Mots de 11 lettres

DÉSÉPAISSIR
INSIPIDITÉS
NÉERLANDAIS
SCARAMOUCHE

Mot de 13 lettres

MOUSQUETAIRES

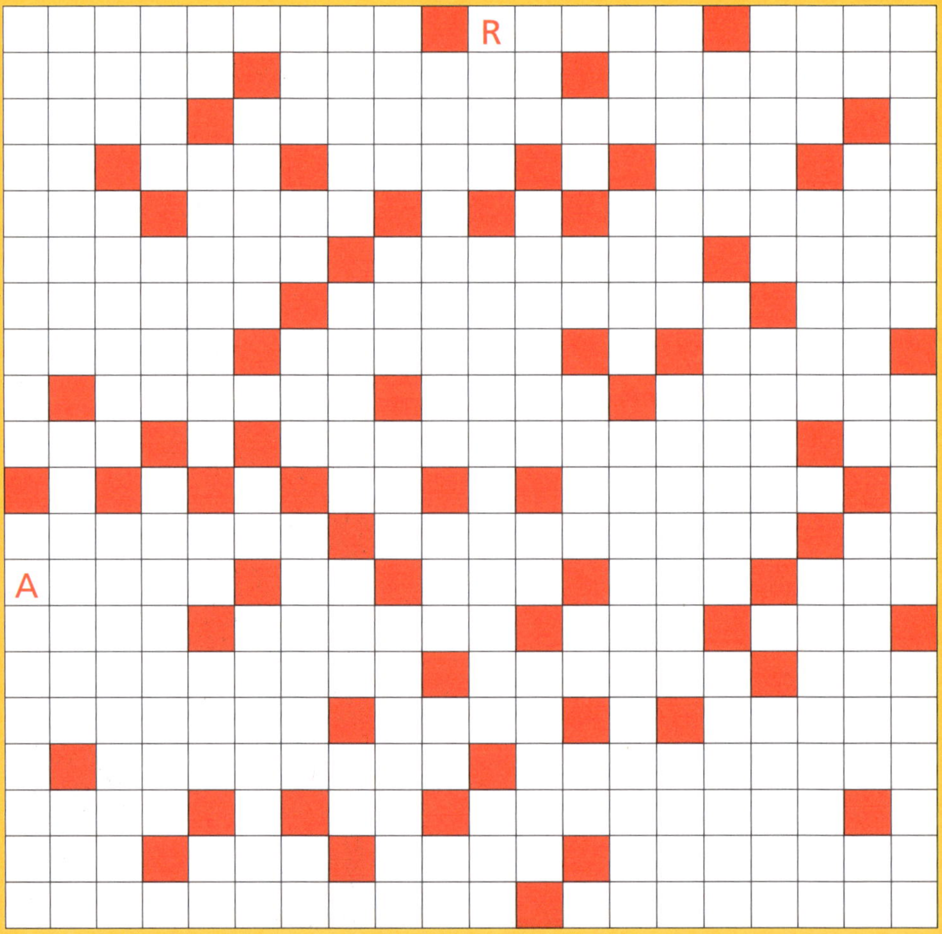

Juillet
Jeudi
1er

Thierry

CE JOUR-LÀ

En 1901 est promulguée la loi sur les associations. Elle leur donne un cadre qui est toujours en vigueur aujourd'hui.

MARIONS-LES

Liv Tyler, née le 1er juillet 1977, est la fille du chanteur Steven Tyler, leader du groupe de rock Aerosmith, et de Bebe Buell, mannequin des années 1970. Associez ces autres enfants d'artistes célèbres à leur mère.

Isabella Rossellini (fille de Roberto Rossellini)	A	1	Jacqueline Lee Bouvier
Lisa Marie Presley (fille d'Elvis Presley)	B	2	Françoise Gilot
Charlotte Gainsbourg (fille de Serge Gainsbourg)	C	3	Maureen O'Sullivan
John Fitzgerald Kennedy Jr. (fils de John Fitzgerald Kennedy)	D	4	Marie de Flavigny, comtesse d'Agoult
Angelica Garnett (fille de l'écrivain Duncan Grant)	E	5	Priscilla Wagner Beaulieu
Paloma Picasso (fille de Pablo Picasso)	F	6	Nathalie Canovas
Mia Farrow (fille du réalisateur John Farrow)	G	7	Ingrid Bergman
Anthony Delon (fils d'Alain Delon)	H	8	Vanessa Bell
Cosima Wagner (fille de Franz Liszt)	I	9	Jane Birkin

REPÈRES CHRONOLOGIQUES

Chacun de ces dix événements a eu lieu pendant une décennie différente du xxe siècle. Essayez de les reclasser dans l'ordre chronologique.

A. Le Tour quitte pour la première fois les frontières nationales.
B. Naissance de la caravane publicitaire et premier reportage radio en direct.
C. Triplé de Louison Bobet.
D. Apparition du maillot jaune de leader.
E. Un Américain remporte le Tour pour la première fois.
F. Apparition du maillot à pois pour le meilleur grimpeur.
G. Victoire d'Henri Pélissier devant l'Italien Bottecchia, futur double vainqueur.
H. Gino Bartali remporte le Tour dix ans après son premier succès et un an avant Fausto Coppi.
I. Eddy Merckx remporte sa première victoire au classement général.
J. Un Espagnol remporte cinq Tours consécutifs.

Proverbe arabe

La beauté est une demi-faveur du ciel, l'intelligence est un don.

Malin…

Sur la porte d'un bistrot, il est écrit : « Tous types de sandwichs. » Un client entre et demande :

– Votre inscription dit vrai ?

– Bien sûr.

– Alors je voudrais un sandwich à la baleine.

Le serveur le regarde.

– Je suis désolé, monsieur, mais je ne peux pas entamer une baleine juste pour un sandwich !

CHARADE

1. Les grenouilles coassent dans mon premier.
2. Mon deuxième prend beaucoup de temps.
3. Mon troisième couvre les sous-bois dans les pinèdes.
4. Mon quatrième occupe une position dominante.

Mon tout est le nom d'un acteur américain mort le 1er juillet 2004, à l'âge de 80 ans.

SYLLABES MANQUANTES

Le 1er juillet 1903 est donné le départ du premier Tour de France cycliste. Reconstituez neuf mots en utilisant les syllabes proposées. Les initiales des mots trouvés vous révéleront le nom du rédacteur en chef du journal sportif l'Auto, organisateur du Tour jusqu'en 1936.

1. __ STA __ NI ___
2. __ __ TRE ____
3. ___ NI __ QUIE
4. ____ NE __ AIS
5. ___ SO ___ __
6. __ ___ ÏA __
7. ___ __ LO __
8. ___ __ NI ___
9. __ __ BLU __

AN	CA	CHO	DE	DÉ
EM	EN	GNO	GUER	LI
LO	MENT	MO	NE	NYC
PE	PÊ	PHO	QUE	RE
RUS	SER	SI	SOM	TA

Devinette

Quelle différence y a-t-il entre la Sécurité sociale et le Titanic ?

Sur le Titanic, au moins, il y avait de la musique pendant le naufrage !

L'empathie de Jean Yanne

Les dames d'honneur de la reine d'Angleterre doivent être bien habillées, mais doivent être moins élégantes que la reine. C'est duraille !

Juillet
Vendredi
2

Martinien

Le saviez-vous ?

Toutes les matières vivantes contiennent de l'eau, indispensable à la photosynthèse des végétaux. Les animaux ont besoin d'eau pour digérer et évacuer les matières fécales. Chez les espèces plus évoluées, l'eau aide à la circulation sanguine. Une laitue contient 94 % d'eau, un être humain de 60 à 70 % et un sapin 55 %.

CE JOUR-LÀ

En 1921, Georges Carpentier est battu par Jack Dempsey sur un crochet au quatrième round. Il est vrai qu'il souffre depuis le deuxième round d'une fracture de la main droite ! Jack Dempsey deviendra par la suite l'un de ses meilleurs amis.

MOTS CROISÉS

	1	2	3	4	5	6	7	8	9	10	11	12	13	14
I								■						
II					■				■			■		
III				■				■						
IV		■												■
V					■		■					■		
VI								■						
VII	■								■		■			
VIII							■							
IX			■											■

Horizontalement

I. Nom sous lequel le journaliste et écrivain Jacques Chancel est né, le 2 juillet 1928 ; adepte d'un mouvement des années 1970. **II.** Acquis ; protège le globe ; veto anglais ; comme au premier jour. **III.** Instrument à corde ; surnom du chef de file des « nouveaux philosophes » ; arrivé à maturité. **IV.** Émission créée par Chancel en 1968 sur France Inter. **V.** Retient le cheval au pied ; empereur persécuteur ; abrégé de religion. **VI.** Région militaire ; guide dans les grosses chaînes. **VII.** Barjavel, interviewé par Chancel, nous conduisait sur ceux de Katmandou ; prénom roumain. **VIII.** Quantité cuite ; tel un animal dont le dos et la robe tranchent. **IX.** Petit joint ; livre de Jacques Chancel publié à Saigon en 1950 (l').

Verticalement

1. Roussis ; saint de Bigorre, région où naquit Jacques Chancel. **2.** Ligne express ; baiser léger. **3.** Retient l'attention. **4.** Avant nu chez les Grecs ; accroché à la voiture. **5.** Le neuvième art ; coureur australien. **6.** Grand plateau pour l'émission phare de Chancel sur Antenne 2. **7.** Base de missiles ; rouge sur la carte. **8.** Salaud sur les bords ; texto. **9.** Services rapides ; bête fort lente. **10.** Ex-colonie française où Jacques Chancel fut correspondant de guerre… à l'âge de 17 ans ! **11.** Jolie nana ; au cœur de l'Etna. **12.** Trotte en Chine ; le néant associé à l'or dans le titre d'un journal de Chancel publié en 1999. **13.** Truffe un texte d'erreurs. **14.** Roulée dans la farine ; enrobé de chapelure.

Inexploitable

Un inventeur génial crée le dissolvant universel. Il va faire fortune, des centaines d'industries se disputent déjà sa découverte… Pourtant, il finira ses jours sous les ponts. Pourquoi ?

On n'a jamais pu trouver le récipient apte à contenir le dissolvant…

Vive le sport

Au départ d'un grand prix de Formule 1, toutes les voitures partent, sauf celles de l'écurie Prost-Peugeot.

Alain Prost rejoint les voitures qui n'ont pas pris le départ, puis il retourne à son stand et hurle aux techniciens :

– Bordel, où vous avez foutu les clés de contact ?

Reconversion

Dans un restaurant, un client va voir la patronne :

– Vous êtes bien Mélanie Duval, ancienne cantatrice d'opéra ?

– Oui, dit-elle. Je me suis reconvertie dans la restauration. Mais comment m'avez-vous reconnue ?

– À l'addition. Là non plus, la note n'était pas juste.

Juillet
Samedi
3

Thomas

Deuxième décan du Cancer

LE COMPAS DANS L'ŒIL

C'est un 3 juillet que la chaîne Antenne 2 diffuse le premier épisode des aventures de Goldorak. Culture ou intuition devraient vous aider à trouver les réponses aux questions suivantes.

1. *En quelle année le vaisseau-robot japonais issu des mangas débarque-t-il en France dans Récré A2 ?*
A. 1973. **B.** 1978. **C.** 1981. **D.** 1985.

2. *Combien d'épisodes existe-t-il au total, entre* les Frères de l'espace, *où Alcor rencontre Actarus, et* Ce n'est qu'un au revoir, *où Actarus, à bord de Goldorak, abat le Grand Stratéguerre ?*
A. 74. **B.** 212. **C.** 313. **D.** 1001.

3. *Combien de types d'armes différents (le fulguro-poing, par exemple) Goldorak possède-t-il ?*
A. 2. **B.** 22. **C.** 2 222. **D.** 222 222.

CE JOUR-LÀ

En 1969, Brian Jones, le guitariste des Rolling Stones, est retrouvé mort dans sa piscine à l'âge de 27 ans.

En 1971, Jim Morrison, le chanteur des Doors, est retrouvé mort dans sa baignoire à l'âge de 28 ans.

Consolation

Un employé confie à un de ses collègues :

– Quand le patron m'impressionne trop, je me remonte le moral en me disant qu'il a beau être un des hommes les plus riches de France, le nombre de gens qui l'accompagneront au cimetière le jour de son enterrement sera surtout fonction du temps qu'il fera.

Astuce

Un ado en vacances à la mer raconte à un copain :

– J'ai trouvé un super gag. Un jour, sur le sable, j'ai ramassé ce gros coquillage et j'ai glissé à l'intérieur une petite radio FM. Quand j'arpente la plage en le tenant contre mon oreille avec le son au maximum, je te jure que j'obtiens un sacré succès.

Les élections selon
Coluche

Les cantonales, c'est pour élire les cantonniers. Moi, j'y suis pas allé : y a pas d'herbe dans ma rue.

La perle de la semaine

Il y avait souvent des famines, et les gens se tuaient pour éviter de mourir.

Juillet
Dimanche
4

Florent

CE JOUR-LÀ

En 1776, la Déclaration d'indépendance américaine voit se concrétiser les théories politiques des philosophes des Lumières.

VRAI OU FAUX

Née le 4 juillet 1927, Gina Lollobrigida a été l'une des plus grandes stars de l'après-guerre. Reine de la comédie sexy, elle a tourné en Italie, en France et aux États-Unis. Distinguez le vrai du faux dans ces affirmations qui la concernent.

1. Montée à Rome pour y faire des photos, elle a changé son nom pour ne pas faire de peine à ses parents. **V F**

2. Elle a gagné les concours de Miss Rome et Miss Italie. **V F**

3. Son mariage avec le docteur Milko Skofic, en 1949, a duré dix-neuf ans. **V F**

4. Il lui a fallu attendre son vingt-deuxième film pour acquérir une renommée internationale. **V F**

5. En 1995, Jacques Lang l'a décorée de la médaille des Arts et Lettres. **V F**

6. En 2006, elle a épousé, à 79 ans, un homme ayant trente-quatre ans de moins qu'elle. **V F**

JEU DE LOGIQUE

Observez les trois carrés ci-dessous et déterminez le chiffre qui manque dans le dernier.

Mot d'enfant

Tommy, 4 ans, fait le tour du jardin en embrassant chaque rose.

– Pourquoi fais-tu des bisous aux fleurs ? lui demande sa mère.

– Pour les remercier de sentir bon !

La chance selon
Coluche

Quand les gangsters ont relâché le baron Empain, il a été obligé de prendre le métro. Ce sont ses grands-parents qui avaient en partie financé le métro en 1900. Il a eu de la chance. Si sa famille avait investi dans le canal de Suez, il aurait été obligé de rentrer à la nage.

Juillet
Lundi
5

Antoine

Zoom saveur

LA FRAMBOISE

Minuscules boules de saveur au parfum délicat, les framboises, comme les mûres, ne sont jamais meilleures que dégustées à peine cueillies…

Fragiles, voilà le maître mot à propos des framboises : elles s'écrasent à la moindre manipulation et fermentent en quelques heures… Choisissez-les toujours en petites barquettes transparentes et vérifiez celles du fond. Évitez la variété loganberry, hybride américain au parfum trop discret.

Idée gourmande.
Mélangez des framboises avec de la chantilly vanillée, puis garnissez-en des petites brioches rondes évidées et décorez de feuilles de menthe.

SUDOKU

1	4		8				5	
	2		9		5			
								2
4			3				9	
		8	6	9	4	7		
	9				2			5
9								
			7		8		2	
	6				9		8	4

SUDOKU

		6			3	2	4	
	7	2				5		
				9				
	8	5		2				
6				8				9
				3		6	2	
				5				
		8				7	1	
	5	4	1			8		

CE JOUR-LÀ

En 1962 est proclamée l'indépendance de l'Algérie. En mars, les accords d'Évian ont mis un terme à huit années de guerre.

Grignotage

Deux Inuits sont assis sur la banquise à côté d'une baleine en partie dépecée. Ils en ont déjà mangé au moins un quart. Le premier, la bouche pleine, s'exclame :

– Les baleines, c'est comme les cacahuètes ! Quand on commence, on ne peut plus s'arrêter.

CRYPTOGRAMME

Décryptez cette citation de Georges Pompidou, président de la République de 1969 à 1974, né le 5 juillet 1911.

Delirium

Un ivrogne entre en titubant dans une église et cherche à s'accrocher à une colonne de la nef. Il tourne désespérément autour en pétrissant la pierre et, tout à coup, il se met à hurler de terreur :

– Au secours ! Ils m'ont emmuré vivant…

Comparatif

L'entraîneur d'une équipe d'athlétisme explique aux coureurs pourquoi ils doivent s'abstenir de fumer.

– Prenez exemple sur les locomotives. Elles n'ont commencé à aller très vite que le jour où elles ont cessé de fumer.

LE MOYEN ÂGE

Longtemps considéré comme obscur, le Moyen Âge est aujourd'hui réhabilité. C'est en effet durant cette période que les forces qui vont construire l'Europe moderne et contemporaine se mettent en place.

1. ***Les historiens considèrent que, conventionnellement, le Moyen Âge débute en 476. Pourquoi ?***
A. Le dernier empereur romain d'Occident est déposé par un chef barbare.
B. Clovis est sacré roi des Francs.
C. Rome est conquise par les Barbares.

2. ***Les mêmes historiens considèrent que le Moyen Âge prend fin en 1453. Que s'est-il alors passé ?***
A. Le Cap de Bonne-Espérance est franchi par Vasco de Gama.
B. Constantinople, capitale de l'Empire byzantin, tombe aux mains des Turcs ottomans.
C. La prise de Grenade marque la fin de la Reconquista par les Espagnols sur les Arabes.

3. ***Quelle organisation de la société caractérise le Moyen Âge en Europe de l'Ouest ?***
A. La féodalité.
B. L'oligarchie.
C. La royauté.

4. ***Quel ecclésiastique prêcha la première croisade ?***
A. Bernard de Clairvaux.
B. Pierre l'Ermite.
C. Le pape Urbain II.

5. ***Quels sont les trois ordres composant la société médiévale ?***
A. Nobles, bourgeois, paysans.
B. Princes, soldats, bourgeois.
C. Religieux, nobles, paysans.

6. ***Qu'est-ce qu'un manse ?***
A. Un petit château et ses dépendances.
B. Une chaumière et l'exploitation agricole attenante.
C. Un village et les terres qui en dépendent.

7. ***Qu'appelle-t-on un essart au Moyen Âge ?***
A. Un quartier d'une ville situé en dehors des remparts.
B. Une terre agricole gagnée sur la forêt par défrichement.
C. Une région de forêts impénétrables qui n'est habitée que par des bandes de brigands.

8. ***Qu'est-ce qu'un vassal ?***
A. Un homme d'armes servant sur un navire de guerre.
B. Un homme libre lié à un homme plus puissant par un serment.
C. Un seigneur à qui les hommes libres prêtent serment.

Juillet
Mardi
6

Mariette

Déducto

Un café au pôle Nord

Un thé au Sahara
(Bernardo Bertolucci,
1990)

Humour noir

Comment les enfants comptent-ils jusqu'à 33 à Tchernobyl ?

Sur leurs doigts.

LA CITATION CACHÉE

Retrouvez une phrase prononcée par Pablo Picasso en passant d'une lettre à la suivante. Tous les sens sont possibles, sauf la diagonale. La première lettre se trouve dans un angle.

U	N	E	N
E	M	M	F
S	I	O	A
S	N	C	N
E	E	R	T
D	R	I	O
T	O	A	V
S	U	S	A
I	T	E	E
M	I	M	I
J	A	A	V

MOTS CROISÉS

	1	2	3	4	5	6	7	8	9	10	11	12	13	14
I														
II				■				■						
III		■									■			
IV					■					■				
V				■										
VI			■						■				■	
VII					■							■		
VIII				■						■				
IX							■							■

Horizontalement

I. Titre (en quatre mots) du tout premier conte fantastique de Maupassant, mort le 6 juillet 1893. **II.** Siéra ; sur l'eau, puis soûlaud ; sabot des ruminants. **III.** Célèbre écrivain, ami de sa famille maternelle, ayant influencé et soutenu Maupassant ; la littérature par exemple. **IV.** Enveloppe ; membres virils ; se fit un sang d'encre (se). **V.** Conditionne des légumes ; raconteras des histoires du passé. **VI.** Tordu ; butée d'un pont ; encourage la passe. **VII.** Coule en Italie ; se permit certaines privautés avec la gent féminine, à la manière d'un Maupassant ; arrose le Nord. **VIII.** Vieux loup dont on ne voit plus que la queue ; ouvris la bouche ; précède le nom Oriol pour former le titre d'un roman de Maupassant ayant pour cadre l'Auvergne. **IX.** Œuvre de Montaigne ; pis de vache ou de truie.

Verticalement

1. Conforme au texte. **2.** Argon sur la table ; tels l'ouzo et le raki. **3.** Le clan des Siciliens ; tenus secrets. **4.** Le long du canal ; cité en tête. **5.** Archives du petit écran ; ruban bleu ; du genre paresseux. **6.** Maupassant a publié plus de deux cent soixante récits de ce genre. **7.** Emprunteur. **8.** Site de la côte du pays de Caux où Maupassant passa son enfance, dans la villa des Verguies. **9.** Rendit scabreux ; pullule de sanctuaires shintoïstes. **10.** Possèdent ; le sexe féminin dans une littérature que Maupassant ne boudait pas. **11.** Nid de taupes ; roman de Maupassant dénonçant l'arrivisme triomphant et… nom de son yacht ! **12.** Bassin où l'on affine les huîtres ; petit doigt. **13.** Être surnaturel et titre d'un recueil de contes publié par Maupassant en 1887 *(le)* ; bête à bouffer du foin. **14.** Fît une pile.

CE JOUR-LÀ

En 1962, sans bruit ni fureur, sans attendre une nouvelle Lumière d'août, l'écrivain américain William Faulkner s'éteint dans le Sud qu'il chérissait tant.

Devinette

Qu'aurait fait la femme sans l'homme ?

Elle aurait élevé un autre animal…

Nos amies les bêtes

Savez-vous comment les abeilles communiquent entre elles ?

Par e-miel.

Flemme

Un Corse allongé sous un arbre demande à son copain, allongé un peu plus loin :

– Dis, ma braguette est ouverte ?

Le copain regarde et répond :

– Non.

Alors le premier Corse décide :

– Tant pis, je pisserai demain.

Juillet
Mercredi
7
Raoul

CASE-BRIQUES

Replacez les vingt lettres dans la grille pour lire dix mots horizontaux. Vous découvrirez verticalement le titre d'un film réalisé par Vittorio De Sica, cinéaste italien né le 7 juillet 1901.

B C C D E E E
E E I L L L O
R T T U V Y

P		O	M		E
D		S	T		N
A		A	N		E
C		B	A		E
P		O	U		S
S		P	A		E
T		N	N		L
C		O	U		E
E		E	N		E
M		N	U		T

CE JOUR-LÀ

En 1974, le président Valéry Giscard d'Estaing fait passer l'âge de la majorité civile de 21 ans à 18 ans.

Incognito

Dans un bar, un petit truand parade devant trois filles.

– Je suis passé plusieurs fois à la télé, raconte-t-il.

– Dans quelle émission ? demande l'une d'elles.

– Aux actualités.

– C'est curieux, s'écrient les filles, qu'on ne t'ait jamais vu.

– En fait, explique-t-il, à chaque fois que je sortais du Quai des Orfèvres pour être transféré à la Santé, les flics me cachaient bêtement la tête sous une couverture.

SYLLABUS

En prenant dans chacun des trois mots donnés une syllabe située à une place différente, trouvez trois mots ayant un rapport avec le thème du mois : le film de cape et d'épée.

SAVARIN
CHEMINEE
ESCALIER

BALLADIN
PARTERRE
REGARDER

EUSTACHE
COUVERCLE
SPECTRALE

La contrepèterie de la semaine

Au Zambèze, les filles sont jolies et gentilles.

Juillet
Jeudi
8
Thibault

JEU DE LOGIQUE

Déterminez parmi les cartes proposées celle qui complète logiquement chacune des séries.

1

2

CE JOUR-LÀ

En 1497, Vasco de Gama quitte le Portugal pour découvrir la route des Indes. Il sera le premier navigateur à doubler le cap de Bonne-Espérance.

Proverbe arabe

Là où la diplomatie a échoué, il reste la femme.

Deuxième choix

Revolver au poing, deux bandits sortent de la banque après s'être fait remettre le contenu du coffre. Un complice les attend.

– Je n'ai pas réussi à voler une Mercedes pour assurer notre fuite, leur dit-il. Mais, en menaçant des gamins, je les ai obligés à me laisser leurs planches à roulettes.

Juillet

Vendredi

9

Amandine

MOTS FLÉCHÉS

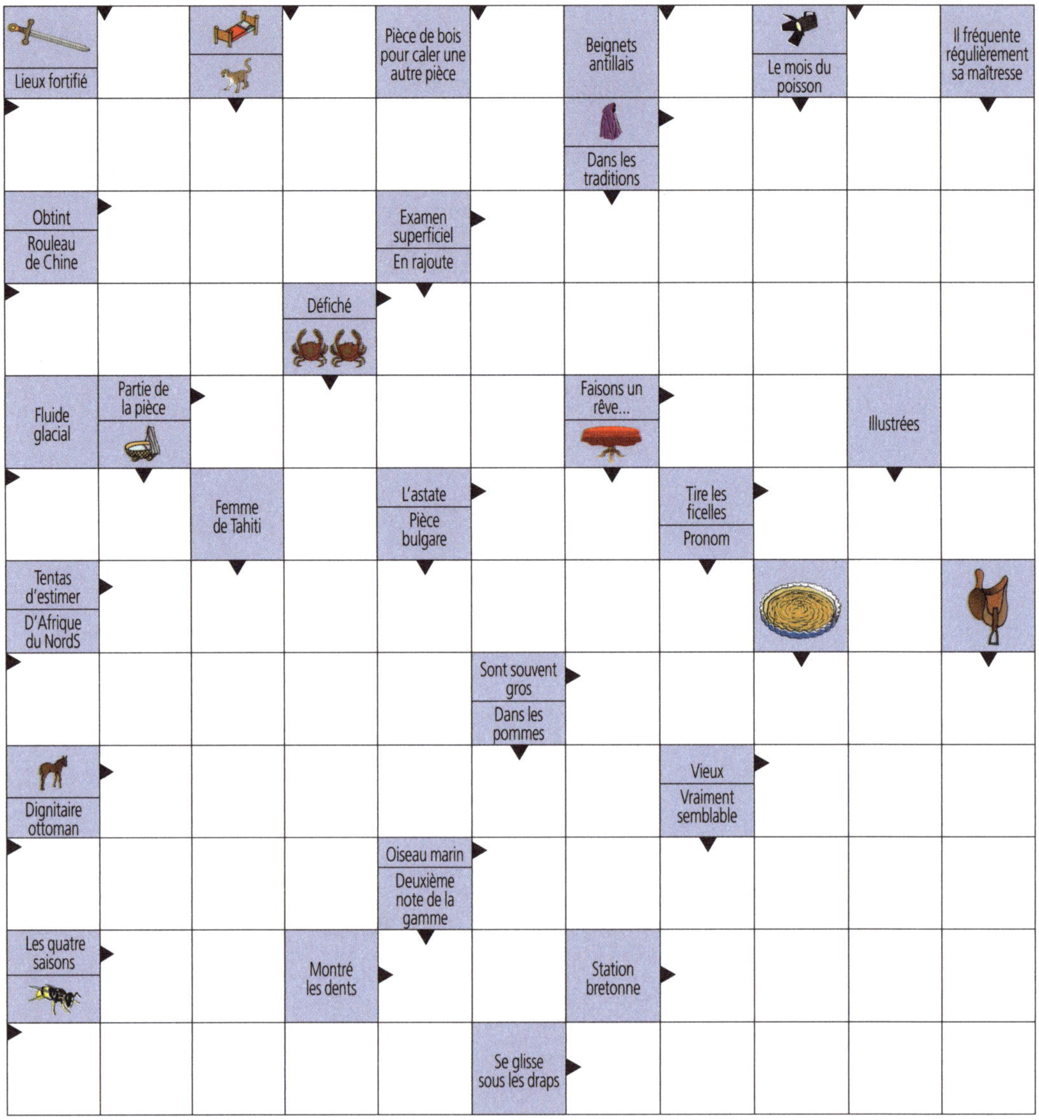

CE JOUR-LÀ

En 1762, Catherine II devient impératrice de Russie ; elle le restera jusqu'en 1796. Son règne fut très autocratique, mais l'usage qu'elle fit du mécénat et la correspondance qu'elle entretenait avec des philosophes comme Voltaire et Diderot lui valurent une réputation de « despote éclairée ».

Le temps perdu selon

Johnny Hallyday

Tu te rends compte : si on n'avait pas perdu une heure et quart, on serait là depuis une heure et quart !

Réaliste

Un pompier regarde un gamin qui joue dehors. Le gamin a peint un chariot en rouge avec des échelles sur les côtés, et l'ensemble ressemble plus ou moins à un camion de pompiers. Le pompier, impressionné, s'approche et voit un chien et un chat attachés pour tirer le chariot. En parlant au gamin, il réalise que le chien est attaché par le collier mais que le chat, lui, est attaché par la queue. Il dit au gamin :

– Si tu attachais le chat par le collier, tu pourrais aller beaucoup plus vite.

Et le gamin répond :

– J'sais bien, mais j'aurais pas de sirène…

Le saviez-vous ?

Comme la plupart des animaux des régions arides, le rat-kangourou du désert, qui vit en Amérique du Nord, a une ouïe très développée. Ses énormes tympans lui permettent même de capter le bruissement de l'air produit par un hibou qui pique sur lui.

CHENILLE

Le 9 juillet 2006, Zinedine Zidane met fin à sa carrière de footballeur en finale de la Coupe du monde qui oppose la France à l'Italie. Il sort sur un coup de tête… asséné à un adversaire italien, qui lui vaudra une expulsion. Passez de FOOTBALL à ZINEDINE en opérant les substitutions indiquées et en modifiant l'ordre des lettres.

	F	O	O	T	B	A	L	L
–O +S	_	_	F	_	B	_	_	_
–F +E	_	_	L	L	_	_	_	_
–L +I	A	_	_	_	_	_	_	S
–T +N	A	_	_	_	_	_	_	S
–B +E	_	_	O	_	_	_	_	E
–L +D	_	_	_	D	_	_	_	E
–O +N	_	N	_	_	_	_	N	_
–S +N	_	_	_	_	_	N	N	_
–A +I	_	N	_	_	_	N	_	_
–N +Z	Z	I	N	E	D	I	N	E

Devinette

Quelle est le point commun entre un professeur et un thermomètre ?

On tremble toujours quand il marque zéro !

Juillet
Samedi
10

Ulrich

CE JOUR-LÀ

En 1940, le Parlement français, réuni à Vichy, vote la fin de la IIIe République et accorde les pleins pouvoirs au maréchal Pétain.

En 1965, le colonel Houari Boumediene prend le pouvoir en Algérie.

LE PERSONNAGE CÉLÈBRE

En répondant aux définitions suivantes, retrouvez dans les colonnes roses le nom d'un écrivain né à Paris le 10 juillet 1871.

1. Perdu pour la Recherche ? **2.** L'Harpagon de Molière. **3.** Perché chez Calvino. **4.** Avant *Solus* chez un certain Raymond Roussel. **5.** Patrie de Robbe-Grillet et de Segalen. **6.** Elle a écrit sur le cas Dominique.

1					
2					
3					
4					
5					
6					

Les blondes

Dans la rue, une blonde croise un couple d'amis qu'elle n'a pas vu depuis quelque temps. Elle prend des nouvelles de leur dernier-né.

– Et il marche maintenant, le petit trésor ?

– Oh, oui ! Depuis quatre mois déjà !

– Ben, dites-moi, il doit être loin…

La perle de la semaine

Le tabac est une plante carnivore qui mange les poumons.

TRIPLETS D'EXPRESSIONS

Trouvez un mot par ligne qui, associé à chacun des trois autres, établit un lien logique ou évoque une expression courante. Avec les initiales des solutions, vous trouverez le nom d'un peintre impressionniste à la longue barbe né le 10 juillet 1830.

1. Plume, drapeau, parole.
....

2. Rue, budgétaire, omission.
....

3. Cran, épingle, soupape.
....

4. Service, métro, radio.
....

5. Saint, sueur, gloire.
....

6. Devoir, Indiens, soldat.
....

7. Feu, fil, lame.
....

8. Confit, patte, caca.
....

Juillet
Dimanche
11

Benoît

CACHE-CACHE

Le 11 juillet 1934 naissait le couturier italien Giorgio Armani. Retrouvez, dissimulés dans le texte ci-dessous, quatorze noms relatifs à la haute couture, à la mode ou au luxe.

Il n'avait pu contenir sa colère et son dépit. Emporté par le torrent écumant de son âme meurtrie, il s'était montré pervers, acerbe. Elle allait payer le coup funeste qu'elle portait à leur amour. Il poussa la porte du parc solitaire et glacé ; les buissons frémissaient. Il lui semblait entendre les notes obscures d'une mélodie. Qu'était-ce ? Puccini peut-être. À moins que ce ne fût le son de sa propre voix. Sasha Li marmonnait : « Un bel di vedremo levarsi un fil di fumo… » Une forme ondoyait dans l'heure bleue. Il vit briller la croix qu'elle portait au cou ce soir-là ; la bouche ronde entrouverte murmurait un « Je t'aime ». Elle s'était penchée pour effleurer à la surface de l'eau un nymphéa. D'un doigt tremblant, elle le toucha. « Nelumbo, avait-il susurré, un lotus sacré chez les hindous. » Il la regardait, altière dans son habit rouge, un boléro chastement posé sur les épaules. Il respirait ses parfums salins, tantôt doux, tantôt amers, l'enveloppait, étourdi. Orbe formidable de ses regards…
Il ferait amende honorable, elle en valait la peine : « Enfin quoi, elle n'avait rien d'une Célimène ou d'une cocotte » !

CE JOUR-LÀ

En 1892, l'anarchiste français Ravachol, auteur de nombreux attentats, est guillotiné.

Mot d'enfant

Luc, 4 ans, observe une mouche posée sur la table.

– Oh ! Elle aiguise ses pattes.

FILMOGRAPHIE

Robin Renucci

Retrouvez le titre de cinq films de cet acharné de cinéma né le 11 juillet 1956.

1. Son premier film. Un titre qui indique que les secrets sont bien enfouis (1981).

2. Il incarne Courfeyrac dans l'adaptation d'un immense classique de Victor Hugo (1982).

3. Il tient le rôle principal dans cette chronique d'un immeuble (1985).

4. Il est Henri III au côté de Richard Bohringer, qui joue Brantôme (1990).

5. Il incarne un aristocrate pour la dernière apparition d'un célèbre gentleman cambrioleur (2004).

Juillet
Lundi
12

Olivier

L'ENGRENAGE

Pour chaque roue de l'engrenage, cherchez le mot correspondant à la définition. Inscrivez-le dans les petits cercles touchant la roue, en démarrant toujours par celui qu'indique la flèche et en tournant dans le sens des aiguilles d'une montre.

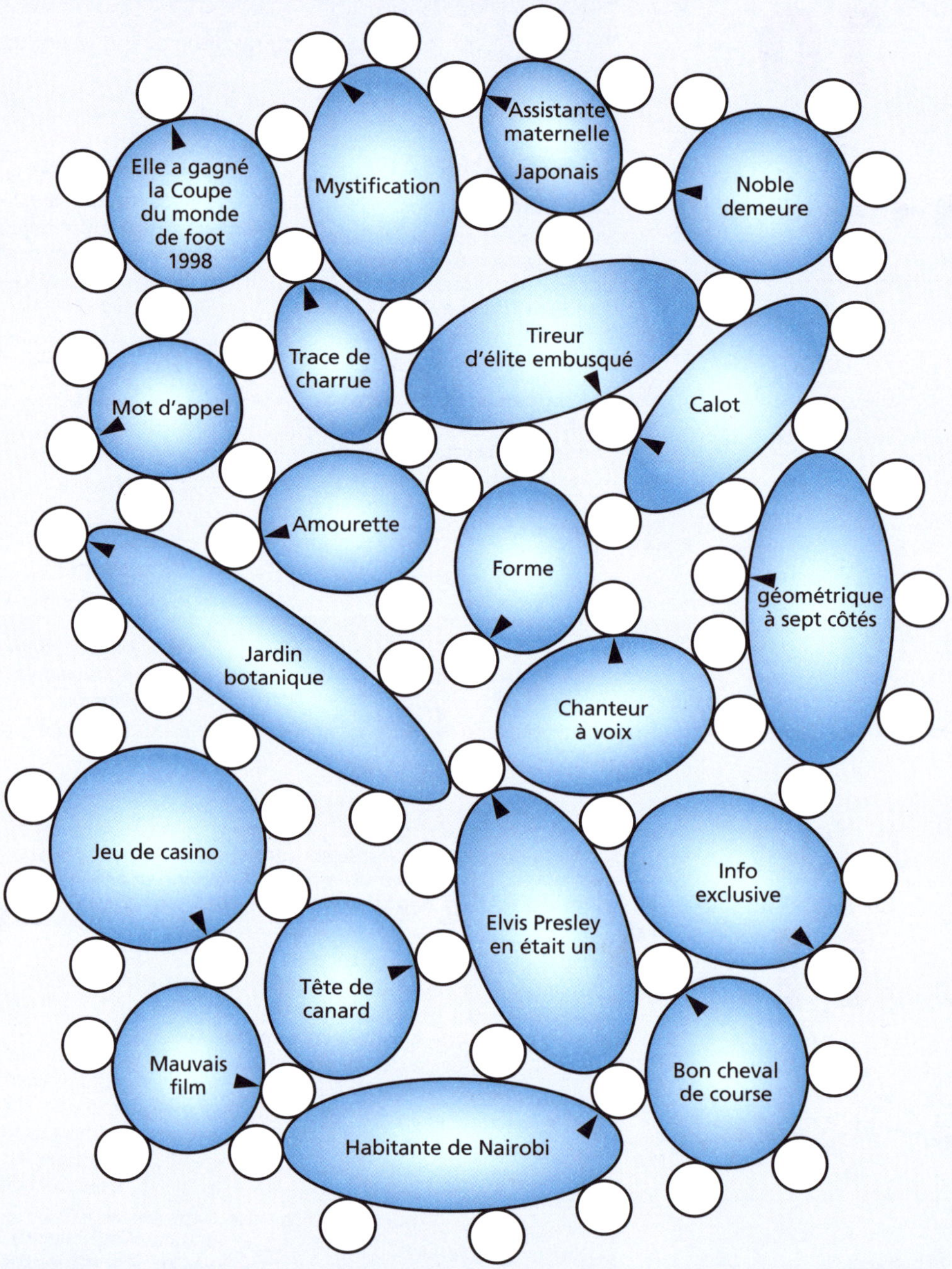

Zoom saveur

LA TOMATE CŒUR-DE-BŒUF

Oubliez les fades tomates vendues au cœur de l'hiver : les étals se garnissent enfin des juteuses cœurs-de-bœuf, gourmandes à souhait.

Il est fini, le temps où l'on ne trouvait plus, hors des étals des marchés bio, que des tomates bien rondes et bien calibrées, le plus souvent dépourvues de saveur ! Début juillet, les cœurs-de-bœuf côtelées arrivent en force, toutes charnues. Ne les manquez pas !

Idée gourmande.
Dégustez-les sans fioriture pour profiter de leur parfum. En tranches, simplement accompagnées d'échalote hachée, de basilic frais ciselé et d'huile d'olive de Provence.

CE JOUR-LÀ

En 1998, pour la première fois de son histoire, l'équipe de France de football devient championne du monde en battant le Brésil 3 à 0 au Stade de France.

Misogynie

Si l'homme a été créé avant la femme, c'était pour lui permettre de placer quelques mots !

Petite annonce

Veuve bon milieu désire connaître personne sérieuse de 55 à 60 ans, en vue mariage. Accepterait notaire ou prêtre.

Amour toujours

En Suisse, un mari rentre chez lui à l'improviste. Il trouve sa femme nue sur le lit, haletante. Furieux, il fonce vers la salle de bains et y découvre un homme cachant tant bien que mal ses attributs sous une serviette. Il explose alors :

– Espèce de porc ! C'est la serviette pour les mains !

Juillet
Mardi
13

Henri et Joël

ANAGRAMMES CROISÉES

Reconstituez des mots à partir des lettres proposées (noms propres autorisés). Un astérisque derrière plus de trois lettres indique une seule solution possible (partie noms communs des dictionnaires). Pour les autres, plusieurs anagrammes sont envisageables. Le 13 juillet 1942, un acteur américain voit le jour à Chicago. Réordonnez les lettres des huit cases orange pour former son prénom. Vous devinerez alors aisément son identité.

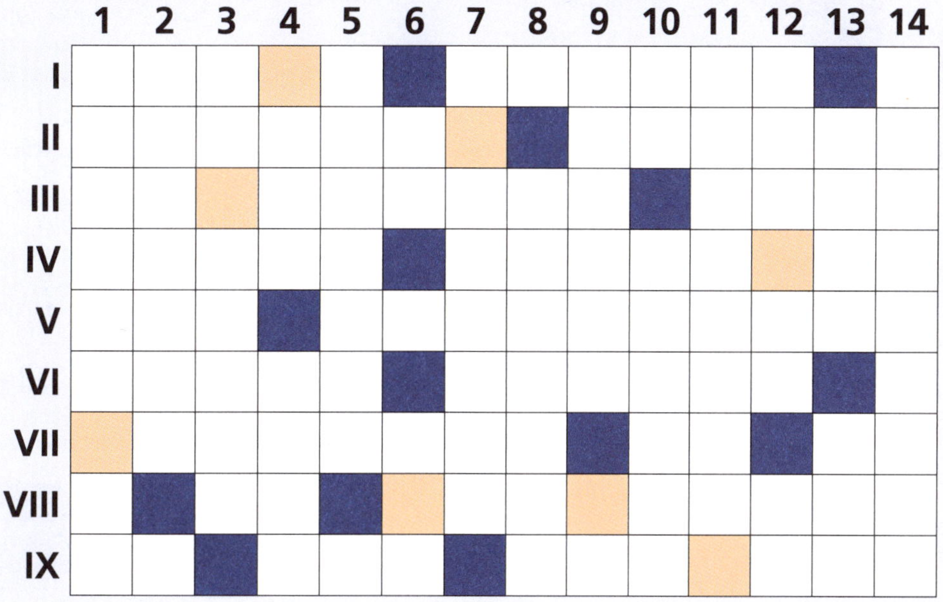

Horizontalement
I. ACEHR ; DEPRSU. **II.** AADENRV* ; EEOPRU. **III.** CDEINOSTU ; GILR. **IV.** EINOS ; AEIIMOSS*. **V.** STU ; AAEILLNSTV*. **VI.** AEGSU ; BEEILU*. **VII.** ADEELRRU ; DE ; ER. **VIII.** EN ; EEIMNNORU*. **IX.** SU ; ETU ; EIRSSSU.

Verticalement
1. AEENRSTUV. **2.** CEORSUU. **3.** ACDEIORS. **4.** AHNS* ; EGNT*. **5.** DEEENRV. **6.** DU ; AEN. **7.** ABEIILPS*. **8.** EILLRTU. **9.** AEELRS ; ER. **10.** DU ; ADIMSU*. **11.** EGINNORSU*. **12.** EIORST ; OU. **13.** EIPS ; IMR. **14.** DEEEELSST*.

CE JOUR-LÀ

En 1380, Bertrand Du Guesclin, connétable de France, meurt en assiégeant des pillards à Châteauneuf-de-Randon (Lozère).

Déducto

Toujours moins toujours

Jamais plus jamais (Irwin Kershner, 1983)

JEU DE LOGIQUE

Observez ces quatre dés. Sachant que ce ne sont pas des dés traditionnels et qu'ils sont tous différents, trouvez, en considérant les vues proposées, le chiffre qui doit figurer sur la face vierge de chacun d'eux.

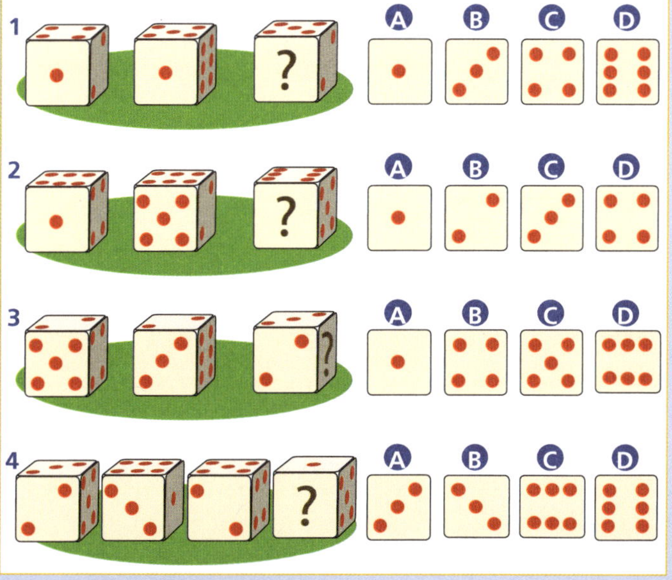

Logique

Nicolas étudie les nombres négatifs à l'école. Le soir, il demande à son père de lui expliquer, parce qu'il n'a pas tout compris.

– Bien… Écoute, Nicolas, imagine quatre personnes dans un autobus. Si, à l'arrêt suivant, huit personnes descendent, il faut qu'il y en ait quatre qui montent pour qu'il n'y ait plus personne dans le bus…

Psychologie

Un train entre en gare. Dans un compartiment, un bègue demande à son voisin :

– Pa-pa-pardon, mon-monsieur. Est-est-est-ce que-que-que c'est Bo-Bo-Bordeaux ?

Pas de réponse.

– Pa-pa-pardon, c'est Bo-Bo-Bordeaux ?

Pas de réponse. Le haut-parleur annonce :

– Bordeaux, Bordeaux. Trois minutes d'arrêt.

Le voyageur attrape sa valise et descend.

Dans le compartiment, un autre voyageur a assisté à la scène.

– Vous n'êtes pas très aimable. Pourquoi n'avez-vous pas répondu à ce monsieur ?

– J'a-j'a-j'avais pas-pas-pas le temps et, en-en-en plus, il m'au-m'au-m'aurait sû-sû-sû-sû-re-rement ca-ca-cassé la gueu-gueule.

Juillet
Mercredi
14

Fête nationale

Troisième décan du Cancer

L'INTRUS

L'auteur de bandes dessinées Marcel Gotlib est né le 14 juillet 1934.

1. *Lequel de ces personnages ne doit rien à son coup de crayon ?*

Gai-Luron.
Jujube.
Achille Talon.
Pervers Pépère.
Hamster jovial.

2. *Gotlib a collaboré à la mise en scène au théâtre de* Superdupont, *l'histoire du Français patriote qui refuse d'être dessiné à l'encre de Chine. Dans lequel de ces titres ce personnage n'apparaît-il pas ?*

Oui nide Iou.
Amour et forfaiture.
Le Général Dourakine.
Opération Camembert.
Les Âmes noires.

La contrepèterie de la semaine

Les filles de Bordeaux n'aiment pas les motels.

LE PERSONNAGE DU JOUR

Découvrez un personnage célèbre grâce aux indices suivants.

1 Je suis remarquée par Jacqueline Joubert lors d'un concours de théâtre amateur alors que je joue *Un caprice*, d'Alfred de Musset.

Née le 14 juillet 1953, je débute en 1973 à la télévision avec une marionnette comme partenaire. **2**

3 De mon vrai nom Frédérique Hoschédé, je joue un petit rôle dans *l'Amour en fuite*, de François Truffaut, mais mon parcours cinématographique sera assez bref.

Dans les années 1980, j'entreprends une carrière de chanteuse à destination du jeune public et je rencontre un franc succès. **4**

5 Élargissant mon répertoire, je vendrai 17 millions de disques et je me produirai beaucoup à Bercy.

Le titre de ma première émission de télévision, en 1977, comme celui de la dernière (qui dura de 1987 à 1997), comportent mon pseudonyme, constitué d'un prénom. **6**

CE JOUR-LÀ

En 1099, Godefroi de Bouillon entre dans Jérusalem.

En 1790, un an après la prise de la Bastille, a lieu sur le Champ-de-Mars la fête de la Fédération, qui célèbre l'union de toutes les parties de la nation autour du roi Louis XVI et de la Constitution.

Juillet
Jeudi
15

Donald

CASE-BRIQUES

Placez les quatorze lettres dans la grille pour lire sept mots horizontaux. Vous découvrirez verticalement le prénom et le nom d'un peintre dont une exposition fit sensation à Paris en 1901.

A C E G G H I
N N N O T V V

R	E		I		R	E
S	P		R		L	E
F	I		A		C	E
C	O		A		N	E
P	R		V		I	R
R	O		T		E	N
L	I		C		I	S

CE JOUR-LÀ

En 1783, 10 000 personnes assistent à Lyon à la sortie du premier bateau à vapeur, inventé par le marquis Jouffroy d'Abbans.

Proverbe juif

Ce n'est pas ce qui est beau qui est cher ; c'est ce qui est cher qui est beau.

Devinette

Que dit un aveugle lorsqu'on lui donne du papier de verre ?

C'est écrit serré.

La preuve

Deux bébés font la sieste dans le même lit.

– Tu es un garçon ou une fille ? demande l'un des deux poupons.

– Je ne sais pas… Attends, je vais regarder.

Le bébé soulève les draps et procède à un rapide examen.

– Je suis une fille, dit-il en rabaissant le drap. On m'a mis des chaussons roses.

SANDWICH

Jacques Derrida est né à El-Biar, en Algérie, le 15 juillet 1930. Il nous a quittés en 2004. Dans la grille, complétez les mots verticaux de cinq lettres. Plusieurs solutions sont possibles parfois, mais une seule vous permettra de retrouver une citation de ce grand philosophe français.

D	E	R	R	I	D	A	L	E	C	O	N	C	E	P	T	D	E	D	E	C	O	N	S	T	R	U	C	T	I	O	N
R	T	E	A	N	E	V	I	X	A	P	O	E	L	I	A	U	C	O	V	O	V	A	O	H	A	N	R	R	C	U	O
M	D	I	E	L	T	R	T	R	T	R	E	N	V	I	I	L	I	T	I	U	L	V	D	S	T	E	N	I	U	S	M
E	E	F	S	E	E	E	E	A	E	A	S	E	E	E	N	E	T	E	L	E	E	E	E	E	A	L	E	E	S	E	E

Juillet
Vendredi
16

Notre-Dame du Mont-Carmel

CE JOUR-LÀ

En 1969, à cap Kennedy, Apollo 11 est lancé vers la Lune.

À-propos

Dans une maison, un voleur est en train de fourrer dans un grand sac toutes sortes d'objets pendant que les propriétaires dorment. Soudain, il entend une petite voix.

– Vous pouvez prendre aussi mon bulletin scolaire ?

Le saviez-vous ?

Des animaux ont été utilisés comme auxiliaires de la marine pendant la guerre du Viêt Nam : des orques avaient été dressées à récupérer les torpilles au fond de l'océan ; des dauphins postés dans la baie de Cam Ranh devaient en barrer l'accès aux saboteurs. Intelligents, les dauphins s'avérèrent d'excellents gardes sous-marins.

LES MOTS DE L'IMAGE

Trouvez au moins onze mots contenant la séquence CAP et dont l'illustration ou l'idée figurent dans le dessin ci-dessous.

Pratique

Trois hommes arrivent au paradis devant saint Pierre, qui leur dit qu'il possède pour chacun d'eux un compteur dont l'aiguille tourne en fonction du nombre de bêtises qu'ils ont faites durant leur vie. Le premier, dont l'aiguille ne va pas trop vite, a le droit d'aller au paradis. Le deuxième, pareil. Le troisième demande à voir son compteur, et saint Pierre lui répond :

– Ah oui, le vôtre ! Il est dans mon bureau : il me sert de ventilateur.

FORMES ET COULEURS

En utilisant uniquement des lignes droites, divisez cet ensemble en quatre parties comprenant chacune les six motifs.

Juillet
Samedi
17

Charlotte

ESCALETTRES

Plus facile que le coq-à-l'âne : passez d'un mot au suivant en ajoutant une lettre et en permutant l'ordre des lettres pour arriver au mot mystère de neuf lettres, qui désigne un homme prêt à se battre pour réparer une offense.

L I
+ U _ _ _
+ E _ _ _ _
+ S _ _ _ _ L
+ E _ _ _ _ _ _
+ T _ _ _ _ _ _ _
+ L _ I _ _ _ _ _ _ _
+ D _ _ _ _ _ _ _ _ _

CARRÉ DE 6

Reconstituez horizontalement et verticalement des mots de six lettres (conjugaisons autorisées). Indice : les deux premières lignes dissimulent le prénom et le nom de la première chancelière allemande, née le 17 juillet 1954 ; les trois suivantes permettent de former des noms liés à l'Allemagne.

	1	2	3	4	5	6
A	N	G	A	E	L	A
B	E	M	R	K	E	L
C	I	R	E	T	H	L
D	L	E	B	R	N	I
E	B	N	D	A	T	R
F	D	A	R	A	E	T

A. ....
B. ....
C. ....
D. ....
E. ....
F. ....

1. ....
2. ....
3. ....
4. ....
5. ....
6. ....

CE JOUR-LÀ

En 1453, les Français remportent une victoire décisive contre les Anglais à Castillon, en Gironde. Cette bataille marque la fin de la guerre de Cent Ans.

La perle de la semaine

La baleine est un mammifère marin que l'on pêche dans nos rivières.

Devinette

Qu'est-ce qu'un mouton sans pattes ?

Un nuage.

Le troc selon
Coluche

J'échangerais bien deux vieilles contre Deneuve !

Juillet
Dimanche
18

Frédéric

CE JOUR-LÀ

En 1898, condamné à la prison après la parution de « J'accuse » dans l'Aurore, Émile Zola choisit l'exil et part pour Londres.

L'avertissement de
Luis Rego

Message à ceux qui veulent changer le monde : méfiez-vous, le monde ne vous a rien demandé.

Mot d'enfant

Alors qu'elles sont en train de dresser la table dans le jardin, Léa, 6 ans, demande à sa grand-mère pourquoi elle pose une bougie à la citronnelle au milieu.

– C'est pour les moustiques, lui répond-elle.

– Ah, bon ? C'est leur anniversaire ? s'étonne Léa.

QUIZ Éric Tabarly

En juillet 1998, le corps d'Éric Tabarly est retrouvé par des pêcheurs près des côtes irlandaises.

1. *L'accident qui lui a coûté la vie, lors d'une manœuvre en équipage, s'est produit :*
A. Dans le Pacifique. **B.** En mer d'Irlande.
C. Dans l'Atlantique Nord.

2. *Spécialiste de la course au large, Tabarly était aussi officier de la Marine nationale. Il avait pris sa retraite :*
A. En juin 1963. **B.** En octobre 1978.
C. En juillet 1985.

3. *Le « Sage de l'océan » a refusé que le musée de la Marine de Paris quitte le Trocadéro. Il a défendu son institution face au président de la République :*
A. Valéry Giscard d'Estaing.
B. François Mitterrand.
C. Jacques Chirac.

Devinette

Quel est le point commun entre une police d'assurance et un nudiste ?

Beaucoup de choses ne sont pas couvertes…

L'inflation selon
Patrick Timsit

Tous les ans, y a de plus en plus de cons… Cette année, j'ai l'impression qu'il y a déjà les cons de l'année prochaine.

Juillet
Lundi
19

Arsène

MOTS CROISÉS

	1	2	3	4	5	6	7	8	9	10	11	12	13	14
I													■	
II							■					■		
III						■			■					
IV				■										■
V									■					
VI		■				■								
VII									■					
VIII			■			■						■		
IX							■			■				

Horizontalement
I. Prénom et nom du premier vainqueur du Tour de France, arrivé au Parc des Princes de Paris le 19 juillet 1903. **II.** Carburant interdit aux cyclistes ; ville où conduisait la première étape, longue de 467 km, remportée par le futur vainqueur en 17 heures et 45 minutes ; se prend dans les rayons. **III.** Premier, deuxième ou plus ; coulée de lave ; un des pionniers de la télévision. **IV.** Pour Louison Bobet en 1955 ; ville d'arrivée de la deuxième étape (374 km), gagnée par Aucouturier, qui avait abandonné lors de la première étape… **V.** Arriviste suisse, visant le maillot à pois ; fille de famille. **VI.** Pas top ; ville d'arrivée de la quatrième étape (268 km), partie de Toulouse. **VII.** Rêves de leader du Giro ; assemble des pierres. **VIII.** Mieux vaut ne pas tomber dessus ; New York ; problème de circulation ; chauffe les pyramides. **IX.** Arrivée de la cinquième étape (425 km), à nouveau remportée par le futur vainqueur ; bien vu ; passe à la radio.

Verticalement
1. Ville de départ du Tour 1903, en banlieue parisienne. **2.** A eu sa communauté ; prit les devants. **3.** De la même mère. **4.** Caractéristique informatique ; empruntent une voix différente. **5.** Laissé à l'abandon. **6.** Très démonstratif ; serait ramassé par la voiture-balai. **7.** Pour peser les Espagnols. **8.** Transparences toutes relatives. **9.** Vin ; or. **10.** Ne se conçoit guère sans bois. **11.** Gardée sans concession. **12.** Intestinal. **13.** Passer au four. **14.** Couche de butor ; permis de sortie.

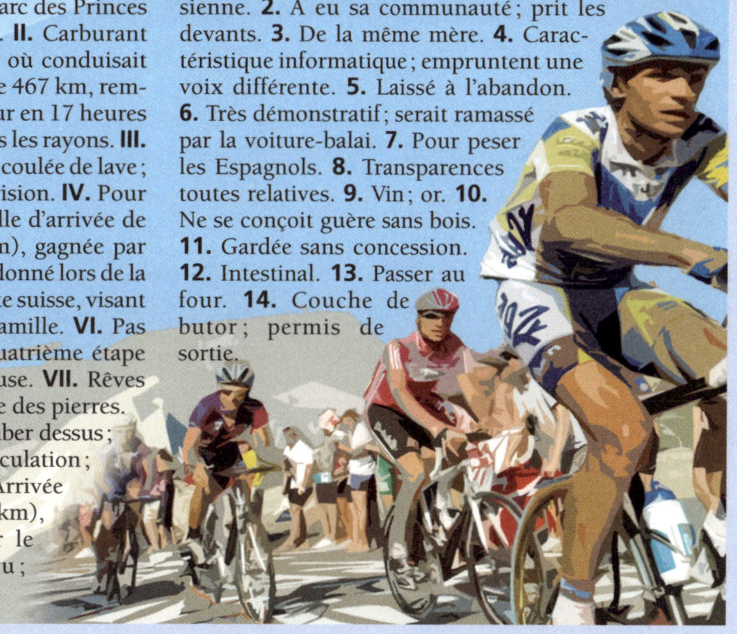

Zoom saveur

LE MELON

Charentais, gallia ou cantaloup, à peau lisse ou brodée, de Cavaillon ou d'Avignon, le melon se fait multiple, mais avec une constante : il a le parfum de l'été !

Se sentant vieillir, Alexandre Dumas légua l'ensemble de son œuvre publiée (400 tomes !) à la bibliothèque de la ville de Cavaillon. En échange, il demanda – et obtint – une « rente viagère » de… douze melons par an !

Idée gourmande.
Pour préparer une sublime confiture de melon, laissez macérer une nuit 750 g de chair de melon avec 500 g de sucre. Faites cuire 20 min dans une bassine à confiture et mettez aussitôt en pots.

CE JOUR-LÀ

En 1900, la première ligne du métro parisien est inaugurée. Elle relie la porte de Vincennes à la porte Maillot.

Les blondes

Que cherche une blonde au fond de la mer ?

Leonardo DiCaprio.

Succès relatif

Un éditeur annonce à un écrivain :

– J'ai une bonne et une mauvaise nouvelle pour vous…

– Dites d'abord la bonne !

– Paramount a dévoré votre livre.

– C'est fantastique ! Et la mauvaise ?

– Paramount, c'est le nom de mon chien.

Descendance

Deux prêtres discutent ensemble.

– Tu as vu, le pape a encore affirmé son opposition au mariage des prêtres.

– Oui, mais il faudra bien qu'il y vienne un jour, sinon il n'y aura plus de prêtres du tout.

– Tu crois qu'on verra ça un jour, des prêtres mariés ?

– Nous, peut-être pas. Mais nos enfants, sûrement !

Juillet
Mardi
20

Marina

CE JOUR-LÀ

En 1969, Eddy Merckx remporte son premier Tour de France.

En 1975, après avoir gagné cinq Tours (Luis Ocaña vainqueur en 1973), Merckx cède le maillot jaune à Bernard Thévenet.

Aveu

Un P-DG téléphone à son avocat au sujet de fausses factures qu'il a signées pour aider un député à se faire élire. L'affaire passe en justice. Son avocat le rappelle.

– Monsieur, la justice a finalement triomphé.

Le P-DG répond alors :

– Faites appel !

Déducto

Toujours avec mon fils

Jamais sans ma fille (Brian Gilbert, 1991)

L'ENGRENAGE

Pour chaque roue de l'engrenage, cherchez le mot correspondant à la définition. Inscrivez-le dans les petits cercles touchant la roue, en démarrant toujours par celui qu'indique la flèche et en tournant dans le sens des aiguilles d'une montre.

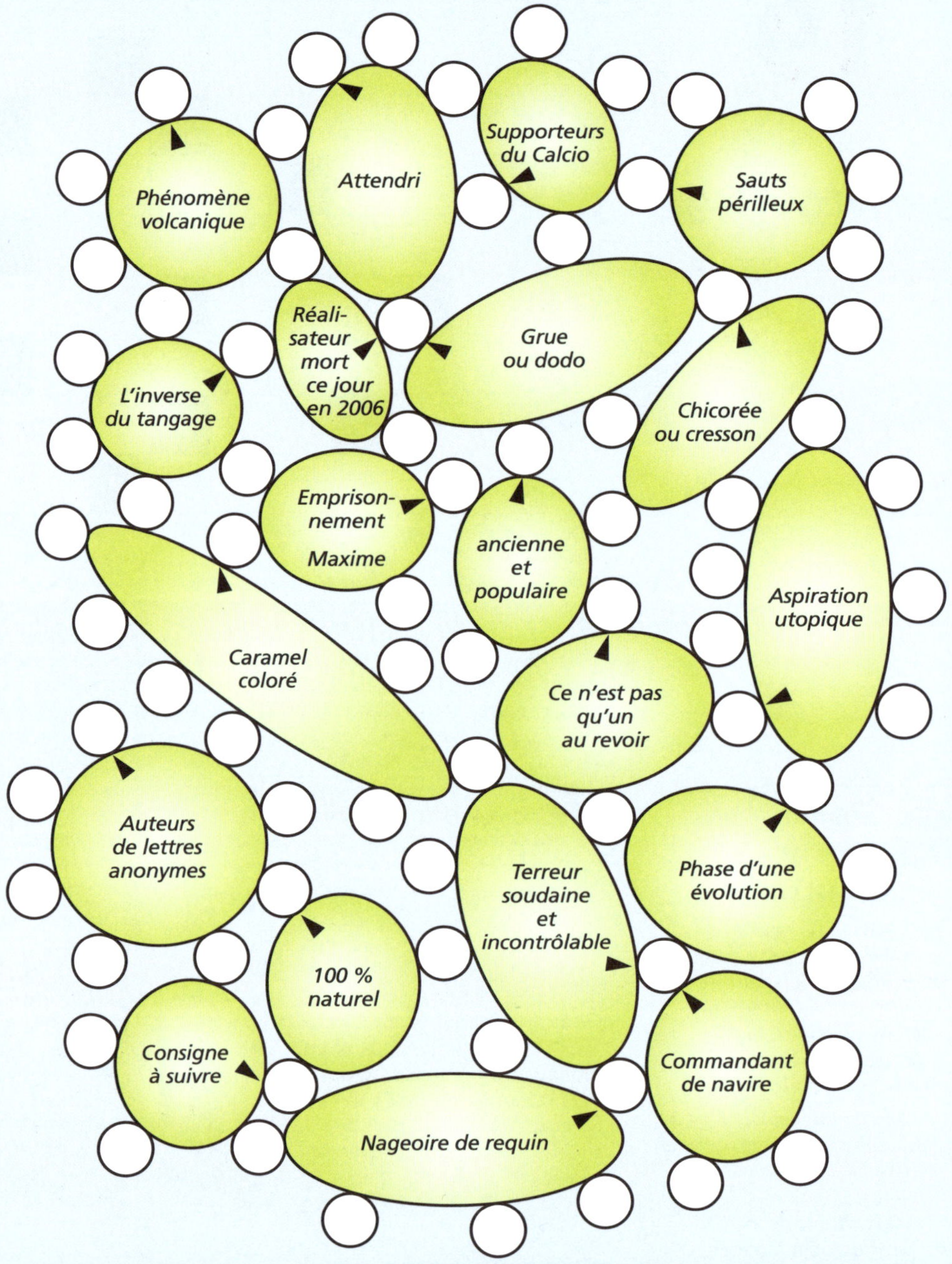

Toto

Monsieur le curé fait un brin de causette avec Toto à la sortie du catéchisme.

– Alors, comme ça, ta maman dit une prière pour toi tous les soirs au moment où tu te couches ?… C'est très très bien. Et qu'est-ce qu'elle dit ?

– Ouf, merci mon Dieu, il est au lit !

Distrait

Un type regarde un match de foot à la télé quand on sonne à la porte. Deux personnes se trouvent sur le seuil.

– Bonjour, nous sommes les témoins de Jéhovah.

Et le type :

– Désolé, j'ai pas vu l'accident.

Précaution

Une femme à son mari :

– Je vais demander du persil à la voisine, j'en ai pour cinq minutes.

– Bien, répond le mari.

– Peux-tu surveiller le poulet tous les quarts d'heure, je ne voudrais pas qu'il brûle !

Juillet
Mercredi
21

Victor

MATRICE LOGIQUE

Les figures qui composent la matrice sont disposées selon une certaine logique. Découvrez-la pour trouver les deux cases numérotées qui s'insèrent dans les emplacements A et B.

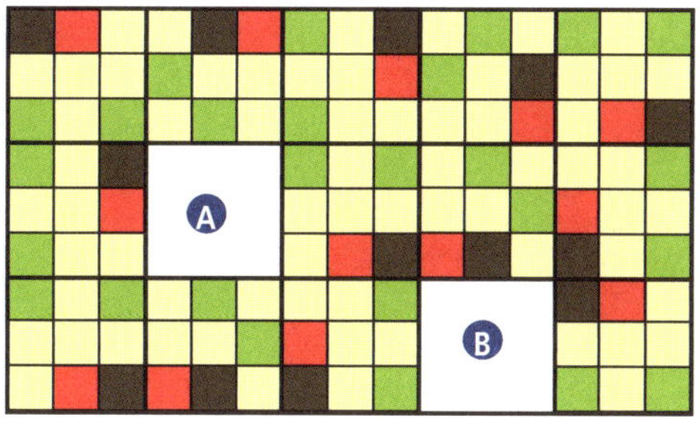

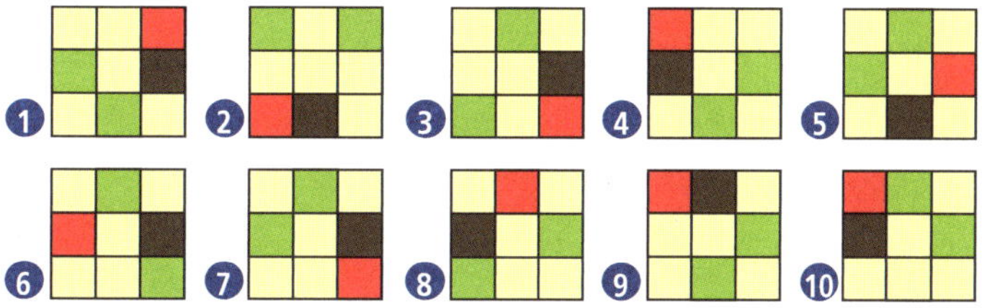

La contrepèterie de la semaine

Les nouilles c'est pas pour les boxeurs !

CE JOUR-LÀ

En 1969, les astronautes Neil Armstrong et Edwin Aldrin se posent sur la Lune.

Bon mot

Jeanne d'Arc sur son bûcher :

– Vous ne m'avez pas crue, vous m'aurez cuite.

SANDWICH

Complétez les mots verticaux de cinq lettres dans la grille ci-dessous. Plusieurs solutions sont possibles parfois, mais une seule vous permettra de retrouver une question que s'est posée le chanteur et poète Hubert-Félix Thiéfaine, qui fête aujourd'hui ses 68 ans.

M	E	T	E	O	F	U	R	N	A	D	A	D	E	F	L	O	R	A	T	I	O	N	E	R	O	S	U	B	E	R	A	L	L	E	S
O	T	I	I	U	E	R	I	A	N	I	V	A	L	A	U	V	U	R	R	M	I	A	C	E	U	T	L	I	V	O	U	O	A	N	P
U	D	D	E	S	E	N	U	T	R	U	R	N	V	U	U	L	A	U	S	G	T	I	A	L	D	L	E	R	N	S	R	T	D	U	R
E	E	E	R	T	S	E	R	I	E	E	S	E	E	S	R	E	L	E	T	E	E	R	T	S	I	E	S	E	T	E	E	S	E	I	E

Juillet
Jeudi
22

Marie-Madeleine

Dernier jour du Cancer

CE JOUR-LÀ

En 1894 a lieu la première course automobile de tous les temps, entre Paris et Rouen, à 22 km/h de moyenne.

Proverbe corse

Un des plus grands mystères de l'existence est de comprendre comment le garçon qui n'était pas digne d'épouser votre fille a pu devenir le père de la plus belle petite-fille du monde.

Les blondes

Une blonde, une rousse et une brune veulent faire un feu en forêt, et elles n'ont que trois allumettes. Avec la rousse, l'allumette s'éteint. Avec la brune, elle s'éteint aussi. Avec la blonde, elle s'allume. Alors elle souffle dessus en disant :

– Super ! C'est de celle-là qu'il faut se servir !

LES COUSINS

Lors de la première course automobile sur route, Paris-Rouen, en 1894, le record de vitesse fut atteint par un marquis prénommé Albert, industriel français et pionnier de l'automobile. C'est lui qui, quelques années plus tard, en 1905, eut l'idée de la voiture militaire blindée. Remplacez une lettre des mots suivants par une autre pour trouver des mots ayant rapport à l'automobile. En reportant la nouvelle lettre dans la colonne de droite, vous découvrirez verticalement le nom de ce marquis.

PÉNALES		
FAUX		
RACIAL		
BOUGRE		
VALANT		
JACTE		

LABYRINTHE

Notre chef ne sait plus où a bien pu passer le menu du soir. Saurez-vous l'aider à remettre la main dessus ?

Juillet
Vendredi
23

Brigitte

Premier jour du Lion

MOTS CASÉS

Replacez dans la grille les mots ci-dessous, dont certains évoquent les glaces. Le cône glacé, alors dénommé cornucopia, serait apparu le 23 juillet 1904 lors d'une foire-exposition dans le Missouri. Avec les mots non utilisés, reconstituez un slogan publicitaire : à quelle marque s'applique-t-il ?

Mots de 2 lettres
AS LA
DA LA
EH MI
ES ON
ES TE
IN

Mots de 3 lettres
ÂNE NUE
API PAS
CET STE
DAM SUE
LEM

Mots de 4 lettres
DANS MIKO
DANS ONCE
ERGS ONDE
FOND ÔTER
MAIN

Mots de 5 lettres
CRÈME
FRIGO
GERCÉ
GLAND
PITCH
RUÉES

Mots de 6 lettres
AGENCE MAGNUM
AÎNÉES NESTLÉ
BOUCHE PICARD
ESKIMO TATAMI
FÉCALE TOISÉE

Mots de 7 lettres
DÉCORUM
DIORAMA
ÉGALITÉ
OURAGAN

Mots de 8 lettres
CORNETTO
MALTAISE
RÉGLAGES

Mot de 9 lettres
DESPERADO

LA PREUVE PAR 9

Trouvez les cinq mots correspondant aux définitions proposées, formés uniquement avec les lettres ci-dessous.

T E M
T A B
R O C

1. C'est une idée fixe !
M _ _ _ _ _ _

2. Il forme la limite arrière de la carène du bateau.
E _ _ _ _ _ _

3. Un légume pour une enseigne.
C _ _ _ _ _ _

4. Branche qui doit prendre racine.
M _ _ _ _ _ _ _

5. Faire la guerre à son adversaire.
C _ _ _ _ _ _ _ _

CE JOUR-LÀ

En 1969, Juan Carlos de Bourbon, désigné comme son successeur par le général Franco la veille, prête serment devant les Cortes.

Le saviez-vous ?

Les Amazones, guerrières antiques de légende, fuyaient les hommes, qu'elles ne fréquentaient que pour avoir des enfants. Elles tuaient leurs enfants mâles ou les donnaient à leur père, et gardaient les filles pour perpétuer la race.

Devinette

Pour l'homme, que signifie donner un coup de main à la maison ?

Soulever les jambes pour qu'on passe l'aspirateur dessous.

Nos amies les bêtes

Un sanglier croise un cochon rose.

– Mon pauvre… Ta chimio a l'air de te faire souffrir. Bon rétablissement !

Les blondes

Une blonde veut vendre sa vieille voiture, qui affiche 250 000 km au compteur. Une amie lui dit :

– Es-tu prête à faire quelque chose d'illégal ?

– Oui, il faut que je la vende !

– Tu vas aller voir mon ami Tony, qui est mécanicien. Il va régler ton compteur à 50 000 km.

La blonde se rend chez Tony, qui remet le compteur à 50 000 km. Quelques jours plus tard, son amie demande à la blonde :

– As-tu vendu ton auto ?

– Tu es folle ! Maintenant qu'elle n'a plus que 50 000 km, je la garde !

Juillet
Samedi
24

Christine

CE JOUR-LÀ

En 1967, le général de Gaulle, en visite officielle au Canada, lance devant 500 000 Montréalais son célèbre : « Vive le Québec libre ! »

Avertissement

Un automobiliste a mis cette pancarte sur sa voiture : « Ne volez pas cette voiture, il y a plein de réparations à faire. » Le lendemain matin, la voiture a quand même été volée. À la place, il trouve une autre pancarte : « C'est pas grave, j'adore bricoler ! »

La perle de la semaine

L'archéologie permet de retrouver des vieux abandonnés dans la terre par leurs enfants.

QUIZ François Vidocq

François Vidocq, né le 24 juillet 1775 à Arras et mort le 11 mai 1857 à Paris, était un bagnard qui devint par la suite chef de la brigade de sûreté. Son personnage a été immortalisé au petit écran par Claude Brasseur et au grand par Gérard Depardieu.

1. *Vidocq est condamné pour la première fois en 1797. Pour quel délit ?*
A. Il a tué un soldat qui l'avait provoqué dans une taverne.
B. Il a pillé le tronc d'une église.
C. Il a commis des faux en écriture.

2. *Après s'être évadé, Vidocq repart au bagne en 1799. Où ?*
A. À Toulon. **B.** À Brest.
C. À Rochefort.

3. *Au cours d'un repas donné par le philanthrope Benjamin Appert, Vidocq est invité, ainsi que le bourreau Sanson. Il y rencontre un écrivain avec lequel il se liera d'amitié. Lequel ?*
A. Alexandre Dumas.
B. Victor Hugo.
C. Honoré de Balzac.

4. *En 1827, Vidocq quitte la brigade de sûreté et écrit ses Mémoires, qui seront publiés en 1828, puis des romans. Parmi les trois titres proposés, l'un n'est pas de Vidocq. Lequel ?*
A. Les Vrais Mystères de Paris.
B. Les Mystères de Londres.
C. Les Chauffeurs du Nord.

Juillet
Dimanche
25

Jacques le Majeur

Mot d'enfant

Son papa demande à Xavier, 6 ans :

– Comment partages-tu huit pommes entre les quatre membres de la famille ?

– J'en donne deux à chacun, répond l'enfant.

– Très bien. Et que ferais-tu si nous n'en avions que six ?

– Je ferais une compote !

Le sens du commerce

– Puis-je essayer cette robe dans la vitrine ? demande une très belle jeune femme au propriétaire d'une boutique de mode.

– Je vous en prie. Ça attirera peut-être la clientèle.

CE JOUR-LÀ

En 1917, Mata Hari est condamnée à mort pour espionnage au profit de l'Allemagne.

LES DIFFÉRENCES

Combien y a-t-il de différences entre ces deux planches ? Entourez-les sur la grille de droite.

L'INTRUS

Un intrus s'est glissé parmi cette liste de chansons de Diam's, née le 25 juillet 1980.

- *Confession nocturne.*
- *Dans ma bulle.*
- *Ma France à moi.*
- *À fleur de toi.*
- *Enfants du désert.*
- *Ordre de mission.*
- *Cruelle à vie.*
- *1980.*

Juillet
Lundi
26

Anne

À FLEUR DE MOTS

En 1950, Evita Perón assura la réélection de son mari à la tête de l'Argentine en affirmant sa solidarité avec les plus défavorisés. Sa popularité ne se démentit pas jusqu'à sa mort prématurée à 33 ans, le 26 juillet 1952, des suites d'un cancer. Remplissez la fleur en formant des noms propres ou communs à partir des lettres ci-dessous. Inscrivez vos solutions de l'extérieur de la rosace vers le centre. Une seule solution permet de compléter la grille en croisant les mots.

A. ILOSS
B. BEERT
C. EEMMN
D. EOPSS
E. ILNOO
F. BGLOS
G. BENOT
H. AELPR
I. ACLST
J. AENST
K. ABELS
L. AALPT
M. COPRS
N. EMORT
O. AEEPR
P. EEIPR
Q. AEITV
R. CEINO

1. CEEIS
2. BEIOT
3. AEILM
4. ENOPR
5. EENNS
6. BEIST
7. BLMOO
8. LOOPS
9. AGNOT
10. ARSST
11. BEELL
12. ACELP
13. ACLNS
14. AOSTT
15. EOPRT
16. AAMPP
17. EERRS
18. EEIRV

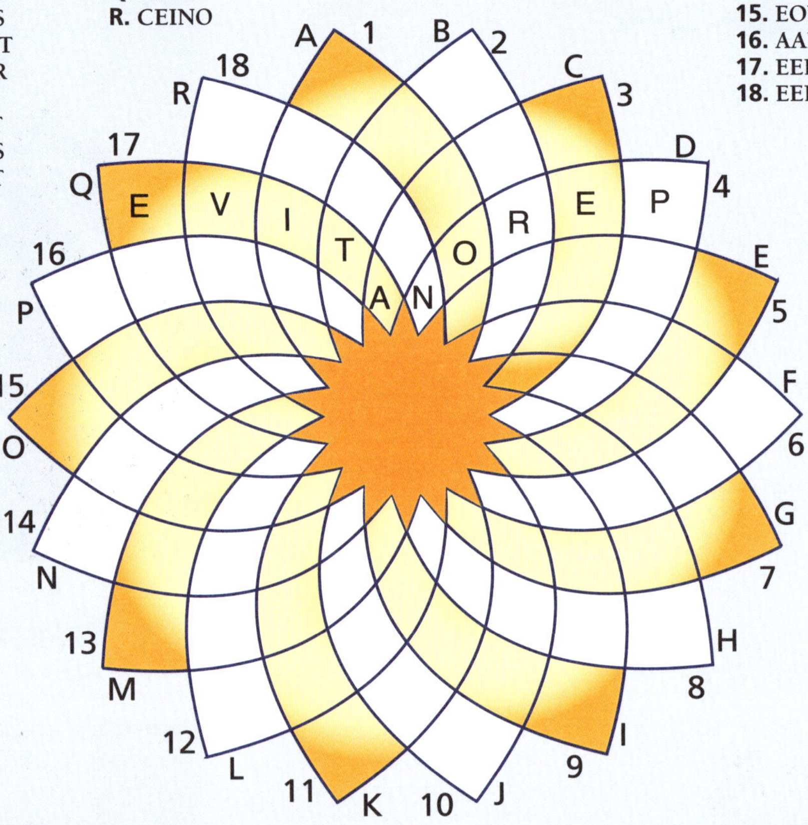

CE JOUR-LÀ

En 1788, l'État de New York est le onzième à adhérer à l'Union.

En 1956, le président égyptien Gamal Abdel Nasser nationalise le canal de Suez, ce qui déclenche une crise internationale.

Zoom saveur

LE THON ROUGE

Rien à voir entre la finesse de la chair du thon rouge fraîchement pêché et le thon blanc au naturel… Goûtez-le, vous verrez la différence !

Pour les Japonais, c'est le roi des poissons : ils en font leurs fameux sushis et sashimis, dégustant crue la chair rouge vif de ce poisson géant (jusqu'à 800 kg !), qu'ils apprécient le plus grasse possible. Le thon doit impérativement être acheté très frais et cuisiné aussitôt.

Idée gourmande. *Salez, poivrez et panez de noisettes concassées des pavés de thon rouge de 150 g chacun. Faites-les simplement cuire 40 s de chaque côté.*

Voltmètre

L'électricien à son aide :

– Jules, prends un de ces deux fils, s'il te plaît !

L'apprenti :

– Ça y est, j'en ai un !

Le chef :

– Tu ne sens rien ?

L'apprenti :

– Non, rien du tout…

Le chef :

– OK, alors, ça doit être l'autre. Surtout n'y touche pas, il y a du 2 000 volts dedans…

Devinette

À quoi font penser les lits superposés en Éthiopie ?

À des stores vénitiens.

Mathématiques

Qu'est-ce qu'un cocu ?

C'est un entier dont la moitié est couverte par un tiers.

À l'école

L'institutrice :

– Quelqu'un peut-il me décrire une vache ?

– Moi, m'dame ! La vache a six côtés : le devant, le derrière, le dessus, le dessous, la droite et la gauche. Sur le devant, la vache a des cornes qui lui servent à se défendre. Sur le derrière, elle a une queue qui lui sert à chasser les mouches qui sont sur le dessus. Le dessous de la vache lui sert à faire le lait qui donne du beurre et du fromage. À gauche et à droite de la vache, il y a le cuir et la viande. La vache a un odorat très développé : on peut la sentir de loin.

Juillet
Mardi
27

Nathalie

Déducto

La Bénédiction

La Malédiction
(Richard Donner, 1979)

CE JOUR-LÀ

En 1794, c'est-à-dire le 9 thermidor an II, Robespierre est arrêté. Il sera guillotiné le lendemain : c'est la fin de la Terreur.

Toto

– Allô ! Le surveillant général, s'il vous plaît.

– C'est lui-même.

– Monsieur le surveillant général, je vous téléphone pour vous prévenir que Toto est très grippé et qu'il ne viendra pas en classe aujourd'hui…

– Ah, bon ! Il était pourtant en pleine forme hier… Mais qui est à l'appareil ?

– C'est papa…

QUIZ Pierre Christin

Pierre Christin est né le 27 juillet 1938 à Saint-Mandé. Ce scénariste de bandes dessinées a acquis une grande renommée grâce à ses héros Valérian et Laureline.

1. *Valérian, écrit par Pierre Christin et dessiné par Jean-Claude Mézières, est paru en 1967 dans une célèbre revue de bandes dessinées. Laquelle ?*
A. *Pif Gadget.* **B.** *Pilote.* **C.** *Spirou.*

2. *Dans toutes ses aventures, Valérian est accompagné de la jolie Laureline. Mais dans quelle histoire fait-elle sa première apparition ?*
A. *Les Mauvais Rêves.*
B. *La Cité des eaux mouvantes.*
C. *L'Empire des mille planètes.*

3. *Valérian et Laureline ont parcouru de nombreuses planètes et combattu des tas de créatures. Combien d'albums relatent leurs aventures ?*
A. 18 tomes + 3 hors-séries.
B. 14 tomes + 3 hors-séries.
C. 25 tomes + 3 hors-séries.

4. *Le tome 9 se passe sur terre au XXᵉ siècle. D'ailleurs, le nom d'une station de métro figure dans le titre de l'album. Retrouvez le bon titre.*
A. *Brooklyn Station-Terminus Cosmos.*
B. *Lexington correspondance Sirius.*
C. *Métro Châtelet direction Cassiopée.*

LA GIRAFE

Remplissez la grille-girafe à l'aide des définitions, sachant que les mots s'enchaînent selon le principe du « marabout de ficelle ».

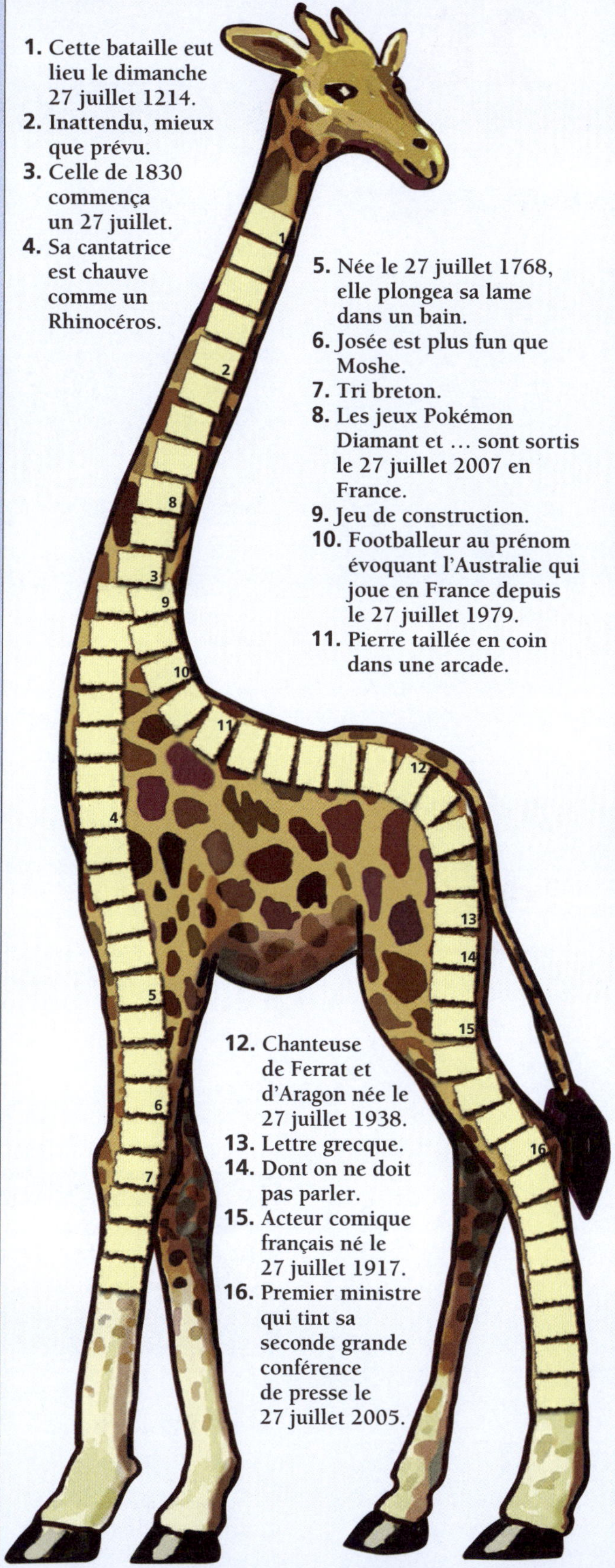

1. Cette bataille eut lieu le dimanche 27 juillet 1214.
2. Inattendu, mieux que prévu.
3. Celle de 1830 commença un 27 juillet.
4. Sa cantatrice est chauve comme un Rhinocéros.
5. Née le 27 juillet 1768, elle plongea sa lame dans un bain.
6. Josée est plus fun que Moshe.
7. Tri breton.
8. Les jeux Pokémon Diamant et … sont sortis le 27 juillet 2007 en France.
9. Jeu de construction.
10. Footballeur au prénom évoquant l'Australie qui joue en France depuis le 27 juillet 1979.
11. Pierre taillée en coin dans une arcade.
12. Chanteuse de Ferrat et d'Aragon née le 27 juillet 1938.
13. Lettre grecque.
14. Dont on ne doit pas parler.
15. Acteur comique français né le 27 juillet 1917.
16. Premier ministre qui tint sa seconde grande conférence de presse le 27 juillet 2005.

Juillet
Mercredi
28
Samson

VRAI OU FAUX

Le 28 juillet 1824 naissait Alexandre Dumas. Mais attention : Alexandre Dumas fils, à ne pas confondre avec Alexandre Dumas père. Si tous deux s'illustrèrent dans la littérature, ils ne le firent pas dans le même genre littéraire ni dans le même style. Saurez-vous rendre au fils ce qui n'appartient pas au père ?

1. Dumas père ne s'est illustré que dans le roman, tandis que son fils n'a donné à la littérature que des pièces de théâtre. **V F**

2. *Kean* et *Anthony* sont deux œuvres de Dumas fils. **V F**

3. Dumas fils est un auteur de théâtre dramatique, pourtant c'est à un roman qu'il doit sa célébrité dans le monde des lettres. **V F**

4. Il est reconnu aujourd'hui que le père du drame romantique est Victor Hugo, or c'est Dumas père qui a inauguré le genre. **V F**

5. Dumas fils fut marqué par les frasques de son père et, en dehors de ses pièces, il a écrit de nombreuses brochures sur le mariage, le divorce, la recherche de paternité… **V F**

6. Dumas père et Dumas fils ont tous deux été membres de l'Académie française. **V F**

Devinette

Pourquoi les Indiens d'Amérique ont-ils froid ?

Parce que Christophe Colomb les a découverts.

Les blondes

Pourquoi les blondes sautent-elles sur leur tuyau d'arrosage ?

Pour avoir de l'eau plate.

CE JOUR-LÀ

En 1835, Giuseppe Fieschi commet un attentat contre Louis-Philippe : le roi y échappe, mais il y a de nombreux morts, dont le général Mortier.

En 1914, l'Autriche déclare la guerre à la Serbie : c'est le début de la Première Guerre mondiale.

Astucieux

Un monsieur demande à son voisin de palier :

– Pourriez-vous me prêter votre chaîne stéréo ce soir ?

– Bien volontiers ! Vous faites une soirée dansante ?

– Non, je voudrais seulement dormir au calme…

La contrepèterie de la semaine

Ôte ta lampe que je guette !

Juillet
Jeudi
29
Marthe

MARIONS-LES

Le 29 juillet 1987, Margaret Thatcher et François Mitterrand signaient un accord portant sur la construction du tunnel sous la Manche (Eurotunnel). Saurez-vous reformer d'autres « couples » de dirigeants français et britanniques ?

Édouard Daladier	**A**	**1**	Lloyd George
Napoléon III	**B**	**2**	Édouard III
Philippe VI de Valois	**C**	**3**	Chamberlain
Guillaume Ier le Conquérant	**D**	**4**	George II
Louis XV	**E**	**5**	Churchill
Émile Loubet	**F**	**6**	Victoria Ire
De Gaulle	**G**	**7**	Édouard VII
Clemenceau	**H**	**8**	Harold II

CE JOUR-LÀ

En 1830, la révolution de Juillet (27, 28, 29) entraîne l'abdication de Charles X.

En 1981, on célèbre le mariage de l'héritier du trône de Grande-Bretagne, le prince Charles, avec lady Diana Spencer.

Proverbe juif

L'homme dont le destin est de se noyer se noiera dans un verre d'eau.

Le pragmatisme de Coluche

Vous avez de l'albumine, c'est-à-dire du blanc d'œuf, dans les urines ? Épousez une fille qui a du diabète et faites des œufs à la neige !

LE CRÉNEAU

En répondant aux définitions suivantes, retrouvez sur le créneau le nom d'une comédienne née en Turquie le 29 juillet 1916, ainsi que le rôle qu'elle a tenu dans une parodie de Ruy Blas *par Gérard Oury en 1971.*

1. Dépouille le chef. **2.** D'une époque révolue. **3.** Petit somme. **4.** Ramdam. **5.** Mégères. **6.** Boisson divine. **7.** Abri de fortune. **8.** Laideron. **9.** Truc ou machin. **10.** Sorte de poire. **11.** Modèle de douceur.

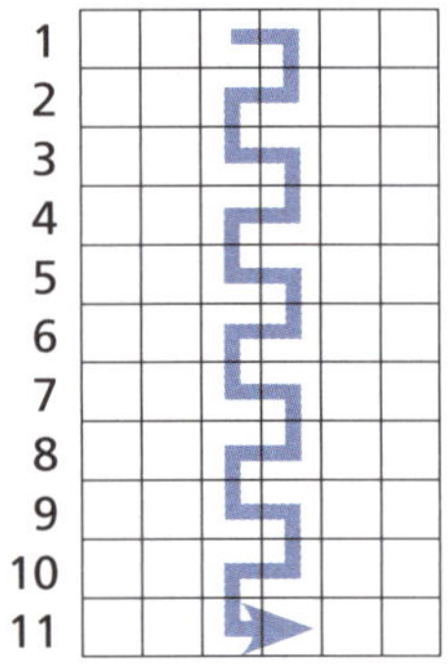

Juillet
Vendredi
30

Juliette

MOTS FLÉCHÉS

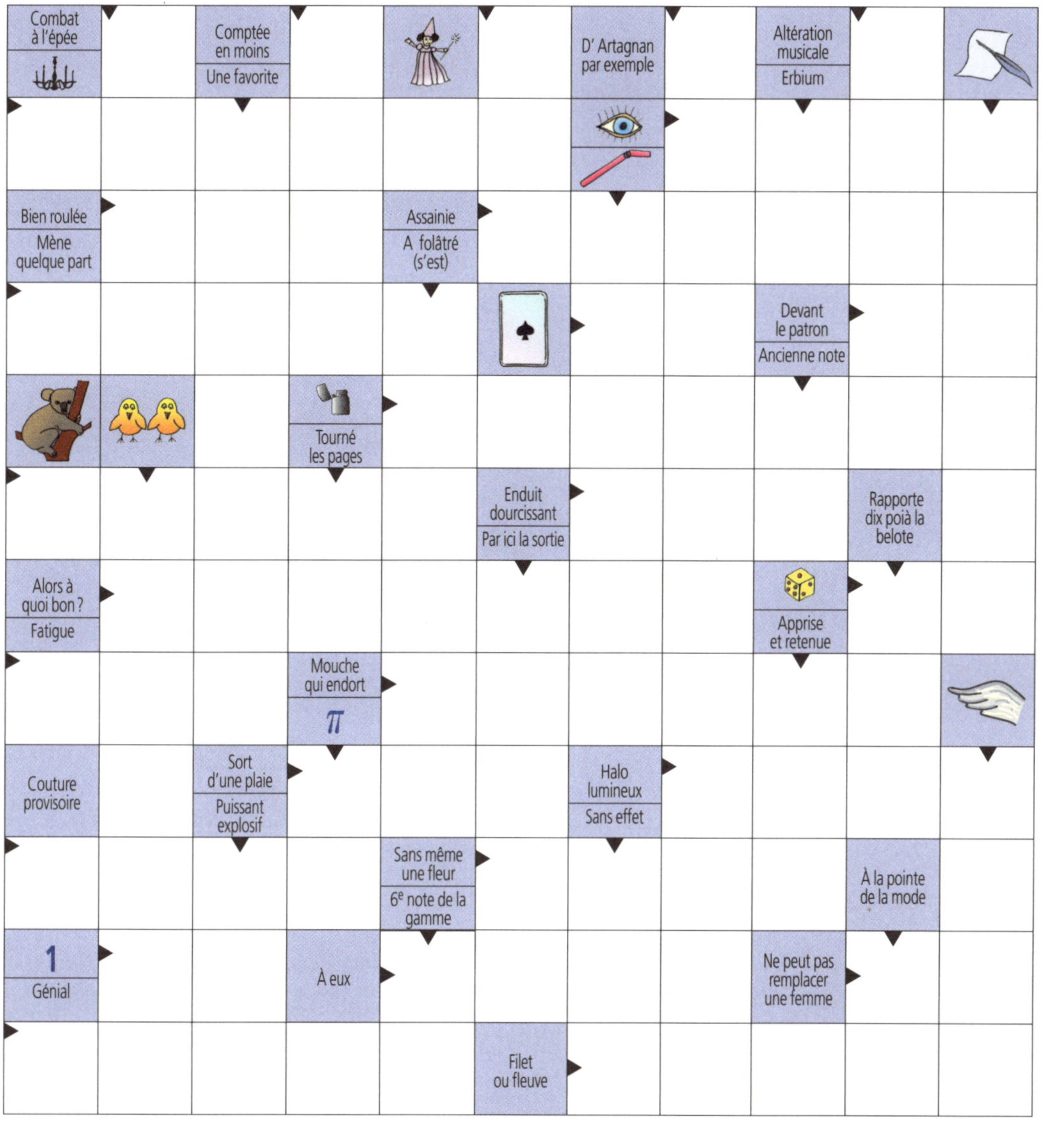

Devinette

Au temps de l'URSS, comment reconnaissait-on un Soviétique optimiste d'un Soviétique pessimiste ?

Les optimistes apprenaient l'anglais ; les pessimistes, le chinois.

JEU DE LOGIQUE ENFANT

Les chevaliers ont jeté leurs épées au sol l'un après l'autre, en signe de défi. Quelle est la quatrième épée à avoir été jetée ?

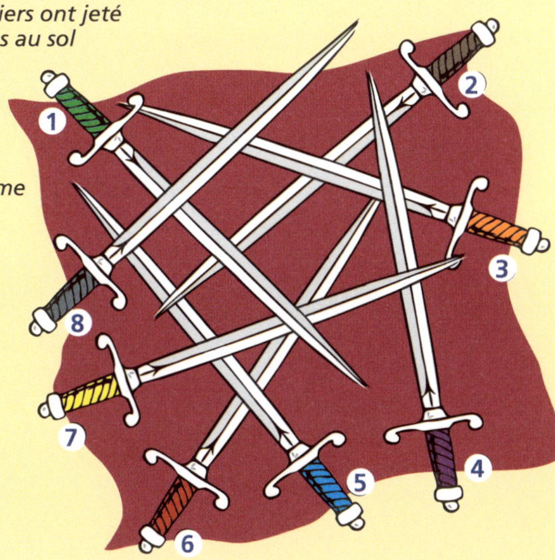

CE JOUR-LÀ

En 1898, les frères Kellogg inventent les corn flakes.

En 1930, l'Uruguay remporte la première Coupe du monde de football, à domicile. La France est troisième, derrière l'Argentine.

Le saviez-vous ?

La plus brève des guerres opposa la Grande-Bretagne à Zanzibar (aujourd'hui en Tanzanie) en 1896. La flotte britannique bombarda le palais du sultan rebelle jusqu'à sa reddition, qui demanda trente-huit minutes !

Les Belges

Sur un paquebot, un magicien belge fait des tours tous les soirs avec son perroquet.

Un jour, le navire heurte un iceberg et fait naufrage. Rescapés, le magicien et le perroquet dérivent sur une planche. Furieux, le perroquet dit au magicien :

– Arrête de faire le con ! Fais réapparaître le bateau !

Juillet
Samedi
31

Ignace de Loyola

PUZZLE CROISÉ

Replacez les morceaux dans le tableau vierge pour reconstituer une grille de mots croisés traditionnelle, sachant qu'elle contient quatre mots ayant un rapport avec le monde d'Harry Potter, le jeune héros créé par J. K. Rowling, née le 31 juillet 1965.

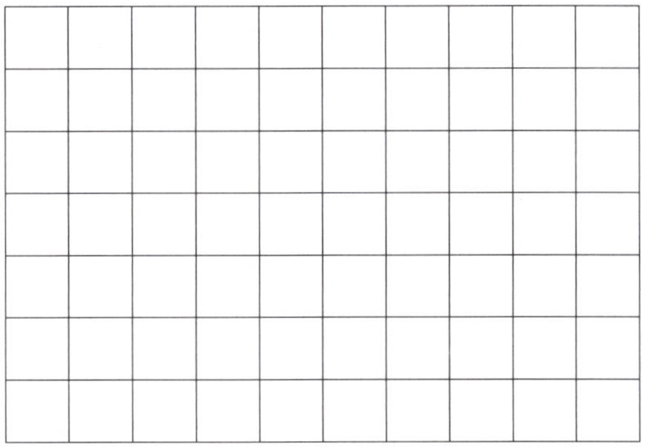

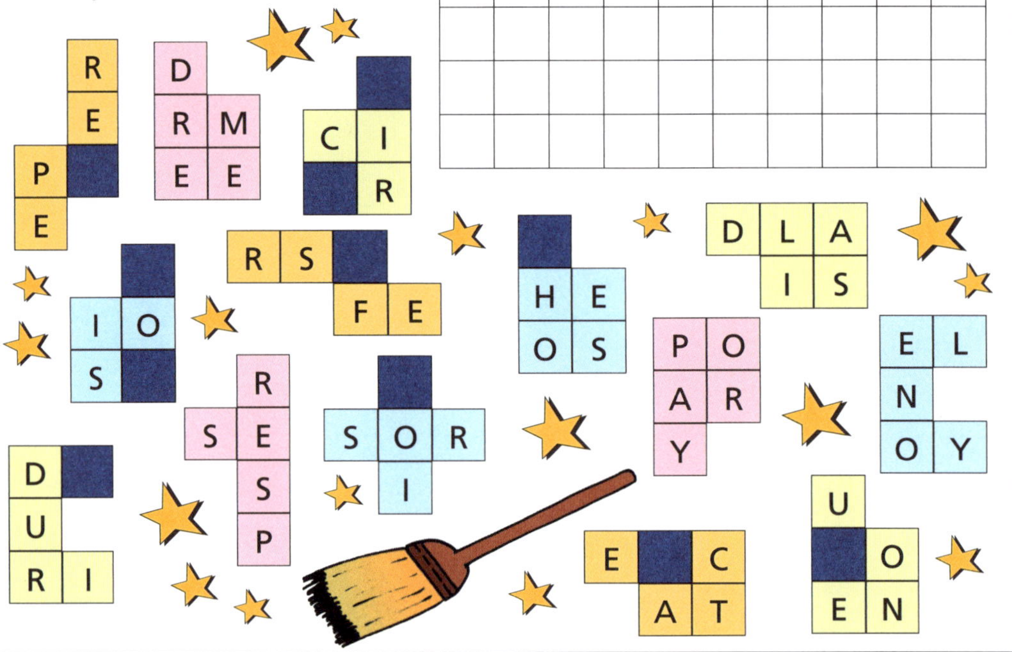

CE JOUR-LÀ

En 1944, Antoine de Saint-Exupéry disparaît au large de Marseille au cours d'une mission de reconnaissance.

Casting

L'inspecteur des impôts dit au contribuable qui se tord de douleur en gémissant devant lui :

– Je regrette, monsieur Leblanc, mais il m'est impossible de vous accorder le moindre dégrèvement. En revanche, vos qualités de comédien m'incitent à vous proposer d'intégrer la petite troupe théâtrale que je dirige à mes moments perdus.

La perle de la semaine

Quand on a moins de 18 ans, on est mineur, et c'est pour la vie.

L'ÉCHELLE

À l'aide des six croisillons, reconstruisez l'échelle composée de deux mots de neuf lettres verticaux et trois mots de six lettres horizontaux : la plupart ont un rapport avec Jean Jaurès, brillant universitaire, journaliste et fondateur de l'Humanité, assassiné ce jour en 1914, à la veille de la Première Guerre mondiale.

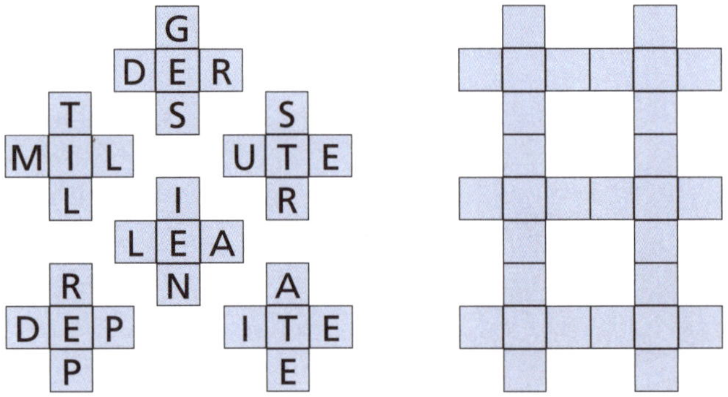

Allô, docteur ?

L'assistante d'un spécialiste des cures d'amaigrissement accueille une nouvelle patiente, particulièrement en chair.

– Le Dr Zilberstein va vous recevoir, lui dit-elle. Voulez-vous avoir l'amabilité de l'attendre quelques minutes ? Tenez : asseyez-vous sur ces chaises.

Pragmatique

Un fou entre dans un magasin et demande au commerçant :

– Je voudrais du papier toilette.

Le commerçant demande alors :

– Du rose ou du blanc ?

Le fou répond :

– Du rose, c'est moins salissant…

LE PERSONNAGE CÉLÈBRE

En répondant aux définitions suivantes, retrouvez dans les colonnes roses le prénom et le nom d'un compositeur et pianiste hongrois né en 1811 et mort le 31 juillet 1886, qui a influencé toute la musique européenne.

1. Vieille trahison. **2.** Manque de souplesse. **3.** Triste et froid. **4.** Mauvais régime. **5.** De la bande à Charles Cros.

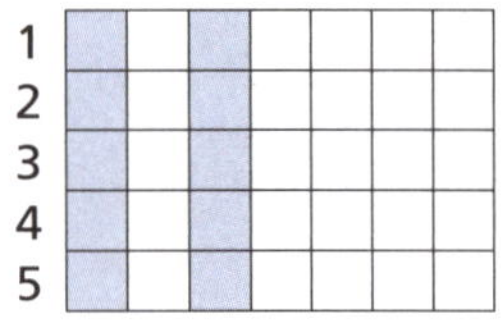

Piège

– Tu ne t'es pas lavé avant de partir à l'école, dit une maman à son jeune fils. J'avais caché une pièce de 1 euro sous le savon pour que tu t'achètes des bonbons et je viens de regarder : elle y est encore.

AOÛT

2021

Lu	Ma	Me	Je	Ve	Sa	Di
						1 Alphonse
2 Julien	3 Lydie	4 Florent	5 Abel	6 Transfiguration	7 Gaëtan	8 Dominique
9 Amour	10 Laurent	11 Claire	12 Clarisse	13 Hippolyte	14 Évrard	15 Assomption
16 Armel	17 Hyacinthe	18 Hélène	19 Jean-Eudes	20 Bernard	21 Christophe	22 Fabrice
23 Rose	24 Barthélemy	25 Louis	26 Natacha	27 Monique	28 Augustin	29 Sabine
30 Fiacre	31 Aristide					

Août

Le film de guerre

Depuis le début du cinéma, la guerre a servi de cadre ou de thème à un grand nombre de films, de Charlot soldat de Charlie Chaplin en 1918 au Vent se lève de Ken Loach en 2006, en passant par le Pont de la rivière Kwaï de David Lean en 1957 et les Bérets verts de John Wayne en 1968.

Bien que Jean Renoir ait tourné la *Grande Illusion* en 1937, c'est après la Seconde Guerre mondiale que le film de guerre devient un genre à part entière. On peut dire qu'il en existe deux sortes: un film de guerre glorifiant et un autre dénonciateur, le premier privilégiant la dimension épique et le second la dimension psychologique.

Le film de guerre glorifiant se lit comme une (ré)écriture de l'Histoire, tandis que le film dénonciateur se lit comme une (ré) écriture de la vérité/réalité historique. Dans les faits, la frontière entre les deux est parfois difficile à déterminer.

Les films sur la guerre du Viêt Nam, par exemple, sont pour la plupart ambigus. Les exemples les plus frappants sont *Voyage au bout de l'enfer*, de Michael Cimino (1979), et *Apocalypse Now*, de Francis Ford Coppola (1979), dans lesquels se produit une alchimie subtile entre la critique et la glorification de cette « sale » guerre.

La reconstitution historique, la couleur, les effets spéciaux, la musique apportent aux films de guerre une esthétique et une éthique qui permettent de dire que ce genre cinématographique est un genre idéologique. Il peut s'agir d'apologies de l'armée, comme *La Légion saute sur Kolwezi*, de Raoul Coutard (1980), Furyo, de Nagisa Oshima (1983), ou *Au-delà de la gloire*, de Samuel Fuller (1980). Mais aussi de pamphlets antimilitaristes, comme les *Sentiers de la gloire* et *Full Metal Jacket*, de Stanley Kubrick (1957 et 1987), ou *Johnny s'en va-t-en guerre*, de Dalton Trumbo (1971).

Car la guerre, qu'elle fascine ou qu'elle horrifie, possède un pouvoir d'attraction que ne renie pas le cinéma. Et les plus grands réalisateurs du monde ont au moins un film de guerre à leur actif.

Mots fléchés

- Jour de fiançailles / ... en chantant pour Annaud
- ... et tout le reste / Coupe l'alexandrin
- Va bien avec la galette
- Donne le rythme / Culture sur brûlis
- Il est facile à tromper
- ... de la gloire pour Kubrick
- Ennui / Réchauffe en hiver
- Drôle de type ! / Tient la jambe
- Tassement de la neige / Monsieur ... pour Losey
- Gaz à ampoules / Parcouru en Chine
- Qui ne vaut rien / S'exclame (s')
- Matière à alliance / Grande ... en 1937
- Tombe des nues
- Emblème royal
- Cauchemar pour un coiffeur
- La bataille de Clément / Siège... à grignoter
- Fête officielle / Modèle de peintre
- Répété pour rire / Disparu en mer
- Avec la Vilaine / À le
- Largeur d'étoffe / Habitation rurale
- On en tire l'indigo / Monsieur ... pour Jugnot
- ... de l'Atlantique en 1970 / Démonstratif
- Mille-pattes / Juste avant nous
- Sifflé / Prénom féminin
- Aspirais / Argon
- Vieux tracas / Personne ignorante
- Qui occupe une place indéterminée
- Laxatif / Son de cloche
- Grande ... pour Gérard et avec Louis
- D'essai ou de poissons
- Le bourdon par exemple
- Les jeux de Brigitte / Prise de judo
- Parfois payant pour un malade
- Un Allemand / Lucie ... pour Berri
- Devint bête à manger du foin
- Caractère homérique / Roche abrasive
- Habitante ancienne / Marque de dédain
- Le même en plus court / Ancien do
- Roulé dans la farine / L'Armée des ... pour Melville
- Devenu homme du monde
- Attendit avec confiance
- Changer de peau / Qualité louable
- Haut de gamme / Imiter la tourterelle
- Grand milieu / Iridium
- Le Dernier ... pour Truffaut / Travail familier
- Mettre le poids / Céréale
- Appris et retenu / Scandium
- Son coup nous fait repasser
- Rée / Gagnant des urnes
- ... brûle-t-il ? en 1966 / Difficile
- Esprit de corps
- Avec ça / Mise en condition
- À relever / Pas le mot de la fin
- Il est douloureux / Lieu de fouilles
- Article / Vieux ... pour Enrico
- Pas à nous ni à vous
- Plus sympa que vous
- À peine une goutte
- Celle de Paris fut tournée en 1968

Août

L'énigme du film de guerre

Parmi les vingt-neuf mots contenus dans l'illustration, biffez ceux qui correspondent aux indices. Les derniers mots vous livreront sous forme de rébus le nom d'un film de Dalton Trumbo dans lequel un soldat de la Première Guerre mondiale, infirme, sourd, aveugle et muet, est maintenu en vie contre son gré par des médecins militaires.

ATTEND
BARBER
BEAU
BENÊTS
BISSET
CLEAN
CRÈMENT
DOUEZ
GAMINE
GUÈRE
JAUNI
JOUE
MALLE
MÊLÂT
NOTICES
OMBRA
PÂTON
PILLARD
REMARQUE
RESTAIS
RIGOLE
RÔNIER
SANVE
SCARIFIÉS
SÉTON
SMASH
SOLDANT
TROMMEL
VANOISE

1. En 1930, Lewis Milestone met en scène *À l'Ouest rien de nouveau*, film qui dénonce le dévoiement du patriotisme, où le héros meurt sur le front en voulant attraper un papillon sur le rebord d'une tranchée. Biffez le nom de l'écrivain allemand auquel on doit le roman dont ce film est tiré.

2. Inversez les deux moitiés d'un mot pour savoir de quelle patrouille parle Howard Hawks en 1931, à une époque où le cinéma de guerre rend compte du développement de l'aviation.

3. Trouvez l'anagramme du nom du réalisateur de *la Grande Illusion* (1937), film qui met en scène un certain esprit chevaleresque de la guerre.

4. Ajoutez une lettre à un mot pour lire la profession de Charlot dans *le Dictateur* (1940), film qui répond à la propagande nazie. Chaplin se met en scène en sosie de Hynkel, tyran qui règne sur la Tomania et veut exterminer les Juifs.

5. Inversez deux lettres d'un mot pour lire le titre du film tourné par John Ford en 1944, histoire de torpilleurs américains basés aux Philippines au moment de l'attaque de Pearl Harbor.

6. En supprimant une lettre d'un mot, reconstituez le nom du soldat réhabilité par Henry Hathaway dans *le Renard du désert* en 1951.

7. Changez la lettre médiane d'un mot pour lire le nom du réalisateur de *Nuit et Brouillard* (1956), qui porte un regard historique sur la tragédie des camps de concentration.

8. Coupez l'initiale d'un mot pour lire le nom du réalisateur du *Pont de la rivière Kwaï*, film qui obtiendra un oscar en 1957 pour sa musique inoubliable.

9. Trouvez l'anagramme du mot associé à un synonyme de chemins dans le titre d'un film tourné en 1957 par Stanley Kubrick. Vision critique de l'attitude des officiers français pendant la Première Guerre mondiale, le film ne sortira en France que dix-sept ans plus tard.

10. Éliminez une lettre d'un mot pour lire ce qui est petit pour Jean-Luc Godard en 1960, dans un film traitant de la torture pendant la guerre d'Algérie. Le film sera interdit puis sortira amputé de nombreuses scènes.

11. Changez la dernière lettre d'un mot pour découvrir ce qui est le plus long en 1962, dans une reconstitution du débarquement en Normandie.

12. Elle est grande en 1963. Retrouvez l'anagramme de ce mot pour former le titre d'un film de John Sturges où 250 hommes creusent trois tunnels avec l'aide de Steve McQueen.

13. En lisant un mot à l'envers et en inversant deux lettres, vous pourrez lire le nom de ce qui est 317ᵉ dans le film tourné par Pierre Schoendoerffer en 1964, premier film français à traiter ouvertement de la guerre d'Indochine.

14. Modifiez la deuxième lettre d'un mot pour lire le nom du réalisateur de *Paris brûle-t-il ?* (1966), film dans lequel un général allemand a reçu d'Hitler l'ordre de raser Paris en cas d'invasion alliée.

15. Inversez deux lettres d'un mot pour compter les salopards de Robert Aldrich dans un film très violent de 1967, avec Charles Bronson à la tête d'un commando suicide.

16. Modifiez la troisième lettre d'un mot pour trouver le nom associé à la couleur verte dans un film tourné par John Wayne en 1968, où le réalisateur critique le bien-fondé de l'intervention américaine au Viêt Nam.

17. Supprimez l'initiale d'un mot pour lire le titre d'un film de Robert Altman (1970) dans lequel il décrit avec un humour noir l'absurdité de la guerre du Viêt Nam.

18. Doublez une lettre dans un mot pour lire le titre du film tourné par Franklin J. Schaffner en 1970, portrait d'un général américain célébré pour ses victoires mais sanctionné pour ses excès pendant la Seconde Guerre mondiale.

19. Biffez le nom du réalisateur de *Lacombe Lucien* (1973), qui présente une version moins épurée de la collaboration en France pendant la Seconde Guerre mondiale.

20. Ajoutez une voyelle à un nom d'actrice pour lire celui du réalisateur de *R.A.S.* (1973), film qui évoque enfin assez librement la guerre d'Algérie.

21. Seule la violence peut effacer la violence dans *Apocalypse Now*, de Francis Ford Coppola (1979). Remplacez la première lettre d'un mot par un W pour lire le nom du capitaine chargé par les services spéciaux américains de liquider le colonel Kurtz, incarné par Marlon Brando.

22. Biffez l'anagramme d'un héros américain de fiction mis en scène entre 1982 et 1988 dans une série de films glorifiant l'image du soldat invincible, loin de la réalité du bourbier vietnamien.

23. Déplacez une lettre dans un mot pour lire le nom du réalisateur de *Platoon* (1986), film dans lequel l'Amérique accepte de regarder en face la réalité de la guerre du Viêt Nam.

24. Inversez deux consonnes dans un mot pour compléter le titre d'un film tourné par Stanley Kubrick en 1987 : *Full … Jacket*. Les soldats y sont présentés comme des êtres déshumanisés, rompus à une violence programmée.

25. Dans le film *U-571* (2000), Jonathan Mostow relate la capture par des Américains d'une machine de cryptage des messages allemands. En fait, cet exploit est historiquement à mettre au crédit des Britanniques… Trouvez l'anagramme du nom de cette machine dans la liste.

Août
Dimanche
1er

Alphonse

CE JOUR-LÀ

En 1899, la première carte postale illustrée est mise en vente en France.

Mot d'enfant

À la sortie d'une ville, devant la pancarte routière qui porte le nom barré en diagonale, Thierry, 5 ans, s'exclame :

– Regarde, maman, ils se sont trompés !

Question de tact

Sur un paquebot en croisière dans l'Atlantique, le capitaine prend le micro et annonce aux deux mille passagers :

– Messieurs et mesdames, j'ai une bonne et une mauvaise nouvelle à vous annoncer. Laquelle désirez-vous d'abord ?

Les gens demandent la bonne. Alors le capitaine répond :

– Nous allons recevoir onze oscars.

MOTS CROISÉS

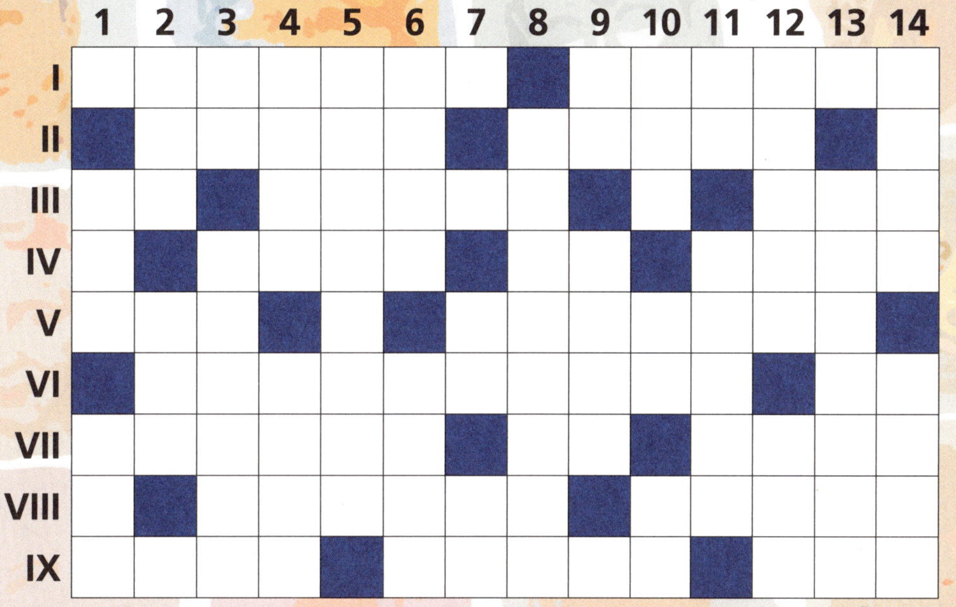

Horizontalement
I. Nom d'un auteur de chansons et dialoguiste de cinéma né le 1er août 1941 et mort en 2004 ; prénom de sa femme, morte de leucémie en 1990. **II.** Chanteur, prénommé Pascal, avec lequel notre personnage écrivit plusieurs synopsis pour l'émission de variétés *Macadam* ; cochonnes… et sauvages ! **III.** Bande en jupe ; terrain de jeux ; trou dans le mur. **IV.** Allure rapide ; nul sur les bords ; tribu écossaise. **V.** Navigateur portugais ; faire des frisettes. **VI.** État des États-Unis, et chanson à succès écrite par notre parolier *(la)* ; bout de métal. **VII.** Formule magique ; très personnel ; frisson de l'onde. **VIII.** Dégotta ; sait trouver les mots, à l'instar de notre personnage. **IX.** Agence où l'on fait la navette ; gaz rare ; observatoire européen.

Verticalement
1. Succès « majeur » de Mort Shuman, écrit par notre parolier ; fait la chanson… et la termine. **2.** Poème destiné à être chanté ; service sans retour. **3.** Accord du Kremlin ; discours beurrés ? **4.** Libertaire, comme notre personnage ; chanteuse, prénommée Catherine, pour laquelle notre parolier écrivit le titre à découvrir en 5. **5.** Nom d'un célèbre chef apache. **6.** Petit village des Antilles ; entre deux, il y a danger. **7.** Bande non doublée ; queue de cive. **8.** Chanteur, prénommé Gérard, avec lequel notre parolier se balada un peu sur le boulevard de l'Océan. **9.** Petite marque d'insolence ; de miel pour le meilleur. **10.** Mélodie ; cité en tête ; pronom ou préposition. **11.** À jeter au tapis ; chanteur, prénommé Julien, pour lequel notre auteur écrivit de nombreux titres, dont la chanson à découvrir en VI. **12.** Victime de la quarantaine ; chauffait Racine. **13.** Chanteuse que notre parolier conduisit au succès… en taxi ! **14.** Coin perdu ; mère d'Apollon.

LE PERSONNAGE DU JOUR

Découvrez un personnage célèbre grâce aux indices suivants.

1 Morte le 1er août 1987 à San Antonio (Texas), je suis la descendante de Tsiganes polonais.

2 Je suis devenue une grande star du cinéma muet allemand sous la direction d'Ernst Lubitsch.

3 J'ai été mariée avec un baron, un comte puis un prince.

4 En 1935, en Allemagne, je tourne *Mazurka*, qui m'attire la haine de Goebbels mais les faveurs d'Hitler.

5 Je m'installe en 1941 aux États-Unis, où je repose désormais.

Désaccord

10 heures du matin : deux Corses assis sur un banc bâillent.

10 h 15 : une voiture de sport déboule à toute vitesse et passe devant eux en soulevant un nuage de poussière.

10 h 45 :

– Eh, Paulo, t'a vu la Ferrari ?

11 h 30 :

– C'était pas une Ferrari, c'était une Lamborghini.

12 h 45 :

– Bon je m'en vais, j'aime pas les disputes.

Août
Lundi
2

Julien

À FLEUR DE MOTS

Peter Safar est un médecin américain né à Vienne le 12 avril 1924 et mort aux États-Unis le 2 août 2003. Ce professeur de l'université de Pittsburgh est l'un des pères de la réanimation cardio-pulmonaire moderne. Remplissez la fleur en formant des mots à partir des lettres ci-dessous. Inscrivez vos solutions en partant de l'extérieur de la rosace vers le centre. Certaines séries autorisent plusieurs anagrammes, mais une seule permet de compléter la grille en croisant les mots.

A. AEPRU
B. ACFTU
C. ANOSY
D. ORSSU
E. BESTU
F. CEPSU
G. BEEST
H. DENOY
I. ACDOR
J. EMNOY
K. AMOST
L. EINRS
M. EIRST
N. ILOPS
O. AFSSU
P. EOPRS
Q. EEPRT
R. CEORU

1. EOPST
2. CEERS
3. ERSUU
4. AAFRS
5. ATUUY
6. OPRTU
7. BBNOU
8. CDEES
9. CEOST
10. AEMSY
11. DEMOS
12. ANORY
13. EERTT
14. INOPR
15. INOSS
16. AEIPS
17. LOPSU
18. CEFRS

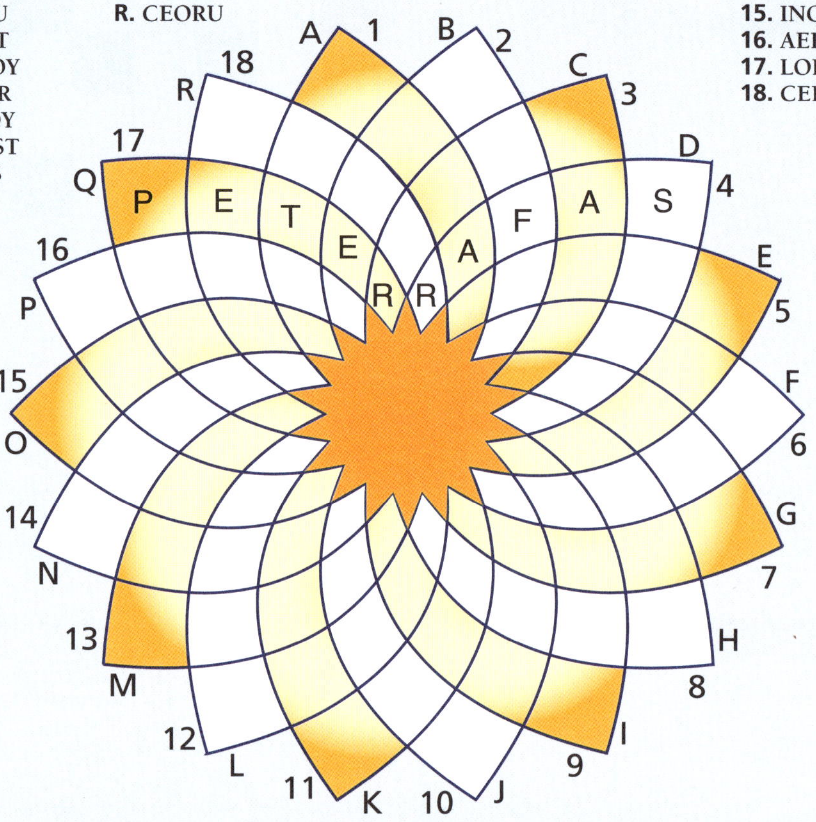

Zoom saveur

LE POIVRON ROUGE

Saviez-vous que le poivron rouge, doux et sucré, et les piments les plus forts au monde sont issus de la même plante ?

« Poivre long » : c'est ainsi que Christophe Colomb appela ce légume en le ramenant de ses voyages, mais il s'agissait d'un piment. Cinq cents ans de croisements plus tard, nous avons des piments, très forts, et des poivrons, très doux. Le plus fruité de tous ? Le poivron rouge, bien sûr…

Idée gourmande. *Faites mariner 4 h, dans de l'huile d'olive et de l'ail haché, 2 poivrons rouges grillés, pelés puis coupés en lanières. Dégustez-les avec des coquilles Saint-Jacques juste poêlées.*

CE JOUR-LÀ

En 1964 a lieu la première attaque nord-vietnamienne sur des bases américaines.

En 1969, quelque 500 000 Roumains acclament à Bucarest Richard Nixon, premier président des États-Unis à se rendre en Roumanie.

Point final

Un pasteur, père d'une famille déjà nombreuse, attend un nouvel héritier.

– Comment l'appellerons-nous ? demande-t-il à sa femme.

– Amen ! répond-elle.

QUIZ Jean-Pierre Melville

Jean-Pierre Melville est né en 1917 à Paris, où il est mort le 2 août 1973. Cet auteur singulier occupe une place unique dans le cinéma français. Il a réalisé une douzaine de films.

1. *Alors qu'il est dans les FFL, Jean-Pierre prend le patronyme clandestin de Melville, emprunté à l'auteur de Moby Dick, qu'il admire. Mais quel est son vrai nom ?*
A. Jean-Pierre Grumbert. **B.** Jean-Pierre Grumbach.
C. Jean-Pierre Grundig.

2. *Les jeunes réalisateurs de la Nouvelle Vague voyaient en Melville un parrain, et l'un d'entre eux lui a fait jouer le rôle du romancier Parvulesco. De qui s'agit-il ?*
A. Jean-Luc Godard.
B. François Truffaut.
C. Claude Chabrol.

3. *Un grand acteur comique français a tourné avec Melville. Lequel ?*
A. Bourvil. **B.** Fernandel.
C. Louis de Funès.

Août
Mardi
3

Lydie

Deuxième décan du Lion

L'ENGRENAGE

Pour chaque roue de l'engrenage, cherchez le mot correspondant à la définition. Inscrivez-le dans les petits cercles touchant la roue, en démarrant toujours par celui qu'indique la flèche et en tournant dans le sens des aiguilles d'une montre.

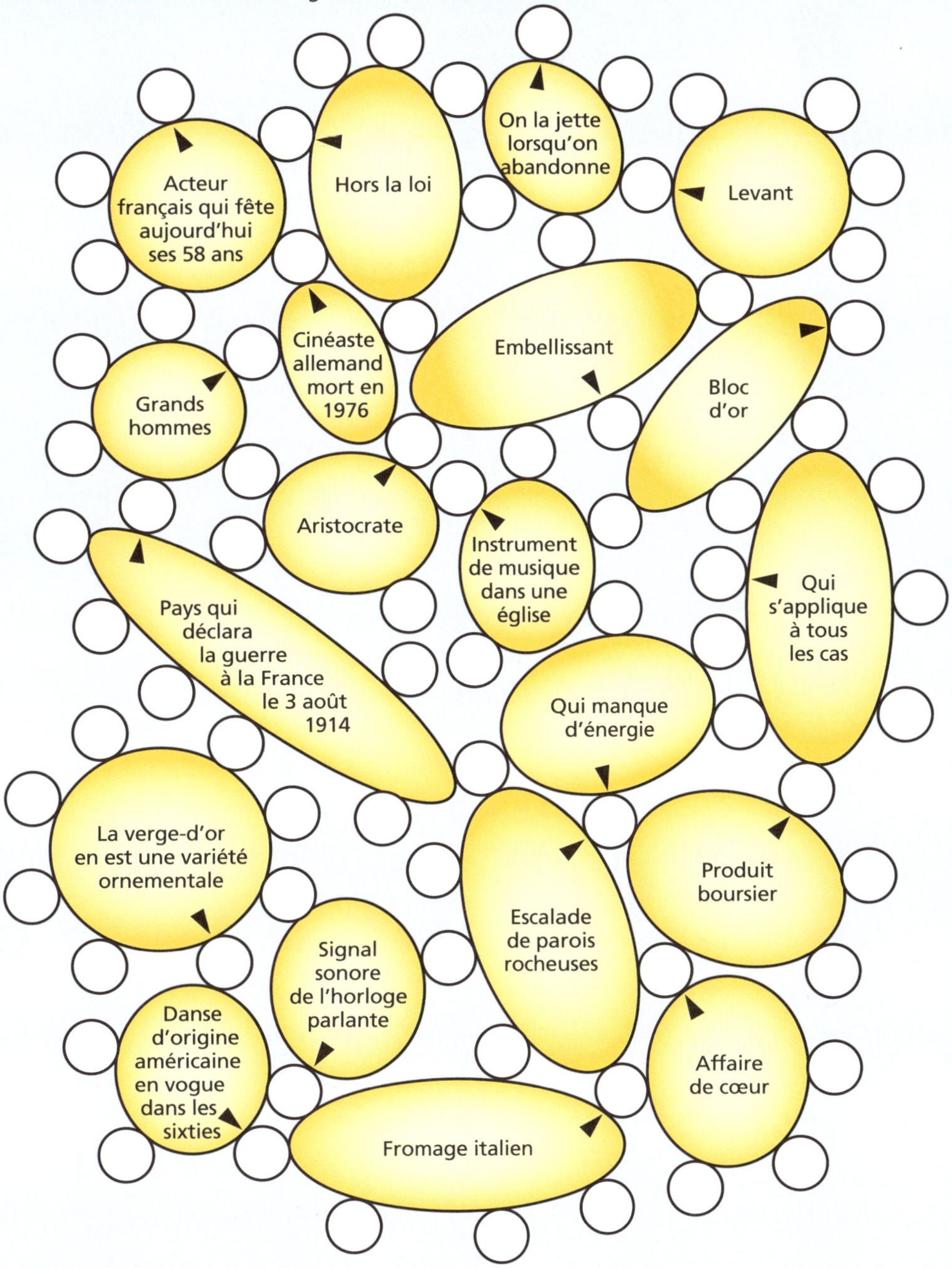

À l'école

C'est le premier jour d'école pour une toute jeune professeur de français, plutôt mignonne.

Lorsqu'elle entre dans la classe, elle remarque aussitôt que quelqu'un a écrit le mot « pénis » sur le tableau. Elle scrute tous les visages pour tenter de deviner qui a pu faire le coup, mais peine perdue ! Elle efface le tableau et commence son cours. Le deuxième cours, avec la même classe ; cette fois-ci, un garnement a écrit le mot « pénis » en plus gros sur le tableau. La nouvelle prof efface le tableau sans rien dire et commence son cours. Le lendemain, puis le surlendemain, puis le sur-surlendemain, même scénario, et chaque fois le mot « pénis » est écrit un peu plus gros sur le tableau… Vient enfin le samedi matin. La prof entre et s'attend à lire le mot « pénis » sur le tableau, mais à la place il y a écrit : « Plus vous le frottez, plus il grossit ! »

CE JOUR-LÀ

En 1492, Christophe Colomb quitte l'Espagne avec trois caravelles pour tenter d'atteindre les Indes par l'ouest. Il va découvrir l'Amérique.

En 1914, l'Allemagne déclare la guerre à la France.

Déducto

Papa

(Romain Goupil, 1989)
Maman

Devinette

Pourquoi les Belges écoutent-ils la radio dans la cave ?

Pour capter les Pays-Bas.

Toto

Toto rentre chez lui et annonce tout content à sa mère :

– Maman, tu devineras jamais : je suis meilleur que la maîtresse.

– Ah oui ! Pourquoi ?

– La maîtresse reste dans la même classe, et moi je monte dans la suivante !

Août
Mercredi
4

Florent

CE JOUR-LÀ

En 1789, dans la nuit du 4 au 5 août, l'Assemblée constituante vote l'abolition des privilèges, acte symbolique qui met fin à la société d'Ancien Régime.

En 1944, Anne Frank et sa famille sont arrêtés à Amsterdam. Elle mourra en 1945 à Bergen-Belsen et son Journal sera publié deux ans plus tard.

À l'école

La maîtresse demande :

– Quel est le futur de « je bâille » ?

– Je dors !

La contrepèterie de la semaine

Glisser dans les piscines.

LE COMPAS DANS L'ŒIL

Le 4 août 1958, le premier sous-marin à propulsion nucléaire au monde, l'USS Nautilus, atteint le pôle Nord après avoir parcouru 1 000 milles sous la banquise. Culture ou intuition vous aideront à trouver les réponses aux questions suivantes.

1. *En quelle année le scientifique hollandais Drebbel teste-t-il avec succès un sous-marin dans la Tamise, à la demande du roi d'Angleterre ?*
A. 1620. **B.** 1708. **C.** 1830. **D.** 1920.

2. *En 1960, le bathyscaphe américain Trieste plonge dans la fosse des Mariannes avec à son bord le Suisse Jacques Piccard, fils de l'inventeur du sous-marin moderne. Quelle profondeur atteint-il après cinq heures de descente ?*
A. 3 065 m. **B.** 7 043 m. **C.** 10 916 m. **D.** 16 238 m.

3. *Quel est le budget quotidien de maintien en condition opérationnelle de chacun des sous-marins nucléaires d'attaque français Rubis ?*
A. 1 000 euros.
B. 32 000 euros.
C. 250 000 euros.
D. 3 000 000 euros.

Devinette

Qu'est-ce qu'un dromadaire ?

Un chameau qui bosse à mi-temps !

Devinette

Qu'est-ce qui porte des lunettes et ne voit pas ?

Un nez.

Août
Jeudi
5

Abel

LA PREUVE PAR 9

Trouvez les cinq mots correspondant aux définitions, formés uniquement avec les lettres ci-dessous. Si vous réussissez, c'est que vous n'êtes pas tombé dans le piège !

C – E – M – A – B – E – S – U – D

1. Parce que c'est en anglais. B _ _ _ _ _ _
2. Un assaisonnement à la noix. M _ _ _ _ _ _
3. Vous n'y trouverez guère de confort. C _ _ _ _ _ _
4. Une chenille dans la neige. D _ _ _ _ _ _
5. Il vaut mieux ne pas tomber dedans. E _ _ _ _ _ _ _ _

Proverbe chinois

À cheval donné on ne regarde pas les dents.

CE JOUR-LÀ

En 480, Léonidas, roi de Sparte, est tué aux Thermopyles par Xerxès, roi des Perses.

En 1962, Marilyn Monroe est retrouvée morte dans sa chambre. Est-ce bien un suicide ?

Allô, docteur ?

Un type se rend chez le médecin. Il a un cornichon dans le nez, une carotte dans l'oreille gauche et une banane dans l'oreille droite. Il demande au médecin :

– Qu'est-ce que j'ai, docteur ?

– Je crois que vous ne mangez pas proprement !

ANAPHRASES

Chaque phrase contient des tirets à remplir avec des anagrammes constituées à partir des lettres proposées.

1. ACEHOPPRSY
Un abbé passionné de bateaux à vapeur a affirmé récemment avoir retrouvé des documents relatifs à la vie de Jésus dans un _ _ _ _ _ _ _ _ _ _. Vu l'endroit de leur découverte, l'Église les juge _ _ _ _ _ _ _ _ _ _.

2. AEEINNRTT
Le tour cycliste de la région _ _ _ _ _ _ _ _ _ avait été jugé trop _ _ _ _ _ _ _ _ _ par l'ensemble du peloton. Seule une _ _ _ _ _ _ _ _ _ de coureurs avaient terminé le parcours l'an dernier, trop peu pour qu'on _ _ _ _ _ _ _ _ _ la décision de le rééditer.

3. AEINOPRSSU
La force de _ _ _ _ _ _ _ _ _ _ du _ _ _ _ _ _ _ _ _ _ était légendaire dans le monde animal. D'ailleurs, personne ne conteste aujourd'hui les décisions du crocodile, son descendant !

Août
Vendredi
6

Transfiguration

ANDY WARHOL

Le 6 août 1928 naissait Andy Warhol, peintre et cinéaste américain, pionnier du pop art, mort le 22 février 1987. Testez vos connaissances sur cet artiste, sa vie et son œuvre grâce aux jeux suivants.

SANDWICH

Dans la grille ci-dessous, complétez les mots verticaux de cinq lettres. Plusieurs solutions sont possibles parfois, mais une seule vous permettra de retrouver le nom d'un groupe de rock qui se produisait régulièrement dans l'atelier d'Andy Warhol.

L	E	S	T	U	D	I	O	L	A	P	R	O	D	U	C	T	I	O	N
E	C	T	A	L	O	N	P	A	D	O	O	D	U	R	E	R	N	R	O
A	O	L	E	M	B	A	R	E	L	T	E	O	I	E	N	N	L	E	A
L	S	E	L	A	Y	R	A	X	E	E	O	N	T	R	E	E	E	R	L

ESCALETTRES

Ajoutez une à une les lettres indiquées pour former à chaque étape un nouveau mot (conjugaisons autorisées). Vous finirez par entrer dans l'atelier aménagé par Andy Warhol dans une usine désaffectée.

Ç A
+R A _ _
+T T _ _ _
+O O _ _ _ _
+F F _ _ _ _ _
+Y F _ _ _ _ _ Y

MARIONS-LES

Le pop art puisait son inspiration dans la culture contemporaine, traitée de façon critique et cynique, et manifestait une agressivité délibérée contre les traditions artistiques et le bon goût. Saurez-vous relier chaque artiste à sa production picturale et/ou sculpturale ?

Robert Rauschenberg	A	1	Agrandissements sophistiqués de comics
Andy Warhol	B	2	Animaux empaillés sur des toiles
Roy Lichtenstein	C	3	Objets mous
Jasper Johns	D	4	Boîtes de soupe Campbell
Claes Oldenburg	E	5	Lampes électriques coulées dans du bronze

CHENILLE

À partir de 1963, Andy Warhol utilise des photographies en noir et blanc qu'il colorie pour les reproduire par sérigraphie. Ainsi naîtront les célèbres toiles de Marilyn Monroe et de Liz Taylor. Passez d'un nom à l'autre en opérant les substitutions indiquées et en modifiant éventuellement l'ordre des lettres (conjugaisons autorisées).

M O N R O E
–O +L _ _ _ _ _ _
–O +A _ _ _ _ _ _
–M +T _ _ _ _ _ _
–N +O _ _ _ _ _ _
–E +Y T A Y L O R

BOUCHE-TROUS

Trouvez les réponses aux définitions qui respectent le squelette des six mots proposés à partir des lettres de Ten Lizes, fameuse répétition d'images stéréotypées par laquelle Andy Warhol dénonçait l'aliénation américaine.

1. Il en faut à l'artiste.
T_ _EN_
2. Largeurs d'étoffe.
L_IZES
3. Qui demeure caché.
_ _TEN_
4. Vents des tropiques.
_LIZES
5. Imprégné d'une substance colorante.
TE_N_

CE JOUR-LÀ

En 1890 a lieu aux États-Unis la première exécution capitale sur une chaise électrique.

En 1945, l'avion américain Enola Gay largue une bombe atomique sur Hiroshima. L'explosion rase la ville, tuant plus de 50 000 habitants ; les radiations en feront périr plus de 100 000 avant la fin de l'année.

Le saviez-vous ?

Le terme malaria vient de l'italien mal aria, mauvais air. Jusqu'au début du XXe siècle, on pensait en effet que la malaria (aujourd'hui appelée paludisme) était provoquée par les effluves des marécages. Elle est en fait transmise par la piqûre d'un moustique.

Août
Samedi
7

Gaëtan

Devinette

Que prend un éléphant quand il va au restaurant ?

Il prend de la place !

Devinette

Quels sont les deux animaux les plus intelligents ?

Le cerf et le veau (cerveau).

CE JOUR-LÀ

En 1786, le Dr Gabriel Michel Paccard et le guide Jacques Balmat réussissent la première ascension du mont Blanc.

La perle de la semaine

Mon père a un très beau violon. C'est un stradimarius.

JEU DE LOGIQUE

Observez les huit dominos apparents et choisissez, parmi les cinq proposés, celui qui complète logiquement la figure.

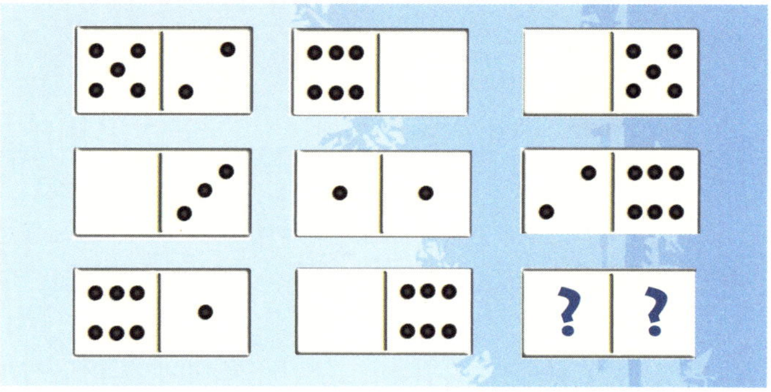

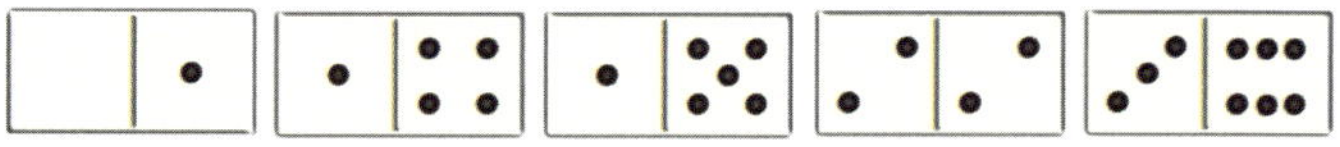

L'INTRUS

1. *Lequel de ces films de guerre n'a pas été tourné dans les années 1950 ?*
Tant qu'il y aura des hommes.
La Grande Illusion.
Le Pont de la rivière Kwaï.
Les Sentiers de la gloire.
Okinawa.
Les Diables de Guadalcanal.

2. *Lequel de ces films n'évoque pas la guerre du Viêt Nam ?*
Voyage au bout de l'enfer.
Platoon.
Apocalypse Now.
Patton.
Full Metal Jacket.
Good Morning Vietnam.

Août
Dimanche
8

Dominique

CHAUSSE-TRA(P)PE(S)

Connaissez-vous l'orthographe correcte des noms d'armes suivants ?

1. *Un pistolet-mitrailleur soviétique :*
A. Une kalachnikov.
B. Une kalaschnikof.
C. Une kalachnikof.

2. *Une arme japonaise, sorte de fléau :*
A. Un munchakou.
B. Un nunschaku.
C. Un nunchaku.

3. *Un lance-roquettes antichar :*
A. Un basouka.
B. Un bazouka.
C. Un bazooka.

Mot d'enfant

– Où est papa ? demande Sébastien, 4 ans, à sa mère.

– Il change les bougies de la voiture.

– Ah ! bon, c'est l'anniversaire de la voiture ?

JEU D'OBSERVATION

Toutes les figures vont par paire, sauf deux. Lesquelles ?

CE JOUR-LÀ

En 1588, l'Invincible Armada est décimée par la flotte anglaise au large de Calais.

En 1873, Verlaine (29 ans) est condamné à deux ans de prison pour avoir tiré deux coups de revolver sur Rimbaud (19 ans).

Logique

Un père et son enfant se promènent dans un verger. Intrigué par un arbre, le petit garçon interroge son père.

– Papa, qu'est-ce qu'il y a sur cet arbre ?

– Ce sont des prunes noires.

– Mais, papa, elles ne sont pas noires, elles sont blanches.

– Oui. Elles sont blanches parce qu'elles sont vertes.

Août
Lundi
9

Amour

CE JOUR-LÀ

En 1173 débute la construction de la tour de Pise. Elle gagnera son surnom de « Tour penchée » à la suite d'un affaissement du terrain survenu pendant les travaux.

Sobre ?

Dans un bar du Midi, un client bien éméché insiste pour que le patron lui serve un énième pastis.

– Allez ! Donne-moi un autre jaune. Tu vois bien que je ne suis pas bourré.

– Tu rigoles, tu tiens tout juste sur tes jambes.

– Mais non ! Tu veux une preuve ? Eh bien, regarde le chien qui rentre dans ton bar. Depuis ici, je peux te dire qu'il n'a qu'un œil. Tu vois que je ne suis pas bourré.

– Oui, je vois. Mais le chien en question ne rentre pas dans le bar, il en sort.

L'ÉNIGME DE DAMASE II

Parmi les vingt-quatre mots contenus dans l'illustration, biffez ceux qui correspondent aux indices ci-dessous. Plusieurs indices renvoient à deux mots. Les quatre mots restants vous livreront sous forme de rébus le véritable nom de Damase II, qui fut pape du 17 juillet au 9 août 1048.

1. Damase II est originaire d'une région d'Allemagne dont vous lirez le nom en ajoutant un I, ainsi qu'un E final, à un verbe de la liste. **2.** Il fut intronisé le 17 juillet 1048, sans avoir été élu, après avoir chassé par la force celui qui fut deux fois pape et dont vous découvrirez le nom par anagramme en pêchant un gros poisson et en l'associant au seul chiffre de la liste. **3.** Inversez deux voyelles d'un verbe et découvrez le nom de la coiffure à trois couronnes remise au pape lors de son couronnement. Elle est l'emblème du Saint-Siège et le symbole de la triple royauté du pape sur l'Église universelle. **4.** Le parfum spirituel de cette ville dont vous trouverez le nom en supprimant l'initiale d'un mot n'est plus à démontrer. **5.** Retrouvez par anagramme les moyens par lesquels le pape s'exprime du point de vue institutionnel : lettres apostoliques, épîtres, bulles ou encore chirographes. **6.** Rapprochez un grand empereur d'un charognard pour qualifier la paix qui, en 313, rétablit la liberté religieuse. **7.** En 325, ce même empereur convoque le premier concile œcuménique dans une ville d'Asie Mineure qui porte aujourd'hui le nom d'Iznik, et que vous découvrirez en supprimant une consonne dans un mot de la liste. **8.** Supprimez la syllabe finale d'un mot pour lire le nom du Prince des apôtres, dont l'évêque de Rome, c'est-à-dire le pape, est censé être la présence perpétuée. Il aurait, dit-on, été crucifié la tête en bas pour être distingué de Jésus. **9.** Ce pape, surnommé « le grand », docteur de l'Église et défenseur de l'orthodoxie, achève la doctrine de la primauté papale. Deux mots de la liste vous dévoileront son nom par anagramme. **10.** Cet homme est considéré comme le successeur des apôtres. À la tête d'un diocèse, il ordonne les prêtres, les diacres, et participe avec le pape au gouvernement de l'Église universelle. Soudez deux petits mots de la liste pour trouver son nom. **11.** Ajoutez EN au début d'un mot afin de lire le nom de la lettre envoyée par le pape aux évêques et destinée au peuple chrétien. **12.** Changez une consonne dans un mot pour nommer le refus de se soumettre au pontife romain qui conduit à la rupture de l'unité des fidèles. **13.** Damase II ne fut pape que pendant vingt-trois jours. C'est le huitième pontificat le plus court. Il meurt en Italie, probablement de la malaria, dans une ville dont vous lirez le nom en ajoutant un R à l'avant-dernière syllabe et en modifiant la voyelle finale d'un nom. **14.** En rapprochant deux mots de la liste, vous entendrez le nom du peintre et architecte italien qui dessina les plans et débuta au XVIe siècle l'édification de la basilique Saint-Pierre de Rome, élaborée toutefois en grande partie par Michel-Ange et achevée par Maderno et Bernin. **15.** Supprimez la consonne initiale d'un mot pour lire le nom du pape qui, le 18 novembre 1626, inaugura la plus grande église du monde : 187 m de long sur 65 de large.

ARÔME
BAVER
BONITE
BRAS
BRIQUE
CASTE
CONSTANTIN
CYCLIQUE
ÈVE
HYÈNE
MANTE
NEUF
NICHÉE
NOËL
ONDE
PALESTINE
PIERRERIES
POP
QUE
RURBAIN
SATIN
SCHISTE
TAIRE
ZEN

Zoom saveur

LA MARA DES BOIS

Aussi grosse qu'une gariguette mais dotée de l'incroyable parfum des fraises des bois, la mara des bois est la princesse des fraises !

C'est un émissaire de Louis XIV qui a ramené du Chili, en 1712, les quatre plants dont sont issues les fraises que nous mangeons aujourd'hui. Son nom : M. Frézier ! Auparavant, nous ne connaissions que les fraises des bois… La mara des bois nous rappelle son parfum unique.

Idée gourmande. *Faites mariner 4 h au réfrigérateur une jatte de maras des bois avec 20 cl de vin blanc sec, 100 g de sucre en poudre et 6 à 8 feuilles de menthe ciselées. Servez glacé.*

LA GRÈCE ANTIQUE

1. *Né en 640 av. J.-C., Solon réforma l'État athénien. Six mille citoyens étaient tirés au sort chaque année pour rendre la justice. Quel nom fut donné à ce tribunal, dont les audiences commençaient au lever du soleil ?*
A. L'Aréopage.
B. L'Héliée.
C. L'Ecclésia.

2. *De nos jours, la liturgie désigne l'ensemble du culte public rendu à Dieu par l'Église. Mais ce terme recouvre tout autre chose quand on parle de la Grèce antique. Que désignait-on alors par le terme « liturgies » ?*
A. La contribution personnelle des citoyens les plus riches pour financer les dépenses publiques.
B. Les concours gymniques qui se déroulaient tous les quatre ans.
C. Les impôts sur le revenu foncier.

3. *Premier urbaniste connu, Hippodamos de Milet crée l'urbanisme fonctionnel au début du* v*e siècle av. J.-C. À l'instigation de Périclès, désireux de mener une vaste reconstruction d'Athènes, Hippodamos conçoit les plans d'un lieu célèbre. Lequel ?*
A. L'Acropole.
B. Le quartier du Lycée dans la ville basse.
C. La cité portuaire du Pirée.

4. *En 480 av. J.-C., la bataille de Salamine voit la victoire des Athéniens sur les Perses. À quel écrivain cette bataille servit-elle de toile de fond ?*
A. Eschyle
B. Euripide
C. Sophocle

5. *Un village de Béotie a donné son nom à des statuettes en terre cuite qui y furent mises au jour. Ces offrandes étaient déposées dans les tombeaux des ancêtres. Quel est le nom de ce village, proche de Thèbes ?*
A. Korê.
B. Koinè.
C. Tanagra.

6. *L'un des théâtres les mieux conservés, construit au* IV*e siècle av. J.-C. par Polyclète le Jeune et doté d'une excellente acoustique, peut encore être utilisé de nos jours. Où se trouve-t-il ?*
A. À Épidaure.
B. À Éphèse.
C. À Dodone.

7. *C'est à Athènes qu'apparaissent les principaux courants philo-sophiques. De quelle école Pyrrhon d'Élis, influencé par la sagesse indienne, fut-il le chef de file ?*
A. L'épicurisme.
B. Le scepticisme.
C. Le stoïcisme.

8. *En 480 av. J.-C., un défilé de la Grèce continentale vit le combat désespéré de trois cents hoplites spartiates et de Léonidas, roi de la ville. Quel nom porte ce lieu ?*
A. Marathon.
B. Les Thermopyles.
C. Les fourches Caudines.

9. *« J'apporte aux athlètes vainqueurs ce don des Muses, ce nectar limpide, doux fruit du génie… » écrivait un poète thébain, célèbre grâce à ses Épinicies. Qui était-il ?*
A. Anacréon.
B. Hésiode.
C. Pindare.

Août
Mardi
10

Laurent

ANAGRAMMES CROISÉES

Remplissez la grille en reconstituant des mots à partir des lettres proposées : conjugaisons, abréviations, préfixes et noms propres (en gras) autorisés. Lorsqu'un astérisque suit un mot de plus de trois lettres, une seule solution est possible. Pour les autres, plusieurs anagrammes sont envisageables, mais une seule permet de terminer la grille. Les noms des trois femmes de Louis XII sont à retrouver ; le 10 août 1498 débutait le procès qui allait mener à la dissolution de son mariage avec la première d'entre elles.

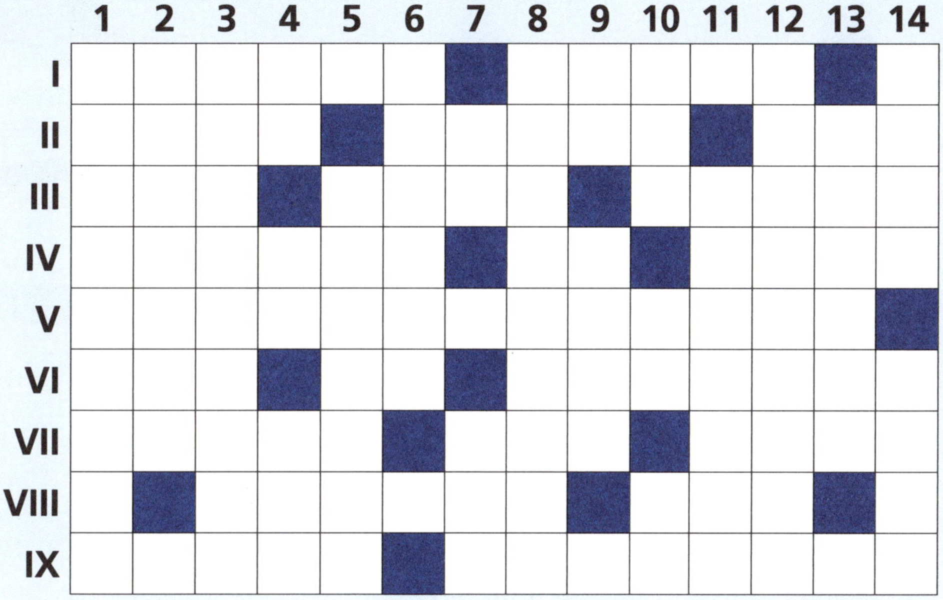

Horizontalement
I. **AEEJNN***; **AEIMR**. **II.** **AENN***; EFORU ; COR. **III.** ORT ; AFIN ; AAACT*. **IV.** **DDEERS** ; **AA** ; AIRS. **V.** ABBEEILMPRRTU*. **VI.** ENO ; ES ; EILLQSU*. **VII.** ISSSU* ; BSU ; **AIIS***. **VIII.** EEILNS ; ENS. **IX.** EORSS ; AEEERSST.

Verticalement
1. ADEIIJNRR*. **2.** EEMNORS. **3.** AEENOPSST*. **4.** EN ; ES ; NSU. **5.** ADEERSS. **6.** EEFFST*. **7.** IR ; BEL. **8.** AEMNOQRSU. **9.** AU ; ABSU*. **10.** AER ; AI ; AS. **11.** ABEILRT. **12.** AACEILLNT*. **13.** CEEORS. **14.** ABRS ; EIST*.

Allô, docteur ?

Une dame va chez son médecin. Après l'avoir examinée, il dit :

– Bien. Comment vont vos enfants ?

– Oh ! Mon premier a la grippe, le second couve une angine et mon dernier a la diarrhée ! Qu'est-ce que vous en dites ?

– Oh, vous savez, moi et les charades…

Déducto

La Femme des basses montagnes

L'Homme des hautes plaines (Clint Eastwood, 1972)

La preuve

Bush arrive au paradis devant saint Pierre.

– Nom, profession ?

– Bush, ex-président des États-Unis !

– Trop facile ! Il me faut une preuve que vous êtes bien lui ! Vous savez, tant de gens se font passer pour Einstein ou Picasso !

– Pour qui ?

– OK, vous pouvez entrer.

JEU DE LOGIQUE

Les météorologues ne sont pas d'accord sur les courbes de températures moyennes en l'un des points les plus atypiques du globe terrestre. Les relevés de mars leur semblent faussés. Pourtant, les conclusions de l'un d'eux sont irréfutables. En observant les températures relevées pour chacun des autres mois, déterminez le chiffre du mois d'août, qui complète sans ambiguïté la série.

Janvier	34 °C	Juillet	34 °C
Février	34 °C	Août	
Mars	13 °C	Septembre	36 °C
Avril	23 °C	Octobre	34 °C
Mai	21 °C	Novembre	35 °C
Juin	22 °C	Décembre	35 °C

CE JOUR-LÀ

En 1539 est signée l'ordonnance de Villers-Cotterêts. Le roi François Ier impose l'usage du français dans les actes officiels, au détriment du latin.

En 1792, le palais des Tuileries, où Louis XVI et sa famille sont assignés à résidence, est pris par les sans-culottes. Louis XVI est interné à la prison du Temple.

Août
Mercredi
11

Claire

REPÈRES CHRONOLOGIQUES

Le 11 août 1792, le suffrage universel est utilisé pour la première fois en France pour élire la Convention, mais le suffrage censitaire indirect sera rétabli rapidement par le Directoire. Classez ces pays européens dans l'ordre chronologique d'instauration du suffrage universel masculin. Les lettres reclassées formeront un mot s'appliquant pour une fois au peuple.

A. Serbie **N.** Belgique **S.** France
E. Suisse **O.** Danemark **U.** Grèce
I. Espagne **R.** Bulgarie **V.** Allemagne

CE JOUR-LÀ

En 843 est signé le traité de Verdun, qui consacre le morcellement de l'Empire carolingien entre les trois petits-fils de Charlemagne.

En 1793, le public est autorisé à visiter le musée du Louvre, inauguré la veille.

La contrepèterie de la semaine

Le vampire s'étale.

Devinette

Pourquoi les frères siamois aiment-ils aller en Angleterre ?

Parce que, comme ça, l'autre peut conduire.

Toto

– Toto, pourrais-tu me dire ce que c'est qu'un oiseau migrateur ?

– Oui, monsieur, c'est un oiseau qui se gratte d'un seul côté !

LE PERSONNAGE CÉLÈBRE

En répondant aux définitions suivantes, vous retrouverez dans les colonnes bleues le nom d'un des plus grands peintres américains du XXe siècle, né en 1912 et mort le 11 août 1956.

1. Donner des couleurs. **2.** Liquide fort apprécié par notre peintre. **3.** Porteur chinois. **4.** Base de porcelaine. **5.** Éveil de l'esprit zen. **6.** Avis divin. **7.** Impeccable mais familier.

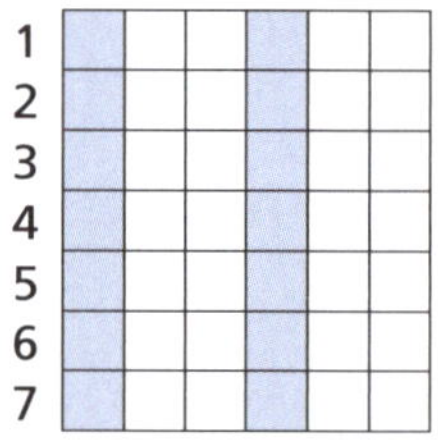

Août
Jeudi
12

Clarisse

MARABOUT

Allez de mot en mot en répondant aux définitions suivantes. Les réponses s'enchaînent sur le principe du « marabout de ficelle » et évoquent la guerre.

1. On y place quelquefois les héros de guerre, malgré leurs exactions.
2. Ville russe convoitée par Hitler en 1942, titre d'un film de Jean-Jacques Annaud en 2001.
3. Pas un simple soldat.
4. Éclate, tel un obus.
5. Ville d'Espagne, fruit et arme de guerre.
6. Ce chancelier allemand fut démis de toutes ses fonctions par les nazis en 1933.

CE JOUR-LÀ

En 1953 a lieu l'explosion de la première bombe H soviétique.

Nos amies les bêtes

D'un balcon, un caniche voit passer un bouledogue dans la rue. Il aboie furieusement. Le bouledogue s'arrête et l'apostrophe :

– T'es pas content ? Descends si t'es un chien !

Le caniche répond :

– Non merci, j'ai pas envie de me retrouver avec la même gueule que toi !

CASE-CHIFFRES

Chaque brique du case-chiffres est la somme des deux briques situées juste en dessous. Sachant que les cinq nombres de la base se suivent mais pas dans l'ordre, remontez les marches de la pyramide pour trouver la valeur du sommet.

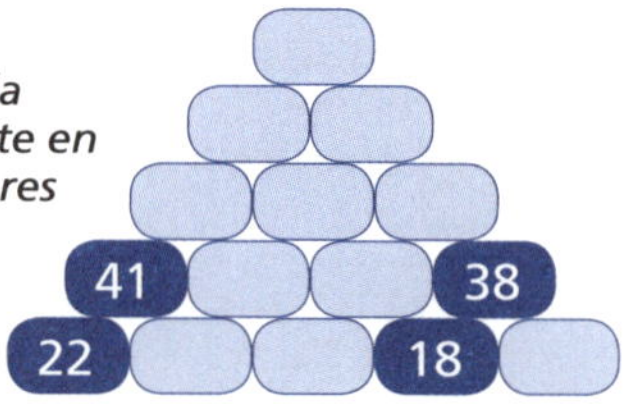

Point de vue

Dieu créa l'Univers et il vit que c'était beau. Dieu créa la Terre et il vit que c'était beau. Dieu créa la nature et il vit que c'était beau. Dieu créa les animaux et il vit que c'était beau. Dieu créa l'homme et il vit que c'était beau. Dieu créa la femme et puis se dit :

– Bof ! Elle se maquillera !

Proverbe tibétain

Lorsqu'il est libre, l'esprit est naturellement serein, de même que l'eau non agitée est par nature limpide et claire.

Août
Vendredi
13

Hippolyte

MOTS CASÉS

Replacez dans la grille les mots ci-dessous. Le 13 août 1998 est endeuillé par le suicide d'un chanteur considéré à tort comme uniquement « rigolo », Nino Ferrer. Utilisez les quatre mots non placés pour un dernier pied de nez.

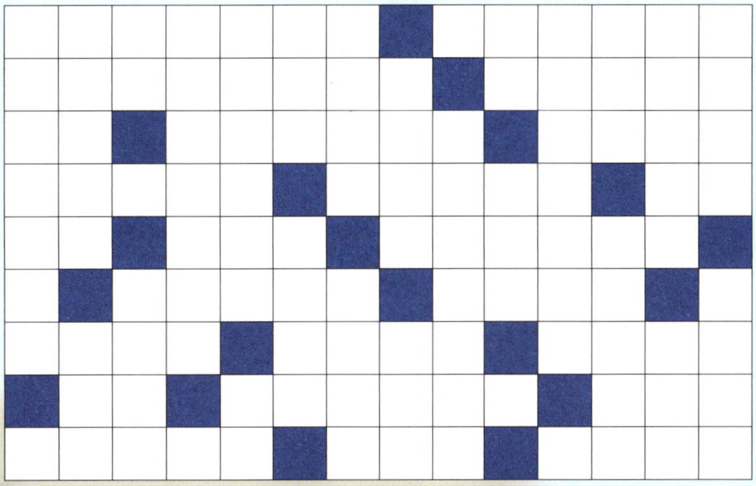

Mots de 2 lettres
AG HÉ OH
GO LA SE
HÉ NA US

Mots de 3 lettres
BON ÔTE TEE
LUI OUI ZOU
LUI PET
ÔRE SUD

Mots de 4 lettres
ABAT NIER
ABOI NINO
BÉDÉ SALE
CHIÉ SOIE
ÉTUI TUER
HEIN TZAR
MISS
NÉRÉ

Mots de 5 lettres
ALÈSE GEÔLE
CRUOR MIRZA
DISCO OUBLI
ÉGARÉ TRASH

Mots de 6 lettres
FERRER TARZAN
GRATTE TRENTE
IOURTE

Mots de 7 lettres
ÉBONITE TANCHES
ECTOPIE TÉLÉFON
RETIRÉS

Mot de 8 lettres
AGACERIE

CE JOUR-LÀ

En 1967, la terre tremble dans les Pyrénées : le village d'Arette est particulièrement touché.

Abus

Un employé va voir le responsable des paies et lui montre son chèque.

– Il manque 20 euros sur mon chèque du mois, dit-il.

– C'est exact, mais vous oubliez que vous avez reçu 20 euros de trop le mois dernier. C'est curieux, mais vous ne vous êtes pas plaint à ce moment-là ?

– Une erreur, ça va, je peux passer dessus, répond l'employé, mais pas deux d'affilée !

L'économie selon
Pierre Perret

La France est prospère grâce à Lourdes et à Pigalle.

Le saviez-vous ?

Les nombreuses bactéries de notre épiderme se reproduisent davantage dans la chaleur humide. Une douche ou un bain chauds éliminent certes d'innombrables bactéries mortes, mais produisent une prolifération vingt fois supérieure.

MORPHOMOTS

De nombreux films de guerre évoquent l'enfer du Viêt Nam. En ajoutant une ou deux lettres à celles de ce pays, formez de nouveaux mots répondant aux définitions.

1. VIÊT NAM + I : donne du tonus.
_ _ _ _ _ _ _ _

2. VIÊT NAM + R : sans blague.
_ _ _ _ _ _ _ _

3. VIÊT NAM + DE : sans modération.
_ _ _ _ _ _ _ _ _

4. VIÊT NAM + EN : avec candeur.
_ _ _ _ _ _ _ _ _

5. VIÊT NAM + OR : qui fait rentrer dans le moule.
_ _ _ _ _ _ _ _ _

6. VIÊT NAM + OT : qui déclenche des efforts.
_ _ _ _ _ _ _ _ _

Effet à retardement

Deux papis discutent sur la place du village.

– Eh, Raymond, tu te souviens pendant la guerre de 14-18… ?

– Pour sûr, Marcel, que je m'en souviens !

– Tu te souviens du bromure qu'ils nous donnaient… ?

– Évidemment. Pourquoi me demandes-tu ça ?

– Je crois que ça commence à faire effet…

Devinette

Pourquoi le capitalisme est-il au bord du gouffre ?

Parce qu'il regarde le communisme, qui est au fond.

Août
Samedi
14

Évrard

Troisième décan du Lion

ANATHÉMA

Trouvez par anagramme huit noms d'actrices et d'acteurs (le sexe et la nationalité sont donnés). Avec leurs initiales, vous formerez le nom du réalisateur de Premiers Désirs, qui a marqué le début de la carrière d'Emmanuelle Béart, née le 14 août 1965.

1. KHANS (H - USA)
_ _ _ _ _

2. TUILEAU (H - France)
_ _ _ _ _ _ _

3. ORMEAU (F - France)
_ _ _ _ _ _

4. NOIRS (H - G-B)
_ _ _ _ _

5. MARLOU (F - USA)
_ _ _ _ _ _

6. RHUMANT (F - USA)
_ _ _ _ _ _ _

7. VOILIER (H - G-B)
_ _ _ _ _ _ _

8. ORIENT (H - France)
_ _ _ _ _ _

CE JOUR-LÀ

En 1941, Roosevelt et Churchill signent la Charte de l'Atlantique. En prônant un meilleur avenir pour le monde, le président américain prépare son pays à l'entrée en guerre.

La perle de la semaine

La garderie, c'est fait pour les orphelins dont les parents travaillent le soir.

NOMBRES CROISÉS

C'est un 14 août que la France voit apparaître les plaques d'immatriculation automobiles.

	1	2	3	4	5
I					■
II		■			
III			■		
IV					■
V	■				

Horizontalement
I. Année de l'apparition des plaques minéralogiques et de l'invention du moteur Diesel. **II.** Les maris veulent que leur chérie la leur prête ! **III.** Carré de 7 ; pour un véhicule à Laon. **IV.** Nombre de morts à trente jours dans les accidents de la circulation en 2001 (multiple du pastis). **V.** Jour de grand danger sur les routes tous les ans, malgré les bonnes résolutions…

Verticalement
1. Année de sortie de la 2 CV Citroën. **2.** Cette Porsche a gagné de nombreux rallyes. **3.** Dans la région parisienne ; Orne. **4.** Code postal de Nîmes. **5.** La voiture (n'arrête) Pas-de-Calais…

Août
Dimanche
15

Assomption

ANATITRES

Retrouvez grâce aux anagrammes le titre de six tubes de Sylvie Vartan, chanteuse française née en Bulgarie le 15 août 1944. La structure des réponses est donnée.

1. Rappeler les allures du ballon.
__ ____ _____
____ _____
______

2. Cargo en commun.
_____ __ ______

3. Le mec court, monte, saute… grimace !
_’_____ _’___
_____ ___
____

4. Le coup était annulé.
__ ________
__ _____

5. Dora ? Livide…
__ ___ _____

6. Saoul, oui, Dan rampa !
_’_____ __
____

LE PERSONNAGE CÉLÈBRE

En répondant aux définitions ci-dessous, retrouvez dans les colonnes roses le nom d'un Lyonnais né le 15 août 1952, qui est passé avec succès du terrain au banc d'entraîneur.

1. Tour de passe-passe footballistique. **2.** Équipe de Gunners où se distingua Thierry Henry. **3.** Commun à Kluivert et à Vieira. **4.** Veut son nom en grand sur les maillots. **5.** Boucan du kop de supporters. **6.** Bestiole responsable d'arrêts de jeu… **7.** Onomatopée prisée à Lyon.

1							
2							
3							
4							
5							
6							
7							

Mot d'enfant

Guillaume, 3 ans, à l'heure du coucher :

– Papa, tu fermes les volets pour que la nuit ne rentre pas dans ma chambre ?

CE JOUR-LÀ

En 778, Roland, protégé de Charlemagne, meurt lors de la bataille de Roncevaux.

Devinette

Quels sont les trois faits qui prouvent que Jésus était juif ?

1. Il a habité jusqu'à 30 ans avec sa mère.
2. Il était persuadé que sa mère était vierge.
3. Sa mère le prenait pour Dieu.

Troc équitable

C'est un gars qui arrive à pied dans une station-service et qui demande :

– Je pourrais avoir un jerrican d'essence pour ma Lada ?

Et le pompiste lui répond :

– Mouais… ça me paraît être un bon deal.

Août
Lundi
16

Armel

MOTS CROISÉS

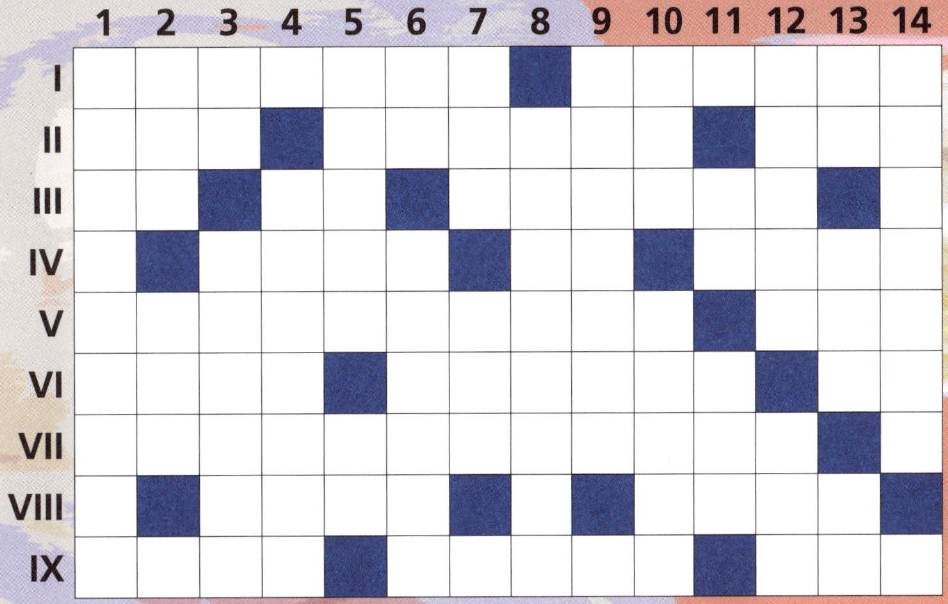

Horizontalement
I. Nom sous lequel Madonna est née, le 16 août 1958 ; son véritable prénom. **II.** Fait sauter ; comme une vierge dans la bouche de Madonna ; chaste. **III.** Carat ; du genre paresseux ; met la vendange à fermenter. **IV.** Dans la peau d'un ado ; marque de surprise ; style de jazz vocal. **V.** Établissement caritatif construit au Malawi avec l'aide de Madonna en 2006 ; bonne à croquer. **VI.** Rivière du Zaïre ; parties de plaisir ; accord de troubadour. **VII.** Tombé du ciel. **VIII.** Est en tête ; gaz rare. **IX.** Forcément courte dans un clip de Madonna ; auteur du roman-collage *la Femme 100 têtes* ; supprime.

Verticalement
1. Danser avec force mouvements d'épaules et de hanches, à l'image de Madonna. **2.** Atome dénaturé ; pour circuler dans les deux sens. **3.** Cours des petits ; audace dont Madonna ne manque pas. **4.** Parvenue à terme. **5.** En rapport avec les moutons ; dans le vent d'antan. **6.** À moitié peau de chien ; plante d'eau douce. **7.** Ça fait des lustres ; elle faisait fureur. **8.** Mièvre et mou. **9.** Picolait sec. **10.** Nid de colombes ; nuance de face. **11.** Contre abrégé ; père des lycées de jeunes filles. **12.** Racine vomitive ; jackpot quand il est gros. **13.** Bien en tête ; fumeur des Philippines ; sans effets… pour faire de l'effet ? **14.** Album de Madonna, sorti en 1992, considéré comme pornographique.

CE JOUR-LÀ

En 1960, l'île de Chypre, à laquelle la Grande-Bretagne a accordé l'indépendance l'année précédente, devient une république. En 1974, à la suite d'un coup d'État, elle sera partagée en une zone turque au nord et une zone grecque au sud.

Rassurant

Deux touristes font un safari en Afrique. La chaleur est accablante lorsque, tout à coup, ils aperçoivent un cours d'eau. Ils demandent au guide s'ils peuvent se baigner pour se rafraîchir. Le guide répond :

– Pas de problème.

L'un des deux touristes, un peu inquiet, ajoute :

– J'espère qu'il n'y a pas de requins.

– Oh non, lui répond le guide, les crocodiles les ont tous mangés !

Zoom saveur

L'AUBERGINE

L'aubergine est un légume traître : très peu calorique, elle se marie si bien à l'huile d'olive qu'elle s'en imbibe… On peut pourtant la cuire autrement !

Idée gourmande. *Enveloppez 2 aubergines de papier d'aluminium et faites-les cuire 40 min au four préchauffé à 150 °C (th. 5). Coupez-les en deux, récupérez la chair à la cuillère et écrasez-la à la fourchette. Mélangez avec un pot de fromage Tartare nature, 3 œufs, le jus d'un citron et une bonne pincée de cumin. Répartissez dans 6 ramequins et enfournez pour 40 min au bain-marie, toujours à 150 °C. Dégustez froid.*

Les blondes

Deux blondes se baladent dans les bois l'hiver. Elles tombent sur deux traces visibles dans la neige…

La première blonde dit :

– Regarde ! Des traces laissées par un cerf !

L'autre répond :

– Mais non, ce sont des traces laissées par un ours !

C'est alors que le train les percute…

Août
Mardi
17

Hyacinthe

SUDOKU

4			2		5	7		
9				1		4		
	2						8	
			7	9				6
		3		2		5		
1				5	4			
	7						2	
		8		4				1
		4	9		8			3

CE JOUR-LÀ

En 1861, pour la première fois en France, une femme devient bachelière.

En 1945, les militaires de carrière obtiennent le droit de vote… un an après les femmes.

Les Belges

C'est un Belge qui, au temps de Jules César, se retrouve aux jeux du cirque. On lâche un lion. Effrayé, l'homme se met à courir autour de l'arène. Intrigué, le lion le regarde puis se met à courir derrière. Il va très vite et rattrape le Belge. Les spectateurs crient :

– Attention !

Le Belge regarde alors derrière lui et se tourne vers le public :

– Ne vous en faites pas, j'ai un tour d'avance !

Vendre la mèche

Dans le plus grand secret, toute une famille a combiné un repas au restaurant pour fêter dignement les 80 ans d'une grand-mère qui ne se doute de rien. La serveuse présente les menus, prend note des commandes et, avant de gagner la cuisine, elle questionne :

– C'est bien vous la table où je dois apporter un gâteau surprise avec 80 bougies au dessert ?

Safari

Un groupe de chasseurs en Afrique et, parmi eux, un bègue.

Le bègue :

– Hip, hip, hip…

Les autres :

– Hourra !

Le bègue :

– Hippopotaaammmee…

Déducto

La Femme des monts retrouvés

L'Homme des vallées perdues (George Stevens, 1953)

Devinette

Pourquoi les femmes choisissent-elles toujours des hommes grossiers et immatures qui passent leur temps à regarder des matchs de foot à la télé ?

Elles ne choisissent pas, il n'y en a pas d'autres.

SUDOKU

				4	7			
						2	5	
		9			1			6
4			3	6		8		
		5		1		7		
		1		2	4			9
1			5			4		
	8	4						
			4	7				

CHENILLE

Le journaliste Bernard Rapp s'est éteint prématurément le 17 août 2006. Après une carrière de grand reporter et de présentateur télé, il a réalisé plusieurs films salués par la critique. Passez de JOURNALISTE à RÉALISATEUR dans la chenille en opérant les substitutions indiquées et en modifiant l'ordre des lettres, tout en respectant les indices.

	J O U R N A L I S T E	
– J + G	_ _ _ _ _ _ _ _ _ _ _	JETTE UN GRAND FROID
– R + Q	_ _ _ _ _ _ _ _ _ _ _	A DES REGRETS
– L + S	_ _ _ _ _ _ _ _ _ _ _	NON CROYANTS
– N + R	_ _ _ _ _ _ _ _ _ _ _	EXTATIQUES
– Q + P	_ _ _ _ _ _ _ _ _ _ _	PARFOIS ENSABLÉES
– G + L	_ _ _ _ _ _ _ _ _ _ _	VOLEURS
– O + A	_ _ _ _ _ _ _ _ _ _ _	CASSE GRAINS
– P + N	_ _ _ _ _ _ _ _ _ _ _	DE L'HÉMISPHÈRE SUD
– S + R	_ _ _ _ _ _ _ _ _ _ _	EMPAILLER
– N + E	R É A L I S A T E U R	

Août
Mercredi
18

Hélène

LE VERTICALETTRES

En répondant aux définitions suivantes, retrouvez verticalement le nom d'un réalisateur né le 18 août 1933 à Paris et qui est revenu sur le devant de la scène en 2002 à Cannes.

1. Film à énorme budget, qui fut un flop financier contrairement à ceux des Caraïbes. **2.** L'interprète du *Pianiste*. **3.** Son bébé a terrifié des générations entières. **4.** Quartier chinois. **5.** Film de 1988 avec Harrison Ford et Emmanuelle Seigner. **6.** Ont leur bal au cinéma. **7.** Un ghetto de la Seconde Guerre mondiale. **8.** Pays où il a passé son enfance. **9.** Récompense du *Pianiste* à Cannes. **10.** Il a refusé de réaliser cette *Liste* de Spielberg. **11.** Récompense de 2003 pour *le Pianiste*. **12.** Cette actrice a joué Tess dans le film de 1979. **13.** Un Oliver orphelin auquel il s'est attaqué en 2005.

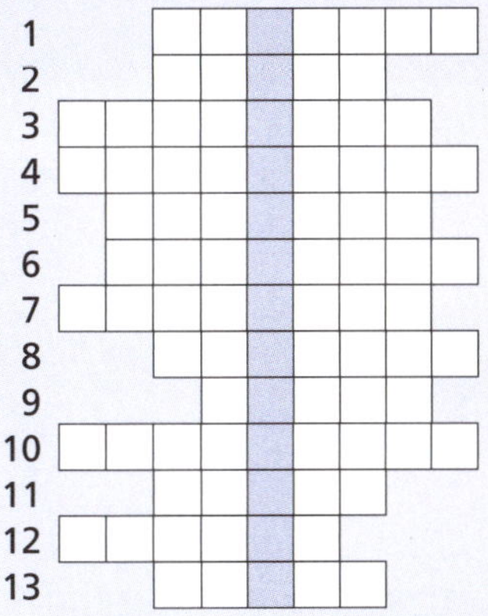

La contrepèterie de la semaine

La fermière sait que sa poule mue, aussi vit-elle aux champs.

CE JOUR-LÀ

En 1572, le protestant Henri de Navarre (futur Henri IV) épouse la catholique Marguerite de Valois.

LA PREUVE PAR 9

Trouvez les cinq mots correspondant aux définitions proposées, formés uniquement avec les lettres annoncées. Si vous réussissez, c'est que vous êtes un fin tacticien !

G R I A
S T E T E

1. Elle illumine le visage de bébé.
R _ _ _ _ _ _

2. Son travail lui permet-il d'avoir son entrée ?
A _ _ _ _ _ _

3. Elle fait souffrir même ceux qui manquent d'estomac.
G _ _ _ _ _ _ _

4. Ancienne jeune ouvrière de la mode.
G _ _ _ _ _ _ _

5. Les grandes manœuvres.
S _ _ _ _ _ _ _ _

Août
Jeudi
19

Jean-Eudes

ESCALETTRES

Passez d'un mot au suivant (conjugaisons autorisées) en ajoutant une lettre et en permutant éventuellement l'ordre des lettres pour parvenir au mot mystère de neuf lettres. Il s'agit du véritable prénom de Coco Chanel, célèbre pour ses créations dans les domaines de la haute couture et du parfum.

B I
+ A _ _ _
+ L _ _ _ _
+ R _ A _ _ _
+ L _ _ _ _ _ A
+ E B _ _ _ _ _ _
+ E _ _ B _ _ _ _ _
+ G _ _ _ _ _ _ _ _ _

L'ÉCHELLE

À l'aide des six croisillons, reconstruisez l'échelle composée de deux mots de neuf lettres verticaux et de trois mots de six lettres horizontaux, tous étant liés au monde de Coco Chanel, née le 19 août 1883 à Saumur.

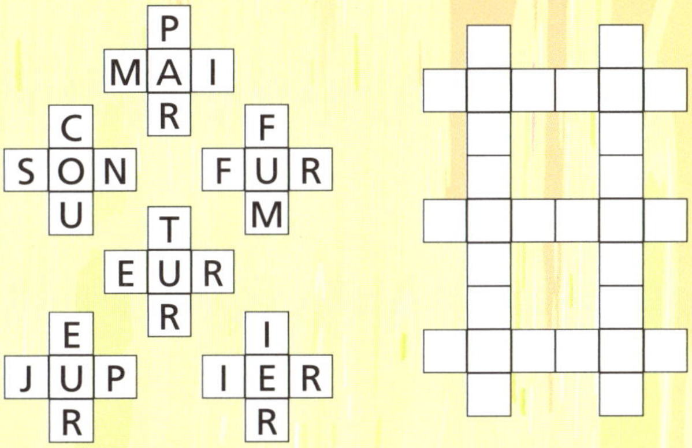

CE JOUR-LÀ

En 1934, un plébiscite confirme la loi qui donne les pleins pouvoirs à Hitler en tant que Führer. Il réunit les fonctions de chancelier et de président du Reich.

Proverbe béninois

Celui qui a planté un arbre avant de mourir n'a pas vécu inutilement.

À l'asile

Deux fous grimpent une côte en tandem. Arrivés en haut, le premier dit à l'autre :

– Ouf ! J'ai bien cru qu'on n'y arriverait pas.

– Oui, quelle sacrée pente ! Si je n'avais pas freiné, on redescendait.

Août
Vendredi
20

Bernard

MOTS FLÉCHÉS

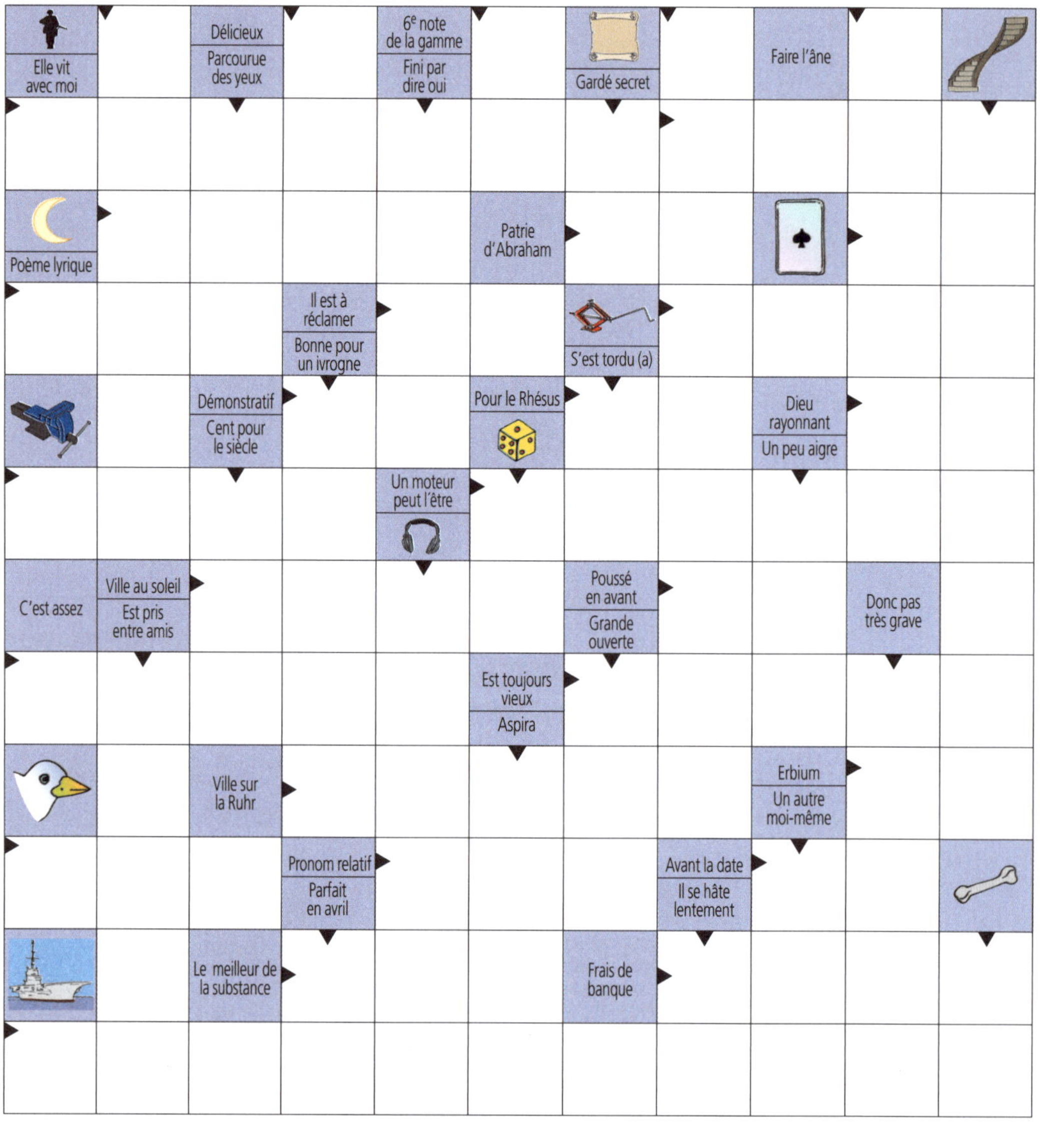

Le saviez-vous ?

C'est au-dessus de l'équateur – et non pas, comme on a tendance à le croire, au-dessus des deux pôles – que l'atmosphère terrestre est le plus froide. La tropopause (zone transitoire entre la troposphère et la stratosphère) s'élève en moyenne à 9 km au-dessus des pôles, mais à 18 km au-dessus de l'équateur. Comme l'abaissement de la température de l'air est inversement proportionnel à la hauteur de la tropopause, il peut faire – 80 °C au-dessus de l'équateur contre – 55 °C au-dessus des pôles.

CE JOUR-LÀ

En 1953, les Français déposent le roi du Maroc Mohammed V, qui réclamait l'indépendance.

Ascendance

– Maman, papa a dit que nous descendions tous du singe. C'est vrai ?

– Je n'en sais rien, ton père a toujours refusé de me parler de sa famille.

Solidarité fraternelle

Une maman demande à son fils :

– Que fais-tu ?

– Rien !

– Et ton frère ?

– Il m'aide !

Le sens de l'humour

Un petit garçon entre dans la cuisine en pleurant. Sa mère lui demande ce qu'il a.

– C'est papa, il s'est donné un coup de marteau sur le doigt.

– Il n'y a pas de quoi pleurer ! Au contraire, tu aurais dû rire.

– C'est ce que j'ai fait.

LE PERSONNAGE CÉLÈBRE

En répondant aux définitions suivantes, retrouvez dans les colonnes bleues le prénom et le nom du premier Français, né le 20 août 1938, envoyé dans l'espace.

1. Placer en hauteur. **2.** Tire de l'oubli. **3.** Gros avion de transport. **4.** Maladie des céréales. **5.** Mortelle. **6.** Têtes de projectiles. **7.** Matrice. **8.** Qui a la tête dans les étoiles.

1						
2						
3						
4						
5						
6						
7						
8						

Bon mot

Des frères et sœurs se disputent.

– Poule mouillée !

– Tête de cochon !

– Espèce de dinde !

Leur mère arrive et crie :

– Oh, la ferme !

Août
Samedi
21

Christophe

LE PERSONNAGE CÉLÈBRE

En répondant aux définitions suivantes, retrouvez dans les colonnes vertes le nom d'un grand chef d'orchestre de jazz américain, né le 21 août 1904 et mort le 26 avril 1984.

1. Serpents à lunettes. **2.** Le monde du rugby. **3.** Province irlandaise. **4.** Bref séjour. **5.** Intervalle musical.

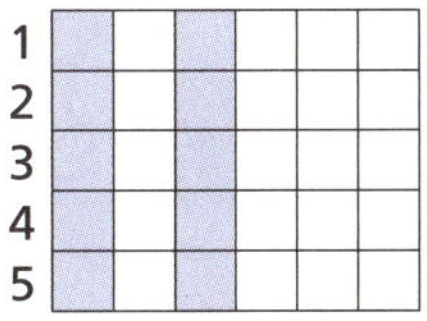

JEU DE LOGIQUE

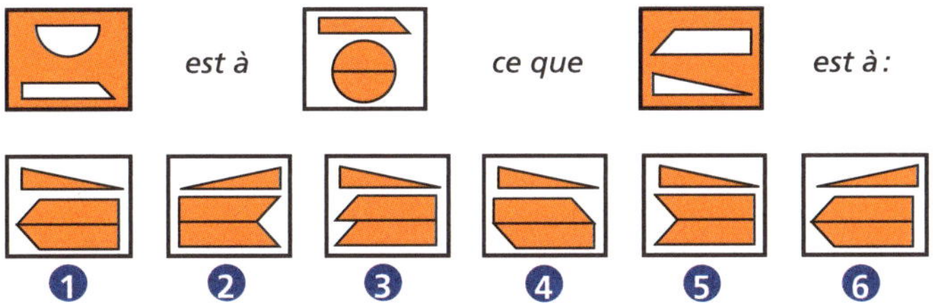

CE JOUR-LÀ

En 1968, le « printemps de Prague » prend brutalement fin. Les troupes du pacte de Varsovie (excepté celles de la Roumanie) pénètrent en Tchécoslovaquie et interrompent l'expérience de libéralisation menée par le gouvernement Dubcek avec le soutien de la population.

Conspiration

Les girafes n'existent pas : c'est un cou(p) monté…

La perle de la semaine

Claude ne fait jamais rien : toute la journée il se roule les puces.

Reconversion

Un écrivain médiocre raconte :

– Désormais, j'ai la satisfaction de savoir que ce que j'écris est lu avec infiniment d'attention.

– Vous faites toujours des romans ?

– Non. Je rédige les menus d'un grand restaurant.

Interrogatoire

Un meurtre a été perpétré chez les Inuits. L'un d'eux, suspecté d'en être l'auteur, est interrogé dans les locaux du commissariat central.

Le policier :

– Alors, que faisiez-vous dans la nuit du 23 septembre au 21 mars ?

Août
Dimanche
22

Fabrice

L'ÉCHELLE

À l'aide des six croisillons, reconstruisez l'échelle composée de deux mots de neuf lettres verticaux et trois mots de six lettres horizontaux, ces derniers ayant un rapport avec l'œuvre de Roger Martin du Gard, auteur de la célèbre saga des Thibault, mort le 22 août 1958 à l'âge de 77 ans.

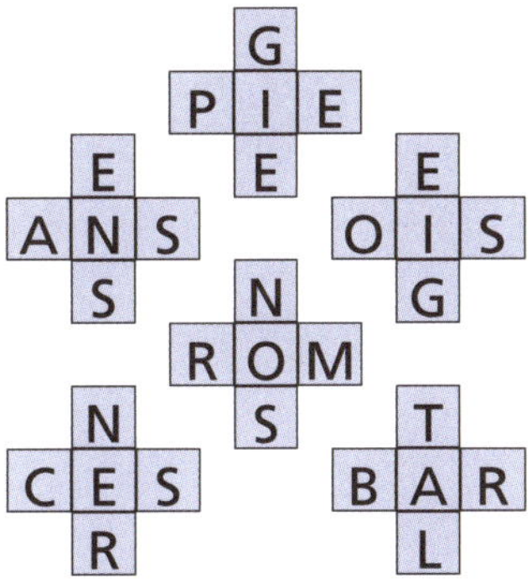

MÉLI-MÉLO

Le 22 août 2004, le plus célèbre tableau d'Edvard Munch, le Cri, est volé dans un musée d'Oslo, en Norvège. Retrouvez les noms de trois peintres célèbres mêlés à l'une de leurs œuvres.

1. PGIUECRNAISCSAO

………………………………

………………………………

2. KLEBLAIMISERT

………………………………

………………………………

3. CLEHVIAOLGOANILSLTE

………………………………

………………………………

CE JOUR-LÀ

En 1962 a lieu l'attentat du Petit-Clamart. Un commando de l'OAS, opposé à la politique de De Gaulle en Algérie, ouvre le feu sur la voiture du Général. Ce dernier en sort indemne.

Mot d'enfant

Tiphaine, 4 ans, croise un couple qui promène deux dalmatiens dans le jardin des Tuileries. Elle s'exclame :

– Regarde, maman, les chiens sont déguisés en vaches !

La leçon viticole de
Pierre Dac

Greffez des plants de rosier sur des plants de vigne, ça fera du vin rosé naturel.

Août
Lundi
23

Rose

Dernier jour du Lion

CE JOUR-LÀ

En 1962, l'édition internationale du New York Times contient pour la première fois un article transmis de New York à Paris par un satellite, Telstar 1.

Devinette

Quelles sont les deux lettres que l'on boit ?

O et T.

MOTS CROISÉS

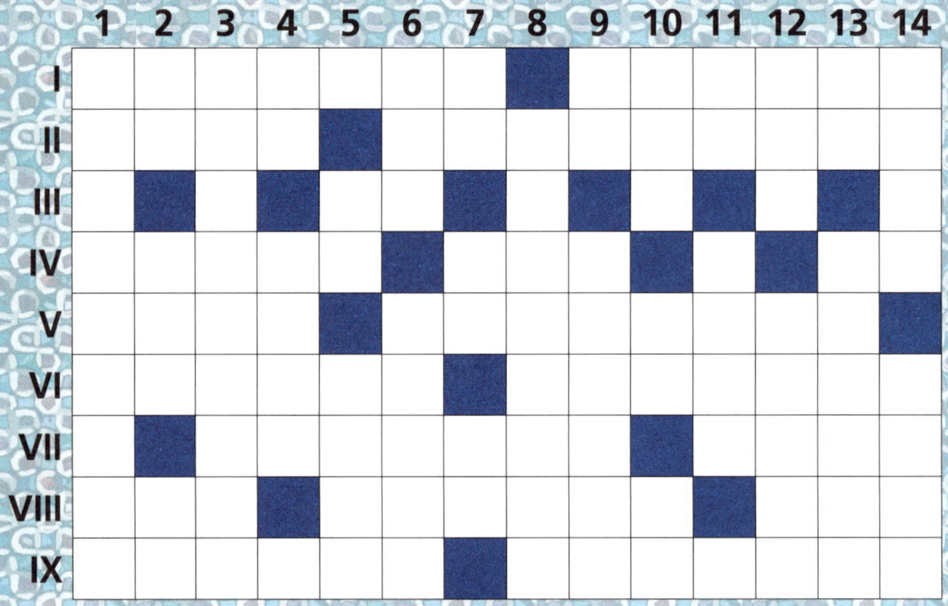

Horizontalement

I. Fils de Pépin de Herstal, il serait né ce jour en 686 ; surnom qui lui fut donné pour la façon dont il assénait son pouvoir. **II.** Fossoir ou hoyau ; mise sur le pied de guerre. **III.** Hors d'affaires. **IV.** Baudroie ; collectionneur d'images ; héritage communautaire. **V.** Telle la politique menée par notre homme ; ville où ce dernier arrêta les Arabes en 732. **VI.** Humaniste hollandais ; vieux peuple de Hollande repoussé vers le nord par notre homme. **VII.** Arrêtai net ; mise en nage. **VIII.** Céans ; Maximus à Rome ; net sur le court. **IX.** Papier décoratif ; grandiloquence.

Verticalement

1. Dernier roi mérovingien, déposé par le fils de notre homme. **2.** Marque d'étonnement ; cité du passé ; ancrés dans le milieu. **3.** Royaume de la Gaule mérovingienne dont le palais fut un temps aux mains de notre personnage. **4.** Île à notre portée ; armure naturelle. **5.** Condamné à mourir ; marin de Toulon. **6.** Retourné ; le Bref était le fils de notre homme. **7.** Direction Bayonne ; beauté mise en taure ; chef de province. **8.** Saint archevêque soutenu par notre homme dans sa politique d'évangélisation. **9.** Deuxième sous *sol* ; cour intérieure à Rome. **10.** Cousin de Mahomet ; romains en Italie ; un peu de sport. **11.** Jubilé ; table des officiers. **12.** Poste pour collectionneur ; posséda. **13.** Fin de soirée ; mousses aux longs cils. **14.** Don du feu ; patrie de Valéry.

Zoom saveur

L'OSSAU-IRATY

La fin de l'été est la meilleure saison de ce fameux produit basque, le seul fromage à pâte pressée de renom à être préparé à partir de lait de brebis.

La vallée d'Ossau et la forêt d'Iraty confèrent force et arôme à ce fromage célèbre dans le monde entier. Pour perpétuer la tradition basque, dégustez-le sur du pain, en lamelles assez fines surmontées… de confiture de cerises noires !

Idée gourmande. *Dans une salade, associez-le à une laitue feuille de chêne, du jambon de Bayonne, des cerneaux de noix et quelques figues coupées en deux.*

RÉBUS

Retrouvez le titre d'un film de Steven Spielberg sorti en 1998.

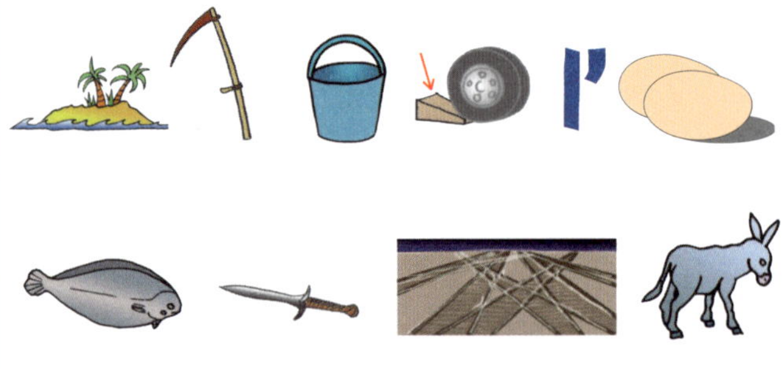

Août
Mardi
24

Barthélemy

Premier jour de la Vierge

Déducto

Le Boucan des loups

Le Silence des agneaux
(Jonathan Demme, 1990)

Astucieux

Cinq ingénieurs et cinq commerciaux vont à un Salon. Chaque commercial achète son billet de train, mais les ingénieurs n'achètent qu'un billet. Ils s'enferment dans les toilettes juste avant que le contrôleur arrive. Voyant que les toilettes sont occupées, le contrôleur frappe à la porte.

– Votre billet, s'il vous plaît ! Les ingénieurs glissent alors le billet sous la porte et le contrôleur s'en va, satisfait. Les commerciaux sont extrêmement vexés. Pour le retour, ils n'achètent donc qu'un billet et vont s'enfermer dans les toilettes avant que le contrôleur arrive. Les ingénieurs, qui eux n'ont acheté aucun billet, frappent alors à la porte et demandent :

– Votre billet, s'il vous plaît !

QUIZ Françoise Dolto

Françoise Dolto, pédiatre et psychanalyste française, est décédée en août 1988 à l'âge de 80 ans.

1. *C'est le 17 février 1934 que Françoise Dolto se lance dans l'aventure de la psychanalyse en commençant sa cure avec :*
A. Marie Bonaparte. **B.** Sigmund Freud. **C.** René Laforgue.

2. *Elle acquiert une si grande notoriété qu'elle décide de mettre un terme à son métier de thérapeute libérale pour se consacrer à la transmission de la psychanalyse. L'émission de radio qui la rend célèbre est :*
A. *Lorsque l'enfant paraît.* **B.** *Docteur X.* **C.** *La Difficulté de vivre.*

3. *Françoise Dolto est une clinicienne novatrice, à l'écoute des singularités du développement de chaque enfant, ce qu'elle appelle « l'archaïque ». L'un des concepts centraux de sa pensée est :*
A. La castration. **B.** L'œdipe. **C.** Le refoulement.

CE JOUR-LÀ

En 79, l'éruption du Vésuve ensevelit Herculanum et Pompéi. Conservées intactes sous une couche de lave, ces riches cités seront redécouvertes au XVIIIe siècle.

SUDOKU

6				4				
			1		3	6		
	1		7			5	8	
4		9					2	
		1		9		3		
	3					8		5
	8	2			7		6	
		4	9		2			
				8				2

MOTS CROISÉS

	1	2	3	4	5	6	7	8	9
I									
II				■					
III		■					■		
IV				■					■
V								■	
VI					■		■		
VII	■								
VIII			■						
IX									

Horizontalement
I. Selon la psychanalyse, ils influencent la conduite de tout individu. **II.** Il parle dans tous les sens ; perdu en droit. **III.** Acquit ; agrément de Gascon. **IV.** Lieu de la scène primitive ; engagements définitifs. **V.** Élan du Canada. **VI.** Drogue laxative ; permet l'alternative. **VII.** Ennemi juré des confédérés. **VIII.** Là parce qu'il l'a voulu, selon Françoise Dolto ; mets grossier des Spartiates. **IX.** Tous n'ont pas lieu sur l'herbe.

Verticalement
1. Chanteur et fantaisiste, fils de Françoise Dolto ; mère de l'Église en bref. **2.** Modèle de franchise ; père et docteur de l'Église. **3.** Auteur de l'ouvrage *Le bébé est une personne*. **4.** Jolie botte. **5.** Célèbre psychanalyste avec lequel Françoise Dolto a créé l'école freudienne à Paris ; bien fourni. **6.** Domaine, avec la pédiatrie, auquel s'est intéressée Françoise Dolto. **7.** Romains en taxi ; article espagnol ; auteur des *Mystères de Paris*. **8.** Pendant du thanatos ; retirer. **9.** Improductif ; non exprimés.

Août
Mercredi
25

Louis

COUPE-LETTRES

Rayez une lettre dans chacun des six mots et reportez-la à droite pour trouver le nom d'un célèbre top model allemand, née le 25 août 1970.

A	A	I	S	S	E	R	
C	A	M	B	R	E	E	
R	A	P	H	I	D	E	
C	R	I	A	N	T	E	
F	A	L	A	I	S	E	
M	O	R	F	A	L	E	
E	M	A	N	A	N	T	
G	R	E	N	E	U	R	

CE JOUR-LÀ

En 1270, Saint Louis meurt de la peste devant Tunis lors de la huitième croisade.

En 1944, la 2e division blindée du général Leclerc entre dans Paris. Le général von Choltitz signe la capitulation, et le général de Gaulle rejoint la capitale.

LE COMPAS DANS L'ŒIL

En 218 av. J.-C., le Carthaginois Hannibal traverse l'Hispanie et le sud de la Gaule pour marcher sur Rome. Culture ou intuition vous aideront à trouver les réponses à ces questions.

1. *De combien d'éléphants se composait son troupeau ?*
A. 38. **B.** 380. **C.** 3 800. **D.** 38 000.

2. *Environ 80 000 hommes, Ibères, Africains et cavaliers numides en majorité, se mirent en marche aux côtés de leur chef. Combien en restait-il, une fois les Alpes franchies, pour faire face aux 200 000 à 400 000 Romains ?*
A. 8 000. **B.** 26 000. **C.** 60 000.
D. 150 000, avec les peuples conquis sur le chemin.

3. *Après avoir pris l'avantage sur Rome, Hannibal perd définitivement la guerre à Zama en 202 av. J.-C. En quelle année se donne-t-il la mort pour ne pas être livré aux Romains ?*
A. 202 av. J.-C.
B. 198 av. J.-C.
C. 189 av. J.-C.
D. 183 av. J.-C.

La contrepèterie de la semaine

Le visiteur observait le bras du guide.

Les blondes

Pourquoi les brunes inventent-elles des blagues sur les blondes ?

Parce qu'elles ne peuvent pas s'empêcher de raconter leur vie.

Août
Jeudi
26

Natacha

MARIONS-LES

Mehran Karimi Nasseri, né en 1942 en Iran, surnommé « sir Alfred Mehran », est un réfugié iranien qui a vécu dans le terminal 1 de l'aéroport de Roissy-Charles-de-Gaulle du 8 août 1988 au 26 août 2006, date à laquelle il a été hospitalisé pour une cause inconnue. Son histoire a été rendue célèbre par le film le Terminal (2004), où son rôle est joué par Tom Hanks. Reliez ces personnages réels au titre du film racontant leur histoire.

Randolph Hearst	**A**	**1**	*L'Adversaire*
Idi Amin Dada	**B**	**2**	*Elephant Man*
Élisabeth II	**C**	**3**	*Citizen Kane*
Eldrige Cleaver	**D**	**4**	*Gorilles dans la brume*
Jean-Claude Romand	**E**	**5**	*L'Enfant sauvage*
Eric Harris et Dylan Klebold	**F**	**6**	*Le Dernier Roi d'Écosse*
Dian Fossey	**G**	**7**	*The Queen*
Joseph Merrick	**H**	**8**	*Elephant*
Victor de l'Aveyron	**I**	**9**	*Black Panthers*

CE JOUR-LÀ

En 1789, l'Assemblée nationale constituante vote le texte de la Déclaration des droits de l'homme et du citoyen.

Proverbe africain

Tous les Blancs ont une montre, mais ils n'ont jamais le temps.

FILMOGRAPHIE Charles Boyer

Ce séduisant acteur français, né le 28 août 1899 et mort le 26 août 1978, a connu un triomphe durable aux États-Unis. Retrouvez le titre de six de ses films grâce aux indices suivants.

1. Il est l'archiduc Rodolphe d'Autriche, au côté de Danielle Darrieux (1936).

2. Napoléon lui-même séduisant Greta Garbo, noble polonaise qui donne son titre au film (1937).

3. Général et mari trompé de Danielle Darrieux, éprise de Vittorio De Sica (1953).

4. Comte Muffat, amoureux fou, sous le second Empire, d'une actrice courtisane jouée par Martine Carol (1955).

5. César dans la seconde époque d'une comédie située sur le Vieux-Port, à Marseille (1961).

Août
Vendredi
27

Monique

MOTS CROISÉS

	1	2	3	4	5	6	7	8	9	10	11	12	13	14
I						■								
II				■						■		■	■	
III					■									
IV				■										
V			■								■		■	
VI	■								■					
VII						■				■		■		
VIII			■		■									
IX						■				■				

Horizontalement
I. Réalisateur de *Il était une fois dans l'Ouest*, sorti le 27 août 1969 ; surnom du détenu en cavale joué par Jason Robards. **II.** Résine fétide ; braiment. **III.** Descend une vieille branche ; elle incarne Jill, une jolie veuve aux prises avec le méchant Morton. **IV.** Essence indienne ; froids comme le marbre. **V.** Objet d'une ruée vers l'Ouest ; Ancienne Taïwan. **VI.** Homme de Conakry ; trophée indien. **VII.** Il interprète Frank, tueur à gages à la solde de Morton ; Bravo pour John Wayne ; fin de partie. **VIII.** Sur une vieille partition ; homme politique pour qui la fin justifiait les moyens. **IX.** Solitaire ; l'Amérique en personne ; petit robert.

Verticalement
1. Instrument du vrai cow-boy ; décampé. **2.** De Bourgogne ou petits-gris. **3.** Perçant chez le lynx ; tête de série. **4.** Castro pour Ernesto. **5.** Fait appel ; avant Lisa pour Léonard. **6.** Victime d'un sacré coup de soleil. **7.** Exerceras une action magique. **8.** Accompagne le personnage interprété par Charles Bronson, obnubilé par le désir de venger son frère. **9.** Mention derrière un titre à ordre ; mesure de résistance. **10.** Vieux pétards. **11.** Se jette dans la baie de Donegal ; entaille pour tête de gâchette. **12.** Fit du vent ; cale acérée. **13.** Bords de lagon ; corde pour ligoter. **14.** Peau rouge.

Le saviez-vous ?

La fosse des Mariannes, dans l'océan Pacifique, au sud-ouest de Guam, est la plus profonde de la planète : 11 022 m au-dessous du niveau de la mer.

Code de la route

Une voiture suisse est arrêtée au feu rouge. Le feu passe au vert, mais elle ne démarre pas. Alors, une voix impatiente s'élève de la voiture de derrière.

– Hé ! Guillaume Tell ! T'attends qu'elle mûrisse ?

CE JOUR-LÀ

En 1859, le pétrole jaillit à Titusville, en Pennsylvanie.

En 1883, l'éruption du Krakatoa, en Indonésie, déclenche un raz de marée qui provoque la mort de 36 000 personnes.

LE JEU DU MENTEUR — Le Corbusier

Dans ce texte, trois erreurs se sont glissées, saurez-vous les repérer ?

Charles Édouard Jeanneret, dit Le Corbusier, est un urbaniste d'origine suisse naturalisé français. Dès la fin de la crise économique de 1929 et jusqu'en 1945, il s'intéresse aux problèmes de la concentration urbaine. En 1946, il entame la construction de la Cité radieuse de Lyon, une barre sur pilotis, sorte de village vertical incluant logements et commerces (épicerie, boulangerie, restaurants…). De 1952 à 1959, il part en Chine pour moderniser l'architecture de la capitale, Pékin. Après avoir construit d'autres Cités radieuses en France et une mosquée à Kuala Lumpur notamment, il meurt le 27 août 1988 au cours d'une simple baignade dans la Méditerranée.

Les blondes

Une blonde entre dans un restaurant. Elle se dirige vers le maître d'hôtel et demande :

– Vous servez des nouilles, ici ?

– Oh, bien sûr ! On sert tout le monde…

Devinette

Quel est le comble pour une clé ?

C'est de se faire mettre à la porte.

Août
Samedi
28
Augustin

COMPTABILITÉ

Combien comptez-vous d'étoiles qui se trouvent dans deux cercles à la fois (ni plus ni moins) ?

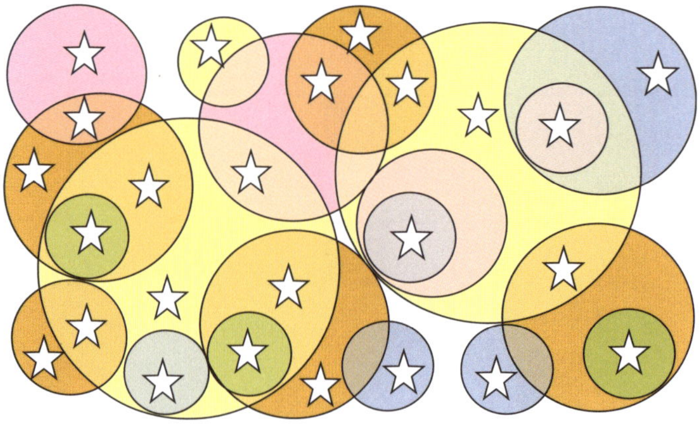

La perle de la semaine

Le chauffeur allait tellement vite qu'il a décapité le bras d'un pauvre homme.

Devinette

Daffy Duck et Donald Duck se bagarrent. Qu'est-ce que ça fait ?

Un conflit de canards.

Devinette

Comment savoir si un homme a eu un orgasme ?

Il roule sur le côté et commence à ronfler…

CE JOUR-LÀ

En 1963, à Washington, 250 000 personnes participent à une marche pour la reconnaissance des droits civiques des Noirs américains. À cette occasion, le révérend Martin Luther King prononce son célèbre « I have a dream ». Prix Nobel de la paix en 1964, il sera assassiné en 1968.

LA CITATION CACHÉE

Retrouvez dans cette grille une citation de l'écrivain Robert Merle, né le 28 août 1908. Tous les sens sont possibles et la première lettre se trouve dans un angle.

D	T	I	D	N	Q
E	G	I	A	U	N
S	A	L	E	G	E
L	S	I	N	S	A
I	E	R	N	I	G
B	R	S	E	M	A
T	E	S	T	J	A

Août
Dimanche
29
Sabine

LE PERSONNAGE CÉLÈBRE

En répondant aux définitions suivantes, retrouvez dans les colonnes vertes le nom d'un chanteur et danseur américain, considéré comme le roi de la pop, né le 29 août 1958.

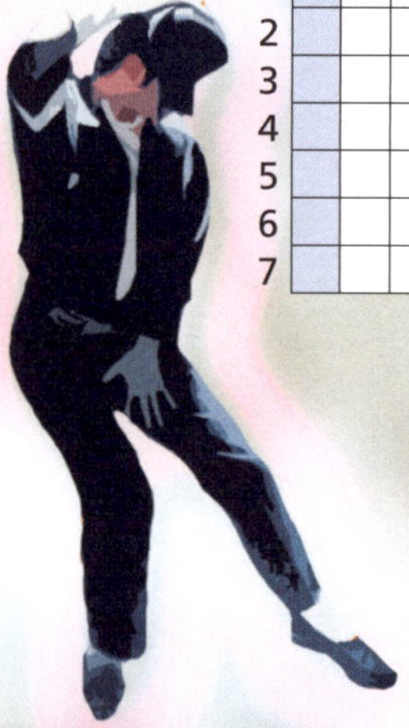

1						
2						
3						
4						
5						
6						
7						

1. Vieux paysan russe.
2. À séparer du bon grain.
3. Lieu commun.
4. Pirate informatique.
5. Excessif.
6. Mis en vue.
7. Reine de la jungle.

CE JOUR-LÀ

En 1842, le traité de Nankin marque la fin de la première guerre de l'Opium. Hong Kong est cédée aux Britanniques et la Chine est contrainte d'ouvrir ses portes au commerce étranger.

Futé…

Un Écossais rend 100 balles à un de ses copains.

– Quoi ? Toi ? Tu me rends mon fric… J'y crois pas, je vais encadrer ce billet !

– Ah ! Ça ne te dérange pas si je te fais plutôt un chèque ?

Correspondance

Dialogue entre deux fous.

– Qu'est-ce que tu fais ?

– J'écris une lettre.

– À qui ?

– À moi.

– Et qu'est-ce que tu racontes ?

– Je ne sais pas. Je ne l'ai pas encore reçue.

Mot d'enfant

Dans l'église, Violette, 4 ans, déambule avec sa tante.

– Tu vois, Violette, cette statue, c'est la Sainte Vierge.

– Je sais pourquoi elle a une couronne sur la tête, répond la fillette.

– Ah ! oui ?

– C'est parce qu'elle a mangé de la galette et qu'elle a eu la fève.

Août
Lundi
30

Fiacre

À FLEUR DE MOTS

Le 30 août 2003, Christine Arron et Sylviane Félix font partie du relais champion du monde du 4 u 100 mètres au Stade de France. Remplissez la fleur en formant des mots à partir des lettres ci-dessous. Inscrivez vos solutions de l'extérieur de la rosace vers le centre. Certaines séries autorisent plusieurs anagrammes, mais une seule permet de compléter la grille en croisant les mots.

A. AOPRS
B. AIPRT
C. CEEMR
D. AEERT
E. DEPRU
F. FINOS
G. AEGIT
H. EEINR
I. EGRRU
J. ACEFS
K. AEGLS
L. AEERS
M. ACNOT
N. ADENS
O. EOPST
P. FIINR
Q. EFILX
R. ELNOS

1. EILOP
2. AILPR
3. ACERX
4. ANORR
5. EPRST
6. EFIMR
7. AEOTU
8. DEEGI
9. EINRU
10. FIRST
11. AEGGN
12. ACEER
13. AELRT
14. DEOSS
15. AENPS
16. CEFNO
17. AFISS
18. EENST

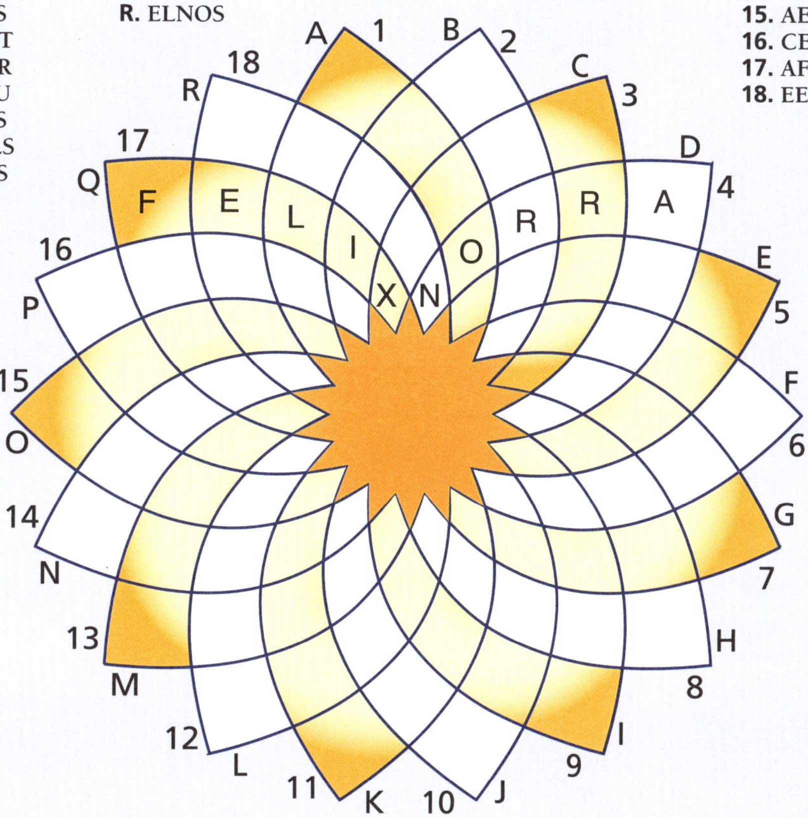

CE JOUR-LÀ

En 1991, aux Championnats du monde d'athlétisme de Tokyo, l'Américain Mike Powell bat un record historique, celui du saut en longueur, détenu par son compatriote Bob Beamon depuis 1968 : 8,95 m au lieu de 8,90 m.

Le mariage selon
Noel Coward

J'ai souvent pensé à me marier. Et puis j'ai réfléchi.

LE POINT COMMUN

Quels films de guerre réunissent les acteurs suivants ?

1. Bourvil.
Paul Préboist.
Marie Dubois.
Louis de Funès.
Colette Brosset.
Andréa Parisy.

2. Lee Marvin.
Ernest Borgnine.
Charles Bronson.
Telly Savalas.
John Cassavetes.
Donald Sutherland.

Zoom saveur

LA GIROLLE

L'arrivée sur les étals des délicates trompettes orange donne le coup d'envoi de l'automne culinaire. À vos poêlées !

Un seul mot d'ordre concernant les girolles du marché : soyez les premiers ! Les girolles du dessus de l'étal n'ont pas été remuées, soulevées, brassées… Tout en bas se retrouveront les plus petites, les plus sales, les plus abîmées. Mais les vôtres seront déjà en train de cuire…

Idée gourmande. *Servez votre poêlée de girolles en accompagnement de paupiettes de veau parfumées à l'ail et au thym.*

Nos amies les bêtes

Une maman moustique dit à son petit :

– Ne t'approche pas des humains, ils pourraient te faire du mal !

Le petit moustique répond :

– Mais maman, quand je m'approche d'eux, ils m'applaudissent !

Moyen de pression

Le père de David s'étonne de ne pas avoir reçu le bulletin scolaire de son fils.

– Que se passe-t-il ? Ton bulletin n'est pas encore arrivé ?

– Si, si. Mais je l'ai prêté à Paul pour qu'il fasse peur à son père !

Août
Mardi
31

Aristide

MOTS FLÉCHÉS

Cette grille est dédiée à l'Italienne Maria Montessori, née le 31 août 1870 et morte le 6 mai 1952.

Total / Elle a favorisé leur manipulations		Elle en était une / Associer des villes		Point de suspension / Le titane		Tirés du néant		Un autre moi-même		Sa méthode servait à favoriser leur développement
						Colère / Pour le maçon				
Opposé au nordiste / Sommeil profond								Pronom de vipère / Il est assemblée		
				Elles font l'histoire / Caractère homérique					Machine à reproduire des textes	
Sans cargaison / Le chat-huant					Se servira / Tentes d'Indiens					
							Déçoit le demandeur / Percé de coups			
Sorti en librairie	Se dispersant (s') / Lieu de combat									
				Sans creux ni bosses / Un sport cavalier						
A souvent un pied tordu		Guetter / Modèle de surdité						Bien roulés		Nécessaire au développement de l'enfant
			Régal du mâtin / Exprime la surprise			Fourreau de métal / Juste pour moi			Il tire des larme à la geisha	
Jour de réveillon / Elle porte son nom					Il nous met à la diète					
							Sans lui, on est dan la misère…			

CE JOUR-LÀ

En 1963, le « téléphone rouge » est inauguré entre l'URSS et les États-Unis.

En 1997, lady Di, épouse du prince Charles, se tue dans un accident de voiture sous le pont de l'Alma, à Paris.

JEU DES 7 ERREURS

Déducto

Le Bruyant

Le Silencieux (Claude Pinoteau, 1972)

D'astreinte

Deux amis sirotent tranquillement un café lorsque la sirène des pompiers retentit. L'un des deux se lève brusquement.

– Excuse-moi, le devoir m'appelle…

– Mais tu n'es pas pompier volontaire.

– Moi, non. Mais le mari de Sylvie, oui !

SEPTEMBRE

2021

Lu	Ma	Me	Je	Ve	Sa	Di
		1 Gilles	2 Ingrid	3 Grégoire	4 Rosalie	5 Raïssa
6 Bertrand	7 Reine	8 Nativité de Notre-Dame	9 Alain	10 Inès	11 Adelphe	12 Apollinaire
13 Aimé	14 Sainte Croix	15 Roland	16 Édith	17 Renaud	18 Nadège	19 Émilie
20 Davy	21 Matthieu	22 Automne	23 Constant	24 Thècle	25 Hermann	26 Côme et Damien
27 Vincent-de-Paul	28 Venceslas	29 Michel	30 Jérôme			

Le film catastrophe

Avant de donner naissance à un genre cinématographique dans les années 1970, la catastrophe constituait un morceau de bravoure dans des genres comme le péplum ou la grande fresque épique. On se souvient de l'éruption du Vésuve dans les *Derniers Jours de Pompéi* (1935), de l'incendie d'Atlanta dans *Autant en emporte le vent* (1950), de celui de Rome dans *Quo vadis*? (1953)...

Le film catastrophe possède son propre code, dont les composantes ne varient guère : l'intrigue est fondée soit sur une menace d'ordre naturel, soit sur un accident gigantesque. Du premier cas relèvent *Tremblement de terre*, de Mark Robson (1974), qui fut projeté dans les salles en Sensurround, procédé sonore qui donne l'impression que la salle tremble, *Avalanche*, de Corey Allen (1978), ou *Volcano*, de Mick Jackson (1997). Du second, *Airport*, de George Seaton (1970), *l'Aventure du Poséidon*, de Ronald Neame (1973), ou *la Tour infernale*, de John Guillermin (1975).

L'autre incontournable du film catastrophe, ce sont ses protagonistes, toujours les mêmes : un groupe d'individus dont le profil psychologique comme le statut social diffèrent. Ces personnages sont confrontés au danger dans un huis clos angoissant, et un ou plusieurs d'entre eux se démarquent pour devenir des héros.

Ainsi, la catastrophe agit comme un catalyseur qui oppose les lâches aux courageux, les individualistes aux altruistes, bref, les méchants aux gentils. Et, bien évidemment, on assiste à un *happy end*.

Ressorts du film catastrophe, l'action, la psychologie, le suspense donnent ses lettres de noblesse au genre. Mais ce dernier peut se diluer dans le thriller, le policier ou le film d'action, comme en témoignent les quatre volets de la saga *Die Hard* (1998 à 2007), avec Bruce Willis, ou les deux épisodes de *Speed* (1994 et 1997), avec Sandra Bullock.

Parfois, la réalité rejoint et même dépasse la fiction. C'est ainsi que, le 11 septembre 2001, le monde assiste en direct à la destruction des tours jumelles du World Trade Center, mélange d'*Airport* et de *la Tour infernale*. Dans les mois qui suivent l'événement, les autorités américaines interdisent la sortie de films catastrophes ou évoquant une attaque terroriste.

Mais ces mesures n'ont qu'un temps. Hollywood renoue bientôt avec le film catastrophe en produisant *le Jour d'après*, de Roland Emmerich (2004) : New York se trouve plongée dans un nouvel âge de glace après une dégradation ultrarapide du climat provoquée par l'homme...

Mots croisés 3D

Ces mots croisés en trois dimensions se lisent horizontalement de gauche à droite (lettres), verticalement de gauche à droite (chiffres arabes) et verticalement de droite à gauche (chiffres romains) en partant toujours du haut. Les mots peuvent s'étendre sur plusieurs faces de différents cubes mais suivent toujours le même axe.

Horizontalement de gauche à droite

A. Ni du passé, ni du futur.

B. Se moqua (se).

C. Fit de l'œil.

D. Déformations dues au rachitisme.

E. Charge asiatique ; nuance.

F. Plus que *Seven* ; estuaires bretons ; dans.

G. Lumière, mais pas du cinéma ; on a perdu la trace de ses neiges ; met en conditionnelle ; me dirige.

H. Quand il cède, cela met le vol en péril et une catastrophe se prépare.

I. Petits bobos mal placés ; elles auront probablement droit à leur film catastrophe avec la grippe aviaire.

Verticalement de gauche à droite

1. Film catastrophe de Corey Allen (1978), avec Rock Hudson et Mia Farrow en danger au Colorado ; comme des costumes ou des chèques.

2. William Devereaux et John McClane pour Bruce Willis ; calcaire granuleux ; *58 Minutes pour vivre* par rapport à *Piège de cristal*.

3. Mille cinquante ; moment de passer à la caisse ; son enlèvement ne date pas d'hier.

4. Pas sans le sou ; capitale pour un Flamand.

5. Pays du Bloody Sunday ; début de vocalise.

6. Willy qu'il faut sauver ; paresseux ; phonétiquement peu calme.

7. Comme le Pentagone après le vol héroïque du président dans *Independence Day*.

8. Pour un copain ; possède.

9. Grand tour ; sans bavure.

Verticalement de droite à gauche

I. Film catastrophe de Michael Bay (1998), avec Bruce Willis en guerre contre un astéroïde ; film relatant une catastrophe maritime datant de 1912 et qui a été vu par plus de 170 millions de spectateurs.

II. Une gigantesque coulée de magma menace Los Angeles dans ce film de 1997 avec Tommy Lee Jones ; catastrophique pour les insectes.

III. Prénom d'un acteur du *Parrain* ; espèce d'et cetera ; provoquent des ruées.

IV. Adjectif trouvé sous la plume de nombreux critiques à propos de la réalisation de certains films catastrophes.

V. Suit ad quand cela convient au capitaine ; spécialisées.

VI. Réduise la taille d'une planche ; symbole précieux.

VII. Thème du film *Philadelphie*.

VIII. Sans pincettes ; fait en ayant vu *Y a-t-il un pilote dans l'avion ?*

IX. Celui du territoire américain est très surveillé depuis le 11 septembre 2001.

Septembre

Logigramme

Gros budgets pour grosses catastrophes. Plus rien n'arrête les producteurs hollywoodiens dans la spirale de l'horreur. À l'aide des cinq indices, trouvez pour chacun des films le nom du ou des héros, le thème, le nombre de morts qu'indique le scénario et enfin le budget de production, en millions de dollars (M$).

1. Nelson Rodriguez Vantt, un sacré casse-pieds, et sa femme Sally, une gourmande, ont joué dans un film dont le budget (pair en millions de dollars) est supérieur à celui du film où des terroristes menacent de faire sauter la planète, mais inférieur à celui du film qui remporte la palme d'or en nombre de morts.

2. Le virus mortel tue selon un plan précis. Pour l'arrêter, on tente d'infecter sa millième victime présumée avec une bactérie qui le détruira. Quand les deux organismes fusionnent, il reste trente minutes de film. D'autres victimes seront-elles à déplorer ?

3. Il y a cinq fois moins de morts lors du terrible incendie qui menace New York, dans lequel un personnage dont le nom se termine par Y tente de coordonner la lutte contre le feu, que dans le film qui a coûté le plus cher (et qui ne parle pas de tsunami).

		Budget					Nombre de morts					Thème				
		160	180	200	225	260	200	312	500	1 000	1 560	Crash d'avions	Incendie	Acte terroriste	Tsunami	Virus mortel
Héros	Ann Ehanty															
	Dave Astassion															
	Époux Vantt															
	K.O. Tick															
	Perry Pessy															
Thème	Crash d'avions															
	Incendie															
	Acte terroriste															
	Tsunami															
	Virus mortel															
Nombre de morts	200															
	312															
	500															
	1 000															
	1 560															

4. Avec un budget supérieur de 25 % à un autre blockbuster, l'un des films s'est offert le luxe macabre d'un nombre deux fois plus élevé de victimes. Ann Ehanty a quant à elle tourné dans une production qui a coûté 30 % de plus que le film aux 312 victimes.

5. Le coût de production du film mettant en scène K.O. Tick est inférieur à celui du film racontant l'histoire d'avions qui se crashent apparemment sans raison, mais supérieur à celui de la production où l'on recense un minimum de victimes.

Tableau des réponses

Héros	Ann Ehanty	Dave Astassion	Époux Vantt	K.O. Tick	Perry Pessy
Thème					
Nombre de morts					
Budget					

Septembre
Mercredi
1er

Gilles

SUITE LOGIQUE

Trouvez la figure numérotée qui continue la série.

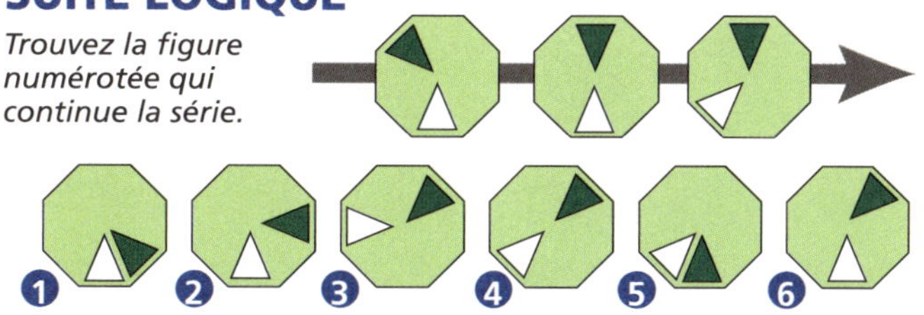

CE JOUR-LÀ

En 1939, sans qu'il y ait eu de déclaration de guerre, les troupes de la Wehrmacht envahissent la Pologne. C'est l'événement déclencheur de la Seconde Guerre mondiale.

Devinette

À quoi reconnaît-on une mère poule ?

La nuit, si tu te lèves pour aller aux toilettes, quand tu reviens te coucher ton lit est déjà fait.

La contrepèterie de la semaine

Sans fin ni cesse...

Les Belges

Un couple de Belges visite le Louvre. Ils sont dans les salles égyptiennes... La femme essaie de déchiffrer les inscriptions figurant sur le sarcophage d'une momie.

– Dis, chéri, qu'est-ce que ça veut dire, 3865 AV. J.-C. ?

– C'est sûrement le numéro de la plaque de la voiture qui l'a écrasée.

ANATITRES

Afin de rendre hommage à François Mauriac, écrivain né le 11 octobre 1885 et mort le 1er septembre 1970, retrouvez le titre de six de ses romans. Leur année de publication ainsi que la structure de la réponse sont données.

1. Beau prix ! Elle a rusé…
__ ______ __
_______ (1922)

2. Ring : exit.
________ (1923)

3. Le Sud doré, et la mer.
__ ______
__ _'______ (1925)

4. Éther : que d'yeux roses !
____
___________ (1927)

5. Vie prude de Solène.
__ _____ __
_______ (1932)

6. T'enfermes le croyant ?
__ _______
_________ (1933)

Septembre
Jeudi
2

Ingrid

LE PERSONNAGE DU JOUR

Découvrez un personnage célèbre grâce aux indices suivants, que vous lirez l'un après l'autre.

1 Je suis né le 3 janvier 1892 à Bloemfontein, en Afrique du Sud.

2 Je m'engage dans la Première Guerre mondiale.

3 Diplômé d'Oxford en 1919, je deviens professeur d'anglais à Leeds en 1924.

4 J'ai pour ami proche C. S. Lewis, l'auteur du *Monde de Narnia*.

5 Ma femme, Edith, meurt en 1971 et je la rejoins le 2 septembre 1973.

6 J'ai créé un univers de fiction, théâtre de nombreux récits et légendes, connu sous le nom de terre du Milieu.

TRIPLETS D'EXPRESSIONS

Trouvez un mot par ligne qui, associé à chacun des trois autres, établit un lien logique ou évoque une expression courante. Les initiales des mots trouvés formeront un nom qui évoque un film récompensé par un oscar pour ses effets spéciaux.

1. Assiette, feu, nique.

2. Soupe, tulipe, montre.

3. Esprit, formalité, passé.

4. Pont, bonnet, crosse.

5. Gadget, police, impôts.

6. Croche, agent, whisky.

7. Feu, canard, quartier.

8. Indienne, écrevisse, libre.

CE JOUR-LÀ

En 1945, le Japon signe son acte de reddition. Hirohito reste en place, mais accepte l'instauration d'une monarchie constitutionnelle.

Les Belges

Un Belge va voir sa fiancée et lui annonce :

– Tu sais, je ne peux pas t'épouser, car chez nous on se marie en famille : mon père a épousé ma mère et mon grand-père a épousé ma grand-mère.

Proverbe africain

Seul un sot mesure la profondeur de l'eau avec ses deux pieds.

Septembre
Vendredi
3

Grégoire

MOTS FLÉCHÉS

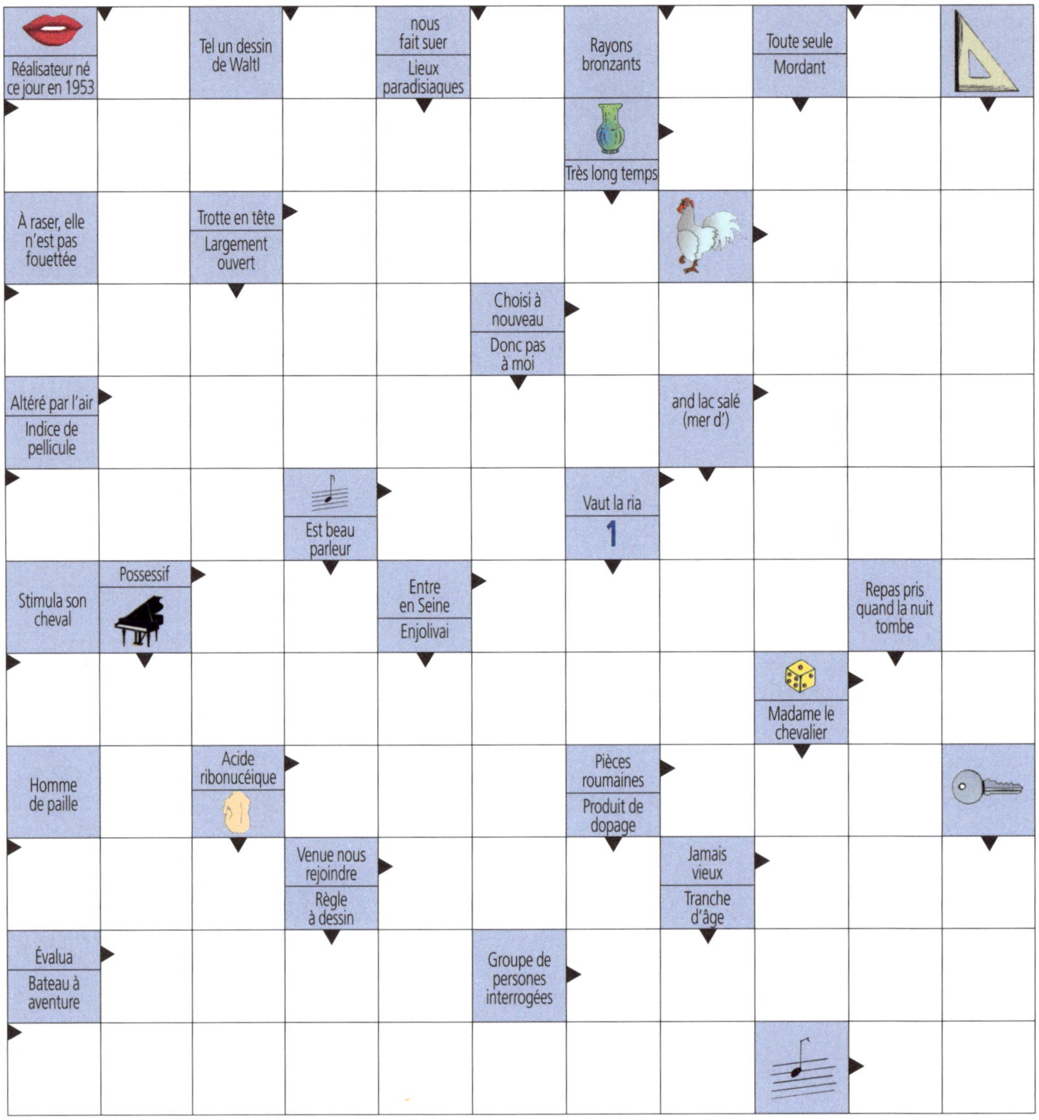

CE JOUR-LÀ

En 1759, le pape Clément XIII condamne l'Encyclopédie de Diderot et d'Alembert.

En 1838, Henriette d'Angeville est la première femme à atteindre le sommet du mont Blanc, plus d'un demi-siècle après Jacques Balmat et Gabriel Michel Paccard.

SYLLABES MANQUANTES

Reconstituez dix mots en utilisant les syllabes proposées. Les initiales des mots trouvés vous révéleront le titre d'un film catastrophe de 1997, dans lequel un astronaute dévie une comète de sa trajectoire avant qu'elle ne heurte la Terre.

1. __ PRÉ __ ____
2. _ PA ___ ____
3. __ __ MA ____
4. ____ __ ___ TÉ
5. __ FOR __ __
6. __ __ DIC ____
7. __ __ PÉ ___
8. __ ____ CO __
9. __ TA ____ __
10. ___ __ LO ___

an	bo	ca	ci
clys	da	dé	é
ec	gie	in	lé
ma	me	ment	ne
pau	pé	prin	ri
se	tam	teur	teux
thra	tie	tion	tri
	tu	zé	

Le saviez-vous ?

Le coco de mer, ou cocotier double des Seychelles, produit la graine la plus lourde du monde végétal : son poids peut atteindre 27 kg !

À l'hôpital

À l'hôpital, on téléphone au service de chirurgie.

– Bonjour, madame, je vous téléphone pour savoir comment s'est passée l'opération de M. Dupond la semaine dernière.

– Très bien, il ne tardera pas à sortir. Puis-je savoir qui demande de ses nouvelles ?

– C'est M. Dupond lui-même. Je voulais juste savoir, parce qu'à moi on ne me dit jamais rien !

Les blondes

Deux vieilles amies blondes prennent un verre au bar. La première dit :

– Tu vois les deux mecs qui discutent là-bas ? Eh bien, celui de droite, c'est mon mari et celui de gauche, mon amant !

L'autre lui répond :

– Oh, comme c'est rigolo ! Moi c'est le contraire !

Septembre
Samedi
4

Rosalie

Deuxième décan de la Vierge

CARRÉ DE 7

Reconstituez des mots de sept lettres dans les quatorze lignes (conjugaisons autorisées). Les lignes A, B et C révèlent le nom d'une chanteuse et compositrice de R'n'B américaine, la D le nom de la ville où elle est née le 4 septembre 1981, la E le prénom de sa petite sœur, la F un autre rôle de notre chanteuse, et la G s'applique à ses belles dispositions.

	1	2	3	4	5	6	7
A	Y	E	B	E	C	N	O
B	E	G	I	S	L	E	L
C	K	W	N	O	L	S	E
D	H	S	O	N	O	T	U
E	O	G	S	L	N	E	A
F	C	A	E	C	I	T	R
G	S	A	T	T	E	L	N

1. ....
2. ....
3. ....
4. ....
5. ....
6. ....
7. ....

A. ....
B. ....
C. ....
D. ....
E. ....
F. ....
G. ....

La perle de la semaine

Napoléon détestait les Anglais, auxquels il reprochait de l'avoir fait mourir à Sainte-Hélène. Il décréta contre eux le blocus sentimental, puis il alla prendre sa retraite en Russie.

ESCALETTRES

Plus facile que le coq-à-l'âne : passez d'un mot au suivant en ajoutant une lettre et en permutant l'ordre des lettres pour arriver au mot mystère de neuf lettres, renvoyant à l'un des plus célèbres films catastrophes.

N A
+ F _ _ _
+ I _ _ _ _
+ E _ _ _ _ _
+ R _ _ _ _ _
+ E _ R _ _ _ _ _
+ L _ _ _ _ _ _ I _
+ N _ _ _ _ _ _ _ _ _

CE JOUR-LÀ

En 1870, la IIIe République est instaurée en France.

En 1958, Jean XXIII succède à Pie XII sur le trône pontifical.

Au tribunal

Le juge demande au prévenu :

– Expliquez-moi comment vous avez fait pour voler tous ces lingots et pour les transporter sur votre dos.

– Ce n'est pas la peine… Vous n'y arriverez jamais !

Septembre
Dimanche
5

Raïssa

CE JOUR-LÀ

En 1870, Paris réserve un accueil triomphal au retour de Victor Hugo, exilé depuis le coup d'État de Napoléon III, en décembre 1851.

Mot d'enfant

Lou-Anne, 4 ans et demi, arrive chez sa grand-mère.

– Mamie, j'ai mal !

– Montre-moi où, ma chérie.

La fillette lève le pied, désigne son talon et dit :

– Ici, au menton du pied !

Qualité appréciée

Un homme demande à sa femme :

– Qu'est-ce que tu préfères chez moi, chérie ? Mes muscles virils ou mon intelligence ?

– Ton sens de l'humour !

QUIZ — Le Canada français

Le 5 septembre 1534, Jacques Cartier présente à François Ier deux Indiens qu'il a ramenés de son expédition au Canada. Commence alors l'histoire de la « Belle Province »…

1. *Les expéditions de Jacques Cartier étaient destinées :*
A. À découvrir le nord du continent américain.
B. À explorer le pôle Nord, dont certains savants avaient deviné l'existence.
C. À trouver un passage par le nord vers l'Asie.

2. *Samuel de Champlain, fondateur de la ville de Québec en 1608, a écrit le récit de son voyage sous le titre :*
A. Des neiges éternelles.
B. Des ours par milliers.
C. Des sauvages.

3. *Au milieu du XVIIIe siècle, un dernier conflit oppose les colons français aux Anglais, qui sont 2 millions. Les Français sont :*
A. 6 000 000.
B. 600 000.
C. 60 000.

4. *Le Canada a remplacé l'hymne britannique par son propre hymne national en :*
A. 1680. **B.** 1780.
C. 1980.

Septembre

Lundi

6

Bertrand

À FLEUR DE MOTS

L'un des plus célèbres créateurs de mangas japonais, Gô Nagai, est né le 6 septembre 1945. C'est notamment le dessinateur de Goldorak. Formez des mots à partir des lettres ci-dessous. Inscrivez vos solutions dans la rosace de l'extérieur vers le centre. Une seule anagramme permet de compléter la grille en croisant les mots.

A. EFGOU
B. CDNOO
C. ADRSY
D. AEMNS
E. EELPT
F. DKOUY
G. IIORT
H. GHOST
I. AMOSS
J. AMPSU
K. ESSTU
L. ENOST
M. JNORU
N. FNOTU
O. AORSS
P. EPRSU
Q. AAGIN
R. AJMPU

1. FGSUU
2. ACMOS
3. IOPUY
4. AAGMN
5. ADELR
6. DEKNO
7. EPSTY
8. GOSTU
9. DEMOR
10. AIOPT
11. HISSU
12. MOSSU
13. AEJST
14. EFSTU
15. ORSSU
16. ANORT
17. ENNOR
18. AJNOP

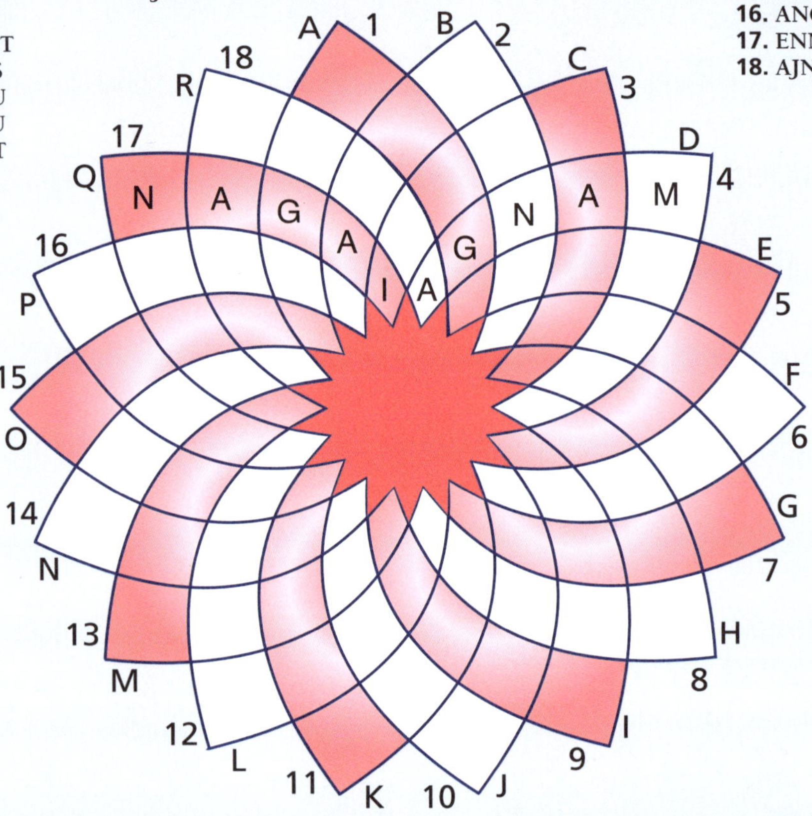

Zoom saveur

LA MIRABELLE DE LORRAINE

On ne la trouve que pendant 3 à 4 semaines sur les étals, et pour cause : son cahier des charges interdit qu'on la cueille avant maturité !

Il existe deux variétés de mirabelles de Lorraine : celle de Metz et celle de Nancy. Si la première est surtout destinée aux confitures, la seconde est le succulent petit fruit dont nous nous délectons au début de l'automne. Dès qu'il est mûr…

Idée gourmande.
Battez 3 œufs avec 90 g de sucre en poudre, 55 g de Maïzena et 160 g de crème fraîche. Recouvrez 700 g de mirabelles de ce mélange et enfournez ce clafoutis pour 35 min à 180 °C (th. 6).

JEU DE LOGIQUE

Un carré parfait est un nombre résultant du produit d'un entier par lui-même : 0 (0 u 0), 1 (1 u 1), 4 (2 u 2)… En utilisant une et une seule fois chacun des chiffres de 0 à 9, remplissez la pyramide de façon à ne faire figurer sur chaque ligne que des carrés parfaits.

Pour parvenir au résultat logiquement, écrivez la liste de tous les carrés parfaits de 1 à 9801 (99 u 99) puis éliminez tous ceux qui sont inutilisables (ils contiennent un 1, déjà placé dans la pyramide, ou ils s'écrivent avec un chiffre en double comme 225 ou 900). Approfondissez chaque piste.

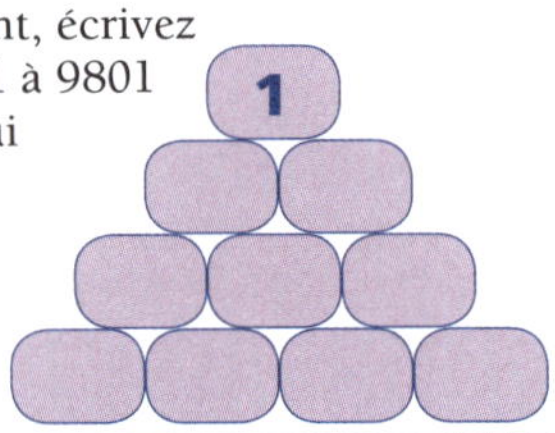

CE JOUR-LÀ

En 1522, l'expédition Magellan est de retour après avoir effectué le premier tour du monde. Le navigateur a péri l'année précédente lors d'affrontements aux Philippines.

Nos amies les bêtes

Deux vétérinaires qui ne se sont pas vus depuis longtemps se rencontrent dans la rue. Le premier dit à l'autre :

– Tu sais, maintenant j'ai un chien extraordinaire. Le matin, il me réveille, nous petit-déjeunons, je l'emmène à la clinique, il m'accompagne au restaurant, et le soir nous regardons la télévision ensemble. Puis, quand vient la nuit, il se couche au pied de mon lit.

Son confrère lui demande :

– Mais tu n'es pas marié ?

Et l'autre de répondre :

– Tu es fou ? Une femme en appartement !

Septembre
Mardi
7

Reine

CE JOUR-LÀ

En 1882, pour la première fois, un quartier de New York est éclairé à l'électricité. Cette année-là, l'industriel Thomas Edison a fondé la première centrale électrique de l'Histoire.

En 1998, Serguei Brin et Larry Page, les concepteurs du moteur de recherche Google, fondent l'entreprise du même nom.

Attentionné

Sur les Champs-Élysées, deux policiers de la BAC (brigade anticriminalité) viennent de prendre sur le fait un voleur à la tire.

– Jamais, proteste-t-il, je n'ai voulu voler le porte-monnaie de cette vieille dame, bien au contraire. J'avais trouvé par terre un billet de 10 euros, et c'était pour faire une bonne surprise à cette pauvre femme que je tentais de glisser discrètement le billet dans son sac.

La gourmandise de **Michel Leeb**

– Monsieur Willy, si vous deviez vivre sur une île déserte avec seulement cinq livres, qu'emporteriez-vous ?

– Cinq livres de chocolats.

Déducto

La Journée du pêcheur

La Nuit du chasseur (Charles Laughton, 1955)

MOTS CROISÉS

	1	2	3	4	5	6	7	8	9
I							■		
II	■					■			
III								■	
IV		■				■			
V			■		■		■		
VI				■					■
VII					■				
VIII							■		
IX		■							

Horizontalement
I. Moteur surpuissant ; ordinateur individuel. **II.** Infectai ; conception assistée par ordinateur. **III.** Organisme exploitant un système informatique. **IV.** Sou de Tokyo ; il orne les pièces d'eau. **V.** Ytterbium ; bug. **VI.** Toile pour le surf ; ligne à très haut débit. **VII.** Spécimens à boutons ; lancez-vous dans l'entreprise. **VIII.** Ensemble d'ordinateurs interconnectés ; centre de mail. **IX.** Jeune entreprise de haute technologie à fort potentiel de croissance.

Verticalement
1. Logiciel espion. **2.** Raid boursier ; ça cartoonne ! **3.** Teddy bear ; espèce de singe. **4.** Gonfler grave ; plateau de vedettes. **5.** Permet de changer d'adresse en un simple clic ; se jette dans la mer du Nord. **6.** Arrose Dax et Bayonne. **7.** Expression de Munch ; Benoît XVI en bref. **8.** Demi-père du peuple ; pour en finir avec les ardoises. **9.** Traités en langage binaire ; offre plus de capacité que la disquette.

JEU DES 7 ERREURS

Septembre
Mercredi
8

Nativité de Notre-Dame

CE JOUR-LÀ

En 1946, monseigneur Rodhain fonde le Secours catholique. Cette association à but non lucratif sera reconnue d'utilité publique en 1962.

La contrepèterie de la semaine

L'ouvrier charpentier pose ses roupies sur les tablettes.

Au tribunal

Le juge :

– Vous êtes coupable. Je vous condamne à 100 euros d'amende.

– Oh non ! Monsieur le juge ! Je mange pour 25 euros d'arachides et je suis malade. Alors, imaginez, 100 euros d'amandes : je vais en mourir !

NOMBRES CROISÉS

Une grille en hommage au plus récompensé des films catastrophes, le thème du mois.

Horizontalement
I. Année du naufrage du *Titanic*. **II.** Ce nombre s'écrit avec uniquement deux chiffres différents. **III.** Sur cette ligne, chaque chiffre est un multiple de 3, nul ou non. **IV.** Nombre d'années entre le naufrage du *Titanic* et la date de sa localisation, par 4 000 m de fond, à 650 km au sud-est de Terre-Neuve ; nombre d'oscars obtenus par le film de James Cameron. **V.** Des nuits pour Schéhérazade.

	1	2	3	4	5
I					■
II					
III		■		■	
IV			■		
V	■				

Verticalement
1. Année de la sortie du film avec Leonardo DiCaprio et Kate Winslet. **2.** Hauts-de-Seine ; il fallait être dessus pour entrer dans la salle de bal. **3.** Temps d'aller au bois. **4.** La fin des terres en France ; nombre de ponts du paquebot. **5.** On commémorera alors le dixième anniversaire des attentats du World Trade Center.

LE DIAGO

Replacez ces sept mots, dont six ont un rapport avec le cinéma, pour lire en diagonale le nom de l'actrice qui a joué dans le film de Marcel Pagnol la Femme du boulanger, *d'après Jean Giono, avec Raimu. ARCHIVE, OBSCURE, COULEUR, PLASTIC, FILMÉES, VERSION, LUMIÈRE.*

■						
	■					
		■				
			■			
				■		
					■	
						■

Septembre
Jeudi
9

Alain

MORPHOMOTS

Le 9 septembre 1948, la république démocratique de Corée du Nord proclame son indépendance. En ajoutant une lettre à celles de ce pays, formez de nouveaux mots répondant aux définitions.

1. CORÉE + C : vous m'en direz tan.
_ _ _ _ _ _

2. CORÉE + F : apte au combat.
_ _ _ _ _ _

3. CORÉE + L : casser des coquilles.
_ _ _ _ _ _

4. CORÉE + P : femme prétentieuse.
_ _ _ _ _ _

5. CORÉE + U : impasse du Nord.
_ _ _ _ _ _

6. CORÉE + V : moyen militaire d'avoir la patate.
_ _ _ _ _ _

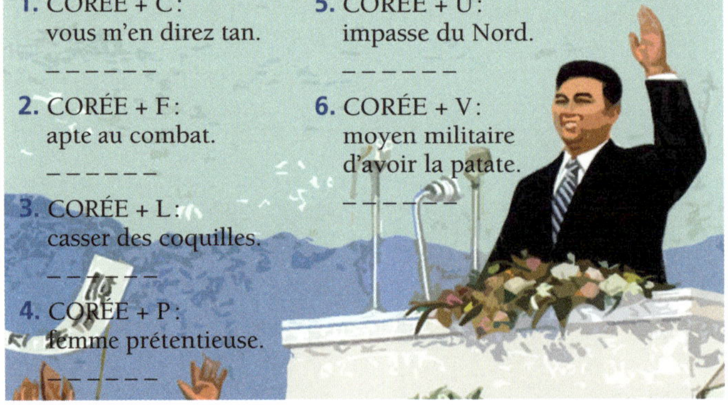

CE JOUR-LÀ

En 1943, la Corse se soulève contre l'occupant allemand. Ce sera le premier département français à être libéré.

En 1976, Mao Zedong meurt à Pékin à l'âge de 82 ans. Le Grand Timonier, auteur du Petit Livre rouge, dirigeait la Chine d'une main d'acier depuis le 1er octobre 1949.

Proverbe africain

Si un animal vous dit qu'il peut parler, il ment probablement.

Malentendu

Un homme roule sur une petite route de montagne. Une femme roule sur la même route dans l'autre sens. Au moment où ils se croisent, la femme baisse sa vitre et crie :

– Cochon !

L'homme ouvre immédiatement sa fenêtre et lui répond :

– Salope !

Chacun poursuit sa route et, au virage suivant, l'homme percute un… cochon qui se trouve au milieu de la route.

Morale de l'histoire : si les hommes pouvaient seulement écouter !

Septembre
Vendredi
10

Inès

L'ÉNIGME DE SISSI

Le 10 septembre 1958, le film Sissi face à son destin *sort dans les salles parisiennes. Parmi les vingt et un mots contenus dans l'illustration, biffez ceux qui correspondent aux indices. Les mots restants vous livreront sous forme de rébus le nom de l'endroit où s'est déroulé le drame évoqué en 16.*

1. Ôtez une voyelle à un mot et vous disposerez des lettres nécessaires pour former le nom de l'actrice qui incarne Élisabeth, la jeune Bavaroise insouciante qui deviendra Sissi dans le film de 1955. **2.** Dans *Sissi impératrice*, sorti en 1957, la jeune femme s'oppose à l'archiduchesse, sa belle-mère. Enlevez la lettre centrale d'un mot puis recomposez les lettres restantes pour trouver le prénom de cette dernière. **3.** Biffez l'homophone du nom évoquant l'endroit où l'on exige un respect très strict de l'étiquette, à laquelle la jeune fille a bien du mal à se plier. **4.** Sissi, tenue d'apprendre toutes les langues parlées dans l'empire de son mari, s'attache plus particulièrement à un pays dont vous entendrez le nom en plaçant un pronom indéfini devant l'un des mots. **5.** La jeune femme se plaint de ne pas voir suffisamment son mari et regrette sa Bavière natale, mais elle donne naissance à une petite princesse dont l'anagramme du prénom figure dans la liste. **6.** L'archiduchesse décide d'élever l'enfant en raison du jeune âge de Sissi. Celle-ci, déçue de la faiblesse de son époux, s'enfuit. Pour découvrir la ville que quitte Sissi, passez la syllabe centrale d'un mot en tête. **7.** Réconciliée avec son mari après un séjour à la montagne, Sissi, ayant récupéré son enfant, accepte de se rendre à Budapest. Que devient-elle officiellement le 6 juin 1867 dans cette ville ? Supprimez une lettre d'un mot pour le savoir. **8.** Biffez le mot qui est l'anagramme d'un chiffre correspondant au nombre d'années qui s'écoulent, dans l'histoire, entre la fin de *Sissi impératrice* et le début de *Sissi face à son destin*. **9.** À la cause de quelle nation Sissi tente-t-elle de rallier les révolutionnaires du pays dans lequel elle vient d'être couronnée ? L'anagramme de ce pays figure dans la liste. **10.** Pendant ce temps, l'archiduchesse répand des calomnies sur l'amitié qui lie Sissi et le séduisant Andrassy. Quel rang occupe celui-ci ? Supprimez une lettre dans un mot pour le découvrir. **11.** Andrassy, réellement amoureux de Sissi, lui déclare finalement sa flamme. La jeune impératrice décide alors de quitter le pays et rejoint son mari, Franz. Au cours de vacances à la campagne, le docteur Seeburger diagnostique sa maladie. Quel organe est touché ? Changez une lettre dans un mot pour l'établir. **12.** Sissi doit alors, sur les conseils de ce médecin, se rendre sur une île dont le nom vous apparaîtra si vous inversez deux lettres d'un mot. **13.** Franz est désespéré ; la mère de Sissi vient rejoindre la jeune femme, qui reprend quelques forces et se rend dans un nouveau pays dont l'homophone figure dans la liste. **14.** Guérie, elle part avec Franz en Italie, où le couple est accueilli avec hostilité dans les provinces de Lombardie et de Vénétie. C'est en se jetant dans les bras de sa fille, dont elle était restée longtemps éloignée, que Sissi parvient à conquérir le cœur des Italiens. Dans quelle ville se déroule cette scène ? Lisez les mots de la liste et vous l'entendrez. **15.** Le 10 septembre 1898, à l'âge de 61 ans, Sissi est assassinée par un anarchiste italien. Trouvez l'anagramme de la ville où se déroule ce nouveau drame dans la vie de l'empereur François-Joseph Ier. **16.** Un an auparavant, la sœur de l'impératrice était morte, brûlée vive, dans un incendie provoqué par une invention récente appelée à un grand avenir dont l'anagramme figure dans la liste.

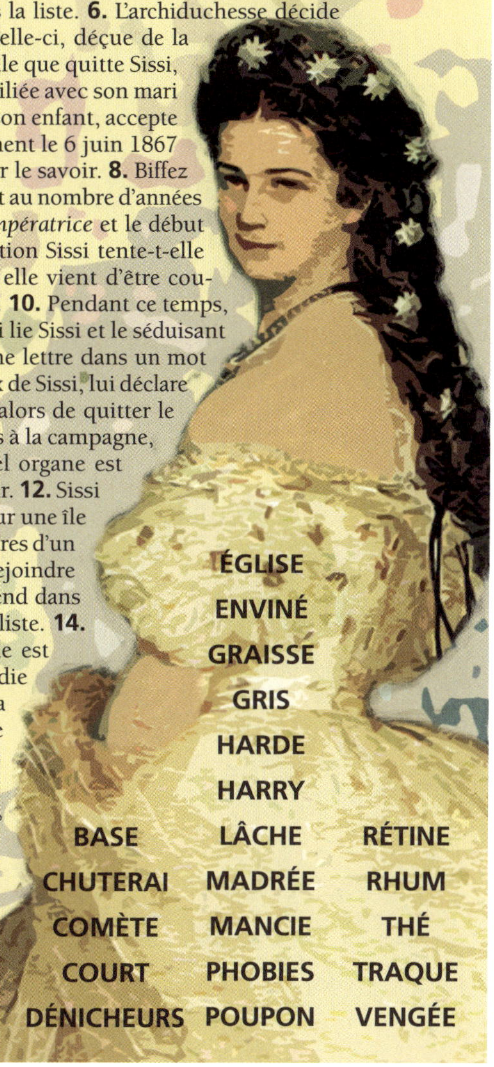

ÉGLISE
ENVINÉ
GRAISSE
GRIS
HARDE
HARRY
BASE **LÂCHE** **RÉTINE**
CHUTERAI **MADRÉE** **RHUM**
COMÈTE **MANCIE** **THÉ**
COURT **PHOBIES** **TRAQUE**
DÉNICHEURS **POUPON** **VENGÉE**

CE JOUR-LÀ

En 1961, Air France enregistre la première naissance à bord d'un appareil de la Compagnie, à 5 000 m d'altitude.

Devinette

Dans quel pays ne bronze-t-on pas du nez ?

Au Népal.

Le saviez-vous ?

Un dauphin de Nouvelle-Zélande nommé Pelorus Jack a tenu le rôle d'escorteur de 1888 à 1912 : pendant vingt-quatre ans, le cétacé a accompagné jusqu'au port les navires engagés dans le Pelorus Sound, étroit chenal long d'une dizaine de kilomètres. Les marins imaginaient que ce dauphin voulait assurer la sécurité des vaisseaux jusqu'à leur mouillage dans le port.

70 ANS CETTE ANNÉE

Michèle Alliot-Marie fête aujourd'hui ses 70 ans. Devinez le nom de ces quatre fringants septuagénaires.

1. Cette chanteuse américaine d'origine arménienne mais aussi cherokee, française et irlandaise, forma un duo avec son mari, Sonny.

2. Femme politique française titulaire d'un doctorat en pharmacie. Trois fois ministre, elle a co-animé une émisssion de télévision à partir de 2012.

3. Éditorialiste fulminant qui a donné à son ancien hebdomadaire un prénom féminin cher à tous les républicains.

4. Écrivain français, titulaire du prix Goncourt en 1978, qui a obtenu le prix Nobel de littérature en 2014.

Septembre
Samedi
11

Adelphe

CUBES

Formez trois titres de films catastrophes en prenant chaque fois une lettre différente sur une des faces des cubes.

Pratique

Un petit garçon demande à une petite fille :

– Tu sais pourquoi les pots de fleur ont un trou en dessous ?

–Oui, dit la petite fille : c'est pour qu'on puisse prendre la température des plantes quand elles sont malades !

CE JOUR-LÀ

En 1973, au Chili, le général Pinochet s'empare du pouvoir par un coup d'État sanglant. Acculé, le président en exercice, Salvador Allende, se suicide.

La perle de la semaine

Les aqueducs ont été construits par les Romains pour transporter du pétrole en France.

QUIZ Les toiles de maître

Le 11 septembre 1987, le tableau les Tournesols, *de Van Gogh, se vend 320 millions de francs aux enchères. Testez vos connaissances sur les toiles de maître les plus cotées.*

1. *Quel tableau d'Auguste Renoir a été vendu aux enchères pour 110 millions de dollars le 17 mai 1990 à New York ?*
A. *Le Bal du moulin de la Galette* (1876).
B. *Le Déjeuner des canotiers* (1880-1881).
C. *Les Grandes Baigneuses* (1884-1887).

2. *Quelle enchère la toile de Pablo Picasso Dora Maar au chat (1941) a-t-elle atteinte le 3 mai 2006 ?*
A. 85 millions de dollars.
B. 105 millions de dollars.
C. 95 millions de dollars.

3. *En 2015, le Quatar a acheté en 2015 une toile 300 millions de dollars. Laquelle ?*
A. *Quand te maries-tu ?* (1892), de Paul Gauguin.
B. *N° 5* (1948), de Jackson Pollock.
C. *Woman III* (1952-1953), de Willem De Kooning.

Septembre
Dimanche
12

Apollinaire

CE JOUR-LÀ

En 1940, quatre jeunes Périgourdins découvrent la grotte de Lascaux en poursuivant leur chien.

À l'école

Un élève apostrophe son instituteur.

– M'sieur, m'sieur ! Y'en a plus de crayon !

– On ne dit pas « y'en a plus de crayon », mais « je n'ai plus de crayon, tu n'as plus de crayon, il n'a plus de crayon, nous n'avons plus de crayon… »

Et l'élève de répliquer :

– Mais alors ils sont passés où tous les crayons ?

Mot d'enfant

Vincent, 3 ans, mange pour la première fois du chocolat aux noisettes.

– Tiens, maman, le noyau !

LES PERSONNAGES DU JOUR

Découvrez un à un les renseignements sur ces deux personnages, tous deux nés un 12 septembre, et essayez de les identifier en utilisant un minimum d'indices.

1 Je suis né le 12 septembre 1942 à Vire, dans le Calvados.

2 En 1965, je débute ma carrière à l'ORTF comme reporter et commentateur sportif.

3 En 1972, j'anime l'émission *Sport en fête* sur la première chaîne de télévision.

4 En 1974, Michèle Arnaud me convainc d'orienter ma carrière vers les émissions de variétés.

5 Je suis l'oncle d'une actrice et d'une journaliste.

6 Dans le film *l'Antidote* (2005), de Vincent de Brus, je joue mon propre rôle.

1 Je suis née à Pierrefonds, près de Montréal, le 12 septembre 1961.

2 À la fin des années 1970 je m'installe à Paris, où je suis une formation théâtrale au cours Florent.

3 Mes premières apparitions médiatiques se font dans des publicités.

4 Je débute dans la chanson en 1984, à la suite d'un casting organisé par Laurent Boutonnat.

5 Mon nom de scène est un hommage à une actrice américaine des années 1930.

6 En 1986, je me teins en roux pour le vidéoclip de *Libertine*, qui deviendra un tube.

Septembre

Lundi

13

Aimé

CE JOUR-LÀ

En 1993 est signé l'accord israélo-palestinien de Washington, portant sur l'autonomie des territoires occupés. Yitzhak Rabin et Yasser Arafat se serrent la main devant Bill Clinton.

Cadeau ciblé

À son réveil, une femme dit à son mari :

– Chéri, je viens de faire un rêve incroyable. Tu m'offrais un collier de perles pour la Saint-Valentin. À ton avis, qu'est-ce que ça peut bien vouloir dire ?

– Tu le sauras ce soir, répond le mari avec un sourire en coin.

Le soir, l'homme rentre du travail avec un paquet cadeau. Folle de joie, sa femme commence à le déballer et, à l'intérieur, elle découvre… un livre intitulé l'Interprétation des rêves.

MOTS FLÉCHÉS

- Gros crapaud
- Grand singe mythique
- Éléments unis
- Des logarithmes
- Semi-consonne
- Ils font le poids
- Dévoreur de contes
- Relatif au mariage
- S'épanouir comme une rose
- Se consulte avant de commander
- Classe de primaire
- Anesthésie
- Aconit des montagnes
- Saint de Bigorre
- Lichen sur les arbres
- Les gens
- De la bouche
- Comme le parc de Steven Spielberg
- Refuge de rats
- Aurochs
- Moitié de fils
- Il provoque des tremblements
- Montre les dents
- Saint-pierre
- Et toc !
- Violoniste naturalisé américain
- Est dirigé par son chef
- Moto de compétition
- Distinguée
- Montagne de Grèce
- Qui a donc trouvé sa place
- La fausse choque
- Souvent un confident
- Épuisé
- Montagne isolée
- Devenus blêmes
- Bête et paresseux
- Film catastrophe tiré d'une tragédie réelle
- Marque distinctive
- Tranche matinale
- Il ondule sous la brise

Zoom saveur

LE BRIE

Brie de Meaux, de Coulommiers, de Melun ou de Montereau ? Si chaque amateur de ce fromage a son chouchou, ils sont tous excellents !

Indispensable sur un plateau de fromages, le brie est connu depuis Charlemagne, et Talleyrand a dit de lui qu'il était le roi des fromages… Préférez-le bien affiné (10 semaines au lieu des 8 minimales) pour une saveur parfaite, au délicat parfum de noisette.

Astuce gourmande. *Le brie est présenté sur des disques de paille tressée. Demandez-en une à votre fromager et utilisez-la en guise de plateau à fromages.*

CASE-CHIFFRES

Chaque brique du case-chiffres est la somme des deux briques situées juste en dessous. Sachant que la somme des cinq nombres de la base est 33, remontez les marches de la pyramide pour trouver la valeur du sommet.

Nos amies les bêtes

Si on croise un pitbull avec un labrador, quel sera le résultat ?

Il va toujours t'arracher un bras, mais il va te le rapporter.

Septembre

Mardi

14

Sainte Croix

Troisième décan de la Vierge

Déducto

Les Jours noirs

Les Nuits blanches (Luchino Visconti, 1957)

CE JOUR-LÀ

En 1960 est créée l'Organisation des pays exportateurs de pétrole (OPEP). Il s'agit de faire face à la baisse du prix du baril.

La définition de

Jules Renard

Kangourou : puce géante.

MOTS CROISÉS

	1	2	3	4	5	6	7	8	9	10	11	12	13	14
I						■								
II					■					■				■
III		■												
IV			■		■				■					
V						■		■			■		■	
VI			■				■							
VII		■							■		■			
VIII					■		■							
IX											■			

Horizontalement

I. Fleuve d'Afrique sur la rive droite duquel l'explorateur Pierre Savorgnan de Brazza, mort le 14 septembre 1905, avait établi pacifiquement la domination française ; îles redécouvertes et conquises en 1402 par le gentilhomme et navigateur normand Jean de Béthencourt. **II.** Entendre plaisamment ; passe par Florence ; au milieu du salon. **III.** Navigateur français ayant atteint Tahiti il y a deux cent quarante ans, et qui publia à son retour *Voyage autour du monde*. **IV.** Émetteur clandestin ; poids lourds ; Breton au large. **V.** Rien à signaler ; découvre le monde. **VI.** Parcourut le monde à cause d'une vacherie ; moitié de couple ; navigateur français qui prit possession du Canada au nom de François Ier. **VII.** Nom de deux navigateurs portugais, ayant découvert l'un les Açores en 1427, l'autre le Brésil en 1500 ; expédia dans l'autre monde. **VIII.** Henri VI y fonda un fameux collège en 1440 ; on découvre souvent un peu tard sa partie cachée. **IX.** On ne se découvre guère lors du premier ; créateur de l'École normale supérieure de Sèvres.

Verticalement

1. Occuper le terrain. **2.** Permet l'alternative ; apporte du nouveau ; règle à suivre. **3.** Un rien vieilli ; chef de convoi. **4.** Immense île découverte par Erik le Rouge au Xe siècle. **5.** Cuvette obsolète. **6.** Au-dessus du caïd ; partirez. **7.** Qui fait montre de bravoure. **8.** Badiane s'il est étoilé ; muse de l'Histoire. **9.** Refus sans bon sens ; première marque d'insolence ; cuivre pour les Curie. **10.** À découvrir par l'homme. **11.** Couloir de navigation. **12.** Tels des espaces qui restent à explorer. **13.** Un dieu qui ne manque pas d'air ; entre en Seine à Louviers. **14.** Opération destinée à faire impression.

SANDWICH

Dans la grille ci-dessous, complétez les mots verticaux de cinq lettres. Plusieurs solutions sont possibles parfois, mais une seule vous permettra de retrouver une citation extraite de l'encyclique Fides et Ratio (la Foi et la Raison), publiée par le pape Jean-Paul II le 14 septembre 1998.

C	O	N	T	E	M	P	L	O	N	S	L	A	V	E	R	I	T	E	A	V	E	C	L	A	F	O	I	L	A	R	A	I	S	O	N	S	E	L	E	V	E	R
O	P	U	A	L	E	A	A	B	E	U	I	D	E	S	I	M	O	S	T	I	N	R	A	P	A	B	N	I	M	I	R	N	A	S	E	A	N	O	C	O	N	I
E	U	E	P	V	S	E	I	L	V	E	N	L	B	O	E	G	T	A	A	U	R	B	P	U	E	I	A	G	S	E	U	L	N	U	N	V	E	T	I	U	U	E
X	M	S	E	E	E	R	N	E	E	T	S	E	E	R	S	E	E	I	S	X	E	E	E	I	S	R	S	E	E	S	E	E	T	E	S	E	R	S	N	X	I	S

Septembre
Mercredi
15

Roland

La contrepèterie de la semaine

Elle se bidonne en astiquant son char.

CE JOUR-LÀ

En 1963, Ahmed Ben Bella est élu premier président de la toute nouvelle République algérienne.

Battu !

Trois garçons discutent dans la cour de récréation. Le premier :

– Moi, mon père, il a une Ferrari qui fonce à 250 km/h…

Le deuxième :

– Ouais. Et moi, mon père, il a un jet privé qui fonce à 900 km/h…

Le troisième :

– Moi, mon père, il a une 2 CV, il travaille à la poste et, quand il finit à 17 heures, il est à la maison à 16 h 30.

QUIZ Charles de Foucauld

Le Père Charles de Foucauld est né le 15 septembre 1858. Mais connaissez-vous la vie de ce saint personnage ?

1. *Avant de se tourner vers la religion, Charles de Foucauld possédait un titre de noblesse. Lequel ?*
A. Vicomte.
B. Baron.
C. Marquis.

2. *En 1882-1883, il étudie durant un an l'arabe et l'islam pour préparer son séjour dans un pays arabe. De quel pays s'agit-il ?*
A. L'Égypte.
B. La Syrie.
C. Le Maroc.

3. *Sa tante Inès Moitessier, la sœur de son père, fut rendue célèbre par les portraits que fit d'elle un grand peintre. Lequel ?*
A. Delacroix.
B. Ingres.
C. Fragonard.

4. *À quel ordre religieux appartenait le Père Charles de Foucauld ?*
A. Les Dominicains.
B. Les Franciscains.
C. Les Trappistes.

5. *Charles de Foucauld meurt le 1er décembre 1916 au cœur du Sahara. Comment ?*
A. Assassiné par des pillards à la porte de son ermitage.
B. Sur un grabat des suites de la malaria.
C. Dans l'oasis de Sidi Moussa, piqué par un scorpion.

6. *Par quel pape a-t-il été béatifié ?*
A. Paul VI.
B. Jean XXIII.
C. Benoît XVI.

Septembre
Jeudi
16

Édith

CE JOUR-LÀ

En 1936, Jean Charcot périt dans le naufrage de son navire océanographique, le Pourquoi-Pas ?, près des côtes de l'Islande.

La définition de
Pierre Desproges

Le voisin est un animal nuisible assez proche de l'homme.

Délais

À cap Canaveral, un petit commerçant sort ravi des bureaux de la NASA.

– Ça y est, dit-il à sa femme, j'ai obtenu la concession pour fournir en pizzas les astronautes en mission sur toutes les planètes. La seule chose qu'ils ont exigée dans le contrat, c'est que nous soyons capables de livrer dans les trente ans suivant un appel.

Proverbe allemand

Il faut manger comme un homme en bonne santé et boire comme un malade.

JEU D'OBSERVATION

Toutes les figures vont par paire, sauf une. Laquelle ?

Ivre mort

C'est le soir. Un gars se fait virer du bistrot par le patron à cause de son état d'ébriété. Il se lève et s'écroule par terre. Le voilà donc obligé de rentrer chez lui en rampant. Arrivé devant sa porte, il parvient tant bien que mal à se relever et à rentrer chez lui. Il commence à grimper l'escalier, et de nouveau se retrouve par terre. Il rampe donc jusqu'à sa chambre, parvient à escalader son lit et s'endort comme une masse. Le lendemain matin, sa femme le réveille en hurlant :

– Bon sang ! T'es encore rentré saoul hier soir ! Le patron du bistrot vient d'appeler pour dire que tu avais oublié ton fauteuil roulant là-bas !

Septembre
Vendredi
17

Renaud

CE JOUR-LÀ

En 1986, une bombe explose en plein jour rue de Rennes, à Paris. C'est le dernier d'une série d'attentats qui terrorisent la capitale depuis le 4 septembre et qui feront onze victimes.

Le saviez-vous ?

Le basilic, lézard d'Amérique tropicale, échappe au danger qui le guette près d'un lac ou d'une rivière en courant littéralement sur l'eau à 12 km/h. Il se dresse pour cela sur ses pattes postérieures, dont les doigts bien écartés l'empêchent de couler. On a vu un basilic traverser ainsi un lac de 400 m de large. Cet iguanidé sait aussi nager et plonger pour échapper à ses prédateurs.

LES MOTS DE L'IMAGE

Trouvez au moins seize mots commençant par CAR et dont l'illustration ou l'idée figurent dans le dessin ci-dessous.

Les Belges

Deux Belges louent une barque pour aller à la pêche. À un moment, le premier dit :

– C'est très bon, ici, pour la pêche. On devrait faire une croix dans le fond de la barque pour marquer l'endroit !

Le second répond :

– Tu es fou ? Si ça se trouve, on n'aura pas la même barque la prochaine fois !

Calculateur

Un homme rencontre un de ses copains avec deux bouteilles de Chanel N° 5. Interloqué, il lui demande :

– Pour qui sont ces bouteilles qui coûtent si cher ?

– Pour ma belle-mère !

– Tu l'aimes bien, ta belle-mère !

– Non, mais elle m'a dit qu'elle donnerait la moitié de sa vie pour une de ces bouteilles, alors je lui en ramène deux !

Amour toujours

On interviewe à la télé un couple qui fête ses cinquante ans de mariage. Après la foule de questions habituelles, on demande au mari si, au cours de toutes ces années, il a parfois songé au divorce…

Il répond :

– Non.

Puis il ajoute rapidement :

– Le divorce, jamais. Mais le meurtre, plusieurs fois…

Septembre
Samedi
18

Nadège

LE PERSONNAGE DU JOUR

Découvrez un personnage dont le nom est célèbre à plus d'un titre grâce aux indices suivants.

1 Je suis née le 18 septembre 1905 à Stockholm, en Suède. Mon vrai nom est Gustafsson.

Mon père meurt alors que je n'ai que 14 ans. Je quitte l'école pour travailler chez un coiffeur barbier. **2**

3 Je fais mes armes en tournant dans une publicité, mais c'est Eric Petscher qui m'offre mon premier rôle dans *Peter le vagabond*, film léger dans lequel je joue en maillot de bain.

C'est le réalisateur suédois Mauritz Stiller qui me repère, m'enseigne les techniques du cinéma et change mon nom. Mais c'est au réalisateur allemand Georg Wilhelm Pabst et à son film *la Rue sans joie* que je dois mon premier succès. **4**

5 Ma carrière commencée dans le cinéma muet se poursuit avec le parlant. Mon apparition dans *Mata Hari* en 1932 me consacre en tant que femme fatale et séductrice.

En 1941, au faîte de ma gloire, je mets définitivement fin à ma carrière… demeurant à jamais, pour le public, la Divine. **6**

7 Je meurs le 15 avril 1990 à New York, mais je repose dans mon pays natal.

CE JOUR-LÀ

En 1981, l'Assemblée adopte le projet de loi portant sur l'abolition de la peine de mort en France.

La perle de la semaine

Molière est mort sur la Seine.

LA PREUVE PAR 9

Trouvez les cinq mots correspondant aux définitions proposées, formés uniquement avec les lettres ci-dessous. Si vous réussissez, vous l'aurez échappé belle !

E E S A
E C R P S

1. Laisser un vide.
E _ _ _ _ _ _

2. Elle pousse à ne rien faire.
P _ _ _ _ _ _

3. Transformées en crêpes.
E _ _ _ _ _ _ _

4. Touchée du bout des doigts.
C _ _ _ _ _ _ _

5. On peut dire qu'elles ont eu de la chance !
R _ _ _ _ _ _ _ _

Septembre
Dimanche
19

Émilie

LES COUSINS

Ce jour en 1948, dans l'île de Cowes, en Grande-Bretagne, naissait Jeremy Irons. En hommage à cette grande figure du cinéma, nous vous proposons de former des termes ayant un rapport avec le septième art en changeant une lettre des mots de la colonne de gauche. Reportez la nouvelle lettre dans la colonne de droite pour obtenir le titre d'un de ses films, sorti en 2002, où il donne la réplique à Fanny Ardant.

DAMERA		
CLIP		
PÉAN		
COUPEUR		
GROIN		
BÉANCE		
PILAGE		
BABINE		
POISE		
SCONE		
POIX		
PORCHE		
MÉGIE		

CE JOUR-LÀ

En 1985, un séisme extrêmement violent touche le centre de Mexico et fait près de 20 000 victimes.

Dopage

Mme Johnson (la femme de Ben) revient du jardin très mécontente, avec une tomate de 50 kg dans sa brouette…

– Je t'ai déjà dit mille fois qu'il ne faut pas faire pipi dans le potager !

Mot d'enfant

Antoine, 5 ans, est en train de dessiner un petit garçon qui a les pieds dans une flaque d'eau. Sa mère regarde par-dessus son épaule et lui dit :

– Dis donc, ce petit garçon va se faire gronder !

– Ce n'est pas possible, répond Antoine, je n'ai pas dessiné sa maman.

Principe de précaution

La femme d'Émile l'appelle au téléphone.

– Émile ?

– Ouais ! Quoi ?

– L'autre jour, j'ai acheté un livre et je ne le retrouve plus. Tu te souviens ? Il s'appelait l'Art de devenir centenaire.

– Je l'ai jeté.

– Tu as du culot ! Pourquoi ?

– Parce que j'ai vu que ta mère commençait à le lire !

Septembre
Lundi
20

Davy

À L'IDENTIQUE

On peut reconstituer le dessin ci-contre avec douze des treize pièces proposées. Laquelle est en trop ? (Les pièces et le modèle ne sont pas à la même échelle.)

Zoom saveur
LE CARDON

Cet ancêtre de l'artichaut est cultivé en France depuis le XVIe siècle. On ne cuisine que ses côtes, après les avoir effeuillées et effilées.

Idée gourmande. *Coupez les côtes en tronçons. Faites-les cuire 30 min à l'eau bouillante salée et citronnée. Égouttez-les et disposez-les dans un plat à gratin beurré. Nappez-les de crème fraîche salée, poivrée et safranée. Parsemez de gruyère râpé et faites cuire 30 min au four préchauffé à 180 °C (th. 6). Un accompagnement idéal pour une volaille pochée, un rôti de veau ou de porc.*

CARRÉ DE 7

Saint-John Perse, écrivain et diplomate français, est mort le 20 septembre 1975. Reconstituez des mots de sept lettres dans les quatorze lignes horizontales et verticales. Les deux premières lignes évoquent ses œuvres. Quatre autres écrivains se cachent horizontalement, quatre verticalement, et un dernier nom évoque la littérature.

	17	2	3	4	5	6	
A	B	A	N	A	S	E	A
B	A	I	U	X	S	O	E
C	D	O	T	U	U	D	R
D	I	D	A	R	M	U	G
E	R	S	L	L	E	O	S
F	M	N	R	A	O	I	S
G	U	N	E	M	S	S	T

A. ......
B. ......
C. ......
D. ......
E. ......
F. ......
G. ......
1. ......
2. ......
3. ......
4. ......
5. ......
6. ......
7. ......

ANATITRES

Retrouvez cinq films interprétés par Sophia Loren, née le 20 septembre 1934 à Rome. Ces titres sont cachés derrière des anagrammes fantaisistes, mais la structure de la réponse et le réalisateur sont donnés.

1. (Vittorio De Sica) : PARDON, LE SEL !
_’_ _ _ _ _ _ _ _ _ _ _

2. (Stanley Kramer) : ÉPILATIONS ROUGES
_ _ _ _ _ _ _ _ _ _ _ _ _ _ _ _

3. (Vittorio De Sica) : MAILLAN, RIANTE, ÉGAIE
_ _ _ _ _ _ _ _ _’_ _ _ _ _ _ _ _ _

4. (Ettore Scola) : JEUNE, PUÉRIL ET À NOURRICE
_ _

5. (Robert Altman) : TARTE PROPRE
_ _ _ _-_-_ _ _ _ _ _

Devinette

Quels sont les cinq mots qu'un homme craint le plus d'entendre en faisant l'amour ?

Chéri, je suis de retour !

CE JOUR-LÀ

En 1792 est votée la première loi française sur le divorce. Elle sera abolie sous Louis XVIII puis rétablie en 1884.

La surchage de travail de
Mel Brooks

Dieu ne peut pas répondre à tous ceux qui l'appellent. Il est comme un garçon dans un restaurant. Il a trop de tables à servir.

Septembre
Mardi
21
Matthieu

GRILLE À THÈME

Le plus gros producteur indépendant du cinéma hollywoodien avec George Lucas est né le 21 septembre 1943 à Detroit. Remplissez la grille thématique à l'aide des définitions suivantes, dont la plupart portent sur des films et des séries qu'il a produits.

1. …, *portés disparus*, dans la série diffusée à partir de 2004 en France.
2. *American …*, en 1980, avec Richard Gere.
3. … *des Caraïbes*, pour trois films récents.
4. Nom de ce producteur.
5. *Les Ailes de l'…*, en 1997, avec Nicolas Cage.
6. … *d'État*, en 1998, dans le film de Tony Scott avec Will Smith.
7. Ils sont Bad dans le film de 1995, dont une suite a vu le jour en 2003.
8. … *vu*, en 2006, avec Denzel Washington.
9. *Benjamin … et le trésor des Templiers*, en 2004, avec Nicolas Cage.
10. Le sien en 2021 sera 73.
11. *Le Flic de … Hills* fait la part belle à Eddie Murphy.
12. Film d'aventures aériennes avec Tom Cruise dans le rôle de Maverick.
13. Prénom que le producteur partage avec un Lewis ou un Springer.
14. Film musical de 1983 dont l'héroïne vit pour la danse.
15. Il en a vécu un avec Bonnie et un avec Linda.
16. *Les …* relatent les enquêtes de la police scientifique de Las Vegas.

CE JOUR-LÀ

En 2001, une violente explosion secoue l'usine AZF, à Toulouse. Le bilan est effarant : trente personnes tuées, plusieurs milliers de blessés et d'énormes dégâts matériels.

Les bourdes de George W. Bush

Je sais ce que je crois. Je continuerai à exprimer ce que je crois, et, ce que je crois… je crois que ce que je crois est bien.

Familier

Une brave dame achète un perroquet à la gérante d'une maison close. Elle l'installe sur un perchoir dans son salon. Et le perroquet dit :

– Tiens ! La patronne a changé…

À midi, quand les deux filles de la dame arrivent, le perroquet dit :

– Tiens ! Les filles aussi ont changé…

Le soir, quand le mari rentre, le perroquet le regarde et il dit :

– Ah ben ! Y a au moins un client qui n'a pas changé…

LE PERSONNAGE CÉLÈBRE

En répondant aux définitions ci-dessous, retrouvez dans les colonnes roses le nom d'un acteur français né le 21 septembre 1888, figurant du muet des années 1910, puis second rôle pittoresque du cinéma français de 1930 à 1967.

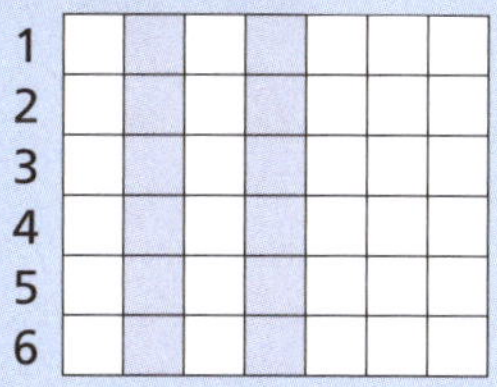

1. Rouge ou blanc, il passe dans le sang. **2.** Bleu de cocktail. **3.** Delorme ou Monfort, qu'il a côtoyées dans *les Misérables*, de Jean-Paul Le Chanois. **4.** Le marquis de Chauvelin peut en rencontrer un à Versailles dans *Remontons les Champs-Élysées*, de Sacha Guitry, et lui raconter des histoires… **5.** Faire ses premiers pas au cinéma, comme lui dans *le Gardien du sérail*. **6.** Pas totalement faux, mais imprécis.

RÉBUS

Retrouvez le titre d'un film catastrophe dont le succès fut tel que plusieurs suites furent tournées.

Les blondes

Deux blondes attendent à un arrêt de bus. L'une demande à l'autre :

– Tu attends le bus numéro combien ?

L'autre lui répond :

– Le numéro 2. Et toi ?

– Le numéro 3 !

Peu de temps après, un bus portant le numéro 23 s'arrête devant elles. Ravies, elles s'exclament :

– Chouette on va pouvoir prendre le bus ensemble !

Déducto

Jour et éclaircie

Nuit et brouillard (Alain Resnais, 1956)

Patience

Un homme s'énerve à la mairie.

– Mais enfin, mademoiselle, voilà une demi-heure que je suis devant votre guichet !

– Et alors ? Moi cela fait quinze ans que je suis derrière !

Septembre
Mercredi
22
Maurice
Automne

CE JOUR-LÀ

En 1981 est inaugurée la première ligne TGV : Lyon se trouve désormais à 2 heures et 40 minutes de Paris.

Le mariage selon
Lana Turner

Un homme qui a réussi est un homme qui gagne plus d'argent que sa femme n'en dépense. Et une femme qui a réussi est une femme qui a trouvé un tel homme.

ANATHÉMA

Trouvez les anagrammes des sept mots suivants pour former avec les initiales le nom d'un ancien sportif né le 22 septembre 1976.

1. Démoulera
2. Suffoquer
3. Sauvignon
4. Marocaine
5. Dualistes
6. Dénouerai
7. Téléroman

LE PERSONNAGE DU JOUR

Découvrez un personnage célèbre grâce aux indices suivants.

1 Je me dresse contre la violence à la télévision, et notamment contre l'animation japonaise, dans un livre intitulé *le Ras-le-bol des bébés zappeurs*.

2 Diplômée de Siences-Po en 1978, j'intègre l'ENA dans la promotion Voltaire, dont je sortirai 95e en 1980.

3 Je suis née le 22 septembre 1953 à Dakar, où mon père, colonel d'artillerie, était affecté.

4 Je suis la quatrième d'une famille de huit enfants. Du Sénégal, nous partons pour la Martinique avant de nous installer dans le village de Chamagne, près de Nancy.

5 Après avoir été plus de dix ans magistrat au tribunal administratif de Paris, je présente le concours d'avocat du barreau, tout en siégeant à l'Assemblée nationale et au conseil général des Deux-Sèvres.

6 Je deviendrai ministre de l'Environnement en 1992 sous le gouvernement Bérégovoy, puis ministre de l'Écologie en 2014 sous le gouvernement Valls.

La contrepèterie de la semaine

Ce recteur est un grand bonhomme.

Devinette

Qu'est-ce qui se lève quand tu t'en sers, qui s'abaisse quand tu as fini de t'en servir et qui goutte après usage ?

Un parapluie, bande d'obsédés !

Septembre
Jeudi
23
Constant

Dernier jour de la Vierge

VRAI OU FAUX

Née le 23 septembre 1938 à Vienne, en Autriche, Romy Schneider tourne son premier film à 15 ans avant de devenir l'interprète de la série des Sissi. Installée en France, elle jouera pour les plus grands réalisateurs avant de connaître une fin tragique.

1. Magda Schneider, sa mère, a tourné quatre films à ses côtés. **V F**
2. Romy Schneider a été (au cinéma) impératrice d'Autriche et reine d'Angleterre. **V F**
3. Elle a rencontré Alain Delon sur le tournage de *la Piscine*. **V F**
4. Elle a remporté deux césars avec deux films de Claude Sautet, *les Choses de la vie* et *Une histoire simple*. **V F**
5. Dans *le Procès*, d'Orson Welles, elle a les doigts palmés. **V F**

CHARADE

En hommage à Romy Schneider, qui aurait eu 78 ans aujourd'hui…

Mon premier donne le ton.
Mon deuxième constitue une avancée.
Mon troisième désigne un petit chemin.
Mon quatrième doit être payé.
Mon cinquième coule dans nos veines.
Mon sixième s'apparente à de la menue monnaie.
Mon septième induit une éventualité.

Mon tout forme le titre de son dernier film, sorti en 1982.

CE JOUR-LÀ

En 1862, alors que la guerre de Sécession fait rage, le président Lincoln annonce l'émancipation des esclaves noirs dans les États du Sud.

Proverbe allemand

La jeunesse croit beaucoup de choses qui sont fausses ; la vieillesse doute de beaucoup de choses qui sont vraies.

Bon mot

Johnny Hallyday regarde Des chiffres et des lettres *à la télé.*

– Monsieur Dupont, à vous la main !

M. Dupont :

– Voyelle.

M. Martin :

– Consonne.

Johnny :

– Ah que je vais ouvrir !

Septembre
Vendredi
24

Thècle

Premier jour de la Balance

PUZZLE CROISÉ

Placez les vingt morceaux du puzzle dans la grille pour reconstituer une grille de mots croisés traditionnelle, sachant que huit mots évoquent directement le Japon et trois autres l'Asie.

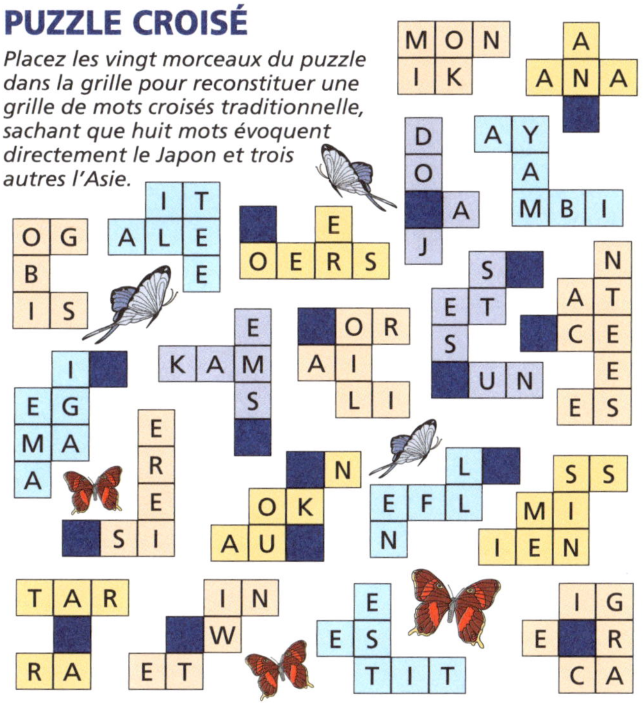

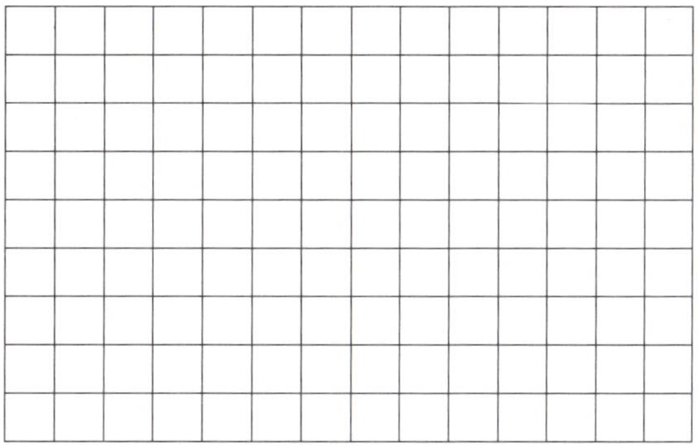

CE JOUR-LÀ

En 1913, l'aviateur Roland Garros réussit la première traversée de la Méditerranée.

Le saviez-vous ?

On enquête sur les nouvelles recrues de la Légion étrangère pour veiller à ce qu'elles ne s'engagent pas à la suite d'un crime grave, mais les auteurs de délits mineurs sont parfois admis. La législation française permet à la Légion de nier la présence de tout individu en son sein. Et quiconque révèle la véritable identité d'un légionnaire est passible de sanctions pénales.

Toto

C'est l'anniversaire du père à Toto, et il demande à son fils :

– Ce qui me ferait le plus plaisir, Toto, pour mon anniversaire, c'est que tu travailles bien à l'école.

Toto dit :

– Trop tard, je t'ai déjà acheté une cravate !

LE CÉLIBATAIRE

Examinez les caractères japonais ci-dessous. Il y en a vingt-cinq, qui ont été pivotés par rapport à leur sens d'écriture traditionnel. Associez-les par paires identiques et trouvez le kanji célibataire.

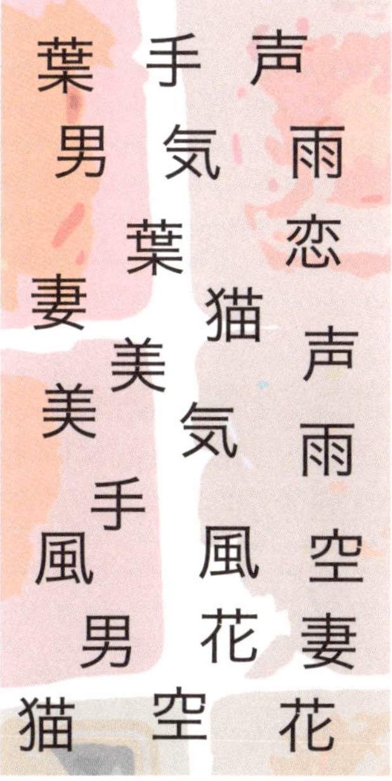

PORTRAIT-ROBOT

Le 24 septembre 1877, le dernier samouraï, Takamori Saigô, meurt au combat. Son histoire sera portée à l'écran en 2003 avec Tom Cruise. Identifiez les trois samouraïs parmi les six combattants suivants, sachant que :

1. Deux samouraïs sont torse nu.
2. Aucun combattant non samouraï ne tient son sabre à deux mains.
3. Aucun samouraï ne tient son sabre uniquement de la main gauche.

Septembre
Samedi
25

Hermann

QUIZ

Will Smith

Né le 25 septembre 1968 à Philadelphie, ce chanteur de hip-hop s'est tourné vers la télévision puis le cinéma, où il est devenu l'une des stars les mieux payées du monde.

1. *Will est le diminutif de :*
A. William. **B.** Willow.
C. Willard.

2. *Déjà à l'école, puis en débutant dans la chanson, il avait comme surnom :*
A. Duke. **B.** Prince.
C. Count.

3. *Dans Independence Day, film de science-fiction, il est :*
A. Président des États-Unis.
B. Chef des martiens.
C. Pilote de chasse.

4. *Il a été pressenti pour un rôle qui est finalement revenu à Johnny Depp. Était-ce pour :*
A. *Edward aux mains d'argent ?*
B. *Charlie et la chocolaterie ?*
C. *Pirates des Caraïbes ?*

CE JOUR-LÀ

En 1997, le mur du son est franchi sur terre. À bord de son Thrust Supersonic Car, le Britannique Andy Green dépasse 1 149 km/h.

La perle de la semaine

Comme Bonaparte, Jules César pouvait dicter plusieurs lettres à la fois, c'était un dictateur.

SUPERPOSITIONS

Imaginez que ces formes soient en verre, les parties colorées étant translucides. Trouvez les trois qu'il faut superposer pour obtenir la figure A. Faut-il rappeler que jaune + bleu = vert, etc. ?

A

1

2

3

4

5

6

Septembre
Dimanche
26

Côme et Damien

CE JOUR-LÀ

En 1988, à Séoul, le Comité international olympique disqualifie pour dopage le Canadien Ben Johnson, qui a gagné la finale du 100 m en établissant un nouveau record du monde l'avant-veille.

Leçon de français

On ne dit pas… je tripote, mais… j'ai trois amis.

Devinette

Quelle est la différence entre une soupe aux pois et un pet ?

Entre deux et trois heures !

Mot d'enfant

Zacharie et Quentin, 5 ans, jouent à cache-cache, quand le jeu dégénère en dispute. Le premier lance, rageur :

– La prochaine fois, je te chercherai même pas !

Les blondes

C'est une blonde qui sort de chez le médecin.

– Zut, je ne me rappelle plus si le docteur m'a dit capricorne ou balance… Je vais être obligée de retourner le voir…

De retour au cabinet médical, elle demande :

– Docteur vous m'avez dit capricorne ou balance ?

Le médecin répond :

– Cancer, madame, cancer…

LE POINT COMMUN

Tous les problèmes suivants utilisent la même astuce. À vous de la trouver.

1. *Quel est le point commun entre ces listes de mots ?*

A • Célérité • Amitieux • Alumine • Frisées • Remarqué • Rouste •

B • Amères • Bilan • Chouette • Émaillage • Hérétique • Insecte •

C • Délation • Énoncer • Inondé • Mouette • Péroreuse • Relecteur •

D • Colérique • Francisé • Maçonne • Panacée • Parisien • Romance •

2. *Dans le même esprit, qu'est-ce qui relie les dessins suivants ?*

Septembre
Lundi
27

Vincent-de-Paul

Zoom saveur

LA FIGUE

Si fragile qu'elle se dégrade en quelques heures après la récolte, la figue se fait fugitive sur les marchés au nord de la Loire.

Verte (dite « blanche ») ou violette, la figue arrive sur les étals en deux vagues, en juillet puis à la mi-septembre. Les secondes sont souvent plus fines et plus savoureuses.

Idée gourmande. *Les figues d'automne apprécient d'être farcies de fromage de chèvre frais et de quelques pignons de pin avant d'être arrosées d'un simple filet d'huile d'olive. Servez-les sur un lit de roquette assaisonnée de vinaigrette balsamique.*

MOTS CROISÉS

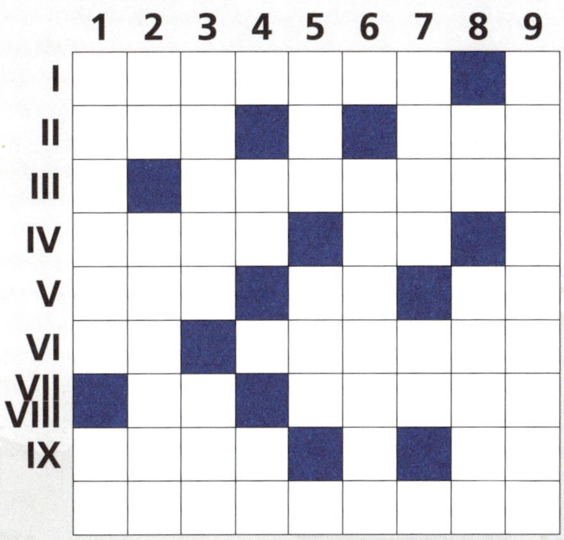

Horizontalement
I. Nom d'un homme de lettres aux multiples talents (parolier, scénariste, journaliste, dramaturge, romancier…), né à Paris le 27 septembre 1938. **II.** On la piquait au XVIIe siècle ; cité des Cariocas. **III.** Il interpréta de notre parolier *J'comprends pas* et *Mais surtout sentimentale*. **IV.** Allure cavalière ; problème. **V.** Emberlificotés ; vieille caisse ; la moitié de cinq. **VI.** Bord de canal ; fit le minet. **VII.** Saint de la Manche ; corps étranger. **VIII.** Jeune chanteuse pour laquelle notre homme écrivit *Tout le temps, tout le temps* ; milieu de partie. **IX.** Parole retenue.

Verticalement
1. Chanteur prénommé Sacha auquel notre homme donna la main encore ; bout d'acier. **2.** Sire concis ; alcôve des plus précieuses. **3.** Célèbre humoriste pour lequel notre homme écrivit à ses débuts les sketches *Bonne fête, Paulette* et *le Boxeur* ; levée d'écus. **4.** Note désuète ; bête mais plutôt cool. **5.** Petite pièce médiévale ; mot de charretier. **6.** Va avec César dans un scénario écrit pour Claude Sautet. **7.** Amour divin ; dictateur des planches. **8.** En latin ; notre homme lui donna sa préférence et un cœur trop grand pour lui. **9.** Chanteur prénommé Richard pour qui fut écrit *le Mot France*.

Au marché

Une femme demande un chou-fleur à un étal de fruits et légumes.

– Hollandais ou italien ? interroge le marchand.

– Ça m'est bien égal, répond-elle, je n'ai pas l'intention de lui faire la conversation.

Perle d'assurance

Vous m'écrivez que le vol n'existe pas entre époux. On voit bien que vous ne connaissez pas ma femme.

CE JOUR-LÀ

En 52 av. J.-C., Vercingétorix se rend à César à Alésia, au terme de six semaines de siège.

JEU DES 7 ERREURS

MARABOUT

Le 28 septembre 1958, 80 % des Français approuvent par référendum la Constitution de la Ve République. Charles de Gaulle, alors président du Conseil, est élu à la tête de la nation en décembre et prendra ses fonctions en janvier 1959. Remplissez la grille consacrée à ce grand homme d'État à l'aide des définitions, sachant que les mots s'enchaînent selon le principe du « marabout de ficelle ».

1. Sa déclaration la plus connue : « Je vous ai … »

2. Paris y fut meurtrie, mais en fut libérée en 2007.

3. Selon cet instrument, la cote de popularité de Charles de Gaulle à son arrivée à l'Élysée était de 67 % en 1958.

4. Il le fut par intérim à partir de juin 1940.

5. C'est dans cette ville qu'il a fait sa déclaration du 1, dans la posture de l'illustration.

6. Prît en charge.

7. Il y échappe au Petit-Clamart en 1962.

8. Sœurs tombées dans les pommes.

9. Prénom de chanteur corse.

10. La France le lui a dit en 1969 à propos de la régionalisation et de la réforme du Sénat.

11. Ville de naissance du petit Charles, le 22 novembre 1890.

12. Gaulois, souple et vif.

13. Il n'y fut pas invité en février 1945.

14. Seule faiblesse d'Achille.

15. Sa ville d'exil à partir de juin 1940.

16. Ne se demande pas quand on est pressé.

17. Désert saharien.

18. Il l'est à l'extérieur pendant que Jean Moulin l'est dans l'Hexagone.

19. Ensemble de textes dans la continuation des Veda.

20. Débite des textes en musique.

21. Celui du 18 juin marque le début de la France libre, en lutte contre le régime de Vichy.

22. Mauvaise façon d'avoir les nerfs.

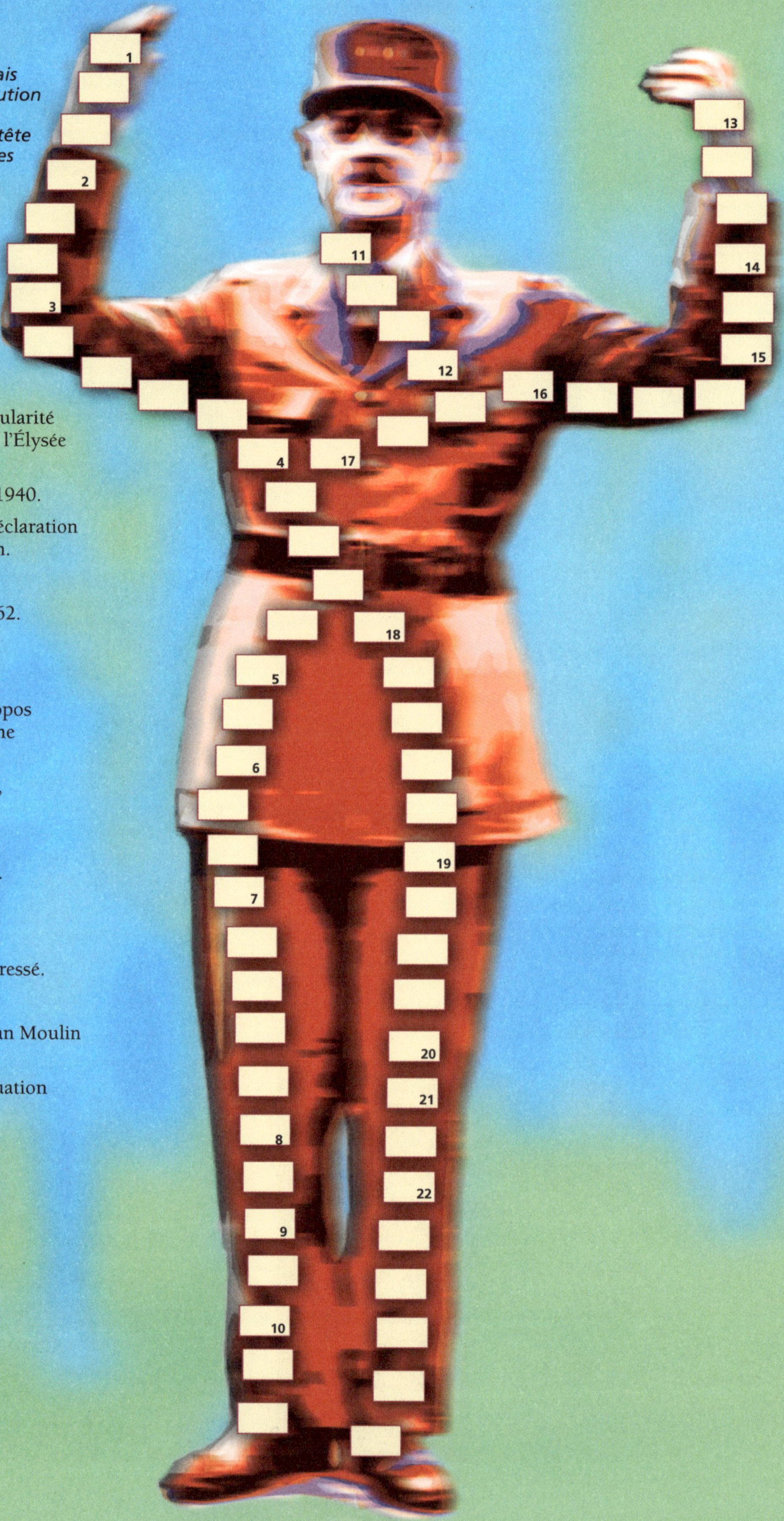

Septembre
Mardi
28

Venceslas

CARTE EN QUESTIONS

Le 28 septembre 1990, le TGV Atlantique est mis en service. À la lumière des indices fournis, identifiez ces douze villes européennes où circulent des TGV, quelquefois sous des noms locaux : Thalys, Eurostar, ou Lyria, par exemple.

1. Accessible depuis la haute Picardie, cette ville fut le siège du pouvoir dictatorial des nazis après l'incendie du Reichstag en 1933. Elle fut ensuite victime d'un blocus d'un an pendant la guerre froide. **2.** Grâce à la ligne du haut Bugey, cette ville est reliée directement à Paris depuis 2010. Une excellente nouvelle pour les habitants de la ville de Jean-Jacques Rousseau, où une université fut fondée par Calvin en 1559. **3.** Cette grande ville portuaire s'organise autour de l'Alster et de l'Elbe. St. Pauli, le quartier des divertissements, abrite la Sündige Meile, la rue des Péchés. **4.** Cette ville dont l'architecture remonte au XVIIe siècle est protégée par d'imposantes digues et a été partiellement construite sur une forêt de pilotis. Ses canaux concentriques et ses fortifications bordées de moulins font le plaisir des nombreux touristes qui la sillonnent à vélo. **5.** Depuis juin 2007, cette ville n'est plus qu'à 2 heures et 5 minutes de Paris. On y parle trois langues officielles, mais 15 % de sa population est portugaise. **6.** Cette ville de Catalogne est réputée pour ses produits agricoles. César y combattit Pompée en 49 av. J.-C. Elle a été reliée par TGV à la capitale espagnole bien avant Barcelone. **7.** Le nom d'Atocha est associé à la gare principale de cette ville. Un mémorial y est élevé pour rappeler les événements tragiques du 11 mars 2004. **8.** Cette ville proche du Creusot a connu de nombreuses grèves à la fin du XIXe siècle. L'exploitation de ses houillères l'a rendue célèbre bien avant que son équipe de football atteigne, à la surprise générale, les demi-finales de la Coupe de France en 2007. **9.** Cette ville a rejoint le réseau TGV en juin 2007. Parmi ses habitants (les Carolomacériens), le plus célèbre fut Arthur Rimbaud. La citadelle locale fut défendue par le chevalier Bayard en 1521. **10.** Une ligne à grande vitesse reliera cette ville à Lyon par un tunnel long de 57 km, soit l'équivalent du tunnel sous la Manche. Des jeux Olympiques s'y sont tenus il y a peu de temps. **11.** Le 31 décembre 1983, le TGV Marseille-Paris est victime d'un attentat attribué au terroriste Carlos. Une bombe explose, faisant deux morts, au passage de cette ville de la Drôme où aurait vécu un ermite. **12.** On y arrive par le Thalys à Midi, et ce n'est pas une question d'heure. Ensuite, on peut flâner dans le Sablon puis aller voir l'Atomium.

Futé

Deux Corses se réfugient dans une chambre d'hôtel après un hold-up. Le plus jeune, issu d'un mariage mixte (continental/corse), dit à l'autre :

– Qu'est-ce qu'on attend pour compter les billets ?

Le plus âgé, complètement épuisé par l'exploit, lui répond :

– Attends cet après-midi. Tu iras acheter le journal et tu auras la réponse !

MARIONS-LES

Sylvia Kristel, née ce jour en 1952, s'appellera pour toujours Emmanuelle, rôle qui l'a rendue célèbre. Saurez-vous associer les comédiens et comédiennes suivants avec leur film fétiche ?

Martine Carol	**A**	**1**	*Pirates des Caraïbes*
John Wayne	**B**	**2**	*Le Boiteux*
Sacha Guitry	**C**	**3**	*Caroline chérie*
Johnny Depp	**D**	**4**	*Le Vieil Homme et l'enfant*
Orson Welles	**E**	**5**	*L'Homme tranquille*
Marlene Dietrich	**F**	**6**	*Les Valseuses*
Michel Simon	**G**	**7**	*James Bond contre docteur No*
Clint Eastwood	**H**	**8**	*L'Ange bleu*
Sean Connery	**I**	**9**	*L'Inspecteur Harry*
Gérard Depardieu	**J**	**10**	*Citizen Kane*

CE JOUR-LÀ

En 1978, le pape Jean-Paul Ier meurt soudainement. Il n'a régné que trente-trois jours sur l'Église catholique romaine.

Déducto

Le Démocrate

Le Dictateur
(Charlie Chaplin, 1940)

Les blondes

Une blonde et une brune discutent de leur petit ami.

La brune :

– La nuit dernière, j'ai eu trois orgasmes, tu te rends compte !

La blonde :

– Ce n'est rien, ça. Moi, j'en ai eu plus de vingt !

La brune :

– Oh, mon Dieu, je ne pensais pas que ton mec était aussi bon au lit…

– Ah, tu voulais dire avec un seul gars ?

Septembre
Mercredi
29

Michel

TEXTE À TROUS

En hommage à Cervantès, grand écrivain espagnol né le 29 septembre 1547, retrouvez les quinze mots manquants dans cet extrait (traduit) de son célèbre roman Don Quichotte de la Manche. Certains termes sont utilisés plusieurs fois.

« C'est alors qu'ils découvrirent dans la plaine trente ou quarante _ _ _ _ _ _ _ à vent ; dès que don Quichotte les aperçut, il dit à son _ _ _ _ _ _ :
– La chance conduit nos _ _ _ _ _ _ _ _ mieux que nous ne pourrions le souhaiter. Vois-tu là-bas, Sancho, cette bonne trentaine de _ _ _ _ _ _ démesurés ? Eh bien, je m'en vais les défier l'un après l'autre et leur ôter à tous la _ _ _. Nous commencerons à nous enrichir avec leurs _ _ _ _ _ _ _ _ _ _, ce qui est de bonne _ _ _ _ _ _ ; d'ailleurs, c'est servir Dieu que de débarrasser la face de la terre de cette _ _ _ _ _ _.
– Des _ _ _ _ _ _ ? Où ça ?
– Là, devant toi, avec ces grands _ _ _ _ dont certains mesurent presque deux lieues.
– Allons donc, monsieur, ce qu'on voit là-bas ce ne sont pas des _ _ _ _ _ _ mais des _ _ _ _ _ _ _ ; et ce que vous prenez pour des _ _ _ _, ce sont leurs _ _ _ _ _, qui font tourner la _ _ _ _ _ quand le vent les pousse. »

La contrepèterie de la semaine

Voulant plonger entre deux fosses, le para a glissé sur la crête.

CE JOUR-LÀ

En 1902, Émile Zola meurt à son domicile, asphyxié par le gaz. Le bruit courra qu'il a été assassiné à cause de son engagement en faveur de Dreyfus.

LE DIAGO

Positionnez dans la grille les six mots suivants pour obtenir en diagonale le nom d'une belle Suédoise née le 29 septembre 1931. Actrice et mannequin, elle a posé pour le magazine Playboy en 1961 : CAMÉRA, CINÉMA, ÉBLOUI, PUBLIC, SKETCH, STRING.

À l'école

Le maître demande :

– Où est mort Jules César ?

– À la page 54 du livre d'histoire, m'sieur.

Septembre
Jeudi
30

Jérôme

VRAI OU FAUX

Monica Bellucci est née le 30 septembre 1964. Saurez-vous démêler le vrai du faux dans ces affirmations qui concernent la belle actrice italienne ?

1. Monica est une parente éloignée de l'acteur américain John Belushi. **V F**

2. Elle a été le mannequin attitré de Dolce & Gabbana jusqu'en 1990. **V F**

3. Elle a été repérée par Francis Ford Coppola, qui lui a offert un petit rôle dans son *Dracula* (1992). **V F**

4. Elle a rencontré sur un tournage son futur mari, l'acteur Lambert Wilson. **V F**

5. Elle a tourné dans *la Passion du Christ*, de Mel Gibson. **V F**

LE PERSONNAGE CÉLÈBRE

En répondant aux définitions suivantes, retrouvez dans les colonnes roses le nom d'un écrivain américain né à La Nouvelle-Orléans le 30 septembre 1924 sous le patronyme de Streckfus Persons et mort le 25 août 1984 à Los Angeles.

1. Rencontres sportives. **2.** Passage en revue. **3.** Vieux renard. **4.** Sensitive. **5.** Élite familière. **6.** Il en fait, du foin !

1						
2						
3						
4						
5						
6						

Proverbe russe

Cherche un ami avec soin. L'as-tu trouvé, garde-le avec soin.

CE JOUR-LÀ

En 1846, à Boston, est pratiquée la première anesthésie par l'éther. La technique sera utilisée en France dès 1847.

À la ferme

Dans une ferme, un éleveur de vaches donne des instructions à sa jeune épouse avant de partir en ville.

– L'inséminateur va passer pour une des vaches. J'ai accroché un clou en face de la stalle de la vache en question.

La femme, qui est de la ville et manque un peu de bon sens, trouve cela étrange, mais dit qu'elle a bien compris. Lorsque l'inséminateur arrive, elle le conduit dans l'étable, devant la stalle où se trouve le clou.

– C'est cette vache, lui dit-elle.

– Et à quoi sert le clou ? demande l'inséminateur.

– Je ne sais pas. Je suppose que c'est pour accrocher votre pantalon.

OCTOBRE

2021

Lu	Ma	Me	Je	Ve	Sa	Di
				1 Thérèse de l'Enfant-Jésus	2 Léger	3 Gérard
4 François d'Assise	5 Fleur	6 Bruno	7 Serge	8 Pélagie	9 Denis	10 Ghislain
11 Firmin	12 Wilfried	13 Géraud	14 Juste	15 Thérèse d'Ávila	16 Edwige	17 Baudouin
18 Luc	19 René	20 Adeline	21 Céline	22 Élodie	23 Jean de Capistran	24 Florentin
25 Crépin	26 Dimitri	27 Émeline	28 Simon	29 Narcisse	30 Bienvenu	31 Quentin

Le film de science-fiction

Le film de science-fiction s'inspire de notre société, qu'il exporte ailleurs et à une époque différente. Ce cinéma nous projette dans un autre espace-temps, sur Terre ou dans des galaxies lointaines, dans un passé modifié ou un futur qui n'est pas toujours heureux.

Le premier film de science-fiction est l'œuvre du Français Georges Méliès, qui réalise en 1902 *le Voyage dans la Lune*, inspiré de deux œuvres littéraires majeures: *De la Terre à la Lune*, de Jules Verne, et *les Premiers Hommes dans la Lune*, de H. G. Wells.

Que ce soit en littérature ou au cinéma, le genre de la science-fiction (SF) reste difficile à circonscrire. À la frontière entre cinéma fantastique et cinéma d'horreur, la SF se décline pour l'essentiel en deux sous-genres: le space opera, distrayant, fascinant, impliquant un voyage dans l'espace, et dont la structure se rapproche de celle du western ou du péplum; et le film d'anticipation, qui donne à réfléchir sur le sort de l'homme, de la société, de la Terre, de l'Univers enfin, et dont la structure ressemble à celle du drame et du fantastique.

La saga Star Wars est le plus célèbre space opera de l'histoire du cinéma. En 1977, George Lucas réalise *la Guerre des étoiles: un nouvel espoir*. Suivront *L'Empire contre-attaque*, d'Irvin Kershner (1980), et *le Retour du Jedi*, de Richard Marquand (1983). À partir de 1999, George Lucas décide de dévoiler à un public fanatique les débuts de la saga à travers trois films: *la Menace fantôme* (1999), *l'Attaque des clones* (2002) et *la Revanche des Sith* (2005).

Outre la littérature, dont les réalisateurs se sont largement inspirés, des œuvres initialement télévisées ont été portées au grand écran. Il en va ainsi de la série *Star Trek*, dont Robert Wise propose en 1980 une version cinématographique, *Star Trek: le film*. En 1997, Luc Besson s'essaie au genre en tournant *le Cinquième Élément*.

Le temps est un élément récurrent du film de science-fiction en général, et d'anticipation en particulier. Quelquefois, les héros voyagent d'une époque à une autre: *la Machine à remonter le temps* (1960). Mais, le plus souvent, l'action du film se déroule dans un futur plus ou moins proche: 1984, de Michael Anderson (1956) ou Michael Radford (1984), *2001: l'odyssée de l'espace*, de Stanley Kubrick (1968), *Blade Runner*, de Ridley Scott (1982), inspiré d'un roman de Philip K. Dick.

Les personnages qui peuplent les films de science-fiction sont des animaux (*la Planète des singes*, 1967 et 2001), des extraterrestres (*Alien, le huitième passager*, 1979; E.T., l'extraterrestre, 1982), des robots humanoïdes (*I, Robot*, 2004) entourés d'hommes hyperévolués ou non.

Mais le genre n'est pas hermétiquement cloisonné en sous-genres bien définis. La plupart des films de science-fiction peuvent être classés à la fois dans le fantastique, le film d'anticipation et le polar galactique, comme le film de James Cameron *Terminator* (1984) ou le thriller psychologique de Peter Verhoeven *Total Recall* (1990), qui a pour décor la planète Mars en l'an 2084.

Mots croisés

Horizontalement

I. Ridley Scott y met en scène quatre « répliquants » dans Los Angeles en 2019 ; monstre réveillé par l'explosion d'une bombe H, présent dans une quinzaine de films de science-fiction. **II.** … *du désir* pour les anges et les mortels de Wim Wenders ; vieux toujours chaud ; thriller psychologique de Paul Verhoeven dont l'action se situe sur Mars en 2084. **III.** Vaut encore ; nécessaire au *butting* ; la force qui est avec nous, sur terre. **IV.** Il revient sur terre au XXVe siècle, après cinq siècles de réfrigérateur spatial ; dans celui du feu, les dragons reprennent possession de la planète ; … *meurtrier* pour Jean Becker. **V.** Concentra ; métaux ; cardinaux opposés ; premier long métrage en images de synthèse, où un informaticien devient l'esclave d'un programme. **VI.** Profanée dans le titre d'un film de science-fiction de Don Siegel (1956) ; travaux pratiques ; sous *sol*. **VII.** Prêt à remplacer Neo dans *Matrix* ; elles s'opposent aux États-Unis civilisés et à la Corporation lunaire dans *Earth 2160*. **VIII.** Evan tout-puissant se prend pour lui dans un film de 2007 ; souvent élevées chez les espèces tentant une invasion. **IX.** La Terre est envahie par d'invulnérables Martiens dans ce film de 1953 réalisé par Byron Haskin d'après l'œuvre de H. G. Wells ; petite île face à La Rochelle. **X.** Vaut de l'or ; lieu de mort pour Agatha Christie, mais de vie pour *la Momie* de Stephen Sommers ; délivrance intellectuelle. **XI.** Moyens de modifier le passé ; note du chef ; vieille langue. **XII.** Saga de Robert Zemeckis où le jeune Marty tente de modifier l'histoire avec l'aide du Doc ; obtenu. **XIII.** Sujet ; du son sur un plateau de cinéma ; du chinois au Hunan. **XIV.** Pleine d'azote ; début de la science-fiction ; type du neuvième passager d'*Alien, le huitième passager* ; loser. **XV.** Dangereux pour le foie ; nom du John incarné par Patrick Macnee dans *Chapeau melon et Bottes de cuir* ; tentatrices de héros, elles ont leur bal pour George Sidney.

Verticalement

1. Film de science-fiction avec Jane Fonda en astronaute de l'an 4000 ; une cassette vidéo y provoque la mort de ceux qui la visionnent. **2.** Communs pour les clichés ; prénom ou méduse. **3.** Pacino ou Capone ; chambre où ça chauffe ; héros de Steven Spielberg ayant décroché trois oscars en 1982 ; petit tour. **4.** Secrétariat de rédaction ; toutes les bonnes pâtes y passent. **5.** Méchamment abîmée ; difficile à déchiffrer. **6.** Tête de robot ; 40 pour un groupe britannique dont le nom évoque les droits au chômage *(unemployment benefits)* ; ville de la Loire, dans la banlieue de Roanne. **7.** Prénom et nom d'un adepte du paranormal, qui prétendait tordre les métaux à distance ; salut respectueux. **8.** Jamais loin de *No, No* ; dit du bien. **9.** Royal dans le Gard ; fait souvent bonne impression. **10.** Conjonction ; vieux monsieur ; lettre de pianiste. **11.** Dur, dur ; inexpérimentés ; roi de Danemark et de Norvège. **12.** Courbé de façon anormale ; récompensés de leur peine. **13.** Lieu de triage ; bon plié en deux ; science-fiction ; bonne lieue. **14.** Marché où les acheteurs se font rares ; marier. **15.** Aéronef inhabité adapté à la guerre spatiale ; privilège accordé par le pape ; venu. **16.** Empressement ; soldats nordistes. **17.** Pas ailleurs ; modifié pour un vin ; ce que déclenche *Mars Attacks*, de Tim Burton. **18.** Sabre de Jedi ; termine toujours le participe présent ; fin du combat ; coulées hawaïennes. **19.** Deux cinquante romains ; feraient leur corrida. **20.** Sa résurrection, en 1997, fut orchestrée par Jean-Pierre Jeunet ; Sud-sud-est ; arme de destruction.

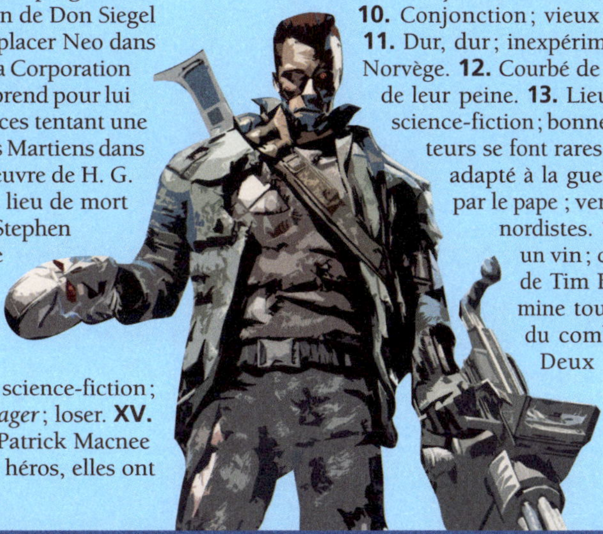

	1	2	3	4	5	6	7	8	9	10	11	12	13	14	15	16	17	18	19	20
I												■								
II						■			■											
III			■							■									■	
IV											■						■			
V				■		■							■			■				
VI		■										■			■			■		■
VII									■											
VIII		■				■		■		■										
IX																		■		
X			■		■		■				■		■							■
XI	■													■			■			
XII																		■		
XIII			■										■		■					
XIV							■			■						■				
XV					■						■								■	

Octobre

Randonnée

Parmi les trente-six affirmations suivantes, six se rapportent à chacun des films de science-fiction illustrés ci-contre. Chaque information est associée à une lettre. Reportez-la sous le film évoqué : vous formerez ainsi, dans l'ordre, des mots de six lettres en lien direct avec ces films, mots dont une courte définition vous est fournie.

1. D L'un de mes personnages, très petit mais très sage, parle en repoussant le verbe en fin de phrase.

2. A Mon action se situe entre 1992, date des guerres eugéniques, et 2379.

3. M Le film, sous-titré *Combattre le futur*, est inspiré de la série *Aux frontières du réel*.

4. R Au début de l'histoire, le vaisseau spatial *Nostromo* capte un signal en provenance d'une planète inconnue.

5. R On y rencontre des Ewoks, sortes d'oursons natifs de la Lune, sanctuaire d'Endor.

6. M Mon histoire est inspirée du livre *le Neuromancien* de William Gibson.

7. U Mon héroïne principale se prénomme Dana et est interprétée par Gillian Anderson.

8. W Un prisonnier du nom de James Cole est utilisé comme cobaye pour retourner dans le passé.

9. R L'amiral James Tiberius Kirk est un des personnages centraux : il commandera deux vaisseaux.

10. I Mon premier film a été réalisé en 1979 par Ridley Scott.

11. O Jar Jar Binks, personnage grotesque et gaffeur, y incarne un Gungan, créature amphibie issue d'une cité sous-marine en forme de bulle.

12. L Des agents sont à la recherche d'un virus mortel d'origine extraterrestre.

13. C Spock, né sur la planète Vulcain, est reconnaissable à sa peau brun-vert et surtout à ses oreilles terminées en pointe.

14. P C'est James Cameron qui tourne le retour en 1986, après cinquante ans de dérive dans la stratosphère.

15. A Je m'inscris dans le mouvement cyberpunk, où le slogan « No future » prédit une apocalypse proche.

16. I L'histoire est une adaptation du film *la Jetée*, de Chris Marker.

17. I Mes premiers épisodes ont été tournés après les suivants.

18. L Brad Pitt incarne le fils apparemment fou d'un savant ayant découvert un virus qui a déclenché une épidémie incontrôlable.

19. N Morpheus contacte le héros par ce message : «On n'est pas le meilleur quand on le croit, mais quand on le sait. »

20. L Sur Fiorina 161, David Fincher a concentré les détenus de droit commun les plus dangereux de l'Univers. Mais un danger plus grand encore menace.

21. D Les bons doivent affronter le Syndicat, notamment l'homme à la cigarette, qui ralentit l'enquête.

22. S De nombreuses scènes sont tournées en *bullet time*, un effet de caméra mobile autour d'un sujet en mouvement ralenti.

23. L Dans une scène, les animaux du zoo s'échappent et déambulent en liberté dans Philadelphie.

24. H Le médecin de bord Leonard McCoy parvient à soigner les espèces les plus variées, même celles qu'il ne connaît pas. S'il échoue, il lance son célèbre : « Il est mort, Jim. »

25. E Au début du film, un jeune garçon découvre des ossements préhistoriques. À leur contact, un mystérieux parasite envahit son organisme.

26. E Jean-Pierre Jeunet, après *la Cité des enfants perdus*, s'est attaqué à la résurrection du monstre.

27. I Terry Gilliam a réalisé le film, sorti en 1995.

28. O Mon héros, Thomas A. Anderson, est connu sous le nom de Neo ou l'Élu.

29. E Dans le sixième film de la saga, Jean-Luc Picard arrive à contrecarrer les plans des maléfiques Borgs.

30. D Le padawan d'Obi-Wan Kenobi, Anakin Skywalker, penchera du côté obscur de la force dans *la Revanche des Sith*.

31. Y Des Predators vivent sous la banquise et retiennent une reine dont ils livrent les descendants à leurs jeunes enfants lors de rites sacrificiels.

32. R La fin du film se déroule dans les glaciers de l'Antarctique.

33. S Une scène se déroule pendant la Première Guerre mondiale sur terre.

34. N L'Oracle sert de guide aux humains.

35. E Dark Vador avoue à Luke qu'il est son père dans *L'Empire contre-attaque*.

36. R Le dixième film s'intitule *Nemesis* et met principalement en scène les Romuliens.

X-FILES
Cet agent du FBI travaillant sur des affaires non classées est interprété par David Duchovny.

_ _ _ _ _ _

LA GUERRE DES ÉTOILES
Je suis une espèce évolutive très présente dans les six épisodes.

_ _ _ _ _ _

STAR TREK
Je suis aux commandes de l'*Enterprise NX-01* et je deviendrai président de la Fédération des planètes unies.

_ _ _ _ _ _

ALIEN
Je suis à bord d'un vaisseau, notamment avec un chat prénommé Jones.

_ _ _ _ _ _

MATRIX
Créature moi-même, j'ai composé la musique du générique du film : *Rock is Dead*.

_ _ _ _ _ _

L'ARMÉE DES DOUZE SINGES
J'incarne un enfant qui assiste à sa propre mort dans le futur.

_ _ _ _ _ _

Octobre
Vendredi
1er

Thérèse de l'Enfant-Jésus

À FLEUR DE MOTS

Formez des mots à partir des lettres ci-dessous. Inscrivez vos solutions dans la rosace en partant de l'extérieur vers le centre. Plusieurs mots évoquent le navigateur néo-zélandais Peter Blake, qui aurait eu 68 ans aujourd'hui si des pirates ne l'avaient pas tué en attaquant son bateau en 2001.

A. EKLOO
B. ACEHL
C. CELSU
D. BCOOS
E. CEISU
F. EEIPT
G. EENTV
H. AEENR
I. EEILP
J. AEGTT
K. AIMNR
L. EGIMR
M. EISVV
N. EEINV
O. DEMOR
P. EEPRT
Q. EEPRT
R. ABEGI

1. AELTT
2. BCEEO
3. CHIOR
4. ABEKL
5. CELOU
6. EESSU
7. CEEIP
8. AIOSV
9. EEPRT
10. EEGLN
11. AIMNT
12. AEEMT
13. EERTV
14. EGIIV
15. DEINV
16. EIPRR
17. ENOPS
18. EEGMR

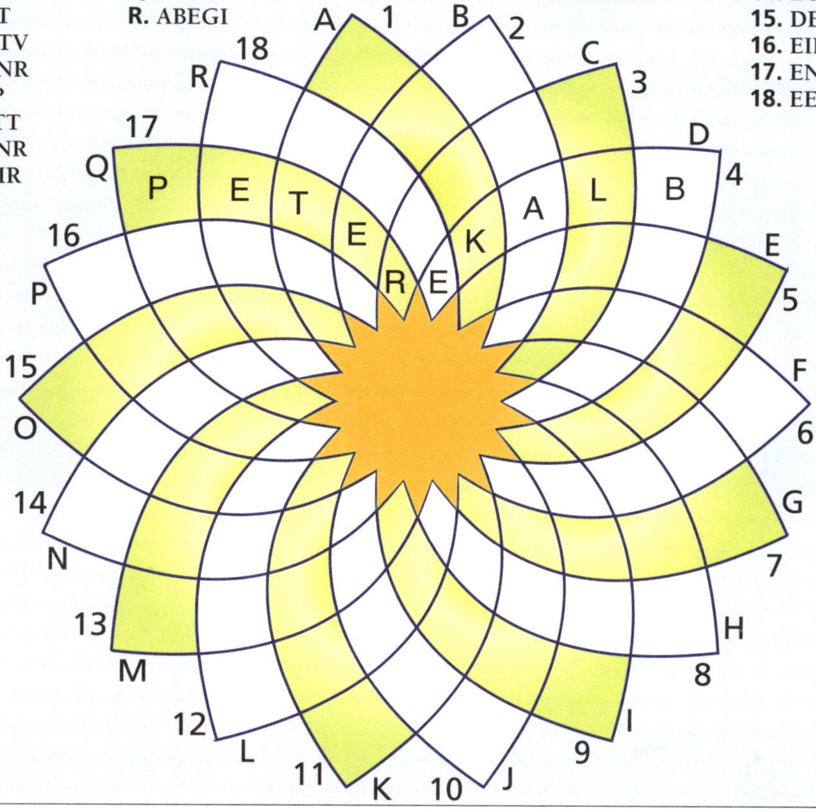

Le saviez-vous ?

Si les réactions nucléaires s'arrêtaient au centre du Soleil, il faudrait dix millions d'années pour que sa surface se mette à refroidir et que la Terre en ressente les effets.

Alternative

Dans un bar, deux types discutent :

– Tu préfères avoir la maladie d'Alzheimer ou de Parkinson ?

– Je sais pas… Et toi, tu préfères quoi ?

– Moi je préfère Parkinson, parce qu'il vaut mieux renverser une goutte de son Ricard que d'oublier de le boire…

Les Belges

Un Belge a décidé de grimper le mont Ventoux en voiture. Un paysan qui le voit monter en marche arrière lui demande pourquoi il fait ça :

– C'est parce qu'on m'a dit qu'il n'y avait pas de place au sommet pour faire demi-tour.

Deux heures plus tard, le paysan voit le Belge descendre en marche arrière. Il lui demande pourquoi et le Belge répond :

– On m'avait menti, il y a de la place pour faire demi-tour.

CE JOUR-LÀ

En 1949, Mao Zedong proclame la République populaire de Chine.

En 1969, Concorde 001 franchit le mur du son, quatre ans avant son premier vol avec passagers.

SUDOKU

	7			5		1		4
			1	3		9		
	3	4	9					
						5		6
	5			9			8	
4		6						
					9	8	6	
		8		7	2			
9		2		6			4	

Octobre
Samedi
2

Léger

MÉLI-MÉLO

Démêlez six titres de films de science-fiction, qui ont été mêlés deux à deux.

1. TERAMINALITOREN

2. AFLAPHAHREVINHELILT 45E1

3. RELATOGURUEVERRRES DELESEFUTTOIULERS

La perle de la semaine

Les dolmens étaient des espèces d'abribus postés tous les 100 m.

CE JOUR-LÀ

En 1535, Jacques Cartier découvre sur le fleuve Saint-Laurent une île peuplée d'Indiens Hurons : c'est le site de la future Montréal, fondée en 1642.

QUIZ Groucho Marx

Tout le monde connaît au moins un film des Marx Brothers. En répondant à ce quiz, vous saurez si vous êtes vraiment marxiste tendance Groucho (né le 2 octobre 1895).

1. *Marx est le vrai nom de Groucho, mais Groucho est un pseudonyme. Quel est son vrai prénom ?*
A. Karl. **B.** Julius. **C.** Leonard.

2. *À quoi reconnaît-on Groucho dans un film des Marx Brothers ?*
A. Il porte un petit chapeau conique et a l'accent italien.
B. Il est muet et entretient un rapport privilégié avec les objets.
C. Il porte une moustache, des lunettes, et parle à une vitesse incroyable.

3. *Dans la plupart des films, Groucho manifeste un penchant particulier pour les rombières bien en chair. Qui est la partenaire de Groucho dans ces rôles ?*
A. Margaret Dumont. **B.** Alice Faye. **C.** Myrna Loy.

4. *Groucho, comme ses frères, a acquis son sobriquet en jouant à un jeu. De quel jeu s'agit-il ?*
A. Le billard. **B.** Le bridge. **C.** Le poker.

Octobre
Dimanche
3

Gérard

Mot d'enfant

Thibaud, 6 ans, rentre d'un petit voyage organisé par son école.

– Alors, c'était bien ? lui demande son père.

– Oh ! oui, j'ai vu des monuments hystériques !

Les blondes

Une blonde désire acheter une télé. Elle appelle le vendeur :

– Je veux ce téléviseur-là !

– On ne sert pas les blondes, ici !

Elle va chez le coiffeur et se fait teindre en brun. Puis elle retourne voir le vendeur et redemande :

– Je veux ce téléviseur-là !

– Je vous ai dit qu'on ne servait pas les blondes !

– Mais je ne suis pas blonde !

– Vous êtes une fausse brune : la preuve, ça fait deux fois que vous me montrez un four à micro-ondes !

MARIONS-LES

En hommage à Alain-Fournier, né le 3 octobre 1886 et auquel on doit le Grand Meaulnes, son seul roman puisqu'il est mort sur le front en 1914, saurez-vous apparier les auteurs suivants avec le livre qu'ils ont écrit sur la Grande Guerre ?

Henri Barbusse **A**
Jean Cocteau **B**
Roland Dorgelès **C**
Ernest Hemingway **D**
Sébastien Japrisot **E**
Erich Maria Remarque **F**
Roger Vercel **G**
Joseph Delteil **H**
Jean Giono **I**
Joseph Kessel **J**

1 *L'Adieu aux armes*
2 *Le Feu*
3 *À l'Ouest rien de nouveau*
4 *Le Grand Troupeau*
5 *Un long dimanche de fiançailles*
6 *Thomas l'imposteur*
7 *Les Poilus*
8 *L'Équipage*
9 *Capitaine Conan*
10 *Les Croix de bois*

CE JOUR-LÀ

En 1990, la réunification de l'Allemagne devient officielle. Le mur de Berlin est tombé depuis près d'un an.

Désir comblé

Une maman demande à son petit garçon :

– Alors, qu'est-ce que tu veux pour ton anniversaire ?

– Le camion de pompiers que tu as caché dans l'armoire.

Octobre
Lundi
4

François d'Assise

Deuxième décan de la Balance

ANAGRAMMES CROISÉES

Remplissez la grille en reconstituant des mots à partir des lettres proposées : conjugaisons, pluriels et noms propres (en gras) autorisés. Lorsqu'un astérisque suit un mot de plus de trois lettres, une seule solution est possible. Pour les autres, plusieurs anagrammes sont envisageables, mais une seule permet de terminer la grille. Quelques-uns des termes à découvrir sont en lien avec un écrivain français né le 4 octobre 1956, animateur d'une célèbre émission littéraire à la radio.

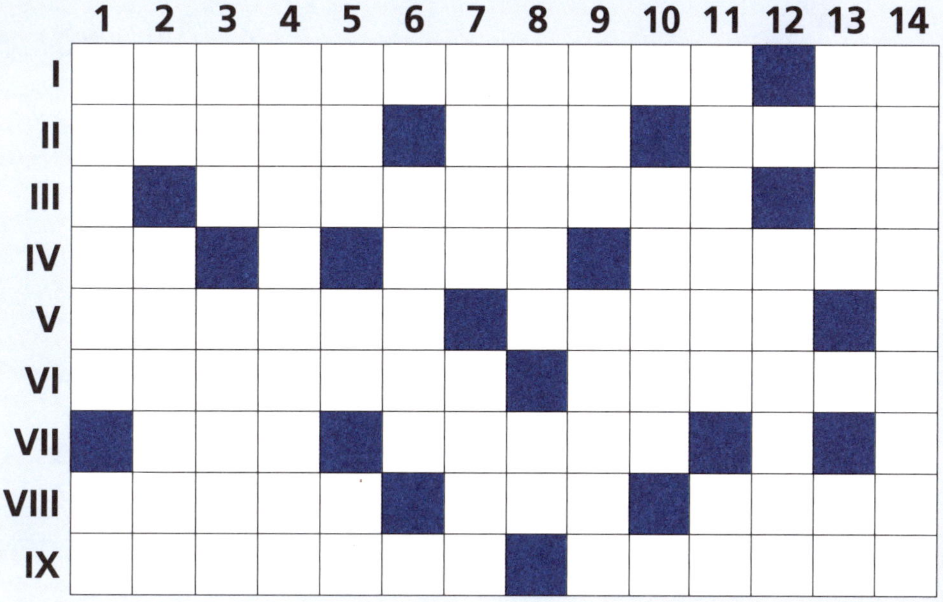

Horizontalement
I. AEIJLNORSTU*; ES. **II.** AEISS; AIR; AELP. **III.** ABEIIMORS*; **RU**. **IV.** **BO**; NSU; **EGINR***. **V.** AEMQSU; AEPRU. **VI.** CEEORTU; AEILRS. **VII.** ILU; ALSTU. **VIII.** BEENT; **EMS**; INOP*. **IX.** ADEELSS; EENNOT.

Verticalement
1. **EEJMOR**; BD. **2.** OS; ABCEEL. **3.** ASU; EOSSU. **4.** AEIMNQRSU*. **5.** BIN; TU; AT. **6.** EERSU. **7.** ILNO; AERS. **8.** EIIRS*; EL. **9.** ASS; ELMPU*. **10.** IINTU*. **11.** EEEIPR*; **OP**. **12.** **ACGINR***. **13.** EELU*; NO. **14.** AAEINRRSS*.

Zoom saveur

LE SANGLIER

D'élevage ou sauvage, le sanglier arrive sur nos tables à l'ouverture de la chasse. Laissez-le mariner plus ou moins selon son âge…

La marinade est essentielle… Toutes les variantes sont possibles, mais le vin rouge est toujours dominant pour imprégner la viande goûteuse et détendre les chairs.

Idée gourmande.
Faites mariner 24 h dans du vin rouge un cuissot de marcassin lardé et bardé (par le boucher), puis faites-le rôtir au four, à la manière d'un gigot, en l'arrosant régulièrement de marinade… Servez avec des châtaignes et des girolles.

LE VERTICALETTRES

En répondant aux définitions, retrouvez verticalement le nom d'une chanteuse américaine morte le 4 octobre 1970, à l'âge de 27 ans.

1. Prénom du chanteur du groupe The Doors, mort à 27 ans. **2.** Écrivain de la Beat Generation dont notre chanteuse a suivi la route. **3.** Un des Beatles, pour lequel cette dernière avait composé, trois jours avant sa mort, un chant d'anniversaire. **4.** Prénom de Jones, fondateur et guitariste des Rolling Stones, mort à 27 ans. **5.** Doctrine antimilitariste. **6.** Prénom de Hendrix, également décédé à 27 ans. **7.** Fameux festival de rock auquel a participé notre chanteuse. **8.** Mouvement contestataire mais non-violent. **9.** Genre de Bessie Smith et de Big Mama Thornton. **10.** Leader du groupe Nirvana, qui s'est suicidé à l'âge de 27 ans. **11.** Drogue qui a provoqué, par overdose, la mort de notre chanteuse.

CE JOUR-LÀ

En 1945, le gouvernement provisoire de la République crée la Sécurité sociale. D'abord réservée aux salariés, elle sera étendue à tous les Français en mai 1946.

Les blondes

Deux blondes sont sur un pont et regardent en dessous :

– Tu vois, ça, c'est la Seine !

– Non, c'est la Marne !

– Non, c'est la Seine, je te dis !

– Bon, je vais sauter et je reviendrai te dire si c'est la Seine ou la Marne, d'accord ?

– D'accord !

La blonde revient :

– Ce n'était ni la Seine ni la Marne, c'était l'autoroute !

Octobre
Mardi
5

Fleur

L'ENGRENAGE

Pour chaque roue de l'engrenage, cherchez le mot correspondant à la définition. Inscrivez-le dans les petits cercles touchant la roue, en démarrant toujours par celui qu'indique la flèche et en tournant dans le sens des aiguilles d'une montre.

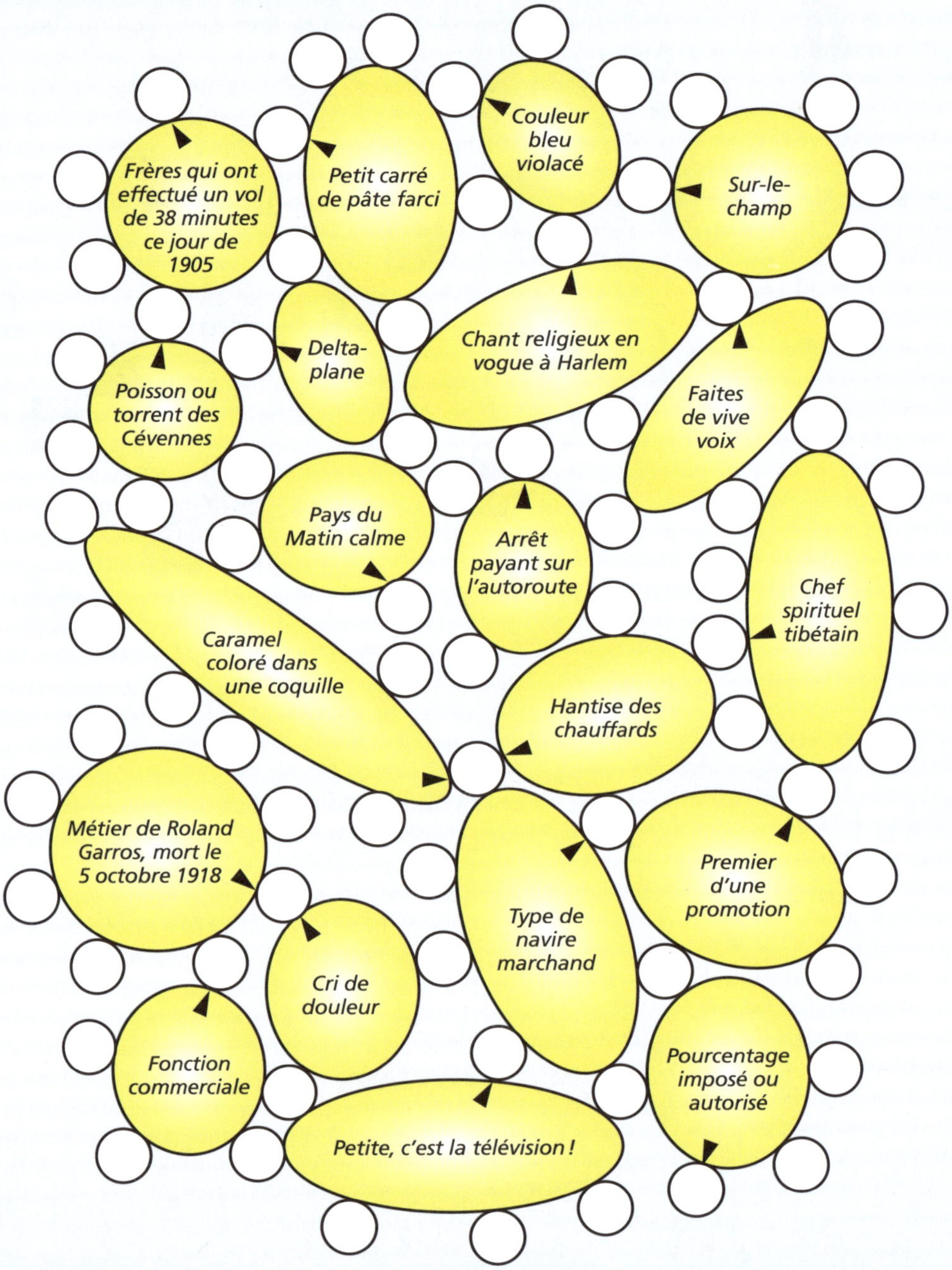

CE JOUR-LÀ

En 1989, le dalaï-lama, Tenzin Gyatso, reçoit le prix Nobel de la paix.

En 1962 sort le premier disque des Beatles, Love me Do, qui atteindra en quelques semaines le sommet du hit-parade.

Bon appétit

Un homme est attaché à un poteau dans un village de cannibales. Un habitant s'approche et lui demande :

– C'est quoi, ton nom ?

– Pourquoi me demandes-tu ça ?

– C'est pour le menu…

Déducto

La Paix de l'eau

La Guerre du feu (Jean-Jacques Annaud, 1981)

Nos amies les bêtes

C'est un lapin qui croise un serpent. Il lui dit :

– Salut, chef !

Le serpent :

– Ssss… pourquoi tu m'appelles chef… sssss ?

– Parce que tu es un chef ! Tu as une grande gueule, tu rampes et tu n'as pas de couilles.

Recrutement

Un ouvrier répond à une offre d'emploi. Il se présente au directeur de l'usine, qui lui propose :

– Mille euros par mois et une machine qui fait la moitié de votre travail. Ça vous convient ?

– Ça colle, mais il faudra mettre une machine de plus !

Nos amies les bêtes

Chez l'oiselier :

– Bonjour, monsieur. Je voudrais acheter un perroquet !

– Je suis désolé, madame, je n'en ai plus ! Si vous voulez, je peux vous proposer ce pivert…

– Et il parle, cet oiseau-là ?

– Non, mais il connaît le morse !

Octobre
Mercredi
6

Bruno

LE CÉLIBATAIRE

Mentalement ou à l'aide d'une calculette, associez ces nombres deux à deux de façon que leur addition, soustraction, multiplication ou division fasse 2021. Il restera un célibataire.

135 – 3 – 2 013 – 34 272 – 11 – 2 025 – 1 010 – 4 – 7 – 520 – 8 – 1 496 – 1 008 – 504 – 9 – 988 – 252 – 17 – 1 006 – 2 – 610 – 1 881 – 22 176 – 3 004 – 14 112

La contrepèterie de la semaine

Pourquoi menacez-vous la Marine ?

CE JOUR-LÀ

En 1966, à San Francisco, se déroule la première grande fête hippie. Le mot d'ordre est Peace and Love.

Un homme averti

Un farceur apostrophe un peintre en bâtiment juché sur son échelle :

– Eh ! Accroche-toi au pinceau, j'enlève l'échelle.

Et il enlève l'échelle… Mais, à sa stupéfaction, le peintre reste suspendu à son pinceau !

– Mais enfin, s'étonne-t-il, comment tu fais ?

– Oh ! On m'a déjà raconté l'histoire…

LABYRINTHE

Aidez Greg le cosmonaute à rejoindre sa planète en contournant les pièges qui le guettent en chemin.

Octobre
Jeudi
7

Serge

SUITE LOGIQUE

Trouvez la figure numérotée qui continue la série.

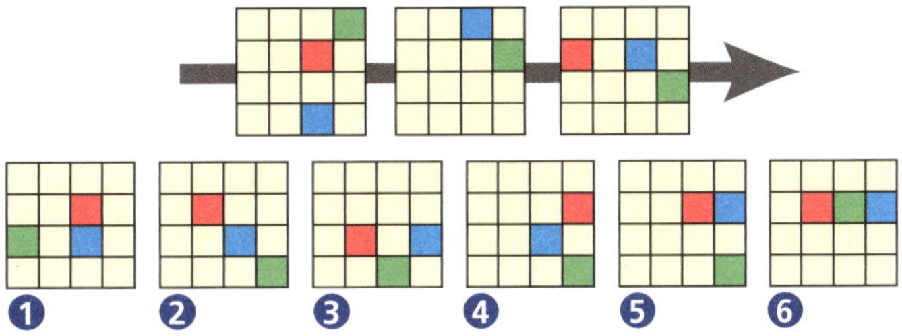

Proverbe français

Bien dire fait rire, bien faire fait taire.

CE JOUR-LÀ

En 1571, la bataille de Lépante voit la victoire des chrétiens (Espagne, Venise, Saint-Siège) contre les Ottomans. Cervantès y perd un bras.

Astucieux…

Un curé, un pasteur et un rabbin discutent de la manière dont ils gèrent les dons.

Le curé :

– Moi, je trace une ligne sur le sol et je jette les pièces. Je garde celles qui tombent avant la ligne, les autres sont pour le Seigneur.

Le pasteur :

– Moi, je trace un cercle et je ne garde que les pièces qui tombent dedans.

Le rabbin :

– Moi, je les lance en l'air et je ne garde que celles qui retombent !

Devinette

Comment appelle-t-on une Lada avec un toit ouvrant ?

Une poubelle.

L'INTRUS

La science-fiction a toujours inspiré les écrivains et les réalisateurs de cinéma. Associez chacun des titres de livre suivants à son auteur, et trouvez la paire qui n'a pas de rapport avec la science-fiction.

1. *La Nuit des temps.*
2. *La Planète des singes.*
3. *La Disparition.*
4. *Le Meilleur des mondes.*
5. *Fahrenheit 451.*
6. *La Guerre des mondes.*

A. Aldous Huxley.
B. Pierre Boulle.
C. H. G. Wells.
D. René Barjavel.
E. Georges Perec.
F. Ray Bradbury.

Octobre
Vendredi
8

Pélagie

CE JOUR-LÀ

En 1970, Aleksandr Soljenitsyne, auteur de livres sur l'enfer du régime stalinien, reçoit le prix Nobel de littérature.

MOTS FLÉCHÉS

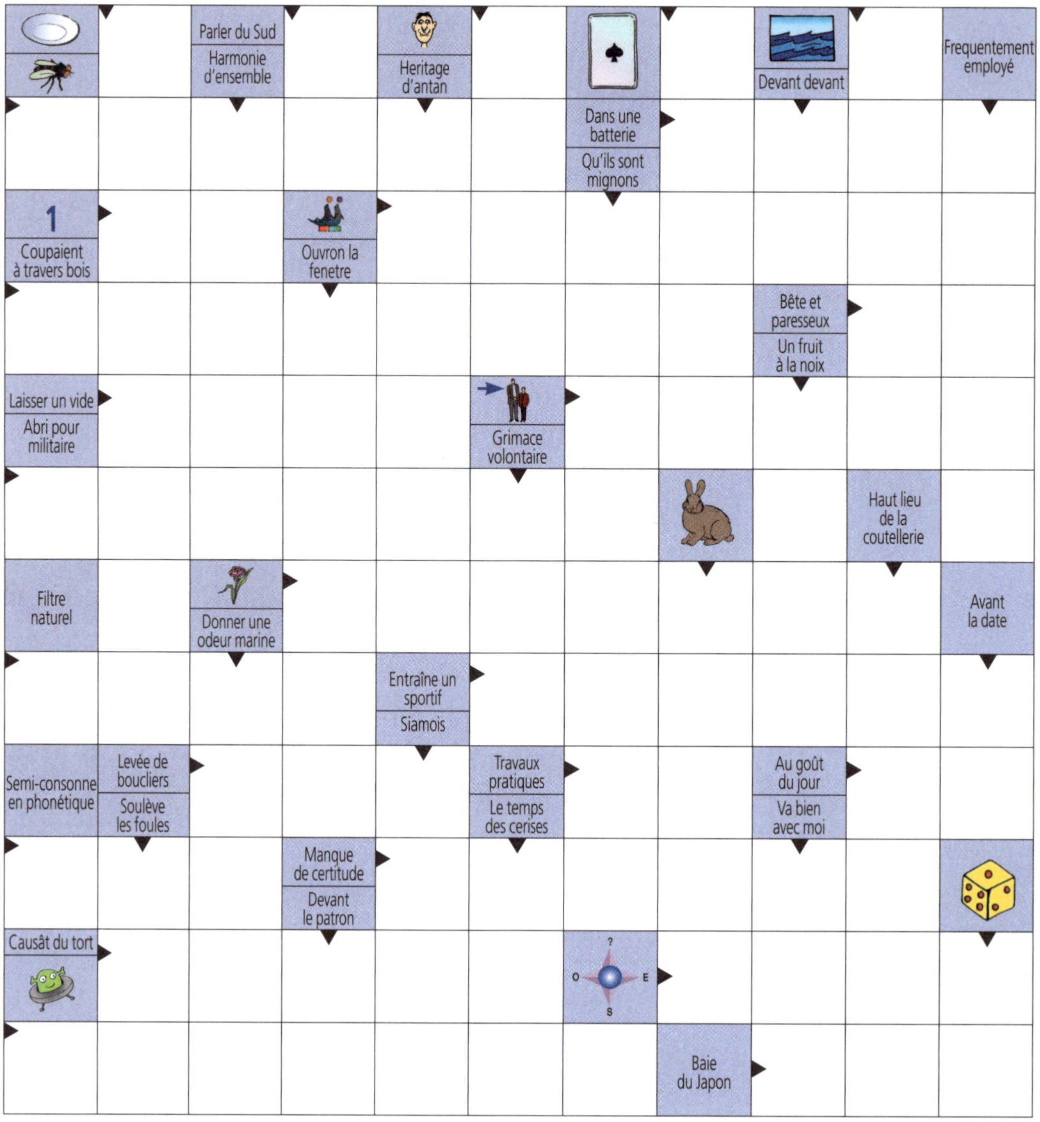

Devinette

Comment appelle-t-on un homme qui a perdu son intelligence ?

Un veuf.

CASE-CHIFFRES

Chaque brique du case-chiffres est la somme des deux briques situées juste en dessous. Reconstituez la totalité de la pyramide pour arriver au sommet sachant que : tous les chiffres sont des entiers positifs ; le chiffre A correspond au rang du 8 octobre dans l'année lorsque celle-ci est bissextile ; les chiffres B et C écrits dans cet ordre donnent le deuxième chiffre de la base, BC (exemple : 7, 8 et 78 ou 11, 2 et 112, etc.).

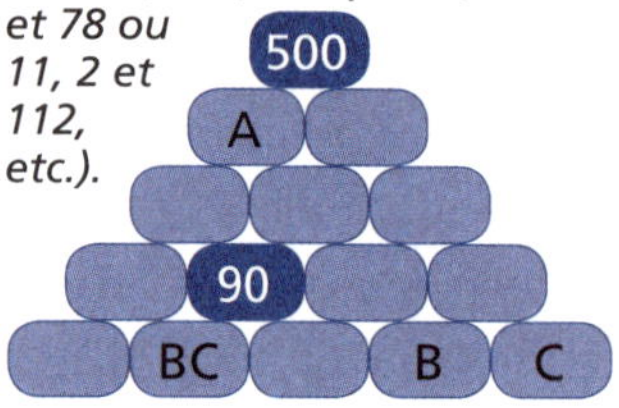

Amour toujours

Un type est invité à manger chez des amis. Le couple qui le reçoit a la cinquantaine et vient de fêter ses noces d'argent. Après le repas, pendant que madame prépare le café, l'invité prend son hôte par le bras et lui dit sur le ton de la confidence :

– Dis donc, tu m'épates : après vingt-cinq années de mariage, tu continues à donner à ta femme des petits noms comme « ma chérie », « mon amour », « mon bébé », etc. Vraiment je t'admire !

Et le mari lui répond à l'oreille :

– Pour être honnête, j'ai oublié comment elle s'appelle…

Dernières volontés

Un taxi roule à vive allure sur une route de montagne avec à bord deux clients, un Écossais et un Français. Tout à coup, il rate un virage et tombe dans le ravin. Les hommes sont dans un triste état. À l'arrivée des pompiers, le chauffeur, qui est coincé sous la voiture, dit :

– Je souffre, achevez-moi, je vous en supplie !

Le Français, qui s'est écrasé contre un arbre :

– Dites à ma femme que je l'aime, je vous en supplie !

Et l'Écossais, sous un rocher, bras et jambes en lambeaux :

– Arrêtez le compteur, je vous en supplie !

Le saviez-vous ?

La météorologie doit son nom à l'étude des météores. Au IVe siècle av. J.-C., le célèbre philosophe grec Aristote croyait que les météores résultaient d'une combinaison des quatre éléments – la terre, l'eau, l'air et le feu – et qu'ils influençaient le temps. Cette croyance a survécu en Europe jusqu'à la fin du XVIIe siècle.

Octobre
Samedi
9

Denis

JEU D'OBSERVATION

Toutes les figures vont par paire, sauf deux. Lesquelles ?

La perle de la semaine

L'histoire de Rome commence en 753 avenue Jésus-Christ.

Devinette

Qu'est-ce qu'un Éthiopien sur la Lune ?

Un Éthiopien qui a joué avec un élastique.

Devinette

Pourquoi les Italiens sont-ils petits ?

T'as déjà essayé de faire l'amour dans une Fiat 500 ?

CE JOUR-LÀ

En 1978, Jacques Brel, qui souffre depuis plusieurs années d'un cancer du poumon, meurt à l'âge de 49 ans. Il repose aux Marquises, où il a passé les dernières années de sa vie.

Signe particulier

Un homme totalement ivre se fait mettre à la porte d'un bar à l'heure de la fermeture. Il titube jusqu'au parking et s'arrête devant la première voiture, tâte le toit et déclare : « Nnon, c'est pas celle-là ! » Il se traîne difficilement jusqu'à la suivante, tâte le toit et répète : « Nnon, c'est pas celle-là ! » Il avance vers la troisième voiture quand le barman, qui l'observe depuis un moment, lui demande :

– Comment faites-vous pour reconnaître votre voiture rien qu'en touchant le toit ?

L'ivrogne lui répond :

– C'est facile, la mienne, elle a un gyrophare dessus !

Octobre
Dimanche
10

Ghislain

LES PERSONNAGES DU JOUR

Découvrez deux personnages célèbres grâce aux indices suivants, que vous lirez l'un après l'autre.

1 Je suis né le 7 juillet 1915 en Russie et mort le 10 octobre 1985 à New York.

2 Je dois mes traits à ma grand-mère, qui était d'origine mongole.

3 En 1941, je pars aux États-Unis pour me lancer dans le cinéma.

4 Je deviens célèbre en 1951, en interprétant le roi de Siam dans une opérette.

5 En 1960, je prends la tête d'une bande de sept mercenaires pour la bonne cause.

1 Je suis né le 6 mai 1915 dans le Wisconsin et mort le 10 octobre 1985 à Hollywood.

2 Enfant prodige, je fais du théâtre à Chicago puis j'étudie la peinture.

3 En 1938, je crée ma propre troupe, le Mercury Théâtre.

4 La même année, je déclenche la panique avec une adaptation pour la radio de *la Guerre des mondes*, de H. G. Wells.

5 À 25 ans, je tourne mon premier long-métrage, *Citizen Kane*.

Devinette

Pourquoi n'y a-t-il que deux pédales sur une Lada ?

Parce que ça suffit pour pédaler.

Devinette

Pourquoi les Belges courent-ils autour des écoles ?

Pour poursuivre leurs études.

CE JOUR-LÀ

En 2004, Christopher Reeve meurt à l'âge de 52 ans.
Le célèbre interprète de Superman était devenu tétraplégique en 1995 après une chute de cheval.

Principe de précaution

– Je suis trop fatigué pour faire mes exercices de calcul…

– C'est ridicule, le travail n'a jamais tué personne.

– Je ne veux pas risquer d'être le premier !

Mot d'enfant

Dimitri, 5 ans, se fait disputer par sa mère car il vient de prononcer un gros mot. Il lui demande alors :

– Mais, maman, pourquoi on ne peut pas dire de gros mots alors qu'ils existent ?

CARRÉ MAGIQUE ANAGRAMMATIQUE

Dans chacune des vingt-cinq cases figure un mot dont une anagramme complète un extrait de chanson de Jacques Brel. Identifiez la définition correspondante, puis reportez dans chaque carré l'anagramme et le numéro de définition, comme pour l'exemple. Si tous les chiffres sont bien placés, vous atteindrez la somme de 65 sur toutes les lignes, colonnes et diagonales. Avec les initiales des nouveaux mots, de 1 à 25, vous trouverez une phrase bonus. De quelle chanson est-elle extraite ?

					= 65
LIMÉE ◯ -----	GOYAVE ◯ ------	VERSE ◯ -----	NUE ◯ ---	PEINES ◯ ------	= 65
MAGIE ◯ -----	ÉBLOUI ◯ -------	SINUES ◯ ------	MONEL ◯ -----	NEUVES ◯ ------	= 65
JUTES 1 JUSTE	LAVES ◯ -----	GRENAT ◯ ------	DÉLAI ◯ -----	CORÉEN ◯ -------	= 65
RÉTINE ◯ ------	DISENT ◯ ------	RESTER ◯ ------	ROUES ◯ -----	ASTUCE ◯ ------	= 65
NAVRÉS ◯ -------	REMUES ◯ ------	RAMEUR ◯ ------	REDENT ◯ ------	LEQUEL ◯ ------	= 65
= 65	= 65	= 65	= 65	= 65	= 65

1. J'avais ***** 20 ans et nous étions cent vingt à être le suivant. **2.** Avec de l'Italie qui descendrait l'******. **3.** Mon doux, mon ******, mon merveilleux amour. **4.** Y a des marins qui chantent les ***** qui les hantent. **5.** Ou bien j'ai ******, ou ils sentaient pas bon. **6.** Les carreaux des ****** sont toujours mal lavés, il pleut. **7.** Au premier temps de la *****, toute seule tu souris déjà. **8.** Nous aurons dans nos mains, amis, le monde ******. **9.** Je ne sais pas à ****** heure part ce triste train pour Amsterdam. **10.** Faut dire qu'en sortant d'*** vague mourante, je les vis s'en allant. **11.** On s'aperçoit tout bête qu'il y a des ****** aux *rosa*. **12.** D'abord il y a l'aîné, lui qu'est comme un *****. **13.** Et le temps d'un sanglot, oublier toute une heure la pendule d'******. **14.** Et forcer le ****** à chaque carrefour. **15.** T'as voulu voir ****** et on n'a vu que ses faubourgs. **16.** Paris qui ****** notre émoi. **17.** Adieu l'***** je t'aimais bien, tu sais. **18.** Des perles de pluie ****** de pays où il ne pleut pas. **19.** Les trains déraillent avec fracas parce que des gars pleins d'***** mettent des bombes sur les voies. **20.** Des ****** brûlées donnant plus de blé qu'un meilleur avril. **21.** J'ai voulu voir ta *****, j'ai vu le mont Valérien. **22.** Tenter sans force et sans ******. **23.** Avec le fil des jours pour unique ******. **24.** Que connais-tu du Bon Dieu ? Un cantique, une *****. **25.** Brûle ******, bien qu'ayant tout brûlé.

1	2	3	4	5	6	7	8	9	10	11	12	13	14	15	16	17	18	19	20	21	22	23	24	25
J																								

L'INACCESSIBLE ÉTOILE

Chaque définition indique le point de départ et le point d'arrivée du mot à trouver. Pour atteindre l'inaccessible étoile, remplissez la grille, puis reportez les lettres des cases de couleur dans l'espace réponse pour former un mot évoquant un titre majeur de Jacques Brel.

1-5. Port où les marins boivent aux dames. **1-8.** Cimetière des photos. **2-10.** Procédé de localisation par échosondage. **3-30.** Pensées comme Antoine. **4-13.** Matchs face à face. **5-15.** Qui aiment se faire mal. **6-7.** Pourraient aider Jef à effacer son ardoise chez la mère Françoise. **8-15.** Il les a chantées et il y repose non loin de Paul Gauguin. **9-20.** Centre sportif au Québec ou chanteuse franco-australienne. **11-22.** Suivre l'étoile, telle est la sienne. **12-23.** Incroyable, insensé. **14-21.** Page blanche observée par transparence. **16-29.** *(À mon dernier repas)* Voir les arbres dormir en … leurs bras. **17-31.** Lampes incandescentes. **18-28.** Il l'attend et il lui a apporté des lilas. **19-32.** Tromperie de l'un des siens. **24-25.** Il le fut au cinéma sous la direction d'Édouard Molinaro. **26-27.** Ils doivent faire 150 km vers le sud pour aller voir Vesoul.

PAVÉ CRYPTÉ

Toutes les lettres du pavé servent à reconstituer le début d'une chanson de Brel dédiée à une femme de son pays natal. À chaque lettre est associé un chiffre, de la manière suivante : au M du coin haut, on associera 1 + 1 = 2. Au P du coin bas, 1 + 7 = 8 ; au R, sixième lettre de la quatrième ligne, 4 + 6 = 10, et ainsi de suite. Les chiffres obtenus ont servi à crypter la citation. Plusieurs possibilités s'offrent à vous (sauf pour le chiffre 2 et le chiffre 17, commencez par eux ; puis passez aux 16 et aux 3, etc.). Chaque lettre du pavé doit être utilisée une fois et une seule. Bon décryptage !

	1	2	3	4	5	6	7	8	9	10
1	M	O	I	S	A	S	H	N	E	E
2	U	T	E	L	R	S	R	P	N	U
3	S	T	E	U	O	U	C	O	E	P
4	O	N	S	E	S	R	L	I	L	A
5	A	E	N	C	A	E	I	O	H	E
6	S	S	A	S	D	E	S	C	E	I
7	P	D	N	S	D	U	E	D	A	L

12 8 5 — 8 7 4 11 11 11 6 16 13 10

8 11 7 7 10 14 — 7 3 9 — 11 16 — 9 8 14 4 10 12

6 6 — 10 14 9 5 — 9 11 9 10 11 5 12

8 5 9 — 13 13 12 15 8 — 9 ' 10 2 3 13 7

12 6 6 4 — 13 15 — 7 12 17 8 10 14 15

LA CHUTE

Faites tomber les briques de chaque colonne verticalement. Elles sont pour l'instant simplement rangées dans l'ordre alphabétique, qu'il vous faut bien entendu modifier pour former le refrain d'une chanson de Jacques Brel. La citation se lit ligne après ligne, un mot peut enjamber deux lignes, seule une case noire indique que l'on passe au mot suivant (pas une fin de ligne, donc). Il ne vous reste plus qu'à remplir les cases.

		A					A			A			
J	A	E		J	E		E	A	B	D	E	A	
R	I	E		J	F	A	I	R	I	I	E	E	N
S	R	I	N	Q	I	A	J	R	M	I	I	N	R
T	U	R	R	R	U	V	R	T	R	V	V	S	U

Octobre

Lundi

11

Firmin

Zoom saveur

LE CHASSELAS

C'est le plus prestigieux des raisins de table, que les Suisses appellent « fendant » car ses grains se fendent littéralement sous la dent.

Bien choisir un raisin de table, c'est aussi important que de bien choisir un vin… Le chasselas de Moissac bénéficie d'une AOC depuis 1971, et ce n'est pas pour rien. Il est récolté (et non vendangé !) à la main, grappe après grappe, pour que seuls les grains parfaitement mûrs soient sélectionnés.

Idée gourmande. *Avec de belles tranches de foie gras poêlées, servez du chasselas pelé, épépiné et simplement réchauffé à feu doux avec une larme de banyuls.*

CE JOUR-LÀ

En 1963, Édith Piaf s'éteint à l'âge de 48 ans. Jean Cocteau, qui lui avait écrit une pièce, meurt le même jour dans un accident de voiture.

Partage des tâches

Un Corse veut changer une ampoule chez lui. Il téléphone à un copain, qui vient et le prend sur ses épaules. L'autre saisit l'ampoule, la présente devant la douille et dit au copain :

– Maintenant tu peux tourner !

Les Belges

Un Belge, sur la glace… Il sort sa scie, sa canne à pêche, et commence à découper un trou dans la glace. À ce moment-là, une voix d'outre-tombe résonne :

– Il n'y a pas de poisson ici…

Le Belge, stupéfait, s'arrête, regarde autour de lui, ne voit personne et continue.

– Il n'y a pas de poisson ici !

Encore une fois, il s'arrête et tend l'oreille… Inquiet, il reprend son travail.

– Il n'y a pas de poisson ici !

Et le Belge :

– Mais qui parle, une fois ?

– Le directeur de la patinoire !

SUITE LOGIQUE

Trouvez la figure numérotée qui continue la série.

1 2 3 4 5 6

LA GIRAFE

En hommage au thème du mois, remplissez la grille girafe à l'aide des définitions, sachant que les mots s'enchaînent selon le principe du « marabout de ficelle ».

1. Compositeur italien de musiques de film.
2. Propulse seul sur scène.
3. Réalisateur de *Willow*, *Apollo 13* et *Da Vinci Code*.
4. J'y vais quand je pars à Givet.
5. Tour qui fit scandale à la cour.
6. Coordonné pour le coq et le soleil.
7. Écrivain français de romans d'anticipation.
8. Film de science-fiction où Keanu Reeves incarne Neo.
9. Bagarre courte, mais violente.
10. Classer un film dans la catégorie du porno.
11. Arbre à bon sirop.
12. Grand pour Luc Besson.
13. Appât trompeur.
14. Vers le futur, pour Robert Zemeckis.

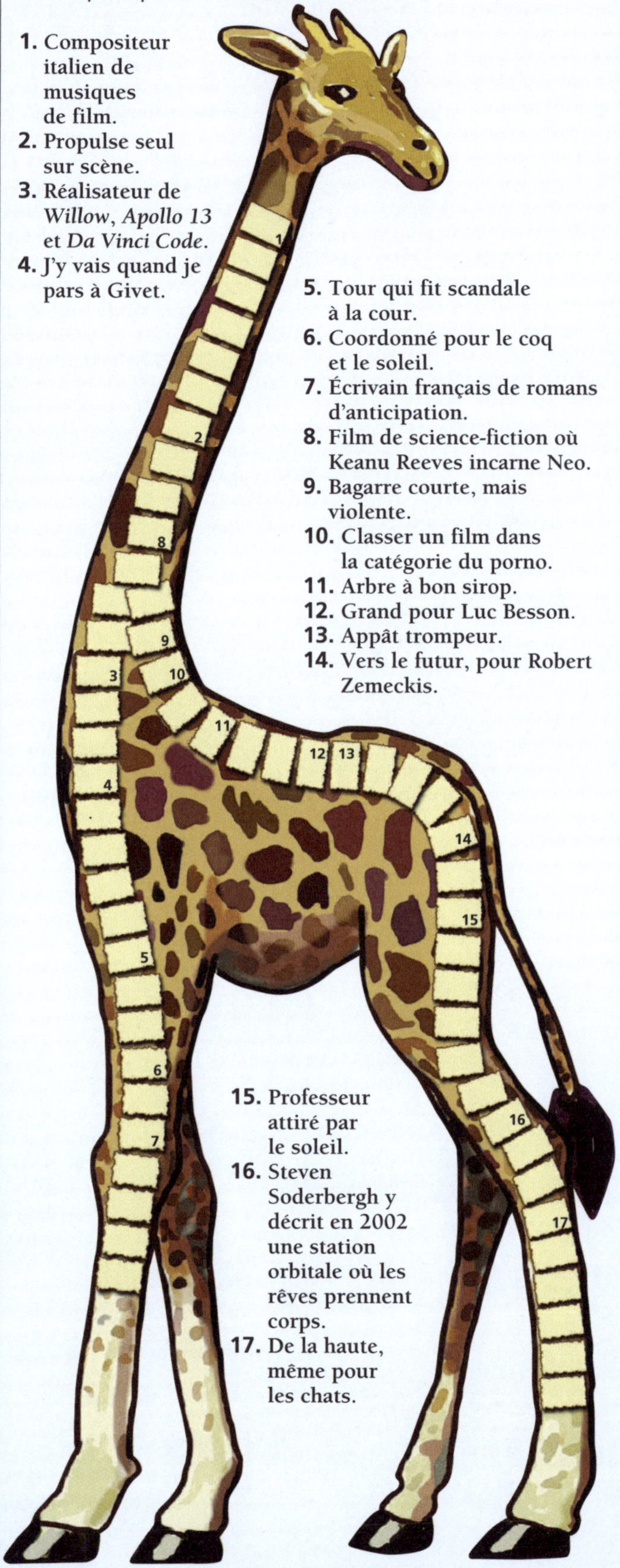

15. Professeur attiré par le soleil.
16. Steven Soderbergh y décrit en 2002 une station orbitale où les rêves prennent corps.
17. De la haute, même pour les chats.

Octobre
Mardi
12

Wilfried

L'ÉNIGME DU RMI

Le projet de loi créant le revenu minimum d'insertion (RMI) est adopté le 12 octobre 1988, et la loi sera votée à l'unanimité le 30 novembre suivant. Parmi les vingt mots contenus dans l'illustration, biffez ceux qui correspondent aux indices. Les mots restants vous livreront sous forme de rébus le nom du cadre dans lequel, historiquement, l'attribution de minima sociaux répond à une cohérence économique de soutien de la consommation.

1. Qui est président de l'Assemblée nationale lorsque cette loi est votée ? L'anagramme de son nom figure dans la liste. **2.** Modifiez l'initiale d'un mot pour lire le nom du Premier ministre de François Mitterrand qui permit à 570 000 foyers de percevoir le RMI dès février 1989. **3.** Biffez dans la liste les deux mots qui contiennent le sigle des organismes versant le RMI : caisse d'allocations familiales et mutualité sociale agricole. **4.** Quel terme est utilisé pour désigner une personne percevant ce revenu ? Déplacez une lettre dans un mot pour le savoir. **5.** Retrouvez dans la liste l'anagramme du nom de ces artisans de la soie qui, dès 1821 à Lyon, refusent la nouvelle organisation industrielle et réclament « le tarif ou la mort ». **6.** Dès 1841, une loi permet une intervention de l'État en matière sociale. Quel travailleur cette loi est-elle censée protéger ? Déplacez deux lettres de l'intérieur d'un mot vers le début pour le découvrir. **7.** En 1898, une autre loi témoigne de l'émergence d'une solidarité organique au sein de la société française. Introduisez une consonne doublée entre la première et la deuxième lettre d'une forme conjuguée pour découvrir ce que cette loi étudie et répare dans le cadre du travail. **8.** De 1945 à 1973, le social et l'économique se développent parallèlement : le social soutient la croissance, l'économie en redistribue les fruits selon une juste répartition. Quel produit fait alors naître une nouvelle crise ? Son anagramme figure dans la liste. **9.** Face à des pays utilisant le faible coût de leur main-d'œuvre, la réponse française tarde. Supprimez la dernière lettre d'un mot puis inversez-en le cœur pour lire le nom de ce minimum augmenté de 10 % dans le cadre de la relance de la consommation en 1981. **10.** Cette relance tourne à la catastrophe. Quel plan met sur pied dès 1983, à travers une politique de nationalisations, la modernisation de l'outil de production parallèlement à une gestion plus prudente des dépenses sociales ? Changez l'initiale d'un mot pour le savoir. **11.** Pour diversifier les sources de financement de la protection sociale, le gouvernement de 1990 instaure un nouvel impôt, dont le nom est constitué des trois consonnes figurant dans un mot de la liste. **12.** Le gouvernement Jean-Pierre Raffarin décentralise le RMI en 2003 et crée un nouveau revenu destiné à faciliter la réinsertion professionnelle des RMIstes. Lisez le nom de ce nouveau dispositif à la fin d'un mot. **13.** La commission « Famille, vulnérabilité, pauvreté », présidée par Martin Hirsch, propose dès 2005 la mise en place d'un nouveau dispositif permettant à un bénéficiaire de minima sociaux d'augmenter substantiellement ses ressources en cas de retour à l'emploi. Trouvez le nom de cette mesure au sein – c'est le cas de le dire – d'un mot de la liste. **14.** Les minima sociaux existent dans de nombreux pays d'Europe : Income Support en Angleterre, Sozialhilfe en Allemagne par exemple. Quel mot, prolongé d'un X, donne son nom au système belge ?

ABUSIF
AIDENT
AISE
CLAMSANT
CORSAGE
CUISSAGE
FANENT
HAINE
HÉROÏQUE
HYÈNE
KARMA
LATTE
LIGUEUR
MINIME
MISTER
NESCAFÉ
PELOTER
SIMCA
SUÇANT
TOCARD

Nos amies les bêtes

En vue de sa réouverture, le zoo d'Anvers a acheté un singe doré et l'annonce à grand renfort de promo.

Malheureusement, le singe doré tombe malade et, juste avant le grand jour, il meurt. Le zoo recrute alors un étudiant pour le remplacer. L'étudiant remplit très bien sa mission, il se balance de liane en liane, fait des grimaces. C'est un singe très convaincant, mais voilà qu'en prenant son élan il tombe dans la cage d'à côté. Un superbe lion s'avance vers lui lentement. L'homme-singe prend peur, se tourne vers le public et se met à hurler :

– Je ne suis pas un singe, aidez-moi !

Le lion s'approche et lui chuchote à l'oreille :

– Tu ne peux pas te taire ? Nous allons perdre notre job tous les deux.

CE JOUR-LÀ

En 1492, Christophe Colomb jette l'ancre aux Bahamas, persuadé d'avoir atteint les Indes.

Déducto

La Femme au pied de plomb

L'Homme au bras d'or (Otto Preminger, 1955)

Devinette

Quelle est la différence entre un homme et une boîte de pâtée pour chien ?

Dans la boîte, il y a du cerveau et du cœur.

Octobre
Mercredi
13
Géraud

LE CRÉNEAU

Christophe, de son vrai nom Daniel Bevilacqua, est un chanteur français né le 13 octobre 1945 à Juvisy-sur-Orge, en banlieue parisienne. En répondant aux définitions suivantes, retrouvez sur le créneau le titre d'une de ses chansons.

1. Mélancolie de Baudelaire, et de Christophe parfois. **2.** Vulgaire grillon… ou Christophe dans l'intimité ? **3.** Bruit qui court. **4.** Peu recommandable lorsqu'il est chanteur. **5.** Inspiratrice de l'artiste. **6.** Tombe à la fin du spectacle. **7.** Christophe était un sujet de choix pour le genre à scandale. **8.** Ange déchu. **9.** Air de Ravel. **10.** Chants funèbres. **11.** En avant la musique.

1
2
3
4
5
6
7
8
9
10
11

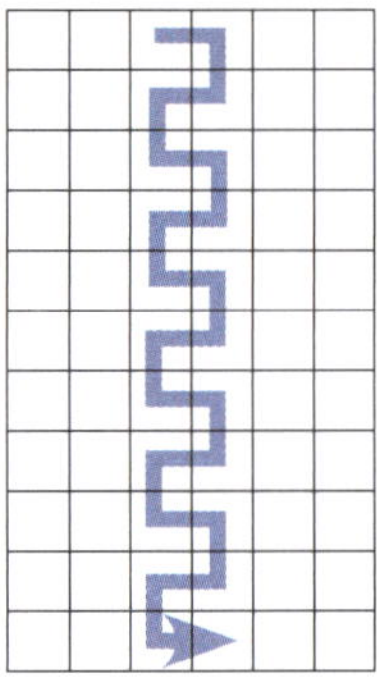

JEU DE LOGIQUE

Corrigez l'opération en chiffres romains en ne déplaçant qu'une allumette !

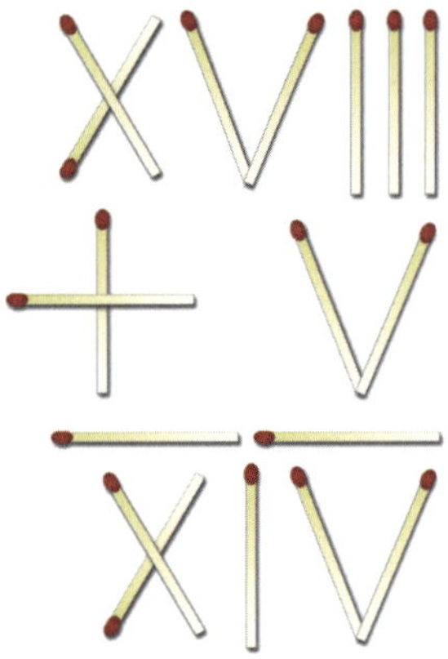

CE JOUR-LÀ

En 1307, Philippe le Bel fait arrêter les principaux membres de l'ordre des Templiers, dont il redoute la puissance et convoite les biens.

La contrepèterie de la semaine

Je n'ai pas de rebords à mes épaulettes.

Surbooké

Un fonctionnaire surmené déclare :

– Il y avait du travail pour quatre, heureusement on était huit !

Allô, docteur ?

Le patient à son médecin :

– Écoutez, docteur, je vais être franc. Avant de vous consulter, je suis allé voir Mathieu, le guérisseur…

– Et quelle idiotie vous a racontée ce charlatan ?

– Heu… Il m'a conseillé de venir vous voir…

Octobre
Jeudi
14
Juste

Troisième décan de la Balance

CE JOUR-LÀ

En 1947, Chuck Yeager, un pilote de chasse américain, est le premier à franchir le mur du son.

Placement

Deux jeunes financiers sont allongés sur le sable de la plage de Deauville.

– Jim, la mer monte…

– Achète !

QUIZ Alexandra Lamy

Née le 14 octobre 1975 à Alès, cette actrice française est devenue populaire grâce au feuilleton télévisé Un gars, une fille, *dans lequel elle jouait aux côtés de Jean Dujardin.*

1. *Le cinéaste Patrice Leconte lui a proposé son premier emploi en 1995 dans :*
A. Le long-métrage *les Grands Ducs.*
B. Un court-métrage.
C. Un spot publicitaire.

2. *Dans* Un gars, une fille, *Jean Dujardin et Alexandra Lamy s'appellent :*
A. Bizou et Poutou.
B. Minou et Roudoudou.
C. Loulou et Chouchou.

3. *Combien d'épisodes ce feuilleton a-t-il connus ?*
A. 286. **B.** 486. **C.** 686.

4. *Au cinéma, Alexandra Lamy a retrouvé Jean Dujardin dans :*
A. *Mariages.*
B. *Brice de Nice.*
C. *OSS 117.*

Moindre mal

Un type trouve une bouteille sur la plage. Il l'ouvre et un génie en sort.

– Tu peux me demander d'exaucer trois souhaits, mais tu dois savoir que ton pire ennemi aura le double.

– Mon premier souhait serait d'avoir 10 millions de dollars.

– Très bien, dit le génie. N'oublie pas que ton pire ennemi en recevra 20 !

– Ensuite, je veux posséder les cinq plus belles femmes du monde.

– Très bien, mais ton pire ennemi en aura dix.

– Comme dernier souhait, je veux que vous m'enleviez un testicule…

Proverbe breton

Qui boude sa nourriture rend son derrière bien étonné.

Octobre
Vendredi
15

Thérèse d'Ávila

CE JOUR-LÀ

En 1815, Napoléon, prisonnier des Anglais, arrive à Sainte-Hélène, dans l'Atlantique Sud. Il y restera jusqu'à sa mort, le 5 mai 1821.

Le saviez-vous ?

Bien que leurs parents parlent des langues totalement différentes, les bébés du monde entier babillent de la même façon. Une étude de quinze « milieux linguistiques » a révélé que les nourrissons africains et norvégiens utilisent les mêmes consonnes lorsqu'ils gazouillent. Par exemple, tous les bébés étudiés prononcent le M et le B.

Misogynie

Quel est le plus grand mystère chez la femme ?

Son sac à main.

LES EXPRESSIONS

Retrouvez les expressions illustrées ici.
Indice : elles comprennent toutes le mot CHAT.

1. ....
2. ....
3. ....
4. ....
5. ....
6. ....

L'INTRUS

Un intrus s'est glissé parmi cette liste de titres de films de science-fiction célèbres. Lequel ?

1. *Les Survivants de l'infini.*
2. *La Guerre des étoiles.*
3. *La Guerre des mondes.*
4. *La Guerre des Rose.*
5. *La Planète des singes.*
6. *2001 : l'odyssée de l'espace.*
7. *2010.*
8. *Blade Runner.*

JEU D'OBSERVATION

Toutes les figures vont par paire, sauf deux. Lesquelles ?

Octobre
Samedi
16

Edwige

MARABOUT

Allez de mot en mot en répondant aux définitions suivantes. Les réponses s'enchaînent sur le principe du « marabout de ficelle » et évoquent la science-fiction.

1. *Le Voyage dans la Lune* de ce cinéaste était alors, en 1902, de la pure science-fiction.

2. C'est là qu'on rencontre Alien ou les extraterrestres.

3. Des volontaires doivent y retourner, dans *l'Armée des douze singes*, pour collecter des informations sur un virus.

4. Ce chien, plutôt anglais ou irlandais, n'est pas de la race de Laïka.

5. Film de James Cameron (1984), dans lequel un cyborg surgi du futur doit éliminer une jeune femme dont l'enfant à naître va sauver l'humanité.

6. Son plus célèbre roman, au titre « chiffré », décrit un monde surveillé par Big Brother.

CE JOUR-LÀ

En 1978, le cardinal polonais Karol Wojtyla devient pape sous le nom de Jean-Paul II. Il a 58 ans et va régner vingt-six ans sur l'Église romaine.

COUPE-LETTRES

Rayez une lettre dans chacun des six mots en en formant un nouveau. Reportez-la à droite pour trouver le nom d'un célèbre humoriste français, né le 16 octobre 1963.

R	A	V	I	S	E	
B	L	E	U	E	S	
R	E	M	P	L	I	
M	O	U	R	I	R	
E	R	R	E	U	R	
G	R	A	N	D	E	

La perle de la semaine

Les Amazones étaient comme les femmes, mais encore plus méchantes.

Tarifs

Deux prostituées sont sur le trottoir pendant les fêtes. L'une demande à l'autre :

– Qu'est-ce que tu lui demandes, toi, au Père Noël ?

– 100 euros, comme aux autres.

Planning familial

Une petite fille de 4 ans demande la pilule à sa mère.

– Mais enfin, pourquoi ?

– Parce que j'ai déjà douze poupées !

Octobre
Dimanche
17

Baudouin

QUIZ Rita Hayworth

D'une grande beauté, cette actrice américaine née le 17 octobre 1918 a connu dans les années 1940 une popularité exceptionnelle, en particulier auprès des GI.

1. *Avant de tourner son premier film, elle était :*
A. Danseuse. **B.** Chanteuse.
C. Mannequin.

2. *Pour changer son look dans la Dame de Shanghai, elle :*
A. Se vieillit de quarante ans.
B. Dissimule ses célèbres jambes sous l'appareillage d'une paralytique.
C. Coupe très court ses longs cheveux.

3. *En 1946, le prénom de son personnage donne son titre à l'un de ses plus célèbres films. Est-ce :*
A. Lola ? **B.** Gilda ?
C. Samantha ?

4. *Elle a joué un personnage biblique. Lequel ?*
A. Ève. **B.** Salomé.
C. Dalila.

CHENILLE

Le 17 octobre 1748, les forces françaises et le gouverneur Dupleix levaient le siège de Pondichéry (Inde), tenue par les Anglais dirigés par l'amiral Boscawen. Passez d'un mot à l'autre en remplaçant la lettre indiquée et en modifiant l'ordre des lettres, tout en respectant l'indice.

	D U P L E I X	
– L + A	_ _ _ _ _ _ _	(GRAS)
– X + R	_ _ _ _ _ _ _	(OUI JURÉ)
– U + N	_ _ _ _ _ _ _	(FORCE DE POPEYE)
– P + G	_ _ _ _ _ _ _	(ANGE OU DRAGON)
– D + L	_ _ _ _ _ _ _	(METTRE EN RANG)
– R + S	_ _ _ _ _ _ _	(AVERTIT)
– E + A	A N G L A I S	

Mot d'enfant

La maîtresse demande à Blandine, 5 ans, en quoi consiste le travail de sa maman. Après une longue hésitation, la petite fille lui répond :

– Je ne sais pas ce qu'elle fait, maman, mais je crois bien qu'elle travaille au boulot.

CE JOUR-LÀ

En 1987, le père Joseph Wresinski, fondateur d'ATD Quart Monde, crée la Journée mondiale du refus de la misère. L'ONU la reconnaîtra en 1992 sous le nom de Journée internationale pour l'élimination de la pauvreté.

Octobre

Lundi

18

Luc

MOTS CROISÉS

	1	2	3	4	5	6	7	8	9	10	11	12	13	14
I											■			
II				■								■		
III							■							
IV				■									■	
V			■						■					
VI						■		■						
VII				■							■			
VIII										■				
IX	■				■						■			■

Horizontalement
I. Elle adore *l'Air des bijoux* du compositeur Gounod, mort le 18 octobre 1893 ; petite monnaie asiatique. **II.** Ré ; du renard ; île. **III.** Agents papaux ; opéra de Verdi inachevé… **IV.** Relatif ; œuvre de Gounod inspirée d'un poème provençal de Mistral. **V.** Personnel ; alourdir la note ; poètes grecs. **VI.** Toilette féminine ; sort du ventre. **VII.** A eu son orchestre symphonique ; pas doué ; étape pour caravanes. **VIII.** Bois ; facile quand elle est bonne. **IX.** Singe ; l'opéra le plus joué de Gounod ; personnel.

Verticalement
1. Opéra comique de Gounod. **2.** Rit-on de se voir si belle en ce miroir ? **3.** Passé pour la casse ; prénom russe chanté par Pierre Perret. **4.** Bien appris ; pouffé. **5.** Célèbre air de Gounod dérivé du *Clavier bien tempéré* de Bach. **6.** Tire une balle ; noyau terrestre. **7.** Sujet ; refit une santé. **8.** Choisir ; plus de musicien. **9.** Jeune Castor ; moments chauds. **10.** Composé chimique. **11.** A beaucoup compté. **12.** Entourent les stupas. **13.** Temps long ; frime. **14.** Fait décoller.

Zoom saveur

LA NOIX

La région de Grenoble depuis toujours et le Périgord plus récemment s'en disputent la suprématie. Attention : riche en lipides, la noix est très calorique…

Le brou, cette partie verte dont on débarrasse nos noix, est le vrai fruit de l'arbre : techniquement, nous dégustons donc sa graine… qui contient quand même 51 % d'huile ! C'est pourquoi elle rancit rapidement !

Idée gourmande.
Concassez grossièrement 200 g de cerneaux de noix et mélangez-les avec 150 g de farine, 60 g de miel, 2 œufs et 120 g de sucre en poudre. Versez dans un moule beurré et enfournez pour 40 min à 170 °C (th. 5/6).

CE JOUR-LÀ

En 1685, Louis XIV révoque l'édit de Nantes et abolit la liberté religieuse dans le pays. De nombreux protestants vont fuir et s'installer à l'étranger.

Travail acharné

Un Corse affalé à l'ombre d'un cerisier mange des cerises et recrache les noyaux au loin. Passe un touriste, qui lui dit :

– Alors, la vie est belle !

– Tu parles, je travaille, moi, ici ! Je sème…

QUIZ Guy Roux

L'infatigable entraîneur du club de football d'Auxerre est né le 18 octobre 1938. Guy Roux, fin connaisseur des arcanes de son sport, est par ailleurs un personnage haut en couleur.

1. *Il a été l'entraîneur du même club pendant :*
A. 22 ans. **B.** 32 ans.
C. 42 ans.

2. *Le stade d'Auxerre s'appelle :*
A. La baie des Champs.
B. L'Abbé-Deschamps.
C. L'abbaye des Champs.

3. *Sa marionnette des Guignols faisait l'objet de plaisanteries sur un défaut présumé :*
A. Son accent.
B. Sa gourmandise.
C. Son avarice.

4. *Son livre de souvenirs s'intitule :*
A. *Entre nous.*
B. *En traînant.*
C. *Coach.*

Octobre
Mardi
19

René

CE JOUR-LÀ

En 1996, en France, la numérotation téléphonique passe à dix chiffres.

Déducto

Le Dieu à l'esprit

Le Diable au corps
(Claude Autant-Lara, 1947)

Hommage

Jaruzelski va incognito au cinéma pour tester sa popularité. Avant le film, on annonce:

– On se lève tous pour le général Jaruzelski.

Tout le monde se lève, sauf Jaruzelski, qui est très content de constater cet élan, puis se rassoit. Le projectionniste répète:

– On se lève tous pour le général Jaruzelski.

Tout le monde se lève encore, sauf Jaruzelski, qui jubile. Le projectionniste lui dit alors:

– Lève-toi, ou ce connard va te faire fusiller!

Allô, docteur?

Un gars va voir son médecin et lui demande:

– Est-ce que je vais devenir centenaire, docteur?

Le médecin lui répond:

– Est-ce que vous fumez, prenez de la drogue ou buvez?

– Non, répond l'autre.

– Est-ce que vous sortez souvent, allez en boîte, jouez au casino?

– Ben non, répond l'autre.

– Est-ce que vous roulez vite, faites des sports extrêmes?

– Bof non, répond l'autre.

– Est-ce que vous faites souvent l'amour avec des partenaires différentes?

– Non, rien de tout cela, répond l'autre.

– Alors, lui dit le médecin, pouquoi vouloir devenir centenaire?

Conseil avisé

Une dame d'un certain âge monte dans un taxi et dit au chauffeur:

– Chauffeur, soyez gentil, ne conduisez pas trop vite. À chaque virage, j'ai peur!

– Ne vous inquiétez pas, je suis pareil. Faites comme moi: fermez les yeux!

JEU DE LOGIQUE

Ces cubes sont identiques: combien y a-t-il de points sur la face du dernier ?

LA GIRAFE

Remplissez la grille girafe à l'aide des définitions, sachant que les mots s'enchaînent selon le principe du « marabout de ficelle ».

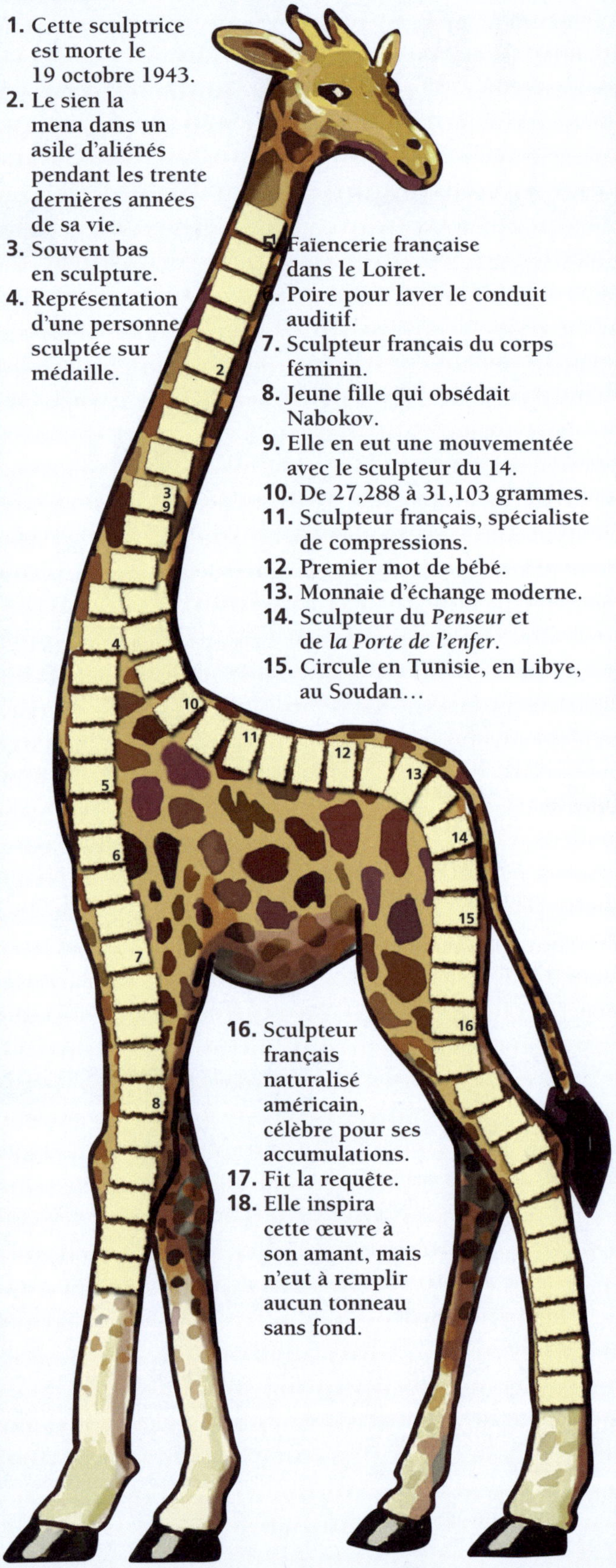

1. Cette sculptrice est morte le 19 octobre 1943.
2. Le sien la mena dans un asile d'aliénés pendant les trente dernières années de sa vie.
3. Souvent bas en sculpture.
4. Représentation d'une personne sculptée sur médaille.
5. Faïencerie française dans le Loiret.
6. Poire pour laver le conduit auditif.
7. Sculpteur français du corps féminin.
8. Jeune fille qui obsédait Nabokov.
9. Elle en eut une mouvementée avec le sculpteur du 14.
10. De 27,288 à 31,103 grammes.
11. Sculpteur français, spécialiste de compressions.
12. Premier mot de bébé.
13. Monnaie d'échange moderne.
14. Sculpteur du *Penseur* et de *la Porte de l'enfer*.
15. Circule en Tunisie, en Libye, au Soudan…
16. Sculpteur français naturalisé américain, célèbre pour ses accumulations.
17. Fit la requête.
18. Elle inspira cette œuvre à son amant, mais n'eut à remplir aucun tonneau sans fond.

Octobre
Mercredi
20

Adeline

LES TÊTES D'AFFICHE

Ce sont les stars, les incontournables, les acteurs sur le nom desquels on peut monter un film. Mais il arrive que les producteurs compliquent l'équation en créant des combinaisons gagnantes. Enfin... parfois ! Prenons Gabin, par exemple, et devinez les titres de quelques-uns de ses films.

1. 1937. On lui adjoint Pierre Fresnay et Éric von Stroheim. Ce dernier est leur geôlier pendant la Première Guerre mondiale.

2. 1946. Il forme à l'écran, avec Marlene Dietrich, un couple dont on sait qu'il exista à la ville…

3. 1955. On associe à ce grand acteur tragique un comique populaire, Bourvil. Des valises pour ce duo explosif. Dans une courte scène apparaît un inconnu : Louis de Funès.

4. 1958. Cette fois, on l'oppose à Bardot, qui remonte sa jupe devant lui pour un plan devenu culte.

5. 1968. Il retrouve de Funès, devenu superstar entre-temps et qui, en quelque sorte, l'a dans la peau.

6. 1969. De plus en plus fort : il partage l'affiche avec Delon et Ventura pour une saga de gangsters insulaires.

CE JOUR-LÀ

En 1969, l'Organisation internationale du travail (OIT) reçoit le prix Nobel de la paix.

La contrepèterie de la semaine

Voici, monsieur le curé, la bannière demandée.

Nos amies les bêtes

Un kangourou entre dans un bar :

– Un gin-fizz, s'il vous plaît.

Le barman revient avec le verre.

– Combien est-ce que je vous dois ?

– 50 euros. Mais, dites-moi, c'est plutôt rare de voir des kangourous en ville !

– À 50 euros le gin-fizz, ça ne m'étonne pas !

Octobre
Samedi
21

Céline

LE VERTICALETTRES

En répondant aux définitions, retrouvez verticalement le prénom du peintre, dessinateur et graveur japonais Hokusai, né au mois d'octobre 1760.

1. Petit poème japonais s'écrivant sur une seule colonne. **2.** Tapis de combat des judokas. **3.** Capitale du Japon. **4.** Dame de compagnie nipponne pour clientèle aisée. **5.** Homme de poids adulé au pays du Soleil-Levant. **6.** Plat japonais de poisson cru. **7.** Le même avec du riz en guise de canapé. **8.** Art du papier plié au Japon. **9.** Ce jeu de bâtonnets désigne aussi l'empereur du Japon. **10.** Art de la décoration florale.

À court de moyens

Une femme réprimande son mari, qui vient de rentrer et sent l'alcool à plein nez :

– Tu peux m'expliquer à quoi ça rime de rentrer à la maison à moitié soûl ?

– C'est pas de ma faute, j'avais plus d'argent…

CE JOUR-LÀ

En 1805, lors de la bataille de Trafalgar, la flotte franco-espagnole est taillée en pièces par les Anglais, commandés par l'amiral Nelson. Ce dernier trouve la mort au combat.

Adepte

Deux personnes discutent lors d'une exposition canine :

– Vous êtes un habitué ?

– Non, un mordu !

Proverbe espagnol

Si ton ennemi est dans l'eau jusqu'à la ceinture, tends-lui la main ; si l'eau lui monte aux épaules, appuie-lui sur la tête.

LE DIAGO

Replacez ces six mots ayant un rapport avec un navigateur français qui a disparu au large des Açores le 21 octobre 1999 : BATEAU, RÉGATE, ÉQUIPE, SECOND, MAUREL, VOILES. Vous pourrez lire en diagonale le nom de ce navigateur prénommé Paul.

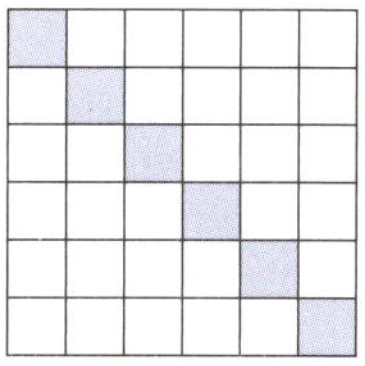

Octobre

Vendredi

22

Élodie

CE JOUR-LÀ

En 741, Charles Martel meurt à l'âge de 53 ans. Après avoir vaincu les Arabes à Poitiers en 732, il a restauré l'unité du royaume franc.

Question de goût

Dans une prison, deux condamnés à mort attendent d'être exécutés. On leur demande quelle est leur dernière volonté :

– Moi, dit le premier, j'aime Lara Fabian. Vous pourriez passer un disque pour que je l'entende une dernière fois ?

– Bien sûr !

Le directeur de la prison se tourne alors vers le second condamné :

– Et vous ? Quelle est votre dernière volonté ?

– S'il vous plaît, tuez-moi le premier !

ESCALETTRES

Plus facile que le coq-à-l'âne : passez d'un mot au suivant en ajoutant une lettre et en permutant l'ordre des lettres pour arriver au mot mystère de neuf lettres, qui est le titre d'une chanson de Georges Brassens, né le 22 octobre 1921.

T E

+A _ _ _

+H _ _ _ _

+E _ T _ _ _

+C _ _ _ E _ _

+O _ _ _ _ _ _ _

+B _ _ _ _ _ _ _ _

+M _ _ _ _ _ _ _ _ _

Le saviez-vous ?

Le pilori et les chaînes étaient courants jadis sur les places publiques d'Europe. On y lançait fruits et légumes sur les petits délinquants. Les auteurs de délits plus graves – éditeurs de pamphlets scandaleux ou autres – étaient parfois cloués par les oreilles, qu'on leur coupait ensuite. L'homme de loi anglais William Prynne, auteur d'un livre discuté en 1633, dut payer 5 000 livres d'amende, renoncer au métier de juriste et subir « la perte des deux oreilles sur le pilori ». Le célèbre écrivain Daniel Defoe, auteur de Robinson Crusoé, *fut condamné trois fois au pilori pour avoir défendu les dissidents religieux dans un opuscule. Mais la foule, ralliée à sa cause, lui lança des fleurs !*

Résistance

Un homme entre dans un bistrot avec des égratignures sur le visage, les bras, les jambes… À ses copains qui lui demandent ce qui lui est arrivé, il répond :

– Je viens d'enterrer ma belle-mère !

– Quel est le rapport avec tes égratignures ?

– Mais c'est qu'elle ne voulait pas !

LA GIRAFE

Remplissez la grille girafe à l'aide des définitions, sachant que les mots s'enchaînent selon le principe du « marabout de ficelle ».

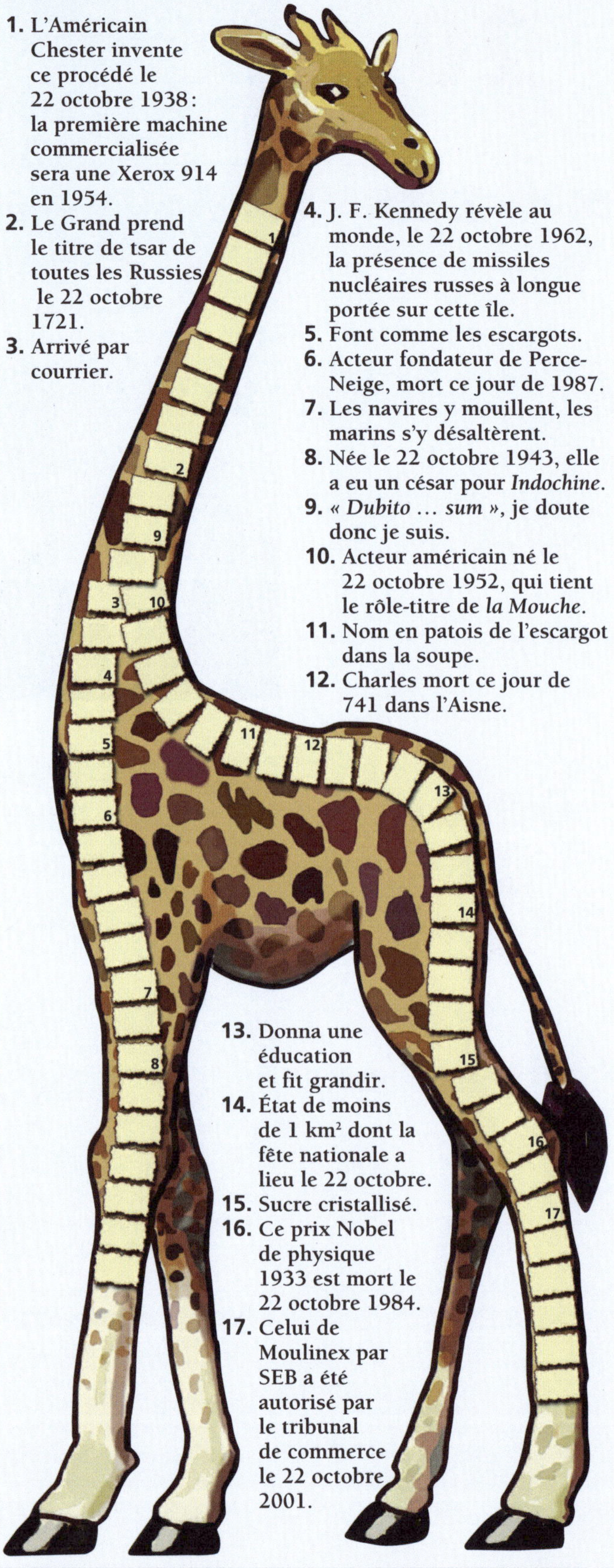

1. L'Américain Chester invente ce procédé le 22 octobre 1938 : la première machine commercialisée sera une Xerox 914 en 1954.
2. Le Grand prend le titre de tsar de toutes les Russies le 22 octobre 1721.
3. Arrivé par courrier.
4. J. F. Kennedy révèle au monde, le 22 octobre 1962, la présence de missiles nucléaires russes à longue portée sur cette île.
5. Font comme les escargots.
6. Acteur fondateur de Perce-Neige, mort ce jour de 1987.
7. Les navires y mouillent, les marins s'y désaltèrent.
8. Née le 22 octobre 1943, elle a eu un césar pour *Indochine*.
9. « *Dubito … sum* », je doute donc je suis.
10. Acteur américain né le 22 octobre 1952, qui tient le rôle-titre de *la Mouche*.
11. Nom en patois de l'escargot dans la soupe.
12. Charles mort ce jour de 741 dans l'Aisne.
13. Donna une éducation et fit grandir.
14. État de moins de 1 km² dont la fête nationale a lieu le 22 octobre.
15. Sucre cristallisé.
16. Ce prix Nobel de physique 1933 est mort le 22 octobre 1984.
17. Celui de Moulinex par SEB a été autorisé par le tribunal de commerce le 22 octobre 2001.

Octobre
Samedi
23

Jean de Capistran

Dernier jour de la Balance

LE PERSONNAGE DU JOUR

Découvrez un personnage célèbre grâce aux indices suivants, que vous lirez l'un après l'autre.

1 J'ai vu le jour le 23 octobre 1844 à Paris. Après le Conservatoire, j'entre à la Comédie-Française en 1866.

Ma révélation au grand public date du *Passant*, de François Coppée, en 1869. Puis je triomphe dans *Ruy Blas* en 1872 et dans *Hernani* en 1877. **2**

3 Je démissionne en 1880 et crée ma propre compagnie, avec laquelle je pars en tournée dans le monde entier.

Angleterre, États-Unis, Russie : je suis une star internationale partout adulée. De retour en France, je dirige le théâtre de la Renaissance, puis le théâtre des Nations. **4**

5 Dès les premières années du cinéma, je tourne des films muets. L'un d'eux est la scène du duel d'*Hamlet*.

Même si j'interprétais ce dernier habillé en homme, ma composition la plus célèbre demeure celle de l'héroïne de *la Dame aux camélias*. **6**

CE JOUR-LÀ

En 1942, le maréchal Rommel est battu par le général Montgomery à El-Alamein (Égypte).

La perle de la semaine

Jeanne d'Arc voyait des apparitions invisibles.

Ravissante idiote ?

En plein centre de Manhattan, une Rolls se gare devant une banque. En descend une superbe blonde, qui entre dans l'établissement et demande un prêt de 2 000 dollars. Elle offre la Rolls comme garantie et indique que le prêt sera remboursé à son retour de Paris dans quinze jours. Sur ce, elle s'en va, tandis que le chargé d'affaires et son directeur s'esclaffent :

– Il faut vraiment être blonde pour offrir une Rolls en garantie d'un prêt de 2 000 dollars !

Deux semaines plus tard, la blonde revient pour rembourser le prêt et récupérer sa Rolls. Le banquier encaisse l'argent, auquel s'ajoutent 30 dollars d'intérêts. Par curiosité, il demande :

– Vous ne semblez pas avoir besoin d'argent… Pourquoi laisser une voiture de ce prix pour un prêt aussi dérisoire ?

– Parce que 30 dollars est le meilleur prix que j'ai pu trouver pour garer en toute confiance ma Rolls pendant quinze jours à Manhattan !

Octobre
Dimanche
24

Florentin

Premier jour du Scorpion

CE JOUR-LÀ

En 1929, la Bourse s'effondre à New York. Ce krach connu sous le nom de « jeudi noir » marque le début d'une crise économique qui touchera les États-Unis mais aussi les pays occidentaux.

L'INTRUS

Trouvez l'intrus dans chacune des listes suivantes.

1
Créditeur
Emprisonné
Abrutissement
Brûlot
Intrusion
Short

2
Usurier
Poulie
Palière
Comités
Ariette
Ramier

LE POINT COMMUN

1. *Quel point commun relie les six compositeurs suivants ?*

• Paganini • Manfredini • Cimarosa • Scarlatti • Clementi • Schubert •

2. *Lequel des six, mort le 24 octobre 1725, a composé les œuvres suivantes ?*

• Stabat Mater • La Passion selon saint Jean • Mitridate Eupatore • Le Martyre de sainte Cécile • Le Triomphe de la liberté • Le Triomphe de l'honneur •

Mot d'enfant

Dans le jardin, après plusieurs jours de pluie, la petite Inès, 5 ans, observe les champignons.

– Tu vois, lui explique son père, on les trouve presque toujours dans des endroits humides.

– Alors, c'est pour ça qu'ils ont une forme de parapluie !

Œil pour œil

Une jeune fille de 18 ans dont les parents sont divorcés depuis plus de dix ans passe le week-end chez son père. Ce dernier lui tend un chèque et lui dit :

– Donne ce chèque de pension alimentaire à ta mère, dis-lui que c'est le dernier et regarde bien la tête qu'elle fera.

De retour chez elle, elle donne le chèque à sa mère, qui le prend et lui dit :

– Quand tu verras ton père, dis-lui qu'il n'est pas ton père et regarde bien la tête qu'il fera.

Octobre
Lundi
25

Crépin

MOTS CROISÉS

	1	2	3	4	5	6	7	8	9	10	11	12	13	14
I									■					
II	■							■						■
III				■							■			
IV							■							
V		■										■		
VI			■			■								
VII					■				■				■	
VIII	■										■			
IX									■					

Horizontalement
I. Réalisateur du film *la Cage aux folles*, sorti le 25 octobre 1978 ; prénom d'origine de Zaza, la star du cabaret. **II.** Prénom de son compagnon, dont le fils doit se marier ; ceux qui m'aiment le prendront. **III.** Marches ; acteur de théâtre ayant créé le rôle repris par Ugo Tognazzi pour le film ; drogue. **IV.** Sur un avion sans queue ; blanchie comme une endive. **V.** Qui font la différence ; dans la gamme. **VI.** Fait matière ; négation ; de vrais trous. **VII.** Fait le chasseur ; achat sans compter ; œuvre de Munch *(le)*. **VIII.** Passage chaud ; difficile école. **IX.** Acteur incarnant Zaza ; Dieu les reconnaîtra.

Verticalement
1. Dialoguiste de *la Cage aux folles*. **2.** Le grand est difficile à passer ; sexe sans risque. **3.** Peu avantagés par la nature ; pas le pied pour le pied. **4.** À la mode ; dirige les chiens. **5.** Nom de famille de Zaza pour la scène ; antique radiateur. **6.** Sans punch ; fiche la paix. **7.** Connaît des échecs à répétition ; résine tropicale utilisée pour les vernis. **8.** Mode de contraception. **9.** Mamelon du sein. **10.** Faux seins, faux cils. **11.** Tonalité du téléphone ; être fou. **12.** Copain de Boule ; déclenché par ce film. **13.** Rentré ; cinq sur cinq. **14.** Créatures parfaites.

Zoom saveur

LE POTIRON

Avec Halloween revient comme chaque année l'engouement pour cette courge. Et si vous changiez un peu de la classique soupe au potiron ?

Idée gourmande. *Préparez un sorbet de potiron à la menthe, idéal pour un goûter ou pour un trou normand au cœur d'un repas de fête… Faites cuire pendant 15 min 400 g de potiron dans 10 cl d'eau additionnée de 100 g de sucre en poudre, avec une quinzaine de feuilles de menthe. Réduisez en purée, laissez refroidir et incorporez 2 blancs d'œufs montés en neige avec 50 g de sucre glace. Faites turbiner en sorbetière 40 min avant de servir.*

Recette

Tu prends un kiwi et une vache. Tu les mélanges et tu obtiens une vache kiwi…

CE JOUR-LÀ

En 1836, après un voyage de 12 000 km, l'obélisque de Louqsor est dressé place de la Concorde.

FILMOGRAPHIE 1966

Retrouvez le titre de cinq films sortis voici un demi-siècle grâce aux indices suivants.

1. Vingt ans après la Seconde Guerre mondiale Gérard Oury sort cette comédie culte.

2. Personne n'a oublié la musique de ce film de Claude Lelouch, composée par Francis Lai.

3. Film de science-fiction réalisé par François Truffaut, d'après un roman de Ray Bradbury.

4. Film de Jean-Pierre Melville dont Alain Corneau a réalisé une adaptation en 2007.

5. Omar Sharif interprétait un médecin dans cette adaptation d'un roman de Boris Pasternak.

Octobre
Mardi
26

Dimitri

CE JOUR-LÀ

En 1978, l'OMS (Organisation mondiale de la santé) annonce que la variole est éradiquée sur la planète.

À FLEUR DE MOTS

Georges Mogin est né en 1898 à Bruxelles. Il publie de nombreux ouvrages poétiques sous le nom de Géo Norge, puis simplement Norge. Celui qu'Aragon considérait comme le plus grand poète de son temps est mort le 25 octobre 1990. Formez des mots à partir des lettres ci-dessous et inscrivez-les de l'extérieur de la rosace vers le centre. Une seule anagramme permet de compléter la grille en croisant les mots.

A. EFIRR
B. ABEGU
C. EEOPT
D. EEMSU
E. DENTU
F. GIKOR
G. AEIRZ
H. ABEGN
I. EEHIS
J. AIRSS
K. ADEIS
L. AAIIM
M. CEHIM
N. EIRSS
O. EMSSU
P. AELSU
Q. GENOR
R. EILNV

1. EFRSU
2. BEEGL
3. AEIPR
4. GIMNO
5. ERTUU
6. EEGST
7. EENOZ
8. ABDER
9. AHIKU
10. AGIIR
11. AEENR
12. AEEIS
13. DIIMS
14. EIMRS
15. ACIMS
16. HISSU
17. AENSS
18. EELOV

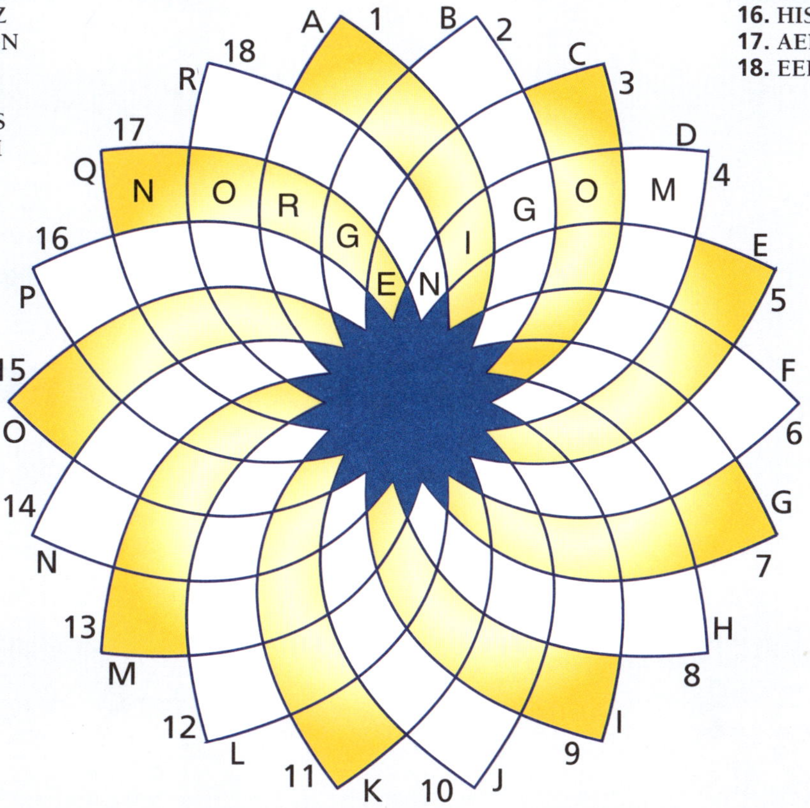

Amour toujours

Deux copines prennent un café en discutant. La première remarque que l'autre est toute bizarre. Elle lui demande:

– Quelque chose te préoccupe? Tu as l'air anxieux…

La seconde répond:

– Si tu savais! Mon mari vient de perdre toutes ses économies à la Bourse!

La première:

– Oh, là, là! J'imagine que tu penses à lui…

La seconde:

– Oui, c'est vrai, je pense qu'il me manquera!

RECOLLE-MOTS

Recollez deux à deux les morceaux suivants pour reconstituer sept noms de réalisateurs de films de science-fiction.

BERG – AS – CAM – BES – CH – CARP – ERON – ENTER – SON – EVEN – SPIEL – LUC – LYN – VERHO

1 ....
2 ....
3 ....
4 ....
5 ....
6 ....
7 ....

Abstinence

Un monsieur entre dans un bar et commande deux whiskys. Il boit les deux. Le lendemain, pareil. Le barman lui demande:

– Pourquoi prenez-vous deux verres? En commandant un double whisky, vous auriez la même quantité.

– En fait, avec un ami, on a décidé qu'on trinquerait même si l'autre n'est pas là.

– Ah, c'est sympa!

Un jour, l'homme revient et dit:

– Un whisky!

Le barman s'étonne:

– Pourquoi n'en prenez-vous qu'un? Votre ami est mort?

– Non, mais j'ai arrêté de boire…

Déducto

L'Homme de là-bas

La Femme d'à côté (François Truffaut, 1981)

Projets

Le seul moyen qu'un homme a trouvé pour montrer qu'il planifiait le futur, c'est d'acheter deux packs de bière…

Octobre
Mercredi
27

Émeline

CACHE-CACHE

James Cook, célèbre navigateur, explorateur et cartographe britannique, est né le 27 octobre 1728. Découvrez, dissimulés dans le texte ci-dessous, les noms de douze autres aventuriers de sa trempe.

Les amoureux ne savaient pas ce qui les attendait lorsqu'ils montèrent dans le cab, otages d'un cocher polonais qui avait été formé sur le tas. Manuela et son vieil amant Étienne se crurent emportés par un antique char : coteaux et forêts défilaient à toute vitesse, les arbres ne formaient qu'un trait, le ciel tournoyait. « Hue ! Dia ! » s'égosillait le conducteur. « Fais quelque chose, hurla Manuela à son compagnon, arrête-le sur-le-champ ! » L'aîné répliqua naïvement qu'il n'était pas Mandrake ! « Il a dû boire trop de caoua, l'postillon ! », renchérit-il. Soudain, c'était à prévoir, l'une des rosses se cabra. La course folle se termina dans une grosse fondrière qui barrait le chemin. Manuela, furieuse, descendit subitement et invectiva le conducteur : « Eh ! le charretier ! T'as vu l'état de ma robe ? Ringard ! Tocard ! Où est-ce que t'as appris à conduire ? » L'homme, effrayé par la colère de la jeune femme, déguerpit sans demander son reste !

CE JOUR-LÀ

En 1904, New York inaugure sa première ligne de métro, quarante et un ans après Londres et quatre ans après Paris.

La contrepèterie de la semaine

J'aime vachement votre frangin !

Dernières volontés

Trois messieurs d'un certain âge discutent de leurs dernières volontés.

Le premier :

– Moi, j'aimerais être enterré à Colombey-les-Deux-Églises parce que j'ai toujours admiré le général de Gaulle.

Le deuxième :

– Eh bien moi, j'aime beaucoup l'œuvre de Victor Hugo et je voudrais finir mes jours dans le même cimetière que lui.

Le troisième :

– Et moi, j'aimerais reposer à côté de Brigitte Bardot.

Les autres le regardent, étonnés :

– Mais elle n'est pas morte !

– Ben justement, moi non plus !

Octobre
Jeudi
28

Simon

MOTS MÊLÉS

Aujourd'hui, c'est l'anniversaire d'un des hommes les plus riches du monde, né le 28 octobre 1955. Rayez dans la grille ces noms évoquant la fortune. En rassemblant les lettres non biffées, vous découvrirez son nom.

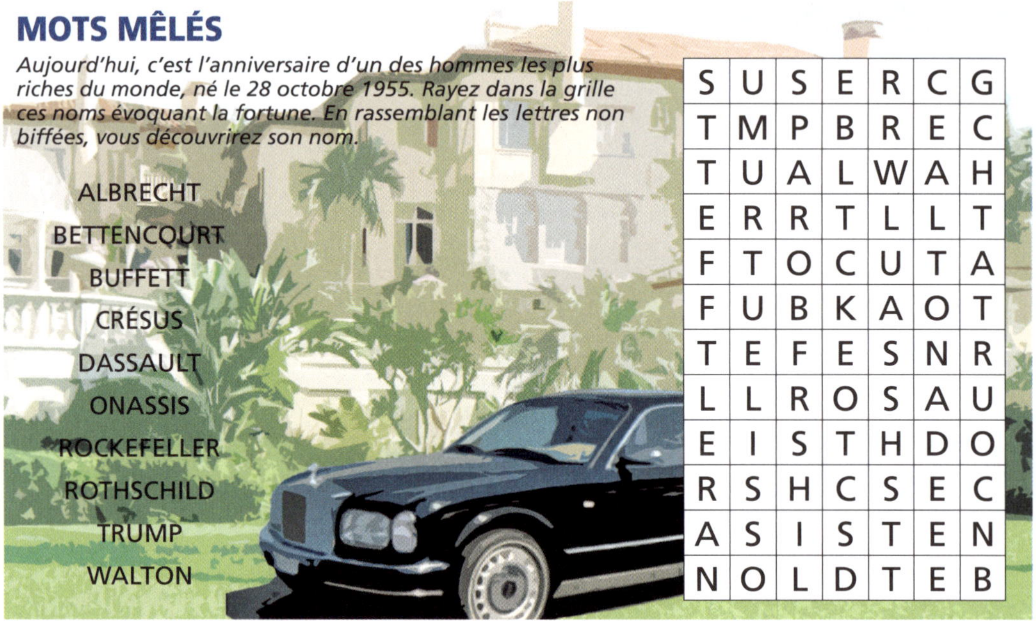

- ALBRECHT
- BETTENCOURT
- BUFFETT
- CRÉSUS
- DASSAULT
- ONASSIS
- ROCKEFELLER
- ROTHSCHILD
- TRUMP
- WALTON

S	U	S	E	R	C	G
T	M	P	B	R	E	C
T	U	A	L	W	A	H
E	R	R	T	L	L	T
F	T	O	C	U	T	A
F	U	B	K	A	O	T
T	E	F	E	S	N	R
L	L	R	O	S	A	U
E	I	S	T	H	D	O
R	S	H	C	S	E	C
A	S	I	S	T	E	N
N	O	L	D	T	E	B

CE JOUR-LÀ

En 1988, une fusée Ariane met en orbite TDF1, le premier satellite de télévision français.

Belle-maman

Deux amis discutent :

– Regarde comme c'est superbe, tout sort de terre, tout revit. C'est le printemps !

– Déconne pas, j'ai enterré ma belle-mère cette semaine…

Proverbe espagnol

Couche-toi et sois malade, tu sauras qui te veut du bien et qui te veut du mal.

Octobre

Vendredi

29

Narcisse

L'ENGRENAGE

Pour chaque roue de l'engrenage, cherchez le mot correspondant à la définition. Inscrivez-le dans les petits cercles touchant la roue, en démarrant toujours par celui qu'indique la flèche et en tournant dans le sens des aiguilles d'une montre.

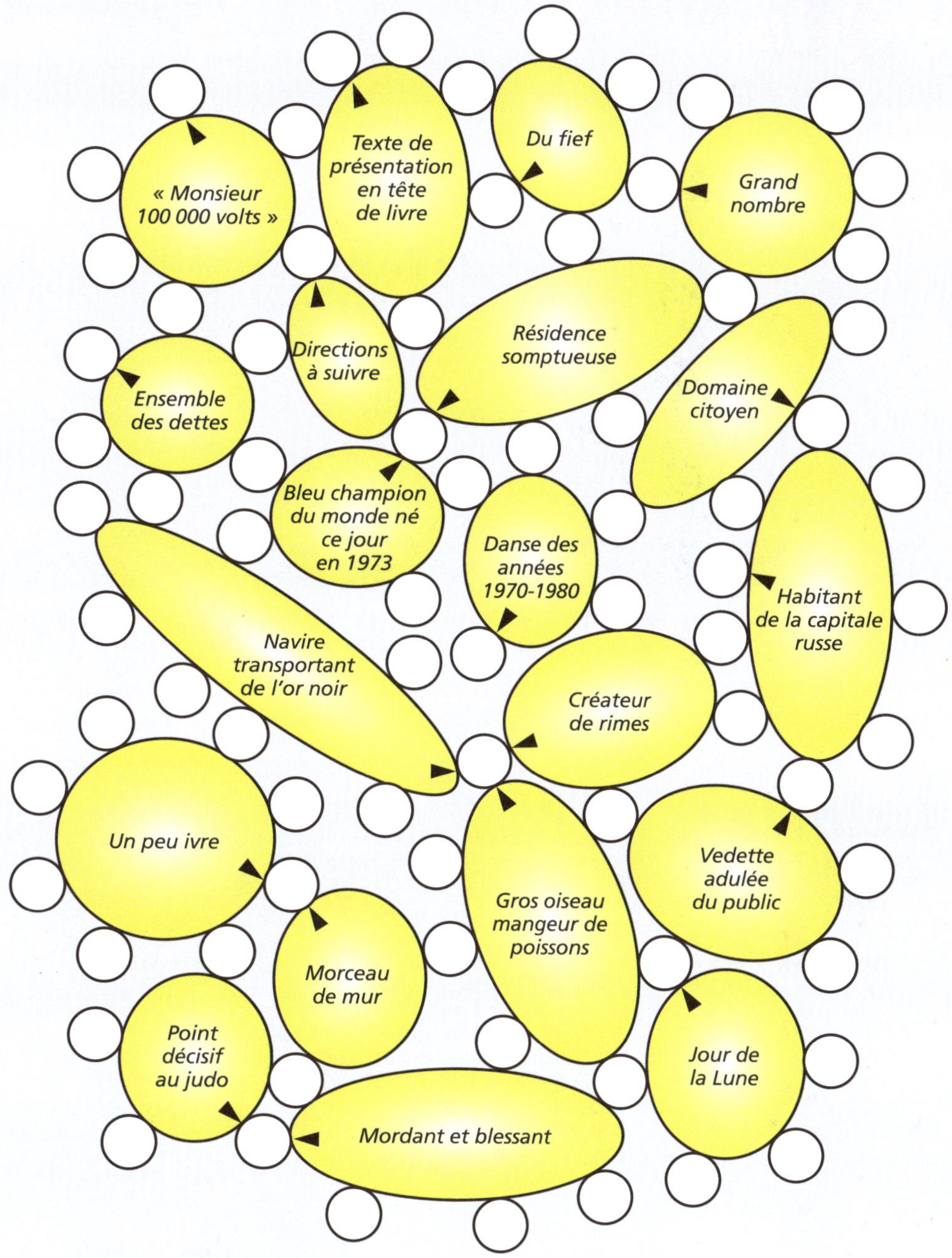

Le saviez-vous ?

Quand il était jeune, Schubert n'avait pas un sou mais il était capable d'écrire jusqu'à huit lieder par jour. L'inspiration ne connaissait pas d'heure : il gardait ses lunettes pour dormir, au cas où il devrait noter une idée en pleine nuit…

Les blondes

Un monsieur et sa femme, blonde, sont en train de manger au restaurant. Madame se penche et lui chuchote à l'oreille :

– Chéri… Qu'est-ce que tu dirais de faire l'amour à trois ?

L'homme hésite. Il regarde sa femme, tout excitée, qui lui semble très désirable… Alors il se décide et lui murmure :

– D'accord, si tu y tiens vraiment. C'est pour te faire plaisir.

Elle s'exclame aussitôt :

– Youpi ! 1, 2… et 3 !

CE JOUR-LÀ

En 1922, le roi d'Italie Victor-Emmanuel III nomme Mussolini président du Conseil pendant la marche sur Rome de ses Chemises noires. Le régime fasciste instauré par le Duce va durer jusqu'en 1943.

De mal en pis

Un homme raconte ses vacances à un collègue :

– La première semaine, on a tout subi : la pluie, la neige, la grêle, le verglas, les tempêtes… Et la deuxième semaine, ça s'est gâté…

– Mais qu'est-ce qui s'est passé ?

– Ma belle-mère est arrivée…

Point de vue

Après un repas de famille, la femme s'inquiète de ce que son mari n'aime pas sa famille. L'homme tente de la convaincre :

– Voyons chérie, ne dis pas que j'aime mieux ma famille que la tienne. Ce n'est pas vrai ! La preuve… J'aime bien mieux ta belle-mère que la mienne !

Octobre
Samedi
30

Bienvenu

LE PERSONNAGE CÉLÈBRE

En répondant aux définitions suivantes, retrouvez dans les colonnes vertes le nom et le prénom d'un dessinateur de presse français né le 30 octobre 1918 et mort le 14 janvier 2006.

1						
2						
3						
4						
5						
6						
7						

1. Pour le potache, ce papier est un mot d'excuse mais un peu tronqué. **2.** On la disait invincible. **3.** Serin domestique. **4.** Certaines montres le sont, à … **5.** Prénom d'une James Bond girl au célèbre Bikini. **6.** Modèle légal d'unité de poids et de mesure. **7.** À ne confier qu'à ceux qui savent le garder.

CE JOUR-LÀ

En 1938, Orson Welles, qui a adapté pour la radio une page de la Guerre des mondes, de H. G. Wells, déclenche un mouvement de panique au sein de la population, qui croit vraiment que l'Amérique est envahie par les Martiens.

La perle de la semaine

Au Moyen Âge, la bonne santé n'avait pas encore été inventée.

Toto

Toto dit à sa maîtresse en lui rendant son carnet de notes:

– Je ne voudrais pas vous tracasser, mais, ce week-end, papa m'a dit que, si je n'avais pas des meilleures notes sur mon bulletin le mois prochain, quelqu'un allait se prendre un bon coup de pied quelque part…

Partisan du moindre effort

Deux Corses sont dans une superbe voiture américaine décapotable. Le passager, qui fume un énorme cigare, se tourne vers le conducteur:

– Dis, tu peux passer sur un nid-de-poule pour faire tomber la cendre?

Le bon critère

Un critique de cinéma explique comment il est arrivé à émettre des jugements dont tout le monde s'accorde à louer la justesse:

– Je ne vois les films qu'en salle, avec le public. Et c'est là que me sert ma vieille expérience de spectateur. Si deux femmes, derrière moi, n'arrêtent pas de jacasser et m'empêchent d'entendre la moitié du dialogue, je n'ai aucun doute: c'est un bon film.

Octobre
Dimanche
31

Quentin

QUIZ Peter Jackson

Testez vos connaissances sur Peter Jackson, réalisateur et scénariste né le 31 octobre 1961.

1. *Quel est la nationalité de Peter Jackson?*
A. Américaine. **B.** Anglaise.
C. Néo-zélandaise.

2. *En 1987, Peter Jackson a réalisé un film d'horreur qui est considéré comme mythique par les amateurs. De quel film s'agit-il?*
A. Bad Taste. **B.** Braindead.
C. Evil Dead.

3. *Peter Jackson a été sollicité par les studios d'Hollywood pour tourner un remake de la Planète des singes, mais c'est un autre réalisateur qui a été choisi. Lequel?*
A. Tim Burton.
B. Sam Raimi.
C. Quentin Tarantino.

4. *Peter Jackson est le réalisateur d'une trilogie qui a fait un carton au box-office. Laquelle?*
A. Spider-Man.
B. Le Seigneur des anneaux.
C. Pirates des Caraïbes.

5. *À l'âge de 9 ans, Peter Jackson a été marqué par un film dont, adulte, il a réalisé un remake. De quel film s'agit-il?*
A. King Kong.
B. Dracula.
C. Frankenstein.

Mot d'enfant

– Dis, maman, tu étais où quand je suis né? demande Théo, 4 ans, à sa mère.

– À la maternité.

– Et papa aussi?

– Non, il était au travail.

– Ben, alors, vous n'étiez là ni l'un ni l'autre?

Protection animale

– Dis, ce manteau de fourrure est superbe! Mais ça ne te fait rien qu'un animal innocent paie pour tes caprices?

– Depuis quand prends-tu la défense de mon mari?

CE JOUR-LÀ

En 1984, Indira Gandhi, Premier ministre indien, est assassinée par deux sikhs. Son fils Rajiv lui succédera.

NOVEMBRE

2021

Lu	Ma	Me	Je	Ve	Sa	Di
1 Toussaint	2 Défunts	3 Hubert	4 Charles	5 Sylvie	6 Bertille	7 Carine
8 Geoffroy	9 Théodore	10 Léon	11 Armistice de 1918	12 Christian	13 Brice	14 Sidoine
15 Albert	16 Marguerite	17 Élisabeth	18 Aude	19 Tanguy	20 Edmond	21 Présentation de Marie
22 Cécile	23 Clément	24 Flora	25 Catherine	26 Delphine	27 Séverin	28 Jacques de la Marche
29 Saturnin	30 André					

Le film pour la jeunesse

Les héros des films pour la jeunesse sont essentiellement des enfants ou des adolescents, confrontés à des situations dramatiques, émouvantes ou cocasses engendrées par les adultes. Certains traversent les générations…

La plupart des genres cinématographiques sont représentés dans le film pour la jeunesse, qui offre en outre un aspect éducatif et initiatique, au même titre que le roman d'apprentissage en littérature (*Oliver Twist* ou *David Copperfield*, de Charles Dickens). Il semble alors logique que beaucoup de ces films soient tirés de livres : c'est le cas du film de Roman Polanski *Oliver Twist*, sorti en 2005.

L'exemple le plus actuel et le plus remarquable de film pour la jeunesse est sans conteste la saga des *Harry Potter*. À l'instar du héros du roman dont il est tiré, le personnage du film vieillit d'un an par épisode. Ainsi, le spectateur qui a le même âge qu'Harry dans le premier film (*Harry Potter à l'école des sorciers*, 2001) aura le même âge que lui dans le dernier volet. Le spectateur passe de l'enfance à l'adolescence en même temps que son héros, ils franchissent ensemble les différentes étapes de la puberté. À cet égard, les aventures d'Harry Potter constituent une puissante métaphore.

Mais la magie du cinéma pour la jeunesse dépasse bien souvent le cadre du film même. Chacun a en mémoire un film qui a marqué son enfance. Dans dix ou quinze ans, au détour d'une rediffusion télévisée, les enfants et adolescents d'aujourd'hui se rappelleront les aventures d'Harry Potter avec une douce mélancolie et une tendre nostalgie. Comme certains se souviennent des *Disparus de Saint-Agil*, de Christian-Jaque (1938), ou des *Aventures de Pinocchio*, de Luigi Comencini (1975). Comme d'autres se souviennent d'*E.T.* de Steven Spielberg (1982) ou de *Jumanji* de Joe Johnston (1996).

En revoyant les héros de notre enfance, nous retrouvons les tartines de beurre trempées dans le café au lait, les genoux écorchés, les parties de cache-cache dans les bois avec les copains et les rentrées des classes avec un cartable trop lourd. La magie de ces films, c'est de nous montrer que notre jeunesse n'est pas perdue malgré les années qui passent…

Mots fléchés

- Bœuf à bosse / Film avec Catherine Deneuve (1970)
- Changea de voix / Prêt à se défendre
- Merveilleuse nurse / Cri de charretier
- Sujet personnel / Qui nous a rejoints
- Parfois sèche en voiture
- Dessin animé… qui fait froid dans le dos
- Aluminium / Inflammation artérielle
- Faire l'âne / Expression du doute
- Recueil plaisant / Tirer les ficelles
- Ville de Champagne / Possessif
- Façon d'en dire ou d'en savoir…
- Fluide glacial
- En rajoute toujours / Faon ami de Panpan
- Bette à carde / À rendre donc
- Il a environ la quinzaine
- Héros de Spielberg / Bien roulés
- Devant ce qui est à lui ou à elle
- Avec la Belle / Fête turque
- Diminutif masculin
- Cœur qui bat / Halo lumineux
- Stérilisé / Réservât à nouveau
- Rassasié / Choisit son candidat
- Dessin sauvage / Plein de colle
- Elle a perdu sa pantoufle de vair…
- Île de la mer Égée / D'un coup
- Prophète biblique
- L'héroïne de ce film s'appelle Dorothy **(le)**
- **Id est**, tout simplement
- Adjectif possessif / Déçoit le demandeur
- Tout plat
- Réponse embarrassée
- Le meilleur de la substance
- La Belle ou la Bête ? / D'après
- Peintre français / Escarpement
- Faux marbre / … l'Éponge
- Louange / Tout d'abord
- Un endroit gourmand pour Charlie
- Ville du Japon / Un vrai mouton
- Sculpteur français / Dessin de Walt Disney
- Sans même une fleur / Hérisson des caves
- Coups de pubs
- Cela vaudra mieux / Avoir la foi
- Service religieux
- L'amie du Clochard
- Délicieux / Base de départ
- Il ne tient qu'à un cheveu
- Poil aux yeux ! / Laissa un vide
- Un rien familier / Appât
- S'exprime bêtement
- Bout de bois / Aurochs
- Héros de Virgile / Article importé
- Titre d'un lion de dessin animé
- Guerre d'enfants / Semblable
- Enlève le haut / Patrie d'Abraham
- Opération rapide / Sur Tille
- Démonstratif
- Feuilleté / Le pays d'Alice
- Exclamatif parfois indigné
- Prophète d'Israël
- Modèle de dureté
- Vaut de l'argent

Novembre

Les mots de l'image

Trouvez au moins vingt mots commençant par COU et dont l'illustration ou l'idée figurent dans le dessin ci-dessous.

Novembre
Lundi
1er

Toussaint

QUIZ Bernard Kouchner

Né le 1er novembre 1939, cet homme politique populaire a longtemps occupé le devant de la scène par un mélange dynamique d'actions humanitaires à travers le monde et de prises de position politiques non conformistes. Saurez-vous répondre à ces questions qui le concernent ?

1. *En collaboration avec l'abbé Pierre, il a écrit :*
A. *Le Diable et le Bon Dieu.* **B.** *Les dieux ont soif.* **C.** *Dieu et les hommes.*

2. *Après avoir animé Médecins sans frontières, il a créé Médecins du monde :*
A. Pour donner au mouvement une aura internationale.
B. Parce que les initiales MSF étaient détournées (mange sans faim).
C. À la suite d'un conflit à la direction du mouvement.

3. *Il a été militant :*
A. Du Parti communiste français.
B. Du Parti radical de gauche. **C.** Du Parti socialiste.

4. *Il est connu comme un ardent défenseur :*
A. Du droit du sol. **B.** Du droit d'ingérence.
C. Du droit à la sixième semaine de congés payés.

5. *Comme haut représentant de l'ONU, il a été de 1999 à 2001 administrateur du :*
A. Bangladesh. **B.** Biafra. **C.** Kosovo.

6. *Il a été nommé pour la première fois secrétaire d'État (à l'Insertion sociale) sous le gouvernement de :*
A. Michel Rocard. **B.** Édith Cresson.
C. Pierre Bérégovoy.

7. *Nommé ministre des Affaires étrangères en 2007 par Nicolas Sarkozy, il a déclaré : « La politique étrangère de notre pays…*
A. … sera mieux défendue par la droite. »
B. … n'est ni de droite ni de gauche. »
C. … restera porteuse des idéaux de la gauche. »

Zoom saveur

LA POIRE CONFÉRENCE

Avec sa forme oblongue et joliment élancée, la conférence est la plus emblématique des poires, et l'une des meilleures. Les épices lui vont très bien !

Véritable fruit d'hiver, la conférence est souvent cueillie avant maturité, aussi veillez à choisir des poires joliment marbrées de roux et souples au toucher. Une petite goutte de cire au bout de la queue prévient efficacement un pourrissement prématuré, mais c'est aussi le signe d'une récolte précoce…

Idée gourmande. *Pelez vos poires en préservant la queue, et faites-les pocher 12 min dans 6 cm de vin rouge corsé, avec badiane, cannelle, girofle.*

Idée fixe

Un gars va chez son copain pour récupérer des outils qu'il lui a prêtés. C'est la femme qui lui ouvre : elle a l'air effondré.

– Bonjour, Martine. Est-ce que Bernard est là ?

– Bernard a eu une attaque ce matin… C'est affreux, il est mort sous mes yeux.

– Et il ne t'a rien dit sur ma boîte à outils ?

Principe de précaution

Au crématorium, un ami de la famille s'approche du gendre de la défunte et lui demande :

– Comment, mon cher, avec les sentiments religieux que je vous connais, vous faites incinérer votre belle-mère ?

– Que voulez-vous, c'est tellement plus sûr…

LE COMPAS DANS L'ŒIL

Les radars automatiques ont été officiellement mis en service le 1er novembre 2003. Culture ou intuition devraient vous aider à trouver les réponses aux questions suivantes.

1. *Combien de véhicules les radars ont-ils flashés en 2014 ?*
A. 500 000. **B.** 5 000 000. **C.** 10 000 000. **D.** 20 000 000.

2. *Combien de PV ont-ils été dressés par les radars automatiques en France en 2012 ?*
A. 58 000. **B.** 580 000. **C.** 12,2 millions. **D.** 58 millions.

3. *Quel est l'excès de vitesse record enregistré dans les Deux-Sèvres en février 2012 ?*
A. 197 km/h. **B.** 247 km/h. **C.** 310 km/h. **D.** 420 km/h.

CE JOUR-LÀ

En 1954, lors des cérémonies de la Toussaint, une série d'attentats marque le début d'une insurrection populaire en Algérie. Le FLN exige l'indépendance.

À l'école

C'est la rentrée des classes. L'instituteur demande à ses élèves quel est le métier de leur père.

– Toi, ton papa, que fait-il comme métier ?

– Il est fermier.

– Et le tien ?

– Il est médecin.

– Et le tien ?

– Eh bien, il est mort…

Il y a un grand silence dans la salle. L'instituteur demande alors à l'enfant ce que son père faisait avant de mourir. Et ce dernier répond :

– Eurrrrrr !

LE JEU DES PORTRAITS

1. Je suis décédé en 1903 à Paris.
2. Je suis né à Saint-Thomas, petite île des Antilles alors danoise.
3. Après mes études secondaires en France, je rentre travailler avec mon père, commerçant.
4. Souhaitant me consacrer entièrement au dessin, je m'enfuis au Venezuela en 1853 en compagnie du peintre Fritz Melbye.
5. De retour à Paris en 1855, je rencontre Corot, Monet, Cézanne et expose peu après mes premières toiles au Salon du Louvre.
6. Auteur de nombreuses œuvres représentant Louveciennes, Rouen ou les rues de Paris, je suis l'une des grandes figures du mouvement impressionniste.

1. Je suis née en 1903 à Bruxelles.
2. Ma mère étant décédée très peu de temps après, je suis élevée par mon père et par ma grand-mère, près de Lille.
3. À 16 ans, j'écris mon premier livre, un recueil de poèmes que mon père fait publier à compte d'auteur.
4. Je voyage beaucoup en Europe avant de m'établir aux États-Unis, où j'enseigne la littérature française et traduis des auteurs tels que Virginia Woolf ou Henry James.
5. Ne cessant en parallèle de travailler à mes propres romans, essais et poèmes, je rencontre enfin le succès en 1951 avec les Mémoires d'Hadrien.
6. En 1980, j'ai été la première femme élue à l'Académie française.

1. Je suis née à New York en 1923.
2. J'ai suivi ma scolarité aux États-Unis avant de revenir m'établir dans le pays d'origine de ma famille, la Grèce, en 1937.
3. Dès l'âge de 16 ans, je me produis sur scène et entre à l'Opéra d'Athènes en 1941.
4. Je retourne aux États-Unis tenter ma chance, mais c'est un échec : il me faudra attendre 1947 et mon engagement à Vérone, Venise, puis à la Scala de Milan pour être reconnue.
5. Mon registre de soprano particulièrement étendu est servi par mes talents d'actrice et mon charisme particulier.
6. Inoubliable dans Norma, la Traviata ou Tosca, je suis la cantatrice la plus fameuse du XXe siècle.

1. Je suis décédé en 1953 à Fontainebleau.
2. Né en Belgique en 1910, je suis tsigane : je vis dans une roulotte en compagnie de ma mère, Laurence, danseuse, de mon père et de mon frère.
3. Attiré dès l'enfance par la musique, je joue du banjo en m'aidant d'une baleine de faux col.
4. Un peu plus tard, on m'offre la guitare dont je rêvais : j'apprends à en jouer avec une rapidité et une virtuosité surprenantes.
5. Blessé à la jambe et surtout à la main gauche dans l'incendie de ma roulotte, je dois réapprendre à jouer d'une manière très personnelle.
6. L'un des seuls musiciens de jazz français à avoir connu le succès outre-Atlantique, j'ai composé notamment le standard Nuages.

1. Je suis né à Florence en 1923.
2. Enfant adultérin, je ne porte ni le nom de ma mère ni celui de mon père.
3. Après un diplôme à l'Académie des beaux-arts, ma fascination pour le théâtre me conduit à interpréter de petits rôles, sur les planches ou à la radio.
4. En 1949, devenu décorateur pour le cinéma, je rencontre Visconti, qui me prendra par la suite comme assistant sur trois de ses films.
5. Je passe à la réalisation en 1957, me spécialisant dans de somptueuses fresques aux décors grandioses.
6. Mes thèmes favoris sont les adaptations de Shakespeare (Roméo et Juliette), les films religieux (Jésus de Nazareth) et surtout les opéras filmés (la Traviata).

1. Je suis décédé à Forcalquier (Alpes-de-Haute-Provence) en 1953.
2. Je passe mon enfance au Havre, dans une famille très musicienne.
3. À l'âge de 14 ans, je dois travailler dans une maison d'importation, mais je suis des cours de dessin à l'école des beaux-arts, le soir.
4. En 1900, j'obtiens une bourse municipale pour aller étudier aux Beaux-Arts, à Paris.
5. Influencé par Boudin et Monet, puis par Toulouse-Lautrec et surtout Matisse, je peins souvent des paysages nautiques, des foules, des rues pavoisées qui relèvent du fauvisme.
6. Peintre mais aussi graveur, j'ai beaucoup travaillé avec le couturier Paul Poiret, pour qui je dessinais des motifs de tissus.

1. Je suis décédée en 1943 à Montfavet, près d'Avignon.
2. Aînée d'une famille de trois enfants, je suis née dans une petite localité de l'Aisne.
3. Sûre très jeune de ma vocation artistique, je prédis également à mon frère une carrière d'écrivain et à ma sœur un avenir de musicienne.
4. À 17 ans, je monte à Paris étudier la sculpture à l'académie Colarossi, sous la direction d'Alfred Boucher.
5. Je rencontre peu après Rodin, dont je serai la maîtresse, l'inspiratrice aussi bien que l'élève pendant plus de quinze ans.
6. J'ai créé des œuvres telles que l'Abandon ou l'Âge mûr, avant de devenir folle et d'être internée durant les trente dernières années de ma vie.

1. Je suis décédée en 1903 à l'âge de 51 ans.
2. Née à Princeton, dans le Missouri, je m'appelle Martha Jane Cannary pour l'état civil.
3. Très jeune, je manifeste un tempérament casse-cou et me passionne pour les chevaux.
4. Mon goût pour l'aventure s'affirme lors du voyage vers l'ouest qui conduira ma famille jusqu'à Virginia City, dans le Montana.
5. Cavalière hors pair et fine gâchette, je gagne ma vie en convoyant du bétail et en effectuant des missions d'éclaireur en terre indienne.
6. Vêtue d'un uniforme d'homme, aimant boire, fumer et tirer au pistolet, je suis l'une des figures quasi mythiques de la conquête de l'Ouest.

1. Je suis décédée à Paris en 1963.
2. Je suis née en 1915 dans le quartier de Belleville, d'une mère chanteuse et d'un père acrobate.
3. Je passe mes premières années, durant la guerre, auprès de mes grands-mères : l'une, kabyle, demeure à Barbès, l'autre à Bernay, en Normandie.
4. À 12 ans, je deviens la partenaire de mon père, me produisant dans ses spectacles de rue.
5. Quelque temps plus tard, je chante seule, toujours dans la rue : je suis remarquée par Louis Leplée, qui m'engage dans son cabaret des Champs-Élysées et trouve mon nom de scène.
6. C'est le début de ma carrière de chanteuse, dont les sommets seront atteints dans les années 1945-1955 grâce à des succès tels que la Vie en rose ou Padam Padam.

1. Je suis décédé à Moscou en 1953.
2. Né en Ukraine en 1891, je manifeste dès l'âge de 5 ans des dispositions pour la musique et la composition.
3. J'entre au conservatoire de Saint-Pétersbourg en 1904, où je reçois l'enseignement des plus grands maîtres russes.
4. En voyage à Londres en 1914, je rencontre le mécène Diaghilev, qui me commande plusieurs œuvres.
5. Après avoir obtenu le succès au Japon et aux États-Unis avec mes ballets, opéras et compositions pour piano, je retourne en URSS en 1937 pour y devenir compositeur officiel du régime.
6. Compositeur inventif et prolifique (sept symphonies, neuf sonates pour piano), pianiste hors pair, j'ai entre autres composé le célèbre Pierre et le Loup.

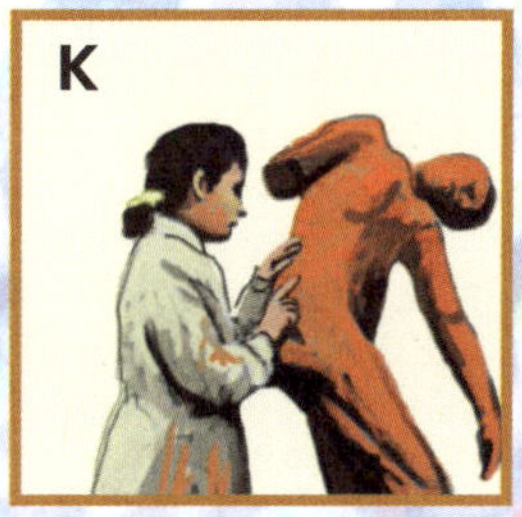

1. Je suis décédée à Paris en 1923, à l'âge de 79 ans.
2. Ma mère, une courtisane d'origine hollandaise, m'a confiée de bonne heure à une nourrice, en Bretagne.
3. Placée ensuite au couvent des Grands-Champs, à Versailles, je songe à prendre le voile.
4. En 1858 cependant, j'interprète l'ange Raphaël dans une pièce donnée en l'honneur de l'archevêque de Paris : j'attrape le virus du théâtre.
5. Entrée au Conservatoire l'année suivante, je connais mon premier succès en 1869 dans le Passant, où je joue le rôle d'un homme.
6. Remarquable interprète de Phèdre, Ruy Blas, la Dame aux camélias ou l'Aiglon, j'ai mené une fantastique carrière d'actrice sur les scènes du monde entier.

1. Je suis né en 1783 à Grenoble.
2. Adolescent, je me révolte contre mon père et mon précepteur, me déclarant jacobin et athée.
3. Intéressé par le dessin et les mathématiques, je dévore l'œuvre des philosophes et des romanciers sentimentaux du XVIIIe siècle.
4. Engagé dans l'armée de Bonaparte, je découvre en 1800 l'Italie et commence à rédiger mon journal afin de mieux me connaître.
5. Partageant mon temps entre Paris, Milan puis Trieste, où j'exerce diverses fonctions administratives ou diplomatiques, j'écris romans et essais (De l'amour).
6. Décortiquant les passions humaines sans complaisance pour les mœurs de mon temps, j'ai laissé à la littérature des chefs-d'œuvre tels que la Chartreuse de Parme ou le Rouge et le Noir.

Novembre
Mardi
2

Défunts

MOTS CROISÉS

	1	2	3	4	5	6	7	8	9	10	11	12	13	14
I							■							
II										■				■
III			■						■					
IV							■							
V				■							■			
VI									■					
VII					■			■				■		
VIII		■				■				■			■	
IX														

Horizontalement
I. Président des États-Unis, il fut prix Nobel de la paix en 2002 ; une prise d'otages y dura 444 jours et ne fut résolue que par son successeur. **II.** Habilités à prendre place aux commandes d'*Air Force One* ; toile immense. **III.** Degré ; aime le reggae ; madame de salon. **IV.** Par un traité, il a remis ce canal sous autorité locale ; honnête. **V.** Hue est à son opposé ; mise au pieu ; autour de Nantua. **VI.** Président haïtien à répétition ; font des boutons rouges à ne pas presser. **VII.** Avant vu et vaincu ; tête de série ; lettre française ; refus américain. **VIII.** Période ; il l'a été le 2 novembre 1976 ; mot de gamin. **IX.** Comme les noms de ce président et de son successeur.

Verticalement
1. Accords signés par l'Égypte et Israël en 1978 sous la médiation de ce président des États-Unis. **2.** Mauvaise grippe. **3.** Pouffé ; moins lumineuses que le Soleil. **4.** Lit africain en fibres végétales ; sans danger. **5.** Recouvrît de métal ; il a rapproché psychiatrie et psychanalyse. **6.** Encore plus maculés. **7.** Do ; conceptuel. **8.** SALT II en est un, signé par Brejnev, qui impliquait la destruction d'un surnombre de lance-missiles ; au diapason. **9.** Fait matière ; apparu ; plaque tournante de la vie irlandaise. **10.** Voler aux États-Unis. **11.** Prune plutôt sèche ; impair. **12.** Son successeur à la Maison-Blanche ; de l'or. **13.** Du paléolithique. **14.** Habitant du Pas-de-Calais.

CE JOUR-LÀ
En 1979, Jacques Mesrine, l'ennemi public numéro un, est abattu par la police au volant de sa voiture.

Problème de vue
J'ai aperçu ta copine l'autre jour, mais elle ne m'a pas vu !
– Je sais, elle me l'a dit.

CLICHÉS DES MÉDIAS
Retrouvez quelques formules à l'aide de leur petite histoire.

1 Quel néologisme inventé par Rimbaud a été réutilisé par Jacques Chirac pour désigner une idée sans fondement ?

2 Que tire-t-on du feu dans une expression signifiant désormais que le risque profite à celui qui le prend alors que, historiquement, elle signifiait entreprendre une action risquée au seul profit d'autrui ?

3 Quelle formule tirée du vocabulaire forestier désigne des réductions importantes, de budget ou d'effectifs ? Et pourquoi est-elle inappropriée ?

4 Quelle expression semblant provenir du jardinage est en réalité dérivée du nom d'un baron, organisateur des fêtes du roi Henri II, qui attribuait à chacun des nobles leur place en fonction de leur rang protocolaire ?

5 Dans quelle ville d'Italie dit-on aller lorsqu'on se rend aux injonctions de l'adversaire ?

6 Quelle référence à un pays du continent américain utilise-t-on pour désigner une cohorte de chefs avec une poignée d'exécutants, signe de désorganisation et d'incapacité à mener une tâche à bien ?

7 Quelle expression contient le nom d'un fruit jeté sur la table d'un banquet avec l'inscription « pour la plus belle », qui provoqua une dispute entre Vénus, Minerve et Junon ?

Déducto
Le Jour européen

La Nuit américaine (François Truffaut, 1973)

Les blondes
Deux blondes discutent :
– Dis, tu as vu Nathalie ces derniers temps ?
– Oh… Tu ne savais pas ? Elle est morte.
– Ah, tant mieux… J'ai cru qu'elle était fâchée avec moi !

Novembre
Mercredi
3

Hubert

ANAPHRASES

Reconstituez les phrases suivantes en remplissant les blancs avec des anagrammes constituées des lettres proposées.

1 *AEFNNT*

Même si sa jeunesse et l'éclat de ses cheveux se _ _ _ _ _ _, mon oncle demeure un grand _ _ _ _ _ _.

2 *AEIMNS*

Il a ses _ _ _ _ _ _, comme regarder chaque matin des dessins _ _ _ _ _ _ en prenant son petit déjeuner.

3 *ACEILM*

On voit ses yeux briller de _ _ _ _ _ _ lorsqu'il fait sa farce préférée : glisser une _ _ _ _ _ _ dans le sac à main de ma tante.

COUPE-LETTRES

Rayez une lettre dans chacun des huit mots en en formant un nouveau. Reportez-la à droite pour trouver le nom d'un humoriste franco-tunisien né le 3 novembre 1952.

M	E	U	B	L	E	S	
M	O	I	G	N	O	N	
A	U	S	T	R	A	L	
J	O	I	N	D	R	E	
P	E	L	A	G	E	S	
E	N	T	R	A	I	N	
N	A	N	T	A	I	S	
C	H	A	R	T	E	S	

CE JOUR-LÀ

En 1957, la chienne Laïka est envoyée dans l'espace à bord de Spoutnik 2 pour un voyage autour de la Terre. L'URSS est le premier pays à « satelliser » un être vivant.

La contrepèterie de la semaine

Il ne suffit pas que tu boudes, il faut aussi que tu penses !

Pas ma faute

Une mère demande à son fils :

– Pourquoi as-tu de mauvaises notes ?

– Parce que ce n'est pas moi qui les mets !

Grosse faim

Thomas demande à sa mère :

– Pourquoi t'as un gros ventre ?

– Parce que ton papa m'a donné un bébé.

Lorsque son père revient du travail, le gamin lui dit :

– C'est vrai que tu as donné un bébé à maman ?

– Oui.

Alors, Thomas, effondré :

– Elle l'a mangé…

Novembre
Jeudi
4

Charles

Deuxième décan du Scorpion

CE JOUR-LÀ

En 1848 est promulguée la Constitution de la IIe République.

En 1922, le Britannique Howard Carter découvre dans la Vallée des Rois le tombeau du pharaon Toutankhamon.

Excuse valable

Au cinéma, au début de la séance, l'ouvreuse met en garde un couple qui est venu avec un bébé :

– Je dois vous avertir que, si votre enfant pleure, vous devrez quitter la salle. Mais, bien entendu, vos places vous seront remboursées !

Une demi-heure après le début du film, le mari se penche vers sa femme :

– Qu'en penses-tu ?

– Ce film est archinul !

– Tu as raison, secoue le petit.

QUIZ Dominique Voynet

Née le 4 novembre 1958 à Pontarlier, cette militante écologiste est devenue secrétaire national du parti des Verts, députée européenne, députée française, puis première femme ministre issue de ce parti.

1. *À l'origine, Dominique Voynet est :*
A. Agricultrice.
B. Monitrice de vol à voile.
C. Docteur en médecine.

2. *En 1994, à l'Assemblée générale de Lille, les Verts abandonnent la théorie du « ni-ni », qui signifiait :*
A. Ni dieu ni maître.
B. Ni le nucléaire ni la bougie.
C. Ni droite ni gauche.

3. *Elle a été très critiquée pour cette déclaration : « Ce n'est pas la catastrophe écologique du siècle ! » Elle s'exprimait à propos :*
A. De l'explosion de Tchernobyl.
B. De la candidature de Noël Mamère aux présidentielles de 2002.
C. Du naufrage de l'*Erika*.

4. *Pour la présidentielle de 2007, elle a été désignée par son parti :*
A. Au premier tour.
B. Au deuxième tour.
C. Au troisième tour.

Proverbe hongrois

La vieillesse ôte les jambes au cheval mais ne l'empêche pas de hennir.

Novembre
Vendredi
5

Sylvie

PORTRAITS-ROBOTS

Six enfants se sont déguisés pour la fête de l'école en nains de Blanche-Neige, leur instituteur ayant bien sûr endossé le costume de Prof. Identifiez-les sur le trombinoscope de l'école en tenant compte des indices suivants.

CE JOUR-LÀ

En 1906, Marie Curie devient la première femme à enseigner à la Sorbonne, où elle succède à son mari.

En 1977, le Petit Nicolas devient orphelin, comme Astérix et Lucky Luke : René Goscinny succombe à une crise cardiaque à l'âge de 51 ans.

ESCALETTRES

Plus facile que le coq-à-l'âne : passez d'un mot au suivant en ajoutant une lettre et en permutant l'ordre des lettres pour arriver au mot mystère de neuf lettres, qui est le titre d'une chanson de Joe Dassin (l').

R E
+ U _ _ _
+ M _ _ _ _
+ E _ _ _ _ _
+ I _ _ _ _ _ _
+ Q _ _ _ _ _ _ _
+ A _ _ _ _ _ _ _ _

Le saviez-vous ?

L'intérêt que l'on porte aux comètes ne date pas d'aujourd'hui. La preuve en est que, dans l'Antiquité déjà, on relatait leur passage. Le terme vient du grec kometes, qui signifie longue chevelure, en référence à la queue de la comète.

Bon mot

Buffy est invitée à participer à une course de voiliers. Hélas, les concurrents doivent essuyer une tempête qui secoue violemment les bateaux. Le capitaine de celui dans lequel se trouve Buffy s'inquiète du bien-être de son illustre passagère :

– Ça va ? hurle-t-il dans les éléments déchaînés. Qu'est-ce que ça souffle, hein ?

Et la jeune fille de répondre :

– J'ai connu des vents… pires !

Rectification

Un père et son fils sont sur la plage.

– Oh, papa ! Regarde le beau bateau.

– Ce n'est pas un bateau, c'est un yacht.

– Ah bon ? Et comment ça s'écrit ?

– Heu… Attends… Non, c'est toi qui as raison, c'est un bateau.

Les Belges

Un Français plaisante avec un Belge :

– Sais-tu pourquoi les femmes belges ont des seins carrés ? C'est pour habituer leurs enfants à manger des frites.

Réponse du Belge :

– Sais-tu pourquoi les femmes françaises ont des gros seins ? C'est parce que les Français ont des grandes gueules.

Question de tact

Une vieille dame se fait renverser sur un passage clouté. Un témoin interpelle le conducteur de la voiture :

– Vous auriez pu klaxonner, tout de même !

– C'est que je ne voulais pas l'effrayer.

Novembre
Samedi
6

Bertille

CE JOUR-LÀ

En 1793, le duc d'Orléans Philippe Égalité, cousin de Louis XVI, dont il a voté la mort, monte à son tour sur l'échafaud.

La perle de la semaine

François Ier était le fils de François 0.

Relativité

Un pauvre pécheur arrive devant Dieu et lui demande :

– Dieu, c'est quoi pour toi l'éternité ?

– Pfff ! Pour moi, c'est une seconde.

– Dieu, c'est quoi pour toi un million de millions d'euros ?

– Pfff ! Pour moi, c'est un euro.

– Dieu, t'as pas un euro ?

– Attends une seconde.

LE VERTICALETTRES

Les films pour enfants ont toujours eu beaucoup de succès, même auprès des adultes. Trouvez les sept mots qui évoquent cet univers à l'aide des définitions suivantes : un neuvième mot apparaîtra verticalement dans les cases bleues, le titre d'un film pour enfants avec Robin Williams.

1. Qui ne compte pas beaucoup de printemps. **2.** À se tordre. **3.** En mouvement. **4.** Descendants. **5.** Dessin de film d'animation. **6.** Passage du film. **7.** Animé pour Walt.

1
2
3
4
5
6
7

LE PERSONNAGE CÉLÈBRE

En répondant aux définitions suivantes, retrouvez dans les colonnes bleues le nom et le prénom d'un acteur américain né le 6 novembre 1970, devenu une star après avoir incarné un des élèves de Robin Williams dans le Cercle des poètes disparus.

1. Arme des suisses. **2.** Faiseuses d'anges. **3.** Vieux fusil. **4.** Avec lui, les enfants sont littéralement ravis. **5.** Faire le pique-assiette.

1
2
3
4
5

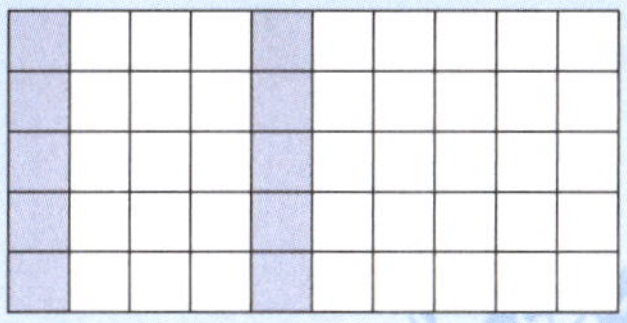

Novembre
Dimanche
7

Carine

CE JOUR-LÀ

En 1917, les bolcheviques s'emparent de la capitale russe, Petrograd, et déclenchent la révolution d'Octobre : la Russie n'a pas encore adopté le calendrier grégorien, et le 7 novembre correspond au 25 octobre.

QUIZ Les femmes chefs d'État

En 1990, Mary Robinson devint la première femme présidente de la République d'Irlande. Saurez-vous répondre à ces questions sur quelques autres femmes chefs d'État (présidentes ou Premiers ministres) ?

1. *Indira Gandhi (chef du gouvernement indien de 1966 à 1977 puis de 1980 à 1984) était, par rapport à Gandhi :*
A. Sa fille. **B.** Sa petite-fille. **C.** Sans lien de parenté.

2. *Quel est l'État d'Europe qui a eu le plus de femmes à sa tête ?*
A. Saint-Marin. **B.** La Lettonie. **C.** Malte.

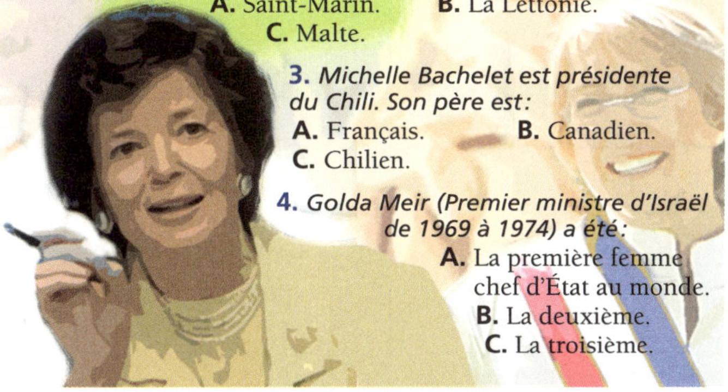

3. *Michelle Bachelet est présidente du Chili. Son père est :*
A. Français. **B.** Canadien. **C.** Chilien.

4. *Golda Meir (Premier ministre d'Israël de 1969 à 1974) a été :*
A. La première femme chef d'État au monde. **B.** La deuxième. **C.** La troisième.

Mot d'enfant

Clément, 5 ans, demande un jour à sa mère :

– Dis, ça existe les requins-clous ?

– Non, je ne crois pas… Pourquoi ?

– Alors, ça sert à quoi les requins-marteaux ?

Code de la route

Vous êtes au volant d'une voiture et vous roulez à vitesse constante. À votre droite, le vide… À votre gauche, un camion de pompiers qui roule à la même vitesse et dans la même direction que vous. Devant vous, un cochon qui est plus gros que votre voiture ! Derrière vous, un hélicoptère qui vous suit en rase-mottes. Le cochon et l'hélicoptère vont à la même vitesse que vous. Comment faites-vous pour vous arrêter ?

C'est simple, vous descendez du manège !

Novembre
Lundi
8

Geoffroy

Devinette

Qu'est-ce qu'une framboise ?

C'est une fraise avec une permanente !

À FLEUR DE MOTS

Alain Delon est né le 8 novembre 1935 à Sceaux. Remplissez la fleur en formant des mots à partir des lettres ci-dessous. Inscrivez vos solutions de l'extérieur de la rosace vers le centre. Certaines séries autorisent plusieurs anagrammes, mais une seule permet de compléter la grille en croisant les mots.

A. IOPTU
B. FILMS
C. EEGLO
D. DELOR
E. EEPRT
F. BIRSU
G. BEELO
H. BCEER
I. EEMRU
J. BDEOR
K. AELNU
L. AIPRT
M. ACERS
N. CEILU
O. ENOPS
P. DIJNN
Q. AAILN
R. ABILN

1. AINPS
2. FIILN
3. AGINT
4. DELNO
5. MOPRU
6. BLORS
7. BEELR
8. EORTU
9. EEILR
10. BBEES
11. AEEMR
12. CLOPU
13. ACDEU
14. CEENR
15. EEPST
16. ADEIL
17. AJORU
18. BIILN

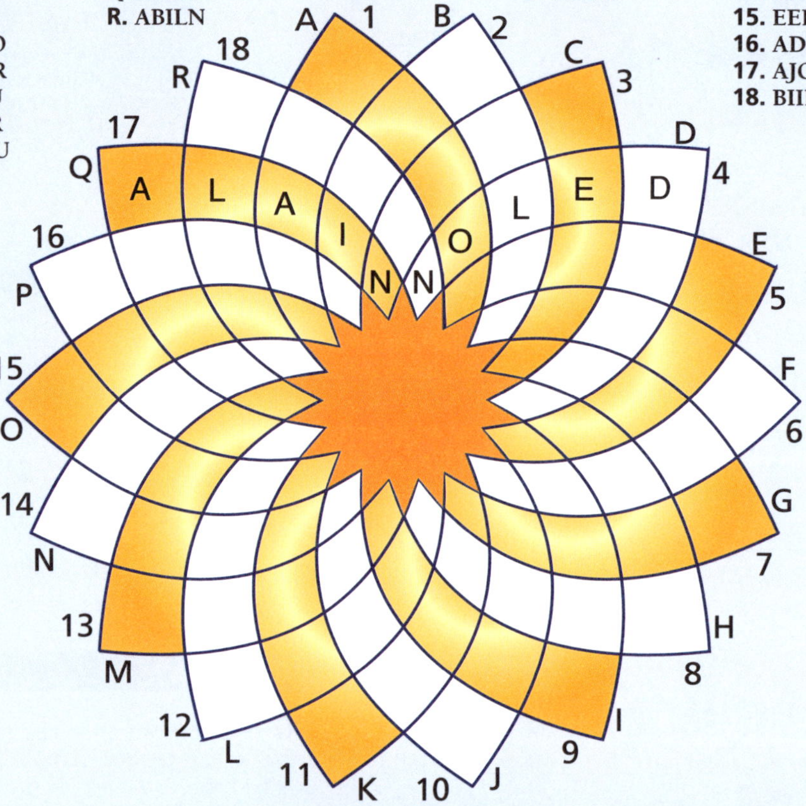

SUDOKU

	1				7	5	2	
6	7						1	
		2	6					
5	3	7	4					
	6						9	
					6	1	7	4
					4	7		
	2						3	9
	4	3	2				8	

CE JOUR-LÀ

En 1519, les Espagnols entrent dans la capitale aztèque, Tenochtitlán, site de la future Mexico.

En 1895, l'Allemand Wilhelm Röntgen découvre les rayons X.

Zoom saveur

LA DAURADE ROYALE

Plus fine que la daurade grise, elle est aussi un peu plus coûteuse, mais sa chair délicate en vaut vraiment la peine ! Cuisinez-la entière pour qu'elle ait plus de saveur.

On pêche la daurade royale aussi bien dans la Méditerranée que dans le golfe de Gascogne, pourtant ce sont les saveurs méditerranéennes qui lui sont naturellement associées : fenouil, tomates, pois chiches… Crue, elle sert à la confection des sushis.

Idée gourmande. *Disposez votre daurade salée et poivrée sur un lit de fenouil et couvrez-la de tranches de citron vert. Ajoutez un filet d'huile d'olive et enfournez pour 18 min à 180 °C (th. 6).*

Novembre
Mardi
9

Théodore

CE JOUR-LÀ

En 1889, l'Exposition universelle de Paris ferme ses portes. Elle a reçu 30 millions de visiteurs en six mois.

En 1989, le mur de Berlin cesse de séparer les deux Allemagnes.

Déducto

Les Adultes de l'enfer

(*Les Enfants du paradis* (Marcel Carné, 1945))

Baptême

Une mère vient d'accoucher d'une petite fille et décide de laisser sa fille aînée choisir le prénom :

– Comment va-t-on l'appeler ?

– Poilasouris !

– Ça ne va pas ? On ne peut pas l'appeler Poilasouris !

– Pourquoi pas ? Notre cousine s'appelle bien Barbara !

MOTS FLÉCHÉS

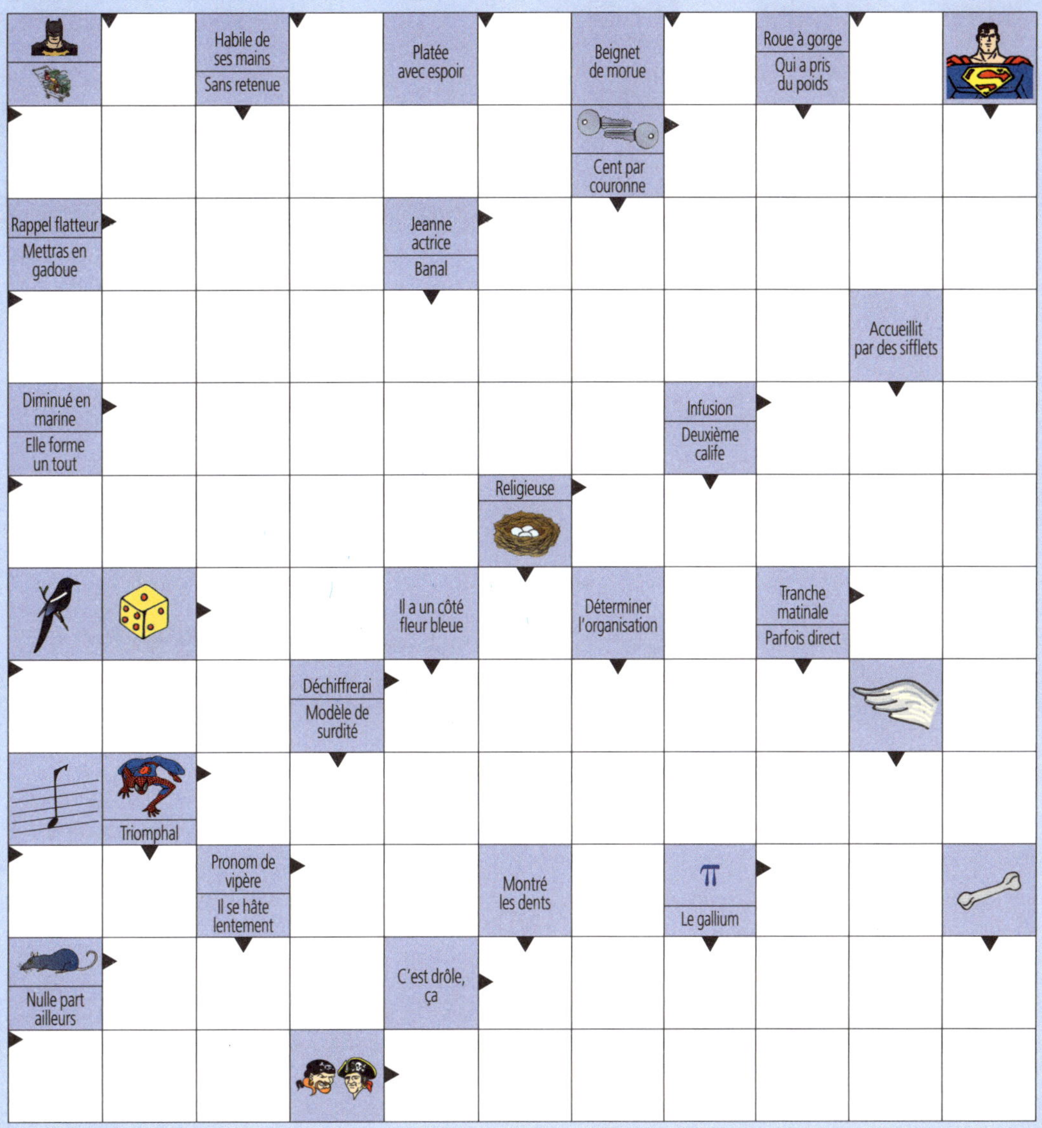

MOTS CROISÉS

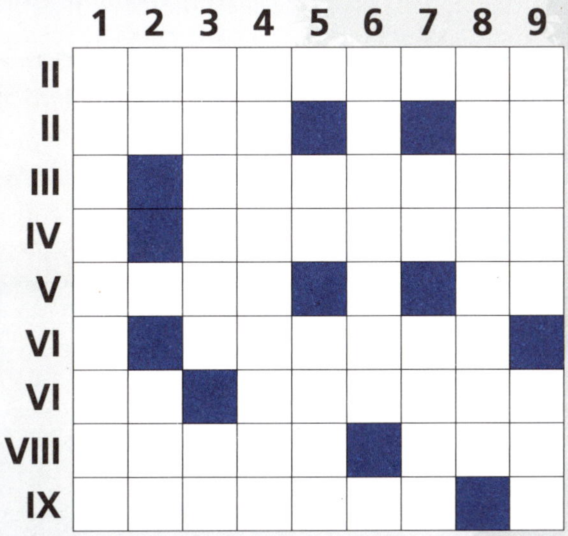

Horizontalement

I. Prénom du poète français Apollinaire, emporté par la grippe espagnole le 9 novembre 1918. **II.** Fit sonner « l'heure » avec « je demeure » ; adresse Internet. **III.** Jacinthe musquée. **IV.** Oiseau rare. **V.** Bord d'écu ; tour de bide. **VI.** Exagérée. **VII.** Type de société ; mise pour le trente et un. **VIII.** Transparence de la page ; bien roulée. **IX.** Poèmes de quatorze vers.

Verticalement

1. Licencieuses, comme certaines lettres envoyées à Lou. **2.** Personnage de Brecht ; culmine aux Philippines. **3.** Tué à l'autel ; pige. **4.** Nom de Marie, compagne du poète qui peignit Apollinaire et ses amis. **5.** Petit patron ; fait son trou. **6.** Recueil d'Apollinaire publié en 1913. **7.** Lettres d'Apollinaire ; indiens au Canada. **8.** Sous ce pont coule la Seine. **9.** Sujet de contrariété ; nature morte.

Novembre
Mercredi
10

Léon

LE PERSONNAGE DU JOUR

Découvrez un personnage célèbre grâce aux indices suivants.

1 Je suis un personnage politique disparu le 10 novembre 2000, à l'âge de 85 ans.

2 J'ai assumé la fonction de maire d'une grande ville française pendant quarante-huit ans.

3 J'ai été plusieurs fois ministre de la IVe République.

4 J'ai été président de l'Assemblée nationale de 1958 à 1969, puis Premier ministre de Pompidou.

5 J'ai retrouvé le perchoir en 1978, après une défaite à la présidentielle de 1974.

6 Ma voix nasillarde est dans toutes les mémoires à Bordeaux.

CHAUSSE-TRA(P)PE(S)

1. *Comment appelle-t-on un gosse à Lyon ?*
A. Un gone.
B. Un gône.
C. Un gonne.

2. *Et un enfant des rues de Montmartre ?*
A. Un poulbeau.
B. Un poulbot.
C. Un poule-beau.

3. *Et un jeune enfant dans le langage familier ?*
A. Un loupiot.
B. Un loupiau.
C. Un loup-piot.

CE JOUR-LÀ

En 1549, le pape Paul III meurt. C'est lui qui a confié la décoration de la chapelle Sixtine à Michel-Ange.

En 1871, le journaliste britannique Henry Morton Stanley retrouve au bord du lac Tanganyika son compatriote David Livingstone, parti depuis plusieurs années à la recherche des sources du Nil.

La contrepèterie de la semaine

La prof de maths aimerait que l'on s'intéresse aux cubes de son cours.

Ouf !

Deux fous marchent dans la rue. Soudain, l'un d'eux ramasse un étron et dit à l'autre :

– J'ai failli marcher dedans !

Prédictions

Une femme mariée depuis vingt-cinq ans décide d'aller voir une diseuse de bonne aventure. Cette dernière lui déclare :

– J'ai le regret de vous dire que votre mari va mourir de mort violente.

Et la femme demande, stoïquement :

– Bien ! Et est-ce que je serai acquittée ?

Novembre
Jeudi
11

Armistice de 1918

JEU ORTHO-TYPO

Repérez les quinze fautes d'orthographe et de typographie que nous avons glissées dans ce texte.

La petite histoire de l'almanach

Almanach signifierait, d'après son étymologie arabe, « mémoire de la Lune ». Il s'agit d'un calendrier, mais enrichit depuis l'antiquité d'observations astronomiques, voir de conseils liés à certains travaux saisonniers. Au cours des XVIIe et XVIIIe siècle, quelques cinq cent ouvrages de ce genre fûrent répertoriés. Puis en 1894 nait l'almanach de Louis Hachette, véritable petite encyclopédie qui inclue des connaissances touchant diversément à la cuisine ou à la mèdecine ! Tout aussi notoires demeure l'almanach de Gotha (du nom d'une ville Allemande), indispensable annuaire des familles aristocratiques, et l'almanach Vermot (du nom de son créateur), à l'opposée fort apprécié pour ses plaisanteries populaires. Mais, évidamment, vous avez une préférence marquée pour l'*Almanach de l'humour et des jeux de l'esprit* !

CE JOUR-LÀ

En 1417 prend fin le grand schisme d'Occident, qui a vu l'élection simultanée de plusieurs papes.

En 1992, l'Église anglicane approuve l'ordination des femmes.

Définition

Celui qui, dans la journée, s'active comme une abeille, est fort comme un taureau, bosse comme un cheval et qui, le soir venu, est crevé comme un chien devrait consulter un vétérinaire : il est fort probable que ce soit un âne !

Vocation contrariée

Une dame annonce à son ophtalmologiste :

– Docteur, ma vue baisse.

– Nous allons voir ça, lui dit-il. Que faites-vous dans la vie ?

– Justement, je suis voyante…

Incompatible

– Moi, quand je bois une tasse de café, je ne peux pas dormir.

– Moi c'est le contraire.

– Ah bon ?

– Oui, quand je dors, je ne peux pas boire une tasse de café.

Proverbe portugais

On chante selon son talent et on se marie selon sa chance.

Novembre
Vendredi
12

Christian

CE JOUR-LÀ

En 1988, l'OLP proclame l'indépendance de la Palestine, condamne le terrorisme et accepte les termes de la résolution n° 242 de l'ONU, reconnaissant de facto l'existence d'Israël.

Le saviez-vous ?

Avant d'entreprendre un vol migratoire, les oiseaux se suralimentent. La quantité de graisse qu'ils mettent en réserve est proportionnelle au nombre d'heures pendant lesquelles ils auront à voler. Le poids de l'oiseau peut doubler. Ainsi, un phragmite des joncs verra son poids passer de 11 à 22 g.

L'ENGRENAGE

Pour chaque roue de l'engrenage, cherchez le mot correspondant à la définition. Inscrivez-le dans les petits cercles touchant la roue, en démarrant toujours par celui qu'indique la flèche et en tournant dans le sens des aiguilles d'une montre.

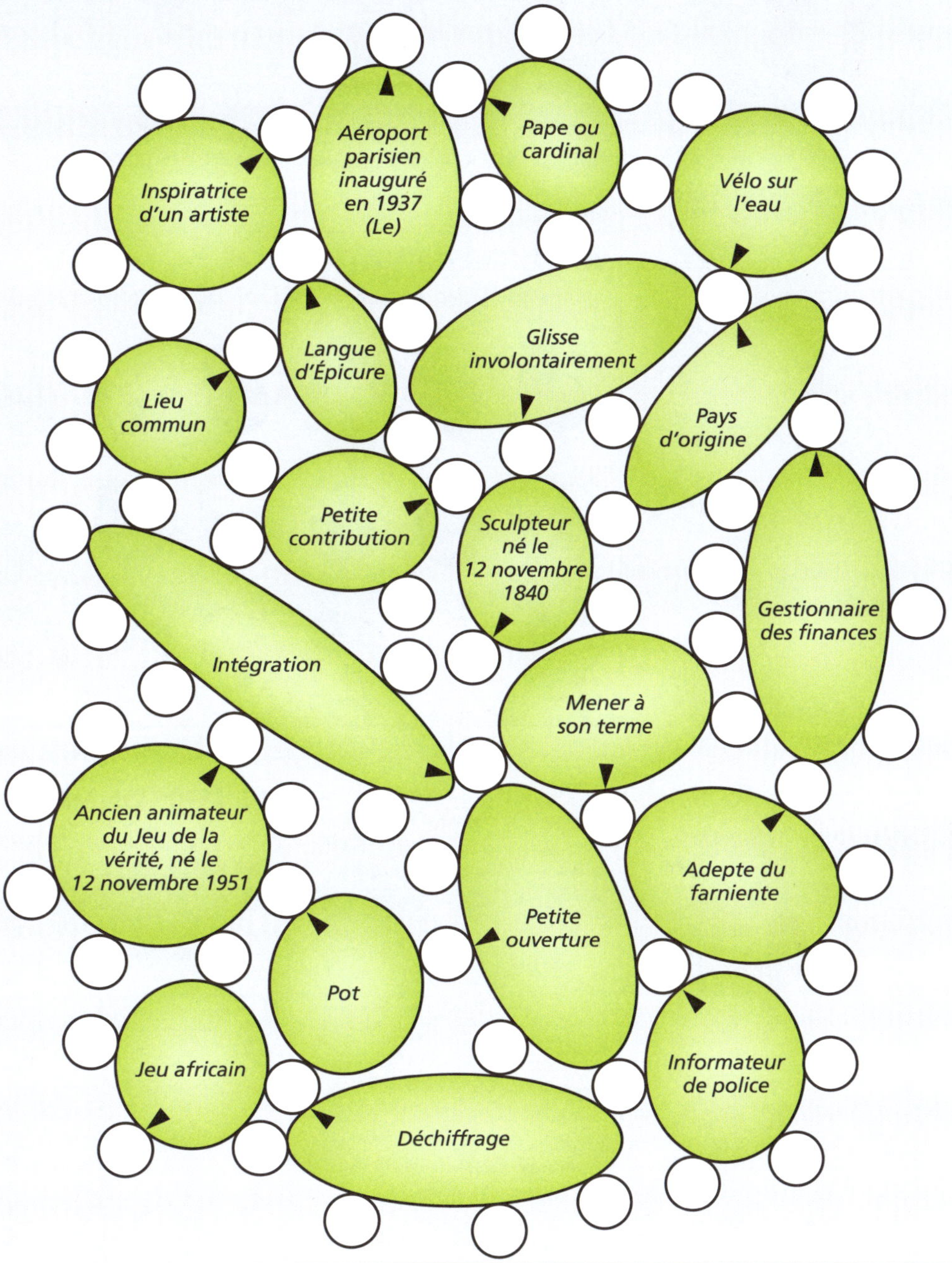

Les blondes

Quatre blondes vont au casino. Elles s'arrêtent devant une machine. La première met 50 centimes dedans : perdu. La deuxième met 50 centimes dans la même machine : perdu. La troisième met aussi 50 centimes : encore perdu. La quatrième met 50 centimes, persuadée de gagner, et là une boisson tombe de la machine !

Futé…

Un fils de banquier dit à son père :

– Papa, prête-moi 20 euros mais ne m'en donne que 10.

Le père demande :

– Pourquoi ?

– Comme ça tu me devras 10 euros, je te devrai 10 euros et nous serons quittes !

Humour noir

Un condamné à mort est conduit à la chaise électrique. Inquiet, il demande au gardien :

– Qu'est-ce qu'on va me faire ?

– Calmez-vous et asseyez-vous sur cette chaise, on va vous mettre au courant…

Novembre
Samedi
13

Brice

LE CRÉNEAU

En répondant aux définitions suivantes, retrouvez sur le créneau le nom d'un écrivain écossais grand voyageur, né le 13 novembre 1850 à Édimbourg.

1. Vent du nord-ouest. **2.** Éminence du Maghreb. **3.** Chaude région d'élevage au Brésil. **4.** Langue du Sénégal. **5.** Petit noble anglais. **6.** Ne pas rester. **7.** Étapes de road movie. **8.** Monture. **9.** Essence japonaise. **10.** Âme de Kinshasa.

1						
2						
3						
4						
5						
6						
7						
8						
9						
10						

JEU D'OBSERVATION

Toutes les figures vont par paire, sauf deux. Lesquelles ?

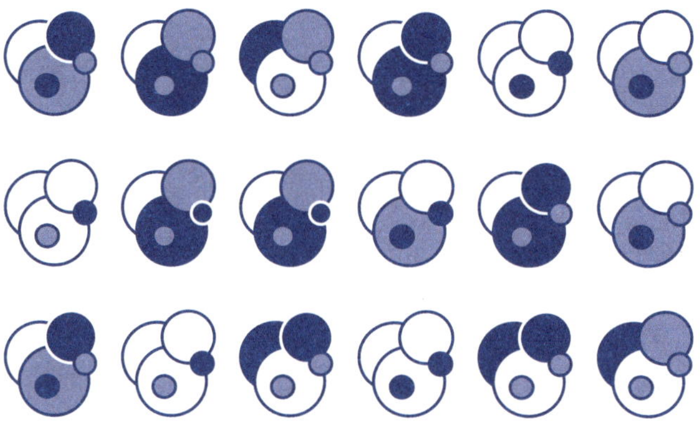

CE JOUR-LÀ

En 1985, le Nevado del Ruiz entre en éruption en Colombie. La coulée de lave et de boue prendra au piège 24 000 victimes.

La perle de la semaine

C'est Richelieu qui fonda la Star Academy française.

Allô, docteur ?

Dans la salle de travail, le médecin accoucheur entre et voit la future maman tourner désespérément les pages de l'annuaire du téléphone.

– Ah, je vois… Vous cherchez un prénom pour le petit !

– Non, non… Le prénom, je l'ai déjà. C'est le nom que je cherche !

Novembre
Dimanche
14

Sidoine

Troisième décan du Scorpion

CACHE-CACHE

Découvrez, dissimulés dans le texte ci-dessous, les noms de dix animateurs de la télévision française. Deux d'entre eux sont nés un 14 novembre.

C'est le 14 novembre 2021 que Rolande sevra Noël-Arthur, qui était né en décembre de l'année précédente. Tous les mardis, son petit avait désormais droit à du poisson frais et sans arêtes. Cela ne se fit pourtant pas sans mal. Il arrivait que l'enfant secouât la tête en répétant : « Na ! » Guidant le bras de sa mère loin de sa bouche, il hurlait soudainement et versait des larmes de crocodile. Ne se laissant pas berner, elle persévérait, impassible, jusqu'à ce que le môme eût terminé son assiette. Un soir, sans courbettes, elle lui introduisit même dans le bec carottes et viande mixées. À sa grande surprise, Noël-Arthur engloutit son souper, rota de suite et se retrouva au lit de bonne heure sans rechigner.

LE PERSONNAGE DU JOUR

Découvrez un personnage célèbre grâce aux indices suivants.

1 C'est le 14 novembre 1948 que je vois le jour, sous les meilleurs auspices…

2 En 1970, je sors du Trinity College de Cambridge diplômé d'anthropologie, d'archéologie et d'histoire.

3 Je m'engage pour le respect de l'environnement et auprès des plus démunis. Ma fondation pour les sans-abri et les jeunes désœuvrés récolte plus de 40 millions de livres par an.

4 En 1981, je me marie avec une princesse de conte de fées, dont je divorcerai quinze ans plus tard.

5 J'épouse celle qui a toujours été ma dame de cœur en secondes noces le 9 avril 2005 à Windsor.

6 Héritier d'une des plus anciennes et des plus prestigieuses couronnes d'Europe, je deviens prince de Galles en 1969.

CE JOUR-LÀ

En 1888, l'Institut Pasteur, destiné à la recherche médicale et biologique, est inauguré. Le savant qui lui a donné son nom le dirigera jusqu'à sa mort, en 1895.

Mot d'enfant

Deux cousines discutent.

– Moi, j'ai des souliers neufs, annonce fièrement Léa, et ils sont en cuir.

– Moi aussi, j'ai des souliers neufs, répond Sylvie, et ils sont en solde !

Novembre
Lundi
15

Albert

MOTS CROISÉS

	1	2	3	4	5	6	7	8	9	10	11	12	13	14
I						■					■			
II				■					■					
III			■											
IV							■		■					■
V	■							■			■		■	
VI						■				■				
VII				■				■						
VIII		■			■									
IX							■						■	

Horizontalement

I. Prénom d'une actrice, fille de Johnny et Nathalie, qui fête aujourd'hui ses 33 ans ; nom de cette comédienne ; pour partir aux champs ou en chant. **II.** Lieu de dépêche ; fleuve saharien ; fils farouche de Lécureux et Chéret. **III.** Facteur de rumeurs ; ferais ton cinéma. **IV.** Huile parfumée ; encore jeune. **V.** Vieilles pièces ; lancé pour jouer. **VI.** Chef-lieu du Shandong ; se rendra ; terre détrempée. **VII.** Coule en Suisse ; saison où notre actrice, dans le rôle de Jeanne, s'éprend d'un jeune homme de passage ; nom de la première femme de Johnny. **VIII.** Il a la moelle ; contrepoisons. **IX.** Tracas ; Johnny fut considéré comme celle des jeunes.

Verticalement

1. Prénom du père de Johnny ; prénom de la petite fille adoptée en 2005 par Johnny et Laeticia. **2.** Nom de la boîte de nuit gérée par le beau-père de Johnny. **3.** Traditions ; air de routine. **4.** Apprécia le repas ; bien connu. **5.** Prénom de l'heureuse élue de Johnny en 1990. **6.** Divise parfois le chef en deux ; on peut y apprendre un métier. **7.** Essence indienne ; à lui. **8.** Leste pour frapper ; morceau de rôti. **9.** Prénom du demi-frère de notre actrice. **10.** Relâche ; petit jeune. **11.** Bout de terre ; bazar ou bidule belge. **12.** Rôle tenu par notre actrice dans *les Corps impatients*. **13.** Nourriture du petit ; flotte à l'envers. **14.** Grande école ; compact.

CE JOUR-LÀ

En 1533, les Espagnols entrent dans la capitale inca, Cuzco.

En 1999 est adoptée la loi relative au pacs, « conclu par deux personnes physiques majeures, de sexe différent ou de même sexe, pour organiser leur vie commune ».

COUPE-LETTRES

Rayez une lettre dans chacun des mots en en formant un nouveau. Reportez-la à droite pour trouver le nom d'une actrice qui fête aujourd'hui ses 40 ans.

- COUVREUR
- PALMAIRES
- ARMATEUR
- GLUCIDE
- AIGRES
- RATION
- FAIBLE
- GRILLE
- HOSTILE
- SEREIN
- ENCORDE
- ORANGERS
- MERCUREY
- DESSEIN
- INSOLATION

Zoom saveur

LE BEAUFORT

Celui que l'on appelle le prince des gruyères est atypique : sa pâte ne présente pas de trous… Il est produit en meules qui pèsent jusqu'à 70 kg !

Le meilleur beaufort est issu des herbes d'alpage, broutées par les vaches à partir du mois de juin. Cinq mois plus tard, ce fromage a droit à son AOC (acquise depuis 1968). Entre-temps, il aura fallu retourner les meules à la main deux fois par semaine.

Idée gourmande. *Faites les meilleures fondues du monde en utilisant un tiers de beaufort, un autre tiers de beaufort et encore un tiers de beaufort ! L'astuce : les trois tiers doivent venir de meules différentes.*

Novembre
Mardi
16

Marguerite

L'ÉNIGME D'ALAIN COLAS

Le navigateur français Alain Colas a disparu en mer à 35 ans, le 16 novembre 1978. Parmi les vingt mots contenus dans l'illustration, biffez ceux qui correspondent aux indices. Les mots restants complèteront sous forme de rébus les dernières paroles du navigateur à son épouse : « Je suis dans l'œil du cyclone, il n'y a plus de ciel, tout …, il y a des montagnes d'eau autour de moi. »

ALGUE
ÂMES
BICHE
CIRÉ
DÉLAI
ENVERS
ÉTAME
FORT
HAÏTI
JACKPOT
KAYAK
MENT
OCÉAN
PARADE
PROCHAIN
RHUME
ROSACE
TAPIS
TARTANS
VIOLE

1. En inversant les deux premières lettres d'un mot, trouvez la ville près de laquelle se situe Clamecy, où Alain Colas est né le 16 septembre 1943. **2.** Biffez un mot évoquant l'eau salée, dont l'anagramme désigne un sport qu'Alain Colas pratiquait en eau douce dans sa ville natale. **3.** Complément du mot précédent, celui-ci se distingue car c'est un palindrome : il se lit de gauche à droite ou en sens inverse. **4.** Après des études à la Sorbonne, Alain Colas rejoint Sydney en 1965 et y enseigne le français à l'université. C'est en Australie qu'il se découvre une passion pour un sport que vous lirez en inversant les deux premières voyelles d'un mot. **5.** Un an plus tard, il rencontre Tabarly, qui lui propose de l'embarquer comme cuisinier de bord sur *Pen Duick III*. Biffez dans la liste le prénom de ce mentor, transformé de façon à plaire aux marins. **6.** Alain Colas naviguera avec ce marin expérimenté durant toute la saison 1968-1969. Ajoutez un T à un mot pour entendre le nom de l'endroit où il rencontre sa compagne, Teura, avec laquelle il aura trois enfants. **7.** C'est sur le bateau de Tabarly *Pen Duick IV*, qu'il a racheté en 1970, qu'Alain Colas remporte en 1972 sa première grande course en solitaire. L'anagramme d'un mot désigne, en raccourci, ce genre d'épreuve. **8.** Il rebaptise son bateau *Manureva*, d'un nom signifiant dans la langue de sa femme « oiseau du voyage », et réussit à son bord le premier tour du monde en solitaire sur multicoque. Supprimez le I d'un mot et réarrangez les lettres pour découvrir ce qu'il franchit en février 1974 (deux mots). **9.** En 1976, il se fait construire un quatre-mâts de 75 m, le *Club Méditerranée*. Ce bateau, renommé *Phocea*, passera en 1982 entre les mains d'un homme d'affaires dont un homophone figure dans la liste. **10.** En 1978, il s'embarque pour la dernière fois sur une route dont le nom vous apparaîtra en supprimant la dernière lettre d'un mot. **11.** Dans la matinée du 16 novembre, Alain Colas disparaît au large d'un archipel dont le nom figure dans la liste sous forme d'anagramme. Les recherches seront abandonnées officiellement le 18 décembre et le bateau ne sera jamais retrouvé. **12.** Supprimez la lettre finale d'un mot et ajoutez un R au centre pour lire le nom du vainqueur canadien de l'édition 1978 (qui est la première) de la course à trouver en 10. **13.** Le vainqueur français de la deuxième édition, quatre ans plus tard, mettra cinq jours de moins pour boucler le parcours. Éliminez les troisième et quatrième lettres d'un mot, puis recomposez les cinq restantes pour former son nom. **14.** En 1986, c'est Philippe Poupon qui l'emporte. Mais un nouveau marin chavire et disparaît. Éliminez l'initiale d'un mot, puis ajoutez devant et derrière la deuxième consonne de l'alphabet pour lire son nom. **15.** Le nom du bateau d'Alain Colas a inspiré Serge Gainsbourg. Éliminez le mot de la liste qui termine le nom de l'interprète de ce succès en 1979.

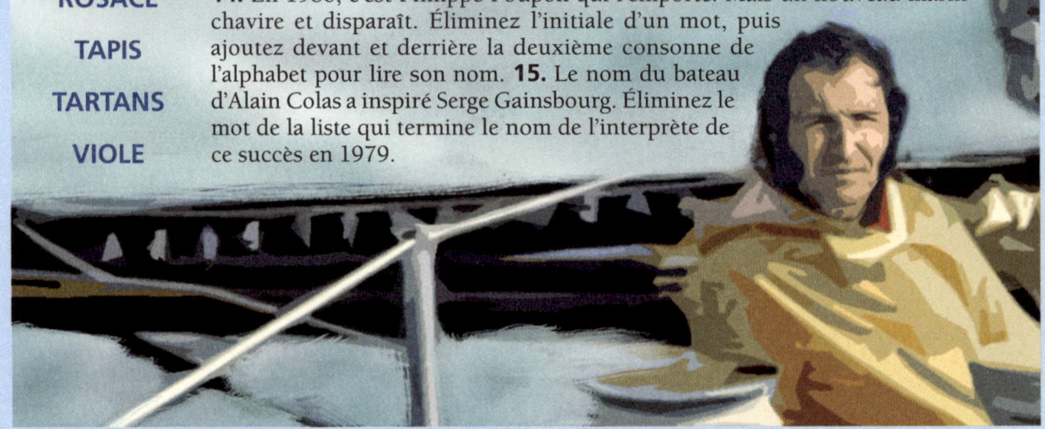

Gâtisme

C'est un vieux couple. Tous deux s'aperçoivent qu'ils perdent un peu la tête et décident de prendre des cours de stimulation de la mémoire. Comme ils trouvent ces cours formidables, ils en parlent à tout leur entourage. Si bien que, un jour, un voisin interpelle le vieux monsieur en train de tondre sa pelouse :

– Dites-moi, quel est le nom de la personne qui vous fait faire vos exercices de mémoire ?

Le vieux répond :

– Eh bien, c'est… Hmm… Laissez-moi une minute… Quel est le nom de cette fleur, vous savez, celle qui sent si bon mais qui a des épines ?

Le voisin :

– Une rose ?

– Oui, c'est ça…

Puis, criant en direction de la maison :

– Hé, Rose, quel est le nom de la personne qui nous fait faire nos exercices ?

CE JOUR-LÀ

En 1866, le Figaro, fondé en 1826, passe du format hebdomadaire au quotidien.

Déducto

La Femme qui s'agrandit

L'Homme qui rétrécit (Jack Arnold, 1957)

À contretemps

– Il faudrait savoir ce que tu veux, dit un homme à sa femme. Depuis près d'un an, tu me demandes matin et soir de démonter les guirlandes de Noël. Et, aujourd'hui que je me décide à le faire, tu viens me dire que ce n'est plus la peine parce que Noël c'est la semaine prochaine !

Novembre
Mercredi
17

Élisabeth

QUIZ Noms de plume

En 1975, Émile Ajar reçoit le Goncourt pour la Vie devant soi. *On découvrira plus tard que Romain Gary (qui l'avait déjà obtenu, en 1956, pour* les Racines du ciel*) a monté cette supercherie littéraire. Saurez-vous répondre à ces questions sur les pseudonymes ?*

1. *On estime que Voltaire a utilisé :*
A. Plus de 7 pseudonymes.
B. Plus de 70.
C. Plus de 170.

2. *Quel écrivain s'est caché pour ses premières œuvres sous le pseudonyme de Clara Gazul ?*
A. Prosper Mérimée.
B. Chateaubriand.
C. Marguerite Duras.

3. *Boris Vian a signé* J'irai cracher sur vos tombes*:*
A. Day Keene.
B. James Hadley Chase.
C. Vernon Sullivan.

4. *Quel a été le pseudonyme utilisé par Aragon ?*
A. Jacques Destaing.
B. René Bonnel.
C. François la Colère.

CE JOUR-LÀ

En 1917, Clemenceau revient au pouvoir à l'âge de 76 ans. Le président Poincaré l'appelle à la présidence du Conseil afin d'intensifier la guerre contre l'Allemagne.

La contrepèterie de la semaine

« Tirer, c'est pénible ! » songe le légionnaire qui promène sa bique dans les quartiers chiites.

Pragmatique

Jésus se promène au bord d'un lac avec les douze apôtres. À un moment, il leur dit :

– Maintenant, on va aller de l'autre côté !

Et il se met à marcher sur l'eau. Tous les apôtres le suivent en marchant sur l'eau, sauf Judas, qui n'arrive pas à croire à tout ça. Il part le dernier, essaie de marcher sur l'eau, mais il coule. Il crie :

– Au secours, les gars, je sais pas nager !

Alors, saint Pierre se retourne et lui dit :

– Arrête de déconner, Judas, et fais comme tout le monde, marche sur les pierres !

Novembre
Jeudi
18

Aude

Proverbe turc

Quand le char est brisé, beaucoup de gens vous disent par où il ne fallait point passer.

SUITE LOGIQUE

Trouvez la figure numérotée qui continue la série.

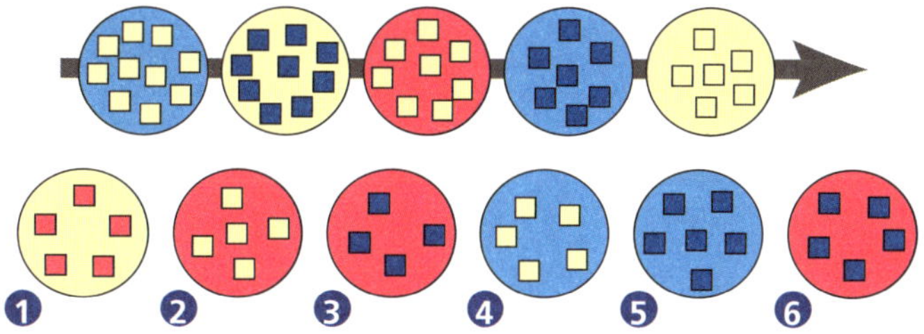

Euh…

Un adjudant, au pied d'un arbre où sont embusqués des soldats :

– Combien êtes-vous là-haut ?

– Trois, mon adjudant !

– Bien, que la moitié descende tout de suite !

CE JOUR-LÀ

En 1852 ouvre le premier grand magasin : le Bon Marché, rue de Sèvres, à Paris. Le suivant sera le Printemps, en 1865.

LE PERSONNAGE CÉLÈBRE

En répondant aux définitions suivantes, retrouvez dans les colonnes bleues le nom d'un statisticien et sociologue américain né le 18 novembre 1901, fondateur en 1935 du premier institut destiné à effectuer des sondages d'opinion publique.

1. Somme de connaissances. **2.** Appris à lire. **3.** Fraîchement sorti des études. **4.** Promesse verbale. **5.** Discours qui fait illusion ? **6.** Caractère vigoureux.

1						
2						
3						
4						
5						
6						

Travail récompensé

– Je vais acheter cette toile, dit le client au peintre.

– C'est une affaire, monsieur. J'y ai passé dix ans de ma vie.

– Dix ans ? Quel travail !

– Eh oui : deux jours pour la peindre et le reste pour réussir à la vendre !

Novembre
Vendredi
19

Tanguy

MOTS FLÉCHÉS

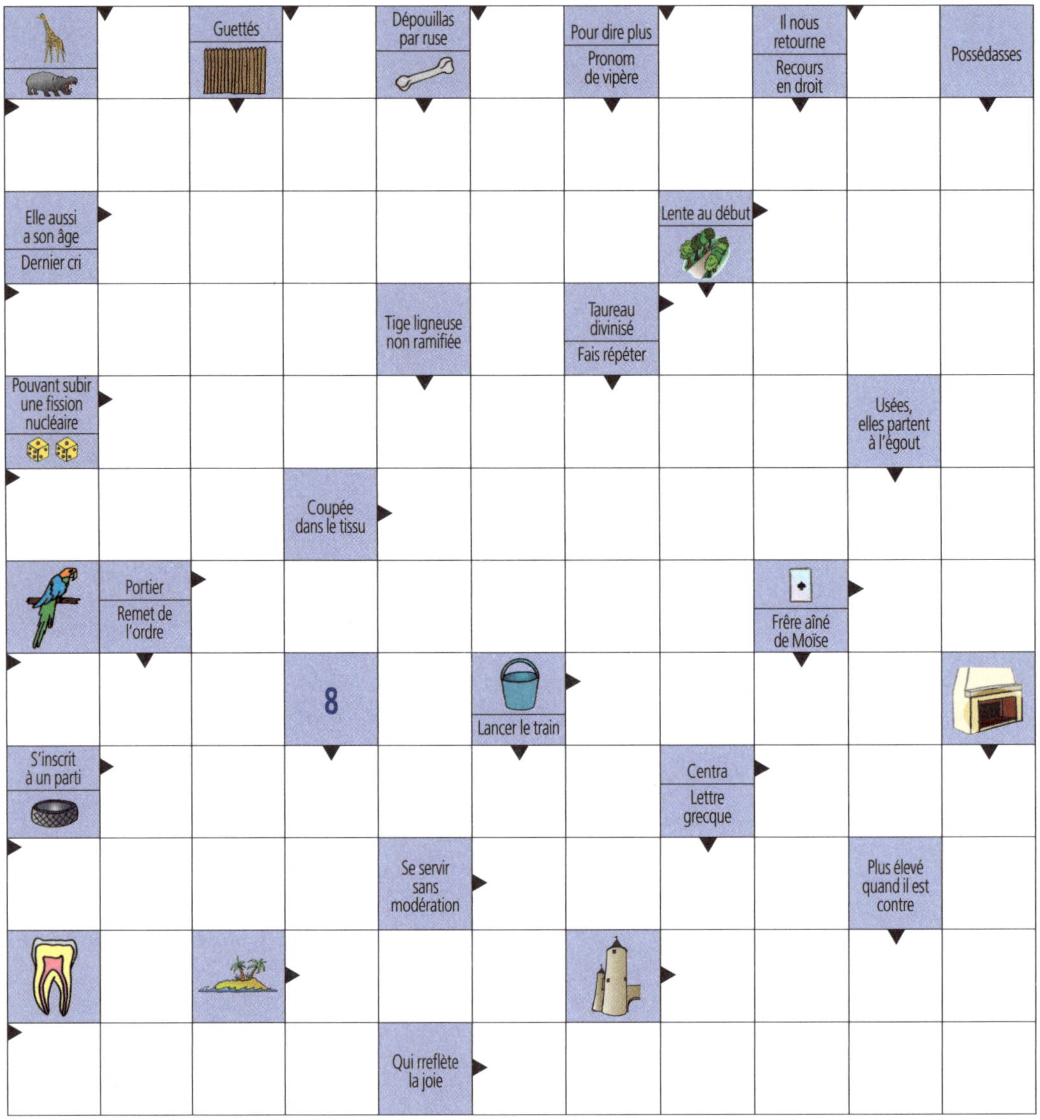

CE JOUR-LÀ

En 1703, l'homme au Masque de fer meurt à la Bastille. On s'est perdu en conjectures sur l'identité de ce mystérieux prisonnier : l'hypothèse la plus répandue en faisait le frère jumeau de Louis XIV.

Apprentissage et illusions

Un professeur d'anatomie interroge une élève infirmière :

– Quelle partie du corps se dilate jusqu'à atteindre sept fois sa taille initiale ?

La jeune fille commence à rougir et à balbutier… Le professeur lui dit alors :

– Je vous interromps tout de suite, mademoiselle. Je crois que vous faites fausse route… Il s'agit de la pupille ! Je crois aussi que vous allez au-devant de grandes désillusions !

LE COMPAS DANS L'ŒIL

Le 19 novembre 1997, une Américaine de 29 ans donne naissance à des septuplés dans l'Iowa. Culture ou intuition devraient vous aider à trouver les réponses aux questions suivantes.

1. *À quel âge record une mère de famille a-t-elle donné naissance à des jumeaux en Espagne en 2006 ?*
A. 10 ans. **B.** 13 ans. **C.** 67 ans. **D.** 77 ans.

2. *Combien d'enfants auraient eus une mère au Brésil en 1946 et une autre en Chine en 1936, sans recours à des stimulations hormonales ?*
A. 8. **B.** 10. **C.** 12. **D.** 16.

3. *Quel est le record de naissances multiples en une seule portée chez les mammifères pour une lapine au Canada et une chienne en Grande-Bretagne ?*
A. 19 petits. **B.** 24. **C.** 38. **D.** 51.

Le saviez-vous ?

La hyène tachetée, qui trouble la quiétude des nuits africaines par ses éclats de rire, donne le frisson à ceux qu'elle tire de leur sommeil. En réalité, elle agit ainsi pour garder le contact avec les autres membres de son clan. Elle émet toutes sortes d'appels d'une voix qui varie légèrement d'un animal à un autre et peut, grâce à leurs cris, identifier chacun de ses congénères.

Novembre
Samedi
20

Edmond

LE PERSONNAGE DU JOUR

Découvrez un personnage dont le nom est célèbre à plus d'un titre grâce aux indices suivants.

1 Je suis né le 24 juillet 1873 à Caracas, au Venezuela.

Le premier membre de ma famille (originaire du Pays basque espagnol) qui mit le pied au Venezuela était mon homonyme. **2**

3 J'ai commencé ma carrière militaire à l'âge de 14 ans et j'ai obtenu le titre de sous-lieutenant à l'âge de 16 ans.

Je rencontre celle qui deviendra ma femme, Maria Teresa, en Espagne, où je séjourne chez le marquis d'Ustariz. **4**

5 Je prends part à la guerre de libération du Venezuela, dont je déclare l'indépendance le 20 novembre 1818.

Je contribue aussi à la libération du Pérou et deviens président de la Bolivie le 11 août 1825. **6**

7 On m'a surnommé El Libertador (le Libérateur). Je suis mort le 17 décembre 1830 à Santa Marta, en Colombie.

CE JOUR-LÀ

En 1945 s'ouvre le procès de Nuremberg, où les dirigeants nazis comparaissent pour crimes contre l'humanité. Le 1er octobre 1946 seront prononcées douze condamnations à mort.

MARABOUT

Allez de mot en mot en répondant aux définitions suivantes. Les réponses s'enchaînent phonétiquement sur le principe du « marabout de ficelle » et évoquent le cinéma, notamment pour enfants.

1. Ce dessinateur américain a réalisé *Blanche-Neige et les sept nains* en 1937.
2. Ce petit poisson orange et blanc rêve de découvrir le monde.
3. Dans le film du même nom, le grand prêtre Imhotep en est une, ensevelie il y a 3 500 ans.
4. Cette souris détective est une star depuis 1928.
5. « … sera » dans le titre d'une chanson interprétée par Doris Day dans *l'Homme qui en savait trop*.
6. Ce film de 2007, dû aux studios Pixar, raconte l'histoire d'un rat très doué pour la cuisine.

La perle de la semaine

La drôle de guerre n'a fait rire personne.

Novembre
Dimanche
21

Présentation de Marie

Mot d'enfant

Thomas, 3 ans, regarde avec envie une énorme pomme dans la corbeille de fruits.

– Mamie, je voudrais bien la pomme, là.

– Mais, mon chéri, elle est trop grosse.

– Ça fait rien, mamie, t'as qu'à la prendre avec tes deux mains.

LE PERSONNAGE CÉLÈBRE

En répondant aux définitions suivantes, retrouvez dans les colonnes bleues le nom et le prénom d'un grand pilote automobile français né le 21 novembre 1943.

1. Blague provençale. **2.** Badine pour pousser les chevaux. **3.** Éditer le classement. **4.** Colifichet. **5.** Surtout des formules 1 pour notre pilote. **6.** Générateur pour automobile. **7.** Atteinte physique ou morale.

1								
2								
3								
4								
5								
6								
7								

CE JOUR-LÀ

En 1783, Pilâtre du Rozier effectue le premier vol en montgolfière, au-dessus de Paris.

Spécialités régionales

Un touriste entre dans une boutique dont l'affiche annonce « spécialités corses ». Le touriste demande au vendeur du brocciu, un fromage corse. Le vendeur n'en a pas. Pas plus que du vin de Bastia… Le client s'étonne alors :

– Mais qu'est-ce que vous vendez comme spécialités corses ?

– Des chaises longues, monsieur !

Belle-maman

Un type dit à son copain :

– J'ai fait couper la queue de mon chien la semaine dernière car ma belle-mère vient samedi.

– Ah oui ? Je ne vois pas le rapport.

– Tu vois, je ne veux surtout pas qu'elle pense que quelqu'un est content de la voir.

Les clés du bonheur

Un jeune Corse demande à son grand-père comment faire pour être heureux.

– Fiston, il faut la santé et un bon travail.

– Tu as eu ça, toi, pépé ?

– Moi ? J'ai toujours eu une bonne santé parce que mémé a toujours eu un bon travail !

Novembre
Lundi
22

Cécile

Dernier jour du Scorpion

L'ÉNIGME DU RUGBY

Le 22 novembre 2003, l'Angleterre remporte la cinquième Coupe du monde de rugby. Auparavant, toutes les équipes championnes venaient de l'hémisphère Sud. Parmi les vingt mots contenus dans l'illustration, biffez ceux qui correspondent aux indices. Chaque indice renvoie à un seul nom. Les mots restants vous livreront sous forme de rébus le nom d'un des joueurs stars du moment.

1. Le rugby, né en 1823, descendrait d'un sport plus ancien, le cad ou la soule selon les versions. Le premier match international, qui date de 1871, opposa l'Angleterre à un pays voisin dont vous lirez le nom en ajoutant une lettre initiale à un mot de la liste. **2.** Cette équipe l'emporta à domicile. En ajoutant une lettre à un mot, lisez le nom de la fleur associée à ce pays. Selon la légende, au XIVᵉ siècle, des Vikings auraient tenté de surprendre une armée en s'approchant pieds nus. Leurs cris de douleur réveillèrent les soldats, qui remportèrent la bataille… **3.** Le tournoi des Cinq-Nations date de 1910, année où la France ne remporta aucune victoire pour sa première participation. Changez une lettre d'un mot pour lire l'objet en bois réservé au dernier du tournoi. **4.** Trouvez l'anagramme du pays qui a rejoint les cinq précédents en 2000 pour donner naissance au tournoi des Six-Nations. **5.** Le 14 juillet 1979, la France bat pour la première fois les All Blacks néo-zélandais. Bousculez les trois premières lettres d'un mot pour lire le nom du valeureux capitaine du Quinze français de l'époque. **6.** En 1987, les All Blacks remportent chez eux la première Coupe du monde. Quelle équipe représentant un État polynésien dont la population dépasse à peine 100 000 habitants participe à la compétition ? Inversez les voyelles d'un mot pour le découvrir. **7.** En 1991, l'un des joueurs les plus capés de France tire sa révérence après 93 sélections, dont 81 en tant qu'arrière. Trouvez l'anagramme du nom du « Pelé du rugby ». **8.** En 1992, les Coqs français sont dévorés à domicile par les Argentins. Supprimez une lettre d'un mot pour lire le nom de l'animal évoquant cette équipe. **9.** Intervertissez deux lettres d'un mot pour lire le nom de celui qui, dans les tribunes, arbore fièrement le maillot de l'équipe d'Afrique du Sud lors de sa victoire en finale de la Coupe du monde 1995 contre la Nouvelle-Zélande, après plusieurs années d'exclusion des compétitions officielles pour cause d'apartheid. **10.** Supprimez une lettre d'un mot pour découvrir le statut que le rugby a abandonné en 1995. **11.** En 1996, le Stade toulousain devient la première équipe française championne d'Europe en dominant Cardiff en finale. Ce club est propriétaire de son stade, Ernest-Wallon. Pourtant, ce nom est rarement utilisé ; on l'appelle communément stade des Sept-… Complétez l'intitulé avec un mot de la liste amputé d'une lettre. **12.** En 1999, la France élimine les All Blacks en demi-finale de la Coupe du monde. Mais elle chutera en finale contre un pays déjà sacré en 1991. Trouvez l'anagramme de ce double champion dans la liste. **13.** Réordonnez les voyelles d'un mot pour lire le nom du Français qui détient le record de sélections en équipe nationale. Il a égalé le score de Philippe Sella (111) en août 2007. **14.** Inversez les syllabes d'un mot pour lire le nom du bras droit de Bernard Laporte, sélectionneur du Quinze tricolore appelé au gouvernement à la fin de la Coupe du monde 2007. **15.** En lisant un mot à l'envers, découvrez en son sein le patronyme d'un joueur né à Auckland en 1975 et considéré une des plus grandes stars du rugby mondial.

ARMATEUR
BALCON
CAILLER
CARDON
COSSE
DENTIERS
ÉLIAIT
HUILE
JAUNE
MANDALE
NIENT
PAUMA
PNEUMOLOGUE
POULES
QUINE
SALUTAIRE
SOMA
SONNE
TANGO
VIRES

Zoom saveur

LA BETTERAVE

Qu'est-ce qui a subitement transformé la racine violette en ingrédient incontournable des tables branchées ? Une sorte de bouche-à-oreille génial…

La betterave ne fut longtemps consommée que cuite, avec une salade de mâche ou dans un bortsch, sorte de pot-au-feu ukrainien ou polonais. Mais le meilleur cuisinier du monde, le Catalan Ferran Adrià, est passé par là : il en a fait des chips, des écumes, des pickles et autres tagliatelles croquantes…

Idée gourmande.
Coupez une betterave crue en tranches fines et faites-les frire 2 min dans de l'huile à 180 °C. Égouttez-les, puis parsemez-les de fleur de sel avant de servir, à l'apéritif.

CE JOUR-LÀ

En 1963, le président John Fitzgerald Kennedy est assassiné à Dallas, au Texas.

Les fonctions du corps selon
Albert Einstein

Pour marcher au pas d'une musique militaire, il n'y a pas besoin de cerveau : la moelle épinière suffit.

Devinette

Pourquoi les autoroutes françaises ne sont-elles pas éclairées ?

Parce que les Français se prennent tous pour des lumières !

Novembre
Mardi
23

Clément

Premier jour du Sagittaire

CE JOUR-LÀ

En 1924, la dépouille de Jean Jaurès est transférée au Panthéon.

En 1996, les cendres d'André Malraux sont transférées au Panthéon.

À FLEUR DE MOTS

Le réalisateur français Louis Malle s'est éteint le 23 novembre 1995 dans sa villa de Beverly Hills, où il vivait avec son épouse, Candice Bergen. Remplissez la fleur en formant des mots ou des noms propres (acteurs ou titres de ses films) composés à partir des lettres ci-dessous. Inscrivez vos solutions de l'extérieur de la rosace vers l'intérieur.

A. ACELT
B. EELSZ
C. ADEMS
D. ILMOU
E. AEGMR
F. CCOSU
G. EEGRS
H. ENORT
I. EMORT
J. AEMPU
K. AGLOS
L. ACELM
M. AENSV
N. AENOT
O. INORS
P. DDEIN
Q. ILOSU
R. AEINZ

1. ADSTU
2. AEIZZ
3. CDEIS
4. AELLM
5. EEIMM
6. ACELS
7. GGOOS
8. CERRU
9. EMORU
10. EENPS
11. AEGST
12. CORTU
13. AALMO
14. AAELV
15. EIMST
16. DENOR
17. ILNOS
18. ENNNO

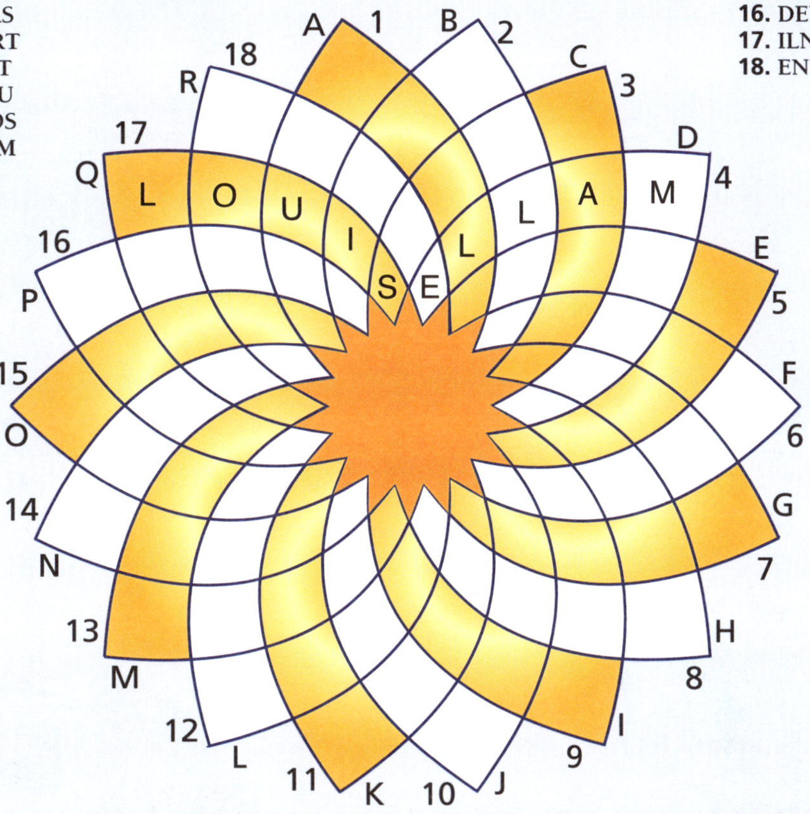

LA PREUVE PAR 9

Trouvez les cinq mots correspondant aux définitions, formés uniquement avec les lettres proposées. Si vous réussissez, c'est que vous ne manquez pas de flair…

T A N I L E M A D

1. Modèle de platitude.
L _ _ _ _ _ _

2. On en mangerait…
A _ _ _ _ _ _

3. Richement garni.
D _ _ _ _ _ _ _

4. Qui se lève avec les poules.
M _ _ _ _ _ _ _

5. Il a une centaine de frères et sœurs à quatre pattes…
D _ _ _ _ _ _ _ _

Déducto

Sprint Woman

Marathon Man (John Schlesinger, 1976)

Maturité

Le directeur de l'asile se plaint :

– J'ai perdu mes deux oiseaux, un rouge et un vert…

Un fou lui dit :

– Je vais vous les retrouver !

Effectivement, il les aperçoit dans un pommier. Il ramène le rouge au directeur, qui lui dit :

– Mais il manque le vert ?

– Eh oui ! Il n'était pas mûr…

Devinette

Qu'est-ce qui prouve que Claude François n'était pas corse ?

T'as déjà vu un Corse mourir avec une ampoule dans la main ?

Intéressée

– Que donnerais-tu à un homme qui a tout ? demande une jeune femme à une amie.

– Mon numéro de téléphone.

Négociations

Un homme arrête son véhicule pour entamer la conversation avec une jolie femme qui attend à un arrêt d'autobus.

– Bonjour ! Je dois vous dire que vous êtes la plus jolie créature que j'aie jamais rencontrée.

– Merci, répond la dame.

– Je me demandais si vous accepteriez de coucher avec moi pour un million d'euros ?

La jeune femme réfléchit, puis :

– Oui, je coucherais avec vous pour un million d'euros.

– Et pour cinq euros ?

– Pour quel genre de femme me prenez-vous ?

– Cela, nous venons de l'établir. Maintenant, nous ne faisons que marchander…

Novembre
Mercredi
24

Flora

LE PERSONNAGE DU JOUR

Découvrez un personnage célèbre grâce aux indices suivants, que vous lirez l'un après l'autre.

1 Je suis né à Oran le 24 novembre 1958. J'arrive en France en 1963 et mes parents s'installent à Massy.

2 Élève intenable, je suis renvoyé de douze écoles. J'hésite entre faire carrière dans la bande dessinée et triompher comme chanteur de rock…

3 Je tente ma chance comme dessinateur, mais c'est la radio qui m'attire et je travaille pour Radio Andorre et France Inter (*l'Oreille en coin*).

4 Je rencontre Pierre Lescure en 1984. Il m'engage dans l'équipe d'une nouvelle chaîne de télévision, Canal +, où je débute au bulletin météo puis deviens animateur (*Prochainement sur Canal +*).

5 En 1984, je forme un quatuor appelé les Nuls qui présente un faux journal télévisé dans l'émission *Nulle Part ailleurs*…

6 Je vais ensuite diversifier mon activité et connaître le succès comme acteur et réalisateur de cinéma, en particulier pour *Astérix et Obélix: mission Cléopâtre*.

CE JOUR-LÀ

En 1859, Darwin publie De l'origine des espèces au moyen de la sélection naturelle. Le tirage est aussitôt épuisé.

L'INTRUS

Thierry Lhermitte est un comédien français né à Boulogne-Billancourt le 24 novembre 1952. Dans la vie, il est passionné de voile, de plongée, de ski, d'équitation, de karaté… Retrouvez l'intrus qui s'est glissé dans chacune de ces séries.

1. Anémone.
Josiane Balasko.
Michel Blanc.
Marie-Anne Chazel.
Christian Clavier.
Gérard Jugnot.

2. Catherine Frot.
Francis Huster.
Bruno Moynot.
Daniel Prévost.
Alexandra Vandernoot.
Jacques Villeret.

La contrepèterie de la semaine

Tu veux que je t'envoie dans la culture ?

Novembre
Jeudi
25

Catherine

JEU DE LOGIQUE

Les paquets de même couleur pèsent le même poids. Classez-les du plus léger au plus lourd !

CE JOUR-LÀ

En 1812, victime du froid sibérien et des Cosaques, la Grande Armée de Napoléon bat en retraite. La campagne de Russie s'achève dans le plus grand désarroi.

Entre deux maux

Un employé de banque reçoit un coup de téléphone de sa femme, qui lui annonce qu'elle vient de s'apercevoir qu'elle a perdu sa carte bleue depuis dix jours. Alarmé, l'employé modèle consulte le relevé de la carte mais décide de ne pas faire opposition…

Le voleur dépense moins que sa femme !

Proverbe congolais

L'arbre qui tombe fait plus de bruit que la forêt qui pousse.

Novembre
Vendredi
26

Delphine

PICTOGRILLE

Placez dans la grille les noms correspondant aux quatorze dessins qui l'entourent et qui célèbrent l'aéronautisme.

Le saviez-vous ?

Le 1er janvier de l'an 1845, on découvrit le corps d'une femme assassinée chez elle, à Slough, et on aperçut le suspect, John Tawell, alors qu'il prenait le train de Londres. Or le premier service public de télégraphe avait été installé entre Slough et Londres deux ans auparavant. Les policiers purent donc alerter leurs collègues londoniens et l'homme fut arrêté à la gare.

JEU DE LOGIQUE

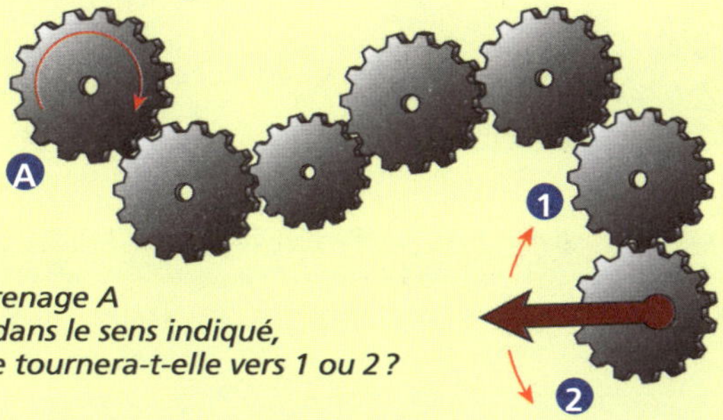

Si l'engrenage A tourne dans le sens indiqué, la flèche tournera-t-elle vers 1 ou 2 ?

CE JOUR-LÀ

En 1966, le général de Gaulle inaugure la première usine marémotrice de France, sur l'estuaire de la Rance, entre Dinard et Saint-Malo.

Sens de lecture

Une chorale répète pour la messe de minuit, quand le curé décèle quelque chose d'anormal. Pour en avoir le cœur net, il demande à chacun des membres de chanter seul. Vient le tour de Patrick, qui entonne bruyamment :

– Léon ! Léon !

– Stop ! fait le prêtre. Tu lis ton livre de chant à l'envers.

Novembre
Samedi
27

Séverin

LE CRÉNEAU

En répondant aux définitions suivantes, trouvez sur le créneau le nom d'une espèce dont l'un des représentants fut mis au jour le 27 novembre 1974.

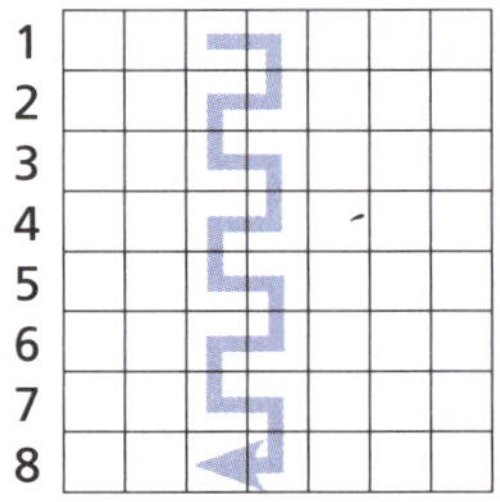

1. Il supporte sans grand fair-play ses compatriotes. **2.** Guère compatibles avec les Hutues. **3.** Ceux des Caraïbes triomphent au cinéma. **4.** Fléau tout autant que la peste. **5.** Il y a des jours où il s'en fout, selon Brassens. **6.** Qui a des douleurs sur les muqueuses de la bouche. **7.** Moyens de paiement qui peuvent être en bois. **8.** Faire comme tout archéologue.

COUPE-LETTRES

Rayez une lettre dans chacun des six mots en en formant un nouveau. Reportez-la à droite pour trouver le nom d'un écrivain né ce jour en 1950.

D	E	C	R	U	E	
B	I	E	L	L	E	
F	L	E	M	M	E	
O	E	U	V	R	E	
B	R	A	I	S	E	
L	A	R	M	E	S	

La perle de la semaine

Le pôle est recouvert de glace: c'est la capote glaciaire.

CE JOUR-LÀ

En 1942, la flotte française se saborde en rade de Toulon pour ne pas tomber aux mains des Allemands, qui ont pénétré en zone libre le 11 novembre.

Devinette

Pourquoi y a-t-il une ligne blanche au milieu des couloirs des bâtiments administratifs?

Pour que ceux qui arrivent en retard ne gênent pas ceux qui partent en avance.

Le bon accessoire

Un Belge entre dans une maroquinerie et demande:

– Auriez-vous un portefeuille imperméable?

– Imperméable?

– Oui, c'est pour y mettre de l'argent liquide.

Pas de bol…

Deux Corses sont en train de faire la sieste, chacun sur un banc. L'un d'eux, ayant ouvert un œil par mégarde, aperçoit un billet de 500 euros sur le sol à quelques mètres. Il dit à l'autre:

– Eh… regarde ça: un coup de vent et on est riches!

Novembre
Dimanche
28

Jacques de la Marche

QUIZ Claude Lévi-Strauss

Anthropologue et ethnologue né le 28 novembre 1908, Claude Lévi-Strauss s'est fait connaître du grand public en 1955 grâce à son ouvrage Tristes Tropiques.

1. *Dès son enfance, il manifeste une passion pour:*
A. L'exploration. **B.** La musique.
C. La littérature.

2. *En 1931, il est reçu à l'agrégation:*
A. De physique.
B. De mathématiques.
C. De philosophie.

3. *Professeur, il est révoqué en 1941:*
A. Pour ses théories audacieuses sur les races.
B. En application des lois de Vichy sur les juifs.
C. Pour avoir évoqué les mœurs sexuelles des Indiens d'Amazonie.

4. *L'un de ses ouvrages les plus célèbres s'intitule:*
A. *Qui l'eût cru?*
B. *Monter à cru.*
C. *Le Cru et le Cuit.*

CE JOUR-LÀ

En 1943, la conférence de Téhéran réunit Roosevelt, Staline et Churchill, qui mettent au point les débarquements de Provence et de Normandie.

CHENILLE

En 1978, Mike Birch gagnait la première Route du rhum, sur Olympus. *Passez d'un mot à l'autre en remplaçant la lettre indiquée et en modifiant éventuellement l'ordre des lettres (conjugaisons autorisées).*

		N A V I G A T E U R
– G	+ D	V _ _ _ R _ _ _ _
– V	+ T	D _ _ _ _ _ R _ _ _
– D	+ Q	T _ _ _ _ _ _ _ _ T
– R	+ S	A _ _ _ T _ _ _ _
– S	+ B	B _ _ Q _ _ _ _ _
– B	+ L	A T L A N T I Q U E

Mot d'enfant

Dans l'autobus, Carla, 6 ans, voit pour la première fois un homme chauve.

– Regarde, maman, le monsieur là-bas, il a pas de cheveux.

– Chut!

– Pourquoi, il le sait pas?

Novembre

Lundi

29

Saturnin

Zoom saveur

L'ARAIGNÉE DE MER

Cousine du gigantesque crabe royal rouge de Norvège (3 m d'envergure !), l'araignée est considérée comme l'un des crustacés les plus fins.

Rare sur les étals estivaux, l'araignée de mer réapparaît dès les premiers frimas. Les araignées mâles sont plus attractives, car plus imposantes… C'est une erreur, car elles contiennent moins de chair que les femelles ! Pour les reconnaître : la languette ventrale des femelles est plus étroite.

Idée gourmande.

N'entreposez jamais au réfrigérateur une araignée cuite : elle y perdrait une bonne partie de sa saveur.

MOTS CROISÉS

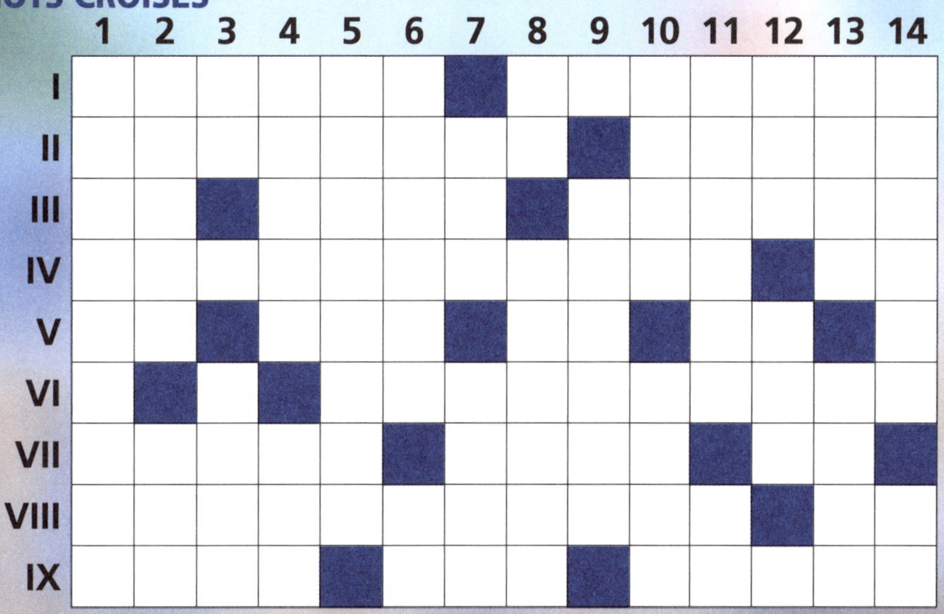

Horizontalement

I. Homme politique français né le 29 novembre 1932 ; ville dans laquelle il annonce sa candidature à sa propre succession en 2002. **II.** Joue sur les mots ; ne voit pas plus loin que le bout de son nez. **III.** Facteur ; sa dissolution en 1997 en fut un ; a une vie de chien. **IV.** Déclaration d'un de ses Premiers ministres ; réfléchi. **V.** Obtenu ; son école après ses fiançailles avec Bernadette Chodron de Courcel ; valeur d'un silence ; le précédent symboliquement. **VI.** Débuts dans la musique. **VII.** Toujours censé baisser en période électorale ; ce président aime se payer sa tête ; dans. **VIII.** Ont des points communs avec sa fille de cœur, Anh Dao Traxel ; familier. **IX.** Arrivées ; fait un tonneau ; cet homme de confiance, président du Conseil constitutionnel, lui a confirmé son immunité à l'Élysée.

Verticalement

1. Ce président l'est. **2.** Pousse à droite ; changement de tenue. **3.** Sujet masculin ; rude. **4.** Combat ; organisa l'attentat contre le général de Gaulle. **5.** Objectifs. **6.** Philosophe roumain selon lequel le bonheur n'est pas fait pour les livres ; fait face à Marseille. **7.** A plus d'un grain ; parfois extorqué par le juge. **8.** Dure un peu ; font la bombe. **9.** Ce président y a son musée et le château de Bity. **10.** Étudie les problèmes démographiques ; souvent à sec. **11.** Parfois baba ; connu parfaitement. **12.** Fait la lumière ; plus très performant. **13.** Fleuronnés quand ils sont entourés de feuillage ; fit de l'œil. **14.** Ver de vase ; traditions.

Le plus fou…

Dans son bureau, le directeur de l'asile se met soudain à crier :

– Au secours, au secours !

Sa secrétaire se précipite :

– Qu'est-ce qu'il y a, monsieur ?

– Un martien ! Il y a un martien de l'autre côté de la fenêtre !

– Mais voyons, monsieur ! Premièrement, ce n'est pas un martien, c'est un être humain…. Deuxièmement, ce n'est pas une fenêtre, c'est un miroir !

CE JOUR-LÀ

En 1929, l'Américain Richard Byrd est le premier à survoler le pôle Sud.

SUITE LOGIQUE

Trouvez la figure numérotée qui continue la série.

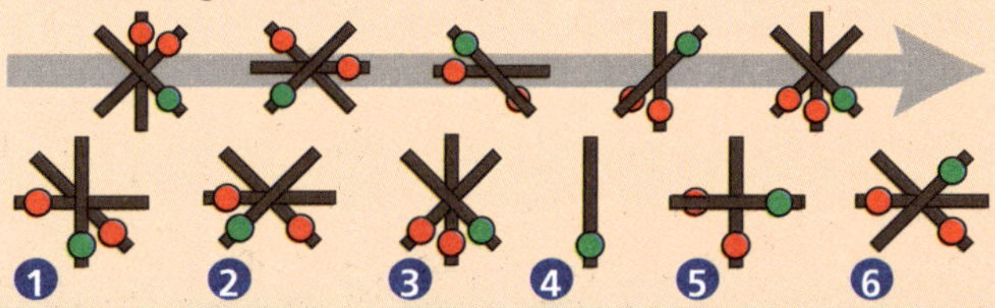

Novembre
Mardi
30

André

Déducto

Cours au soleil

(Michel Blanc, 1984)
Marche à l'ombre

CE JOUR-LÀ

En 1789, la Corse, jusque-là province autonome, est rattachée à la France.

Exercice physique

Le gouvernement a décidé d'adopter un principe japonais : l'exercice physique pendant les heures de travail, afin que les fonctionnaires restent en forme. Une cassette vidéo est distribuée à tous les fonctionnaires. En voici un extrait :

– Et un, en haut… Et deux, en bas… Et trois, en haut… Et quatre, en bas… Maintenant, on change de paupière…

LA GIRAFE

Remplissez la grille girafe à l'aide des définitions, sachant que les mots s'enchaînent selon le principe du « marabout de ficelle ».

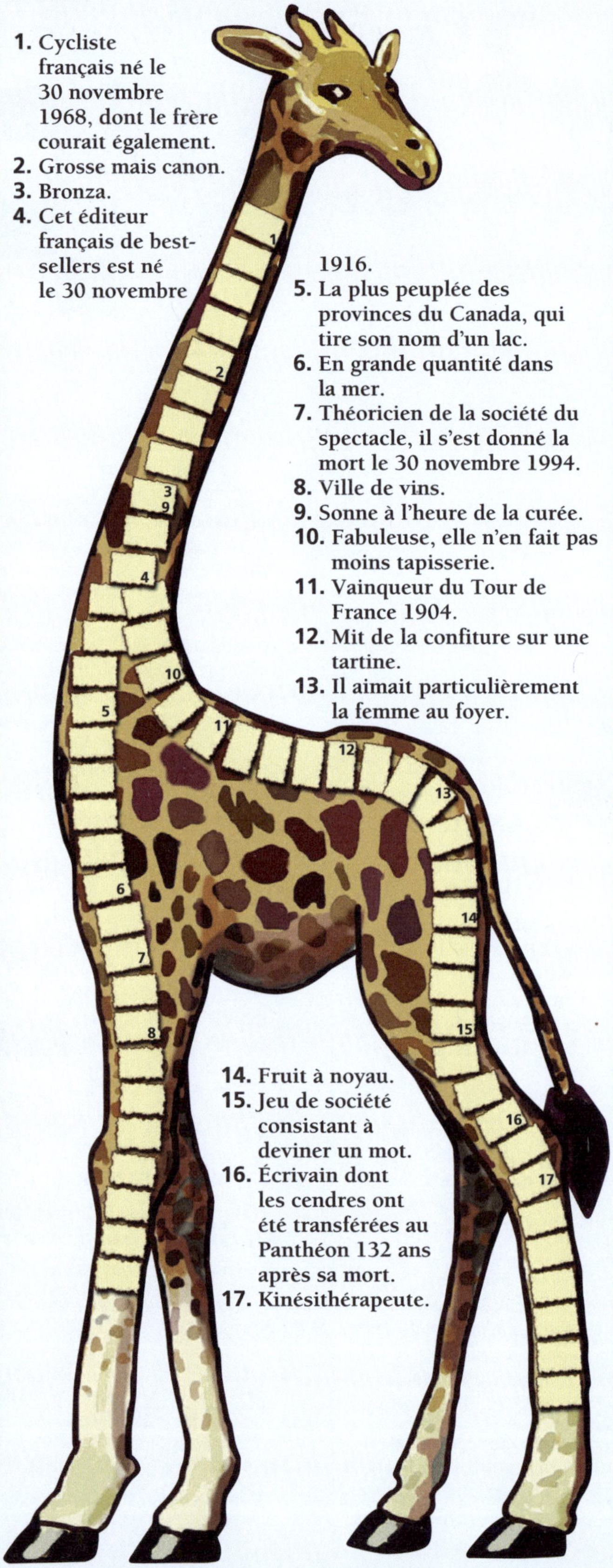

1. Cycliste français né le 30 novembre 1968, dont le frère courait également.
2. Grosse mais canon.
3. Bronza.
4. Cet éditeur français de best-sellers est né le 30 novembre 1916.
5. La plus peuplée des provinces du Canada, qui tire son nom d'un lac.
6. En grande quantité dans la mer.
7. Théoricien de la société du spectacle, il s'est donné la mort le 30 novembre 1994.
8. Ville de vins.
9. Sonne à l'heure de la curée.
10. Fabuleuse, elle n'en fait pas moins tapisserie.
11. Vainqueur du Tour de France 1904.
12. Mit de la confiture sur une tartine.
13. Il aimait particulièrement la femme au foyer.
14. Fruit à noyau.
15. Jeu de société consistant à deviner un mot.
16. Écrivain dont les cendres ont été transférées au Panthéon 132 ans après sa mort.
17. Kinésithérapeute.

VRAI OU FAUX

Le 30 novembre 2002, les cendres d'Alexandre Dumas père ont été transférées au Panthéon. Êtes-vous sûr de tout savoir sur ce monument ?

1. Le Panthéon est situé sur la butte Montmartre.	**V F**
2. Le premier à y être inhumé fut Mirabeau, mais il n'y resta pas longtemps.	**V F**
3. C'est le Sénat qui décide des inhumations, à la majorité des deux tiers.	**V F**
4. En 1989, pour celle de l'abbé Grégoire, le seul représentant de l'Église fut Jacques Gaillot.	**V F**
5. Sur le cercueil d'Alexandre Dumas figure l'expression « Tous pour un, un pour tous ».	**V F**
6. Seuls trois écrivains sont enterrés au Panthéon : Voltaire, Victor Hugo et Alexandre Dumas.	**V F**

LABYRINTHE

La fée Capucine est attendue au baptême de la princesse Lilia pour y prononcer les vœux d'usage. Pouvez-vous l'aider ?

DÉCEMBRE

2021

Lu	Ma	Me	Je	Ve	Sa	Di
		1 Florence	2 Viviane	3 Xavier	4 Barbara	5 Gérald
6 Nicolas	7 Ambroise	8 Immaculée Conception	9 Pierre Fourier	10 Romaric	11 Daniel	12 Chantal
13 Lucie	14 Odile	15 Ninon	16 Alice	17 Gaël	18 Gatien	19 Urbain
20 Théophile	21 Hiver	22 Françoise-Xavière	23 Armand	24 Adèle	25 Noël	26 Étienne
27 Jean	28 Innocents	29 David	30 Roger	31 Sylvestre		

Décembre

Le film d'animation

Fin de l'année oblige, nous ne pouvions terminer notre panorama cinématographique sans nous arrêter sur le film d'animation, moment de joie partagée associé dans l'imaginaire à Noël.

Le premier film d'animation, *Fantasmagorie*, est diffusé en 1908 à Paris. Il est l'œuvre du Français Émile Cohl. Depuis cette date, le cinéma d'animation n'a cessé d'évoluer, des dessins sur papier aux images 3D en passant par l'utilisation du Celluloïd à partir de 1915.

Le cinéma d'animation est un genre planétaire. Il possède ses grands réalisateurs (Walt Disney, Tex Avery, Hayao Miyazaki...), ses icônes (Mickey, Donald, Bugs Bunny, Tom et Jerry, Goldorak, Capitaine Flam et autres Pokémons) et ses chefs-d'œuvre : *Blanche-Neige et les sept nains*, de Walt Disney (1937), *le Roi et l'Oiseau*, de Paul Grimaud (1980), la *Planète sauvage*, de René Laloux (1973), *Kirikou et la sorcière*, de Michel Ocelot (1998)...

Tout comme le cinéma classique, le film d'animation puise ses sources dans la littérature. Ainsi, Walt Disney s'en est beaucoup inspiré – non sans dénaturer quelquefois le propos de l'œuvre initiale – pour réaliser certains de ses plus grands succès : *Pinocchio* (1940), *Peter Pan* (1953), *le Livre de la jungle* (1967).

Parmi les nombreux personnages que compte le monde de l'animation, Tom et Jerry sont ceux qui ont décroché les plus belles récompenses. Les deux héros imaginés par William Hanna et Joseph Barbera ont obtenu l'Academy Award du meilleur film d'animation à plusieurs reprises, de *Yankee Doodle Mouse* (1943) à Johann Mouse (1952) en passant par *The Cat Concerto* (1946).

La maison Hanna-Barbera a marqué de son empreinte l'histoire de l'animation à travers des séries devenues cultes (*Scooby-Doo, la Famille Pierrafeu, les Fous du volant, Wally Gator*...) ou des adaptations de bandes dessinées (*Lucky Luke, les Quatre Fantastiques, les Schtroumpfs*).

En 1995, un film d'animation d'un genre nouveau débarque sur les écrans, entièrement réalisé en images de synthèse 3D : Toy Story, des studios Pixar, en coproduction avec les studios Disney.

Dès lors, les succès s'enchaînent : *1 001 Pattes* (1998), *le Monde de Nemo* (2003), *les Indestructibles* (2004), *Ratatouille* (2007), *Là-haut* (2009), *Vice-Versa* (2015)... Les studios Pixar montrent le chemin à Dreamworks, qui, en 2001, regroupe petits et grands autour d'un personnage aussi atypique qu'attachant : *Shrek*.

En 1997, le monde occidental découvre un certain Hayao Miyazaki, qui vient de s'associer avec Disney. Le Japonais réalise *Princesse Mononoké*, qui apparaît sur les écrans français en 2000, où il rencontre un succès considérable. Suivent *le Voyage de Chihiro* (2002), *le Château ambulant* (2005), *Ponyo sur la falaise* (2008) et *le vent se lève* (2013).

Marabout

Les mots de ce serpent géant s'enchaînent sur le principe du « marabout de ficelle ». Les traits roses indiquent la fin d'un mot. Les lettres figurant dans les cases vertes forment, dans l'ordre, le nom d'un dessin animé.

1. Éléphant en costume vert.
2. Héroïne de science-fiction scandaleuse en 1968.
3. Gaston de Franquin.
4. Le plus fameux des chats, animé dès 1917.
5. Le shérif de l'espace qui se transmute.
6. Couleur de Garfield.
7. Un anti-Tarzan de la jungle, qui s'écrase contre les arbres.
8. Le fils du soleil dans *les Mystérieuses Cités d'or*.
9. À Ovide ou à Picsou.
10. C'est le dernier dinosaure, amateur de guitare et de skateboard.
11. De la couleur de Barbalala.
12. Marque de poêles antiadhésives.
13. Corsaire de l'espace au XXXe siècle.
14. Ninja, elle crie « Kowabunga » !
15. Yiu l'est, à gages.
16. Celui de la *Licorne* n'échappera pas à Tintin.
17. Après Olive, pour de bons matchs de football.
18. Jouent au chat et à la souris depuis 1940.
19. Un soldat à sauver.
20. Un oiseau qui a le vertige et reste donc au sol.
21. L'ennemi d'Harry Potter.
22. Professeur ami du capitaine Blake.
23. Poisson aussi appelé colin.
24. Il tire plus vite que son ombre.
25. C'est le survivant en manga d'une guerre nucléaire.
26. La mère de *Ma sorcière bien-aimée*.
27. Les gros muscles de ce personnage joué par Stallone ont été déclinés en 65 épisodes.
28. Un petit ourson qui glisse sur la blanche neige.
29. Adversaire du Pingouin, de Poison Ivy et du Joker.
30. Enchanté pour Pollux.
31. Ce canard jaune à long cou est la risée des autres animaux de la ferme.
32. … *pour une coupe* dans ce dessin animé produit à l'occasion du Mundial 1982.
33. Elle aide Link à conserver la triforce contre Ganon.
34. Gnome, petit lutin, mais le plus grand des magiciens.
35. *Veni, …, vici.*
36. Ce chien plus humain que Pluto a été le héros de 48 dessins animés.
37. Machine de guerre d'Actarus, série culte pour toute une génération.
38. Manga dont Tetsuo, cobaye d'expériences militaires, est le héros.
39. Des bébés de 3 mois à 3 ans qui ressemblent à des célébrités.
40. Michel Strogoff est son courrier.
41. Ça fait du bien là où ça fait mal.
42. Pour lui, c'est vraiment, vraiment trop injuste.
43. Des bois, il est amoureux de Marianne.
44. Qui va là ? Tu ne m'échapperas pas !
45. Demi-question.
46. N'a pas de famille.
47. Petite fille qui pose les questions que tous les enfants ont posées un jour.
48. Le fils des âges farouches.
49. Contre.
50. Un petit garçon à tête d'œuf et houppette jaune.

Décembre

Mots croisés

Horizontalement

I. C'est la plus belle qu'on ait vue depuis longtemps s'envoler à travers le ciel ; minuscule, il combat la sorcière Karaba. **II.** Font les bananes à Manille ; dessin animé qui a inspiré un des blockbusters du cinéma mondial en 2007. **III.** Fort comme un Turc ; russe ou japonais ; Light Yagami, alias Raito, essaie de tuer tous ceux de la Terre. **IV.** Lieu où se déroule principalement l'action d'*Olive et Tom* ; plante dont les fleurs imitent des doigts ; au panthéon égyptien. **V.** Peintre montmartrois qui s'est fait de la Galette ; dans le coup ; appelé araignée. **VI.** L'amour le rend gâteau ; habitat protégé ; Schtroumpfs. **VII.** Iridium ; lettre grecque ; préoccupante ; Eddie Murphy prête sa voix à cet animal qui se veut le meilleur ami de Shrek. **VIII.** Pas singulier ; cet ami de Bugs Bunny le ferait bien passer à la casserole ; réfléchi ; petit bonhomme comme David, l'ami du renard Swift. **IX.** Garder au chaud au Québec ; élargit la marge ; logarithme de base 10. **X.** Super Bécane en était une à visage humain, capable de prouesses techniques ; Égyptiens ; calendrier liturgique. **XI.** De l'Oise ; pour faire et avoir mal ; représentation du visage. **XII.** N'a pas de maître ; petit noir sans vigueur ; spécialité féminine. **XIII.** Fan ; se marre doucement ; secteur de boussole ; bernée. **XIV.** Fraise comestible, mais pas avec du sucre ; fait pour nuire ; note ; article. **XV.** Fait le maître ; dans l'Orne ; sans signe distinctif.

Verticalement

1. Apparu dans *le Journal de Spirou* en 1952, il a lancé aussi des *houba ! houba !* dans son propre dessin animé ; cœur. **2.** Descente de glands ; fîmes le premier pas. **3.** Ce jeune Sioux parle la langue des animaux ; le coéquipier de Diabolo à bord de *Double Zéro*. **4.** Tout sauf basique ; sels. **5.** Indique un lieu ; blanche ou noire, elle est en Allemagne ; impératrice byzantine. **6.** Témoigne d'une certaine sensibilité ; elle s'exprime aussi de l'autre côté du miroir ; vieil Indien. **7.** Prénom russe ; ne filent pas droit. **8.** Cracheur de feu ; de la fève de Calabar. **9.** Ouvrir les vannes ; occasions de lire des bandes dessinées à l'école. **10.** Georges de la jungle cinématographique ; peut-être une vieille amie de la Noiraude ; pas très courageux. **11.** Déclencha phonétiquement la guerre de Troie ; pas fermés ; prit. **12.** Voudrait changer de chaîne ; *si-do*. **13.** Bains chauds ; scotché à Internet, il n'a plus d'amis dans la vie réelle. **14.** Parler grec ; ferraille asiatique ; copulatif ; à toi. **15.** Prénom féminin commençant comme la Douce ; pâtés de soja. **16.** Allocation minimale ; possédé ; chat amateur de lasagnes. **17.** Lieu de bicorne triomphant ; tour d'arbre ; prononcé ; détiens. **18.** Étude spécialisée du rouge. **19.** En Norvège ; petit poisson à la conquête de la Grande Barrière de corail ; fait des vocalises. **20.** Syndicat d'enseignants ; dispensées une à une.

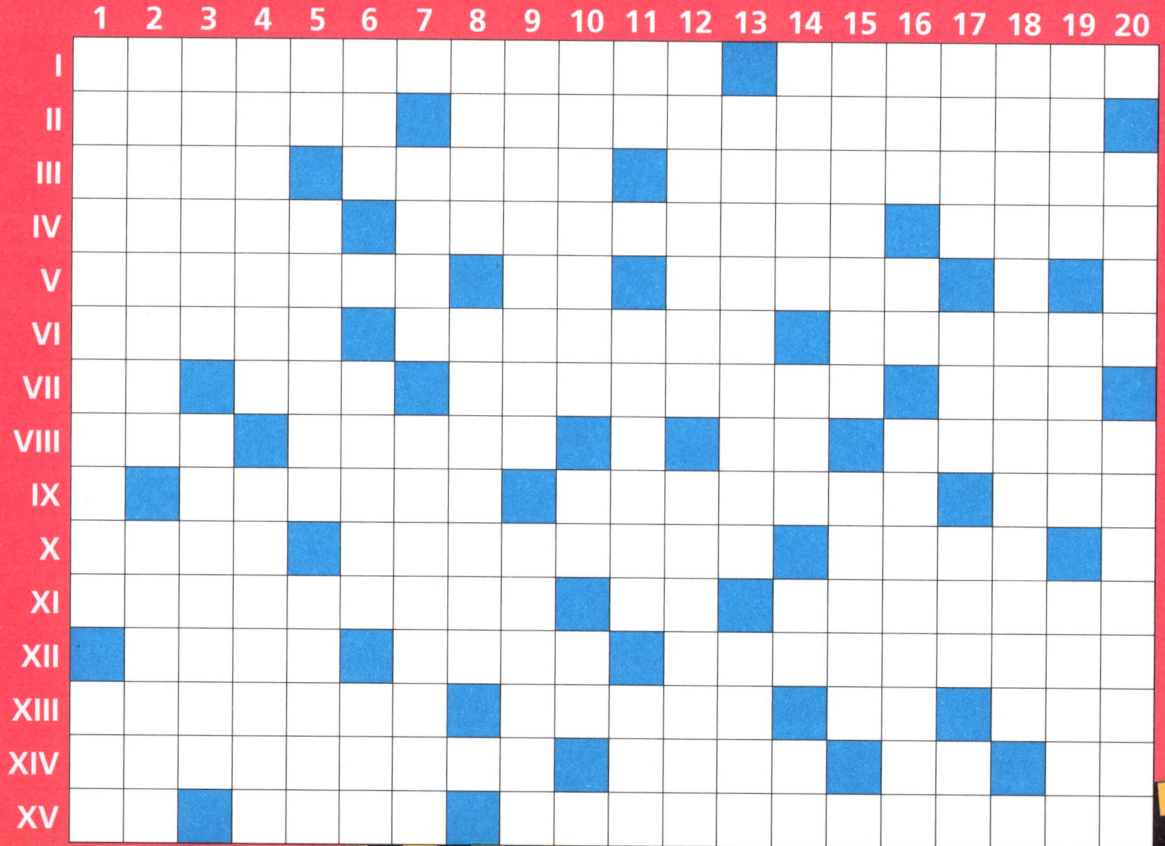

Décembre
Mercredi
1er

Florence

ANAPHRASES

Claude Jade, née sous le nom de Claude Jorré le 8 octobre 1948, nous a quittés le 1er décembre 2006. Rendez hommage à cette grande actrice française en remplissant les blancs avec des anagrammes constituées des lettres proposées.

1 *ABEIRSS*
Truffaut rendit Claude Jade célèbre grâce au film _ _ _ _ _ _ _ *volés*. Il naquit entre eux un amour aussi ardent que des _ _ _ _ _ _ _. Le cinéaste voulut d'abord l'épouser, mais décida de _ _ _ _ _ _ _ pavillon au dernier moment !

2 *EEPRTU*
Le naturel de Claude Jade était _ _ _ _ _ _ auprès du grand public comme chez les critiques. Elle représentait à la fois l'élégance et la simplicité, une forme de _ _ _ _ _ _ absolue.

3 *ACEGR*
Malgré sa _ _ _ _ _, elle sut parfois jouer aussi la _ _ _ _ _, comme dans *le Bateau sur l'herbe* ou *le Malin Plaisir*.

CE JOUR-LÀ

En 1921, Landru est condamné à mort. En quatre ans, il a assassiné dix femmes et un adolescent dont dont il a brûlé les corps dans sa cuisinière.

COUPE-LETTRES

Rayez une lettre dans chacun des dix mots en en formant un nouveau. Reportez-la à droite pour trouver le vrai nom de famille de Woody Allen, acteur, réalisateur et scénariste américain né ce jour en 1935.

K	L	I	P	P	E	S	
S	A	O	U	L	E	S	
M	A	N	I	L	L	E	
G	R	A	V	I	E	R	
R	E	S	I	G	N	E	
S	A	U	T	A	N	T	
B	L	A	T	T	E	S	
P	E	I	N	A	R	D	
P	R	E	N	D	R	E	
T	I	G	R	E	E	S	

À l'école

Une étudiante en médecine est interrogée par le professeur :

– Qu'est-ce qui provoque la transpiration ?

– Vos questions, monsieur, répond-elle.

La contrepèterie de la semaine

Les homos aiment la Grèce historique et parlent volontiers de Rome en période d'élection.

Décembre
Jeudi
2

Viviane

CE JOUR-LÀ

En 1851 a lieu le coup d'État de Louis Napoléon Bonaparte. Alors qu'il est président de la République, il dissout l'Assemblée et instaure un régime autoritaire.

Proverbe italien

Pas de plaisanterie plus blessante que celle qui s'appuie sur une vérité.

LES DIFFÉRENCES

Combien y a-t-il de différences entre ces deux grilles ? Entourez-les sur celle de droite.

SANDWICH

Le 2 décembre 1918, Edmond Rostand, auteur de Cyrano de Bergerac *et de* l'Aiglon, *est emporté par la grippe espagnole à l'âge de 50 ans. Dans la grille, complétez les mots verticaux de cinq lettres (pluriels autorisés, conjugaisons interdites ; l'un des termes apparaît à deux reprises). Plusieurs solutions sont possibles parfois, mais une seule vous permettra de retrouver une citation de ce poète et dramaturge français.*

E	D	M	O	N	D	R	O	S	T	A	N	D	A	U	T	E	U	R	D	E	C	H	A	N	T	E	C	L	E	R	E	T	L	E	P	O	E	T	E
C	I	E	R	I	J	O	B	T	R	V	A	E	R	S	O	C	L	I	I	L	O	A	R	E	R	N	O	I	N	U	N	O	A	N	H	R	P	R	S
A	S	S	E	C	N	E	A	L	I	I	S	I	M	E	A	O	M	E	A	V	P	E	U	V	N	U	T	U	E	N	U	L	I	E	S	E	T	P	A
T	E	E	S	E	N	S	T	E	E	L	E	R	E	E	L	S	A	E	N	E	S	S	E	E	C	I	E	E	R	E	I	E	N	U	E	T	E	E	I

Décembre
Vendredi
3

Xavier

LES MOTS DE L'IMAGE

Trouvez au moins vingt et un mots commençant par CHA et dont l'illustration ou l'idée figurent dans l'illustration.

Le saviez-vous ?

Sanhérib, roi d'Assyrie, était très fier de son avenue de parade. Construite vers 700 av. J.-C., elle était à peu près six fois plus large que nos routes à trois voies, entièrement pavée et bordée de piliers majestueux. Pour en préserver la noblesse, le roi décréta, lorsqu'elle fut achevée, que quiconque bâtirait un balcon en surplomb serait empalé au pinacle de son propre toit.

Problème de courrier

Un petit garçon rend visite au Père Noël du grand magasin, qui lui demande :

– Qu'est-ce que tu veux pour Noël ?

L'enfant éclate en sanglots :

– Oh non ! Vous avez pas reçu ma lettre !

CE JOUR-LÀ

En 1967 a lieu la première transplantation cardiaque du monde. Elle est réalisée en Afrique du Sud, au Cap, par le professeur Christiaan Barnard sur un homme de 55 ans, qui mourra quelques jours plus tard des suites d'une infection.

Allô, docteur ?

Un couple consulte un psychiatre :

– Docteur, ma femme se prend pour une perceuse électrique depuis plus de six mois, explique le mari.

– Pourquoi ne pas l'avoir amenée plus tôt ?

– Le voisin me l'avait empruntée et j'ai dû attendre qu'il me la rende !

Évocation

Deux vieilles paysannes sont en train de ramasser des pommes de terre. L'une d'elles saisit deux grosses patates pleines de terre et dit :

– Vingt dieux, elles sont comme les testicules de mon Victor !

– Aussi grosses ?

– Non, aussi sales !

Décembre
Samedi
4

Barbara

Deuxième décan du Sagittaire

FILMOGRAPHIE — La banque

Ce jour de 1928, on arrête Marthe Hanau, directrice de banque impliquée dans un scandale financier. Trouvez le titre de cinq films traitant du thème de la banque.

1. L'histoire de Marthe Hanau, interprétée par Romy Schneider (1980).

2. Charles Vanel, banquier en fuite avec Belmondo en garde du corps (1963).

3. Al Pacino braque une banque et passe une bien mauvaise journée (1975).

4. Lacenaire attaque un encaisseur dans ce grand classique (1945).

5. Un criminel attaque la Réserve américaine. Mais James Bond veille (1965).

SYLLABUS

En prenant dans chacun des trois mots une syllabe située à une place différente, trouvez trois titres de dessins animés.

QUADRILLER
CHAMELON
CENTAINE

FANFARON
HORTENSIA
INSTABLE

MALABAR
AVOCAT
RAGONDIN

CE JOUR-LÀ

En 1917, la Finlande proclame son indépendance et se détache de la Russie.

La perle de la semaine

Dans le monde, il n'y a que la France qui n'est pas un pays étranger.

Frimeur

Jésus marche sur l'eau tandis que saint Pierre nage à côté de lui. Ce dernier lui dit :

– T'es bête, elle est bonne !

Toto

Tu connais l'histoire de Toto aux toilettes ?

Non ? C'est normal : il a fermé la porte à clé.

Décembre
Dimanche
5

Gérald

JEU DE LOGIQUE

1. Si, dans tous les cinémas où l'on passe *Harry Potter* et *Spiderman*, on ne diffuse pas *Shrek* ; si, dans tous les cinémas où l'on passe *Spider-Man* et où l'on ne diffuse pas *Shrek*, on propose *Harry Potter* ; et si, dans tous les cinémas où l'on diffuse *Harry Potter* et *Shrek*, on passe également *Spider-Man*, est-il possible de trouver un cinéma où l'on diffuse *Harry Potter* sans que n'y soient proposés ni *Spider-Man* ni *Shrek* ?

2. Un enfant joue à un jeu de grattage où il a une chance sur quatre de gagner une place pour aller voir *Harry Potter* au cinéma. Combien de billets doit-il gratter pour avoir au moins trois chances sur quatre de décrocher un billet pour les aventures du jeune sorcier ?

LE PERSONNAGE CÉLÈBRE

En répondant aux définitions suivantes, retrouvez dans les colonnes vertes le nom et le prénom d'une comédienne française, également écrivain et scénariste, née le 5 décembre 1914 et morte le 26 août 2000.

1. Patrie de Napoléon. **2.** Taillé pour faire du mal ou pour faire bien. **3.** Poison violent. **4.** Jugement dernier. **5.** Taux d'écoute. **6.** Modèle à suivre.

1							
2							
3							
4							
5							
6							

Mot d'enfant

Léo, 5 ans, accompagne ses parents à une exposition des plus grandes œuvres de Picasso. Le voyant s'approcher d'un tableau, son père le met en garde :

– Ne touche pas à la toile !

– Pourquoi, c'est pas sec ? répond le petit garçon.

Les bourdes de
George W. Bush

Cet argent est le vôtre. Vous avez payé pour l'avoir.

CE JOUR-LÀ

En 1791, Mozart meurt à Vienne à l'âge de 35 ans. Cela au moment où la Flûte enchantée, composée et présentée dans l'année, allait lui apporter la gloire qu'il n'avait jamais connue.

Décembre
Lundi
6

Nicolas

SUDOKU

5	1		2			6		
				4		3		7
8			6					
						8	9	
2	7			8			3	4
	5	8						
					2			6
6		2		1				
		1			4		8	9

CE JOUR-LÀ

En 1986, à Paris, au cours des manifestations contre la loi Devaquet, Malik Oussekine, 22 ans, trouve la mort après avoir été brutalisé par la police. La loi sera retirée peu après.

Faire-part

Au bureau :

– Notre chef est mort et c'est bien triste. Mais qui est l'autre personne décédée ?

– L'autre personne ?

– Ben oui. Sur le faire-part, il est écrit : « Avec lui disparaît notre meilleur collaborateur. »

SUDOKU

		3	2					
			4				8	9
4							2	
		9		6	1			4
		7				9		
2			9	4		5		
	9							3
1	7				8			
					6	4		

Zoom saveur

L'ANANAS VICTORIA

Oubliez tout ce que vous croyiez savoir sur l'ananas : l'ananas Victoria est plus doux, plus goûteux, plus parfumé, plus tendre… Bref, il est meilleur.

Importé par avion, généralement de La Réunion, l'ananas Victoria est bien plus petit que son grand frère mais contient quasiment autant de chair, car son cœur n'est pas ligneux. Il donne donc bien moins de déchets. La saveur sucrée et finement acidulée de sa pulpe fait merveille dans les desserts, mais aussi, poêlée, pour accompagner un rôti de porc ou un poisson grillé.

Idée gourmande. *L'ananas contient une enzyme qui empêche la gélatine de prendre. Ne vous avisez donc pas de vouloir en faire des aspics sucrés…*

Le bon exemple

George W. Bush fait le tour des écoles primaires afin de rencontrer les futurs électeurs. Il entre dans une classe au moment où l'institutrice est en train d'expliquer aux enfants le sens du mot tragédie. L'institutrice se tourne alors vers lui et lui propose de diriger la discussion.

Le président demande aux jeunes élèves de lui trouver des exemples illustrant le sens du terme qu'ils viennent d'apprendre.

Un petit garçon se lève et dit :

– Si mon meilleur ami jouait tranquillement dans la rue et qu'une voiture le renversait, ce serait une tragédie.

Bush secoue tristement la tête :

– Non, mon petit… Ce serait un accident !

Un léger silence s'installe dans la classe. Le président insiste :

– Qui veut proposer autre chose ?

Une petite fille se lève à son tour :

– Si un bus scolaire transportant cinquante élèves tombait dans un ravin et que tout le monde mourait, ce serait une tragédie !

Bush secoue la tête à nouveau :

– Non, ce serait une grosse perte pour le monde…

Cette fois, c'est un lourd silence qui tombe sur le groupe. Bush s'impatiente :

– Allons, les enfants ! Il n'y a personne pour me donner un exemple sérieux de tragédie ?

Alors, le petit Tony se lève au fin fond de la classe :

– Si Air Force One était frappé par un missile et pulvérisé en plein ciel alors qu'il transporte M. et Mme Bush, ça ce serait une tragédie !

– Fantastique ! s'écrie le président, dont le visage s'éclaire. Voilà une superbe illustration du mot tragédie ! Et peux-tu expliquer à tes petits camarades la raison pour laquelle ce serait une tragédie ?

– Parce que ce ne serait ni un accident ni une grosse perte pour le monde !

Décembre
Mardi
7

Ambroise

Déducto

La Métropole des bénis

Le Village des damnés
(Wolf Rilla, 1960)

Nos amies les bêtes

Deux chiens discutent.
L'un demande à l'autre :

– C'est quoi ton nom ?

– C'est Ché.

– Ché ? C'est plutôt bizarre…

– Je ne sais pas. Mon maître me dit tout le temps « Va, cher Ché ! »

CE JOUR-LÀ

En 1941, l'aviation japonaise attaque la flotte de guerre américaine basée à Pearl Harbor, dans les îles Hawaii, sans déclaration de guerre préalable. Les États-Unis s'engageront dans le conflit dès le lendemain.

LE VERTICALETTRES

En répondant aux définitions, retrouvez verticalement le nom d'un écrivain polonais de langue anglaise né le 7 décembre 1857 et mort le 3 août 1924, dont plusieurs livres sont consacrés à la mer.

1. Dans ce roman, un officier de marine lâche décide de se racheter en luttant contre un dictateur en Malaisie. **2.** Poétesse polonaise prix Nobel de littérature en 1996. **3.** Contemporain du personnage mystère, il a écrit Chantecler. **4.** *Au cœur des …* inspira *Apocalypse Now*. **5.** Le réalisateur de ce dernier film. **6.** Écrivain japonais du *Marin rejeté par la mer*. **7.** Ville polonaise où l'écrivain mystère, orphelin, a passé son enfance. **8.** Un contemporain à la recherche du temps perdu. **9.** Auteur de *Querelle de Brest*. **10.** Homme politique et écrivain né en 1862, auteur des *Déracinés*. **11.** *La Folie …* est le premier roman du personnage mystère. **12.** Œuvre majeure d'Herman Melville.

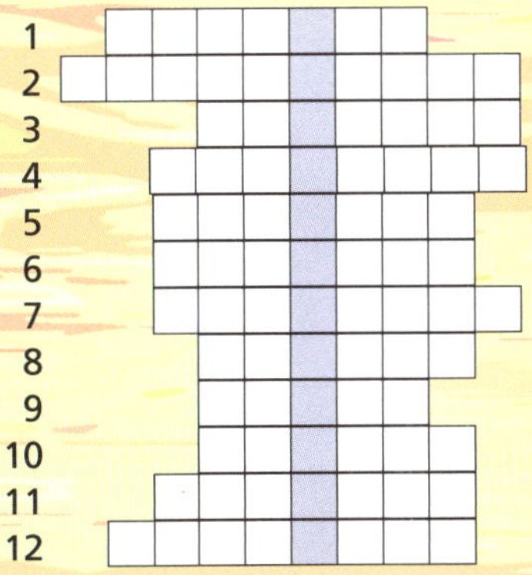

QUIZ Jean Eugène Robert-Houdin

Jean Eugène Robert-Houdin, né le 7 décembre 1805 et mort le 13 juin 1871, était un inventeur, un producteur de spectacles, mais ce fut aussi le plus grand magicien français de son temps.

1. *Robert-Houdin a déposé plusieurs brevets et perfectionné une invention d'utilité publique. Laquelle ?*
A. Le four électrique.
B. L'ampoule électrique à incandescence.
C. Le fer à repasser électrique.

2. *Il a créé des automates dont l'un fut le clou de l'Exposition nationale de 1844. Lequel ?*
A. Le joueur d'échecs.
B. Le danseur de menuet.
C. L'écrivain dessinateur.

3. *Après quel événement douloureux Robert-Houdin entame-t-il sa carrière de prestidigitateur ?*
A. Après la mort de sa première femme.
B. Après la faillite de son magasin d'automates.
C. Après le vol d'une de ses inventions.

4. *Le 3 juillet 1845 a lieu la première des « Soirées fantastiques » de Robert-Houdin. Où se déroule-t-elle ?*
A. Rue de Valois, au Palais-Royal.
B. Au Moulin-Rouge, à Montmartre.
C. Au Théâtre du Gymnase.

5. *Après avoir fait fortune, Robert-Houdin part s'installer en province. Où se trouve son domaine ?*
A. À Orléans. **B.** À Blois. **C.** À Tours.

6. *En 1888, le théâtre de Robert-Houdin est vendu par ses héritiers à un illusionniste de talent. De qui s'agit-il ?*
A. Marius Cazeneuve. **B.** Bellachini. **C.** Georges Méliès.

7. *Un certain Erich Weiss connaîtra une renommée internationale sous le nom de Harry Houdini, un pseudonyme adopté en hommage à Robert-Houdin. Quelle était sa nationalité ?*
A. Française. **B.** Anglaise. **C.** Américaine.

8. *Robert-Houdin a écrit de nombreux ouvrages sur son art. Parmi ces titres, lequel n'est pas de lui ?*
A. *Confidences d'un prestidigitateur.*
B. *Les Illusionnistes et leurs secrets.*
C. *Comment on devient sorcier. Les secrets de la prestidigitation et de la magie.*

9. *En 1856, des troubles sont fomentés dans les colonies françaises par des sorciers influents et Robert-Houdin est chargé de les mystifier pour prouver la supériorité des « sorciers blancs ». Qui sont ces hommes ?*
A. Des marabouts algériens.
B. Des sorciers bambaras.
C. Des hommes-esprits kanaks.

Décembre
Mercredi
8

Immaculée Conception

LE PERSONNAGE CÉLÈBRE

En répondant aux définitions suivantes, retrouvez dans les colonnes vertes le nom d'un auteur dramatique français, né le 8 décembre 1862 et mort le 5 juin 1921, qui a porté à son apogée le genre du vaudeville.

1. Petit crochet. **2.** Ça ne vaut rien. **3.** Sujet d'expérience. **4.** Nymphe des bois et forêts. **5.** Repas de fête. **6.** Nom de plume de Gérard Labrunie. **7.** Sollicitation faite avec force.

1						
2						
3						
4						
5						
6						
7						

ANATITRES

Après avoir découvert le personnage célèbre de ce jour, retrouvez le titre de six de ses pièces de théâtre. La structure de la réponse vous est donnée.

1. Son chéri s'amuse.
_ _ _ _ _ _ _ _ _   _ _ _ _ _ _ _.

2. Léa fait un plat.
_ _   _ _ _   _   _ _
_ _ _ _ _ _.

3. Loin de N.-D.
_ _   _ _ _ _ _ _ _.

4. La poule, elle cria !
_'_   _ _ _ _   _
_ _ _ _ _ _ _ _ _.

5. Écoute-moi, placide.
_ _ _ _ _ _-_ _ _
_'_ _ _ _ _ _ _.

6. Bouger en BEP.
_ _   _ _ _ _ _   _ _ _ _.

CE JOUR-LÀ

En 1554, Ambroise Paré reçoit le titre de docteur en chirurgie. Ayant servi quatre rois de France, il est considéré comme le père de la chirurgie moderne.

Choix difficile

Dieu dit à Adam :

– J'ai une bonne et une mauvaise nouvelle pour toi, Adam ! D'abord la bonne : je vais te donner un sexe et un cerveau. Comme ça, tu pourras ressentir du plaisir et raisonner.

– Et la mauvaise nouvelle ?

– À cause de ta pression sanguine, tu ne pourras faire fonctionner qu'un des deux organes à la fois.

La contrepèterie de la semaine

Je ne pourrai vous masser qu'une fois entre les fêtes !

La logique de
Lao-tseu

Celui qui a inventé le bateau a inventé le naufrage.

Décembre
Jeudi
9

Pierre Fourier

CE JOUR-LÀ

En 1905, la loi sur la séparation de l'Église et de l'État est votée. Elle reconnaît le libre exercice des cultes et le désengagement de l'État des questions religieuses.

LE PERSONNAGE DU JOUR

Découvrez le nom d'un poète anglais grâce aux indices suivants, que vous lirez l'un après l'autre.

1 Je suis né le 9 décembre 1608 à Londres. Très jeune déjà, je sens vibrer en moi la vocation religieuse.

2 Mais mon désir de devenir poète s'affirme avec plus de force encore. Je commence à écrire à l'âge de 10 ans et travaille à devenir un érudit.

3 Au cours d'un long voyage qui me conduit notamment en France et en Italie, je rencontre Galilée, dont la condamnation me fait mesurer mon attachement aux libertés religieuses de mon pays.

4 Soucieux de politique, j'écris des pamphlets sur l'éducation ou contre la censure. Je défends la législation et la moralité du divorce, ce qui fait scandale à l'époque !

5 Après la restauration des Stuarts, je suis arrêté et emprisonné à la Tour de Londres.

6 Atteint de cécité, je dois dicter plusieurs de mes œuvres, dont la plus connue, *le Paradis perdu*, est publiée en 1667.

ESCALETTRES

En ajoutant une lettre à chaque étape et en permutant l'ordre des lettres, trouvez le nom de l'union des syndicats polonais, présidée par Lech Walesa de 1981 à 1990, année au cours de laquelle il remporta l'élection présidentielle (attention : deux mots sont des conjugaisons).

O S
+ L _ _ _
+ O _ _ _ _
+ C _ _ _ _ _
+ N _ _ _ _ _ _
+ S _ _ _ _ _ _ _
+ I _ _ _ _ _ _ _ _
+ A _ _ _ _ _ _ _ _ _
+ D _ _ _ _ _ _ _ _ _ _
+ R _ _ _ _ _ _ _ _ _ _ _

Proverbe chinois

Il n'est de vent favorable qu'à celui qui sait où il va.

Décembre
Vendredi
10

Romaric

JEU DE LOGIQUE

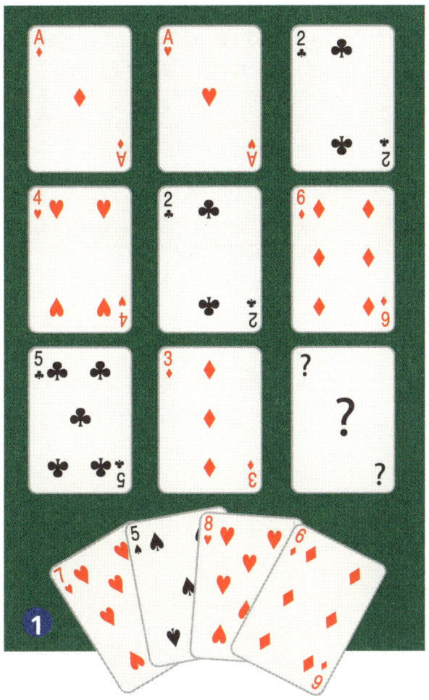

Quelle carte manque dans chaque série ?

Le saviez-vous ?

C'est un Suédois qui possède les moustaches les plus longues jamais répertoriées : en 1989, elles mesuraient 2,86 m.

Quant au record de la barbe la plus longue, il est détenu par un Norvégien : elle atteignait 5,33 m à sa mort, en 1927.

CE JOUR-LÀ

En 1936, Édouard VIII, roi d'Angleterre et d'Irlande du Nord, renonce au trône par amour pour Wallis Simpson, une Américaine divorcée.

SUDOKU

		1	4		2			
							8	3
	8			1			7	2
		5			9			
	4	2				9	6	
			8			7		
9	6			7			2	
1	5							
			6		1	8		

MARIONS-LES

Le 10 décembre 1926, Aristide Briand reçoit le prix Nobel de la paix. Saurez-vous apparier ces nobélisés à leur prix ?

Pierre et Marie Curie **A**
Irène et Frédéric Joliot-Curie **B**
Robert Koch **C**
Jean-Paul Sartre (qui le refusa) **D**
Henri Dunant **E**
Alexander Fleming **F**
Boris Pasternak (qui fut contraint par les dirigeants soviétiques à le refuser) **G**
Martin Luther King **H**
James Tobin **I**
Jimmy Carter **J**

1 Médecine (1905)
2 Paix (1901)
3 Paix (1964)
4 Physique (1903)
5 Littérature (1964)
6 Littérature (1958)
7 Chimie (1935)
8 Paix (2002)
9 Économie (1981)
10 Médecine (1945)

Décembre
Samedi 11

Daniel

CE JOUR-LÀ

En 1946, l'ONU crée l'Unicef, Fonds des Nations unies pour l'enfance, qui œuvre plus particulièrement dans les pays en développement. L'Unicef se verra attribuer le prix Nobel de la paix en 1965.

LE PERSONNAGE CÉLÈBRE

En répondant aux définitions suivantes, retrouvez dans les colonnes bleues le nom d'un chanteur né le 11 décembre 1938, qui a apporté son soutien à la candidature de Nicolas Sarkozy lors de l'élection présidentielle de 2007.

1 2 3 4 5 6

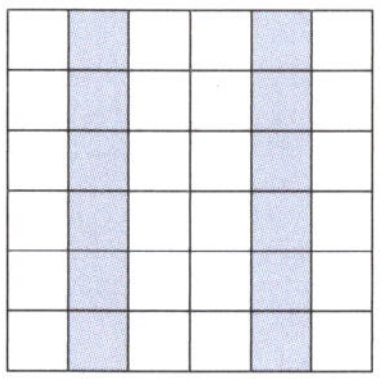

1. Ouvre les portes du merveilleux. **2.** Fruit exotique. **3.** Titre de conte. **4.** Irréel. **5.** Décortiquas des noix. **6.** Jeune matelot.

La perle de la semaine

La mer des Caraïbes baigne les lentilles françaises.

JEU DE LOGIQUE

Jeanne et Marie n'ont pas les mêmes goûts. Pour les tasses, par exemple, l'une a une tasse bleue, l'autre non, l'une a une tasse avec soucoupe, l'autre non, l'une a une tasse de forme plutôt carrée, l'autre en a une de forme plutôt ronde, l'une a une tasse décorée d'une fleur, l'autre non. Trouvez leurs deux tasses.

Décembre
Dimanche 12

Chantal

Mot d'enfant

Damien, 6 ans, vient d'emménager avec ses parents. Une voisine lui demande :

– Alors, elle est bien, ta nouvelle maison ?

– Oh, oui ! Maintenant j'ai une chambre pour moi tout seul et ma sœur aussi. Il n'y a que papa qui n'a pas de chance.

– Ah bon ? Pourquoi ?

– Lui, il est encore dans la même chambre que maman.

LE CRÉNEAU

En répondant à ces définitions, retrouvez sur le créneau le nom d'un réalisateur portugais né le 11 décembre 1908.

1 2 3 4 5 6 7 8

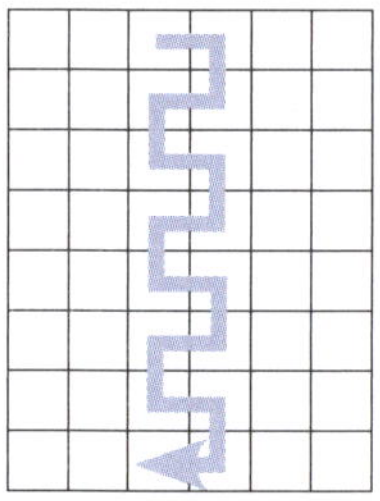

1. Film dans sa nouvelle version. **2.** Produire une copie. **3.** Vieux son de cloche. **4.** Tout nouveau. **5.** Elles ont leurs fans. **6.** Débutant. **7.** Elle se fait une toile dans le jardin. **8.** Marques d'estime.

CE JOUR-LÀ

En 1999, l'Erika, pétrolier maltais affrété par la société TotalFina, fait naufrage au large du Finistère. Les 10 000 tonnes de pétrole qui s'échappent de sa coque brisée en deux vont souiller les côtes jusqu'à la Charente-Maritime.

Amour toujours

Discussion entre copines :

– Mon mari et moi, on ne s'est jamais disputés sur quoi que ce soit. Si par hasard on n'est pas d'accord sur quelque chose et que j'ai raison, mon mari accepte mon point de vue.

– Mais si c'est lui qui a raison ?

– Ce n'est pas encore arrivé…

Les Belges

Un Belge se promène à Paris par une nuit d'été. Perdu, il demande à un passant :

– Pardon, monsieur, où se trouve l'autre côté de la rue ?

Le passant, pointant le doigt vers l'autre trottoir, dit :

– Ben, en face !

– Je ne comprends pas : j'y étais tout à l'heure, et on m'a dit que c'était ici.

Tête-à-tête

Un jeune homme annonce à sa petite amie :

– On va pouvoir passer un très bon moment ce soir, j'ai pris trois places pour le théâtre !

– Mais on n'a pas besoin de trois places. Deux suffisent, non ?

– Mais non ! Une place pour ton père, une pour ta mère et une pour ta petite sœur !

Décembre
Lundi
13

Lucie

MOTS CROISÉS

	1	2	3	4	5	6	7	8	9	10	11	12	13	14
I							■						■	
II					■						■			
III				■										
IV					■			■		■			■	
V														
VI			■			■			■					■
VII							■							
VIII	■		■										■	
IX											■			

Horizontalement
I. Ville qui capitule devant l'armée de Napoléon en décembre 1808 ; peintre français né pendant la campagne d'Italie napoléonienne. **II.** Chant ; ville près de laquelle s'installa Napoléon pendant ses négociations avec l'Autriche ; toujours plus. **III.** A fait l'objet d'un impôt ; tableau de Goya évoquant la fusillade de prisonniers espagnols à la suite de leur révolte contre l'occupant français. **IV.** Maison de cochon ; article espagnol ; fait la haie. **V.** Constatée à fleur de peau. **VI.** Petite vengeance ; métal cher ; bouts de nibar ; université du Connecticut. **VII.** Rendue amère par les défaites ; guerre qui opposa l'Espagne aux Portugais en 1801 à la suite du refus de ces derniers de s'allier à Napoléon. **VIII.** Fit acte de guerre. **IX.** Privées de leur couche protectrice ; celui d'Espagne abdiqua au profit du frère de l'empereur, Joseph.

Verticalement
1. Maréchal d'Empire qui mena l'invasion du Portugal pendant la guerre d'Espagne en 1810. **2.** Plein d'interstices. **3.** Pas pur. **4.** Vieux chauffage ; bouclier végétal. **5.** Mît de l'ordre. **6.** Graveur et mathématicien allemand ; grecque. **7.** Acteur français ; au soleil ascendant. **8.** Pas trans ; parachuté. **9.** Petit grain ; Bonaparte ou maréchaux à Paris. **10.** Crie son désir ; coulent en Arabie saoudite. **11.** Faisant semblant. **12.** Sous l'Empire, l'Espagne vassale de Napoléon y perdit sa flotte. **13.** Vin de Champagne ; général. **14.** Donne un ordre ; moyen de descente rapide.

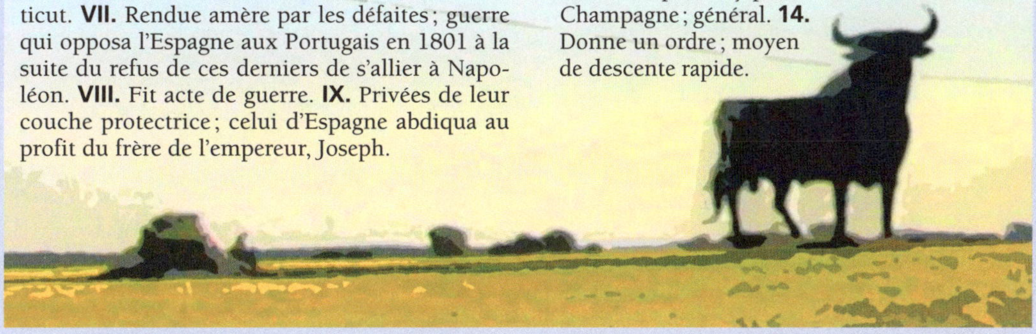

CE JOUR-LÀ

En 1972, les astronautes d'Apollo 17, dernière mission humaine sur la Lune, déposent sur notre satellite une plaque portant un message de paix.

Problème de planning

Un Soviétique a économisé rouble après rouble, année après année, pour s'acheter une voiture. Un beau jour, ça y est : il a assez d'argent ! Il se rend au magasin d'État et commande une Lada. On lui répond qu'elle lui sera livrée dans dix ans. Alors il demande :

– Le matin ou l'après-midi ?

– Qu'est-ce que ça peut vous faire ? C'est suffisamment loin pour que ce ne soit pas important…

Alors le client :

– C'est que j'aurai le plombier dans l'après-midi !

Procrastination

Un Corse dit à son vieux père :

– Demain je pars travailler sur le continent.

– Tu verras, mon fils, là-bas, il y a de l'argent partout : il suffit de se baisser pour le ramasser.

Le lendemain, le fils prend le bateau pour Marseille. Il débarque et aperçoit sur un trottoir un billet de 500 euros. Alors il se dit :

– Oh, et puis non, je commencerai demain…

Zoom saveur

LA POMME DE TERRE

À la fois légume et féculent, la pomme de terre a encore beaucoup à nous donner. Découvrez notamment ses variétés méconnues (bonnotte de Noirmoutier, vitelotte violette…).

Tout le monde connaît le nom de Parmentier, mais qui se souvient aujourd'hui du stratagème auquel il eut recours pour faire apprécier les pommes de terre en France ? Il en fit planter dans les champs royaux, qu'il fit garder ostensiblement, mais seulement le jour… afin de provoquer des larcins nocturnes !

Idée gourmande. *Cuisez des bintjes avec la peau sur un lit de gros sel, juste nappées d'huile d'olive et d'herbes de Provence, 1 h 30 au four à 160 °C (th. 5/6).*

Décembre
Mardi
14

Odile

Troisième décan du Sagittaire

QUIZ Françoise Verny

Monstre sacré de l'édition française et sacré monstre dans la vie, Françoise Verny, née le 20 novembre 1928 et morte le 14 décembre 2004, fut un esprit brillant, bien représentatif des mœurs, souvent cruelles, du monde de la littérature.

1. *Elle était normalienne et agrégée :*
A. De littérature. **B.** De philosophie. **C.** De grammaire.

2. *Lors de son premier contrat, chez Grasset en 1964, elle lance un jeune philosophe. Lequel ?*
A. Bernard-Henri Lévy. **B.** Alain Minc. **C.** André Glucksman.

3. *En 1982, elle quitte Grasset et passe chez :*
A. Gallimard. **B.** Flammarion. **C.** Le Seuil.

4. *Son livre de souvenirs professionnels s'intitule :*
A. *À tous les râteliers.* **B.** *Mes auteurs, mon éditeur et moi.*
C. *Le Plus Beau Métier du monde.*

5. *Elle défend ardemment l'un de ses auteurs pour un livre à scandale :*
A. Sade, pour la première édition complète des *120 Journées de Sodome.*
B. Gabriel Matzneff, pour *les Moins de seize ans.*
C. Cyril Collard, pour *les Nuits fauves.*

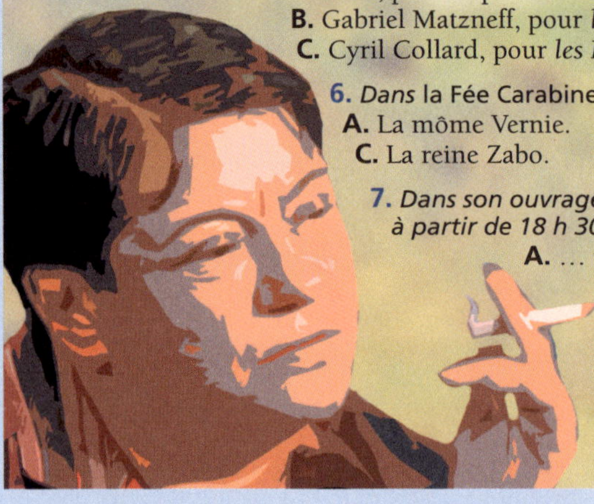

6. *Dans* la Fée Carabine, *Daniel Pennac la pastiche sous les traits de :*
A. La môme Vernie. **B.** La papesse Bibine.
C. La reine Zabo.

7. *Dans son ouvrage* Dieu n'a pas fait la mort, *elle écrit : « J'absorbe à partir de 18 h 30…*
A. … plusieurs versets de la Bible pris au hasard. »
B. … des pages et des pages de manuscrits. »
C. … plusieurs verres de whisky. »

8. *À ses débuts, elle avait travaillé comme journaliste à :*
A. *Libération.* **B.** *L'Écho de la mode.*
C. *Hara-Kiri.*

SUPERPOSITIONS

Quels fragments numérotés peuvent se superposer à la grille A ? Les pièces seront prises telles quelles, sans être tournées.

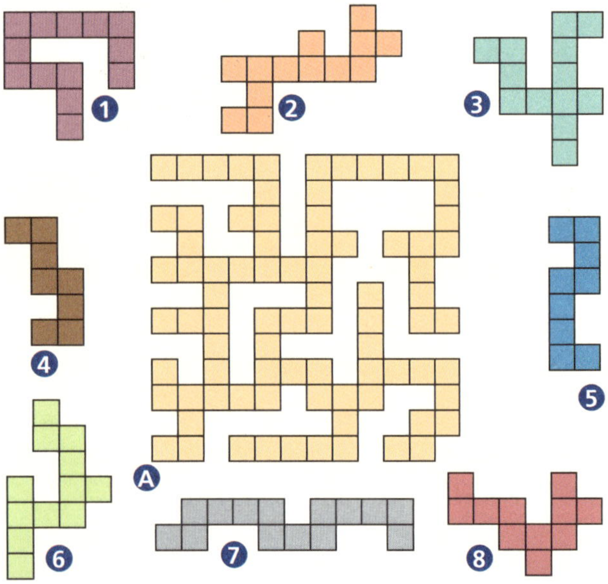

CE JOUR-LÀ

En 1911, l'explorateur norvégien Roald Amundsen est le premier homme à atteindre le pôle Sud.

Déducto

Personne en coulisse

(Vincente Minnelli, 1953)
Tous en scène

Vieillissement

Un charmant bambin feuillette avec sa maman l'album de photos de famille. Soudain, il demande à sa mère :

– Maman, qui c'est le beau jeune homme en maillot qui est avec toi sur la plage ?

– C'est ton papa, mon chéri, lui répond sa mère.

– C'est papa ? Mais alors, qui c'est le vieux bonhomme chauve qui vit à la maison ?

Les Belges

Assisté par un pilote de ligne expérimenté, un jeune pilote belge arrive au terme de son premier vol commercial. Il termine son approche sur la piste d'un aéroport qu'il ne connaît pas, et le vieux « loup des airs » lui dit :

– Fiston, cet aéroport, je le connais bien, j'y ai perdu plusieurs copains. À croire qu'ils ont voulu économiser le bitume. Leur foutue piste n'est pas franchement longue, alors pose-toi assez tôt…

Ruisselant de sueur, le jeune se cramponne aux commandes. Les roues touchent le sol à la limite de l'herbe, le pilote inverse les réacteurs, écrase les freins… Les pneus fument, et l'avion s'arrête à moins de 1 cm de la fin de la piste ! Le pilote se détend brusquement :

– J'y suis arrivé ! Nom d'un chien, j'y suis arrivé ! Je n'en reviens pas… C'est vrai qu'elle est courte cette piste… Mais alors, qu'est-ce qu'elle est large !

Devinette

Comment reconnaît-on une moto anglaise ?

Le guidon est à droite.

Allô, docteur ?

– Docteur, j'ai des trous de mémoire, que dois-je faire ?

– Me payer d'avance, madame !

Décembre
Mercredi
15

Ninon

CE JOUR-LÀ

En 1809, Napoléon divorce de Joséphine, qu'il a répudiée car elle ne lui a pas donné d'héritier.

Attrapés

Trois étudiants doivent passer un examen un lundi matin. Sûrs de leurs connaissances, ils décident de faire la fête la veille. N'ayant pu se réveiller à temps, ils vont voir leur professeur pour s'excuser et lui demandent s'ils peuvent repasser l'examen le lendemain en expliquant qu'ils ont crevé en chemin.

Le professeur accepte et, le lendemain, il répartit les trois étudiants dans des salles différentes. Il leur distribue le sujet d'examen. Le premier problème, sur 5 points, est rapidement et facilement traité par ces brillants éléments.

En tournant la page, ils découvrent alors le second problème, noté sur 95 points : quel pneu a crevé ?

LE VERTICALETTRES

En répondant aux définitions, retrouvez verticalement le nom d'un grand chef indien abattu avec son fils Crow Foot (Pied de corbeau) le 15 décembre 1890, au cours de son arrestation par la police.

1. Ouest américain. **2.** Indiens d'Amérique du Nord, dont une tribu, les Hunkpapa, était dirigée par le personnage à découvrir. **3.** Nom d'un fameux général américain tué par ceux-ci en 1876. **4.** Deux États des États-Unis, l'un du Nord, l'autre du Sud, et autre nom des Indiens à découvrir en deuxième ligne. **5.** Suit Buffalo dans le surnom de William Frederick Cody. **6.** Nom d'un célèbre chef apache. **7.** Couleur de la peau teinte à l'ocre des Indiens pour les cow-boys. **8.** Il faisait un effet bœuf. **9.** Moyen de communication des Indiens. **10.** Teint du visage d'un cow-boy pour un Indien. **11.** Nom d'un fort qui fut un centre de commandement important lors des guerres indiennes.

La contrepèterie de la semaine

J'ai un chalet à Biot.

Décembre
Jeudi
16

Alice

CE JOUR-LÀ

En 2004, le viaduc de Millau est ouvert à la circulation : il présente la pile (245 m), la flèche (343 m) et le tablier routier (270 m) les plus hauts du monde.

Proverbe juif

Ne dis donc pas : « Je verrai quand j'en aurai le loisir. » Qui te dit que tu l'auras ?

JEU D'OBSERVATION

Toutes les figures vont par trois, sauf trois. Lesquelles ?

LE PERSONNAGE CÉLÈBRE

En répondant aux définitions suivantes, retrouvez dans les colonnes roses le nom d'un compositeur allemand né le 16 ou le 17 décembre 1770, qui prépara l'évolution vers le romantisme en musique.

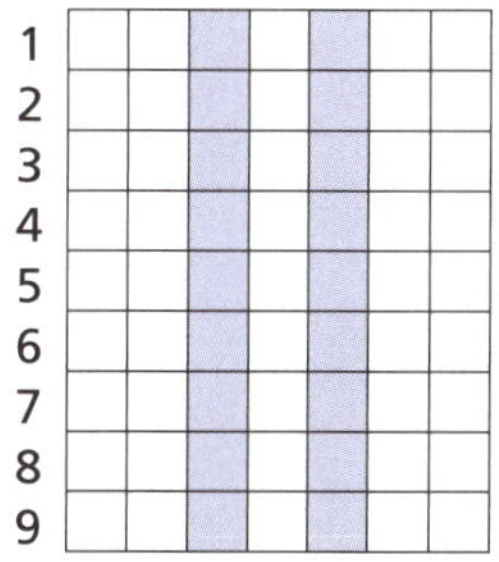

1. Compositeur français prénommé Léo, auteur de *Coppélia* et de *Sylvia*. **2.** Nom d'un célèbre danseur et chorégraphe d'origine soviétique. **3.** Rayonnant de joie. **4.** Galerie de mine. **5.** Tromper au jeu. **6.** Favoris d'Henri III. **7.** Redonner de l'éclat. **8.** Fanfaron. **9.** Bombarde.

Toto

Toto à son père :

– Papa, papa, qu'est-ce qu'un gouvernement ?

Son père :

– C'est comme ta mère : c'est elle qui gouverne la maison.

– Et c'est quoi l'avenir ?

– C'est comme ton p'tit frère : c'est le plus jeune de la famille.

– Alors dis au gouvernement que l'avenir est dans la merde !

Décembre

Vendredi

17

Gaël

MOTS FLÉCHÉS

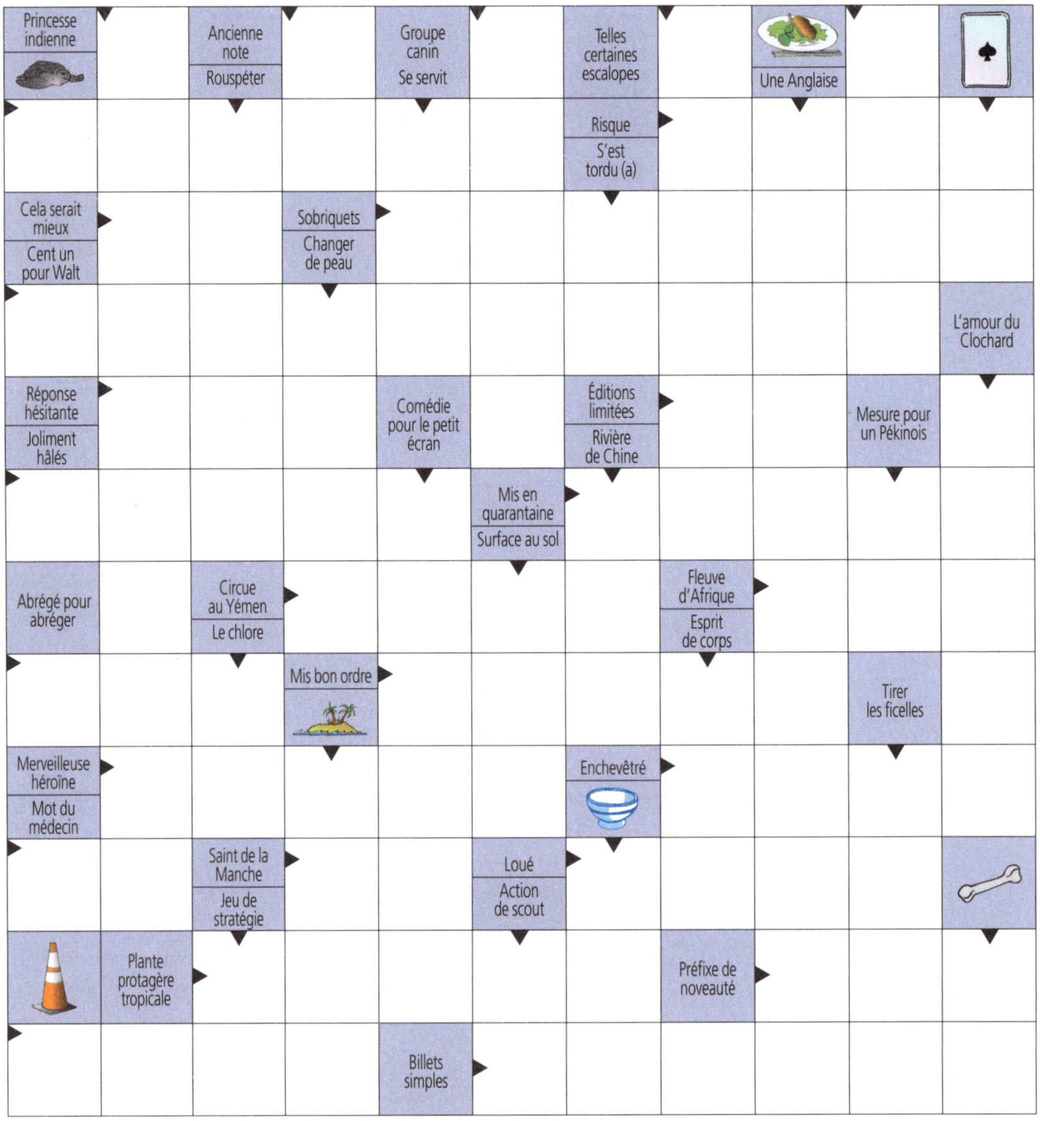

Le saviez-vous ?

Les dauphins peuvent tenir plusieurs conversations à la fois. Ils sifflent et émettent des petits bruits secs qui leur permettent d'envoyer des messages différents. Chaque dauphin a sa façon à lui de siffler, et c'est ainsi que ses congénères l'identifient. Les femelles peuvent aussi paralyser leurs proies en émettant des sons très puissants.

CE JOUR-LÀ

En 1903, en Caroline du Nord, les frères Wright réalisent le premier vol d'un « plus lourd que l'air » muni d'un moteur.

Cassé

Une jeune femme, professeur à l'université, rappelle à ses étudiants que l'examen de mécanique aura lieu le lendemain. Elle leur précise qu'aucune absence ne pourra être tolérée sans motif sérieux, du type accident, maladie grave ou décès d'un proche… Au fond de l'auditoire, un jeune rigolo demande alors :

– Et en cas de très grande fatigue pour activité sexuelle débordante ?

Tout l'auditoire éclate de rire. Quand le silence est enfin rétabli, la prof sourit à l'étudiant et lui répond doucement :

– Dans ce cas, vous écrirez avec l'autre main…

JEU DE LOGIQUE ENFANT

Pouvez-vous retrouver mademoiselle Duchemin ? Elle porte un chapeau, elle n'a pas de lunettes, ses cheveux sont plutôt longs et elle n'est pas blonde.

Décembre
Samedi
18

Gatien

LE VERTICALETTRES

En répondant aux définitions, retrouvez verticalement le nom d'un guitariste né le 18 décembre 1943, qui fut l'un des fondateurs des Rolling Stones.

1. Prénom de Jagger, le chanteur du groupe. **2.** Nom de l'autre guitariste des Rolling Stones. **3.** Mouvement de guitare régulier. **4.** Guitariste qui se détache. **5.** Nom du premier manager des Rolling Stones. **6.** Nom du guitariste qui remplaça Brian de 1969 à 1975. **7.** Le premier grand hit des Rolling Stones, composé au beau milieu d'une nuit de 1965. **8.** Arbre exotique qui a valu une chute à notre guitariste en 2006 ! **9.** Stupéfiant pour notre guitariste. **10.** Nom de Charlie, batteur des Rolling Stones. **11.** Nom de Ian, pianiste considéré comme le « sixième Stone ». **12.** Nom d'un autre guitariste arrivé en 1975, avec lequel l'accord musical fut parfait. **13.** Instrument de Bill Wyman.

CE JOUR-LÀ

En 1865, par le vote du 13e amendement, le Congrès abolit l'esclavage aux États-Unis.

La perle de la semaine

L'eau de mer sert en particulier à remplir les océans.

Les Belges

Un Français rend visite à un de ses amis, belge, à l'occasion de la naissance de son bébé.

– Comme il est beau ! Ça lui fait quel âge ?

– 15 jours, répond le Belge.

– Et comment s'appelle-t-il ?

– Ben ça, on ne sait pas, sais-tu ! Il ne parle pas encore…

Décembre
Dimanche
19

Urbain

QUIZ Antonio Ordoñez

Mort d'un cancer du poumon le 19 décembre 1998 à l'âge de 66 ans, Antonio Ordoñez a été l'un des plus célèbres matadors espagnols contemporains.

1. *Qui a inspiré le personnage du torero Pedro Romero à Hemingway pour* Le soleil se lève aussi *?*
A. Antonio Ordoñez. **B.** Son père. **C.** Son grand-père.

2. *Au cours de sa carrière, Antonio Ordoñez a mis à mort :*
A. Plus de 100 taureaux. **B.** Plus de 1 000. **C.** Plus de 2 000.

3. *Il a dit : « Tous les toreros savent que, dans chaque arène, il y a un mètre carré de terrain où on est sûr de se faire tuer…*
A. … et c'est toujours à l'ombre. »
B. … et c'est celui où est le taureau. »
C. … hélas, aucun ne sait où c'est. »

4. *Il a été l'ami d'Hemingway et d'un grand cinéaste, fan de corrida, qui a voulu que ses cendres reposent en Espagne. Lequel ?*
A. Luis Buñuel.
B. Abel Gance.
C. Orson Welles.

CE JOUR-LÀ

En 1964, les cendres de Jean Moulin sont transférées au Panthéon. C'est l'occasion pour le ministre des Affaires culturelles, André Malraux, de prononcer un vibrant hommage aux résistants.

Malentendu

Un Écossais est coincé dans une cabane au Canada plusieurs mois durant. La Croix-Rouge, informée de la situation, décide d'envoyer des hommes à son secours. Après plusieurs jours, ils trouvent la cabane, dégagent l'entrée et frappent à la porte.

– Qu'est-ce que c'est ?

– La Croix-Rouge !

– On a déjà donné !

Mot d'enfant

Un instituteur demande à ses élèves d'expliquer le sens du mot jaloux.

– Jaloux, c'est par exemple quand papa a la petite sœur dans les bras et qu'on voudrait que c'est nous… s'empresse de répondre Mathis, 4 ans.

Décembre
Lundi
20

Théophile

ANAGRAMMES CROISÉES

Remplissez la grille en reconstituant des mots à partir des lettres proposées : abréviations, conjugaisons et pluriels autorisés. Lorsqu'un astérisque suit un mot de plus de trois lettres, une seule solution est possible. Pour les autres, plusieurs anagrammes sont envisageables, mais une seule permet de terminer la grille. Parmi les noms propres (en gras) à découvrir, certains (dont deux surnoms) sont en lien avec la sitcom **Hélène et les garçons**, *dont le rôle principal était tenu par Hélène Rolles, qui fête aujourd'hui ses cinquante ans.*

	1	2	3	4	5	6	7	8	9	10	11	12	13	14
I								■						
II				■					■		■			
III										■		■		
IV		■				■								■
V	■				■									
VI							■			■			■	
V								■						■
VI			■			■								
VII					■									

Horizontalement
I. **AAHJNNO***; **CCIIRR***. **II.** AOS ; AAER ; **AMO**. **III.** **ABEEINSST***; IN. **IV.** DEI ; CDEEIRT. **V.** CEL ; ACDEENOST. **VI.** ABELLS ; OS ; NU. **VII.** EEEIPRS* ; **ADILN***. **VIII.** NO ; EN ; AAEEMNRS. **IX.** EERT* ; ABEIRSSSS*..

Verticalement
1. **EJOS***; **BEEN***. **2.** EOS ; ACOPT*. **3.** ABEHILL*. **4.** **ADEEILN***. **5.** AENS ; EER. **6.** ENT ; AES. **7.** AEINR ; ARS. **8.** ADEES* ; IR. **9.** **ACILNOS***. **10.** RU ; CD ; **AIM**. **11.** EENNOST. **12.** CM ; DEESTU. **13.** AEIRR ; AEN. **14.** INO ; IS ; **SS**.

Zoom saveur

LA CLÉMENTINE

Issues du croisement d'un mandarinier et d'un bigaradier opéré en 1902 par le père Clémentin, les juteuses clémentines sont dépourvues de pépins. Quoique…

En fait, c'est très simple : les clémentines sont sans pépins car leur pollen n'est pas fécond. Mais il peut arriver que les fleurs d'un clémentinier soient fécondées par le pollen d'un autre agrume (oranger…) : ses fruits contiennent alors quelques pépins.

Idée gourmande.
Pelez à vif les quartiers de quelques clémentines et mélangez-les avec 2 kiwis coupés en tranches. Ajoutez une giclée de rhum, du sucre en grains et des feuilles de menthe. Servez glacé.

CE JOUR-LÀ

En 1582, le calendrier grégorien est adopté en France.

Coupable

Un Russe est envoyé au goulag, où un gardien l'accueille :

– Camarade, tu n'es pas à la fête, ici. D'après ton dossier, tu en as pour cinquante ans. Pour quelle raison ?

– Camarade gardien, j'ai dit que Staline était un crétin.

– Et ça vaut cinquante ans ?

– Ben, dix ans pour insulte envers le Kremlin, dix ans pour insulte envers la mère patrie, quinze ans pour insulte envers Staline et quinze ans pour avoir divulgué un secret d'État.

LA PREUVE PAR 9

Trouvez les cinq mots correspondant aux définitions proposées, formés uniquement avec les lettres ci-dessous.

S – E – N – I – R – P – E – S – C

1. Elles sont voisines des reines-des-prés.
S _ _ _ _ _ _

2. Ancien registre foncier du seigneur.
C _ _ _ _ _ _

3. Vestes de tailleur courtes.
S _ _ _ _ _ _ _

4. Qui parlent avec leur cœur.
S _ _ _ _ _ _ _

5. Cendrillon, par exemple.
P _ _ _ _ _ _ _ _

Prière exaucée

Un explorateur tombe nez à nez avec un lion. Tétanisé, il murmure :

– Mon Dieu, faites que ce lion ait une pensée chrétienne.

Alors le lion :

– Mon Dieu, bénissez ce repas.

Déménagement

Un Écossais rend visite à un voisin et voit qu'il est en train de décoller à grand-peine le papier peint de son salon :

– Tu refais ton salon ?

– Non, je déménage.

Décembre
Mardi
21

Pierre Casinius
Hiver

Dernier jour du Sagittaire

Déducto

Aller vers le paradis

Retour vers l'enfer
(Ted Kotcheff, 1983)

CE JOUR-LÀ

En 1985, Coluche inaugure à Paris le premier « resto du cœur » : 8,5 millions de repas seront servis dans l'hiver.

Signe particulier

Deux types travaillent sur un échafaudage. L'un d'eux, occupé à manier une hache, se coupe accidentellement une oreille, qui tombe. Il crie à son chef, en bas :

– Hé ! Si tu trouves une oreille, c'est la mienne !

Quelques minutes plus tard :

– Est-ce que c'est celle-là ?

– Non, je crois pas. La mienne, il y a un crayon dessus.

MOTS CROISÉS

	1	2	3	4	5	6	7	8	9	10	11	12	13	14
I														
II						■			■					
III										■			■	
IV					■			■						
V		■										■		
VI							■				■			
VII					■									
VIII										■				
IX	■				■						■			

Horizontalement
I. Acteur noir américain né le 21 décembre 1948, tueur philosophe de *Pulp Fiction* en 1994. **II.** Utilisant le droit accordé par Joel Schumacher en 1996 ; au milieu de quoi ; il incarne Lazarus dans *Black ... Moan* en 2007. **III.** Plus d'actualité ; alternative. **IV.** A ses frontières dans *X-Files* ; discounteur ; attire et trompe. **V.** Pédiatre et psychanalyste britannique ; convoité par le terroriste dans *Une journée en enfer* (1995), où notre acteur aide Bruce Willis. **VI.** Riche en protéines ; marque le temps en anglais ; bougés. **VII.** Saga cinématographique d'épouvante avec une cassette maléfique ; il a tourné aussi *Jackie Brown* et *Kill Bill* avec l'acteur mystère. **VIII.** Arme de Milla Jovovich dans *Sans motif apparent* (2002), où notre acteur incarne un policier de bas étage ; machine à communiquer. **IX.** Sans couverture ; prénom du réalisateur Lubitsch ; vaut 117 au cinéma.

Verticalement
1. L'acteur auquel est consacrée la grille a tourné dans trois épisodes de cette saga. **2.** Sert à mesurer ; dont le propriétaire est identifié. **3.** Son rôle dans la saga évoquée au 1. **4.** Qui n'est pas fait pour la traduction. **5.** Temps du bronzage ; venu au monde. **6.** Jeune fille pas incassable. **7.** Reprise du travail pour beaucoup ; de quoi respirer un peu. **8.** Un petit teigneux dans *Lucky Luke* ; décorateur français de Fontainebleau. **9.** Formules de choc pour publicités. **10.** Combinaison simple ; collège anglais fondé en 1440. **11.** Un bon coup qu'il vaut mieux éviter ; la moitié de tout. **12.** Comme un hareng ; peintre espagnol surréaliste. **13.** Accord américain ; rythment le combat. **14.** Administré de Pierre Bérégovoy.

CHARADE

Retrouvez un proverbe… qui peut faire froid dans le dos.

Mon premier est un vrai drame pour une geisha.

Mon deuxième va bien avec lui.

Mon troisième tombe des nues.

Mon quatrième peut être musette.

On peut avoir mon cinquième dans l'œil sans que ça fasse mal.

Mon sixième verse sa part.

Mon septième n'est pas défini.

Mon tout est un proverbe hivernal.

Décembre
Mercredi
22

Françoise-Xavière

Premier jour du capricorne

CHAUSSE-TRA(P)PE(S)

Quelle est l'orthographe correcte des mots suivants ?

1. *Attention, les enfants : que faut-il écrire ?*
A. Des croque-mitaine ?
B. Des croques-mitaines ?
C. Des croquemitaines ?

2. *Denver, le dernier dinosaure, aurait pu avoir pour ami :*
A. Un thricératop.
B. Un tricératops.
C. Un tricératope.

3. *Peut-être connaissez-vous le dessin animé des années 1990* Ferdy la fourmi. *Comment appelle-t-on la famille à laquelle appartient cet animal ?*
A. Les mirmicynés.
B. Les myrmycinés.
C. Les myrmicinés.

La contrepèterie de la semaine

Le vent siffle dans la rue du quai.

JEU DE LOGIQUE

Voici (par ordre alphabétique) Arnaud, Benoît, Claude et Damien, ou, si l'on préfère, messieurs Estier, Fruchot, Gamlan et Halmey.

Trouvez le nom et le prénom de chacun grâce aux indices suivants :

- Benoît est juste devant Gamlan et juste derrière Fruchot.
- Arnaud est juste devant Claude et juste derrière Estier.

CE JOUR-LÀ

En 1894, le capitaine Dreyfus est déclaré coupable d'espionnage au profit de l'Allemagne et condamné à la déportation par un conseil de guerre. Le procès est manipulé par certains membres de l'état-major de l'armée, et le véritable coupable, le capitaine Esterhazy, ne sera démasqué publiquement qu'en 1898. Dreyfus sera enfin réhabilité en 1906.

Décembre
Jeudi
23

Armand

CRYPTOGRAMME

Décodez ce texte pour former deux titres de livres de Barbara Cartland.

A	C	E	G	I	K	M	O	Q	S	U	W	Y	'
B	D	F	H	J	L	N	P	R	T	V	X	Z	

QUÈSACO ?

CE JOUR-LÀ

En 2003, le Queen Mary 2, plus grand paquebot du monde (345 m de long et 3 000 passagers), est livré par les Chantiers de l'Atlantique de Saint-Nazaire.

Les blondes

Deux blondes discutent :

– Ah, là, là ! J'ai encore raté le permis !

– Qu'est-ce qui s'est passé ?

– Je suis arrivée à un rond-point et, comme le panneau indiquait 30, j'ai voulu faire trente fois le tour.

– Et tu t'es trompée dans le nombre de tours ?

Proverbe africain

La langue qui fourche fait plus mal que le pied qui trébuche.

Décembre

Vendredi

24

Adèle

MOTS MÊLÉS

Ava Gardner est née le 24 décembre 1922 en Caroline du Nord. On a dit de la Comtesse aux pieds nus qu'elle était « le plus bel animal du monde »… Rayez dans la grille ces noms de films qu'elle a tournés, d'acteurs, d'actrices et de réalisateurs avec lesquels elle a travaillé. En rassemblant les lettres non biffées, vous trouverez le nom d'un autre artiste qui lui a rendu hommage.

Z	A	G	O	M	F	S	T	E	V	R	T	I	S
C	M	B	D	R	O	S	E	H	E	A	G	N	R
I	M	O	G	N	I	T	E	N	N	G	A	P	R
W	A	Y	E	R	L	O	L	O	S	O	S	O	E
E	N	O	T	Y	L	N	B	A	R	B	P	U	K
I	K	O	S	U	L	E	K	G	E	W	O	R	U
V	N	A	M	H	N	C	E	R	N	E	V	I	N
A	Q	F	L	Y	N	K	I	I	A	D	L	O	J
R	U	O	B	P	E	R	N	S	T	G	R	B	U
O	E	R	U	R	T	O	N	R	S	N	E	C	O
K	A	R	O	D	P	H	N	E	A	I	L	M	A
U	C	O	W	N	E	C	O	T	S	A	N	O	T
A	R	R	P	A	O	K	S	A	R	C	N	S	A
F	K	R	A	M	E	R	I	H	T	N	A	L	M

ASTAIRE, GABLE, LANCASTER, PANDORA, BOGART, GRÉCO, MANKIEWICZ, PECK, BUJOLD, HESTON, MASON, PERKINS, TRAHISON, BURTON, HUSTON, MAYERLING, POWER, VAQUERO, CUKOR, KELLY, MOGAMBO, SINGAPOUR, FARROW, FLYNN, KERR, NIVEN, STEVENSON, FORD, KRAMER, TAMLIN

Malentendu

Dans le train, le contrôleur dit à une vieille dame :

– Votre billet est pour Bordeaux. Or ce train va à Nantes.

– Ça c'est ennuyeux, grommelle la voyageuse. Et ça arrive souvent au chauffeur de se tromper comme ça ?

Les blondes

Un policier arrête une blonde au volant de sa Golf cabriolet car elle dépasse de plus de 50 km/h la vitesse autorisée. Très calmement, le policier demande à voir son permis de conduire. Énervée, la fille lui répond :

– Vous devriez vous mettre d'accord, dans la police. Pas plus tard qu'hier, un de vos confrères m'a retiré mon permis et aujourd'hui il faudrait que je vous le montre…

SUDOKU

								7
		8				3		
9	1			5	2		6	
	4				3			2
	7		4		1		5	
3			2				4	
	2		1	6			3	4
		1				6		
6								

CE JOUR-LÀ

En 1898, Louis Renault monte la rue Lepic, à Montmartre, avec la Voiturette qu'il a conçue et qui est équipée de la première boîte de vitesses.

Le saviez-vous ?

Dans l'Antiquité, les habitants de l'île grecque de Leucade sacrifiaient chaque année aux dieux un condamné à mort en le précipitant du haut d'une falaise. Pour « alléger » sa chute, on lui attachait aux bras des plumes et des oiseaux vivants. S'il survivait, on le repêchait en mer pour lui rendre la liberté, mais il devait quitter l'île dans les meilleurs délais.

Décembre
Samedi
25

Noël

QUIZ Noël

Beaucoup de références, de traditions et de légendes s'attachent au jour de Noël. Saurez-vous distinguer le vrai du faux dans ces affirmations ?

1. *Fixée officiellement au 25 décembre par le pape Libère en 354, cette fête est célébrée par certaines Églises orthodoxes selon le calendrier julien, c'est-à-dire :*
A. Le 7 décembre. **B.** Le 7 janvier suivant.
C. Le 7 février suivant.

2. L'image du Père Noël sous sa forme traditionnelle (barbe et houppelande rouge) est apparue :
A. Chez les Gaulois, reprenant l'image de Vercingétorix après sa mort.
B. Chez les Francs, commémorant la mémoire de Charlemagne.
C. Chez les Américains, imaginée par un dessinateur de presse au XIXe siècle.

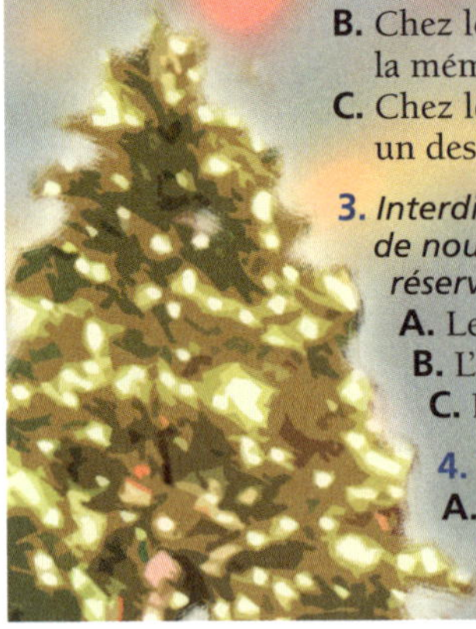

3. *Interdit en URSS, le sapin de Noël fut de nouveau autorisé par Staline sous réserve qu'il célèbre :*
A. Le nouvel an.
B. L'anniversaire de la révolution.
C. La Saint-Joseph (son prénom).

4. *En Corse, joyeux Noël se dit :*
A. *Cristi Christ.*
B. *Arriverci bambino.*
C. *Bon Natale.*

LE PERSONNAGE CÉLÈBRE

En répondant aux définitions suivantes, retrouvez dans les colonnes vertes le nom et le prénom d'un chanteur et musicien américain, considéré comme une vraie bête de scène, mort il y a exactement dix ans.

1. Complètement dingue. **2.** Violent coup de vent. **3.** Eau, miel et vinaigre. **4.** Lieux d'aisances. **5.** Haut-le-cœur.

1						
2						
3						
4						
5						

CE JOUR-LÀ

En 800, à Rome, Charlemagne est couronné empereur des Romains par le pape.

La perle de la semaine

Les quatre points cardinaux sont le haut, le bas, l'est et l'ouest.

Décembre
Dimanche
26

Étienne

Mot d'enfant

Nolwenn, 5 ans, voit pour la première fois sa grand-mère maquillée :
– Oh ! Mamie, on dirait une maman !

Point de vue

Deux garçons jouent au ballon à Marseille. Soudain, l'un des deux est attaqué par un pitbull. L'autre a le réflexe d'attraper un bâton et de l'abattre sur le chien, lui brisant la nuque sur le coup.

Un journaliste se précipite pour interviewer le garçon. Il commence à noter : « Un jeune supporter de l'OM sauve son ami d'une mort atroce. »

Le garçon fait alors remarquer :

– Mais, je suis pas un supporter de l'OM ! Je suis pour le PSG !

Le reporter barre ce qu'il vient d'écrire et recommence son article : « Un jeune voyou assassine froidement le compagnon à quatre pattes d'une honnête famille marseillaise. »

CE JOUR-LÀ

En 1898, Pierre et Marie Curie annoncent qu'ils ont découvert l'existence du radium. Pierre mourra en 1906, et c'est seulement en 1910 que Marie réussira à isoler cet élément à l'état pur.

QUIZ Jean Ferrat

Né le 26 décembre 1930, Jean Ferrat, mort le 13 mars 2010, est un exemple rare d'artiste à succès n'ayant jamais renié ses engagements politiques et humanistes.

1. *En 1956, l'une de ses premières chansons,* les Yeux d'Elsa *(d'après Aragon), lui apporte la notoriété car elle est chantée par :*
A. Juliette Gréco. **B.** Yves Montand. **C.** André Claveau.

2. *Dans sa première chanson à succès,* Ma môme, *il dit :*
« Elle travaille en usine…
A. … à Créteil. » **B.** … à Draveil. » **C.** … à Corbeil. »

3. *Il finit par prendre ses distances avec le Parti communiste soviétique avec une chanson qui s'intitule :*
A. *Ma France.* **B.** *Le Bilan.*
C. *Potemkine.*

4. *Il a fait pousser ses célèbres moustaches :*
A. En hommage amical à Brassens.
B. Pour faire plaisir à son épouse.
C. En revenant d'un voyage à Cuba.

Décembre
Lundi
27

Jean

MOTS CROISÉS

	1	2	3	4	5	6	7	8	9	10	11	12	13	14
I												■		
II						■								
III										■				
IV			■				■						■	
V				■						■				
VI					■				■					
VII		■						■			■			
VIII					■							■		
IX	■			■										

Horizontalement

I. Ville où Gérard Depardieu est né le 27 décembre 1948 ; béryllium. **II.** Viande autorisée ; un de ses partenaires dans *Préparez vos mouchoirs*, de Bertrand Blier, en 1978. **III.** Ce cinéma s'intéresse à lui dans *Green Card* ou *1492* ; en 2002, il joue son propre rôle dans un court-métrage de Karim Debbouze intitulé *Jamel en* … **IV.** Pour les Hollandais ; baie jaune ; prénom d'origine russe. **V.** Transport régional ; il l'est complètement dans *Tais-toi !* en 2003, aux côtés de Jean Reno ; école supérieure de chimie. **VI.** Danger pour bateau ; le bikini y fleurit ; il a endossé ce genre de rôle à plusieurs reprises. **VII.** La mauvaise réputation ; biscuit Lefèvre-Utile ; piquant. **VIII.** Maudits pour Josée Dayan en 2005 avec Gérard Depardieu en Jacques de Molay, Guillaume en Louis le Hutin et Julie en Jeanne de Bourgogne ; ester de corps gras ; 750 pour une bouteille de vin. **IX.** Chiffre de base ; nom d'acteur.

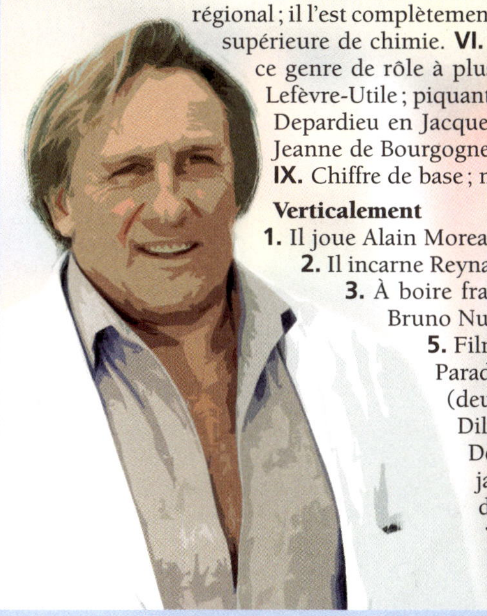

Verticalement

1. Il joue Alain Moreau dans *Quand j'étais* …, de Xavier Giannoli, en 2006. **2.** Il incarne Reynaldo dans ce film de Kenneth Branagh en 1996 ; choix. **3.** À boire fraîche ; il est ce personnage dans *Camille Claudel*, de Bruno Nuytten, en 1988. **4.** Qui ne mouille plus ; démonstratif. **5.** Film de Jean Becker dont il partage l'affiche avec Vanessa Paradis en 1994. **6.** *Mon père, …*, de Gérard Lauzier, en 1991 (deux mots). **7.** Pays où il a tourné *City of Ghosts*, de Matt Dillon, en 2002 ; type de vote. **8.** Guerrier brutal ; joué. **9.** Décorai ; garçon d'écurie. **10.** Patrie d'Abraham ; danse japonaise. **11.** Le second prénom de Gérard Depardieu ; dans. **12.** Il y incarne un patron de bar brutal et poète. **13.** Trois fois pour ne rien dire ; permet de tourner, mais pas au cinéma. **14.** Preuve de talent.

CE JOUR-LÀ

En 1958, le Conseil des ministres adopte le nouveau franc, qui équivaut à 100 anciens francs. Il s'agit de promouvoir le renouveau économique de la France et de l'inscrire dans la construction européenne.

Version latine

Un Belge, un Arabe et un Français trouvent une dinde. Pour se la partager, ils décident que chaque personne qui voudra une partie de l'animal devra dire son nom en latin. Le Belge commence :

– Ailus.

Et il prend l'aile. Ensuite le Français dit :

– Pattus.

Et il se saisit de la patte. Pour finir, l'Arabe dit :

– Terminus.

Et il s'empare du reste de l'animal.

Zoom saveur

L'ENDIVE

Attention au choc : sachez que, aujourd'hui, l'endive n'est plus amère ! À force de croisements, les endives sont devenues délicates… et douces.

On peut savourer les endives de toutes les manières : crues en salade, braisées, rôties, bouillies, étuvées, en gratin… Mais vous n'en avez peut-être jamais fait un légume du soleil. C'est le moment !

Idée gourmande. *Préparez une « pissaladière d'hiver » : émincez 5 belles endives et faites-les rissoler 10 min sur feu moyen avec 3 cuill. à soupe d'huile d'olive. Versez sur un fond de pâte brisée, déposez dessus quelques filets d'anchois et olives noires. Enfournez pour 25 min à 180 °C (th. 6).*

MOTS CROISÉS À DEUX VITESSES

Force 1

Horizontalement

I. Dans cette comédie de Robert Dhéry, Louis de Funès, patron d'un chantier naval, tente de récupérer un voilier révolutionnaire ; lieu de soins pour tuberculeux. **II.** Roi de l'évasion ; mégaoctet ; rendre la liberté en effaçant la peine. **III.** Esprit régnant régulièrement depuis 1896 ; film dans lequel Louis de Funès retrouve le grand-père de sa femme, congelé pendant soixante-cinq ans. **IV.** Personnel ; hôpital ; Margot dans le film de Jean Dréville en 1954 avec Louis de Funès ; chevalier ambigu ; note sous la portée. **V.** Mauvaise langue ; renseigne la police ; sainte raccourcie ; contient de l'essence… ou les intestins. **VI.** Apprend ; monnaies et boucliers ; reboisé de conifères. **VII.** Monnaie du Nord ; originaire de Saint-Tropez, il se marie en 1968 ; démonstratif ; prénom de l'actrice italienne Massari. **VIII.** A des oursins dans les poches ; un des cinq sens ; bavardage sans intérêt ; note du diapason. **IX.** Curriculum vitae ; relatif au roi des animaux ; prépare mes armes. **X.** Héroïne, mais pas de cinéma ; qui entraîne une pause ; préfixe d'égalité. **XI.** Stimulée sexuellement ; voiture ; calmé sexuellement. **XII.** Allemand de guerre ; vieilles rancœurs ; surveille sans relâche ; à elle ; contre le pouvoir en place. **XIII.** Arbre qui recommence à faire des branches après élagage ; passé à la poêle ; acteur français proche d'Agnès Jaoui ; mot d'enfant. **XIV.** Retour à l'enfance ; payer les droits à la frontière. **XV.** Versus ; bien roulées ; réalisateur des *Fantômas*.

Verticalement

1. Dans ce film chanté et dansé de 1970, la troupe de Louis de Funès est perturbée par l'apparition de bébés. **2.** Vent divin ; dans celle de Paris, il incarne Jambier. **3.** Montagne ; courant d'eau arabe ; fin d'apéro ; train rapide. **4.** Prénom de Rostand ; policiers surveillant un petit espace. **5.** Bons conseils ; en feu ; *dies …, dies illa*. **6.** Acceptée dans un groupe après un rite ; elle ne sert à rien. **7.** Son usage à Pâques induit un Noël au balcon ; sœurs ; connu. **8.** Retirée de l'addition ; fait confiance (se). **9.** Belle dans un film avec Louis de Funès, ce n'est pourtant qu'une voiture ; dieu de l'Amour. **10.** Vieille vache ; nettoie la vaisselle ; peintre sans talent. **11.** Interjection de rire ; sadomaso ; fraise ou poire. **12.** Sept petits amis d'une belle ; raccourcit ; pas encore payé. **13.** Casse les pieds ; petite Volkswagen ; devant Hur au cinéma. **14.** Fait vendre le journal ; petit article à part ; divin marquis. **15.** Spécialité de Louis de Funès ; ses aventures sont contées par Gérard Oury en 1973, avec Louis de Funès déguisé en docteur de la Loi juive. **16.** Prend de haut ; la vie en anglais ; élément d'adresse. **17.** Prénom de Louis de Funès dans *la Grande Vadrouille* ; moto de course tout-terrain. **18.** Possède ; on y fait de la clairette ; convienne ; sur les voitures néerlandaises. **19.** Relatives aux cellules produisant des informations ; charge de baudet. **20.** Prénom de Lupin ; film imbroglio d'Édouard Molinaro, adapté d'une pièce de théâtre.

Force 2

Horizontalement
I. Film de 1968 dans lequel Louis de Funès incarne Louis-Philippe Fourchaume ; qualifie l'esprit dans un corps sain. **II.** S'est fait la belle ; unité de capacité informatique ; donner une permission de sortie. **III.** Louis de Funès n'en parle pourtant pas dans le film *Jo*, de Jean Girault, en 1971 ; film de 1969 où il incarne Hubert de Tartas. **IV.** Pronom, tant français qu'anglais ; lieu aseptisé ; rôle de Jeanne Moreau dans le titre d'un film de 1954 où Louis de Funès incarne René ; héros, prénommé Geneviève, d'un film de Jacqueline Audry ; degré. **V.** Anonyme ; donne des renseignements ; la perfection au féminin ; Alain Souchon l'est en 1976. **VI.** Décortique ; sonnent quand il est l'« or » de « réveillor monseignor » dans *la Folie des grandeurs* ; plante du sapin. **VII.** Menue monnaie ; Grosso ou Modo, aux côtés de Ludovic Cruchot ; ensemble de pulsions ; prénom. **VIII.** *L'Avare* en 1980 ; fait sens ; parole de nanar ; fait partie de la portée. **IX.** Aide à trouver un boulot ; injuste partage ; nettoie la vaisselle en argent. **X.** Dope ; qui fait le break ; égal. **XI.** Échauffée ; héroïne du film *le Corniaud*, avec Louis de Funès, en 1965 ; plus épaulé. **XII.** Seconds rôles de *la Grande Vadrouille* ; font des mécontents ; victime d'une planque ; personnel ; pas progressiste. **XIII.** Succède à une vieille branche ; comme un œil de merlan ; Batman dans *Subway* ; révolte enfantine. **XIV.** Opération mathématique ; réhabiliter. **XV.** Contre ; obtenues ; il a dirigé Louis de Funès dans *Ma femme est formidable*, *Monsieur Taxi* ou *Taxi, roulotte et corrida*.

Verticalement
1. Louis de Funès y incarne M. Édouard, alias Evan Evans. **2.** Souhaita bon vent à Ulysse après la guerre de Troie ; dans le titre d'un film de 1956 où Louis de Funès trouve l'un de ses premiers grands rôles. **3.** Fait la chaîne en Auvergne ; change parfois de lit ; début de roman ; rame à toute vitesse. **4.** Prénom de l'oncle du chanteur Renaud, directeur de la photographie et coréalisateur des aventures de Ludovic Cruchot ; agents locaux. **5.** Petits trucs ; ardent ; dans le *Requiem* de Mozart. **6.** Lancée ; ne mène nulle part. **7.** A subi l'épreuve du feu ; connaissances de Cruchot, dont l'une conduit comme une folle ; retenu. **8.** Trouvée par raisonnement ; remis. **9.** Belle pour Robert Dhéry en 1961 ; pulsion de vie. **10.** Broutait ; nettoie un puits ; fait des croûtes. **11.** Interjection ; adepte du mal ; résultat. **12.** Pas toujours à la hauteur ; coupe ; contracté. **13.** Sème la zizanie ; Alberto des dessins animés italiens ; marque une hésitation. **14.** Article ou au-dessus de l'article ; petit cahier bonus ; père de Justine. **15.** Titre d'un film de Maurice Régamey en 1953 avec Louis de Funès *(le)* ; il y incarne Victor Pivert en 1973. **16.** Évité ; Second sur Internet ; plante à odeur fétide. **17.** Lefort de *la Grande Vadrouille* ; épreuve de motocross. **18.** Obtienne ; dans et sur la Drôme ; aille ; nouvelle lune. **19.** Qui concernent les dendrites et les axones ; lourd fardeau. **20.** Fêté le 19 juillet ; film de 1967 dont un remake américain verra Sylvester Stallone reprendre le rôle de Louis de Funès.

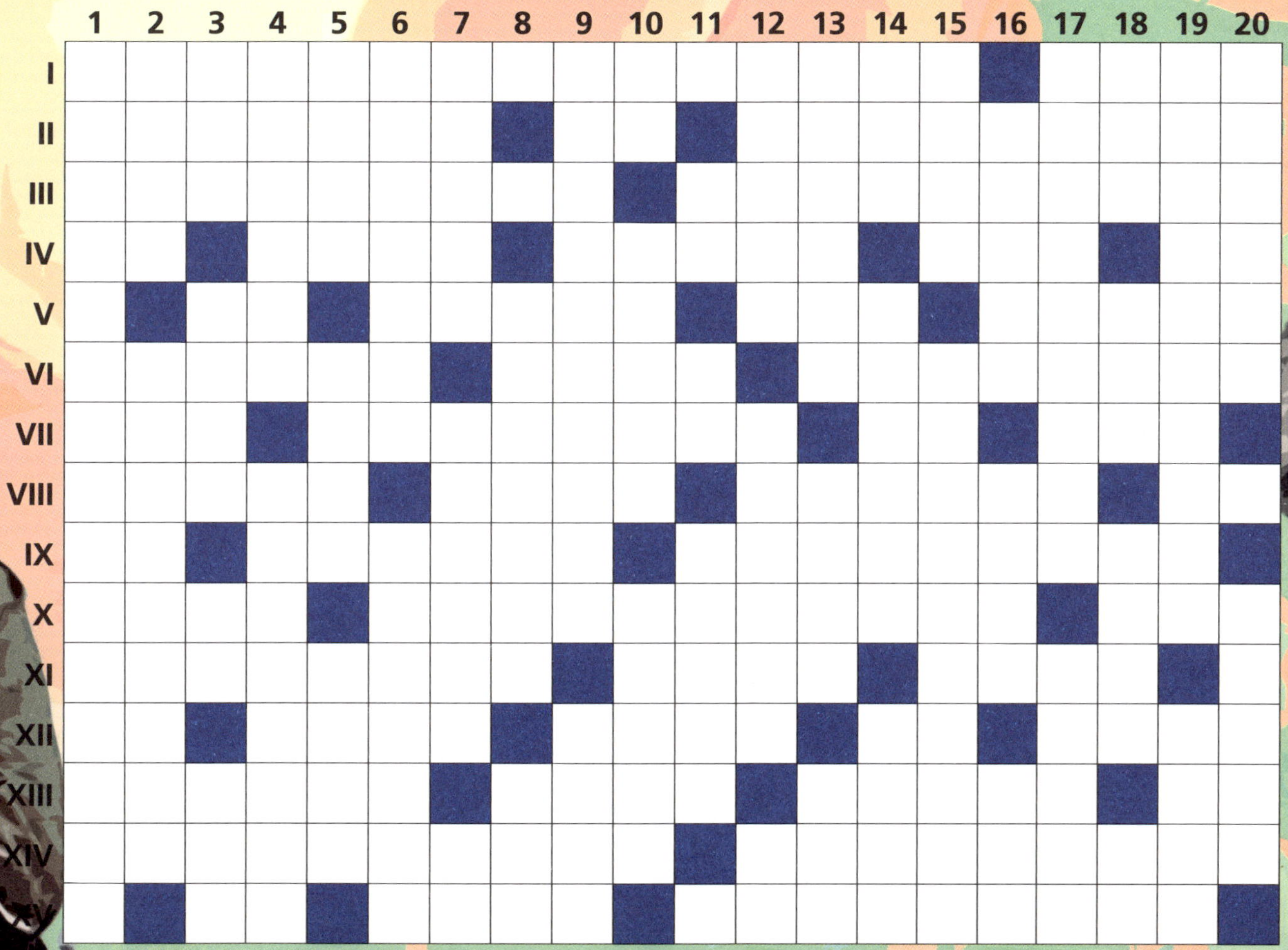

Décembre
Mardi
28

Innocents

QUIZ Louis Féraud

Né le 13 février 1920 et disparu le 28 décembre 1999, Louis Féraud fut un grand couturier, réputé pour la jeunesse et la gaieté de ses créations.

1. *Très jeune, il a exercé un autre métier. Lequel ?*
A. Boulanger.
B. Commis d'architecte.
C. Représentant en bonneterie.

2. *Il acquiert une grande renommée dans les années 1960 en habillant :*
A. Mme Pompidou.
B. La princesse Soraya.
C. Brigitte Bardot.

3. *En 1986, il reçoit la distinction des couturiers, qui est :*
A. Le Ruban d'argent.
B. Le Dé d'or.
C. L'Aiguille de platine.

4. *Il a aussi écrit quelques ouvrages, dont :*
A. Côtoyer les pingouins.
B. L'Habit des pingouins.
C. L'Été des pingouins.

SANDWICH

Dans la grille ci-contre, complétez les mots horizontaux de cinq lettres. Plusieurs solutions sont possibles parfois, mais une seule vous permettra de retrouver un propos de Louis Féraud.

P	A		T	E
R	U		A	L
E	C		L	E
M	A		P	E
I	N		E	X
E	L		V	E
R	E		U	S
E	B		N	E
M	O		I	E
A	I		E	R
I	D		E	S
S	O		I	E
O	R		U	E
N	O		B	A
A	L		T	E
C	A		T	E
A	V		R	E
N	A		I	R
N	I		C	E
E	S		O	R
S	A		I	B
A	V		R	E
H	A		I	T
A	S		L	E
B	A		A	I
I	U		E	S
L	I		U	R
L	E		T	E
E	X		R	A
B	R		V	O
R	O		G	E
I	N		A	S
G	R		O	M
I	A		B	E
T	A		O	N
T	E		I	N
E	C		R	T
B	A		D	E
A	S		R	E
R	E		T	E
D	A		I	R
O	R		G	E
T	A		L	E
E	L		M	E
T	U		L	E
P	I		O	U
E	V		N	T
I	N		E	E
N	A		T	E
T	R		C	E
D	E		O	R
E	P		I	S
S	U		D	E
N	O		A	L
U	S		T	E
S	A		I	N

SUDOKU

				5		3		
		6		1	4		2	
3						8		1
		8	1					3
9								7
2					9	4		
7		3						5
	5		9	3		6		
		2		6				

CE JOUR-LÀ

En 1967, non sans mal, l'Assemblée nationale vote le projet de loi Neuwirth, autorisant la contraception (mais non son remboursement par la Sécurité sociale).

Définition

Un marchand de costumes s'entend demander par son jeune fils :

– Papa, qu'est-ce que c'est que l'honnêteté ?

Le père lui dit :

– Suppose que, dans mon magasin, un client me tende sans s'en apercevoir deux billets de 500 euros un peu collés pour payer un costume qui vaut 500 euros. Ça arrive des fois, quand un client est distrait. Eh bien, l'honnêteté, c'est quand je me demande si je vais en parler à mon associé.

Déducto

L'Aveugle

Le Voyeur (Michael Powell, 1960)

Les Belges

Un Belge vient passer quelques jours chez un ami français. Celui-ci vient l'attendre à Roissy dans sa Mercedes flambant neuve. Le Belge prend place dans la voiture et il semble très impressionné. Au bout de quelques kilomètres, il ne peut s'empêcher de demander à son ami à quoi sert l'étoile qui se trouve à l'avant du capot.

– C'est simple, lui répond le Français, qui a envie de plaisanter. L'étoile, c'est un viseur. Quand j'aperçois un policier, je vise, j'accélère et je l'écrase.

Le Belge paraissant incrédule, le Français décide de le convaincre en lui faisant une démonstration :

– Tiens, en voilà justement un. Je vais te montrer.

Aussitôt, il fait mine de viser l'agent et accélère. Au dernier moment, d'un coup de volant, il évite le policier. C'est alors qu'il entend un bruit sourd et un cri. Il tourne la tête vers le Belge, qui s'exclame :

– Mais enfin, c'est fou ce que tu es maladroit ! Si je n'avais pas ouvert la portière, tu le ratais…

Décembre
Mercredi
29

David

CHENILLE

Laurent Gerra est né le 29 décembre 1967. Passez du mot HUMORISTE à IMITATEUR dans la chenille en opérant les substitutions indiquées et en modifiant l'ordre des lettres, tout en respectant les indices.

	H U M O R I S T E	
– H + C	_ _ _ _ _ _ _ _ _	(HABILLEUR)
– M + B	_ _ _ _ _ _ _ _ _	(PÉNOMBRE)
– S + N	_ _ _ _ _ _ _ _ _	(PARTICIPE)
– B + F	_ _ _ _ _ _ _ _ _	(À TARTINER)
– N + R	_ _ _ _ _ _ _ _ _	(DRAGUEUR)
– F + T	_ _ _ _ _ _ _ _ _	(A UN BON CROCHET)
– R + L	_ _ _ _ _ _ _ _ _	(TOUCHE LE FOND)
– O + A	_ _ _ _ _ _ _ _ _	(BRÈVE)
– L + N	_ _ _ _ _ _ _ _ _	(SILENCIEUX)
– N + I	_ _ _ _ _ _ _ _ _	(ENIVRERAIT)
– C + M	I M I T A T E U R	

LA PREUVE PAR 9

Trouvez les cinq mots correspondant aux définitions proposées, formés uniquement avec les lettres ci-dessous.
Si vous réussissez, vous aurez fait preuve d'intrépidité !

S U R E
N A T E V

1. Elle fait obstacle.
E _ _ _ _ _ _

2. Il a accompli un long service.
V _ _ _ _ _ _

3. Elle est employée aux travaux domestiques.
S _ _ _ _ _ _ _

4. Son train est une allure lente et grave.
S _ _ _ _ _ _ _

5. Parfois rocambolesques.
A _ _ _ _ _ _ _ _

CE JOUR-LÀ

En 1989, Václav Havel est élu président de la République tchécoslovaque. écrivain et dramaturge, il a fait plusieur séjours en prison pour dissidence.

Devinette

Comment appelle-t-on une Lada qui a deux pots d'échappement ?

Une brouette.

La contrepèterie de la semaine

Je préfère les mines de Pompéi aux sites de Bologne.

Décembre
Jeudi
30

Roger

CE JOUR-LÀ

En 2006, Saddam Hussein, condamné à mort par le Tribunal pénal irakien le mois précédent, est pendu à Bagdad. Des images de son exécution filmées illégalement circulent sur Internet.

Proverbe espagnol

L'avare est un homme qui s'obstine à vivre pauvre pour mourir riche.

Allô, docteur ?

Un homme se rend chez un médecin et lui dit :

– J'ai le cafard et des fourmis dans les pieds, pouvez-vous faire quelque chose pour moi ?

Le médecin lui répond :

– Je vais vous prescrire un insecticide !

L'INTRUS

Jean-Claude Forest est un auteur de BD français qui est mort le 30 décembre 1998, à l'âge de 68 ans. Il est le créateur de la pulpeuse héroïne Barbarella. Retrouvez l'intruse qui s'est glissée dans la liste suivante.

1. Ariel.
2. Carmen Cru.
3. Colombe.
4. Cyan.
5. Druuna.
6. Mirabelle.

LABYRINTHE

Pouvez-vous aider Sam le pirate à retrouver son trésor ?

Décembre
Vendredi
31

Sylvestre

À FLEUR DE MOTS

Alain Gillot-Pétré, qui fut un « monsieur Météo » unanimement apprécié, nous a quittés le 31 décembre 1999. Remplissez la fleur en formant des mots à partir des lettres ci-dessous. Inscrivez vos solutions de l'extérieur de la rosace vers le centre. Certaines séries autorisent plusieurs anagrammes, mais une seule permet de compléter la grille en croisant les mots.

A. EEORT
B. EEPRT
C. EEGRV
D. GIMNS
E. CEIOT
F. EELNT
G. EENRS
H. EELOV
I. EEIMS
J. EEGLR
K. AMRST
L. CINRS
M. AEGOR
N. CEERT
O. BIRTU
P. ABESU
Q. AAILN
R. ILOOP

1. AOSTT
2. EILOP
3. EINRV
4. EEMOT
5. CEIRR
6. EGLNO
7. EEGIN
8. ENSTV
9. EORST
10. EEEGL
11. EIRST
12. CEEMR
13. AELOR
14. CEIMR
15. ABNRS
16. AEGRS
17. ABETU
18. EILPU

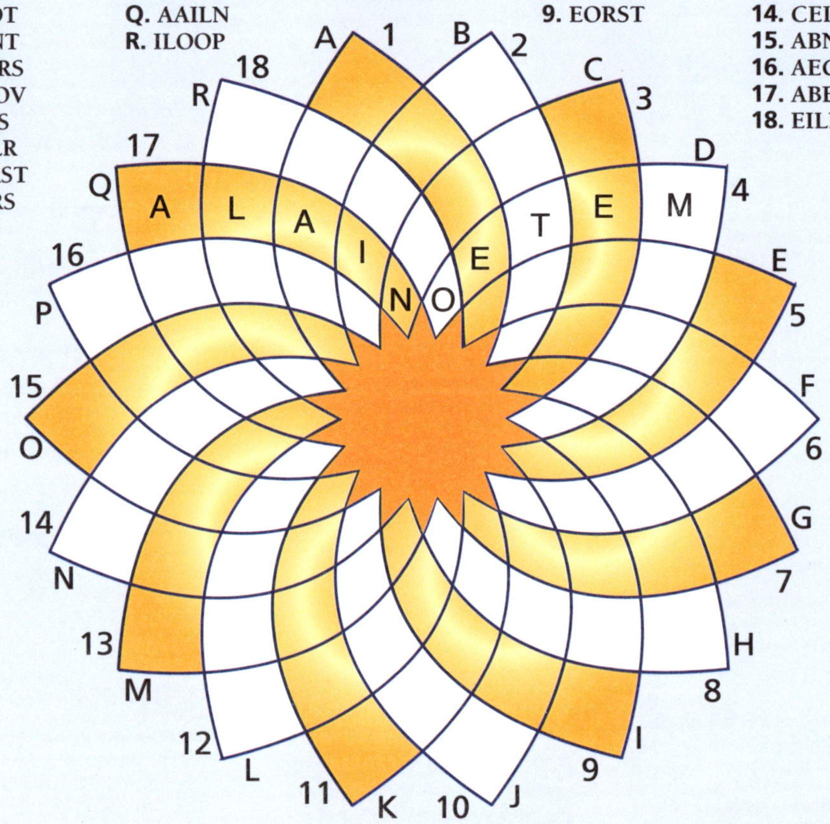

CASE-CHIFFRES

Chaque brique du case-chiffres est la somme des deux briques situées juste en dessous. Reconstituez la totalité de la pyramide pour arriver au sommet, sachant que les cinq briques de la base présentent dans l'ordre la date du jour : 31122008.

SUITE LOGIQUE

Trouvez la figure numérotée qui continue la suite.

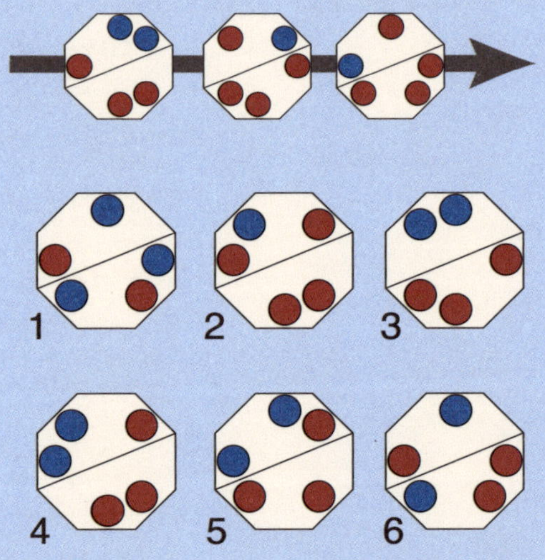

Le saviez-vous ?

À l'époque victorienne, on croyait que l'intelligence était fonction de la taille et du poids du cerveau. On était fasciné par les cerveaux des grands intellectuels. Ceux de l'écrivain William Thackeray et de l'homme d'État Otto von Bismarck, par exemple, pesaient respectivement 1,658 kg et 1,907 kg. Toutefois, ces mesures ne signifient rien puisque, après la mort, les tissus se gonflent d'eau et que le cerveau s'alourdit.

CE JOUR-LÀ

En 1992, la Tchécoslovaquie vit son dernier jour. Elle sera dès le lendemain séparée en deux États : la République tchèque et la Slovaquie.

La définition de
Ambrose Bierce

Fantôme : signe extérieur évident d'une frayeur interne.

Solutions des jeux

2021 s'achève.
Bienvenue en 2022 !
Bonne et heureuse année !

Janvier

LOGIGRAMME

Indice 1 : Yacine a vu un film italien à 11 heures, 14 heures ou 16 heures. Samson a vu le film à 22 heures.
Indice 2 : Hans et Jean sont allés aux séances de l'après-midi, donc 14 heures et 16 heures. Hans a vu un film allemand à 14 heures et Jean a vu *Six Lances* à 16 heures. Yacine (indice 1) est donc allé à la séance de 11 heures.
Indice 3 : compte tenu des informations collectées par les indices 1 et 2, Aude est allée à la séance de 20 heures. Elle y a vu un film sur Thésée, celui qui tua le Minotaure. *Thésée et vous* est donc le film finlandais. Deux heures plus tard, à 22 heures, c'est Samson qui a apprécié le film français *La voix naît*.
Indice 4 : c'est Hans qui a vu le film *Bouche cousue* à 14 heures, alors que Yacine a choisi *la Ferme* à 11 heures. Par élimination, Jean a donc vu un film australien.

Tableau des réponses

Cinéphile	Aude Yofone	Hans Ilans	Jean Tanrien	Samson Cémieux	Yacine Hoche
Film	*Thésée et vous*	*Bouche cousue*	*Six Lances*	*La voix naît*	*La Ferme*
Pays	Finlande	Allemagne	Australie	France	Italie
Horaire	20 h	14 h	16 h	22 h	11 h

LE JEU DES PORTRAITS

De gauche à droite et de haut en bas : A. Jacques Anquetil (dessin H). **B.** Hector Berlioz (dessin J). **C.** Dante Alighieri (dessin K). **D.** Albert Einstein (dessin L). **E.** Bernard Pivot (dessin G). **F.** Néfertiti (dessin E). **G.** Robespierre (dessin M). **H.** Albert Cohen (dessin C). **I.** D'Artagnan (dessin A). **J.** Coluche (dessin N). **K.** Georges Brassens (dessin D). **L.** Nelson Mandela (dessin F). **M.** Isabelle Huppert (dessin B). **N.** Claire Bretécher (dessin I).

MOTS FLÉCHÉS

					G		I		N		A		A	
				L	E	O	N	G	A	U	M	O	N	T
					R	U	S		I	N	E	R	T	E
				S	M	A	C	K	S		R	A	I	N
					A	R	R	O	S	E		L	A	D
				V	I	Z	I	R	A	T	S		S	U
	C		M		N	A	S	O	N	N	A	N	T	
C	H	A	U	M	E	Z		L	C	A		O	H	M
	A	N	T	I	D	A	T	E	E		E	M	M	A
O	R	N	A		U	T		V	D	H		I	A	N
	L	A	B	I	L	E	S		U	S	A	N	T	E
L	I	M	I	T	A		T	I	N		R	I	I	S
	E		L	I	C	O	R	N	E		C	O	Q	S
E	C	R	I	N		D	I	E	N	E		N	U	I
	H	O	T	E	L		A	G	A	T	I	S	E	E
C	A	M	E	R	A	S		A	T	R	E			R
	P	A		A	B	O	U	L	I	E		A	N	
O	L	I	V	I	E	R	S		O	T	A	G	E	S
	I	N	T	R	U	S		U	N	A	N	I	M	E
U	N		T	E	R		A	S		T	A	R	O	T

1er JANVIER

VRAI OU FAUX

1 : faux. L'Étrurie correspond approximativement à l'actuelle Toscane (Italie). 2 : faux. 264 av. J.-C. 3 : vrai. 4 : faux. Samsonite est une marque de valises ; le gladiateur s'appelle, lui, un samnite ! 5 : vrai. 6 : vrai. 7 : vrai.

LE PERSONNAGE CÉLÈBRE

1	P	L	A	T	I	N	I
2	M	I	C	H	A	E	L
3	G	L	A	U	Q	U	E
4	V	I	T	R	A	I	L
5	G	A	R	A	N	D	E
6	A	N	I	M	A	U	X

Solution : Lilian Thuram.

MOTS CASÉS

A	P	P	E	T	I	T		H		P	R	O	F
R	H	E	N	A	N		R	E	A	L	E		R
T	I	N		N		C	E	D	R	E		J	E
S		S	O	C	I	O	L	O	G	U	E		U
	P	E	N	E		B	I	N	E	R		C	D
C	H	E	F		V	A	G	I	N		S	O	I
A	I		R	E	A	L	I	S	T	E		U	S
E	L	S	A		S	T	O	M	A	T	E		M
N	O		Y	U	E		N	E	N	E	T	T	E

ANAGRAMMES CROISÉS

	1	2	3	4	5	6	7	8	9	10	11	12	13	14	15	16	17
I	P	A	T	R	O	N		E	N	T	R	E	P	R	I	S	E
II	R	E	A		R	O	U	T	E		E	R		I	L	E	T
III	O	R	G	A	N	I	S	A	T	I	O	N	N	E	L	L	E
IV	D	E		N	E	R	E	I	S		R	E	I	N	E		T
V	U	S	I	N	E		E	N		A	G	E	E		G	R	E
VI	C		N	I		P	S		A	R	A		T	R	A	I	N
VII	T	R	A	V	E	E		C	H	I	N	E		I	L	O	T
VIII	I	M	P	E	R	I	A	L		S	I	N	G	E		J	
IX	V	I	T	R	I	N	E		R	E	S	T	A	U	R	A	S
X	I		E	S	C	A	R	P	E		A	R	B	R	E		A
XI	T	E		A		S	I		P	O	T	E	E		U	R	I
XII	E	P	R	I	S		E	S	S	A	I		G	E	N	E	S
XIII		S	U	R	A	N	N	E		S	O	L	I		I	N	O
XIV	D	O	D	E	L	I	N	E	R		N	U	E	S		I	N
XV	E	M	I	S		L	E	S	E	R		T		A	M	E	
XVI	L		M		D	O	S		N	E	T	T	O	I	E	R	A
XVII	I	N	E	D	I	T		A	T		R	E		T	U	A	S
XVIII	B	O	N		T	I	N	T	A	M	A	R	R	E	S		S
XIX	E	N	T	A		Q	U	E	B	E	C	O	I	S		P	U
XX	R	E	S	T	A	U		L	I	N		N	O		S	I	R
XXI	A	S		T	R	E	F	I	L	A	N	T		T	U	B	A
XXII	T		C	I	E		B	E	I	G	E		F	E	R		N
XXIII	I	N	E	S		C	I	R	S	E		M	A	N	I	O	C
XXIV	O	E	D	E	M	E			E	R	G	O	N	O	M	I	E
XXV	N	O	I	S	E	T	T	E		S	A	L	A	R	I	E	S

Janvier

2 JANVIER

L'ENGRENAGE

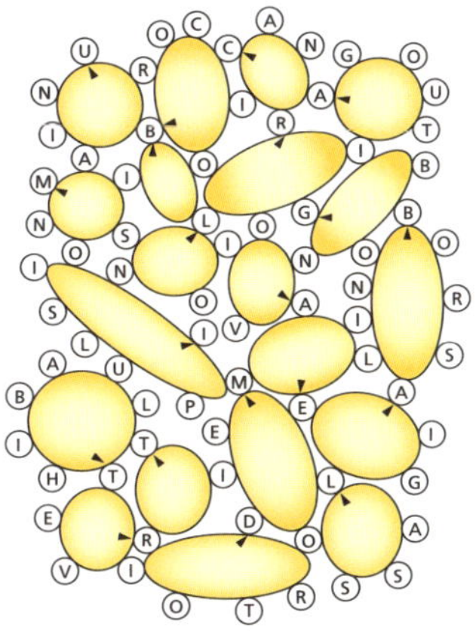

3 JANVIER

FILMOGRAPHIE MEL GIBSON

1 : *Mad Max* (1979). 2 : *le Bounty* (1983). 3 : *l'Arme fatale* (1987). 4 : *Hamlet* (1991). 5 : *Braveheart* (1995).

4 JANVIER

REPÈRES CHRONOLOGIQUES

1 : E, Barcelone (IXe siècle). 2 : J, Provence (1481). 3 : H, Bretagne (1532). 4 : B, Verdun (1648). 5 : I, Corse (1768). 6 : A, Mulhouse (1798). 7 : C, Nice et la Savoie (1860). 8 : D, Alsace-Lorraine (1945). 9 : G, val de Tende (1947). 10 : F, Andorre (2001).

ANATITRES

1 : *le Bal des oiseaux*. 2 : *les Ronds de carotte*. 3 : *le Jour du poisson*. 4 : *Quatre*. 5 : *le Pavillon des fous*.

5 JANVIER

MOTS MÊLÉS

Solution : *Annie Hall.*

SUDOKU

2	9	8	7	4	1	5	3	6
7	3	4	2	6	5	1	8	9
5	1	6	3	8	9	2	7	4
3	5	2	4	7	8	6	9	1
4	8	1	5	9	6	3	2	7
6	7	9	1	2	3	4	5	8
8	4	5	6	3	7	9	1	2
9	2	3	8	1	4	7	6	5
1	6	7	9	5	2	8	4	3

6 JANVIER

MOTS CROISÉS

	1	2	3	4	5	6	7	8	9
I	T	E	I	S	S	I	E	R	■
II	A	L	E	A	■	O	■	I	O
III	R	I	■	T	O	N	T	O	N
IV	O	S	S	U	S	■	R	M	■
V	T	A	U	R	E	A	U	■	A
VI	■	B	■	N	■	L	A	P	S
VII	D	E	P	E	I	G	N	I	T
VIII	U	T	E	■	C	E	D	E	R
IX	C	H	U	T	E	R	A	■	E

L'ÉCHELLE

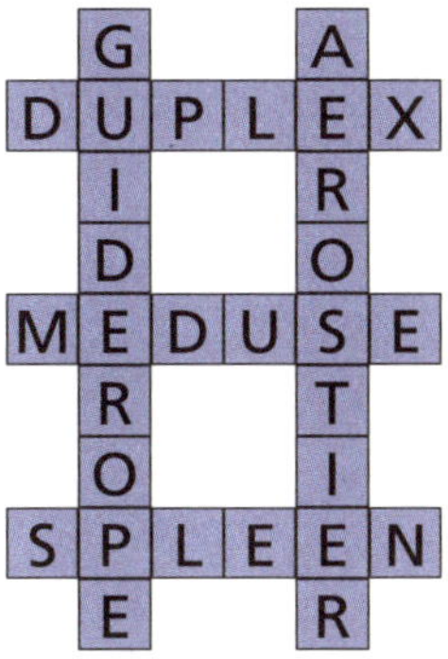

RÉBUS

T'houx – l'œufs – mont – deux – an – part – l'œufs : *Tout le monde en parle.*

7 JANVIER

SYLLABES MANQUANTES

1 : décrassoir. 2 : eupatride. 3 : stratovolcan. 4 : pompiérisme. 5 : lombricoïde. 6 : épithalame. 7 : confidemment. 8 : homarderie. 9 : immettable. 10 : noctambule.
Solution : Marie Desplechin.

CHARADE

Ber – na – dette – sou – bi – roux : Bernadette Soubirous (1844-1879). Ses visions de la Vierge, alors qu'elle avait 14 ans, sont à l'origine des pèlerinages à Lourdes.

8 JANVIER

QUIZ SIMONE DE BEAUVOIR

Toutes les œuvres citées ont été écrites par elle. 1 : B. Il fut reçu premier, elle deuxième. 2 : A. 3 : C. 4 : B.

9 JANVIER

PICTOGRILLE

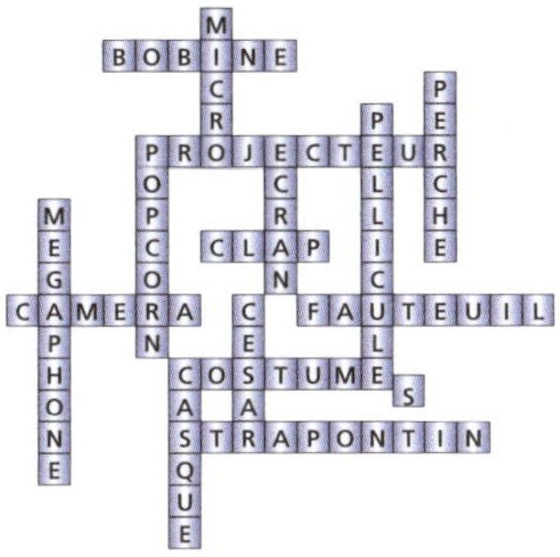

LE VERTICALETTRES

1 CAMILLE
2 FONTAINE
3 MAURANE
4 THIBEAULT
5 DUFRESNE
6 LEMAY
7 BALIBAR
8 DION
9 SANSON
10 BRUNI

Solution : Lara Fabian.

10 JANVIER

LE PERSONNAGE DU JOUR

Coco Chanel, née Gabrielle Chasnel. Le parfum est, bien entendu, le célèbre *N° 5*.

11 JANVIER

LE COMPAS DANS L'ŒIL

1 : C. Il fut second du championnat du monde junior en 1980, derrière Garry Kasparov. Depuis, Étienne Bacrot, par exemple, a été maître international à 12 ans et grand maître international à 14 ans. 2 : C. Lors des mêmes Jeux, l'Américaine Marjorie Gestring a établi le record de précocité pour une championne olympique : elle avait 13 ans et 267 jours quand elle a remporté la médaille du tremplin. 3 : D. Né en mai 1917, il est élu en novembre 1960 et sera assassiné trois ans plus tard.

12 JANVIER

JEU DE LOGIQUE

La forme n° 2. En examinant les vues A et B, on voit que le 2 est entouré des valeurs 1, 6, 4 et 3, ce qui n'est pas le cas des nos 1 et 4. On remarquera par ailleurs que l'orientation des points du 6 par rapport au 1 n'est pas bonne sur la forme n° 3.

SUDOKU

9	8	4	3	6	7	2	1	5
2	5	1	8	9	4	6	3	7
6	7	3	2	5	1	4	8	9
4	9	6	5	7	3	1	2	8
5	1	8	4	2	6	9	7	3
3	2	7	9	1	8	5	4	6
8	3	2	6	4	5	7	9	1
7	4	5	1	8	9	3	6	2
1	6	9	7	3	2	8	5	4

KAKURO

13 JANVIER

MOTS CROISÉS

	1	2	3	4	5	6	7	8	9	10	11	12	13	14
I	J	E	A	N	C	A	B	U	T	■	C	A	P	S
II	O	P	■	R	O	B	O	T	I	S	A	■	R	E
III	S	A	I	■	N	I	N	■	R	A	T	I	O	N
IV	P	I	L	O	T	E	■	G	E	■	H	■	M	■
V	I	S	■	L	E	T	A	L	■	B	E	A	U	F
VI	N	■	C	A	R	I	C	A	T	U	R	A	■	E
VII	■	A	U	V	E	N	T	S	■	R	I	■	T	I
VIII	B	D	I	■	N	■	E	■	T	I	N	T	I	N
IX	D	O	R	O	T	H	E	E	■	N	E	A	N	T

14 JANVIER

LA PREUVE PAR 9

1 : sterlet. 2 : lettres. 3 : Étretat. 4 : attester. 5 : starlette.

JEU DE LOGIQUE

A est forcément égal à 1. En combinant les deux premières informations, on a C + A + A + A + B = B – A + C + D, ce qui donne en simplifiant A + A + A = D – A, donc D = 4. De la troisième, on déduit que B = 8. De la première, que C = 6. Et E est forcément égal à 9.
Solution : 1864-1948, Louis Lumière.

Janvier

15 JANVIER

LE PERSONNAGE CÉLÈBRE

1	C	O	M	P	T	I	N	E
2	D	I	A	T	R	I	B	E
3	B	O	R	D	E	A	U	X
4	G	L	I	S	S	A	D	E
5	C	O	U	L	O	I	R	S
6	I	N	S	C	R	I	R	E

Solution : Marius Trésor.

MARIONS-LES

A : 4. B : 6. C : 8. D : 9. E : 2. F : 3. G : 10. H : 5. I : 7. J : 1.

16 JANVIER

COMPTABILITÉ

Il y a 43 cercles.

MOTS CASÉS

C	A	R	D	I	N	■	B	A	L	M	A	I	N
O	I	E	■	R	E	P	A	R	A	I	S	■	A
U	N	G	A	R	O	■	R	A	C	E	■	C	R
R	E	A	G	I	■	R	■	S	R	■	M	A	C
R	■	L	I	T	R	O	N	■	O	K	A	P	I
E	R	■	L	A	■	C	E	C	I	L	E	■	S
G	I	V	E	N	C	H	Y	■	X	E	R	U	S
E	P	I	■	T	O	A	S	T	■	I	L	■	E
S	E	T	T	E	R	S	■	P	A	N	S	E	S

VRAI OU FAUX

1 : faux. Elle était gardienne dans l'équipe de football de son quartier. 2. : faux. Elle a été découverte par Sarah Doukas, de l'agence Storm, avant de signer un contrat avec Calvin Klein. 3 : faux : elle mesure environ 1,70 m et pèse environ 50 kg. 4 : vrai. 5 : faux. Elle a eu une liaison avec Johnny Depp, mais le père de Lila Grace se nomme Jefferson Hack. 6 : vrai. Elle a dû présenter des excuses publiques afin d'éviter de perdre plusieurs contrats.

17 JANVIER

SUPERPOSITIONS

Sur la forme 1, placer la 4 puis la 5.

18 JANVIER

LE PERSONNAGE DU JOUR

Gaston Gallimard.

19 JANVIER

MOTS CROISÉS

	1	2	3	4	5	6	7	8	9	10	11	12	13	14
I	C	A	R	L	P	E	R	K	I	N	S	■	D	I
II	O	C	■	E	U	■	H	A	N	■	E	R	E	■
III	C	C	C	P	■	M	E	T	A	L	L	I	C	A
IV	H	O	I	R	I	E	■	A	C	E	S	■	O	R
V	R	U	B	E	O	L	E	■	H	I	■	D	N	A
VI	A	R	O	U	N	D	T	H	E	C	L	O	C	K
VII	N	U	I	S	■	O	■	O	V	A	I	R	E	■
VIII	■	E	R	E	M	I	S	T	E	■	V	E	R	T
IX	O	S	E	■	I	S	S	U	■	P	E	R	T	E

CHARADE

Vie – go – mort – ten – sen : Viggo Mortensen.

20 JANVIER

MOTS CASÉS

G	L	A	C	E	■	A	M	U	N	D	S	E	N
E	A	U	■	L	O	D	E	N	■	R	U	■	O
L	I	T	R	E	■	E	C	I	M	E	■	U	R
■	D	O	U	I	L	L	E	■	E	G	A	R	D
F	■	U	■	S	A	I	N	T	■	E	N	V	I
R	I	R	A	■	P	E	A	R	Y	■	S	I	R
O	N	■	U	N	E	■	T	I	E	N	■	L	■
I	C	E	B	E	R	G	■	A	T	O	L	L	S
D	A	T	E	S	■	I	N	S	I	N	U	E	E

QUIZ AUDREY HEPBURN

1 : A. *Sabrina* date de 1954 et *Drôle de frimousse* de 1957. 2 : C. 3 : A. 4 : C. Elle a tourné avec Cary Grant dans *Charade*, de Stanley Donen (1963), et avec Sean Connery dans *la Rose et la Flèche*, de Richard Lester (1976).

21 JANVIER

VRAI OU FAUX

1 : vrai. 2 : faux. C'est le 10 mars. 3 : vrai. 4 : faux. Marat meurt assassiné par Charlotte Corday dans sa baignoire. 5 : vrai. 6 : faux. La loi s'appelle la « loi des suspects ».

LE PERSONNAGE CÉLÈBRE

1	G	R	A	N	D	E
2	E	M	I	R	A	T
3	E	N	D	I	V	E
4	N	A	N	T	I	E
5	A	L	Y	S	S	E

Solution : Geena Davis.

22 JANVIER

CHENILLE

	B U — U E L
– N + T	T U B U L E
– U + O	B O U L E T
– B + R	L O U T R E
– L + N	T O U R N E
– O + A	N A T U R E
– E + M	M U R A N T
– T + U	M U R N A U

TEXTE À TROUS

Brunis – viande – boucher – autre – jambes – bras – ensemble – Anonyme – individualisée – personnalité – religion.

23 JANVIER

L'ENGRENAGE

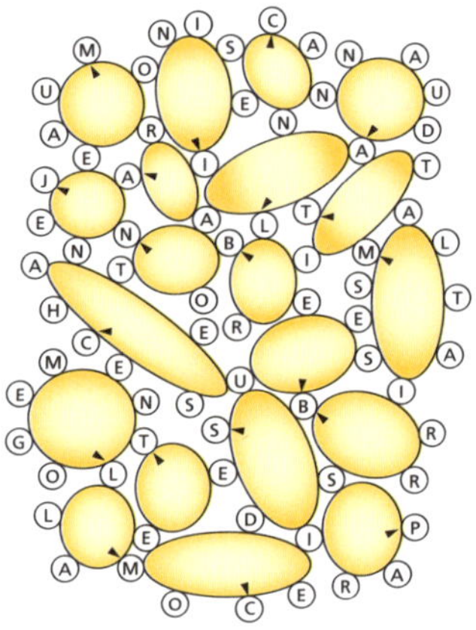

24 JANVIER

CHRONOFILMS

T : *Ah ! les belles bacchantes* (1954). H : *Clara et les méchants* (1958). E : *Vous n'avez rien à déclarer ?* (1959). A : *Le Viager* (1972). T : *Mortelle Randonnée* (1983). R : *Nelly et M. Arnaud* (1995). E : *Albert est méchant* (2004).
Solution : théâtre.

ESCALETTRES

	I S O
+ N	S O I N
+ C	S I N O C
+ A	C A S I N O
+ H	A N C H O I S
+ M	M O H I C A N S
+ T	M A C I N T O S H

Solution : Macintosh.

25 JANVIER

LE VERTICALETTRES

1		G	E	M	M	E	
2	T	A	H	I	T	I	
3			A	K	O	Y	A
4		O	R	I	E	N	T
5				M	A	B	E
6	B	A	R	O	Q	U	E
7	H	U	Î	T	R	E	
8			M	O	U	L	E

Solution : Mikimoto.

26 JANVIER

À FLEUR DE MOTS

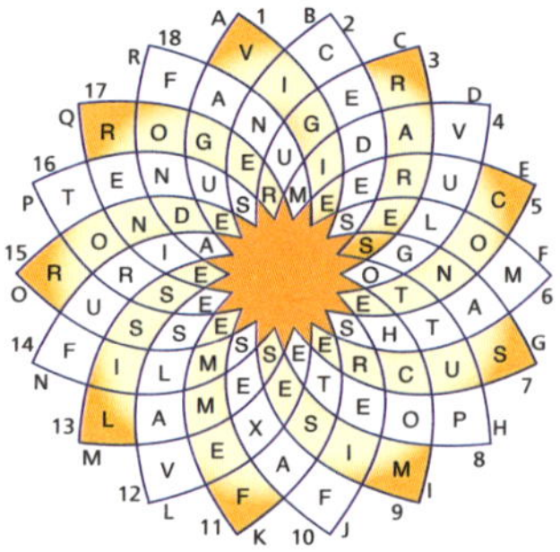

SUITE LOGIQUE

La figure 3 : la figure a un côté de plus à chaque fois et contient alternativement deux ronds verts et deux ronds rouges.

27 JANVIER

MOTS CROISÉS

	1	2	3	4	5	6	7	8	9	10	11	12	13	14
I	L	E	S	P	A	U	V	R	E	S	G	E	N	S
II	E	X	I	L	■	D	O	U	B	L	E	■	O	U
III	J	A	C	O	B	I	N	■	R	A	Y	U	R	E
IV	O	M	■	M	E	N	T	I	O	N	S	■	M	E
V	U	■	A	B	L	E	■	D	I	G	E	R	E	■
VI	E	C	U	■	A	S	T	I	C	■	R	E	■	D
VII	U	L	T	I	M	E	■	O	I	E	■	V	I	E
VIII	R	I	E	T	I	■	E	T	E	R	N	E	L	■
IX	■	O	L	E	■	U	T	■	N	E	E	■	E	X

LE CRÉNEAU

1	2	3	4	5	6
V	M	H	T	M	T
I	O	U	R	I	R
O	U	D	E	N	E
L	I	S	F	U	S
O	S	O	L	T	O
N	E	N	E	E	R

Solution : Louis de Funès.

Janvier

28 JANVIER

CHENILLE

	N I C O L A S
– L + N	C A N N O I S
– C + F	F A N I O N S
– N + R	F O R A I N S
– I + B	F O R B A N S
– F + C	B R O N C A S
– B + Y	C R A Y O N S
– N + Z	C O R Y Z A S
– C + K	S A R K O Z Y

LES COUSINS

Archives (V), prise (I), couleurs (L), clips (L), perche (E), firme (R), série (E), muet (T).
Solution : Jacques Villeret.

29 JANVIER

MARIONS-LES

A : 4. B : 9. C : 8. D : 10. E : 5. F : 1. G : 3. H : 2. I : 6. J : 7.

30 JANVIER

CARTE EN QUESTIONS

1 : Sarajevo. 2 : Tel-Aviv. 3 : Hilversum (Pays-Bas). 4 : Paris. 5 : Washington. 6 : Marseille. Le ministre français des Affaires étrangères Louis Barthou, chargé d'accueillir Alexandre Ier, fut également assassiné. 7 : Beyrouth. 8 : Lyon. 9 : Dallas. 10 : Coyoacán, près de Mexico. 11 : Stockholm. 12 : Berlin.

31 JANVIER

ÉLIMINATHÈME

J, O, R	donnent	projecteur
A, N	donnent	cinéma
T, U	donnent	acteur
E, I, L, S	donnent	réaliser

CHENILLE

	É C R I V A
I N	
– I + T	É C R I V A N T
– V + O	C A N O T I E R
– C + R	N O I R Â T R E
– N + P	P O R T E R A I
– A + E	P R É T O I R E
– I + R	R E P O R T E R

MOTS CASÉS

R	E	P	O	R	T	E	R	■	B	R	A	V	O
O	P	E	R	A	■	N	E	R	I	■	C	O	R
M	A	L	A	I	S	■	S	U	R	P	A	Y	A
A	V	E	N	T	U	R	I	E	R	■	D	A	L
N	E	■	T	■	P	O	S	E	■	L	E	G	E
C	■	D	E	C	R	U	T	■	L	I	M	E	■
I	D	E	■	R	E	L	A	T	I	V	I	S	E
E	U	■	R	O	M	A	N	■	O	R	E	■	A
R	O	S	A	C	E	■	T	U	N	E	■	W	U

Février

MOTS CROISÉS

	1	2	3	4	5	6	7	8	9	10	11	12	13	14	15	16	17	18	19	20
I	L	E	C	O	N	T	E	■	L	E	S	V	I	S	I	T	E	U	R	S
II	A	C	H	E	■	I	R	R	A	D	I	A	■	E	C	H	U	S	■	A
III	U	R	A	N	U	S	■	E	C	O	R	C	H	A	■	O	■	A	I	L
IV	T	U	T	■	Z	O	N	E	■	U	■	C	I	N	E	M	A	■	N	A
V	N	■	I	R	E	N	E	■	I	A	S	I	■	T	S	A	R	S	■	C
VI	E	C	L	A	T	■	M	A	R	R	A	N	T	■	P	S	A	U	M	E
VII	R	O	I	■	I	O	■	N	■	D	M	■	G	A	I	■	B	R	I	S
VIII	■	C	E	P	E	■	M	A	R	M	O	T	■	N	O	C	I	F	S	■
IX	S	U	Z	A	N	N	E	■	E	O	L	I	E	N	N	E	S	■	T	B
X	E	F	■	R	■	I	C	E	L	L	E	■	P	O	■	S	A	U	R	E
XI	R	I	P	O	U	X	■	N	U	I	■	M	A	N	H	A	T	T	A	N
XII	R	E	N	D	■	E	G	E	E	N	S	■	R	C	■	R	I	■	L	I
XIII	E	■	E	I	N	■	R	E	■	A	T	H	■	A	N	■	O	N	■	G
XIV	A	Q	U	E	U	S	E	■	A	R	A	S	A	I	■	U	N	I	O	N
XV	U	S	■	R	E	A	C	T	I	O	N	■	S	T	A	R	■	L	O	I

PROGRESSE-CASES

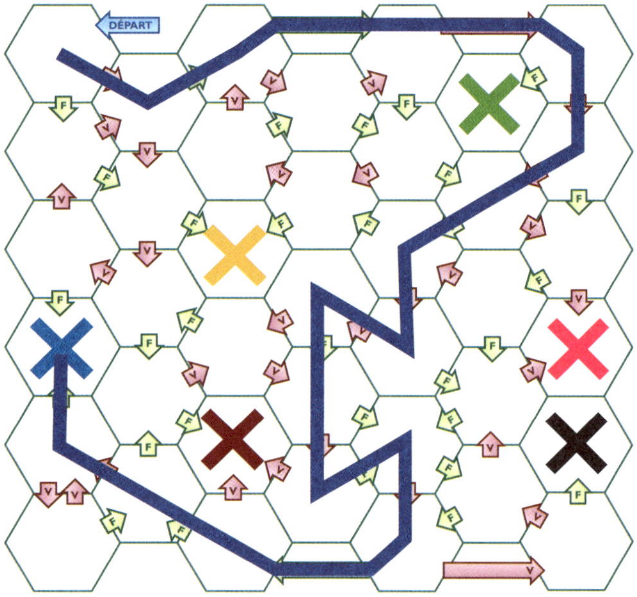

1er FÉVRIER

TRIPLETS D'EXPRESSIONS

1 : dégâts. 2 : aigu. 3 : réserve. 4 : rampe. 5 : yo-yo. 6 : conduite. 7 : outre. 8 : Web. 9 : long.
Solution : Darry Cowl.

VRAI OU FAUX

1 : vrai. À Alger très précisément. 2 : faux. Il a été élu en Meurthe-et-Moselle. 3 : faux. Emmaüs existait depuis 1949. 4 : vrai (*Hiver 54* de Denis Amar, 1989). 5 : faux. Il était grand officier de la Légion d'honneur depuis 2001. 6 : vrai. Ainsi que sur le célibat des prêtres et l'ordination des femmes.

MOTS CASÉS

M	O	N	A	C	O	■	O	U	R	A	G	A	N
U	T	■	L	I	■	C	A	R	O	L	I	N	E
■	I	D	E	■	C	A	S	E	M	A	T	A	T
S	T	E	P	H	A	N	I	E	■	D	■	P	■
C	E	P	■	O	■	Y	S	■	A	I	L	E	S
R	■	P	A	U	L	O	■	V	S	■	O	S	T
I	L	■	P	R	I	N	C	I	P	A	U	T	E
P	A	L	A	I	S	■	R	A	I	N	I	E	R
T	O	U	X	■	P	R	I	N	C	E	S	S	E

2 FÉVRIER

JEU PHONÉTIQUE

1 : Laurel et Hardy, Lewis. 2 : Villeret, de Funès, Serrault. 3 : Allen, Carmet, Poiret, Noiret.

MOTS CROISÉS

	1	2	3	4	5	6	7	8	9
I	H	I	V	E	R	N	A	G	E
II	I	R	E	■	E	I	D	E	R
III	B	I	R	B	E	■	O	R	E
IV	E	S	S	A	R	T	■	C	■
V	R	E	A	L	■	E	C	U	S
VI	N	E	T	T	E	S	■	R	E
VII	A	S	I	E	■	S	T	E	M
VIII	N	■	L	■	B	O	U	S	E
IX	T	U	E	R	O	N	T	■	R

SUDOKU

8	4	3	6	9	5	7	2	1
5	9	6	1	2	7	8	3	4
2	1	7	4	3	8	5	9	6
1	7	9	5	6	3	2	4	8
4	5	8	2	7	9	6	1	3
3	6	2	8	1	4	9	7	5
6	3	4	9	5	2	1	8	7
7	2	5	3	8	1	4	6	9
9	8	1	7	4	6	3	5	2

3 FÉVRIER

LE SERPENT

1 : *Urgences*. 2 : estomac. 3 : Macy. 4 : cystite. 5 : ténifuge. 6 : George. 7 : gerça. 8 : Carol. 9 : rôles. 10 : lésion. 11 : onde. 12 : déca. 13 : Carter. 14 : terminal. 15 : altier. 16 : Tierney.

LE COMPAS DANS L'ŒIL

1 : C. Dont 32 millions pour les États-Unis. En 1992, à Albertville, on en sera déjà à 1,48 milliard de francs… 2 : B. env. 2 800 athlètes. 3 : C. 15 médailles (4 d'or, 4 d'argent et 7 de bronze). Aux Jeux français de Grenoble (1968) et d'Albertville (1992), elle n'en avait obtenu que 9, et en 1956… aucune !

LE CRÉNEAU

1	R	A	J	O	U	T
2	M	E	N	H	I	R
3	E	S	C	A	L	E
4	B	A	S	S	E	T
5	B	R	A	V	E	R
6	A	C	T	E	U	R
7	C	R	E	S	U	S

Solution : John Cassavetes, réalisateur notamment d'*Une femme sous influence* (1974) et de *Gloria* (1980).

4 FÉVRIER

LE VERTICALETTRES

1	AIMEE
2	STUDIO
3	EVASION
4	CLAP
5	COUPEZ
6	CHAPEAU
7	FUGITIF
8	BRONTE
9	SON

Solution : Ida Lupino.

5 FÉVRIER

VRAI OU FAUX

1 : faux. Seule Mary Pickford, déjà en fin de carrière, ne bénéficia pas de la United Artists. 2 : vrai. 3 : vrai. 4 : faux. C'était le nom de la maison (de 45 pièces) offerte par le marié à son épouse. 5 : vrai. 6 : faux. Contrairement à cette légende, il utilisait un cascadeur professionnel (Richard Talmadge le plus souvent).

CUBES

Singapour, Indonésie, Thaïlande.

6 FÉVRIER

MOTS FLÉCHÉS

	F		I		U		S		A	
P	I	E	C	E	S		P	O	N	T
	L		I		U	N	E		G	E
E	M	S		C	R	O	C	H	E	T
		A	C	H	E		T	U		I
C	A	C	A	O		M	A	M	A	N
	M		M	U	S	I	C	A	L	E
R	I	D	E	A	U		L	I	T	
		A	R	N		R	E	N	E	S
B	E	T	A		S	I		E	S	T
	U	T		E	U	R	E		S	A
T	H	E	A	T	R	E		V	E	R

COUPE-LETTRES

C	R	A	M	B	E	S	M
T	R	E	I	L	L	E	E
R	O	N	D	E	U	R	N
C	H	A	U	S	S	E	U
C	H	A	R	T	E	R	H
E	T	O	I	L	E	S	I
B	R	O	N	C	H	E	

Solution : Yehudi Menuhin.

Février

10 FÉVRIER

LOGIGRAMME

Indice 1 : trois pièces peuvent prendre en diagonale, le fou, la reine et le pion. Pat a gagné 15 000 (5 + 10) ou 25 000 dollars (10 + 15). Lech et le vainqueur de Deep Black ont encaissé entre 5 000 et 15 000 dollars.
Indice 2 : l'ordinateur au nom le plus rock est Deep Purple, un des groupes fondateurs du hard rock en Angleterre. Kader a donc battu Deep Purple. Il a encaissé entre 5 000 et 15 000 dollars, tout comme le joueur qui a réalisé un mat par la tour. Celui qui a terminé par le déplacement d'un pion a encaissé 15 000 ou 25 000 dollars.
Indice 3 : Matt a encaissé 10 000 dollars. Par élimination et grâce aux indices 1 et 2, c'est donc Théo qui a empoché 50 000 dollars, plus haute somme mise en jeu. Théo est le vainqueur du tournoi, il a battu Deep Pink. Lech et Kader ont donc empoché 5 000 ou 15 000 dollars. Et c'est Pat qui en a gagné 25 000. De l'indice 1, on déduit que Pat (25 000 dollars) a gagné autant que Lech (15 000 dollars) et Matt (10 000 dollars), le joueur qui a donc défait Deep Black. Kader n'a par élimination gagné que 5 000 dollars pour sa victoire sur Deep Purple. De l'indice 2, il ressort alors que Matt a conclu sa partie grâce à une tour et Lech la sienne grâce à un pion.
Indice 4 : l'échec de Deep Black a rapporté 10 000 dollars, l'échec par la reine n'en a donc rapporté que 5 000. Parmi les pièces pouvant prendre en diagonale à l'indice 1, on établit que Pat a utilisé le fou. Par élimination, Théo a donc fait mat par un cavalier. On conclut par l'indice 4 : puisque Deep Yellow n'a pas été mis mat par un fou, c'est le pion de Lech qui l'a terrassé. Le fou de Pat a pour sa part eu raison de Deep White.

Tableau des réponses

Joueur	Kader Oké	Lech Ekemat	Matt Duberger	Pat Forcé	Théo Ridujeu
Ordinateur	Deep Purple	Deep Yellow	Deep Black	Deep White	Deep Pink
Pièce	Reine	Pion	Tour	Fou	Cavalier
Gain	5 000 dollars	15 000 dollars	10 000 dollars	25 000 dollars	50 000 dollars

LABYRINTHE

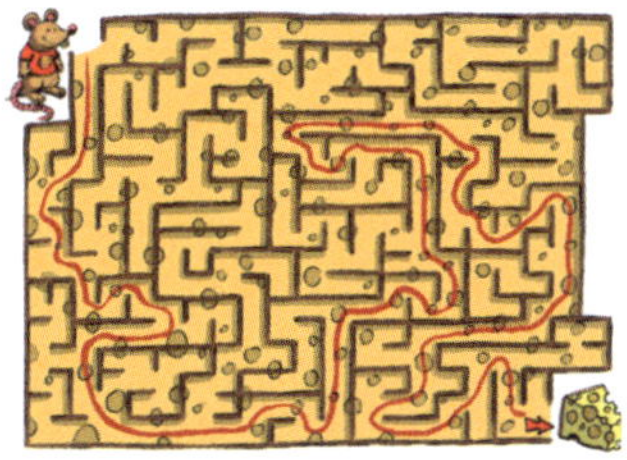

CASE-CHIFFRES

119
60 59
29 31 28
14 15 16 12
8 6 9 7 5

7 FÉVRIER

QUIZ *NEW YORK, NEW YORK*

1 : C. 2 : C. 3 : C. 4 : A, B et C.

ANATITRES

1 : *Manhattan* (1979). 2 : *Marathon Man* (1976). 3 : *le Parrain* (1972). 4 : *Il était une fois en Amérique* (1984). 5 : *Taxi Driver* (1976).

8 FÉVRIER

L'INTRUS

1. : tous sont des romans de Jules Verne sauf *l'Île au trésor*, qui est de Robert Louis Stevenson ; Jules Verne a quant à lui écrit *l'Île mystérieuse*. 2 : tous sont des personnages de Jules Verne sauf Arthur Gordon Pym, imaginé par Edgar Allan Poe ; Jules Verne a toutefois écrit une continuation des aventures de ce personnage avec *le Sphinx des glaces*.

9 FÉVRIER

MOTS MÊLÉS

Solution : Phèdre.

SANDWICH

Solution : « La fortune vient en dormant, les emmerdements au réveil. »

11 FÉVRIER

QUIZ JOSEPH L. MANKIEWICZ

1 : C. 2 : A, B et C. 3 : C. Meilleur scénario pour le premier et meilleur réalisateur pour le second. 4 : C.

12 FÉVRIER

EFFACE-LETTRES

1 : Coluche. 2 : Keaton. 3 : Chaplin. 4 : Linder. 5 : Chabat. 6 : Blanc. 7 : Sellers. 8 : Blier. 9 : Richard. 10 : Timsit.

LE PERSONNAGE DU JOUR

Jean Renoir.

13 FÉVRIER

PUZZLE CROISÉ

P	A	V	E		M	O	N	D	E
A	V	E	N	T	U	R	E	U	X
R	E	S	T	E	R	A		O	P
T	U		R		A	L	E		R
I		D	E	F	I		P	R	E
	C	I	N	E		O	I	E	S
O	R	A	T	E	U	R		E	S

JEU DES 7 ERREURS

14 FÉVRIER

70 ANS CETTE ANNÉE

1 : Jane Birkin. 2 : Steven Spielberg. 3 : Diane Keaton. 4 : Charlotte Rampling. 5 : Yann Arthus-Bertrand. 6 : Mireille Mathieu. 7 : Gérard Holtz.

BOUCHE-TROUS

1 : harmonie. 2 : vinyle. 3 : homélie. 4 : honteux. 5 : patronyme. 6 : demain (*Demain ne meurt jamais* est un *James Bond* avec Pierce Brosnan).

15 FÉVRIER

LE DIAGO

B	A	S	I	N	G	E	R
B	E	L	L	U	C	C	I
D	A	R	R	I	E	U	X
A	N	D	E	R	S	O	N
R	O	B	I	N	S	O	N
C	H	A	R	I	S	S	E
G	I	R	A	R	D	O	T
T	H	O	M	P	S	O	N

Solution : Marisa Berenson.

QUIZ EMBLÈME NATIONAL

1 : A. 2 : A. Le bleu datait de Charlemagne, le blanc devint la couleur royale en 1638, le rouge fut ajouté à la Révolution. 3 : B. En 1830, avec la monarchie de Juillet, le drapeau tricolore retrouva sa place.

16 FÉVRIER

L'ÉNIGME DU VIN

1 : chablas (chablis). 2 : bosquet (bouquet). 3 : coton (corton-charlemagne). 4 : rose (robe). 5 : campagne (Champagne). 6 : jura (Jura). 7 : julienne (saint-julien). 8 : sénateurs (sauternes). 9 : chemin (chenin). 10 : côte **r** rôtie (côte-rôtie). 11 : valet (tavel). 12 : chardonneret (chardonnay). 13 : salace (Alsace). 14 : brouillé (Brouilly). 15 : cahots (Cahors). 16 : muscade (muscadet). 17 : pochard (pommard). 18 : rosette (roussette).
Il reste mare – go – haie – Ming – ouais : Margaux Hemingway. Après des problèmes d'addiction à l'alcool, elle changea son prénom en Margot. Elle s'est suicidée le 2 juillet 1996, jour anniversaire du suicide de son grand-père, Ernest Hemingway.

17 FÉVRIER

QUIZ DAVID DOUILLET

1 : B. 2 : B (champion d'Europe junior en 1988). 3 : A. À Barcelone, il n'a obtenu que le bronze. 4 : A. Un seul judoka est 12e dan : Jigoro Kano.

CASE-CHIFFRES

219
106 113
52 54 59
27 25 29 30
15 12 13 16 14

Février

À L'IDENTIQUE

L'intrus est la pièce n° 4.

18 FÉVRIER

LE VERTICALETTRES

1	TARANTINO
2	GREASE
3	CAGE
4	FIEVRE
5	ESPADON
6	STALLONE
7	THURMAN
8	MAMAN

Solution: John Travolta.

L'INTRUS

La Chasse à la panthère. Il s'agit d'un film de 1909 signé Alfred Machin. Jean Rouch fut bien l'un des cosignataires de *l'An 01*, avec Alain Resnais et Jacques Doillon.

19 FÉVRIER

JEU DE LOGIQUE

Indice 1: comme Dorte est reliée à deux villes (Bravo et Clime), il s'agit donc de 2, 3 ou 6. Comme Bravo et Clime sont reliées entre elles, Dorte n'est donc ni le 3 ni le 6, mais le 2. Bravo et Clime sont par conséquent soit le 5, soit le 4. Indice 2: Avril est reliée à trois villes, c'est donc soit le 7, soit le 8. Mais comme, d'après l'indice 1, Avril n'est pas reliée à Bravo (4 ou 5, également d'après l'indice 1), Avril n'est pas le 7. Donc Avril est le 8, Bravo est le 4 et Clime est le 5. Indice 3: Ère est reliée à Flou, ce sont donc le 3 et le 1 (seule possibilité restante). Mais Ère n'est pas un terminus, c'est donc le 3 et Flou est le 1. Indice 4: il ne reste plus que le 6 et le 7, mais Gong ne peut être le 7, car cette ville est reliée à Clime. Gong est donc le 6 et le 7 abrite un village fantôme.

20 FÉVRIER

MOTS FLÉCHÉS

	E		P		P		O		C	
E	C	R	I	V	A	I	N		U	E
	L	A	P	E	R		D	U	R	S
D	A		E	T	I	R	E		E	S
	I	S		U	S		S	I		A
G	R	A	V	E		P		R	O	I
		T	U		R	O	M	A	N	S
S	P	A	S	M	E	S		I	D	
	I	N		A	V	E	C		U	R
J	E		A	G	E		R	E	L	U
	C	A	R	M	E	L	I	T	E	S
D	E	S		A	S	E		A	R	E

CHENILLE

	THÉÂTRE
–T +I	HÊTRAIE
–H +L	ATELIER
–E +B	TRIBALE
–T +C	BERCAIL
–A +O	BRICOLE
–E +O	BROCOLI
–R +H	BOLCHOÏ

LE VERS CACHÉ

« Elle ne savait pas que l'Enfer c'est l'absence. »

21 FÉVRIER

CARRÉ DE 7

Horizontalement: A: Le Havre. B: Pierrot. C: héroïne. D: atelier. E: copiste. F: crantés. G: édition.
Verticalement: 1: notaire. 2: adroite. 3: philtre. 4: versant. 5: épeiche. 6: entoilé. 7: croiser.

22 FÉVRIER

QUIZ SIMONE SIMON

1: C. 2: C. 3: C. De ses vrais nom et prénoms Simone Thérèse Fernande Simon. 4: A, B et C.

23 FÉVRIER

NOMBRES CROISÉS

	1	2	3	4	5
I	1	9	0	4	
II	8	8		5	1
III	9		1	6	9
IV	4	7	0		1
V		7	1	0	4

KAKURO

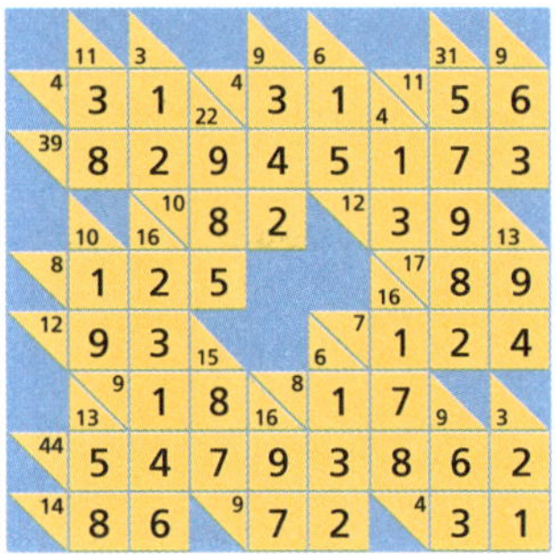

LE PERSONNAGE CÉLÈBRE

1	J	A	C	A	S	S	E	R
2	A	B	R	E	G	E	N	T
3	C	A	M	P	A	G	N	E
4	Q	U	I	N	A	U	D	S
5	U	L	C	E	R	E	E	S
6	E	M	B	A	L	L	E	R
7	S	C	A	N	D	A	L	E

Solution: Jacques Séguéla.

24 FÉVRIER

ANAGRAMMES CROISÉES

	1	2	3	4	5	6	7	8	9	10	11	12	13	14
I	C	O	A	L	I	S	E	R		P	A	L	P	E
II	O	R	D	I	N	A	T	E	U	R		E	U	S
III	M	E	N	U		C	H	I	N	O	N		Y	
IV	P		E	R	E		E	N	E	M	A	S		A
V	U	S		E	N	C	R	E		P	U	I	E	Z
VI	T	E	C		T	O	N		I	T	T		D	E
VII	E	C	H	A	R	N	E	R		S	I	L	E	R
VIII	R	A	T		E		T	A	N		L	E	N	T
IX	S	M	I	L	E	Y		M	O	D	E	M		Y

Solution: Palpe (ligne I) a pour anagramme Apple, marque d'ordinateurs créée par Steve Jobs et Steve Wozniak.

SUDOKU

5	8	4	6	1	3	2	7	9
2	1	9	8	7	5	3	6	4
3	7	6	4	9	2	1	8	5
7	3	1	2	4	8	9	5	6
4	9	2	7	5	6	8	3	1
8	6	5	9	3	1	7	4	2
9	2	7	5	8	4	6	1	3
6	5	3	1	2	7	4	9	8
1	4	8	3	6	9	5	2	7

25 FÉVRIER

JEU DE LOGIQUE

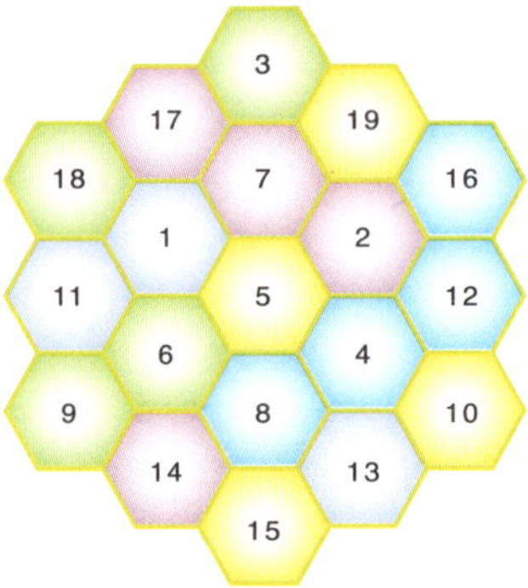

CASE-BRIQUES

C	H	O	R	A	L	E	
M	E	D	U	S	E	R	
O	R	P	H	E	O	N	
O	B	S	C	E	N	E	
V	E	G	E	T	A	L	
B	R	O	C	A	R	D	
E	T	O	U	R	D	I	

Solution: Herbert Léonard.

26 FÉVRIER

QUIZ HONORÉ DAUMIER

1: C. Le héros de Shakespeare fit l'objet de lithographies en 1864, mais elles étaient signées de la main d'Eugène Delacroix. 2: A. C'est le 19 décembre 1869 qu'est paru le premier numéro de *la Marseillaise*, et à cette époque Daumier venait de se retirer avec sa femme à Valmondois. 3: A. Daumier était le caricaturiste attitré du journal *le Charivari*, fondé par Philipon. Ce journal était spécialement dirigé contre Louis-Philippe. C'est à la suite d'une caricature représentant Louis-Philippe en Gargantua, en 1832, que Daumier fut condamné à six mois de prison. 4: B.

27 FÉVRIER

PICTOGRILLE

LE PERSONNAGE CÉLÈBRE

1	H	E	L	I	C	O	N
2	A	N	I	M	A	T	O
3	C	R	I	A	R	D	E
4	D	I	S	Q	U	E	S
5	E	C	L	U	S	E	R
6	C	O	M	P	O	S	E

Solution: Enrico Caruso.

LE POP'ART

1C. Pop'art est l'abréviation de l'anglais *popular art*, « art populaire » car ce mouvement utilisait des objets liés à la vie quotidienne. Cependant, toutes les œuvres du pop'art valent aujourd'hui une véritable fortune ! **2B.** John Glenn est un astronaute et Chandler un écrivain ! Ce critique organisa à Londres, en 1956, une exposition intitulée « This is tomorrow », où étaient présentées des œuvres comme les portraits de Marilyn Monroe. **3B.** Marcel Duchamp avec ses « ready-made », objets présentés sans aucune transformation comme des œuvres d'art (ainsi du célèbre urinoir). Dalí et Delvaux sont des peintres surréalistes. **4B.** Mark Rothko, mort en 1970, opérait dans un registre abstrait très loin du pop'art. **5A.** C'est la Factory, lieu où passèrent de nombreux artistes : peintres, mais aussi comédiens, musiciens (ceux du Velvet Underground, par exemple). **6B.** Pour leur album *Sticky Fingers* ; la pochette originale affichait la photo d'un jean avec une véritable fermeture Éclair ! Warhol a conçu également la pochette de leur album *Love your live*. **7B.** Certes, le pop'art est souvent parodique, mais aucun mouvement artistique ne porte officiellement ce nom. **8C.** Jasper Johns, dans un tableau traité de manière très neutre. Né en 1930, c'est l'un des peintres vivants les plus chers au monde. **9A.** Jean Tinguely, qui est connu pour ses machines, parfois de très grande taille, dont les rouages et les différentes pièces fonctionnent à vide.

28 FÉVRIER

LE VERTICALETTRES

1				A	D	J	A	N	I		
2		F	A	R	M	E	R				
3		M	A	U	R	A	N	E			
4				R	E	N	A	U	D		
5		L	A	L	A	N	N	E			
6				P	I	E	T	R	I		
7		G	O	L	D	M	A	N			
8					L	A	V	O	I	N	E
9	D	O	M	B	A	S	L	E			

Solution : Jeanne Mas.

À FLEUR DE MOTS

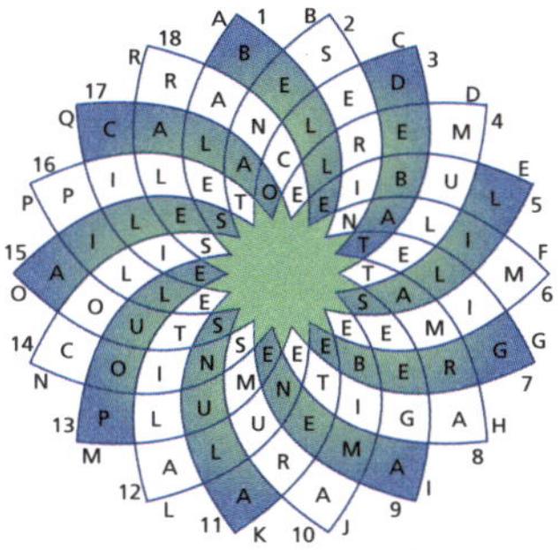

Mars

L'ÉNIGME DU FILM POLICIER

1 : limées (Georges Méliès). 2 : merci (*crime*). 3 : porter (Edwin S. Porter). 4 : blanc (Maurice Leblanc, créateur d'Arsène Lupin). 5 : fantomal (Fantômas). 6 : poireau (Hercule Poirot). 7 : barbare (Arthur Conan Doyle, *Conan le Barbare*). 8 : mienne (*ennemi*). 9 : face (*Scarface*). 10 : cagne (James Cagney). 11 : immolés (*Sommeil*). 12 : chandelier (Raymond Chandler). 13 : nominés (Georges Simenon). 14 : magret (Maigret). 15 : cordeau (*le Corbeau*). 16 : cyphoses (*Psychose*). 17 : tervueren (Éventreur). 18 : trône (Maurice Ronet). 19 : bisse (Jacqueline Bisset). 20 : rogue (rouge). 21 : copain (Al Pacino). 22 : pourris (*les Ripoux*). 23 : anneau (Jean-Jacques Annaud). 24 : névés (*Seven*). 25 : signer (Bryan Singer). **Il reste** dents – lâche – haleur – delà – nuis : *Dans la chaleur de la nuit*, film policier de Norman Jewison (1967) avec Sydney Poitier.

MOTS CROISÉS 3D

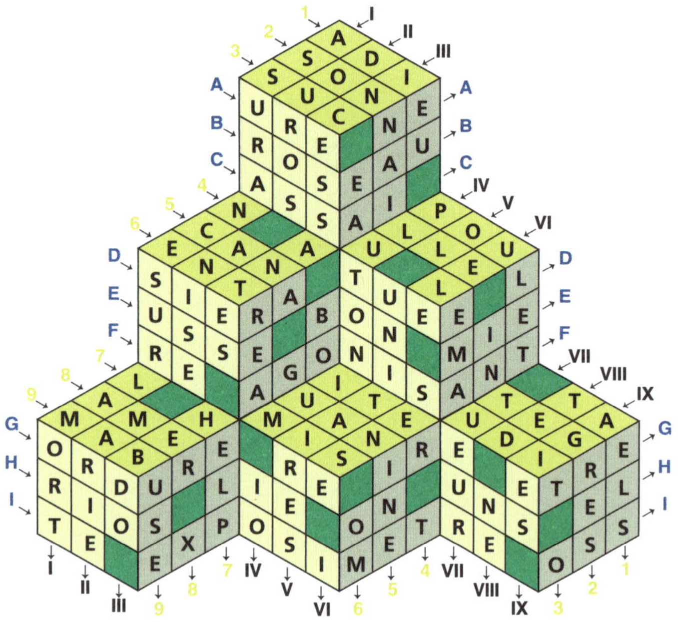

1er MARS

L'ÉNIGME DE JACQUES RIVETTE

1 : vogue (nouvelle vague). 2 : truffât (François Truffaut). 3 : inuit (*la Nuit américaine*). 4 : grincha (chagrin). 5 : Delon (Antoine Doinel). 6 : Lofant (Bernadette Lafont). 7 : cotes (contes). 8 : drava (Agnès Varda). 9 : Marina (Anna Karina). 10 : brocha (Claude Chabrol). 11 : Alain (Gérard Blain). 12 : Iserans (Alain Resnais). 13 : prêter (*Léon Morin, prêtre*). 14 : Videlle (Michel Deville). 15 : revêtit (Jacques Rivette).
Il reste parient – noue – zappe – art – tiens : *Paris nous appartient*.

2 MARS

MOTS CROISÉS

	1	2	3	4	5	6	7	8	9
I	S	T	A	R	M	A	N	I	A
II	T	A	P	■	A	V	A	N	T
III	O	R	I	E	L	■	V	E	R
IV	N	O	T	R	E	D	A	M	E
V	E	■	O	S	■	O	L	P	■
VI	■	B	Y	■	I	N	■	L	A
VII	P	L	A	M	O	N	D	O	N
VIII	O	U	■	A	D	A	■	Y	A
IX	P	E	L	L	E	T	I	E	R

FILMOGRAPHIE JENNIFER JONES

1 : *le Chant de Bernadette*. 2 : *Duel au soleil*. 3 : *Madame Bovary*. 4 : *la Renarde*. 5 : *Plus fort que le diable*.

3 MARS

COUPE-LETTRES

R	A	J	O	U	T	S	J
P	L	E	U	R	A	L	E
F	R	A	I	S	E	S	A
T	A	N	C	H	E	S	N
D	E	H	A	L	E	R	H
M	O	R	F	A	L	E	A
P	E	R	D	A	N	T	R
V	O	U	L	A	N	T	L
O	R	A	C	L	E	S	O
P	A	W	N	E	E	S	W

Solution : Jean Harlow.

CASE-BRIQUES

A	M	A	N	D	E
B	A	D	A	U	D
G	L	O	I	R	E
M	E	R	L	A	N
S	T	R	E	S	S

Solutions : Léo Malet, père du fameux détective Nestor Burma, et Marguerite Duras, auteure d'*Un barrage contre le Pacifique* et de *l'Amant*.

4 MARS

CHENILLE

	N O U G A R O
– O + A	O U R A G A N
– O + I	G U A R A N I
– A + L	G A L U R I N
– U + E	A L I G N E R
– R + T	G É N I T A L
– A + I	L I G N I T E
– G + L	T E L L I N I

LE PERSONNAGE DU JOUR

Antonin Artaud.

5 MARS

MOTS FLÉCHÉS

	L		S		O		E		R	
M	O	U	T	O	N		T	R	A	C
	I	N	O		T	R	A	I	T	E
U	S	I	N	E		E	T	C		L
		T	E	M	P	E		T	H	E
C	L	E		M	A	R	Q	U	I	S
	O		M	A	N		U	S	A	T
A	B	R	I		A	M	I		N	E
	B	E		A	C	E		S	T	
H	Y	P	O	T	H	E	S	E		O
		A	N	E	E		E	P	I	S
M	E	S	U	R	E	S		T	O	T

VRAI OU FAUX

1 : faux. Il est bien né dans le Nord, mais à Roubaix. 2 : faux. Il a cinq enfants. 3 : faux. Il a en revanche été celui de Nicolas Sarkozy. 4 : vrai. 5 : vrai. 6 : faux. Celle-ci se situe plutôt autour de 33 milliards d'euros !

6 MARS

MARIONS-LES

A : 3. B : 5. C : 10. D : 1. E : 2. F : 9. G : 8. H : 6. I : 4. J : 7.

CASE-CHIFFRES

168
88 80
46 42 38
24 22 20 18
15 9 13 7 11

7 MARS

QUIZ ANNA MAGNANI

1 : A. 2 : C. 3 : C. 4 : C.

8 MARS

LA GIRAFE

1 : femme. 2 : mère. 3 : rêve. 4 : Ève. 5 : ventre. 6 : entregent. 7 : gentillesse. 8 : sensuelle. 9 : elle. 10 : tendresse. 11 : sentiment. 12 : mental. 13 : talent. 14 : entrain. 15 : intime. 16 : mec.

GYMNASTIQUE CÉRÉBRALE

1 : A. Il n'y a aucune source de lumière dans la pièce, puisque les murs sont entièrement couverts de miroirs et qu'il n'y a pas d'objet. Vous ne voyez donc rien ! 2 : au moment où vous, sur le siège 84, croisez le 48, le siège 66 (48 **r** 84 divisé par 2) se trouve à un bout du mécanisme. À l'autre extrémité se trouve alors le siège 156 (milieu entre 152 et 160). Il y a donc 90 sièges (156 **s** 66) sur une longueur de l'installation et par conséquent le double, soit 180 sièges, au total. 3 : un seul, le cheval. Les autres le croisent et vont donc dans une autre direction !

Mars

9 MARS

MOTS CROISÉS

	1	2	3	4	5	6	7	8	9	10	11	12	13	14
I	L	I	B	E	R	T	Y	B	E	L	L	E	■	V
II	E	L	O	G	E	■	O	U	R	S	■	N	U	I
III	M	O	D	O	■	I	N	C	I	D	E	N	T	S
IV	E	T	E	■	C	O	N	A	N	■	V	O	■	I
V	R	I	N	C	A	■	E	R	E	S	■	B	A	T
VI	C	E	S	A	R	S	■	E	■	M	A	L	L	E
VII	I	R	E	■	M	U	S	S	A	I	■	I	E	U
VIII	E	■	E	X	E	C	U	T	A	T	E	S	■	R
IX	R	U	■	I	T	E	M	■	R	H	O	■	O	S

LE VERTICALETTRES

1 ZIDANE
2 JACQUET
3 MONACO
4 CORNER
5 KOPA
6 THURAM
7 PENALTY
8 FIFA
9 FRANC

Solution : Djorkaeff (Youri).

10 MARS

SYLLABUS

Mannequin. Quatermain. Casino.

VRAI OU FAUX

1 : vrai. Sur Radio Massy-Palaiseau. 2 : vrai. Sur Fun Radio. 3 : vrai. 33 heures consécutives. 4 : faux. La définition est de lui-même. 5 : vrai. 6 : vrai. Dans le rôle du présentateur TV Gérard de Bellair.

11 MARS

LES COUSINS

Brel (L), Charden (E), Lama (L), Patachou (U), Brassens (N), Montand (D), Rivers (I), Barbara (A), Renaud (U), Simon (S), Amont (O), Lara (L), Distel (E), Rossi (I), Cabrel (L).

Solution : *le au soleil.*

12 MARS

GRILLE À THÈME

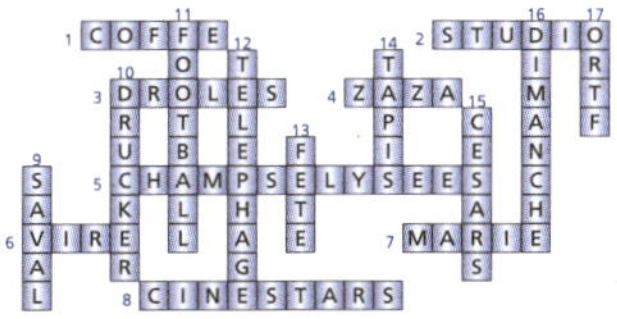

JEU DES 7 ERREURS

13 MARS

LE PERSONNAGE CÉLÈBRE

1	P	L	A	C	E	B	O
2	M	A	N	I	L	L	E
3	V	I	T	R	I	O	L
4	C	H	O	P	I	N	E
5	P	R	I	M	I	D	I
6	A	M	N	E	S	I	E
7	B	R	E	T	O	N	S

Solution : Antoine Blondin.

CASE-CHIFFRES

216
122 94
76 46 48
43 33 13 35
12 31 2 11 24

14 MARS

QUIZ ALBERT DE MONACO

1 : B. Caroline est l'aînée, Stéphanie la benjamine. 2 : C. 3 : C. 4 : B. 5 : C. En 1988, 1992, 1994 et 1998.

15 MARS

L'ENGRENAGE

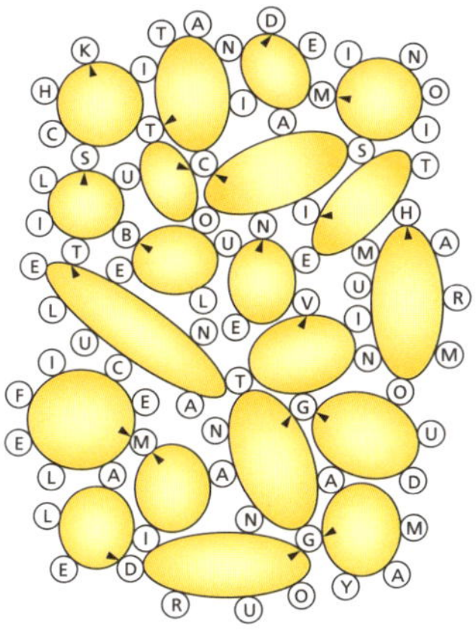

16 MARS

L'ÉNIGME DE L'ENVIRONNEMENT

1 : Moco (*Amoco Cadiz*). 2 : libérai (Liberia). 3 : *hell*, enfer en américain (Shell). 4 : Hollande, François (Lalonde, Brice). 5 : brushing (Rhin). 6 : sèves (Seveso). 7 : iode (Inde). 8 : Kamalas (Alaska). 9 : léonine (Lénine). 10 : Edika (Erika). 11 : voyante (Dominique Voynet). 12 : aumônier (Roumanie). 13 : azote (AZF signifie AZote Fertilisants). 14 : niche (Chine, province de Jilin). 15 : CEDRE.

Il reste tasse – manne – spire – hits : *Tasman Spirit*. Ce pétrolier déversa environ 40 000 tonnes de pétrole brut sur les côtes pakistanaises.

FILMOGRAPHIE BERNARDO BERTOLUCCI

1 : *le Dernier Tango à Paris*. 2 : *1900*. 3 : *le Dernier Empereur*. 4 : *Un thé au Sahara*. 5 : *Little Buddha*.

17 MARS

ANATHÉMA

1 : notateur. 2 : opéra. 3 : URSS. 4 : rat. 5 : écart. 6 : entrechat. 7 : valse.
Solution : Noureev (Rudolf), danseur et chorégraphe autrichien d'origine soviétique, décédé en 1993, qui dirigea la danse à l'Opéra de Paris de 1983 à 1989.

CASE-BRIQUES

R	E	V	I	V	R	E
S	P	I	R	A	L	E
F	I	N	A	N	C	E
C	O	C	A	G	N	E
P	R	E	V	O	I	R
R	O	N	T	G	E	N
L	I	T	C	H	I	S

Solution : Vincent Van Gogh.

18 MARS

LE PERSONNAGE DU JOUR

Arlette Laguiller.

CACHE-CACHE

Vadim (Roger). Clément (René). Tati (Jacques). Robert (Yves). Blier (Bertrand). Renoir (Jean). Cavalier (Alain). Allégret (Marc ou Yves). Demy (Jacques). Feuillade (Louis). Jeunet (Jean-Pierre). Deville (Michel). Malle (Louis). Vigo (Jean). Sautet (Claude). Carné (Marcel). Autant-Lara (Claude). Leconte (Patrice). Bresson (Robert). Boisset (Yves). Veber (Francis).

19 MARS

JEU DE LOGIQUE

14 façons : 1-2-3-5-7-9-10 ; 1-2-3-5-10 ; 1-2-4-7-5-10 ; 1-2-4-7-9-10 ; 1-4-2-3-5-7-9-10 ; 1-4-2-3-5-10 ; 1-4-7-5-10 ; 1-4-7-9-10 ; 1-6-7-4-2-3-5-10 ; 1-6-7-5-10 ; 1-6-7-9-10 ; 1-6-8-7-4-2-3-5-10 ; 1-6-8-7-5-10 ; 1-6-8-7-9-10.

LA GIRAFE

1 : Évian. 2 : Andress. 3 : salto. 4 : Oléron. 5 : onagre. 6 : Réunion. 7 : oncle. 8 : Amboise. 9 : échu. 10 : Huppert. 11 : tabou. 12 : Bourin. 13 : incarna. 14 : Alex.

20 MARS

ANATHÉMA

1 : savon. 2 : capillaires. 3 : huile. 4 : urticaire. 5 : essence. 6 : laques. 7 : lait. 8 : épilatoire. 9 : rouge.
Solution : Schueller (Eugène).

LE PERSONNAGE DU JOUR

Nikolaï Gogol.

21 MARS

QUIZ FRANÇOISE DORLÉAC

1 : C. 2 : B. 3 : C. 4 : C. Exactement 16.

22 MARS

MOTS CROISÉS

	1	2	3	4	5	6	7	8	9	10	11	12	13	14
I	S	O	C	I	A	L	C	L	U	B	■	D	U	S
II	E	C	O	L	I	E	R	E	■	L	E	Y	V	A
III	G	■	N	I	R	V	A	N	A	■	N	S	■	L
IV	U	R	G	E	■	E	P	I	N	E	T	T	E	S
V	N	I	A	N	T	■	O	N	E	■	I	O	T	A
VI	D	O	S	■	R	I	T	E	■	F	C	C	A	■
VII	O	J	■	C	O	L	E	■	C	O	H	I	B	A
VIII	■	A	P	I	V	O	R	E	■	R	E	E	L	S
IX	I	S	O	L	A	T	■	T	R	E	S	S	E	E

SUITES DE CHIFFRES

1 : 4. Remplacez chaque chiffre par la lettre de ce rang dans l'alphabet. Vous obtenez : J – F – M – A – M – J – J – A – S – O – N. La lettre D, initiale de décembre, termine cette série de lettres et donc c'est un 4 qui conclut la série de chiffres. 2 : 14. Pour passer d'un terme au suivant, on ajoute 4 puis on multiplie par 2 (ou on multiplie par 2 et on ajoute 8, processus équivalent). C'est donc 3 **r** 4 **u** 2 **t** 14 qui complète la série. 3 : 5. On passe d'un chiffre au suivant en multipliant le premier par 2 et en inscrivant le résultat à l'envers. 7 **u** 2 **t** 14, on inscrit donc 41 ; 41 **u** 2 **t** 82, on inscrit 28. 28 **u** 2 **t** 56, on écrit 65 ; 65 **u** 2 **t** 130, le chiffre inversé est 031, donc 31, et ainsi de suite. 25 **u** 2 **t** 50. Le dernier chiffre à trouver est donc 5 (05).

Mars

23 MARS

MOTS CROISÉS

	1	2	3	4	5	6	7	8	9
I	P	A	L	M	A	D	E	■	M
II	I	N	O	U	I	E	■	D	A
III	E	N	T	R	E	V	U	E	S
IV	R	E	■	A	■	O	S	L	O
V	R	■	A	I	R	S	■	I	■
VI	E	E	S	T	I	■	A	M	E
VII	■	R	I	■	R	O	B	I	N
VIII	V	I	L	L	E	R	E	T	■
IX	A	C	E	■	S	E	R	A	C

SUDOKU

7	5	1	4	2	3	8	6	9
9	8	4	6	7	1	3	2	5
2	3	6	9	8	5	1	4	7
8	6	2	3	1	7	5	9	4
5	9	7	8	6	4	2	1	3
1	4	3	2	5	9	7	8	6
4	7	5	1	9	8	6	3	2
6	1	9	7	3	2	4	5	8
3	2	8	5	4	6	9	7	1

CHENILLE

	TITANIC
–T +F	INACTIF
–T +R	INFARCI
–F +E	ICARIEN
–I +M	CARMINE
–I +O	CAMERON

24 MARS

LE PERSONNAGE CÉLÈBRE

1	R	A	M	E	Q	U	I	N	
2	A	B	E	R	R	A	N	T	
3	P	I	Z	Z	E	R	I	A	
4	H	A	R	G	N	E	U	X	
5	A	P	A	T	R	I	D	E	
6	E	P	H	E	M	E	R	E	
7	L	A	I	D	E	R	O	N	

Solution : Raphaël Mezrahi.

TRIPLETS D'EXPRESSIONS

1 : chant. 2 : opium. 3 : retenue. 4 : nez. 5 : effet. 6 : image. 7 : livret. 8 : lunettes. 9 : escargot.
Solution : Corneille.

25 MARS

LE CÉLIBATAIRE DES SÉRIES TV

Barbara Bel Geddes : 1922. Colette Renard : 1924. Elizabeth Montgomery : 1933. Linda Evans : 1942. Joanna Lumley : 1946. Courteney Cox : 1964. Mallaury Nataf : 1972. Eva Longoria : 1975. Sarah Michelle Gellar : 1977.
Solution : 1965.

26 MARS

LES MOTS DE L'IMAGE

Polar, Polaroid, pôle Nord, polichinelle, policier, politique, pollen, pollution, Polnareff, polo, polochon, Pologne, polyèdre, polygone, polystyrène.

27 MARS

LE PERSONNAGE DU JOUR

Quentin Tarantino.

28 MARS

LE VERTICALETTRES

1 OPERA
2 BRAHMS
3 MARCHE
4 BACH
5 HYMME
6 RAVEL
7 CARMEN
8 ORATORIO
9 PAGANINI
10 CANONS
11 TCHAIKOVSKI

Solution : Rachmaninov (Sergueï).

29 MARS

À FLEUR DE MOTS

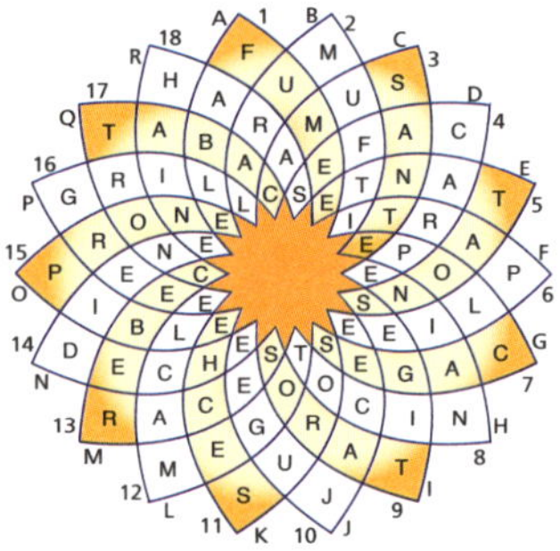

LE DIAGO

L	U	M	I	E	R	E
R	A	L	E	N	T	I
C	A	M	E	R	A	S
D	O	U	B	L	E	R
W	E	S	T	E	R	N
A	U	T	E	U	R	S
C	H	A	R	I	O	T

Solution : Lambert (Christophe).

30 MARS

L'ENGRENAGE

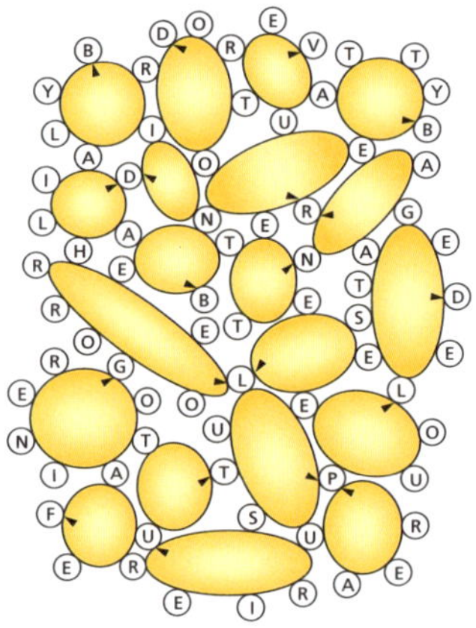

40 ANS CETTE ANNÉE !

1 : Angelina Jolie. 2 : Marion Cotillard. 3 : David Beckham. 4 : Yann Barthès. 5 : Olivier Besancenot.

31 MARS

MOTS MÊLÉS

Claude Allègre. Il a soulevé une polémique dans des chroniques de *l'Express* en relativisant l'influence de l'action de l'homme sur le climat. Les Verts et certains climatologues ont réagi violemment, rétorquant que « l'effet de serre » est un phénomène aujourd'hui établi.

JEU DE LOGIQUE

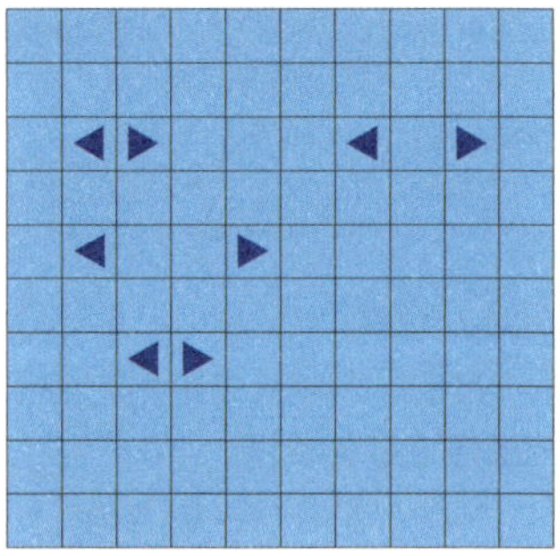

SANDWICH

« La présidence n'est pas un concours de popularité. »

Avril

MOTS CROISÉS

	1	2	3	4	5	6	7	8	9	10	11	12	13	14	15	16	17	18	19	20
I	B	U	F	F	A	L	O	B	I	L	L	■	H	E	R	O	I	Q	U	E
II	R	I	O	■	P	A	S	■	N	A	■	B	A	T	A	R	D	■	S	N
III	O	■	R	E	A	■	T	A	S	S	E	■	W	A	N	T	E	D	■	F
IV	O	E	D	I	C	N	E	M	E	■	R	A	K	I	■	I	■	U	R	E
V	K	N	■	R	H	I	N	O	C	E	R	O	S	■	M	E	T	■	A	R
VI	S	C	I	E	E	■	S	U	T	R	A	S	■	D	E	S	E	R	T	■
VII	■	O	C	■	S	B	I	R	E	■	N	T	E	■	L	■	T	U	A	S
VIII	E	R	O	S	■	A	B	■	S	A	C	E	R	D	O	C	E	■	T	E
IX	L	E	N	T	I	L	L	E	■	L	E	■	I	O	■	O	R	L	O	N
X	D	■	O	R	■	L	E	S	T	A	■	R	E	N	A	L	■	A	U	■
XI	O	B	L	A	T	E	■	T	A	S	S	A	■	N	■	T	I	P	I	S
XII	R	■	O	T	E	■	P	E	C	K	I	N	P	A	H	■	P	A	L	E
XIII	A	N	G	E	■	F	E	R	I	A	■	C	I	■	U	T	E	■	L	M
XIV	D	O	U	G	L	A	S	■	T	■	C	H	E	V	A	U	C	H	E	E
XV	O	S	E	E	■	R	O	D	E	O	S	■	S	A	S	S	A	S	S	E

1er AVRIL

L'ENGRENAGE

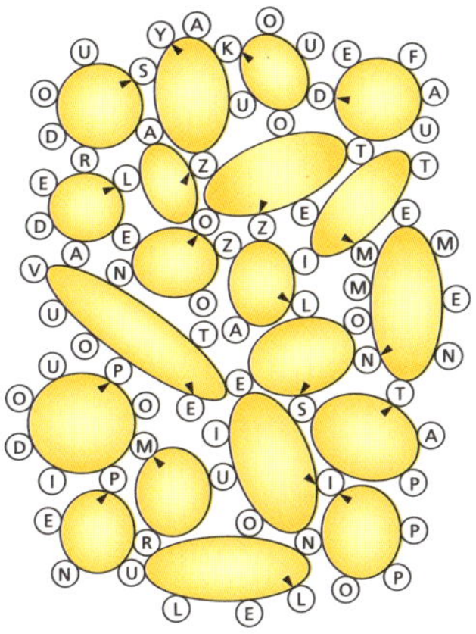

LE PERSONNAGE CÉLÈBRE

1	F	O	U	R	B	E
2	R	A	P	I	D	E
3	A	I	R	B	A	G
4	N	U	M	E	R	O
5	C	O	U	R	I	R
6	K	A	B	Y	L	E

Solution : Franck Ribéry.

MOTS CROISÉS MYSTÈRE

	1	2	3	4	5	6	7	8	9
I	R	I	C₁	E	■	P	F	U	T
II	O	T	A	■	V	A	L	S	E
III	Y	A	R	D	■	V	E₃	I	L
IV	A	L	L	E	M	A	G	N	E
V	L	I	■	S	I	■	M	E	■
VI	■	E	L	U	■	G	E	R	A
VII	P	■	E	N	T	A	S	■	R
VIII	A	L	T	I	E	R	■	C	L
IX	K	I	T	S₄	■	A	B	L	E
X	I	B	O	■	A	T	H	I	S₅
XI	S	E	N	A	T	■	U	N	I
XIII	T	R₂	I	■	H	U	T	T	E
XIII	A	I	E	S	■	E	T	O₆	N
XIV	N₇	A	■	A	U	R	O	N	S

Solution : Cresson (Édith).

2 AVRIL

VRAI OU FAUX

1 : vrai. 2 : faux. Il a été candidat malheureux à l'élection présidentielle de cette année-là. 3 : vrai. De 1869 à 1871. 4 : faux. Au contraire, il a défendu l'instauration de l'impôt sur le revenu, la nationalisation des chemins de fer, la séparation de l'Église et de l'État, la suppression de l'armée permanente. 5 : faux. Il a été inhumé à Nice en 1882, et son cœur a été transféré au Panthéon le 11 novembre 1920.

SPÉCIAL GAINSBOURG

SANDWICH

Je t'aime, moi non plus.

LE TRÈFLE

1 : Lucien. 2 : Birkin. 3 : Bambou. 4 : Bardot.

MÉLI-MÉLO (... DY NELSON !)

1 : *le Drapeau noir*, Mireille Darc. 2 : *l'Anamour*, Françoise Hardy. 3 : *la Petite Rose*, Nana Mouskouri. 4 : *les Sucettes*, France Gall. 5 : *la Gadoue*, Petula Clark. 6 : *Pull marine*, Isabelle Adjani.

LE VERTICALETTRES

1. LILAS
2. VENT
3. MORT
4. POUX
5. SEINS
6. MINCE
7. MORFONDRE
8. CHOU
9. BEAT
10. REPOSE
11. EROTIQUE

Solution : *Lemon Incest*, qu'il chantait avec sa fille Charlotte.

3 AVRIL

FILMOGRAPHIE MARLON BRANDO

1 : *Un tramway nommé Désir*. 2 : *la Comtesse de Hong Kong*. 3 : *le Parrain*. 4 : *le Dernier Tango à Paris*. 5 : *Superman*.

4 AVRIL

REPÈRES CHRONOLOGIQUES MARTIN LUTHER KING

1 : E. Missiles de Cuba (1962). 2 : A. « *I have a dream* » (1963). 3 : B. Nobel de la paix (1964). 4 : F. De Gaulle réélu (1965). 5 : C. Révolution culturelle (1966). 6 : G. Guerre des Six-Jours (1967). 7 : D. Émeutes (1968). 8 : H. Apollo 11 (1969).

BOUCHE-TROUS

1 : campagnard. 2 : champagne. 3 : décampaient. 4 : crampon. 5 : clampin. 6 : cameraman.

5 AVRIL

MOTS MÊLÉS

L'Intruse.

SUDOKU

4	6	5	7	8	1	2	9	3
3	1	7	2	9	4	8	6	5
9	8	2	6	3	5	4	1	7
2	7	4	8	1	9	3	5	6
6	9	1	3	5	2	7	8	4
5	3	8	4	7	6	1	2	9
7	5	9	1	2	3	6	4	8
1	4	3	5	6	8	9	7	2
8	2	6	9	4	7	5	3	1

6 AVRIL

MOTS CROISÉS

	1	2	3	4	5	6	7	8	9
I	L	E	P	E	R	U	G	I	N
II	O	V	A	L	E	■	O	N	U
III	U	R	B	I	N	O	■	F	■
IV	V	E	S	S	E	S	■	U	T
V	R	U	T	■	■	S	A	L	I
VI	E	X	■	P	L	U	M	E	T
VII	■	■	F	E	E	■	B	■	I
VIII	H	E	L	I	O	D	O	R	E
IX	A	R	A	■	N	A	N	A	N

L'ÉCHELLE

	M			D	
M	A	T	R	I	X
	R			M	
	T			E	
T	I	M	I	N	G
	E			S	
	N			I	
E	N	C	L	O	S
	E			N	

CHENILLE

	G A N D H I
– H + E	D A I G N É
– D + M	I G N A M E
– N + R	M A I G R E
– G + H	M É H A R I
– I + C	M A R C H E

RÉBUS

Riz – eau – bras – veau : *Rio Bravo*.

Avril

7 AVRIL

SYLLABES MANQUANTES

1 : mastodonte. 2 : occultisme. 3 : uranoplastie. 4 : raréfiable. 5 : opodeldoch. 6 : ulcératif. 7 : saccharifier. 8 : imperdable.
Solution : Yves Mourousi.

CHARADE

Eau – non – dû – peu – pleut – francs – sait : *Au nom du peuple français.*

8 AVRIL

QUIZ PABLO PICASSO

1 : B. María Picasso de son nom de jeune fille. Son père (peintre, en effet) s'appelait José Ruiz. 2 : C. 3 : C. 4 : A (quatre musées, pour trois en France).

9 AVRIL

PICTOGRILLE

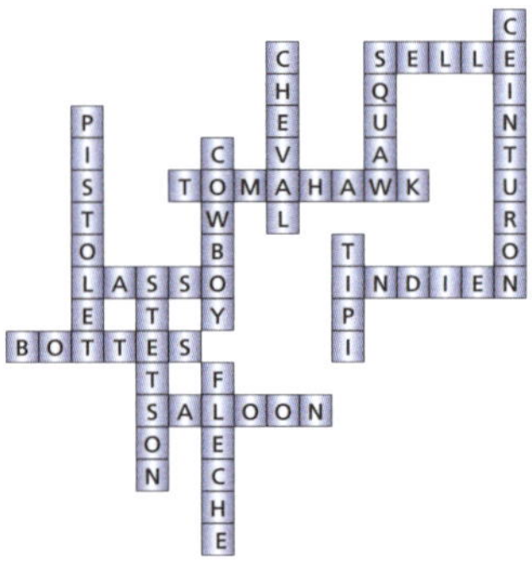

LE VERTICALETTRES

1	CAMBRIOLAGe
2	PRETRE
3	SOLITAIRE
4	SCOUMOUNE
5	BORSALINO
6	MARGINAL
7	GODARD
8	INCONNU

Solution : Jean-Paul Belmondo.

10 AVRIL

LES PERSONNAGES DU JOUR

Omar Sharif et Delphine Seyrig.

11 AVRIL

LE COMPAS DANS L'ŒIL

1 : C. 57,7 ou 58,2 °C selon les sources. Au XXe siècle, la température maximale relevée en Amérique du Nord a été de 56,7 °C en 1913, pour 48,8 °C en Europe (Espagne). 2 : D. Température en altitude, à 2 800 m, car les pôles ne sont pas plats ! Le pôle Sud est l'endroit le plus froid du globe : à la station Vostok, on a relevé – 89,2 °C en 1983. 3 : C. On a relevé 44,1 °C à Conqueyrac dans le Gard et – 41 °C à Mouthe, ville du Doubs surnommée « la petite Sibérie ». À noter qu'en Dordogne on a observé en 1962 près de 31 °C de différence entre la maximale et la minimale de la même journée à Minzac !

12 AVRIL

À FLEUR DE MOTS

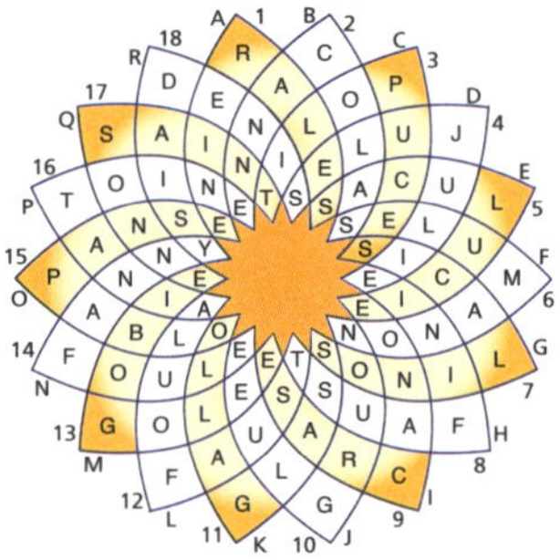

LABYRINTHE

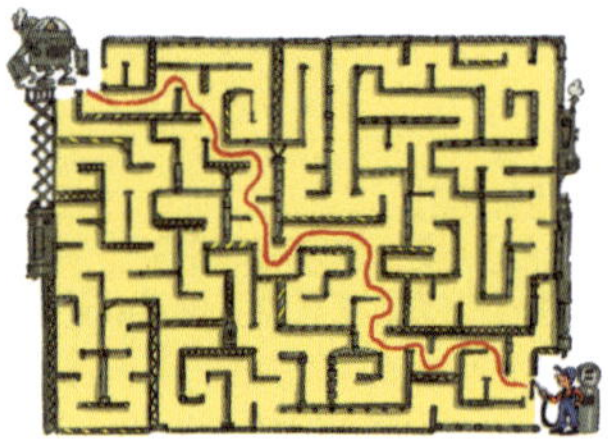

13 AVRIL

MOTS CROISÉS

	1	2	3	4	5	6	7	8	9	10	11	12	13	14
I	R	E	I	S	E	R	■	J	E	A	N	I	N	E
II	E	T	N	A	■	A	I	■	U	N	I	R	A	S
III	N	■	C	L	A	I	R	E	■	G	E	■	V	■
IV	E	P	I	E	R	R	E	■	G	O	T	L	I	B
V	■	I	S	S	U	E	■	C	R	U	■	I	C	I
VI	F	L	A	■	M	■	P	O	E	L	E	■	U	N
VII	R	O	I	S	■	F	O	U	G	E	R	O	L	E
VIII	E	T	■	A	B	A	T	S	■	M	I	N	E	T
IX	D	E	S	S	I	N	E	■	D	E	C	E	S	■

14 AVRIL

SYLLABES MANQUANTES

1 : débourgeoisé. 2 : ornemaniste. 3 : indolemment. 4 : smaragdin. 5 : nitescence. 6 : enclitique. 7 : artificieux. 8 : ultramontain.
Solution : Robert Doisneau.

15 AVRIL

LA PREUVE PAR 9

1 : aphtes. 2 : pistage. 3 : attiges. 4 : sagitté. 5 : spaghetti.

L'INTRUS

1 : tous sont des acteurs et actrices qui ont obtenu un rôle avant leur majorité, sauf Jean Gabin. 2 : tous sont des films qui ont offert les rôles principaux à des acteurs enfants, excepté *le Petit Baigneur*, comédie de Robert Dhéry avec Louis de Funès… adulte !

16 AVRIL

MOTS CASÉS

A	G	R	I	P	P	E	■	M	A	R	A	C	A
C	I	■	G	A	I	■	H	E	L	I	C	O	N
C	■	C	O	R	■	B	A	T	T	E	R	I	E
O	C	A	R	I	N	A	■	R	O	U	A	N	S
R	A	P	■	G	O	L	F	E	■	R	■	C	■
D	I	A	G	O	N	A	L	■	K	■	T	E	K
E	S	T	■	T	■	F	U	T	O	N	S	■	O
O	S	E	R	■	N	O	T	A	R	I	A	N	T
N	E	S	■	G	E	N	E	R	A	■	R	I	O

JEU DES 7 ERREURS

17 AVRIL

QUIZ CLAIRE BRETÉCHER

1 : A, B et C successivement. 2 : B. 3 : C. Cellulite est princesse, Baratine est prince. 4 : C.

18 AVRIL

JEU DE LOGIQUE

8 **r** 3 **s** 6 **v** 5 **t** 1
3 **u** 5 **r** 6 **v** 7 **t** 3
9 **s** 7 **u** 4 **v** 8 **t** 1
6 **v** 2 **u** 5 **s** 8 **t** 7
1898 **u** 1 **s** 3 **r** 1 **r** 7 **t** 1903.

19 AVRIL

MOTS CROISÉS

	1	2	3	4	5	6	7	8	9	10	11	12	13	14
I	J	A	M	M	O	T	■	A	R	M	A	N	D	■
II	E	B	O	U	E	U	R	S	■	E	V	E	■	D
III	R	U	T	■	N	B	A	■	A	R	A	■	D	O
IV	O	S	■	C	O	■	V	O	Y	E	L	L	E	S
V	M	■	N	A	P	P	E	■	S	■	A	A	■	S
VI	E	L	E	P	H	A	N	T	■	D	I	R	A	I
VII	■	I	R	R	I	T	A	■	M	A	■	D	I	E
VIII	F	A	V	A	L	E	L	L	I	■	V	E	■	R
IX	P	S	I	■	E	R	A	I	L	L	U	R	E	S

20 AVRIL

L'ENGRENAGE

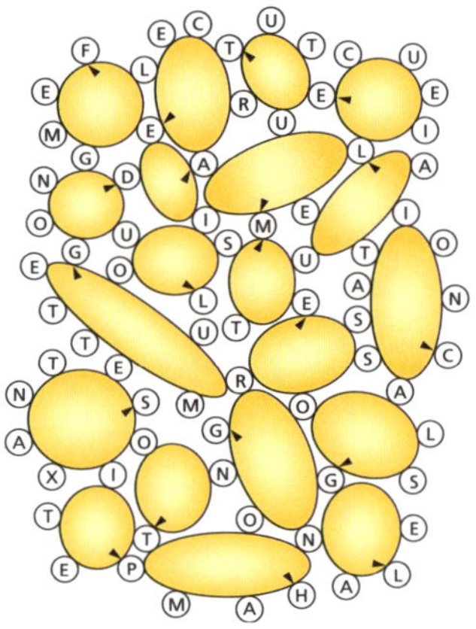

21 AVRIL

CHENILLE

	L Y O N N A I S
– Y + E	L É S I O N N A
– L + C	C A N O N I S É
– N + M	É M A C I O N S
– E + H	M O H I C A N S
– S + P	C H A M P I O N

LE PERSONNAGE CÉLÈBRE

1	M	A	R	E
2	A	V	I	S
3	N	O	C	E
4	F	O	H	N
5	R	A	T	E
6	E	C	H	O
7	D	R	O	P
8	V	I	F	S
9	O	X	E	R
10	N	A	N	A

Solution : Manfred von Richthofen ; son surnom lui venait de la couleur rouge vif de son triplan.

22 AVRIL

CHRONOFILMS

1 : *Que la fête commence* (1974). 2 : *le Cavaleur* (1978). 3 : *Garçon* (1983). 4 : *Péril en la demeure* (1985). 5 : *Outremer* (1990). 6 : *le Fils préféré* (1994). 7 : *Kennedy et moi* (1999).
Solution : l'Algérie.

SANDWICH

« La télé, c'est la maladie du cinéma. »

23 AVRIL

À FLEUR DE MOTS

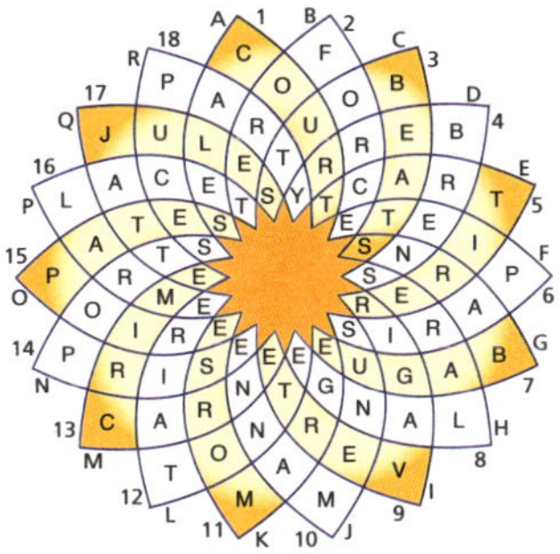

CHARADE

Cas – tri – nœud – lent – geai : Catherine Langeais.

24 AVRIL

QUIZ JEAN-PAUL GAULTIER

1 : C. Il avait vu le film *Falbalas*, de Jean Becker, et s'était décidé à envoyer un carnet de croquis à Pierre Cardin, qui le prit dans ses ateliers pendant un an en 1970. 2 : B. Corsets et seins coques ont marqué ce show en 1990. En 2006, il remet ça pour le Confessions Tour de la star en lui confectionnant des costumes Travolta, écuyère, glamour punk, et même une Passion avec couronne d'épines… 3 : A. C'est Catherine Leterrier qui a créé les costumes des *Visiteurs*. Gaultier a aussi dessiné les costumes de *la Cité des enfants perdus*, de Jean-Pierre Jeunet. 4 : B. Émission d'actualités européennes insolites, *Eurotrash* était produite par le groupe Rapido TV. Humour et érotisme s'y mêlaient dans un format de 25 minutes. Antoine de Caunes a quant à lui présenté (sans Jean-Paul Gaultier) l'émission *Rapido*, se singularisant par un débit extrêmement rapide…

25 AVRIL

MARABOUT

1 : spaghetti. 2 : Timor. 3 : Morricone, Ennio. 4 : Connery, Sean. 5 : *Rio Bravo*. 6 : Volonte, Gian Maria.

SUITE LOGIQUE

La figure 4. Chaque carré de couleur bouge d'une place à chaque étape. Le rouge se déplace vers le bas en passant alternativement entre les deux colonnes du milieu. Le bleu se déplace vers la gauche (quand il sort à gauche, il entre de nouveau à droite). Le vert se déplace vers la droite (quand il sort à droite, il entre de nouveau à gauche).

26 AVRIL

MOTS CROISÉS

	1	2	3	4	5	6	7	8	9	10	11	12	13	14
I	D	E	L	A	C	R	O	I	X	■	A	N	G	E
II	A	B	I	M	E	■	M	O	H	O	■	A	R	C
III	N	A	B	U	C	H	O	D	O	N	O	S	O	R
IV	T	U	E	R	I	E	■	E	S	■	R	E	G	I
V	E	C	R	E	T	A	S	■	A	I	D	■	N	E
VI	■	H	T	■	E	R	I	C	■	D	A	B	E	■
VII	B	E	E	R	■	S	T	E	R	I	L	I	S	E
VIII	L	E	■	O	S	T	E	N	S	O	I	R	■	R
IX	A	S	S	I	S	■	S	T	A	T	E	R	E	S

27 AVRIL

LE PERSONNAGE CÉLÈBRE

1	M	O	I	G	N	O	N
2	A	R	T	I	S	T	E
3	R	O	U	M	A	I	N
4	C	O	L	O	N	N	E
5	E	V	E	N	T	R	E
6	L	A	R	D	A	I	S

Solution : Marcel Gimond, décédé à Nogent-sur-Marne en 1961.

LA GIRAFE

1 : esclavage. 2 : agence. 3 : encens. 4 : censure. 5 : sûrement. 6 : mentor. 7 : entorse. 8 : Orsec. 9 : Secam. 10 : caméra. 11 : encéphale. 12 : haleine. 13 : inégal. 14 : galion. 15 : lionceau. 16 : autorail. 17 : railleur.

28 AVRIL

MORPHOMOTS

1 : épiglottes. 2 : loupiottes. 3 : multiposte. 4 : nilpotents. 5 : politistes. 6 : potentiels.

29 AVRIL

LES PERSONNAGES DU JOUR

André Agassi et Uma Thurman.

SYLLABUS

Conquête, Cheyennes, Peau-Rouge.

30 AVRIL

MOTS FLÉCHÉS

	E		G		A		A		M	
O	C		R	A	M	E	S		O	S
	O	Z	O	N	E		S	I	T	E
U	S	I	N	E	R	A	I		O	R
	Y		D		L		S	I		R
E	S	P	A	D	O	N		O	V	E
	T	E	T	E		A	C	N	E	
S	E	L		L	I	T	E		G	O
	M	I	L	I	E	U		V	E	R
D	E	S	I	R		R	E	S	T	A
		S	T	E	R	E	S		A	L
V	I	E		S	I		T	E	L	E

RÉBUS

Houx – chou – ail – a : *Ushuaia*.

Mai

L'ÉNIGME DU FILM D'HORREUR

1 : cotait (La Ciotat). 2 : abuse (le docteur Mabuse). 3 : ensoufrât (Nosferatu). 4 : Bela (Bela Lugosi). 5 : caféine (fiancée). 6 : crique (le cirque Barnum). 7 : ping-pong (King Kong). 8 : lardon (Jack Arnold, Arnold Schwarzenegger). 9 : romance (James Cameron).10 : ogre (gore). 11 : Roman (Roman Polanski). 12 : ramera (George Romero). 13 : sarcasme (*Massacre à la tronçonneuse*). 14 : nager (Regan). 15 : mâchoires. 16 : démina (Damien). 17 : carier (Carrie). 18 : déblai (*Amityville, la maison du diable*). 19 : Aline (*Alien*). 20 : charpentier (John Carpenter). 21 : louche (*la Mouche*). 22 : Chucky. 23 : crave (Wes Craven). 24 : greffes (*les Griffes de la nuit*). 25 : dring (*Ring*).
Il reste laque – raies – hâture – dûmes – haret : *la Créature du marais*, film de Wes Craven (1982).

MARABOUT GÉANT

1 : Carpenter. 2 : terreur. 3 : *Ring*. 4 : griffes. 5 : Freddy. 6 : *Disparue*. 7 : Russell. 8 : *Hellraiser*. 9 : *Razorback*. 10 : *Baxter*. 11 : Romero. 12 : Rosenberg. 13 : Bergman. 14 : *Maniac Cop*. 15 : Coppola. 16 : *Hannibal*. 17 : *Alien*. 18 : Nicholson. 19 : Nosferatu. 20 : *Tueurs nés*. 21 : effroyable. 22 : *Blair Witch*. 23 : Hitchcock. 24 : *Carrie*.

1er MAI

SUITE LOGIQUE

La figure 4. La case orange progresse horizontalement vers la droite, la case verte descend en diagonale vers la gauche, la case brune va vers le haut (elle se trouve masquée par la case orange dans la deuxième figure).

LE PERSONNAGE DU JOUR

Theo Van Gogh.

2 MAI

VRAI OU FAUX

1 : vrai. Au Manchester United. 2 : vrai. Alex Ferguson lui a ouvert l'arcade sourcilière. 3 : faux. Le troisième, après Laurie Cunningham et Steve McManaman. 4 : vrai. 5 : faux. C'est un film indien consacré à une jeune footballeuse. 6 : vrai.

MÉLI-MÉLO

1 : Becker et Signoret (dans *Casque d'or*). 2 : Sautet et Montand (dans *Vincent, François, Paul et les autres*). 3 : Melville et Belmondo (dans *le Doulos*).

3 MAI

MOTS CROISÉS

	1	2	3	4	5	6	7	8	9
I	M	A	C	H	I	A	V	E	L
II	E	M	I	S	■	P	E	T	A
III	D	A	M	■	B	I	N	A	I
IV	I	D	E	A	L	■	I	G	S
V	C	O	N	T	E	S	T	E	S
VI	I	U	T	■	T	A	I	R	E
VII	S	E	E	S	■	R	E	E	R
VIII	■	R	E	A	L	■	N	■	A
IX	B	A	S	S	E	S	S	E	S

SUDOKU

8	7	3	9	5	2	6	4	1
9	5	6	1	4	3	8	2	7
2	1	4	6	8	7	5	9	3
1	8	7	3	2	9	4	5	6
6	9	2	4	1	5	7	3	8
3	4	5	8	7	6	2	1	9
4	6	8	5	9	1	3	7	2
7	3	9	2	6	4	1	8	5
5	2	1	7	3	8	9	6	4

4 MAI

L'ÉNIGME D'AUDREY HEPBURN

1 : Coluche (coqueluche). 2 : rondels (Londres). 3 : molette (Colette). 4 : Omer (Rome, *Vacances romaines*). 5 : teck (Gregory Peck). 6 : Delon (William Holden). 7 : inonde (*Ondine*). 8 : Vibor (King Vidor). 9 : airâtes (Fred Astaire). 10 : coupeur (Gary Cooper). 11 : gérant (Cary Grant). 12 : amarnien (Marianne). 13 : ranger (ange). 14 : Unif (Unicef). 15 : timoré (timbre). 16 : issues (Suisse).
Il reste maille – faire – laide – hient : *My Fair Lady*, film musical de George Cukor.

5 MAI

CHENILLE

	É D I T E U R S
–R +P	D I S P U T É E
–D +L	S T I P U L É E
–P +A	L A I T E U S E
–U +G	É G A L I T É S
–I +T	G A L E T T E S
–L +C	C A G E T T E S
–S +H	G A C H E T T E
–G +H	H A C H E T T E

CRYPTOGRAMME

« Les mots en ont toujours un pour rire. »

SPÉCIAL MAI 68

CARRÉ MAGIQUE ANAGRAMMATIQUE

LAGONS 14 SLOGAN	PORTEUSE 18 ROUSPÈTE	CATION 24 ACTION	CHAÎNERA 7 ANARCHIE	MARBRÉES 5 EMBRASER
VOLETER 3 RÉVOLTE	RÉDIMER 11 MERDIER	LAVANDES 17 VANDALES	COUDAIENT 28 ÉDUCATION	SURINVESTIE 9 UNIVERSITÉS
LOVER 25 VOLER	COLTINÉES 10 ÉLECTIONS	LIMITANT 4 MILITANT	MIGRAINE 13 IMAGINER	SINUES 16 USINES
BÉLÎTRE 20 LIBERTÉ	RUGINE 27 INSURGÉ	CARTÉSIENS 8 RÉSISTANCE	FACTUEL 1 FACULTÉ	TAGUERAIT 12 AGITATEUR
LYCÈNE 6 LYCÉEN	PROTÉINE 2 ENTROPIE	BOSSAIENT 15 OBÉISSANT	ÉPINÇÂMES 19 ÉMANCIPÉS	SONOS 26 OSONS

1 : faculté. 2 : entropie. 3 : révolte. 4 : militant. 5 : embraser. 6 : lycéen. 7 : anarchie. 8 : résistance. 9 : universités. 10 : élections. 11 : merdier. 12 : agitateur. 13 : imaginer. 14 : slogan. 15 : obéissant. 16 : usines. 17 : vandales. 18 : rouspète. 19 : émancipés. 20 : liberté. 21 : pavés. 22 : marxiste. 23 : camarades. 24 : action. 25 : voler. 26 : osons. 27 : insurgé. 28 : éducation.
Les définitions 21, 22 et 23 ne renvoient à aucun mot du carré. Avec les initiales, on lit : « Ferme la rue mais ouvre la voie. »

PAVÉ CRYPTÉ

« La liberté commence par une interdiction, celle de nuire à la liberté d'autrui. »

GRAFFITI 68

1 : Nanterre. 2 : Viêt Nam. 3 : renard. 4 : politique. 5 : pavés. 6 : fliqué. 7 : Odéon. 8 : usuel. 9 : coup. 10 : saoul. 11 : ailée. 12 : ONU.
Solution : « Une révolution qui demande qu'on se sacrifie pour elle est une révolution à la papa. »

LA CHUTE

O	N	■	N	E	■	R	E	V	E	N	D	I	Q	U	E	R
A	■	R	I	E	N	■	O	N	■	N	E	■	D	E	M	A
N	D	E	R	A	■	R	I	E	N	■	O	N	■	P	R	E
N	D	R	A	■	O	N	■	O	C	C	U	P	E	R	A	■

« On ne revendiquera rien, on ne demandera rien. On prendra, on occupera ! »

Mai

6 MAI

LE DIAGO

P	O	U	V	O	I	R
S	O	C	I	É	T	É
R	O	U	A	G	E	S
P	R	O	J	E	T	S
C	L	I	V	A	G	E
A	C	C	O	R	D	S
E	X	T	R	Ê	M	E

Solution : Robert Poujade (à ne pas confondre avec le leader syndical Pierre Poujade).

LE VERTICALETTRES

1 GODDARD
2 SCHNEIDER
3 BERGMAN
4 STREEP
5 GARBO
6 SIGNORET
7 LECLERC
8 CHRISTIE

Solution : Marlene Dietrich.

7 MAI

MOTS FLÉCHÉS

	G		S		H		E		S	
M	A	S	Q	U	E		C	L	U	B
	R		U	N	T	E	L		D	E
E	C	L	A	I	R		O	C		R
	I		T	R	E	M	P	L	I	N
S	A	C		A		I	E		N	A
		E	S	S	O	R	E	R		R
R	A	T	A		S	E		E	N	D
	V		B	A	I	S	E		I	O
L	I	M	O	G	E		P	R	O	
	L	I	T	E	R	I	E		L	U
D	I	E	S	E		D	E	L	O	N

DOMINOS

Il faut considérer les dominos deux par deux. Sur la première ligne : 3 **u** 5 **t** 15, on a donc 1 et 5 sur le troisième et le quatrième domino ; 1 **u** 5 **t** 5, on a donc 0 et 5 sur le cinquième et le sixième domino ; 0 **u** 5 **t** 0, on a donc 0 sur le septième et le huitième domino. De la même façon, sur la seconde ligne : 5 **u** 5 **t** 25, d'où 2 et 5 ; 2 **u** 5 **t** 10, d'où 1 et 0 ; 1 **u** 0 **t** 0, d'où 0 et 0.

Le domino manquant est donc

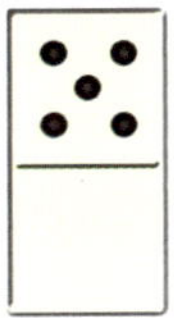

8 MAI

LA CITATION CACHÉE

« Dans la vie, c'est toujours la panique. »

ITINÉRAIRE

G	U	J	R	A	T
I	J	E	V	S	K
R	W	A	N	D	A
M	O	N	A	C	O
O	U	G	R	E	E
E	P	I	N	A	L
B	E	R	L	I	N
I	T	A	L	I	E
U	R	U	N	D	I
S	Y	D	N	E	Y

Solutions : Jean Giraud, alias Gir et Moebius.

9 MAI

QUIZ MARIE-JOSÉ PÉREC

1 : A. 2 : C. 3 : C.

COUPE-LETTRES

C	O	U	S	I	N	E	S	S
C	H	A	M	E	A	U	C	C
D	O	U	C	H	E	S	H	H
P	L	A	I	N	T	E	I	I
C	O	U	P	L	E	R	L	L
B	L	A	G	U	E	S	L	L
E	C	O	U	T	E	R	E	E
F	R	E	L	O	N	S	R	R

Solution : Friedrich von Schiller.

10 MAI

MOTS CROISÉS

	1	2	3	4	5	6	7	8	9	10	11	12	13	14
I	N	E	L	S	O	N		M	A	N	D	E	L	A
II	E	T	A	I	S		S	A	L	I	E	R	E	S
III	G	A	N	T		I	N	R	I		T		S	I
IV	R	U	D	E	S		O	M	E	L	E	T	T	E
V	I		A	S	I	M	B	O	N	A	N	G	A	
VI	T	A	U		M	I		T		R	T		S	S
VII	U	N		A	P	A	R	T	H	E	I	D		I
VIII	D	O	C		L	O	U	E	E		O	U	E	D
IX	E	N	V	I	E	U	S	E		A	N	C		A

QUIZ LEADERS NOIRS

1 : Frederick Douglass. 2 : Martin Luther King. 3 : Malcolm X. 4 : Cassius Clay/Muhammad Ali.

11 MAI

CARTE EN QUESTIONS

1 : Constantinople, ex-Byzance, future Istanbul. 2 : Aix-la-Chapelle. 3 : Avignon. 4 : Lübeck. 5 : Rhodes. 6 : Calais. 7 : Saint-Jacques-de-Compostelle. 8 : Grenade. 9 : Trente. 10 : Mycènes. 11 : Rome. 12 : Alésia.

12 MAI

LE PERSONNAGE DU JOUR

Solution : Sofia Coppola.

LE PERSONNAGE CÉLÈBRE

1	O	F	F	E	R	T
2	P	R	E	N	O	M
3	V	E	L	A	G	E
4	T	R	U	I	E	S
5	B	E	N	I	R	A

Solution : frère Roger.

13 MAI

LE VERTICALETTRES

1 SCAT
2 HOT
3 BEAT
4 RAGTIME
5 BLUES
6 JAM
7 BREAK
8 DIXIELAND
9 FREE

Solution : Chet Baker.

14 MAI

VRAI OU FAUX

1 : vrai. 2 : vrai. 3 : faux. Sa première femme fut Nancy Barbato, dont il eut trois enfants, dont Nancy. Ensuite, il épousa Ava Gardner et Mia Farrow. 4 : vrai. 5 : faux. Celui qui a rapporté l'anecdote était Jerry Lewis et non Dean Martin. 6 : vrai.

LE CÉLIBATAIRE

C-3PO : Roger Carel (sa voix dans la version française). Comte Dooku : Christopher Lee. Dark Vador : Hayden Christensen. Luke Skywalker : Mark Hamill. Obi-Wan Kenobi : Ewan McGregor et Alec Guinness (qui a joué ce rôle dans les premiers épisodes). Padmé Amidala : Natalie Portman. Palpatine : Ian McDiarmid. Han Solo : Harrison Ford. Maître Yoda : Frank Oz. R2-D2, qui était joué par Kenny Blaker, n'a pas de voix, il ne fait que biper.

SUDOKU

4	9	5	7	8	2	6	3	1
3	2	6	1	4	9	5	7	8
1	8	7	3	6	5	4	9	2
8	1	9	5	7	4	3	2	6
6	3	2	9	1	8	7	5	4
7	5	4	6	2	3	8	1	9
5	6	8	2	9	7	1	4	3
9	4	3	8	5	1	2	6	7
2	7	1	4	3	6			

15 MAI

FILMOGRAPHIE MIREILLE DARC

1 : *Galia*. 2 : *la Grande Sauterelle*. 3 : *le Grand Blond avec une chaussure noire*. 4 : *le Téléphone rose*. 5 : *l'Homme pressé*.

MARIONS-LES

A : 5. B : 8. C : 10. D : 7. E : 1. F : 2. G : 4. H : 9. I : 3. J : 6.

16 MAI

VRAI OU FAUX

1 : vrai. 2 : vrai. 3 : vrai. 4 : vrai. 5 : vrai.

QUIZ HENRY FONDA

1 : C. Pour son dernier film, *la Maison du lac*. 2 : C. 3 : B. 4 : A, B et C.

17 MAI

MOTS CROISÉS

	1	2	3	4	5	6	7	8	9	10	11	12	13	14
I	N	A	U		J	U	L	E	S		L	E	O	N
II	O	M	B	R	E		A	N		R	A	D	I	O
III	U		U	I		C	R	E	V	A		M	E	T
IV	V	E		B	R	O	D	E		B	I	O		A
V	E	G	L	O	G	U	E		B	O	N	N	E	S
VI	L	O		T		V	E	N	A	L		D	U	S
VII	L	U	S		N	E	S		F	I	N			E
VIII	E	T	A	L	E	R		P	R	O	U	S	T	
IX	S		L	I	T	T	E	R	A	T	E	U	R	S

18 MAI

ESCALETTRES

P S I
+E P I S É
+R P I E R S
+N S N I P E R
+T S P R I N T É
+E R E P E N T I S
+D P R É S I D E N T

Mai

LA GIRAFE

1 : Wojtyla. 2 : laboure. 3 : récusé. 4 : sépia. 5 : piano. 6 : Noah. 7 : ahuri. 8 : ricoche. 9 : boursouflé. 10 : fléchir. 11 : Chirac. 12 : à-coup. 13 : pavé. 14 : ventre. 15 : Trenet. 16 : nettoie.

LABYRINTHE

19 MAI

LE PERSONNAGE DU JOUR

Grace Jones.

SUITE LOGIQUE

La figure 3. La section verte du haut et la section rouge de droite sont fixes. La section verte du bas tourne d'un dixième de tour dans le sens des aiguilles d'une montre, la section rouge de gauche tourne également d'un dixième de tour mais dans le sens inverse. Dans la deuxième figure de la série, ces deux sections occupent le même emplacement et la rouge masque la verte.

20 MAI

CHRONOFILMS JAMES STEWART

C : *Vous ne l'emporterez pas avec vous* (1938). O : *Indiscrétions* (1940). L : *La vie est belle* (1946). O : *La Corde* (1947). N : *Je suis un aventurier* (1954). E : *Sueurs froides* (1958). L : *les Cheyennes* (1964).
Solution : colonel.

21 MAI

ANAGRAMMES CROISÉES

	1	2	3	4	5	6	7	8	9	10	11	12	13	14
I	B	A	G	U	E	■	R	O	M	A	N	C	E	S
II	U	N	I	S	■	E	■	B	A	L	I	S	T	E
III	E	X	C	E	N	T	R	I	Q	U	E	■	A	N
IV	■	I	L	■	B	A	U	■	U	■	R	O	I	S
V	S	E	E	S	■	P	E	K	I	N	O	I	S	■
VI	B	U	R	I	N	E	S	■	L	U	N	E	■	R
VII	I	S	O	L	E	S	■	A	L	■	S	■	H	O
VIII	R	E	N	O	M	■	R	I	E	N	■	D	E	S
IX	E	S	T	■	S	T	E	R	E	O	T	Y	P	E

MARIONS-LES

A : 7. B : 6. C : 10. D : 8. E : 9. F : 11. G : 2. H : 4. I : 1. J : 5. K : 3.

22 MAI

SANDWICH

Shahnourh Varinag Aznavourian.

ESCALETTRES

I D E
+S S I E D
+E D I È S E
+T D É I S T E
+E É D I T É E S
+N D E S T I N É E

23 MAI

QUIZ JEAN YANNE

1 : A. 2 : C. 3 : B. 4 : A.

24 MAI

MOTS CROISÉS

	1	2	3	4	5	6	7	8	9	10	11	12	13	14
I	P	I	E	P	L	U	■	S	H	A	D	O	K	■
II	A	P	P	R	E	N	T	I	■	S	A	X	E	S
III	L	A	R	I	S	■	A	M	E	T	R	O	P	E
IV	A	N	I	M	O	G	R	A	P	H	E	■	I	N
V	C	E	S	A	R	■	O	G	A	M	■	E	S	T
VI	E	M	■	T	G	V	■	R	I	E	U	R	■	I
VII	■	A	R	■	H	E	L	E	S	■	N	I	C	E
VIII	B	■	I	S	O	L	E	E	■	N	A	N	A	R
IX	P	I	O	N	■	O	I	S	E	A	U	■	U	S

JEU DE LOGIQUE

15 **r** 6 **r** 5 **r** 7 **t** 33. Lonsdale Michael, acteur français (né en 1931).
3 **r** 14 **r** 11 **r** 4 **r** 1 **t** 33. Fahrenheit Daniel Gabriel, physicien allemand (1686-1736).
12 **r** 2 **r** 10 **r** 9 **t** 33. Berroyer Jacky, chroniqueur et romancier français (né en 1946).

25 MAI

À FLEUR DE MOTS

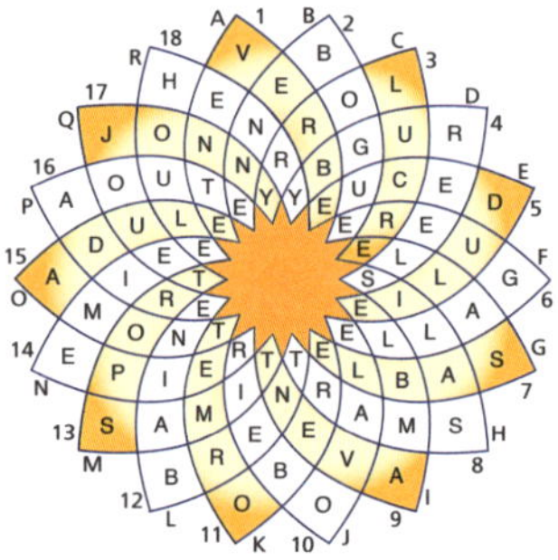

SYNONYMES

Indulgence et mansuétude.

26 MAI

LE DIAGO

I	R	L	A	N	D	E
A	S	T	A	I	R	E
C	H	A	R	R	A	T
G	O	R	D	E	E	V
P	R	E	V	O	S	T
L	E	F	E	V	R	E
P	A	V	L	O	V	A

Solution : Isadora Duncan (1878-1927). Elle est morte étranglée par son écharpe, qui s'était enroulée autour d'une roue de sa décapotable.

JEU D'OBSERVATION

27 MAI

SANDWICH

« Il n'y a pas de vanité intelligente. » Dans *Voyage au bout de la nuit* (1932).

28 MAI

LES MOTS DE L'IMAGE

Amphore, choristes, chorizo, horizon, horloge, horodateur, horoscope, horreur, hors-bord, hors-d'œuvre, hors-la-loi, hortensia, photophore, sémaphore, short.

29 MAI

CHRONOFILMS ROMY SCHNEIDER

V : *Éva* (1958). I : *Katia* (1959). E : *le Procès* (1962). N : *la Piscine* (1968). N : *le Mouton enragé* (1973). E : *la Banquière* (1980).
Solution : Vienne.

ESCALETTRES

R O I
+S S O I R
+E S E O I R
+S O S I E R S
+E S O I R É E S
+M R É M O I S E S

30 MAI

LE PERSONNAGE CÉLÈBRE

1	C	H	A	U	V	E
2	I	N	G	R	A	T
3	I	G	N	A	R	E
4	A	G	E	N	D	A
5	B	O	S	S	A	S

Solution : Agnès Varda.

L'INTRUS

1 : C'est Simone Simon qui a joué dans *la Bête humaine*, de Jean Renoir, et non Michel Simon. 2 : *Docteur Folamour* (1963), de Stanley Kubrick, a été tourné en noir et blanc, mais il s'agit d'un film parlant.

31 MAI

À FLEUR DE MOTS

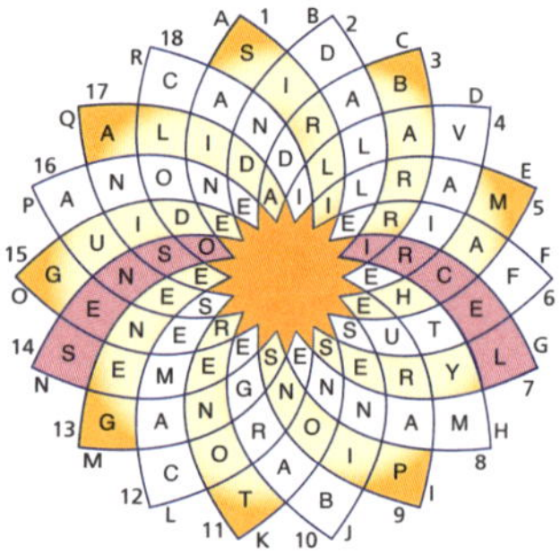

JEU DE LOGIQUE

Henri n'est ni sur la deuxième ni sur la quatrième ligne, car il y aurait deux R sur les diagonales. Posez donc le nom du roi sur la première ligne pour compléter aisément le carré.

H	E	N	R	I
R	I	H	E	N
E	N	R	I	H
I	H	E	N	R
N	R	I	H	E

CARTE EN QUESTIONS

1 : Syracuse. 2 : Jérusalem. 3 : Rome. 4 : Ithaque. 5 : la mer Rouge. 6 : Saba. 7 : Marathon. 8 : Carthage. 9 : Pompéi. 10 : Rhodes. 11 : Châlons-en-Champagne. 12 : Gergovie. 13 : Troie. 14 : l'Indus. 15 : les Thermopyles.

MOTS MÊLÉS

Les Dix Commandements. L'histoire de Moïse, dont chacun se remémore les effets spéciaux – très novateurs pour l'époque – du passage de la mer Rouge : les flots s'ouvrent devant le prophète pour lui permettre de conduire son peuple vers la liberté.

1er JUIN

MOTS CROISÉS

	1	2	3	4	5	6	7	8	9	10	11	12	13	14
I	S	H	U	S	T	E	R	■	M	A	R	T	H	A
II	I	O	N	■	A	L	E	V	I	N	■	H	E	M
III	E	M	■	V	O	L	E	■	X	■	T	E	L	E
IV	G	I	T	E	■	E	V	I	T	E	R	■	V	S
V	E	C	O	L	O	■	E	S	E	R	I	N	E	■
VI	L	I	M	U	L	E	■	O	■	E	V	■	L	L
VII	■	D	A	■	S	M	A	L	L	V	I	L	L	E
VIII	P	E	T	R	E	U	S	E	■	A	A	■	E	X
IX	I	S	E	■	N	E	■	S						■

CASE-CHIFFRES

Sous le 76 figurent à gauche 2A et à droite A **r** 25. On en déduit que 3A **r** 25 **t** 76, donc 3A **t** 76 **s** 25 **t** 51. A vaut donc 17 et les nombres du quatrième niveau sont 34 et 42. À partir du 11 du deuxième niveau, on reconstitue facilement la ligne par soustraction avec les chiffres du niveau supérieur. Puisque nous devons placer à la base un 8, un 1 et un 6, le 8 peut être en 1re, 4e ou 5e position (mais pas sous le 6, auquel il est supérieur). S'il était en 1re position, la base serait 8, 3, 3, 8, 6 : impossible puisque le 1 n'y figure pas. S'il était en 4e position, la base serait identique et ne conviendrait toujours pas. Le 8 est donc en 5e position et la base est la suivante : 10, 1, 5, 6, 8, ce qui répond parfaitement aux critères exigés.

76
34 42
17 17 25
11 6 11 14
10 1 5 6 8

2 JUIN

CHENILLE

	LIONEL
–L +P	OPINEL
–I +A	LAPONE
–N +R	PAROLE
–E +S	POLARS
–A +O	PROLOS
–R +I	POLIOS
–L +N	POISON
–O +J	JOSPIN

QUIZ CHARLIE WATTS

1 : C. 2 : B. 3 : A, B et C. 4 : C. Elle s'appelle Shirley.

3 JUIN

LE PERSONNAGE DU JOUR

Alain Resnais.

VRAI OU FAUX

1 : faux. C'est l'Association pour la Taxation des Transactions financières pour l'Aide aux Citoyennes et citoyens. 2 : faux. James Tobin (prix Nobel d'économie en 1981) l'a proposée au début des années 1970. 3 : vrai. 4 : vrai. Les premiers sur des bases anticapitalistes, les seconds pour protéger la nation contre les marchés. 5 : vrai. En s'appuyant sur l'idée qu'on ne peut « breveter » des êtres vivants. 6 : vrai.

4 JUIN

MOTS FLÉCHÉS

■	S	■	A	■	P	■	C	■	C	■
C	U	M	U	L	E	■	I	D	E	S
■	C	A	R	O	T	T	E	■	D	O
R	E	T	O	U	R	■	L	I	E	U
■	T	■	R	E	I	N	■	F	E	R
A	T	R	E	■	N	U	E	S	■	I
■	E	U	■	B	■	I	R	■	P	S
A	S	P	I	R	A	T	E	U	R	■
■	■	I	M	A	G	E	■	N	E	Z
T	A	N	I	S	E	E	S	■	V	O
■	N	E	T	■	E	S	P	I	O	N
L	E	S	E	E	S	■	A	N	T	E

QUIZ NOAH WYLE

1 : B. Douglas Ross est interprété par George Clooney, Mark Greene par Anthony Edwards. 2 : C. 12 saisons sur les 12 premières ! 3 : C. 4 : A.

5 JUIN

VRAI OU FAUX

1 : faux. Sa famille était très pauvre. 2 : vrai. 3 : vrai. De façon tout à fait platonique. 4 : vrai. L'ICA se fondra ensuite dans l'IRA. 5 : vrai. Car il était incapable de se tenir debout.

ANAPHRASES

1 : entamions, Minnesota, mondanités, dominantes, nomadisent. 2 : bachoteurs, tarbouches. 3 : crédibilité, liberticide.

6 JUIN

QUIZ CHARLES II

1 : B. Charles III le Simple est son petit-fils, Charles III le Gros son neveu. 2 : B. Lothaire et Louis le Germanique. 3 : C.

7 JUIN

LE COMPAS DANS L'ŒIL

1 : B. C'est plutôt le petit Prince ! 2 : B. Entre 60 et 80 millions pour une quarantaine d'albums, sous diverses identités (Love Symbol notamment). Les meilleurs vendeurs toutes catégories restent les Beatles (plus d'un milliard depuis 1985), devant les Rolling Stones et Elvis Presley. 3 : A. Fan de cinéma, il a également composé la bande originale de *Batman* en 1989. En 2007, il a animé la mi-temps de la finale du Superbowl devant plus de 100 millions de téléspectateurs américains.

MOTS CROISÉS

	1	2	3	4	5	6	7	8	9	10	11	12	13	14
I	M	I	N	N	E	A	P	O	L	I	S	■	C	D
II	I	D	■	O	P	■	C	P	■	N	A	E	V	I
III	N	E	L	S	O	N	■	E	R	G	■	T	■	O
IV	N	A	U	■	P	U	R	P	L	E	R	A	I	N
V	E	L	E	V	E	■	A	■	■	R	E	G	O	■
VI	S	E	T	■	E	F	F	A	R	E	M	E	N	T
VII	O	S	T	S	■	U	■	K	I	R	■	A	■	I
VIII	T	■	E	M	A	N	C	I	P	A	T	I	O	N
IX	A	I	S	E	■	K	A	M	A	S	U	T	R	A

8 JUIN

SUDOKU

4	8	7	5	3	9	1	2	6
6	5	1	7	4	2	9	8	3
2	3	9	8	1	6	5	4	7
5	2	3	9	8	7	6	1	4
7	9	8	4	6	1	3	5	2
1	4	6	3	2	5	7	9	8
8	6	2	1	5	3	4	7	9
3	7	5	2	9	4	8	6	1
9	1	4	6	7	8	2	3	5

QUIZ SIR TIM BERNERS-LEE

1 : C. 2 : B. 3 : C. 4 : A. 5 : C. 6 : B. 7 : A. 8 : A. 9 : C.

9 JUIN

LE VERTICALETTRES

1	JUMP
2	STONE
3	CHARLIE
4	BURTON
5	ARGENT
6	KENTUCKY
7	PARADIS
8	CRAVEN
9	PIRATE
10	PORTE

Solution : Johnny Depp.

10 JUIN

CHENILLE

	CINÉASTE
–E +D	DISTANCE
–N +L	DÉLICATS
–S +A	DÉCALAIT
–C +L	DÉTAILLA
–T +M	DÉMAILLA
–I +N	ALLEMAND

LE PERSONNAGE CÉLÈBRE

1	M	I	G	R	E	R
2	A	V	A	T	A	R
3	R	U	R	A	U	X
4	C	A	V	E	A	U
5	U	L	E	M	A	S
6	S	O	Y	E	U	X

Solution : Marcus Garvey, surnommé Marcus « Moses » Garvey ou « The Black Moses », Moses se traduisant par Moïse en français.

11 JUIN

PUZZLE CROISÉ

R	A	B	I	B	O	C	H	E	R
E	R	E	■	A	L	O	I	■	U
C	O	N	S	T	A	B	L	E	■
I	M	I	T	A	S	■	E	S	T
T	A	T	E	R	■	O	S	S	U
E	T	E	■	D	U	T	■	E	N
R	E	S	I	S	T	E	R	■	E

SYLLABES MANQUANTES

1 : criticailler. 2 : ontologie. 3 : naviplane. 4 : sectateur. 5 : térébratule. 6 : arbalétrier. 7 : brontosaure. 8 : leptospire. 9 : escarbille.
Solution : John Constable.

LABYRINTHE

12 JUIN

LE PERSONNAGE CÉLÈBRE

1	S	O	N	D	E
2	E	C	R	A	N
3	R	O	U	N	D
4	G	O	R	E	T
5	E	G	A	Y	E

Solution : Serge Daney.

JEU DE LOGIQUE

Le prix correspond à l'écart séparant dans l'alphabet les deux premières lettres du titre : 8 lettres séparent le S du A de *Salomé* ou du *Satyricon*, 3 seulement le B du E de *Ben Hur*. Du G au L de *Gladiator*, il y a 5 lettres d'écart. Ce péplum sera donc vendu 5 euros.

13 JUIN

LE COMPAS DANS L'ŒIL

1 : B. Exactement 10 jours, 5 heures et 14 minutes. Depuis 1905, personne n'avait réussi à battre le record de 12 jours établi par l'Américain Charlie Barr sur la goélette *Atlantic*. 2 : D. Ce voilier en aluminium de 10,50 m qu'il avait conçu avec Bigoin et Duvergie était le premier équipé en course de ballasts, qui se remplissaient à l'époque avec une pompe à main. 3 : B. Ce bateau construit en 1973 à l'arsenal de Brest a donc déjà fait 13 fois le tour de la Terre, et il continue à naviguer environ 10 000 milles par an.

SANDWICH

Paraskevidékatriaphobie (la peur du 13).

14 JUIN

L'ENGRENAGE

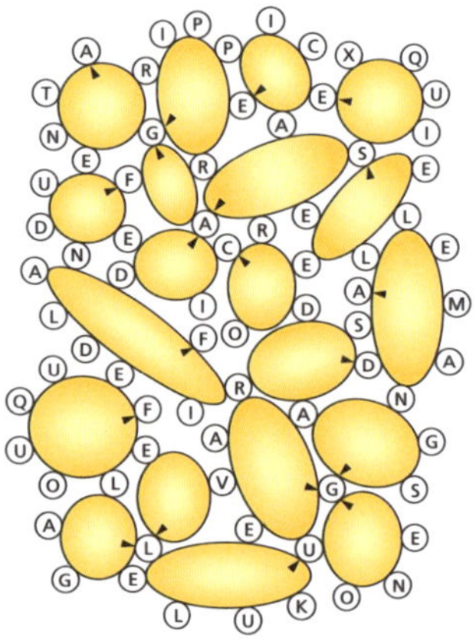

15 JUIN

MOTS CROISÉS

	1	2	3	4	5	6	7	8	9	10	11	12	13	14
I	H	O	H	E	N	Z	O	L	L	E	R	N	■	S
II	A	L	I	B	O	U	F	I	E	R	■	E	C	U
III	M	E	T	■	U	R	■	R	E	G	A	R	D	S
IV	B	U	L	B	A	I	R	E	■	O	N	E	■	P
V	O	M	E	R	■	C	I	■	I	N	C	I	T	E
VI	U	■	R	U	T	H	E	R	F	O	R	D	■	N
VII	R	W	■	L	E	■	N	E	■	M	U	E	T	S
VIII	G	E	N	I	A	L	■	A	U	E	R	■	R	E
IX	■	B	I	S	M	A	R	C	K	■	E	P	I	S

16 JUIN

FILMOGRAPHIE MICHEL BLANC

1 : *les Bronzés*. 2 : *Les bronzés font du ski*. 3 : *Viens chez moi, j'habite chez une copine*. 4 : *Monsieur Hire*. 5 : *les Grands Ducs*.

SUITE LOGIQUE

La série 5. Les espaces entre les chiffres sont gommés, mais nous avons 2-4-7-9-12-14… 17. C'est-à-dire une série où l'on saute alternativement par-dessus un et deux chiffres 2 (3) 4 (5, 6) 7 (8) 9 (10, 11) 12 (13) 14 (15, 16)… Le dernier chiffre est 17.

17 JUIN

NOMBRES CROISÉS

	1	2	3	4	5
I	1	9	4	5	■
II	9	■	3	7	2
III	7	5	■	7	0
IV	8	2	3	■	0
V	■	5	4	3	2

QUIZ LIO

1 : C. 2 : B. 3 : A. 4 : A. Mais ils jouent tous les trois dans le film.

18 JUIN

ANAGRAMMES CROISÉES

	1	2	3	4	5	6	7	8	9	10	11	12	13	14
I	N	A	T	I	O	N	A	L	I	S	A	B	L	E
II	U	S	E	S	■	U	S	I	N	A	■	O	U	T
III	M	■	S	E	P	■	T	■	D	■	F	U	N	■
IV	E	U	T	■	O	B	E	L	I	X	■	C	A	B
V	R	E	E	L	U	■	R	E	G	■	C	H	I	E
VI	O	■	R	A	L	L	I	E	E	S	■	A	R	S
VII	B	R	A	V	A	■	X	■	N	O	I	R	E	S
VIII	I	■	I	R	I	S	■	H	E	R	S	E	■	O
IX	S	A	T	A	N	E	E	■	S	S	■	B	A	N

SUDOKU

6	8	2	3	7	1	5	9	4
5	4	7	9	6	8	3	1	2
3	1	9	4	5	2	7	8	6
8	9	5	2	4	6	1	7	3
7	3	4	8	1	9	2	6	5
1	2	6	5	3	7	9	4	8
2	5	1	7	8	4	6	3	9
4	6	3	1	9	5	8	2	7
9	7	8	6	2	3	4	5	1

19 JUIN

MARIONS-LES

A : 4. B : 7. C : 1. D : 9. E : 8. F : 2. G : 5. H : 10. I : 3. J : 6.

CARRÉ MAGIQUE

22	4	13	6	20	= 65
9	11	25	18	2	= 65
3	10	19	12	21	= 65
16	23	7	5	14	= 65
15	17	1	24	8	= 65
= 65	= 65	= 65	= 65	= 65	= 65

20 JUIN

QUIZ NICOLE KIDMAN

1 : A. *Safran*, en 1982. 2 : B. 3 : C. De Stanley Kubrick, en 1999. 4 : A. Mais elle a tourné avec un Danois, Lars Von Trier (*Dogville*, 2002), et avec un Espagnol, Alejandro Amenabar (*les Autres*, 2001).

21 JUIN

MOTS CROISÉS

	1	2	3	4	5	6	7	8	9	10	11	12	13	14
I	M	A	N	U	C	H	A	O	■	O	S	A	I	T
II	A	B	■	C	L	A	N	D	E	S	T	I	N	O
III	N	U	A	■	A	U	D	I	■	L	E	N	T	S
IV	O	S	C	A	R	T	R	E	M	O	R	■	E	S
V	N	I	T	■	T	U	E	U	R	■	A	N	G	E
VI	E	V	I	D	E	R	■	X	A	V	I	E	R	■
VII	G	E	N	E	S	I	S	■	P	I	S	T	I	L
VIII	R	■	I	M	■	E	U	T	■	C	■	S	T	O
IX	A	R	E	O	G	R	A	P	H			■		

LE PERSONNAGE DU JOUR

Jacques Lanzmann.

22 JUIN

FILMOGRAPHIE FRED ASTAIRE

1 : *Ziegfeld Follies*. 2 : *Tous en scène*. 3 : *la Belle de Moscou*. 4 : *le Dernier Rivage*. 5 : *la Tour infernale*.

SUDOKU

1	9	5	8	7	2	4	3	6
2	4	8	6	9	3	7	5	1
3	7	6	1	5	4	9	8	2
9	3	7	5	4	6	2	1	8
8	5	4	3	2	1	6	9	7
6	1	2	7	8	9	3	4	5
7	2	1	9	3	8	5	6	4
5	6	9	4	1	7	8	2	3
4	8	3	2	6	5	1	7	9

SUDOKU

7	6	9	2	4	3	8	5	1
1	3	8	5	9	6	7	2	4
2	4	5	1	7	8	6	3	9
5	8	2	6	1	7	9	4	3
4	7	3	8	5	9	2	1	6
9	1	6	3	2	4	5	8	7
6	5	4	7	3	2	1	9	8
8	9	1	4	6	5	3	7	2
3	2	7	9	8	1	4	6	5

23 JUIN

CACHE-CACHE

Claudel (Paul). Ionesco (Eugène). Rostand (Edmond). Musset (Alfred de). Corneille (Pierre). Labiche (Eugène). Racine (Jean). Courteline (Georges). Beaumarchais (Pierre Augustin Caron de). France (Anatole). Hugo (Victor). Jarry (Alfred).

24 JUIN

MARIONS-LES

A : 4. B : 7. C : 5. D : 1. E : 3. F : 2. G : 10. H : 6. I : 9. J : 8.

25 JUIN

MOTS FLÉCHÉS

	C		I		C		J		C	
G	L	A	D	I	A	T	E	U	R	S
	O	L	E		P	A	T	R	I	E
I	C	I		C	E	P		E		R
	H	E	R	E		I	S	S	U	E
P	E	N	A	L	I	S	E		S	I
		E	M	E	T		A	M	E	N
A	M	E		R	E	M	U	E	R	
	E	S	T	I	M	E		L		C
O	C		E	T		C	O	A	C	H
	H	O	T	E	L		B	I	L	A
G	E	R	E		A	L	I	T	E	R

LE CRÉNEAU

1	P	A	G	E	S
2	T	A	R	O	T
3	P	I	G	E	S
4	J	U	R	O	N
5	P	O	W	E	R
6	B	I	L	L	E

Solution : George Orwell, auteur de *la Ferme des animaux* (1945) et de *1984* (1949).

26 JUIN

LE PERSONNAGE DU JOUR

Aimé Césaire.

LE COMPAS DANS L'ŒIL

1 : D. Record qu'il partage avec *Titanic* et *le Seigneur des anneaux*. 2 : B. Ce qui en faisait une superproduction à l'époque. En dollars constants, cela correspond au budget de *Star Wars*. *Spider-Man 3* a coûté 250 millions de dollars en 2007. Le film le plus cher jamais produit, compte tenu de l'inflation, est *Guerre et Paix* (1968), qui aurait coûté 560 millions de dollars en dollars constants ! 3 : D (plus de 13,8 millions d'entrées au box-office en France). Ce qui le classe parmi les 10 plus grands succès de tous les temps dans l'Hexagone, loin des 20,7 millions de *Titanic*, mais devant *les Visiteurs*, par exemple (13,7 millions).

27 JUIN

JEU DE LOGIQUE

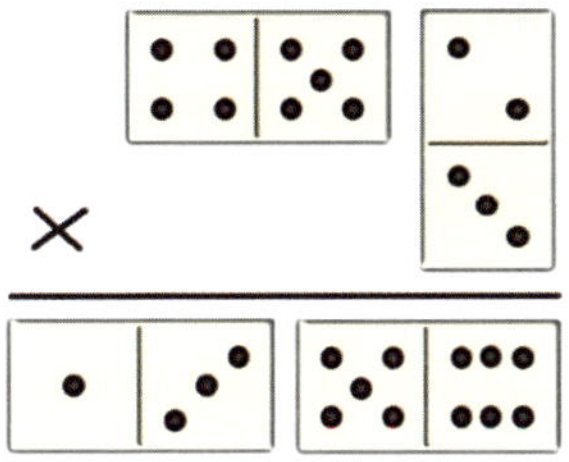

28 JUIN

À FLEUR DE MOTS

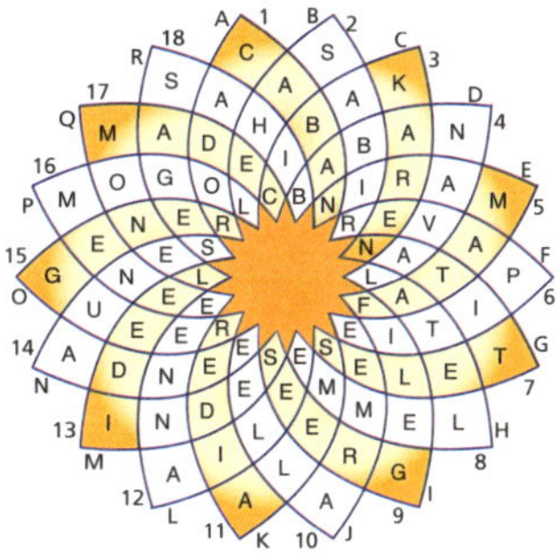

SUITE LOGIQUE

Le dessin 3 et le 5.
Le casque de gauche et celui de droite se tournent alternativement dans la direction opposée.
L'une après l'autre, les épées tournent de 180°.

29 JUIN

MOTS MÊLÉS

Kaput.

LA PREUVE PAR 9

1 : quitta. 2 : attique. 3 : tiquant. 4 : inquiéta. 5 : Antiquité.

30 JUIN

REPÈRES CHRONOLOGIQUES

1 : F. Code Napoléon (1789). 2 : I. Rimbaud (1873). 3 : A. Wilde (1895). 4 : G. Gide (1911). 5 : B. Stonewall (1969). 6 : H. Gay Pride, qui commémore en fait les événements de Stonewall (1970). 7 : J. *Mort à Venise* (1971). 8 : D. Mitterrand (1982). 9 : E. Hudson (1985). 10 : C. Pacs (1999).

ANATHÉMA

1 : Fichte. 2 : idéal. 3 : nirvana. 4 : Kant. 5 : ironie. 6 : Engels. 7 : Levinas. 8 : Kelsen. 9 : raison. 10 : Aristote. 11 : utopie. 12 : Thalès.
Solution : Alain Finkielkraut, auquel on doit *la Défaite de la pensée* (1987), *la Mémoire vaine* (1989), *l'Identité malheureuse* (2013)…

MOTS CROISÉS MYSTÈRE

	1	2	3	4	5	6	7	8	9
II	C	E	R	D	A	N		K	O
II	A	R	I	A	S		E	M	U_1
III	R	E	N	T_8	I	E	R		T
IV	P_3		G	A	N	T		G	
V	E	N		S	I		A	R	C
VI	N	E	E		E_4	L	L	E	
VII	T	Y	S	O	N		I	F	S
VIII	I		C_6	S		V		F	O
IX	E	T		E	D	I	T	A	I
XI	R	E	P	R	I	S	E		G
XII		L	A		R	A	T	O	N
XIII	P_2	L	U	M	E		U_7	T	E
XIV	I		M	A	C	H		A	U
XV		W	E	L	T	E	R		R_5

Solution : uppercut.

Juillet

MOTS FLÉCHÉS

					P		U		D		O		D	
				P	O	U	R	F	E	N	D	R	A	S
					I	N		I	S	E	E		R	A
				A	G	I	O		E		S	O	T	S
					N	E	V	E	R	S		R	A	S
				F	A		E	S	T	O	C		G	E
	F		M		R	P		T	E	M	O	I	N	
L	A	G	A	R	D	E	R	E		A	R	M	A	S
	N	A	N	A		R	U	R	A	L		I	N	O
E	F	F	I	C	A	C	E		N	I	A	T		U
	A	F	F	I	L	E	E	S		E	L	A	N	
A	N	E	E	S		R		O	N		T	I	E	N
	L		S	T	R	A	S	S		B	O	S	S	U
H	A	N	T	E	E		S	I	L	O	S		S	I
	T	U	A		A	S		E	A	U		G	U	
P	U	S	T	U	L	E	S		T	R	A	N	S	I
	L		I	R	I	S		L	I	V	R	E		B
R	I	R	O	N	T		R	A	N	I		T	E	L
	P	A	N	E	E	S		V	O	L	I	E	R	E
P	E	T	S		S	C	I	E	S		O	S	E	S

MOTS CASÉS

C	H	E	V	A	L	I	E	R		R	A	D	A	R		D	U	E	L
H	E	R	O	S		B	L	A	S	O	N		D	E	F	E	N	S	E
E	P	E	E		M	O	U	S	Q	U	E	T	A	I	R	E	S		B
V	A		U	S	A		D	E	U	X		U		T	A	S		G	O
A	T	P		O	R	E	E		E		F		D	E	I	S	T	E	S
L	I	O	N	N	E	S		A	L	I	E	N	E	R		E	O	N	S
E	T	I	A	G	E		A	V	E	N	T	U	R	E	R		L	E	U
R	E	N	N	E		T	S	E	T	S	E		S		A	G	E	S	
I		T	A	U	P	E	S		T	I	R	S		E	P	A	T	E	S
E	C	U		R		D	E	S	E	P	A	I	S	S	I	R		S	A
	H		D		O		C	I		I		A	C	C	E	D	E		B
D	E	C	E	N	C	E		R	E	D	E	M	A	R	R	E		O	R
A	V	A	R	E		T	A		T	I	N		R	I	E		S	U	E
R	A	R	E		M	O	I	R	A	T		D	A	M		B	O	A	
T	U	T	E	L	A	I	R	E		E	C	U	M	E	E		U	T	E
A	X	O	L	O	T	L		V	I	S	A		O		T	A	P	E	S
G		U	L	T	R	A	S	O	N		L	E	U	C	E	M	I	E	S
N	O	C	E		I		A	I		B	O	U	C	L	I	E	R		O
A	T	H		I	C	I		L	A	I	T		H	O	N	N	E	U	R
N	E	E	R	L	A	N	D	A	I	S		W	E	S	T	E	R	N	S

MOTS CROISÉS À DEUX VITESSES

	1	2	3	4	5	6	7	8	9	10	11	12	13	14	15	16	17	18	19	20
I	M	A	R	A	I	S		M	O	U	S	Q	U	E	T	A	I	R	E	S
II	A		A	T	R	O	P	I	N	E		U		C	A	B	S		T	U
III	R	I	C	H	E	L	I	E	U		Z	O	R	R	O		A	C	E	S
IV	C	M		O	S		E	N		F	I	L		U		E	B	A	T	S
V	E	P	I	S		Z		S	T	O		I	N	E	S	P	E	R	E	E
VI	A	U	X		K	I	D		R	U	M	B	A		H	A	L	T	E	
VII	U	R		A	N	G	E	L	I	Q	U	E		D	I	R	L	O		D
VIII		S	I	R	E		B	E	A	U		T	R	O	T		A	U	N	E
IX	R		L	A	S	E	R		S	E	T		E	M		V		C	E	I
X	I	T	E	M	S		O	R		T	O	I		P	O	R	T	H	O	S
XI	P	A	T	I	E	N	C	E	S		I	N	I	T	I	A	I	E	N	T
XII	E	S		S	T	R	A	D	I	O	T		S	A	L	I	R		S	E

1er JUILLET

MARIONS-LES

A : 7. B : 5. C : 9. D : 1. E : 8. F : 2. G : 3. H : 6. I : 4.

REPÈRES CHRONOLOGIQUES

1 : A. Il passe en Allemagne (1906). 2 : D. Le jaune est la couleur du papier du journal *l'Auto* (1919). 3 : G. Pélissier (1923). 4 : B. Caravane (1930). 5 : H. Bartali (1948). 6 : C. Bobet (1953 à 1955). 7 : I. Merckx (1969). 8 : F. Maillot à pois (1975). 9 : E. Greg LeMond (1986). 10 : J. Miguel Indurain (1991 à 1995).

CHARADE

Mare – long – brande – haut : Marlon Brando.

SYLLABES MANQUANTES

1 : déstaliniser. 2 : empêtrement. 3 : somniloquie. 4 : Guernesiais. 5 : russophone. 6 : anchoïade. 7 : nyctalope. 8 : gnomonique. 9 : encablure. **Solution :** Henri Desgrange.

2 JUILLET

MOTS CROISÉS

	1	2	3	4	5	6	7	8	9	10	11	12	13	14
I	C	R	A	M	P	E	S		H	I	P	P	I	E
II	R	E	C	U		C	I	L		N	O		N	U
III	A	R	C		B	H	L		A	D	U	L	T	E
IV	M		R	A	D	I	O	S	C	O	P	I	E	
V	A	B	O	T		Q		D	E	C	E		R	P
VI	S	E	C	T	E	U	R		S	H	E	R	P	A
VII		C	H	E	M	I	N	S		I		I	O	N
VIII	P	O	E	L	E	E		M	A	N	T	E	L	E
IX	E	T		E	U	R	A	S	I	E	N	N	E	

3 JUILLET

LE COMPAS DANS L'ŒIL

1 : B. La série a été diffusée au Japon de 1975 à 1977. 2 : A. Chaque épisode dure vingt-six minutes. Les robots de Véga portent dans la version française le numéro de l'épisode sur leur fuselage. 3 : B. Vingt-deux recensés au cours des 74 épisodes, les traducteurs français ayant fait preuve d'imagination : planitronk, corno-fulgure, météopunch, achilléochoc, incrustochoc… À noter que les Fatals Picards, groupe qui a représenté la France à l'Eurovision en 2007, ont chanté *Goldorak est mort*. Ils imaginent dans leur chanson parodique qu'Actarus est rentré dans un platane avec son vaisseau en sortant d'une boîte de nuit : aucun respect !

4 JUILLET

JEU DE LOGIQUE

Chaque case du dernier carré est obtenue en additionnant les deux cases équivalentes des deux premiers. On détermine ainsi le chiffre manquant : 2 + 3 = 5.

VRAI OU FAUX

1 : faux. Elle s'est contentée de raccourcir son prénom, Luigina. 2 : faux. Elle a été respectivement deuxième et troisième. 3 : vrai. 4 : vrai. Avec *Fanfan la Tulipe*, son premier film tourné hors d'Italie, où elle n'avait eu que des rôles secondaires. 5 : faux. Mais, cette année-là, François Mitterrand lui a remis la Légion d'honneur. 6 : vrai. Son nom est Javier Rigau Rafols.

Juillet

5 JUILLET

CRYPTOGRAMME

« La fraude est à l'impôt ce que l'ombre est à l'homme. »

SUDOKU

1	4	9	8	2	3	6	5	7
6	2	3	9	7	5	8	4	1
8	7	5	4	1	6	9	3	2
4	1	6	3	5	7	2	9	8
2	5	8	6	9	4	7	1	3
3	9	7	1	8	2	4	6	5
9	8	2	5	4	1	3	7	6
5	3	4	7	6	8	1	2	9
7	6	1	2	3	9	5	8	4

SUDOKU

8	9	6	5	7	3	2	4	1
3	7	2	8	1	4	5	9	6
5	4	1	6	9	2	3	8	7
4	8	5	9	2	6	1	7	3
6	2	3	7	8	1	4	5	9
7	1	9	4	3	5	6	2	8
1	3	7	2	5	8	9	6	4
2	6	8	3	4	9	7	1	5
9	5	4	1	6	7	8	3	2

6 JUILLET

MOTS CROISÉS

	1	2	3	4	5	6	7	8	9	10	11	12	13	14
I	L	A	M	A	I	N	D	E	C	O	R	C	H	E
II	I	R	A		N	O	E		O	N	G	L	O	N
III	T		F	L	A	U	B	E	R	T		A	R	T
IV	T	A	I	E		V	I	T	S		B	I	L	A
V	E	N	A		R	E	T	R	A	C	E	R	A	S
VI	R	I		C	U	L	E	E		O	L	E		S
VII	A	S	T	I		L	U	T	I	N	A		A	A
VIII	L	E	U		A	E	R	A	S		M	O	N	T
IX	E	S	S	A	I	S		T	E	T	I	N	E	

LA CITATION CACHÉE

« J'ai mis toute ma vie à savoir dessiner comme un enfant. »

LE MOYEN ÂGE

1A. L'empereur Romulus Augustule, encore enfant, est déposé par Odoacre, un chef barbare ; l'empire romain disparaît en Occident. **2B.** Le dernier État hérité de l'Empire romain disparaît mille ans après son frère d'Occident. **3A.** Elle s'enracine dans la possession de la terre et les liens de dépendance d'homme à homme. **4C.** En 1095, au concile de Clermont. **5C.** La pyramide sociale est constituée, de haut en bas, par ceux qui prient, par ceux qui combattent et par ceux qui travaillent. **6B.** Il était remis à un paysan contre une part des revenus de l'exploitation reversée au seigneur. **7B.** Les paysans qui s'installaient sur ces terres recevaient de nombreux avantages (exemptions d'impôts notamment). **8B.** Le seigneur ou le suzerain concédait au vassal un domaine appelé fief.

7 JUILLET

CASE-BRIQUES

P	L	O	M	B	E
D	E	S	T	I	N
A	V	A	N	C	E
C	O	B	A	Y	E
P	L	O	U	C	S
S	E	P	A	L	E
T	U	N	N	E	L
C	R	O	U	T	E
E	D	E	N	T	E
M	E	N	U	E	T

Solution : *le Voleur de bicyclette* (1948).

SYLLABUS

Chevalier. Bagarre. Spectacle.

8 JUILLET

JEU DE LOGIQUE

1 : en ajoutant par colonne les chiffres figurant sur les cartes, on trouve 5, 7, …, 11, 13. Ajouté au 8 de trèfle, l'as de cœur donnera le 9 nécessaire pour compléter cette suite de chiffres impairs. 2 : la somme par colonne des chiffres figurant sur les cartes donne 13, 10, 7, 4, c'est-à-dire une suite décroissante de nombres de 3 en 3. La carte est donc l'as de carreau.

9 JUILLET

MOTS FLÉCHÉS

	E		L		T		A		S	
O	P	P	I	D	A		C	A	P	E
	E	U	T		S	U	R	V	O	L
N	E	M		E	S	S	A	R	T	E
		A	C	T	E		S	I		V
O	B		R		A	T		L	I	E
	E	V	A	L	U	A	S		M	
A	R	A	B	E		B	E	T	A	S
	C	H	E	V	A	L		A	G	E
R	E	I	S		P	E	T	R	E	L
	A	N		R	I		E	T	E	L
G	U	E	P	E		A	L	E	S	E

CHENILLE

	F O O T B A L L
– O + S	S O F T B A L L
– F + E	B A L L O T E S
– L + I	A B O L Î T E S
– T + N	A N O B L I E S
– B + E	L É O N A I S E
– L + D	A N O D I S É E
– O + N	A N D É S I N E
– S + N	D A N I E N N E
– A + I	I N D I E N N E
– N + Z	Z I N E D I N E

10 JUILLET

LE PERSONNAGE CÉLÈBRE

1	T	E	M	P	S
2	A	V	A	R	E
3	B	A	R	O	N
4	L	O	C	U	S
5	B	R	E	S	T
6	D	O	L	T	O

Solution : Marcel Proust, auteur de la grande œuvre romanesque *À la recherche du temps perdu.*

TRIPLETS D'EXPRESSIONS

1 : porte. 2 : impasse. 3 : sûreté. 4 : station. 5 : auréole. 6 : réserve. 7 : rasoir. 8 : oie.
Solution : Camille Pissarro.

11 JUILLET

CACHE-CACHE

Torrente. Versace (Gianni). Bui (Barbara). Pucci (Emilio). *Shalimar. L'Heure bleue.* Lacroix (Christian). Boucheron. Chanel (Gabrielle). *Habit rouge.* Rochas (Marcel). *L'Instant.* Dior (Christian). Coco.

FILMOGRAPHIE ROBIN RENUCCI

1 : *Eaux profondes*, de Michel Deville. 2 : *les Misérables*, de Robert Hossein. 3 : *Escalier C*, de Jean-Charles Tacchella. 4 : *Dames galantes*, de Jean-Charles Tacchella. 5 : *Arsène Lupin*, de Jean-Paul Salomé.

12 JUILLET

L'ENGRENAGE

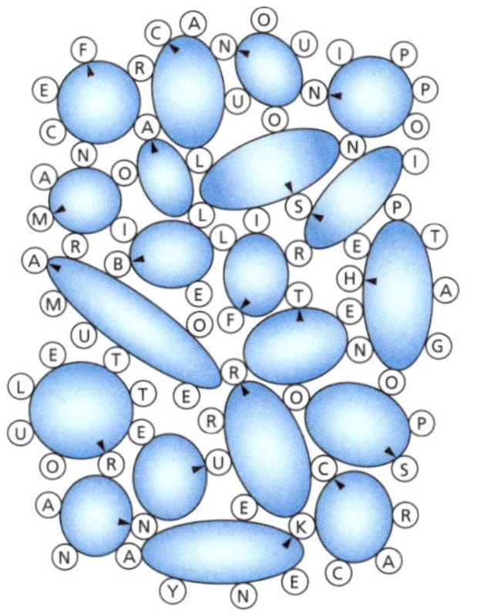

13 JUILLET

ANAGRAMMES CROISÉES

	1	2	3	4	5	6	7	8	9	10	11	12	13	14
I	A	R	C	H	E		P	E	R	D	U	S		D
II	V	E	R	A	N	D	A		E	U	R	O	P	E
III	E	C	O	N	D	U	I	T	S		G	R	I	L
IV	N	O	I	S	E		S	I	A	M	O	I	S	E
V	T	U	S		V	A	I	L	L	A	N	T	E	S
VI	U	S	A	G	E		B	L	E	U	I	E		T
VII	R	U	D	E	R	A	L	E		D	E		R	E
VIII	E		E	N		N	E	U	R	I	N	O	M	E
IX	S	U		T	U	E		R	E	S	S	U	I	S

Solution : Harrison, prénom de Harrison Ford, le Han Solo de *la Guerre des étoiles*, l'Indiana Jones des *Aventuriers de l'arche perdue* et des épisodes suivants.

JEU DE LOGIQUE

1 : B. 2 : D. 3 : B. 4 : A.

14 JUILLET

L'INTRUS

1 : Achille Talon n'a rien à voir avec Gotlib. C'est un héros créé par Greg en 1963. 2 : *le Général Dourakine* est le nom de la première bédé de Gotlib, en 1961. *Superdupont* n'a vu le jour qu'en 1972 ; il sera adapté au théâtre en 1982 sous la forme d'une comédie musicale délirante.

LE PERSONNAGE DU JOUR

Dorothée. En 1977, *Dorothée et ses amis* ; en 1987, *le Club Dorothée.*

15 JUILLET

CASE-BRIQUES

R	E	V	I	V	R	E
S	P	I	R	A	L	E
F	I	N	A	N	C	E
C	O	C	A	G	N	E
P	R	E	V	O	I	R
R	O	N	T	G	E	N
L	I	T	C	H	I	S

Solution : Vincent Van Gogh.

SANDWICH

« Autrui est secret parce qu'il est autre. »

16 JUILLET

LES MOTS DE L'IMAGE

Capitaine, capitale, capture, captif, capuche, capuchon, capsule, capot, cap Horn, capucine, cape.

FORMES ET COULEURS

17 JUILLET

ESCALETTRES

L I
+U L U I
+E I U L E
+S S E U I L
+E L I E U S E
+T T U I L E E S
+L T I L L E U S E
+D D U E L L I S T E

CARRÉ DE 6

Horizontalement : A : Angela. B : Merkel. C : Hitler. D : Berlin. E : Brandt. F : datera.
Verticalement : 1 : blindé. 2 : manger. 3 : barder. 4 : karaté. 5 : hèlent. 6 : trilla.

18 JUILLET

QUIZ ÉRIC TABARLY

1 : B. Tabarly a disparu au large du pays de Galles alors qu'il faisait route vers l'Écosse. 2 : C. Il a pris sa retraite de capitaine de frégate en juillet 1985, lors d'une grande cérémonie dans la rade de Brest. 3 : C. Il s'est opposé au projet de Jacques Chirac de déménager le musée de la Marine afin d'installer à la place un espace destiné aux arts primitifs. Il a obtenu gain de cause et le prix Neptunia – qui récompense la personnalité la plus marquante de l'année dans le domaine maritime – en 1997.

19 JUILLET

MOTS CROISÉS

	1	2	3	4	5	6	7	8	9	10	11	12	13	14
I	M	A	U	R	I	C	E	G	A	R	I	N	■	N
II	O	C	T	A	N	E	■	L	Y	O	N	■	P	I
III	N	I	E	M	E	■	A	A	■	B	A	I	R	D
IV	T	E	R	■	M	A	R	S	E	I	L	L	E	■
V	G	R	I	M	P	I	O	N	■	N	I	E	C	E
VI	E	■	N	U	L	■	B	O	R	D	E	A	U	X
VII	R	O	S	E	O	L	E	S	■	E	N	L	I	E
VIII	O	S	■	N	Y	■	S	T	A	S	E	■	R	A
IX	N	A	N	T	E	S	■	S	U	■	E	M	E	T

20 JUILLET

L'ENGRENAGE

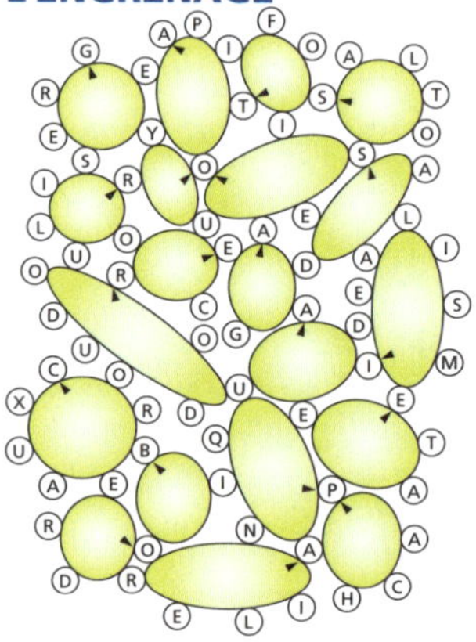

21 JUILLET

MATRICE LOGIQUE

7 en A et 4 en B. Si on considère les carrés de neuf petites cases comme des figures successives, on voit que, de gauche à droite, les cases colorées progressent d'une place dans le sens des aiguilles d'une montre. On peut également interpréter la matrice verticalement : chaque carré de neuf cases reprend celui au-dessus, tourné de 90°.

SANDWICH

« Que devient le rêveur quand le rêve est fini ? »

22 JUILLET

LES COUSINS

Pédale (D), feux (E), radial (D), bougie (I), volant (O), jante (N).
Solution : De Dion.

LABYRINTHE

23 JUILLET

MOTS CASÉS

C	O	R	N	E	T	T	O	■	G	L	A	N	D
R	U	E	E	S	■	O	N	D	E	■	S	U	E
E	R	G	S	■	P	I	C	A	R	D	■	E	S
M	A	L	T	A	I	S	E	■	C	E	T	■	P
E	G	A	L	I	T	E	■	F	E	C	A	L	E
■	A	G	E	N	C	E	■	R	■	O	T	E	R
A	N	E	■	E	H	■	D	I	O	R	A	M	A
P	■	S	T	E	■	M	A	G	N	U	M	■	D
I	N	■	E	S	K	I	M	O	■	M	I	K	O

Avec les huit mots restants, on forme : « Fond dans la bouche, pas dans la main. » Slogan des M&M's, qui existent maintenant en crème glacée.

LA PREUVE PAR 9

1 : marotte. 2 : étambot. 3 : carotte. 4 : marcotte. 5 : combattre.

24 JUILLET

QUIZ FRANÇOIS VIDOCQ

1 : C. 2 : A. 3 : C. Victor Hugo n'avait pas été invité, car Appert n'avait pas souhaité mettre face à face le bourreau de Paris et l'un des plus farouches opposants à la peine de mort du moment. Quant à Alexandre Dumas, il était bien invité, mais il semblerait qu'entre les deux hommes le courant ne passait pas. 4 : B. *Les Mystères de Londres* sont dus à Paul Féval.

25 JUILLET

LES DIFFÉRENCES

L'INTRUS

L'intrus est *À fleur de toi*, une chanson de Vitaa. C'est à la suite du duo *Confession nocturne* que Vitaa a commencé sa carrière solo, sous les auspice de sa grande copine Diam's !

26 JUILLET

À FLEUR DE MOTS

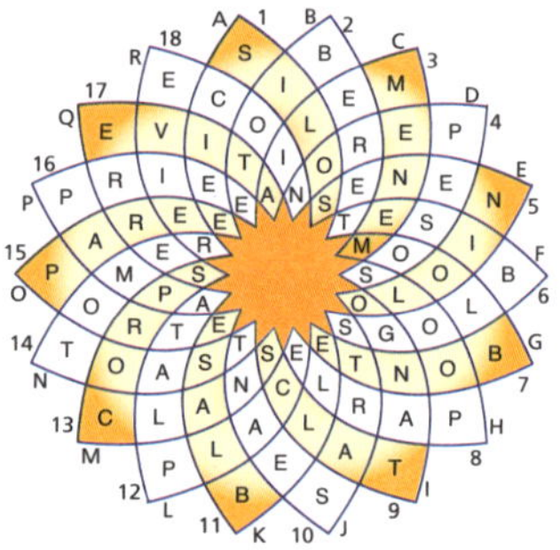

27 JUILLET

QUIZ PIERRE CHRISTIN

1 : B. La même année débutaient dans *Pif Gadget* les aventures de Corto Maltese, héros d'Hugo Pratt. 2 : A. Cette aventure est parue dans l'hebdomadaire *Pilote* en 1967 et a été réimprimée dans un album hors-série daté de septembre 1983. 3 : A. 4 : C. *Brooklyn Station-Terminus Cosmos* est le tome 10 et la suite de *Métro Châtelet direction Cassiopée*.

LA GIRAFE

1 : Bouvines. 2 : inespéré. 3 : révolution. 4 : Ionesco. 5 : Corday. 6 : Dayan. 7 : Yann. 8 : Perle. 9 : Lego. 10 : Govou. 11 : vousseau. 12 : Aubret. 13 : êta. 14 : tabou. 15 : Bourvil. 16 : Villepin.

28 JUILLET

VRAI OU FAUX

1 : faux. 2 : faux. 3 : vrai. Dumas fils doit sa célébrité à son premier roman, *la Dame aux camélias*, publié en 1848 ; quant à sa première pièce de théâtre, *Diane de Lys*, il la fit jouer en 1851. 4 : vrai. Dumas père est l'initiateur du drame romantique avec *Henri III et sa cour*, pièce qui fut jouée en 1829, soit un an avant le *Hernani* de Victor Hugo et la célèbre bataille qui s'ensuivit. 5 : vrai. 6 : faux. Seul Dumas fils a été membre de l'Académie française. Il fut élu le 29 janvier 1874 en remplacement de Pierre Antoine Lebrun, par 22 voix contre 11. Victor Hugo, absent de l'Académie depuis 1851, y fit sa rentrée afin de voter pour Alexandre Dumas fils.

29 JUILLET

MARIONS-LES

A : 3. B : 6. C : 2. D : 8. E : 4. F : 7. G : 5. H : 1.

LE CRÉNEAU

1	S	C	A	L	P	E
2	A	N	C	I	E	N
3	S	I	E	S	T	E
4	T	A	P	A	G	E
5	F	U	R	I	E	S
6	N	E	C	T	A	R
7	C	A	H	U	T	E
8	G	U	E	N	O	N
9	B	I	D	U	L	E
10	P	I	G	E	O	N
11	A	G	N	E	A	U

Solution : Alice Sapritch, qui jouait une duègne (rôle de gouvernante mûre et acariâtre) dans *la Folie des grandeurs*, avec Louis de Funès et Yves Montand.

30 JUILLET

MOTS FLÉCHÉS

	D		O		F		M		D	
L	U	S	T	R	E		O	E	I	L
	E	U	E		E	P	U	R	E	E
A	L	L	E	E		A	S		S	T
		T		B	R	I	Q	U	E	T
K	O	A	L	A		L	U	T		R
	I	N	U	T	I	L	E		D	E
U	S	E		T	S	E	T	S	E	
	E		P	U	S		A	U	R	A
B	A	T	I		U	N	I	E		I
	U	N		L	E	U	R		I	L
E	X	T	R	A		S	E	I	N	E

JEU DE LOGIQUE ENFANT

L'épée n° 3. La première épée jetée est celle qui n'est sur aucune autre : la 6. Ensuite vient celle qui n'est par-dessus que cette épée-là, donc la 5. Selon le même principe, suivent la 2 puis la 3, la quatrième jetée. Enfin la 4, la 7, la 1 et la 8 (qui est donc la dernière puisque aucune ne repose sur elle).

31 JUILLET

PUZZLE CROISÉ

P	O	U	D	L	A	R	D		R
A	R		O	I	S	E	U	S	E
Y		E	N		P		R	I	S
S	O	R	C	I	E	R	S		P
	I	D		R		E	L	F	E
H	E	R	M	I	O	N	E		C
O	S	E	E	S		O	Y	A	T

L'ÉCHELLE

	R			S	
D	E	P	U	T	E
	P			R	
	T			A	
M	I	L	I	T	E
	L			E	
	I			G	
L	E	A	D	E	R
	N			S	

LE PERSONNAGE CÉLÈBRE

1	F	E	L	O	N	I	E
2	R	A	I	D	E	U	R
3	A	U	S	T	E	R	E
4	N	A	Z	I	S	M	E
5	Z	U	T	I	S	M	E

Solution : Franz Liszt.

Août

MOTS FLÉCHÉS

					D		E		C		T		G	
				V	I	C	T	O	I	R	E		O	S
					M	E	C		D	A	M	A	G	E
				B	A	S		K	R	Y	P	T	O	N
					N	U	L	L	E		O	R		T
				E	C	R	I	E		I		E	P	I
	R		G		H	E		I	L	L	E		L	E
C	A	N	A	P	E		A	N	I	L		M	U	R
	I	U	L	E		B	U		S	U	C	A	I	S
I	L		A	R	I	A		A		S	E	N	E	
		A		I	N	T	E	R	D	I	T	S		V
B	A	N	C		E	I	N		I	O		E	T	A
	P	E	L	A	S	G	I	E	N	N	E		I	D
F	I		E	U		N	E		G		M	U	E	R
	D	O		B	I	O	M	E		M	E	T	R	O
G	E	M	I	R		L	E	S	T	E	R		S	U
		B	R	A	M	E		P	A	R	I	S		I
F	E	R		C	I		D	E	F	I		C	A	L
	L	E	S		L	E	U	R		T	U		M	L
F	U	S	I			T	R	A	V	E	R	S	E	R

L'ÉNIGME DU FILM DE GUERRE

1 : remarque (Erich Maria Remarque). 2 : beau (*la Patrouille de l'aube*). 3 : rônier (Renoir). 4 : barber (barbier). 5 : scarifiés (*les Sacrifiés*). 6 : trommel (Rommel). 7 : restais (Alain Resnais). 8 : clean (David Lean). 9 : rigole (*les Sentiers de la gloire*). 10 : soldant (*le Petit Soldat*). 11 : joue (*le Jour le plus long*). 12 : Vanoise (*la Grande Évasion*). 13 : notices (*la 317ᵉ Section*). 14 : crèment (René Clément). 15 : douez (*les Douze Salopards*). 16 : benêts (*les Bérets verts*). 17 : smash (*M.A.S.H.*). 18 : pâton (Patton). 19 : malle (Louis Malle). 20 : Bisset (Yves Boisset). 21 : pillard (Willard). 22 : ombra (Rambo). 23 : séton (Oliver Stone). 24 : mêlât (*Full Metal Jacket*). 25 : gamine (Énigma).
Il reste jauni – sanve – attend – guère : *Johnny s'en va-t-en guerre* (1971).

1er AOÛT

MOTS CROISÉS

	1	2	3	4	5	6	7	8	9	10	11	12	13	14
I	R	O	D	A	G	I	L		N	A	D	I	N	E
II		D	A	N	E	L		L	A	I	E	S		D
III	L	E		A	R	E	N	E		R		O	P	E
IV	A		T	R	O	T		N	L		C	L	A	N
V	C	A	O		N		B	O	U	C	L	E	R	
VI		C	A	L	I	F	O	R	N	I	E		A	L
VII	S	E	S	A	M	E		M	E		R	I	D	E
VIII	O		T	R	O	U	V	A		E	C	R	I	T
IX	N	A	S	A		X	E	N	O	N		E	S	O

LE PERSONNAGE DU JOUR

Pola Negri (Barbara Apolonia Chalupiec).

2 AOÛT

À FLEUR DE MOTS

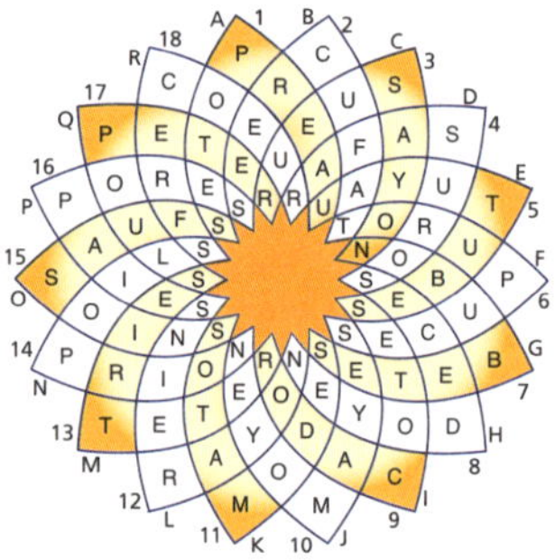

QUIZ JEAN-PIERRE MELVILLE

1 : B. 2 : A. C'était dans *À bout de souffle*. 3 : A. Bourvil a joué dans *le Cercle rouge* (1970) le rôle du commissaire Mattei ; pour la première fois apparaissait au générique son prénom, André – pour la dernière aussi puisqu'il est mort peu après.

3 AOÛT

L'ENGRENAGE

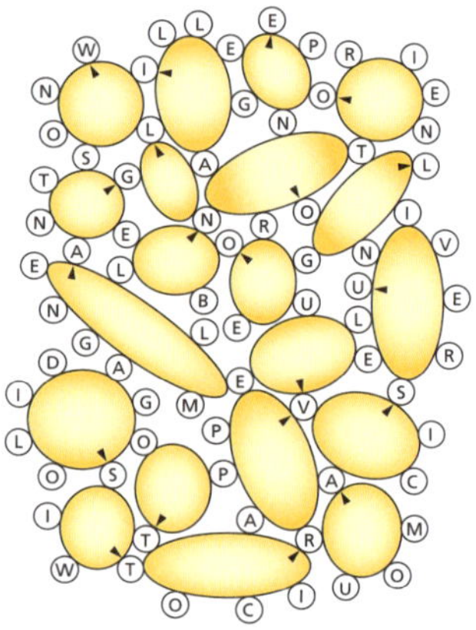

4 AOÛT

LE COMPAS DANS L'ŒIL

1 : A. C'est le roi Jacques Iᵉʳ d'Angleterre qui lui en a passé commande. Dès 1641, un Français, Jean Barrié, lance le *XVII* à Saint-Malo dans le dessein de retrouver des épaves. 2 : C. La plongée durera en tout plus de 8 heures et 30 minutes. Jamais aucun homme n'avait exploré de telles profondeurs auparavant. 3 : B. Le cœur nucléaire doit être rechargé tous les six ans. Tous les huit ans, 63 000 pièces sont vérifiées ! Un entretien régulier permet de maintenir ces Rubis opérationnels plus longtemps et de retarder le remplacement de la flotte par les nouveaux Barracuda.

5 AOÛT

LA PREUVE PAR 9

1 : because. 2 : muscade. 3 : cambuse. 4 : dameuse. 5 : embuscade.

ANAPHRASES

1 : pyroscaphe, apocryphes. 2 : tarentine, éreintant, trentaine, entérinât. 3 : persuasion, spinosaure.

6 AOÛT

SANDWICH

The Velvet Underground.

ESCALETTRES

Ç A
+R A R C
+T T R A C
+O O C R Â T
+F F O R Ç Â T
+Y F A C T O R Y

MARIONS-LES

A : 2. B : 4. C : 1. D : 5. E : 3.

CHENILLE

M O N R O E
–O +L M E R L O N
–O +A M E R L A N
–M +T R Â L E N T
–N +O T O L É R A
–E +Y T A Y L O R

BOUCHE-TROUS

1 : talent. 2 : laizes. 3 : latent. 4 : alizés. 5 : teint.

7 AOÛT

JEU DE LOGIQUE

Sur chaque ligne, la partie gauche du domino progresse d'un rang chaque fois qu'on avance d'une colonne alors que la partie droite recule de deux rangs. On considère bien sûr la suite logique en boucle : 0, 1, 2, 3, 4, 5, 6, 0, 1, 2, 3, 4, 5, 6, 0, 1… Le domino qui complète la figure est donc . À gauche, un rang après le 0, on aura un 1. À droite, deux rangs avant le 6, figure le 4.

L'INTRUS

1 : *la Grande Illusion*, de Jean Renoir, qui raconte l'histoire d'un camp de prisonniers pendant la Première Guerre mondiale, est sorti en 1937 et est apparu comme une mise en garde à la veille de la Seconde… 2 : *Patton* dresse le portrait du général américain pendant la Seconde Guerre mondiale. Rien à voir avec *Platoon*, d'Oliver Stone, témoignage poignant de l'atrocité des combats au Viêt Nam.

8 AOÛT

CHAUSSE-TRA(P)PE(S)

1 : A. 2 : C. 3 : C.

Août

JEU D'OBSERVATION

9 AOÛT

L'ÉNIGME DE DAMASE II

1 : baver (Bavière). 2 : bonite + neuf (Benoît IX). 3 : taire (tiare). 4 : arôme (Rome). 5 : caste (actes). 6 : Constantin + hyène (constantinienne). 7 : nichée (Nicée). 8 : pierreries (Pierre). 9 : satin + Noël (saint Léon). 10 : Ève + que (évêque). 11 : cyclique (encyclique). 12 : schiste (schisme). 13 : Palestine (Palestrina). 14 : bras + mante (Bramante). 15 : rurbain (Urbain VIII).
Il reste pop – onde – brique – zen : Poppon de Brixen.

LA GRÈCE ANTIQUE

1B. 2A. 3C. 4A. 5C. 6A. 7B. 8B. 9C.

10 AOÛT

ANAGRAMMES CROISÉES

	1	2	3	4	5	6	7	8	9	10	11	12	13	14
I	J	E	A	N	N	E	■	M	A	R	I	E	■	B
II	A	N	N	E	■	F	R	O	U	E	■	C	O	R
III	R	O	T	■	A	F	I	N	■	A	T	A	C	A
IV	D	R	E	S	D	E	■	A	A	■	A	I	R	S
V	I	M	P	E	R	T	U	R	B	A	B	L	E	■
VI	N	E	O	■	E	S	■	Q	U	I	L	L	E	S
VII	I	S	S	U	S	■	B	U	S	■	I	A	S	I
VIII	E	■	E	N	S	I	L	E	■	S	E	N	■	T
IX	R	O	S	S	E	■	E	S	S	A	R	T	E	E

JEU DE LOGIQUE

C'est l'expert n° 3 qui a raison. La température correspond, pour le chiffre des dizaines, au nombre de voyelles dans le nom du mois et, pour les unités, au nombre de consonnes. Trois voyelles et une consonne en août, il fera donc 31 °C.

11 AOÛT

REPÈRES CHRONOLOGIQUES

1 : S, France (1848). 2 : O, Danemark (1849). 3 : U, Grèce (1864). 4 : V, Allemagne (1871). 5 : E, Suisse (1874). 6 : R, Bulgarie (1879). 7 : A, Serbie (1888). 8 : I, Espagne (1890). 9 : N, Belgique (1893).
Solution : souverain.

LE PERSONNAGE CÉLÈBRE

1	J	A	S	P	E	R
2	A	L	C	O	O	L
3	C	O	O	L	I	E
4	K	A	O	L	I	N
5	S	A	T	O	R	I
6	O	R	A	C	L	E
7	N	I	C	K	E	L

Solution : Jackson Pollock.

12 AOÛT

MARABOUT

1 : piédestal. 2 : Stalingrad. 3 : gradé. 4 : déflagre. 5 : Grenade. 6 : Adenauer.

CASE-CHIFFRES

316
160 156
81 79 77
41 40 39 38
22 19 21 18 20

13 AOÛT

MOTS CASÉS

T	E	L	E	F	O	N	■	T	A	R	Z	A	N
A	G	A	C	E	R	I	E	■	G	E	O	L	E
N	A	■	T	R	E	N	T	E	■	T	U	E	R
C	R	U	O	R	■	O	U	B	L	I	■	S	E
H	E	■	P	E	T	■	I	O	U	R	T	E	■
E	■	M	I	R	Z	A	■	N	I	E	R	■	B
S	O	I	E	■	A	B	O	I	■	S	A	L	E
■	U	S	■	G	R	A	T	T	E	■	S	U	D
D	I	S	C	O	■	T	E	E	■	C	H	I	

Avec les quatre mots restants, on forme : *Oh ! Hé ! Hein ! Bon !* L'un des tubes de Nino Ferrer non évoqué dans la grille.

MORPHOMOTS

1 : vitamine. 2 : vraiment. 3 : avidement. 4 : naïvement. 5 : normative. 6 : motivante.

14 AOÛT

ANATHÉMA

1 : Hanks (Tom). 2 : Auteuil (Daniel). 3 : Moreau (Jeanne). 4 : Irons (Jeremy). 5 : Lamour (Dorothy). 6 : Thurman (Uma). 7 : Olivier (sir Laurence). 8 : Noiret (Philippe).
Solution : David Hamilton.

NOMBRES CROISÉS

	1	2	3	4	5
I	1	8	9	3	■
II	9	■	1	0	6
II	4	9	■	0	2
III	8	1	6	0	■
IV	■	0	1	0	1

15 AOÛT

ANATITRES

1 : *la Plus Belle pour aller danser*. 2 : *Comme un garçon*. 3 : *L'amour c'est comme une cigarette*. 4 : *En écoutant la pluie*. 5 : *le Roi David*. 6 : *l'Amour au diapason*.

LE PERSONNAGE CÉLÈBRE

1	D	R	I	B	B	L	E
2	A	R	S	E	N	A	L
3	P	A	T	R	I	C	K
4	S	P	O	N	S	O	R
5	V	A	C	A	R	M	E
6	M	I	C	R	O	B	E
7	P	A	R	D	I	E	U

Solution : Bernard Lacombe.

16 AOÛT

MOTS CROISÉS

	1	2	3	4	5	6	7	8	9	10	11	12	13	14
I	C	I	C	C	O	N	E	■	L	O	U	I	S	E
II	H	O	P	■	V	I	R	G	I	N	■	P	U	R
III	A	N	■	A	I	■	E	N	C	U	V	E	■	O
IV	L	■	A	C	N	E	■	A	H	■	S	C	A	T
V	O	R	P	H	E	L	I	N	A	T	■	A	P	I
VI	U	E	L	E	■	O	R	G	I	E	S	■	O	C
VII	P	R	O	V	I	D	E	N	T	I	E	L	■	A
VIII	E	■	M	E	N	E	■	A	■	N	E	O	N	■
IX	R	O	B	E	■	E	R	N	S	T	■	T	U	E

17 AOÛT

SUDOKU

4	3	6	2	8	5	7	1	9
9	8	5	3	1	7	4	6	2
7	2	1	4	6	9	3	8	5
8	5	2	7	9	3	1	4	6
6	4	3	8	2	1	5	9	7
1	9	7	6	5	4	2	3	8
5	7	9	1	3	6	8	2	4
3	6	8	5	4	2	9	7	1
2	1	4	9	7	8	6	5	3

CHENILLE

	JOURNALISTE
–J +G	SURGÉLATION
–R +Q	NOSTALGIQUE
–L +S	AGNOSTIQUES
–N +R	ORGASTIQUES
–Q +P	PORTUGAISES
–G +L	SPOLIATEURS
–O +A	APLATISSEUR
–P +N	AUSTRALIENS
–S +R	NATURALISER
–N +E	RÉALISATEUR

SUDOKU

3	5	6	2	4	7	9	1	8
7	1	8	6	3	9	2	5	4
2	4	9	8	5	1	3	7	6
4	9	7	3	6	5	8	2	1
6	2	5	9	1	8	7	4	3
8	3	1	7	2	4	5	6	9
1	7	3	5	8	6	4	9	2
5	8	4	1	9	2	6	3	7
9	6	2	4	7	3	1	8	5

18 AOÛT

LE VERTICALETTRES

1			P	I	R	A	T	E	s
2			B	R	O	D	Y		
3	R	O	S	E	M	A	R	Y	
4	C	H	I	N	A	T	O	W	N
5		F	R	A	N	T	I	C	
6		V	A	M	P	I	R	E	S
7	V	A	R	S	O	V	I	E	
8			P	O	L	O	G	N	E
9				P	A	L	M	E	
10	S	C	H	I	N	D	L	E	R
11			C	E	S	A	R		
12	K	I	N	S	K	I			
13			T	W	I	S	T		

Solution : Roman Polanski.

LA PREUVE PAR 9

1 : risette. 2 : artiste. 3 : gastrite. 4 : grisette. 5 : stratégie.

Août

19 AOÛT

ESCALETTRES

	B I
+A	B A I
+L	B A I L
+R	B A R I L
+L	B R I L L A
+E	B R A I L L E
+E	L I B É R A L E
+G	G A B R I E L L E

L'ÉCHELLE

	P			C	
M	A	I	S	O	N
	R			U	
	F			T	
F	U	R	E	U	R
	M			R	
	E			I	
J	U	P	I	E	R
	R			R	

20 AOÛT

MOTS FLÉCHÉS

	S		B		L		P		B	
C	O	L	O	C	A	T	A	I	R	E
	L	U	N	E		U	R		A	S
O	D	E		D	U		C	R	I	C
	A		C	E		R	H		R	A
E	T	A	U		D	I	E	S	E	L
		N	I	C	E		M	U		I
B	A	S	T	A		B	I	R	B	E
	P		E	S	S	E	N		E	R
B	E	C		Q	U	E		E	N	
	R		S	U	C		A	G	I	O
P	O	R	T	E	A	V	I	O	N	S

LE PERSONNAGE CÉLÈBRE

1	J	U	C	H	E	R
2	E	X	H	U	M	E
3	A	I	R	B	U	S
4	N	I	E	L	L	E
5	L	E	T	A	L	E
6	O	G	I	V	E	S
7	U	T	E	R	U	S
8	P	E	N	S	I	F

Solution : Jean-Loup Chrétien, premier Français envoyé dans l'espace, en 1982, pour la mission franco-russe PVH (premier vol habité).

21 AOÛT

LE PERSONNAGE CÉLÈBRE

1	C	O	B	R	A	S
2	O	V	A	L	I	E
3	U	L	S	T	E	R
4	N	U	I	T	E	E
5	T	I	E	R	C	E

Solution : Count Basie.

JEU DE LOGIQUE

Le 5. Les couleurs sont inversées. La forme du bas est répétée telle quelle en haut. La forme du haut est répétée telle quelle en bas, puis reproduite au-dessus, inversée selon un axe horizontal.

22 AOÛT

L'ÉCHELLE

	N			E	
R	O	M	A	N	S
	S			S	
	T			E	
B	A	R	O	I	S
	L			G	
	G			N	
P	I	E	C	E	S
	E			R	

MÉLI-MÉLO

1 : Picasso, *Guernica*. 2 : Klimt, *le Baiser*. 3 : Chagall, *le Violoniste*.

23 AOÛT

MOTS CROISÉS

	1	2	3	4	5	6	7	8	9	10	11	12	13	14
I	C	H	A	R	L	E	S		M	A	R	T	E	L
II	H	O	U	E		M	O	B	I	L	I	S	E	E
III	I		S		N	U		O		I		F		G
IV	L	O	T	T	E		I	N	A		M		U	S
V	D	U	R	E		P	O	I	T	I	E	R	S	
VI	E	R	A	S	M	E		F	R	I	S	O	N	S
VII	R		S	T	O	P	P	A	I		S	U	E	E
VIII	I	C	I		C	I	R	C	U	S		L	E	T
IX	C	R	E	P	O	N		E	M	P	H	A	S	E

RÉBUS

Île – faux – seau – vé – l' – œufs – sole – dard – rails – âne : *Il faut sauver le soldat Ryan*.

24 AOÛT

QUIZ FRANÇOISE DOLTO

1 : C. René Laforgue, psychiatre et psychanalyste français, sera pendant trois ans le psychanalyste de Françoise Dolto. 2 : A. Françoise Dolto répond en direct aux auditeurs d'Europe 1 sous le nom de « docteur X » de 1967 à 1969. Mais c'est l'émission de France Inter qu'elle anime à partir de 1976 qui la rend célèbre. 3 : A. Le refoulement et l'œdipe sont des concepts freudiens, de même que le complexe de castration, que Françoise Dolto va largement étendre : l'enfant subit au cours de son développement une suite de castrations.

MOTS CROISÉS

	1	2	3	4	5	6	7	8	9
I	C	O	M	P	L	E	X	E	S
II	A	R	A		A	D	I	R	E
III	R		R	E	C	U		O	C
IV	L	I	T		A	C	E	S	
V	O	R	I	G	N	A	L		M
VI	S	E	N	E		T		O	U
VII		N	O	R	D	I	S	T	E
VIII	N	E		B	R	O	U	E	T
IX	D	E	J	E	U	N	E	R	S

SUDOKU

6	9	7	8	4	5	2	1	3
5	4	8	1	2	3	6	7	9
2	1	3	7	6	9	5	8	4
4	5	9	3	7	8	1	2	6
8	2	1	5	9	6	3	4	7
7	3	6	2	1	4	8	9	5
3	8	2	4	5	7	9	6	1
1	6	4	9	3	2	7	5	8
9	7	5	6	8	1	4	3	2

25 AOÛT

COUPE-LETTRES

B	A	I	S	S	E	R	S
C	A	M	B	R	E	E	C
R	A	P	H	I	D	E	H
C	R	I	A	N	T	E	I
F	A	L	A	I	S	E	F
M	O	R	F	A	L	E	F
E	M	A	N	A	N	T	E
G	R	E	N	U	R	E	R

Solution : Claudia Schiffer.

LE COMPAS DANS L'ŒIL

1 : A. C'était déjà suffisant pour effrayer les Romains, qui n'en avaient jamais vu. Cependant, beaucoup périrent dans la traversée des Alpes et dans les marais étrusques. 2 : B. Le combat semblait déséquilibré, d'autant plus que Rome disposait aussi d'une grande supériorité navale, mais Hannibal comptait sur l'effet de surprise et sur un ralliement éventuel d'une partie de l'armée romaine, surtout après ses victoires écrasantes du Tessin, de la Trébie, du lac Trasimène et de Cannes. 3 : D. Après avoir signé la paix avec les Romains, Hannibal prit part à la vie politique de Carthage, puis fut exilé en Orient par Rome en raison de son insoumission.

26 AOÛT

MARIONS-LES

A : 3 (film d'Orson Welles). B : 6 (film de Kevin MacDonald). C : 7 (film de Stephen Frears). D : 9 (film de Mario Van Peebles). E : 1 (film de Nicole Garcia). F : 8 (film de Gus Van Sant). G : 4 (film de Michael Apted). H : 2 (film de David Lynch). I : 5 (film de François Truffaut).

FILMOGRAPHIE CHARLES BOYER

1 : *Mayerling*. 2 : *Marie Walewska*. 3 : *Madame de…* 4 : *Nana*. 5 : *Fanny*.

27 AOÛT

MOTS CROISÉS

	1	2	3	4	5	6	7	8	9	10	11	12	13	14
I	L	E	O	N	E		C	H	E	Y	E	N	N	E
II	A	S	E		H	I	H	A	N		R			R
III	S	C	I	E		C	A	R	D	I	N	A	L	E
IV	S	A	L		M	A	R	M	O	R	E	E	N	S
V	O	R		F	O	R	M	O	S	E		R		I
VI		G	U	I	N	E	E	N		S	C	A	L	P
VII	F	O	N	D	A		R	I	O		R		I	E
VIII	U	T		E		M	A	C	H	I	A	V	E	L
IX	I	S	O	L	E		S	A	M		N	E	N	E

LE JEU DU MENTEUR

1 : la Cité radieuse se trouve à Marseille et non à Lyon. 2 : c'est en Inde qu'il part en 1952 pour édifier la nouvelle capitale du Pendjab, Chandigarh. 3 : Le Corbusier, né en 1887, est mort en 1965, pas en 1988.

28 AOÛT

COMPTABILITÉ

10 étoiles.

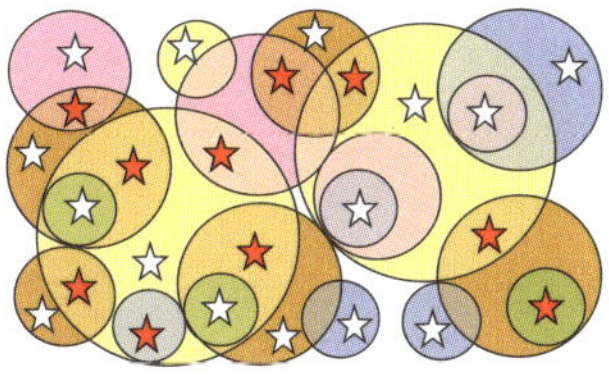

LA CITATION CACHÉE

« Quand il s'agit des libertés, rien n'est jamais gagné. »

29 AOÛT

LE PERSONNAGE CÉLÈBRE

1	M	O	U	J	I	K
2	I	V	R	A	I	E
3	C	L	I	C	H	E
4	H	A	C	K	E	R
5	A	B	U	S	I	F
6	E	X	P	O	S	E
7	L	I	O	N	N	E

Solution : Michael Jackson.

30 AOÛT

À FLEUR DE MOTS

LE POINT COMMUN

1 : ce sont des acteurs de *la Grande Vadrouille*, de Gérard Oury. Seul *Titanic*, avec ses 20 millions d'entrées, détrônera au box-office ce monument du cinéma français, qui a attiré plus de 17 millions de spectateurs depuis sa sortie, en décembre 1966. 2 : *les Douze Salopards*. Dans le film de Robert Aldrich, en 1967, douze hommes, condamnés pour meurtre, sont entraînés pour effectuer une mission suicide dans un camp d'officiers allemands.

31 AOÛT

MOTS FLÉCHÉS

	A		P		E		C		E	
O	B	J	E	T	S		R	A	G	E
	S	U	D	I	S	T	E		O	N
C	O	M	A		E	R	E	S		F
	L	E	G	E		U	S	E	R	A
H	U	L	O	T	T	E		N	O	N
		E	G	A	I	L	L	A	N	T
P	A	R	U		P	L	A	T	E	S
	R		E	P	I	E	R		O	
C	E	P		O	S		D	E		J
	N	O	E	L		J	E	U	N	E
M	E	T	H	O	D	E		S	O	U

JEU DES SEPT ERREURS

Septembre

MOTS CROISÉS 3D

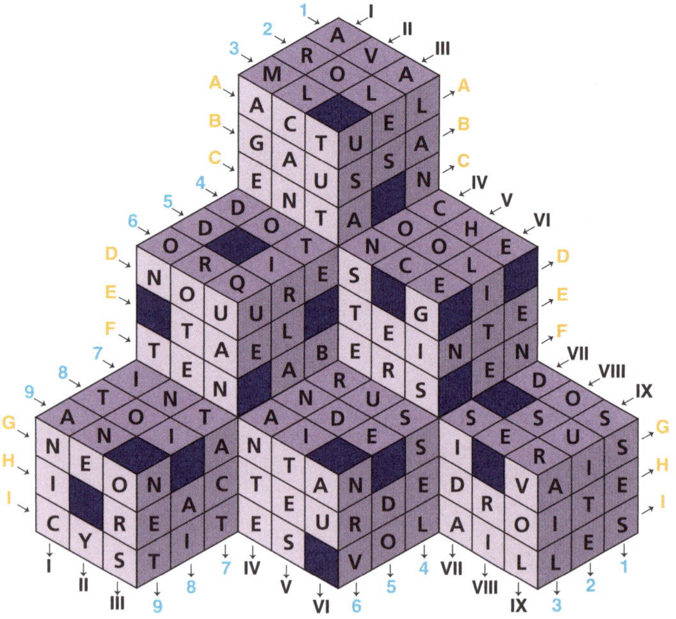

LOGIGRAMME

Indice 1 : N.R. Vantt (énervant, voilà pourquoi il est casse-pieds) et Sally Vantt (salivant, voilà pourquoi elle est gourmande), les époux Vantt donc, ont joué dans un film de budget médian mais pair, donc 180 ou 200 M$. Le film sur les terroristes a coûté moins : 160 ou 180 M$. Le film avec 1 560 morts a coûté plus : 200, 225 ou 260 M$.
Indice 2 : si la bactérie stoppe le virus sans tuer le porteur, il n'y aura que 999 morts à trente minutes de la fin. Sinon, il y en aura au moins 1 000. Ce virus mortel tuera donc 1 000 ou 1 560 personnes.
Indice 3 : deux couples sont à envisager : 200-1000 et 312-1 560. Il y a donc 200 ou 312 morts dans l'incendie (mettant en scène Ann Ehanty ou Perry Pessy, seuls noms se terminant par Y, Sally n'est qu'un prénom). Dans le film à 260 M$, il y en a 1 000 ou 1 560, comme pour le virus (indice 2).
Indice 4 : observons les budgets des films et majorons-les de 25 % (ce qui revient à ajouter un quart) : 160 M$ devient 200 M$, et 180 devient 225. Deux couples de films répondent à l'indice. Pour le double de victimes, une seule possibilité : 500 et 1 000. Le film aux 1 000 victimes a donc un budget de 200 ou 225 M$, celui aux 500 morts a coûté 160 ou 180 M$. Mais la seconde partie de l'indice donne une piste plus directe : seul le couple 200-260 M$ répond au critère du 30 % plus cher. Cela implique que le film aux 312 victimes coûte 200 M$ et que la production dont Ann Ehanty est l'héroïne en a exigé 260. D'après la première partie de l'indice, le film aux 1 000 victimes a un budget de 225 M$ et celui aux 500 morts a coûté 180 M$. D'après l'indice 3, le film à plus gros budget (260 M$) compte 1 560 morts et l'incendie en a fait 312. C'est Perry Pessy (et non Ann Ehanty) qui luttait contre les flammes. Par élimination, le film à plus petit budget (160 M$) raconte une histoire où 200 personnes meurent.
Indice 5 : le plus petit budget ne met en scène ni Ann, ni Perry, ni les époux Vantt, comme nous l'avons vu. Cet indice élimine aussi K.O. Tick. C'est ainsi Dave Astassion qui a tourné dans le film à 160 M$. Les époux Vantt et K.O. Tick se partagent les deux budgets restants, 180 et 225 M$, le budget impair étant exclu pour le couple par l'indice 1. K.O. Tick joue donc dans la production à 225 M$ et les Vantt dans celle à 180 M$. On en conclut aisément que les crashs d'avions sont dans le film à 260 M$ (indice 5) et 1 560 morts. Le virus mortel fera 1 000 morts (indice 2). Le film sur le terrorisme, moins cher que celui des Vantt, a coûté 160 M$ (indice 1) et les chers époux ont vu 500 victimes mourir lors d'un tsunami.

Tableau des réponses

Héros	Ann Ehanty	Dave Astassion	Époux Vantt	K.O. Tick	Perry Pessy
Thème	Crash d'avions	Acte terroriste	Tsunami	Virus mortel	Incendie
Nombre de morts	1 560	200	500	1 000	312
Budget	260	160	180	225	200

1er SEPTEMBRE

SUITE LOGIQUE

La 4. Chaque petit triangle bouge à tour de rôle d'un huitième de tour dans le sens des aiguilles d'une montre.

ANATITRES

1 : *le Baiser au lépreux*. 2 : *Genitrix*. 3 : *le Désert de l'amour*. 4 : *Thérèse Desqueyroux*. 5 : *le Nœud de vipères*. 6 : *le Mystère Frontenac*.

2 SEPTEMBRE

LE PERSONNAGE DU JOUR

John Ronald Reuel (J.R.R.) Tolkien, écrivain britannique, auteur notamment du *Seigneur des anneaux*.

TRIPLETS D'EXPRESSIONS

1 : pique. 2 : oignon. 3 : simple. 4 : évêque. 5 : inspecteur. 6 : double. 7 : orange. 8 : nage.
Solution : Poséidon. *L'Aventure du Poséidon* (1972) raconte l'histoire d'un paquebot de luxe renversé par une lame de fond.

3 SEPTEMBRE

MOTS FLÉCHÉS

	L		A		E		U		I	
J	E	U	N	E	T		V	A	S	E
	V		I	D	E	E		C	O	Q
C	R	E	M	E		R	E	E	L	U
	E	V	E	N	T	E		R	E	E
A	S	A		S	I		A	B	E	R
		S	A		E	U	R	E		R
E	P	E	R	O	N	N	A		D	E
	I		A	R	N		L	E	I	
L	A	D		N	E	E		O	N	C
	N	O	T	A		P	A	N	E	L
P	O	S	E	I	D	O	N		R	E

SYLLABES MANQUANTES

1 : déprédateur. 2 : épatamment. 3 : eczémateux. 4 : principauté. 5 : infortune. 6 : malédiction. 7 : péripétie. 8 : anthracose. 9 : cataclysme. 10 : tribologie.
Solution : *Deep Impact*, film de Mimi Leder avec Morgan Freeman.

4 SEPTEMBRE

CARRÉ DE 7

Horizontalement : A : Beyoncé. B : Giselle. C : Knowles. D : Houston. E : Solange. F : actrice. G : talents.
Verticalement : 1 : hockeys. 2 : wagages. 3 : obstiné. 4 : closent. 5 : colline. 6 : lestent. 7 : enroula.

ESCALETTRES

NA
+F FAN
+I NAÏF
+E FAINE
+R FARINE
+E FRÊNAIE
+L FLÂNERIE
+N INFERNALE

5 SEPTEMBRE

QUIZ LE CANADA FRANÇAIS

1 : C. 2 : C. 3 : C. 4 : C.

Septembre

6 SEPTEMBRE

À FLEUR DE MOTS

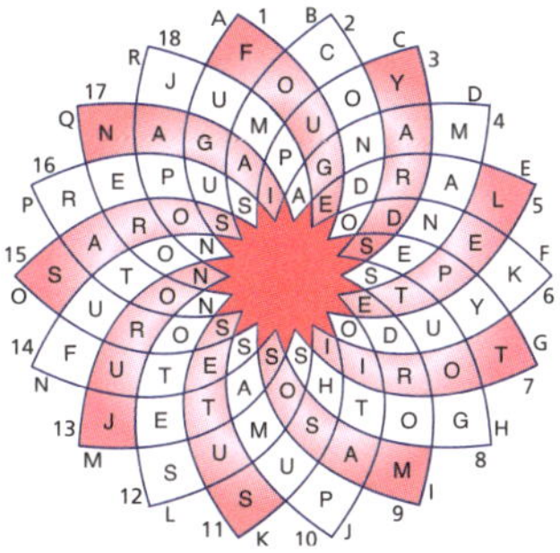

JEU DE LOGIQUE

Les candidats pour le troisième niveau sont : 04, 09, 25, 36, 49 et 64. Écrivez sur une feuille tous les produits depuis 11 × 11 jusqu'à 31 × 31 = 961. Éliminez tous les nombres contenant un 1 (il figure déjà au sommet de la pyramide) et tous ceux qui comportent un chiffre répété. Il vous reste huit prétendants pour le deuxième niveau : 256, 289, 324, 529, 576, 625, 729, 784. Faites de même pour la base : 2304, 2704, 2809, 3025, 3249, 4096, 4356, 5329, 5476, 6084, 6724, 7056, 7396, 7569, 8649, 9025, 9604. En essayant un à un les nombres de 04 à 64, on arrive facilement à éliminer une foule de possibilités. Par exemple, si l'on choisit 04, les seuls candidats restant pour la base sont 5329, 7396 et 7569. Il faudrait ensuite, pour 1, 04 et 5329, trouver un candidat au deuxième niveau qui s'écrive avec 6, 7 et 8 : il n'y en a pas. Pour 1, 04 et 7396, il faudrait un nombre écrit avec 2, 5 et 8 : perdu. Pour 1, 04 et 7569, un nombre utilisant 2, 3 et 8 : encore impossible. Continuez les essais et vous trouverez l'unique solution :

1
3 6
7 8 4
9 0 2 5

36 = 6 × 6 ; 784 = 28 × 28 ; 9025 = 95 × 95.

7 SEPTEMBRE

MOTS CROISÉS

	1	2	3	4	5	6	7	8	9
I	G	O	O	G	L	E	■	P	C
II	■	P	U	A	I	■	C	A	O
III	S	E	R	V	E	U	R	■	D
IV	P	■	S	E	N	■	I	D	E
V	Y	B	■	R	■	A	■	O	S
VI	W	E	B	■	A	D	S	L	■
VII	A	D	O	S	■	O	S	E	Z
VIII	R	E	S	E	A	U	■	A	I
IX	E	■	S	T	A	R	T	U	P

JEU DES 7 ERREURS

8 SEPTEMBRE

NOMBRES CROISÉS

	1	2	3	4	5
I	1	9	1	2	■
II	9	2	2	9	2
III	9	■	3	■	0
IV	7	3	■	1	1
V	■	1	0	0	1

LE DIAGO

L	U	M	I	E	R	E
V	E	R	S	I	O	N
A	R	C	H	I	V	E
C	O	U	L	E	U	R
F	I	L	M	E	E	S
O	B	S	C	U	R	E
P	L	A	S	T	I	C

Solution : Ginette Leclerc.

9 SEPTEMBRE

MORPHOMOTS

1 : écorce. 2 : féroce. 3 : éclore. 4 : pécore. 5 : courée. 6 : corvée.

10 SEPTEMBRE

L'ÉNIGME DE SISSI

1 : dénicheurs (Romy Schneider). 2 : phobies (Sophie). 3 : court (cour). 4 : gris (Hongrie, on-gris). 5 : église (Gisèle). 6 : enviné (Vienne). 7 : rétine (reine). 8 : traque (quatre). 9 : chuterai (Autriche). 10 : comète (comte). 11 : poupon (poumon). 12 : madrée (Madère). 13 : graisse (Grèce). 14 : rhum (Rome). 15 : vengée (Genève). 16 : mancie (cinéma). **Il reste** base – harde – lâche – Harry – thé : bazar de la Charité. Lors d'une vente de bienfaisance dont le cinématographe est l'attraction, des vapeurs d'éther (nécessaire pour faire fonctionner l'appareil) s'enflamment. L'incendie fera 129 victimes, presque toutes issues de l'aristocratie.

70 ANS CETTE ANNÉE

1 : Cher. 2 : Roselyne Bachelot. 3 : Jean-François Kahn (*Marianne*). 4 : Patrick Modiano.

11 SEPTEMBRE

CUBES

Airport. Twister. Volcano.

QUIZ LES TOILES DE MAÎTRE

1 : A. 2 : C. 3 : A. Le tableau de Pollock a été vendu aux enchères chez Sotheby's en novembre 2006 pour 140 millions de dollars. Quant au tableau de Willem De Kooning, il a été vendu à New York par Larry Gagosian le 16 novembre 2006 pour 137 millions de dollars.

12 SEPTEMBRE

LES PERSONNAGES DU JOUR

Michel Drucker et Mylène Farmer.

13 SEPTEMBRE

MOTS FLÉCHÉS

■	P	■	A	■	Y	■	O	■	E	■
K	I	N	G	K	O	N	G	■	C	M
■	P	E	R	I	D	U	R	A	L	E
N	A	P	E	L	■	P	E	■	O	N
■	■	E	G	O	U	T	■	B	R	U
J	U	R	A	S	S	I	Q	U	E	■
■	R	I	T	■	N	A	■	C	■	S
Z	E	E	■	S	E	L	E	C	T	E
■	■	N	O	T	E	■	T	A	R	I
C	A	S	E	E	■	P	A	L	I	S
■	M	■	T	R	A	I	T	■	A	M
T	I	T	A	N	I	C	■	B	L	E

CASE-CHIFFRES

123
62 61
29 33 28
12 17 16 12
4 8 9 7 5

14 SEPTEMBRE

MOTS CROISÉS

	1	2	3	4	5	6	7	8	9	10	11	12	13	14
I	C	O	N	G	O	■	C	A	N	A	R	I	E	S
II	O	U	I	R	■	A	R	N	O	■	A	L	O	■
III	L	■	B	O	U	G	A	I	N	V	I	L	L	E
IV	O	N	■	E	■	A	N	S	■	I	L	I	E	N
V	N	E	A	N	T	■	E	■	N	E	■	M	■	C
VI	I	O	■	L	U	I	■	C	A	R	T	I	E	R
VII	S	■	C	A	B	R	A	L	■	G	■	T	U	A
VIII	E	T	O	N	■	E	■	I	C	E	B	E	R	G
IX	R	E	N	D	E	Z	V	O	U	S	■	S	E	E

SANDWICH

« Dieu est toujours dans le camp de ceux qui souffrent. »

15 SEPTEMBRE

QUIZ CHARLES DE FOUCAULD

1 : A. 2 : C. 3 : B. 4 : C. 5 : A. 6 : C. Mais le pape Jean-Paul II a approuvé le décret d'héroïcité des vertus du Père de Foucauld, qui est ainsi devenu vénérable le 24 avril 2001.

16 SEPTEMBRE

JEU D'OBSERVATION

17 SEPTEMBRE

LES MOTS DE L'IMAGE

Carabine, carafe, carambar, caravane, carie, carillon, carnet, carnivore, carotte, carpe, carreaux, cartable, carte, carton, cartouche, cartouchière.

18 SEPTEMBRE

LE PERSONNAGE DU JOUR

Greta Garbo.

LA PREUVE PAR 9

1 : espacer. 2 : paresse. 3 : écrasées. 4 : caressée. 5 : rescapées.

19 SEPTEMBRE

LES COUSINS

Caméra (C), clap (A), plan (L), couleur (L), grain (A), séance (S), filage (F), bobine (O), prise (R), scène (E), voix (V), perche (E), régie (R).
Solution : *Callas Forever*.

20 SEPTEMBRE

À L'IDENTIQUE

La pièce 8.

CARRÉ DE 7

Horizontalement : A : anabase. B : oiseaux. C : Dutourd. D : Guimard. E : Sollers. F : Romains. G : mussent.
Verticalement : 1 : Rimbaud. 2 : Daninos. 3 : Laurent. 4 : Malraux. 5 : mousses. 6 : soudoie. 7 : Grasset.

ANATITRES

1 : *l'Or de Naples*. 2 : *Orgueil et passion*. 3 : *Mariage à l'italienne*. 4 : *Une journée particulière*. 5 : *Prêt-à-porter*.

21 SEPTEMBRE

GRILLE À THÈME

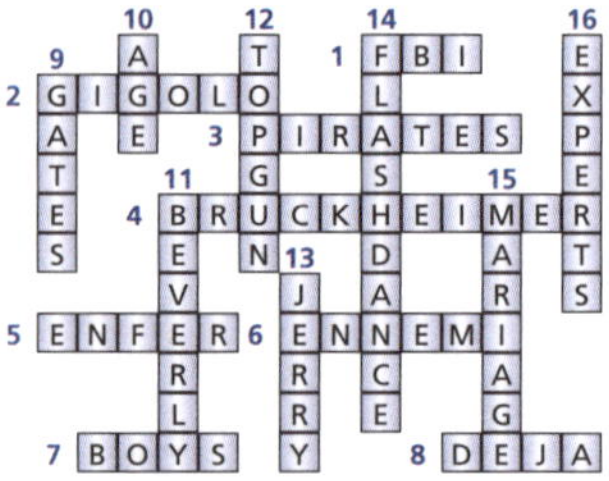

LE PERSONNAGE CÉLÈBRE

1	G	L	O	B	U	L	E
2	C	U	R	A	C	A	O
3	A	C	T	R	I	C	E
4	V	I	C	O	M	T	E
5	D	E	B	U	T	E	R
6	I	N	E	X	A	C	T

Solution : Lucien Baroux.

RÉBUS

Lait – dents – deux – la – mer : *les Dents de la mer*.

22 SEPTEMBRE

ANATHÉMA

1 : rémoulade. 2 : offusquer. 3 : naviguons. 4 : américano. 5 : lassitude. 6 : douanière. 7 : oralement.
Solution : le footballeur Ronaldo.

LE PERSONNAGE DU JOUR

Ségolène Royal.

23 SEPTEMBRE

VRAI OU FAUX

1 : vrai. *Les Jeunes Années d'une reine* et trois *Sissi*. 2 : vrai. Impératrice d'Autriche dans *Sissi* et reine d'Angleterre (Victoria) dans *les Jeunes Années d'une reine*. 3 : faux. C'était dix ans auparavant, en 1958, sur celui de *Christine*. 4 : faux. En 1978 pour *Une histoire simple*, mais le premier en 1974 pour *L'important c'est d'aimer*, d'Andrzej Zulawski. 5 : vrai.

CHARADE

La – pas – sente – dû – sang – sou – si : *la Passante du Sans-Souci*, de Jacques Rouffio.

24 SEPTEMBRE

LE CÉLIBATAIRE

恋 (amour) est le célibataire. Les autres signes sont en double : 葉 (feuille), 手 (main), 気 (sentiment), 声 (chant), 男 (homme), 妻 (épouse), 猫 (chat), 花 (fleur), 雨 (pluie), 空 (ciel), 風 (vent), 美 (beauté).

PUZZLE CROISÉ

M	O	N	O	G	A	T	A	R	I	■	I	T	E
I	K	E	B	A	N	A	■	E	G	A	L	E	R
K	A	M	I	S	■	R	A	M	A	S	S	E	E
A	Y	S	■	O	R	I	G	A	M	I	■	S	I
D	A	■	A	I	E	■	R	I	E	N	S	■	N
O	M	B	I	L	I	C	A	L	■	E	T	A	T
■	A	I	N	■	N	E	F	L	E	S	■	C	E
J	■	W	O	K	■	N	E	E	S	■	U	N	E
E	T	A	U	■	O	E	R	S	T	I	T	E	S

PORTRAIT-ROBOT

L'indice 3 élimine les candidats 2 et 6 au titre de samouraï (sabre dans la main gauche). Or les deux samouraïs qui sont torse nu (indice 1) sont à trouver parmi 3, 4 et 6. Puisque 6 est exclu, 3 et 4 sont des samouraïs. L'indice 2 désigne 5 comme le dernier samouraï, puisqu'il tient son sabre à deux mains (il n'est donc pas « non samouraï »). Les samouraïs sont les personnages 3, 4 et 5, alors que 1, 2 et 6 sont des combattants ordinaires.

25 SEPTEMBRE

QUIZ WILL SMITH

1 : C. Willard Christopher. 2 : B. 3 : C. 4 : B.

SUPERPOSITIONS

Les formes 1, 4 et 6.

26 SEPTEMBRE

LE POINT COMMUN

1 : le point commun est que l'on peut inclure une lettre au sein de ces mots pour en former de nouveaux.
A : on peut ajouter un B (célébrité, ambitieux, albumine, frisbees, rembarqué, robuste). B : on peut ajouter un P (ampères, biplan, choupette, empaillage, herpétique, inspecte). C : on peut ajouter un F (déflation, enfoncer, infondé, moufette, perforeuse, réflecteur). D : on peut ajouter un H (cholérique, franchisé, mâchonne, panachée, pharisien, romanche).
2 : on peut inclure un G pour former de nouveaux mots (ange, aigle, congé, maigre, rouge).

27 SEPTEMBRE

MOTS CROISÉS

	1	2	3	4	5	6	7	8	9
I	D	A	B	A	D	I	E	■	C
II	I	R	E	■	I	■	R	I	O
III	S	■	D	U	T	R	O	N	C
IV	T	R	O	T	■	O	S	■	C
V	E	U	S	■	D	S	■	C	I
VI	L	E	■	M	I	A	U	L	A
VII	■	L	O	■	A	L	I	E	N
VIII	E	L	S	A	■	I	■	R	T
IX	R	E	T	I	C	E	N	C	E

JEU DES 7 ERREURS

SPÉCIAL Vᵉ RÉPUBLIQUE

MARABOUT

1 : compris. 2 : prison (la starlette Paris Hilton fut incarcérée à cette époque). 3 : sondage. 4 : général. 5 : Alger. 6 : gérât. 7 : attentat. 8 : Tatin. 9 : Tino. 10 : non. 11 : Lille. 12 : leste. 13 : Yalta. 14 : talon. 15 : Londres. 16 : reste. 17 : Ténéré. 18 : résistant. 19 : tantra. 20 : rappe. 21 : appel. 22 : pelote.

28 SEPTEMBRE

CARTE EN QUESTIONS

1 : Berlin. 2 : Genève. 3 : Hambourg. 4 : Amsterdam. 5 : Luxembourg. 6 : Lérida. 7 : Madrid. 8 : Montceau-les-Mines. 9 : Charleville-Mézières. 10 : Turin. 11 : Tain-l'Hermitage. 12 : Bruxelles.

MARIONS-LES

A : 3. B : 5. C : 2. D : 1. E : 10. F : 8. G : 4. H : 9. I : 7. J : 6.

29 SEPTEMBRE

TEXTE À TROUS

Moulins, écuyer, affaires, géants, vie, dépouilles, guerre, ivraie, géants, bras, géants, moulins, bras, ailes, meule.

LE DIAGO

E	B	L	O	U	I
S	K	E	T	C	H
P	U	B	L	I	C
C	I	N	E	M	A
C	A	M	E	R	A
S	T	R	I	N	G

Solution : Ekberg (Kerstin Anita Marianne, dite Anita).

30 SEPTEMBRE

VRAI OU FAUX

1 : faux. 2 : vrai. 3 : vrai. 4 : faux. Elle a été mariée avec Vincent Cassel, avec qui elle a eu, le 12 septembre 2004, une fille prénommée Deva. 5 : vrai.

LE PERSONNAGE CÉLÈBRE

1	M	A	T	C	H	S
2	P	A	R	A	D	E
3	G	O	U	P	I	L
4	M	I	M	O	S	A
5	G	R	A	T	I	N
6	F	A	N	E	U	R

Solution : Truman Capote.

Octobre

MOTS CROISÉS

	1	2	3	4	5	6	7	8	9	10	11	12	13	14	15	16	17	18	19	20
I	B	L	A	D	E	R	U	N	N	E	R	■	G	O	D	Z	I	L	L	A
II	A	I	L	E	S	■	R	A	■	T	O	T	A	L	R	E	C	A	L	L
III	R	E	■	S	T	R	I	N	G	■	C	O	R	I	O	L	I	S	■	I
IV	B	U	C	K	R	O	G	E	R	S	■	R	E	G	N	E	■	E	T	E
V	A	X	A	■	O	■	E	T	A	I	N	S	■	O	E	■	T	R	O	N
VI	R	■	S	E	P	U	L	T	U	R	E	■	T	P	■	F	A	■	R	■
VII	E	L	I	G	I	B	L	E	■	E	U	R	A	S	I	E	N	N	E	S
VIII	L	■	N	O	E	■	E	■	E	■	F	E	C	O	N	D	I	T	E	S
IX	L	A	G	U	E	R	R	E	D	E	S	M	O	N	D	E	S	■	R	E
X	A	U	■	T	■	I	■	N	I	L	■	U	■	E	U	R	E	K	A	■
XI	■	R	E	T	R	O	A	C	T	I	O	N	S	■	L	A	■	O	I	L
XII	R	E	T	O	U	R	V	E	R	S	L	E	F	U	T	U	R	■	E	U
XIII	I	L	■	I	N	G	E	N	I	E	U	R	■	N	■	X	I	A	N	G
XIV	N	I	T	R	E	E	■	S	C	■	F	E	L	I	N	■	R	A	T	E
XV	G	E	R	S	■	S	T	E	E	D	■	S	I	R	E	N	E	S	■	R

RANDONNÉE

X-Files: Mulder (3, 7, 12, 21, 25, 32). *La Guerre des Étoiles*: droïde (1, 5, 11, 17, 30, 35). *Star Trek*: Archer (2, 9, 13, 24, 29, 36). *Alien*: Ripley (4, 10, 14, 20, 26, 31). *Matrix*: Manson (6, 15, 19, 22, 28, 34). *L'Armée des douze singes*: Willis (8, 16, 18, 23, 27, 33).

1er OCTOBRE

À FLEUR DE MOTS

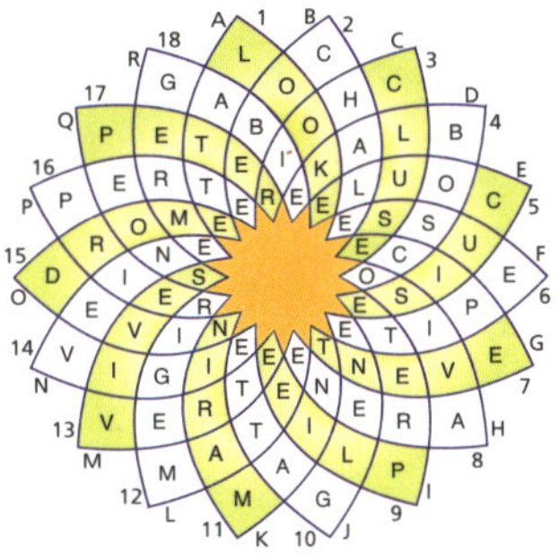

SUDOKU

2	7	9	6	5	8	1	3	4
6	8	5	1	3	4	9	2	7
1	3	4	9	2	7	6	5	8
8	2	3	7	4	1	5	9	6
7	5	1	2	9	6	4	8	3
4	9	6	3	8	5	2	7	1
3	4	7	5	1	9	8	6	2
5	6	8	4	7	2	3	1	9
9	1	2	8	6	3	7	4	5

2 OCTOBRE

MÉLI-MÉLO

1: *Terminator* (James Cameron, 1984), *Alien* (Ridley Scott, 1979). 2: *Alphaville* (Jean-Luc Godard, 1965), *Fahrenheit 451* (François Truffaut, 1966). 3: *Retour vers le futur* (Robert Zemeckis, 1985), *la Guerre des étoiles* (George Lucas, 1977).

QUIZ GROUCHO MARX

1: B. 2: C. La réponse A concerne Chico et la réponse B, Harpo. 3: A. Alice Faye et Myrna Loy n'ont jamais joué avec les Marx Brothers et, de plus, elles avaient toutes deux une taille de guêpe. 4: C.

3 OCTOBRE

MARIONS-LES

A: 2. B: 6. C: 10. D: 1. E: 5. F: 3. G: 9. H: 7. I: 4. J: 8.

4 OCTOBRE

ANAGRAMMES CROISÉES

	1	2	3	4	5	6	7	8	9	10	11	12	13	14
I	J	O	U	R	N	A	L	I	S	T	E	■	E	S
II	E	S	S	A	I	■	I	R	A	■	P	E	L	A
III	R	■	A	M	B	R	O	I	S	I	E	■	U	R
IV	O	B	■	E	■	U	N	S	■	N	I	G	E	R
V	M	A	S	Q	U	E	■	E	P	U	R	A	■	A
VI	E	C	O	U	T	E	R	■	L	I	E	R	A	S
VII	■	L	U	I	■	S	A	L	U	T	■	C	■	I
VIII	B	E	E	N	T	■	S	E	M	■	P	I	O	N
IX	D	E	S	S	A	L	E	■	E	T	O	N	N	E

LE VERTICALETTRES

1	JIM
2	KEROUAC
3	LENNON
4	BRIAN
5	PACIFISME
6	JIMI
7	WOODSTOCK
8	HIPPIE
9	BLUES
10	COBAIN
11	HEROINE

Solution: Janis (Lyn) Joplin (née le 19 janvier 1943).

5 OCTOBRE

L'ENGRENAGE

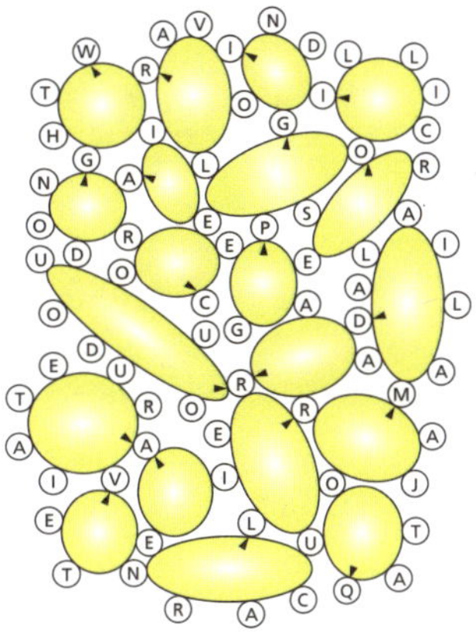

6 OCTOBRE

LE CÉLIBATAIRE

Les couples sont: 34 272 v 17; 22 176 v 11; 14 112 v 7; 3 004 s 988; 2 025 s 9; 2 013 r 3; 1 881 r 135; 1 496 r 520; 1 006 r 1 010; 1 008 u 2; 504 u 4; 252 u 8.

Solution: 610, comme le 6 octobre.

LE LABYRINTHE

7 OCTOBRE

SUITE LOGIQUE

La figure 2. Chaque petit carré progresse d'une case à chaque fois. Le vert et le bleu verticalement vers le bas, le bleu sortant en bas et rentrant par le haut. Le rouge horizontalement vers la droite (masqué par le vert dans la figure du milieu).

L'INTRUS

1: D. 2: B. 3: E. 4: A. 5: F. 6: C. L'intrus est *la Disparition*, de Georges Perec.

8 OCTOBRE

MOTS FLÉCHÉS

■	S	■	O	■	T	■	C	■	O	■
M	O	U	C	H	E	■	A	C	C	U
■	U	N	■	O	T	A	R	I	E	S
S	C	I	A	I	E	N	T	■	A	I
■	O	T	E	R	■	G	E	A	N	T
G	U	E	R	I	T	E	■	R	■	E
■	P	■	O	E	I	L	L	E	T	■
R	E	I	N	■	C	O	A	C	H	E
■	■	O	S	T	■	T	P	■	I	N
Y	O	D	■	H	E	S	I	T	E	■
■	L	E	S	A	T	■	N	O	R	D
M	A	R	T	I	E	N	■	I	S	E

CASE-CHIFFRES

Un mois de 29 jours, cinq de 31 et trois de 30 précèdent octobre lors d'une année bissextile. A vaut donc 29 r (5 u 31) r (3 u 30) r 8 t 282. À côté, on a 500 s 282 t 218. Les chiffres B et C sont inférieurs à 10 puisque BC est inférieur à la brique 90. BC peut donc s'écrire 10 B r C (par exemple, 63 peut s'écrire 10 u 6 r 3) et le chiffre central de la base est donc 90 s 10 B s C. Appelons D le premier chiffre de la base et reconstituons la pyramide:

On en déduit que B r D vaut 12, pour atteindre 282, et que 17 B r C t 52, pour que 270 s (17 B r C) soit égal à 218. Puisque B et C sont des entiers positifs et inférieurs à 10, il n'y a qu'une solution: B t 3 et C t 1 (un chiffre inférieur à 3 pour B mettrait C supérieur à 18 et un chiffre supérieur à 3 pour B forcerait C à avoir une valeur négative). Puisque B r D vaut 12, D vaut 9. Puisque BC vaut 31, le chiffre central de la base est 59.

La pyramide complète est donc:

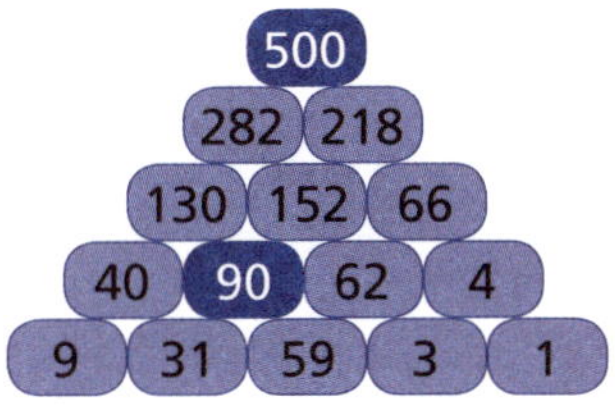

Octobre

SPÉCIAL JACQUES BREL

CARRÉ MAGIQUE ANAGRAMMATIQUE

LIMÉE 17 ÉMILE	GOYAVE 23 VOYAGE	VERSE 4 RÊVES	NUE 10 UNE	PEINES 11 ÉPINES
MAGIE 24 IMAGE	ÉBLOUI 5 OUBLIÉ	SINUES 6 USINES	MONEL 12 MELON	NEUVES 18 VENUES
JUTES 1 JUSTE	LAVES 7 VALSE	GRENAT 13 ARGENT	DÉLAI 19 IDÉAL	CORÉEN 25 ENCORE
RÉTINE 8 ENTIER	DISENT 14 DESTIN	RESTER 20 TERRES	ROUES 21 SŒUR	ASTUCE 2 ESCAUT
NAVRÉS 15 ANVERS	REMUES 16 MESURE	RAMEUR 22 ARMURE	REDENT 3 TENDRE	LEQUEL 9 QUELLE

1 : juste. 2 : Escaut. 3 : tendre. 4 : rêves. 5 : oublié. 6 : usines. 7 : valse. 8 : entier. 9 : quelle. 10 : une. 11 : épines. 12 : melon. 13 : argent. 14 : destin. 15 : Anvers. 16 : mesure. 17 : Émile. 18 : venues. 19 : idéal. 20 : terres. 21 : sœur. 22 : armure. 23 : voyage. 24 : image. 25 : encore.

Avec les initiales, on lit : « Je trouve que madame vit sa vie », extrait des *Remparts de Varsovie*.

L'INACCESSIBLE ÉTOILE

PAVÉ CRYPTÉ

« Une Ostendaise
Pleure sur sa chaise
Le chat soupèse
Son poids d'amour
Dans le silence. »

LA CHUTE

J		A	R	R	I	V	E		B	I	E	N	
S	U	R		J		A	R	R	I	V	E		N
	A	I		J	E		J	A	M	A	I	S	
R	I	E	N		F	A	I	T		D		A	U
T	R	E		Q	U		A	R	R	I	V	E	R

« J'arrive bien sûr, j'arrive. N'ai-je jamais rien fait d'autre qu'arriver ? »

9 OCTOBRE

JEU D'OBSERVATION

10 OCTOBRE

LES PERSONNAGES DU JOUR

Yul Brynner et Orson Welles.

11 OCTOBRE

SUITE LOGIQUE

La figure 5. Chaque petit carré a son propre comportement. Dans le coin supérieur gauche, le carré ne bouge pas mais passe alternativement du vert au rouge. Le carré bleu tourne autour de la case dans le sens inverse des aiguilles d'une montre (masqué par le rouge en quatrième position). Le carré orange reste dans le coin inférieur droit, mais il n'apparaît qu'une fois sur deux.

LA GIRAFE

1 : Morricone. 2 : One man show. 3 : Howard. 4 : Ardennes. 5 : Nesle. 6 : lever. 7 : Verne. 8 : *Matrix*. 9 : rixe. 10 : ixer. 11 : érable. 12 : bleu. 13 : leurre. 14 : retour. 15 : Tournesol. 16 : *Solaris*. 17 : aristo.

12 OCTOBRE

L'ÉNIGME DU RMI

1 : abusif (Laurent Fabius). 2 : tocard (Michel Rocard). 3 : Nescafé (CAF) et Clamsant (MSA). 4 : mister (RMIste). 5 : suçant (canuts). 6 : fanent (enfant). 7 : aident (accident). 8 : peloter (pétrole). 9 : Simca (smic, salaire minimum interprofessionnel de croissance). 10 : ligueur (rigueur). 11 : cuissage (CSG, contribution sociale généralisée). 12 : karma (RMA, revenu minimum d'activité). 13 : corsage (RSA, revenu de solidarité active). 14 : minime (Minimex).

Il reste latte – héroïque – haine – aise – hyène : la théorie keynésienne. Due à l'économiste Keynes (1883-1946), elle soutient que, si les riches ont tendance à économiser, à thésauriser tout supplément de richesse perçu, les classes les plus pauvres, quant à elles, consacrent la quasi-totalité de leurs ressources à la consommation. L'attribution de minima sociaux relancerait donc la consommation…

13 OCTOBRE

LE CRÉNEAU

1	S	P	L	E	E	N
2	C	R	I	C	R	I
3	R	U	M	E	U	R
4	M	A	I	T	R	E
5	E	G	E	R	I	E
6	R	I	D	E	A	U
7	P	R	E	S	S	E
8	D	I	A	B	L	E
9	B	O	L	E	R	O
10	N	E	N	I	E	S
11	P	R	E	S	T	O

Solution : *le Cimetière des baleines* (1976).

JEU DE LOGIQUE

Prenez l'allumette verticale du signe **r** et placez-la avant le V à côté, pour faire XVIII **s** IV **t** XIV (18 **s** 4 **t** 14).

14 OCTOBRE

QUIZ ALEXANDRA LAMY

1 : C. 2 : C. 3 : B. 4 : B.

15 OCTOBRE

LES EXPRESSIONS

1 : avoir un chat dans la gorge. 2 : quand le chat n'est pas là, les souris dansent. 3 : donner sa langue au chat. 4 : les chiens ne font pas des chats. 5 : se faire une toilette de chat. 6 : il n'y a pas de quoi fouetter un chat.

L'INTRUS

Le 4. *La Guerre des Rose* est une comédie noire réalisée en 1989 par Danny DeVito, avec dans les rôles principaux Michael Douglas, Kathleen Turner et Danny DeVito lui-même.

JEU D'OBSERVATION

16 OCTOBRE

MARABOUT

1 : Méliès. 2 : espace. 3 : passé. 4 : setter. 5 : *Terminator*. 6 : Orwell.

Octobre

COUPE-LETTRES

R	A	V	I	S	E	S
B	L	E	U	E	S	E
R	E	M	P	L	I	M
M	O	U	R	I	R	O
E	R	R	E	U	R	U
G	R	A	N	D	E	N

Solution : Élie Semoun.

17 OCTOBRE

QUIZ RITA HAYWORTH

1 : A. 2 : C. 3 : B. 4 : B (et sa danse des sept voiles).

CHENILLE

	D U P L E I X
– L + A	A D I P E U X
– X + R	P A R D I E U
– U + N	É P I N A R D
– P + G	G A R D I E N
– D + L	A L I G N E R
– R + S	S I G N A L E
– E + A	A N G L A I S

18 OCTOBRE

MOTS CROISÉS

	1	2	3	4	5	6	7	8	9	10	11	12	13	14
I	C	A	S	T	A	F	I	O	R	E	■	L	E	K
II	I	L	E	■	V	U	L	P	I	N	E	■	R	E
III	N	O	N	C	E	S	■	T	R	O	U	V	E	R
IV	Q	U	E	■	M	I	R	E	I	L	L	E	■	O
V	M	E	■	S	A	L	E	R	■	A	E	D	E	S
VI	A	T	O	U	R	■	P	■	E	T	R	I	P	E
VII	R	T	L	■	I	N	A	P	T	E	■	K	A	N
VIII	S	E	G	R	A	I	R	I	E	■	P	A	T	E
IX	■	S	A	I	■	F	A	U	S	T	■	S	E	■

QUIZ GUY ROUX

1 : C. 2 : B. L'abbé Deschamps a fondé le club en 1905. 3 : C. 4 : A.

19 OCTOBRE

JEU DE LOGIQUE

Trois points (en triangle). Voici le cube déplié :

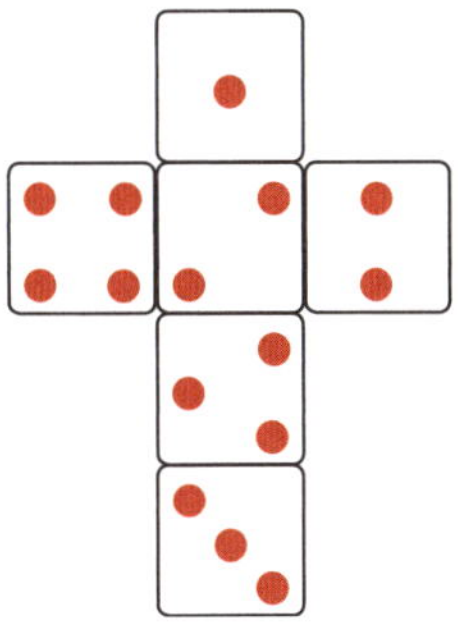

LA GIRAFE

1 : Claudel. 2 : délire. 3 : relief. 4 : effigie. 5 : Gien. 6 : énéma. 7 : Maillol. 8 : Lolita. 9 : relation. 10 : once. 11 : César. 12 : areu. 13 : euro. 14 : Rodin. 15 : dinar. 16 : Arman. 17 : manda. 18 : danaïde.

20 OCTOBRE

LES TÊTES D'AFFICHE

1 : *la Grande Illusion*. 2 : *Martin Roumagnac*. 3 : *la Traversée de Paris*. 4 : *En cas de malheur*. 5 : *le Tatoué*. 6 : *le Clan des Siciliens*.

21 OCTOBRE

LE VERTICALETTRES

1		H	A	I	K	U			
2		T	A	T	A	M	I		
3					T	O	K	Y	O
4		G	E	I	S	H	A		
5				S	U	M	O		
6			S	A	S	H	I	M	I
7		S	U	S	H	I			
8			O	R	I	G	A	M	I
9			M	I	K	A	D	O	
10	I	K	E	B	A	N	A		

Solution : Katsushika.

LE DIAGO

V	O	I	L	E	S
M	A	U	R	E	L
B	A	T	E	A	U
E	Q	U	I	P	E
S	E	C	O	N	D
R	E	G	A	T	E

Solution : Paul Vatine.

22 OCTOBRE

ESCALETTRES

	T E
+ A	Ê T A
+ H	H Â T E
+ E	A T H É E
+ C	A C H E T É
+ O	C A H O T É E
+ B	B A C H O T É E
+ M	H É C A T O M B E

LA GIRAFE

1 : photocopie. 2 : Pierre. 3 : reçu. 4 : Cuba. 5 : bavent. 6 : Ventura. 7 : rade. 8 : Deneuve. 9 : ergo. 10 : Goldblum. 11 : luma. 12 : Martel. 13 : éleva. 14 : Vatican. 15 : candi. 16 : Dirac. 17 : rachat.

23 OCTOBRE

LE PERSONNAGE DU JOUR

Sarah Bernhardt.

24 OCTOBRE

L'INTRUS

1 : en remplaçant le R par un O, on forme de nouveaux mots (coéditeur, empoisonné, aboutissement, boulot, shoot). Intrusion ne permet pas cette substitution, c'est donc l'intrus.
2 : en remplaçant le I par un P, on forme de nouveaux mots (usurper, poulpe, comptés, arpette, ramper). Palier aurait permis cette substitution (palper) mais pas palière, qui est donc l'intrus.

LE POINT COMMUN

1 : leur nom contient un prénom (Nini, Fred, Rosa, Carla, Clément, Hubert).
2 : Alessandro Scarlatti, l'un des fondateurs de l'école napolitaine, est l'auteur de ces œuvres. Son fils Domenico sera également un compositeur de génie. C'est lui qui le premier mettra en musique *Hamlet*, le drame de Shakespeare.

25 OCTOBRE

MOTS CROISÉS

	1	2	3	4	5	6	7	8	9	10	11	12	13	14
I	M	O	L	I	N	A	R	O	■	A	L	B	I	N
II	■	R	E	N	A	T	O	■	T	R	A	I	N	■
III	V	A	S	■	P	O	I	R	E	T	■	L	S	D
IV	E	L	E	V	O	N	■	E	T	I	O	L	E	E
V	B	■	S	E	L	E	C	T	I	F	S	■	R	E
VI	E	S	■	N	I	■	O	R	N	I	E	R	E	S
VII	R	A	C	E	■	O	P	A	■	C	R	I	■	S
VIII	■	F	O	U	R	N	A	I	S	E	■	R	U	E
IX	S	E	R	R	A	U	L	T	■	S	I	E	N	S

FILMOGRAPHIE 1966

1 : *la Grande Vadrouille*. 2 : *Un homme et une femme*. 3 : *Fahrenheit 451*. 4 : *le Deuxième Souffle*. 5 : *Docteur Jivago*.

26 OCTOBRE

À FLEUR DE MOTS

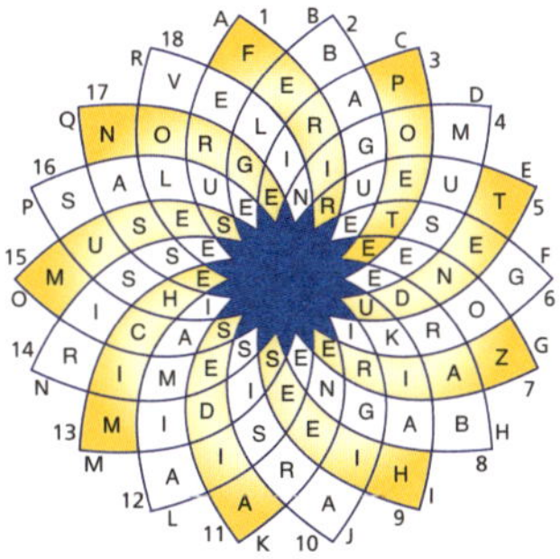

RECOLLE-MOTS

Besson. Cameron. Carpenter. Lucas. Lynch. Spielberg. Verhoeven.

27 OCTOBRE

CACHE-CACHE

Cabot (Jean ou son fils Sébastien). Polo (Marco). Tasman (Abel). Étienne (Jean-Louis). Charcot (Jean). Dias (Bartolomeu). Champlain (Samuel). Drake (Francis). Caõ (Diogo). Ross (John). Cabral (Pedro). Bering (Vitus).

28 OCTOBRE

MOTS MÊLÉS

Bill Gates.

29 OCTOBRE

L'ENGRENAGE

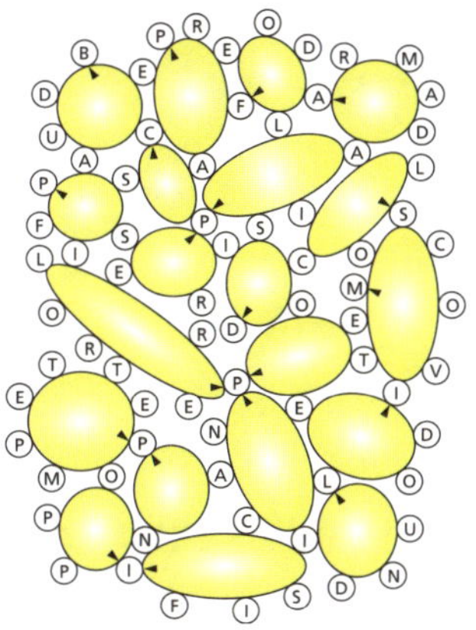

30 OCTOBRE

LE PERSONNAGE CÉLÈBRE

1	J	U	S	T	I	F
2	A	R	M	A	D	A
3	C	A	N	A	R	I
4	Q	U	A	R	T	Z
5	U	R	S	U	L	A
6	E	T	A	L	O	N
7	S	E	C	R	E	T

Solution : Jacques Faizant.

31 OCTOBRE

QUIZ PETER JACKSON

1 : C. 2 : A. *Braindead* est son deuxième film ; quant à *Evil Dead*, il a été réalisé par Sam Raimi. 3 : A. 4 : B. 5 : A. *Dracula* est dû à Francis Ford Coppola et *Frankenstein* à Kenneth Branagh.

Novembre

MOTS FLÉCHÉS

					Z		M		M		J		P	
				P	E	A	U	D	A	N	E		A	L
					B	R	A	I	R	E		A	N	A
				H	U	M		A	Y		L	O	N	G
						E	T		P	O	I	R	E	E
				O	B		A	D	O		E	T		D
	B		F		A	S		U	P	E	R	I	S	E
B	E	I	R	A	M		R	E	P	U		T	A	G
	T		E	U	B	E	E		I	S	E	E		L
C	E	N	D	R	I	L	L	O	N		N		M	A
		E		A		I	O		S	I	G	N	A	C
M	E	T	S		S	T	U	C		E	L	O	G	E
	U		U	B	E		A	R	P		U	N	I	
C	H	O	C	O	L	A	T	E	R	I	E		C	A
		V		B	O	N		T	I	F		C	I	L
O	B	I	T		N	I	B		M		O	R	E	E
	E	N	E	E		M		B	O	U	T	O	N	S
E	L		E	C	R	E	T	E		R	A	I	D	
	L	U		H	O		E	L	I	E		R	O	C
M	E	R	V	E	I	L	L	E	S		P	E	Z	E

LES MOTS DE L'IMAGE

Coucou, coude, couler (nez), couleuvre, couloir, coupe, coupure, courant, coureur (cycliste), courgette, couronne, courrier, course, court-circuit, coussin, couteau, couture, couvercle, couverts, couverture.

1er NOVEMBRE

QUIZ BERNARD KOUCHNER

1 : C. *Le Diable et le Bon Dieu* est de Jean-Paul Sartre, *Les dieux ont soif*, d'Anatole France. 2 : C. 3 : A, B et C. 4 : B. 5 : C. 6 : A. Puis il a participé aux deux suivants. 7 : B.

LE COMPAS DANS L'ŒIL

1 : C. Environ 20 millions ! 2 : C. Au total, plus de 12,2 millions de PV ont été dressés par les radars automatiques en 2012. 3 : C. Cette vitesse était réelle. En revanche, les conducteurs des voitures flashées à 450 km/h dans l'Utah ou à 675 km/h pour un chauffeur de taxi britannique – à bord d'un véhicule vieux de douze ans et dans une zone limitée à 50 km/h – ont été, après examen minutieux des enregistrements, innocentés… Encore heureux !

LE JEU DES PORTRAITS

A. Camille Pissarro (dessin L). **B.** Marguerite Yourcenar (dessin G). **C.** Maria Callas (dessin B). **D.** Django Reinhardt (dessin J). **E.** Franco Zeffirelli (dessin A). **F.** Raoul Dufy (dessin D). **G.** Camille Claudel (dessin K). **H.** Calamity Jane (dessin I). **I.** Édith Piaf (dessin C). **J.** Sergueï Prokofiev (dessin F). **K.** Sarah Bernhardt (dessin H). **L.** Stendhal (dessin E)

2 NOVEMBRE

MOTS CROISÉS

	1	2	3	4	5	6	7	8	9	10	11	12	13	14
I	C	A	R	T	E	R		T	E	H	E	R	A	N
II	A	V	I	A	T	E	U	R	S		N	E	T	
III	M	I		R	A	S	T	A		S	T	A	E	L
IV	P	A	N	A	M	A		I	N	T	E	G	R	E
V	D	I	A		A	L	I	T	E	E		A	I	N
VI	A	R	I	S	T	I	D	E		A	C	N	E	S
VII	V	E	N	U		S	E		P	L	I		N	O
VIII	I		E	R	E		E	L	U		N	A		I
IX	D	I	S	S	Y	L	L	A	B	I	Q	U	E	S

CLICHÉS DES MÉDIAS

1 : abracadabrantesque. 2 : les marrons. 3 : une coupe sombre. Or il ne s'agit que d'un éclaircissement de la forêt. C'est la coupe claire qui désigne une réduction importante. 4 : mettre en rang d'oignons. Artus de La Fontaine Solaro, baron d'Oignon et seigneur de Vaumoise, est à l'origine de cette expression. 5 : Canossa. L'expression « aller à Canossa » fait référence à une entrevue que le pape Grégoire VII accorda à l'empereur germanique Henri IV dans son château de Canossa. Il le fit longuement patienter dans l'antichambre, situation humiliante pour un roi, avant de l'absoudre de son excommunication. 6 : l'armée mexicaine. Lors de la révolution de ce pays, l'armée était composée de paysans sans formation militaire. 7 : la pomme de discorde.

3 NOVEMBRE

ANAPHRASES

1 : fanent, enfant. 2 : manies, animés. 3 : malice, limace.

COUPE-LETTRES

M	E	U	B	L	E	S	B
M	O	I	G	N	O	N	O
A	U	S	T	R	A	L	U
J	O	I	N	D	R	E	J
P	E	L	A	G	E	S	E
E	N	T	R	A	I	N	N
N	A	N	T	A	I	S	A
C	H	A	R	T	E	S	H

Solution : Michel Boujenah.

4 NOVEMBRE

QUIZ DOMINIQUE VOYNET

1 : C. 2 : C. 3 : C. 4 : C.

5 NOVEMBRE

PORTRAITS-ROBOTS

Il n'y a que deux enfants pieds nus, Killian et Théo. Ils ont donc endossé les costumes de Joyeux et de Simplet. Puisque Simplet est blond, Théo est Simplet et Killian est Joyeux. Ces deux enfants ont des lunettes. Lucas, le troisième enfant à lunettes, est donc Dormeur. Comme Enzo est blond, c'est obligatoirement Atchoum et, comme Mathis est en short, c'est obligatoirement Grincheux. Il reste Hugo pour le nain qui n'est pas cité, Timide.

Solution : Enzo : Atchoum. Hugo : Timide. Killian : Joyeux. Lucas : Dormeur. Mathis : Grincheux. Théo : Simplet.

ESCALETTRES

R E
+U R U E
+M M U E R
+E R E M U E
+I U R É M I E
+Q R E Q U I E M
+A A M É R I Q U E

6 NOVEMBRE

LE VERTICALETTRES

1 JEUNE
2 AMUSANT
3 ANIME
4 ENFANTS
5 CARTOON
6 PROJECTION
7 DESSIN

Solution : *Jumanji*.

LE PERSONNAGE CÉLÈBRE

1	H	A	L	L	E	B	A	R	D	E
2	A	V	O	R	T	E	U	S	E	S
3	W	I	N	C	H	E	S	T	E	R
4	K	I	D	N	A	P	P	E	U	R
5	E	C	O	R	N	I	F	L	E	R

Solution : Ethan Hawke.

7 NOVEMBRE

QUIZ LES FEMMES CHEFS D'ÉTAT

1 : C. Elle était la fille de Nehru. 2 : A. Huit, de 1981 à 2005. 3 : C. Son ascendance française est très lointaine. 4 : C. Après Sirimavo Bandaranaike (Sri Lanka, 1960) et Indira Gandhi (Inde, 1966).

8 NOVEMBRE

À FLEUR DE MOTS

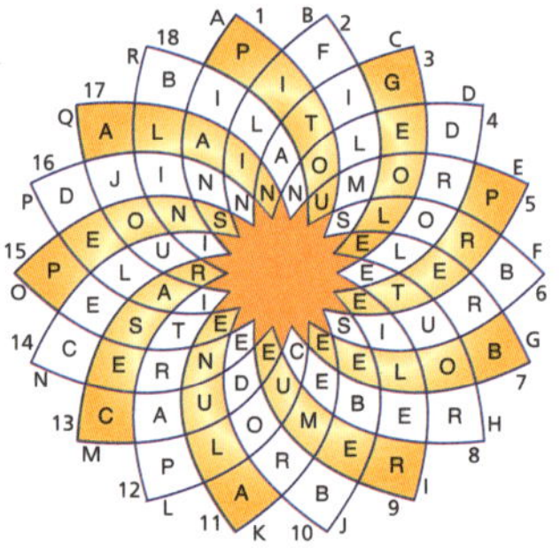

Novembre

SUDOKU

3	1	9	8	4	7	5	2	6
6	7	4	5	2	9	8	1	3
8	5	2	6	1	3	9	4	7
5	3	7	4	9	1	2	6	8
4	6	1	7	8	2	3	9	5
2	9	8	3	5	6	1	7	4
1	8	6	9	3	4	7	5	2
7	2	5	1	6	8	4	3	9
9	4	3	2	7	5	6	8	1

9 NOVEMBRE

MOTS FLÉCHÉS

	B		A		S		A		R	
C	A	D	D	I	E		C	L	E	S
	T	E	R		M	O	R	E	A	U
E	M	B	O	U	E	R	A	S		P
	A	R	I	S	E	E		T	H	E
U	N	I	T	E		S	O	E	U	R
		D	E		N		M		A	M
P	I	E		L	I	R	A	I		A
		S	P	I	D	E	R	M	A	N
F	A		O	N		G		P	I	
	R	A	T		R	I	G	O	L	O
I	C	I		P	I	R	A	T	E	S

MOTS CROISÉS

	1	2	3	4	5	6	7	8	9
I	G	U	I	L	L	A	U	M	E
II	R	I	M	A		L		I	P
III	I		M	U	S	C	A	R	I
IV	V		O	R	T	O	L	A	N
V	O	R	L	E		O		B	E
VI	I		E	N	F	L	E	E	
VII	S	A		C	O	S	T	A	R
VIII	E	P	A	I	R		E	U	E
IX	S	O	N	N	E	T	S		G

10 NOVEMBRE

LE PERSONNAGE DU JOUR

Jacques Chaban-Delmas.

CHAUSSE-TRA(P)PE(S)

1 : A (de goner, se vêtir mal). 2 : B (du nom du dessinateur qui créa ce type). 3 : A (c'est-à-dire un petit loup).

11 NOVEMBRE

JEU ORTHO-TYPO

Almanach signifierait, d'après son étymologie arabe, « mémoire de la Lune ». Il s'agit d'un calendrier, mais **enrichi** depuis l'**Antiquité** d'observations astronomiques, **voire** de conseils liés à certains travaux saisonniers. Au cours des XVIIe et XVIIIe **siècles**, **quelque** cinq **cents** ouvrages de ce genre **furent** répertoriés. Puis en 1894 **naît** l'almanach de Louis Hachette, véritable petite encyclopédie qui **inclut** des connaissances touchant **diversement** à la cuisine ou à la **médecine** ! Tout aussi notoires **demeurent** l'almanach de Gotha (du nom d'une ville **allemande**), indispensable annuaire des familles aristocratiques, et l'almanach Vermot (du nom de son créateur), **à l'opposé** fort apprécié pour ses plaisanteries populaires. Mais, **évidemment**, vous avez une préférence marquée pour *l'Almanach de l'humour et des jeux de l'esprit* !

12 NOVEMBRE

L'ENGRENAGE

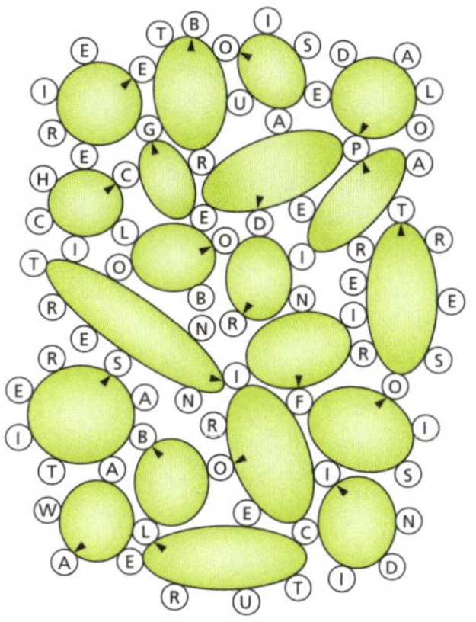

13 NOVEMBRE

LE CRÉNEAU

1	N	O	R	O	I	T
2	D	J	E	B	E	L
3	S	E	R	T	A	O
4	O	U	O	L	O	F
5	S	Q	U	I	R	E
6	P	A	S	S	E	R
7	M	O	T	E	L	S
8	C	H	E	V	A	L
9	B	O	N	S	A	I
10	K	I	N	O	I	S

Solution : Robert Louis Stevenson.

JEU D'OBSERVATION

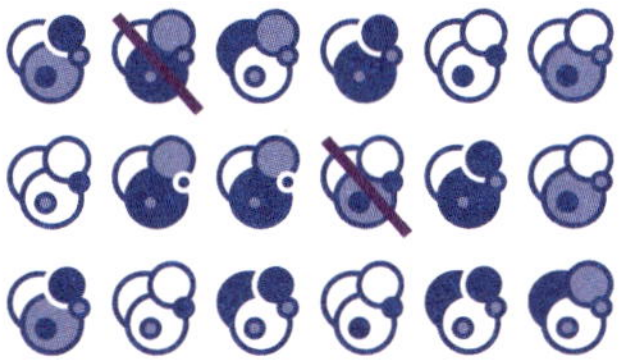

14 NOVEMBRE

CACHE-CACHE

Roland (Thierry). Sevran (Pascal). Arthur (Jacques Essebag, dit). Ardisson (Thierry). Nagui (Nagui Fam, né le 14 novembre 1961). Bern (Stéphane, né le 14 novembre 1963). Lepers (Julien). Courbet (Julien). Beccaro (Thierry). Perrot (Vincent).

LE PERSONNAGE DU JOUR

Le prince Charles Philip Arthur George Mountbatten-Windsor.

15 NOVEMBRE

MOTS CROISÉS

	1	2	3	4	5	6	7	8	9	10	11	12	13	14
I	L	A	U	R	A		S	M	E	T		C	L	E
II	E	M	S		D	R	A	A		R	A	H	A	N
III	O	N		R	E	A	L	I	S	E	R	A	I	S
IV	N	E	R	O	L	I		N		V	E	R	T	
V		S	O	T	I	E	S		D	E		L		D
VI	J	I	N	A	N		I	R	A		B	O	U	E
VII	A	A	R		E	T	E		V	A	R	T	A	N
VIII	D		O	S		A	N	T	I	D	O	T	E	S
IX	E	N	N	U	I	S		I	D	O	L	E		E

COUPE-LETTRES

COUVREUR	V
PALMAIRES	I
ARMATEUR	R
GLUCIDE	G
AIGRES	I
RATION	N
FAIBLE	I
GRILLE	E
HOSTILE	L
SEREIN	E
ENCORDE	D
ORANGERS	O
MERCUREY	Y
DESSEIN	E
INSOLATION	N

Solution : Virginie Ledoyen.

16 NOVEMBRE

L'ÉNIGME D'ALAIN COLAS

1 : envers (Nevers). 2 : océan (canoë). 3 : kayak. 4 : viole (voile). 5 : ciré (Éric à l'envers). 6 : Haïti (Tahiti). 7 : tartans (transat). 8 : prochain (cap Horn). 9 : tapis (Bernard Tapie). 10 : rhume (Route du rhum). 11 : rosace (Açores). 12 : biche (Mike Birch). 13 : jackpot (Marc Pajot). 14 : parade (Loïc Caradec). 15 : fort (Alain Chamfort).

Il reste étame – algue – âmes – délai – ment : « Je suis dans l'œil du cyclone, il n'y a plus de ciel, tout est amalgame d'éléments, il y a des montagnes d'eau autour de moi. »

17 NOVEMBRE

QUIZ NOMS DE PLUME

1 : C. 2 : A. 3 : C. 4 : A, B et C.

18 NOVEMBRE

SUITE LOGIQUE

La figure 6. Les ronds passent successivement par les couleurs bleu-jaune-rouge. Il y a un petit carré de moins à chaque fois et ces carrés sont alternativement jaunes et bleus.

LE PERSONNAGE CÉLÈBRE

1	B	A	G	A	G	E
2	E	P	E	L	A	S
3	E	M	O	U	L	U
4	P	A	R	O	L	E
5	B	A	G	O	U	T
6	T	R	E	M	P	E

Solution : George Gallup, mort le 26 juillet 1984.

19 NOVEMBRE

MOTS FLÉCHÉS

	G		E		S		E		E	
H	I	P	P	O	P	O	T	A	M	E
	R	A	I	S	O	N		P	O	U
R	A	L	E		L		A	P	I	S
	F	I	S	S	I	B	L	E		S
D	E	S		T	A	I	L	L	E	E
		S	U	I	S	S	E		A	S
A	R	A		P		S	E	A	U	
	A	D	H	E	R	E		A	X	A
P	N	E	U		U	S	E	R		T
	G		I	L	E		T	O	U	R
D	E	N	T		R	I	A	N	T	E

LE COMPAS DANS L'ŒIL

1 : C. Il s'agit du record connu d'âge de procréation. Toutefois, la mère a bénéficié d'un traitement hormonal et d'une fécondation in vitro dans un pays étranger. Dans la Bible, Sarah, mère d'Isaac, procrée à 90 ans. 2 : B. Ces décuplés sont des cas extrêmement rares et, souvent, les enfants ne survivent que quelques heures. Actuellement, en France, on compte environ 3 % de naissances multiples. 3 : B. En plusieurs grossesses, la femme peut atteindre des records étonnants : deux d'entre elles ont eu 69 enfants dans leur vie. Quant au sultan Abou al-Hasan, il en revendique 1 862 au XIVe siècle. Personne n'ira vérifier.

Novembre

20 NOVEMBRE

LE PERSONNAGE DU JOUR

Simón Bolívar.

MARABOUT

1 : Disney. 2 : Nemo. 3 : momie. 4 : Mickey. 5 : Que sera. 6 : *Ratatouille*.

21 NOVEMBRE

LE PERSONNAGE CÉLÈBRE

1	G	A	L	E	J	A	D	E
2	C	R	A	V	A	C	H	E
3	A	F	F	I	C	H	E	R
4	A	F	F	I	Q	U	E	T
5	V	O	I	T	U	R	E	S
6	B	A	T	T	E	R	I	E
7	B	L	E	S	S	U	R	E

Solution : Jacques Laffite.

22 NOVEMBRE

L'ÉNIGME DU RUGBY

1 : cosse (Écosse). 2 : cardon (chardon). 3 : cailler (cuiller). 4 : éliait (Italie). 5 : vires (Jean-Pierre Rives). 6 : tango (Tonga). 7 : balcon (Serge Blanco). 8 : pauma (puma). 9 : mandale (Nelson Mandela). 10 : armateur (amateur ; le rugby est devenu un sport professionnel). 11 : dentiers (Deniers). 12 : salutaire (Australie). 13 : poules (Fabien Pelous). 14 : soma (Jo Maso). 15 : pneumologue (Jonah Lomu).
Il reste jaune – nient – huile – quine – sonne : Jonny Wilkinson. Il a offert la Coupe du monde 2003 à son pays par un drop à la dernière minute.

23 NOVEMBRE

À FLEUR DE MOTS

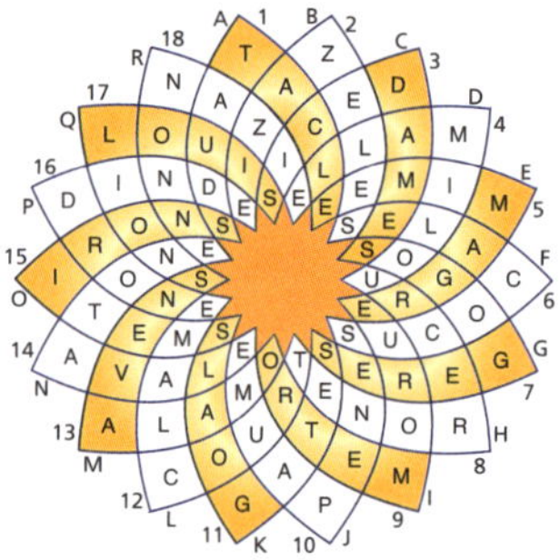

LA PREUVE PAR 9

1 : limande. 2 : aliment. 3 : diamanté. 4 : matinale. 5 : dalmatien.

24 NOVEMBRE

LE PERSONNAGE DU JOUR

Alain Chabat.

L'INTRUS

1 : tous ces comédiens appartenaient à la troupe du Splendid sauf Anémone, qui l'a souvent accompagnée mais n'en faisait pas partie. 2 : tous ces acteurs jouent aux côtés de Thierry Lhermitte dans *le Dîner de cons* (gros succès en 1998), excepté Bruno Moynot.

25 NOVEMBRE

JEU DE LOGIQUE

E est le plus léger, puis en ordre croissant : D, C, B, A, F.

26 NOVEMBRE

PICTOGRILLE

JEU DE LOGIQUE

Vers 1.

27 NOVEMBRE

LE CRÉNEAU

1	C	H	A	U	V	I	N
2	T	U	T	S	I	E	S
3	P	I	R	A	T	E	S
4	C	H	O	L	E	R	A
5	C	U	P	I	D	O	N
6	A	P	H	T	E	U	X
7	C	H	E	Q	U	E	S
8	C	R	E	U	S	E	R

Solution : australopithèque. Ce jour-là, Lucy, vieille de 3,3 millions d'années, est découverte en Éthiopie par Yves Coppens.

COUPE-LETTRES

D	E	C	R	U	E	D
B	I	E	L	L	E	E
F	L	E	M	M	E	L
O	E	U	V	R	E	E
B	R	A	I	S	E	R
L	A	R	M	E	S	M

Solution : Philippe Delerm.

28 NOVEMBRE

QUIZ CLAUDE LÉVI-STRAUSS

1 : B. 2 : C. 3 : B. 4 : C.

CHENILLE

	NAVIGATEUR
–G +D	VAUDRAIENT
–V +T	DÉNATURAIT
–D +Q	TRAQUAIENT
–R +S	AQUATINTES
–S +B	BANQUETAIT
–B +L	ATLANTIQUE

29 NOVEMBRE

MOTS CROISÉS

	1	2	3	4	5	6	7	8	9	10	11	12	13	14
I	C	H	I	R	A	C	■	A	V	I	G	N	O	N
II	O	U	L	I	P	I	E	N	■	N	A	I	V	E
III	R	H	■	F	L	O	P	■	S	E	T	T	E	R
IV	R	A	F	F	A	R	I	N	A	D	E	■	S	E
V	E	U	■	E	N	A	■	O	R	■	A	U	■	I
VI	Z	■	A	■	A	N	A	C	R	O	U	S	E	S
VII	I	M	P	O	T	■	V	E	A	U	■	E	N	■
VIII	E	U	R	A	S	I	E	N	N	E	S	■	T	U
IX	N	E	E	S	■	F	U	T	■	D	U	M	A	S

SUITE LOGIQUE

La figure 2. Les bâtonnets rouges tournent de 45°, l'un dans le sens des aiguilles d'une montre, l'autre dans le sens inverse. Le bâtonnet vert tourne de 90° dans le sens des aiguilles d'une montre.

30 NOVEMBRE

VRAI OU FAUX

1 : faux. Sur la montagne Sainte-Geneviève. 2 : vrai. Inhumé en 1791, il fut remplacé par Marat en 1793. 3 : faux. C'est le président de la République. 4 : vrai. L'Église était en froid avec cet ecclésiastique qui avait lutté contre l'esclavage. 5 : vrai. 6 : faux. Ils sont six (avec Jean-Jacques Rousseau, Émile Zola et André Malraux).

LABYRINTHE

LA GIRAFE

1 : Jalabert. 2 : Bertha. 3 : hâla. 4 : Laffont. 5 : Ontario. 6 : iode. 7 : Debord. 8 : Bordeaux. 9 : hallali. 10. : licorne. 11 : Cornet. 12 : étala. 13 : Landru. 14 : drupe. 15 : pendu. 16 : Dumas. 17 : masseur.

Décembre

MARABOUT

1 : Babar. 2 : Barbarella. 3 : Lagaffe. 4 : Félix. 5 : X-Or. 6 : orange. 7 : Georges. 8 : Esteban. 9 : bande. 10 : Denver. 11 : verte. 12 : Tefal. 13 : Albator. 14 : tortue. 15 : tueuse. 16 : secret. 17 : et Tom. 18 : Tom et Jerry. 19 : Ryan. 20 : antivol. 21 : Voldemort. 22 : Mortimer. 23 : merlu. 24 : Lucky Luke. 25 : Ken. 26 : Endora. 27 : Rambo. 28 : Bouba. 29 : Batman. 30 : manège. 31 : Gédéon. 32 : onze. 33 : Zelda. 34 : David. 35 : *vidi*. 36 : Dingo. 37 : Goldorak. 38 : Akira. 39 : Razmokets. 40 : tsar. 41 : arnica. 42 : Caliméro. 43 : Robin. 44 : Inspecteur Gadget. 45 : être. 46 : Rémi. 47 : Mimi Cracra. 48 : Rahan. 49 : anti. 50 : Titeuf.
Solution : *les Fous du volant.*

MOTS CROISÉS

	1	2	3	4	5	6	7	8	9	10	11	12	13	14	15	16	17	18	19	20
I	M	A	Y	A	L	A	B	E	I	L	L	E	■	K	I	R	I	K	O	U
II	A	B	A	C	A	S	■	T	R	A	N	S	F	O	R	M	E	R	S	■
III	R	A	K	I	■	A	I	N	O	U	■	C	R	I	M	I	N	E	L	S
IV	S	T	A	D	E	■	G	A	N	T	E	L	I	N	E	■	A	M	O	N
V	U	T	R	I	L	L	O	■	I	N	■	A	T	E	L	E	■	L	■	E
VI	P	U	I	T	S	■	R	E	S	E	R	V	E	■	L	U	T	I	N	S
VII	I	R	■	E	T	A	■	S	E	R	I	E	U	S	E	■	A	N	E	■
VIII	L	E	S	■	E	L	M	E	R	■	A	■	S	E	■	G	N	O	M	E
IX	A	■	A	B	R	I	E	R	■	I	N	D	E	N	T	A	■	L	O	G
X	M	O	T	O	■	C	A	I	R	O	T	E	S	■	O	R	D	O	■	R
XI	I	S	A	R	I	E	N	N	E	■	S	M	■	E	F	F	I	G	I	E
XII	■	A	N	A	R	■	D	E	C	A	■	I	N	T	U	I	T	I	O	N
XIII	A	M	A	T	E	U	R	■	R	I	O	T	E	■	S	E	■	E	U	E
XIV	M	E	S	E	N	T	E	R	E	■	T	O	R	T	■	L	A	■	L	E
XV	E	S	■	S	E	E	S	■	S	T	A	N	D	A	R	D	I	S	E	S

1er DÉCEMBRE

ANAPHRASES

1 : *Baisers*, braises, baisser. 2 : réputé, pureté. 3 : grâce, garce.

COUPE-LETTRES

K	L	I	P	P	E	S	K
S	A	O	U	L	E	S	O
M	A	N	I	L	L	E	N
G	R	A	V	I	E	R	I
R	E	S	I	G	N	E	G
S	A	U	T	A	N	T	S
B	L	A	T	T	E	S	B
P	E	I	N	A	R	D	E
P	R	E	N	D	R	E	R
T	I	G	R	E	E	S	G

Solution : Allen Stewart Konigsberg.

2 DÉCEMBRE

LES DIFFÉRENCES

SANDWICH

« Les meilleurs sont les vers qu'on ne finit jamais. »

3 DÉCEMBRE

LES MOTS DE L'IMAGE

Chaîne, chaise, chameau, champ, champagne, champignon, chandelle, chapader, chapeau, charbon, charcuterie, chardon, chargement, chasseur, chat, château d'eau, chaudron, chaussée, chaussettes, chaussures, chauve-souris.

4 DÉCEMBRE

FILMOGRAPHIE LA BANQUE

1 : *la Banquière* (Francis Girod). 2 : *l'Aîné des Ferchaux* (Jean-Pierre Melville). 3 : *Un après-midi de chien* (Sidney Lumet). 4 : *les Enfants du Paradis* (Marcel Carné). 5 : *Goldfinger* (Guy Hamilton).

SYLLABUS

Cendrillon, *Fantasia*, *Aladin*.

5 DÉCEMBRE

JEU DE LOGIQUE

1 : plutôt que de se torturer l'esprit, il suffit d'imaginer un tel cinéma, qui diffuse *Harry Potter* mais ne propose ni *Spiderman* ni *Shrek*. Cela ne contredit ni la première hypothèse, ni la deuxième, ni la troisième ! Un tel cinéma peut donc bien exister.
2 : raisonnons sur l'échec au jeu. La probabilité de perdre au grattage est de (3/4). N grattages successifs seront donc tous perdants, avec la probabilité (3/4)N = (3/4) × (3/4) × … × (3/4), N fois. On veut que cette probabilité soit inférieure à 1/4.
3/4 = 0,75
(3/4) × (3/4) = 0,5625
(3/4) × (3/4) × (3/4) t 0,42…
(3/4) × (3/4) × (3/4) × (3/4) = 0,31…
(3/4) × (3/4) × (3/4) × (3/4) = (3/4) = 0,23…
Dès le cinquième grattage, la probabilité de perdre est inférieure à 1/4, donc la probabilité d'avoir au moins un ticket gagnant est supérieure à 3/4.

LE PERSONNAGE CÉLÈBRE

1	A	J	A	C	C	I	O
2	C	O	S	T	A	R	D
3	C	Y	A	N	U	R	E
4	V	E	R	D	I	C	T
5	A	U	D	I	M	A	T
6	E	X	E	M	P	L	E

Solution : Odette Joyeux.

6 DÉCEMBRE

SUDOKU

5	1	7	2	9	3	6	4	8
9	2	6	8	4	5	3	1	7
8	4	3	6	7	1	9	2	5
1	6	4	3	5	7	8	9	2
2	7	9	1	8	6	5	3	4
3	5	8	4	2	9	7	6	1
4	8	5	9	3	2	1	7	6
6	9	2	7	1	8	4	5	3
7	3	1	5	6	4	2	8	9

Décembre

SUDOKU

9	5	3	2	8	7	1	4	6
7	2	6	4	1	5	3	8	9
4	1	8	6	3	9	7	2	5
5	8	9	7	6	1	2	3	4
3	4	7	8	5	2	9	6	1
2	6	1	9	4	3	5	7	8
6	9	2	5	7	4	8	1	3
1	7	4	3	9	8	6	5	2
8	3	5	1	2	6	4	9	7

7 DÉCEMBRE

LE VERTICALETTRES

1	LORDJIM
2	SZYMBORSKA
3	ROSTAND
4	TENEBRES
5	COPPOLA
6	MISHIMA
7	CRACOVIE
8	PROUST
9	GENET
10	BARRES
11	ALMAYER
12	MOBYDICK

Solution : Joseph Conrad.

QUIZ JEAN EUGÈNE ROBERT-HOUDIN

1 : B. 2 : C. 3 : A. 4 : A. 5 : B. Face au château de Blois, on peut visiter la maison de la Magie, musée dédié à Robert-Houdin. 6 : C. 7 : C. 8 : B. Ce livre a été écrit par Michel Seldow, qui est un illusionniste contemporain. 9 : A.

8 DÉCEMBRE

LE PERSONNAGE CÉLÈBRE

1	A	G	R	A	F	E
2	N	E	F	L	E	S
3	C	O	B	A	Y	E
4	D	R	Y	A	D	E
5	A	G	A	P	E	S
6	N	E	R	V	A	L
7	A	S	S	A	U	T

Solution : Georges Feydeau.

ANATITRES

1 : *Monsieur chasse*. 2 : *Un fil à la patte*. 3 : *le Dindon*. 4 : *la Puce à l'oreille*. 5 : *Occupe-toi d'Amélie*. 6 : *On purge bébé*.

9 DÉCEMBRE

LE PERSONNAGE DU JOUR

John Milton.

ESCALETTRES

	O S
+ L	S O L
+ O	S O L O
+ C	C O L O S
+ N	C O L O N S
+ S	C O N S O L S
+ I	C L O I S O N S
+ A	C O N S O L A I S
+ D	C O N S O L I D A S
+ R	S O L I D A R N O S C

10 DÉCEMBRE

JEU DE LOGIQUE

1 : le 8 de cœur. La troisième carte de chaque rangée et de chaque colonne est la somme des deux précédentes. Chaque alignement comprend une carte à carreau, une à cœur et une à trèfle. 2 : le 4 de trèfle. Chaque carte du haut représente le double de celle du dessous. Chaque alignement comprend les quatre couleurs : trèfle, carreau, cœur et pique. 3 : le 8 de carreau. Les cartes progressent en descendant puis en remontant de gauche à droite. Les couleurs viennent dans le même ordre : cœur, pique, trèfle, carreau. 4 : le 3 de carreau. Dans le sens des aiguilles d'une montre, chaque carte progresse de 3 en 3 ; arrivé à 10, on reprend à 1. Les cartes sont alternativement carreau et trèfle.

MARIONS-LES

A : 4. B : 7. C : 1. D : 5. E : 2. F : 10. G : 6. H : 3. I : 9. J : 8.

SUDOKU

3	7	1	4	8	2	5	9	6
4	2	6	9	5	7	1	8	3
5	8	9	3	1	6	4	7	2
8	1	5	7	6	9	2	3	4
7	4	2	1	3	5	9	6	8
6	9	3	8	2	4	7	1	5
9	6	4	5	7	8	3	2	1
1	5	8	2	9	3	6	4	7
2	3	7	6	4	1	8	5	9

11 DÉCEMBRE

LE PERSONNAGE CÉLÈBRE

1	S	E	S	A	M	E
2	A	N	A	N	A	S
3	P	R	I	N	C	E
4	F	I	C	T	I	F
5	E	C	A	L	A	S
6	M	O	U	S	S	E

Solution : Enrico Macias.

JEU DE LOGIQUE

La 6 et la 11.

12 DÉCEMBRE

LE CRÉNEAU

1	R	E	M	A	K	E
2	C	L	O	N	E	R
3	D	R	E	L	I	N
4	I	N	E	D	I	T
5	I	D	O	L	E	S
6	N	O	V	I	C	E
7	E	P	E	I	R	E
8	E	G	A	R	D	S

Solution : Manoel de Oliveira.

13 DÉCEMBRE

MOTS CROISÉS

	1	2	3	4	5	6	7	8	9	10	11	12	13	14
I	M	A	D	R	I	D	■	C	O	R	O	T	■	A
II	A	R	I	A	■	U	D	I	N	E	■	R	A	B
III	S	E	L	■	T	R	E	S	D	E	M	A	Y	O
IV	S	O	U	E	■	E	L	■	E	■	I	F	■	I
V	E	L	E	C	T	R	O	D	E	R	M	A	L	E
VI	N	A	■	O	R	■	N	R	■	Y	A	L	E	■
VII	A	I	G	R	I	E	■	O	R	A	N	G	E	S
VIII	■	R	■	C	A	T	A	P	U	L	T	A	■	K
IX	D	E	S	E	T	A	M	E	E	S	■	R	O	I

14 DÉCEMBRE

QUIZ FRANÇOISE VERNY

1 : B. 2 : A. 3 : A. 4 : C. 5 : C. 6 : C. 7 : C. 8 : B.

SUPERPOSITIONS

Les fragments 2, 4 et 8.

15 DÉCEMBRE

LE VERTICALETTRES

1	WEST
2	SIOUX
3	CUSTER
4	DAKOTA
5	BILL
6	GERONIMO
7	ROUGE
8	BISON
9	TAMBOUR
10	PALE
11	LARAMIE

Solution : Sitting Bull (Taureau assis).

16 DÉCEMBRE

JEU D'OBSERVATION

 et .

LE PERSONNAGE CÉLÈBRE

1	D	E	L	I	B	E	S
2	N	O	U	R	E	E	V
3	R	A	D	I	E	U	X
4	B	O	W	E	T	T	E
5	T	R	I	C	H	E	R
6	M	I	G	N	O	N	S
7	R	A	V	I	V	E	R
8	C	R	A	N	E	U	R
9	C	A	N	O	N	N	E

Solution : Ludwig van Beethoven.

17 DÉCEMBRE

MOTS FLÉCHÉS

■	P	■	U	■	M	■	P	■	N	■
T	O	R	T	U	E	■	A	L	E	A
■	C	A	■	S	U	R	N	O	M	S
D	A	L	M	A	T	I	E	N	S	■
■	H	E	U	■	E	■	E	D	■	B
D	O	R	E	S	■	I	S	O	L	E
■	N	■	R	I	A	L	■	N	I	L
E	T	C	■	T	R	I	A	I	■	L
■	A	L	I	C	E	■	M	E	L	E
E	S	■	L	O	■	B	E	N	I	■
■	■	G	O	M	B	O	■	N	E	O
P	L	O	T	■	A	L	L	E	R	S

JEU DE LOGIQUE ENFANT

18 DÉCEMBRE

LE VERTICALETTRES

1			M	I	C	K								
2			J	O	N	E	S							
3	R	Y	T	H	M	I	Q	U	E					
4	S	O	L	I	S	T	E							
5			O	L	D	H	A	M						
6	T	A	Y	L	O	R								
7			S	A	T	I	S	F	A	C	T	I	O	N
8				C	O	C	O	T	I	E	R			
9						H	E	R	O	I	N	E		
10					W	A	T	T	S					
11	S	T	E	W	A	R	T							
12			W	O	O	D								
13				B	A	S	S	E						

Solution : Keith Richards.

19 DÉCEMBRE

QUIZ ANTONIO ORDOÑEZ

1 : B. El Niño de la Palma. 2 : C. 2 058 exactement. 3 : C. 4 : C.

20 DÉCEMBRE

ANAGRAMMES CROISÉES

	1	2	3	4	5	6	7	8	9	10	11	12	13	14
I	J	O	H	A	N	N	A	■	C	R	I	C	R	I
II	O	S	A	■	A	E	R	A	■	U	■	M	A	O
III	S	E	B	A	S	T	I	E	N	■	E	■	I	N
IV	E	■	I	D	E	■	E	D	I	C	T	E	R	■
V	■	C	L	E	■	A	N	E	C	D	O	T	E	S
VI	B	A	L	L	E	S	■	S	O	■	N	U	■	I
VII	E	P	E	I	R	E	S	■	L	I	N	D	A	■
VIII	N	O	■	N	E	■	A	R	A	M	E	E	N	S
IX	E	T	R	E	■	B	R	I	S	A	S	S	E	S

LA PREUVE PAR 9

1 : spirées. 2 : censier. 3 : spencers. 4 : sincères. 5 : princesse.

21 DÉCEMBRE

MOTS CROISÉS

	1	2	3	4	5	6	7	8	9	10	11	12	13	14
I	S	A	M	U	E	L	L	J	A	C	K	S	O	N
II	T	U	A	N	T	■	U	O	■	S	N	A	K	E
III	A	N	C	I	E	N	N	E	S	■	O	U	■	V
IV	R	E	E	L	■	E	D	■	L	E	U	R	R	E
V	W	■	W	I	N	N	I	C	O	T	T	■	O	R
VI	A	M	I	N	E	E	■	A	G	O	■	M	U	S
VII	R	I	N	G	■	T	A	R	A	N	T	I	N	O
VIII	S	E	D	U	C	T	I	O	N	■	O	R	D	I
IX	■	N	U	E	■	E	R	N	S	T	■	O	S	S

CHARADE

Nô – elle – eau – bal – compas – cotise – on : Noël au balcon, Pâques aux tisons.

22 DÉCEMBRE

CHAUSSE-TRA(P)PE(S)

1 : C. Un croque-mitaine s'écrit avec un trait d'union ou en un seul mot. Néanmoins, la forme du pluriel ne s'applique jamais à croque, qui est un verbe, alors qu'elle est obligatoire après mitaine. On écrira donc des croque-mitaines ou des croquemitaines. 2 : B. Ce *deinos* (terrible) *sauros* (lézard) de 9 m de haut avait trois cornes sur la tête, d'où le « tri » initial. La suite du nom vient de *keratos*, la corne, mais également de *ôps*, la face. 3 : C. *Murmêx*, *murmêkos*, fourmi en grec, a donné *Myrmica rubra*, la fourmi rouge, mais aussi par rapprochement un myrmidon, un homme de petite taille, chétif. Il existe environ 3 000 espèces de myrmicinés dans le monde.

JEU DE LOGIQUE

D'après la première information, Gamlan-Benoît-Fruchot sont soit les trois derniers, soit les trois premiers. La seconde information nous apprend qu'Arnaud est devant Claude. Ce Claude ne peut être Gamlan, puisque c'est Benoît qui est devant Gamlan, et ce ne peut être Fruchot, car Arnaud est derrière Estier et il faudrait cinq personnages pour que ce soit possible. Claude est donc le personnage de gauche. Viennent ensuite Arnaud, qui est Gamlan, puis Benoît, qui est Estier. Reste à placer Halmey et Damien. La solution est, de gauche à droite : Claude Halmey, Arnaud Gamlan, Benoît Estier et Damien Fruchot.

23 DÉCEMBRE

CRYPTOGRAMME

Écoute ce que dit ton cœur.
L'amour brille dans tes yeux.

QUÈSACO ?

Des spaghettis. Des algues.

24 DÉCEMBRE

MOTS MÊLÉS

Souchon. Alain Souchon a écrit et chanté *la Beauté d'Ava Gardner*.

SUDOKU

4	6	2	3	1	8	5	9	7
7	5	8	9	4	6	3	2	1
9	1	3	7	5	2	4	6	8
1	4	5	6	9	3	7	8	2
2	7	6	4	8	1	9	5	3
3	8	9	2	7	5	1	4	6
5	2	7	1	6	9	8	3	4
8	3	1	5	2	4	6	7	9
6	9	4	8	3	7	2	1	5

25 DÉCEMBRE

QUIZ NOËL

1 : B. 2 : C. Thomas Nast pour le *Harper's Weekly*. 3 : A. 4 : C.

LE PERSONNAGE CÉLÈBRE

1	B	A	R	J	O	T
2	R	A	F	A	L	E
3	O	X	Y	M	E	L
4	W	A	T	E	R	S
5	N	A	U	S	E	E

Solution : James Brown, alias the Godfather of Soul, Mr. Dynamite, etc.

26 DÉCEMBRE

QUIZ JEAN FERRAT

1 : C. 2 : A. 3 : B. 4 : C.

27 DÉCEMBRE

MOTS CROISÉS

	1	2	3	4	5	6	7	8	9	10	11	12	13	14
I	C	H	A	T	E	A	U	R	O	U	X	■	B	E
II	H	A	L	A	L	■	S	E	R	R	A	U	L	T
III	A	M	E	R	I	C	A	I	N	■	V	R	A	I
IV	N	L	■	I	S	E	■	T	A	N	I	A	■	N
V	T	E	R	■	A	H	U	R	I	■	E	N	S	C
VI	E	T	O	C	■	E	T	E	■	B	R	U	T	E
VII	U	■	D	E	C	R	I	■	L	U	■	S	E	L
VIII	R	O	I	S	■	O	L	E	A	T	E	■	M	L
IX	■	U	N	■	P	S	E	U	D	O	N	Y	M	E

28 DÉCEMBRE

QUIZ LOUIS FÉRAUD

1 : A. 2 : C. 3 : B. 4 : C.

SANDWICH

« Trop de femmes qui se déshabillent au comptant s'habillent à crédit. »

SUDOKU

1	2	9	8	5	7	3	4	6
5	8	6	3	1	4	7	2	9
3	4	7	2	9	6	8	5	1
6	7	8	1	4	2	5	9	3
9	1	4	5	8	3	2	6	7
2	3	5	6	7	9	4	1	8
7	6	3	4	2	1	9	8	5
4	5	1	9	3	8	6	7	2
8	9	2	7	6	5	1	3	4

SPÉCIAL LOUIS DE FUNÈS

MOTS CROISÉS À DEUX VITESSES

	1	2	3	4	5	6	7	8	9	10	11	12	13	14	15	16	17	18	19	20
I	L	E	P	E	T	I	T	B	A	I	G	N	E	U	R	■	S	A	N	A
II	H	O	U	D	I	N	I	■	M	O	■	A	M	N	I	S	T	I	E	R
III	O	L	Y	M	P	I	S	M	E	■	H	I	B	E	R	N	A	T	U	S
IV	M	E	■	O	S	T	O	■	R	E	I	N	E	■	E	O	N	■	R	E
V	M	■	O	N	■	I	N	D	I	C	■	S	T	E	■	B	I	D	O	N
VI	E	T	U	D	I	E	■	E	C	U	S	■	E	N	R	E	S	I	N	E
VII	O	R	E	■	G	E	N	D	A	R	M	E	■	C	A	■	L	E	A	■
VIII	R	A	D	I	N	■	O	U	I	E	■	B	L	A	B	L	A	■	L	A
IX	C	V	■	L	E	O	N	I	N	■	F	O	U	R	B	I	S	S	E	■
X	H	E	R	O	■	I	N	T	E	R	R	U	P	T	I	F	■	I	S	O
XI	E	R	O	T	I	S	E	E	■	A	U	T	O	■	J	E	T	E	■	S
XII	S	S	■	I	R	E	S	■	E	P	I	E	■	S	A	■	R	E	A	C
XIII	T	E	T	E	A	U	■	F	R	I	T	■	B	A	C	R	I	■	N	A
XIV	R	E	G	R	E	S	S	I	O	N	■	D	E	D	O	U	A	N	E	R
XV	E	■	V	S	■	E	U	E	S	■	H	U	N	E	B	E	L	L	E	■

Décembre

29 DÉCEMBRE

CHENILLE

HUMORISTE
–H +C COSTUMIER
–M +B OBSCURITÉ
–S +N CONTRIBUE
–B +F CONFITURE
–N +R FRICOTEUR
–F +T TRICOTEUR
–R +L CULOTTIER
–O +A ARTICULET
–L +N TACITURNE
–N +I CUITERAIT
–C +M IMITATEUR

LA PREUVE PAR 9

1 : entrave. 2 : vétéran. 3 : servante. 4 : sénateur. 5 : aventures.

30 DÉCEMBRE

L'INTRUS

2 : seule Carmen Cru ne se trouve pas « effeuillée » par son créateur ; c'est une vieille femme plutôt affublée de haillons.

LABYRINTHE

31 DÉCEMBRE

À FLEUR DE MOTS

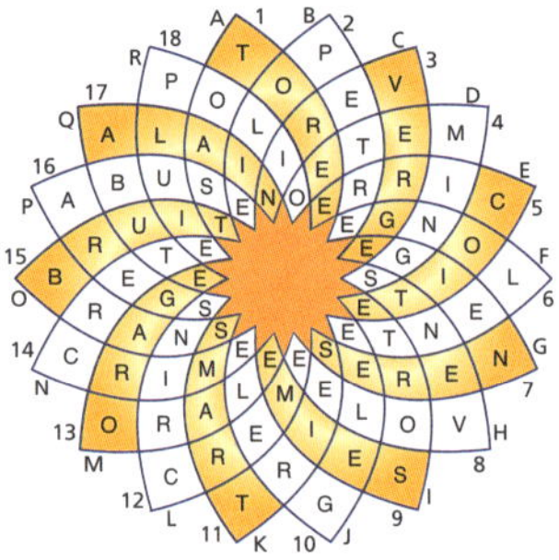

CASE-CHIFFRES

Si les chiffres de la base sont A, B, C, D et E, le total au sommet sera égal à A + 4 B + 6 C + 4 D + E.

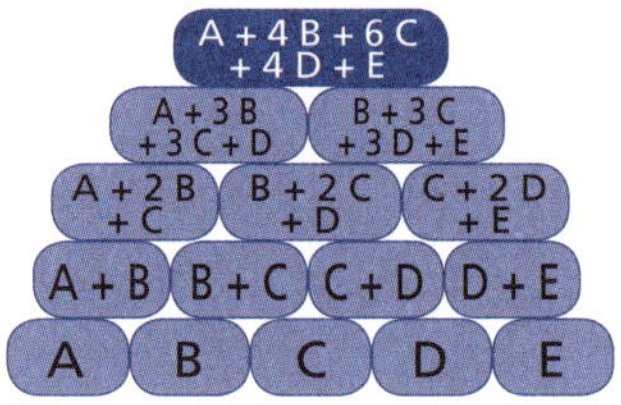

Il semble donc nécessaire pour approcher 800 de placer un chiffre proche de 200 en deuxième ou quatrième position à la base. On peut donc essayer 3, 1, 12, 200, 8 (le sommet vaudrait alors 887), ou 31, 1, 2, 200, 8 (sommet à 855), ou 3, 11, 2, 200, 8. Cette dernière solution seule mène au bon résultat. On peut tenter tous les découpages avec 220 en quatrième position, mais le résultat sera toujours supérieur à 4 × 220 = 880. Reste à essayer 122 en position centrale, car 6 × 122 = 732 approche du bon total. Une seule base est à tester : 3, 1, 122, 0, 08 qui n'aboutit qu'à 747. Toutes les autres hypothèses mènent à des chiffres très éloignés de 867.
La pyramide complète est donc :

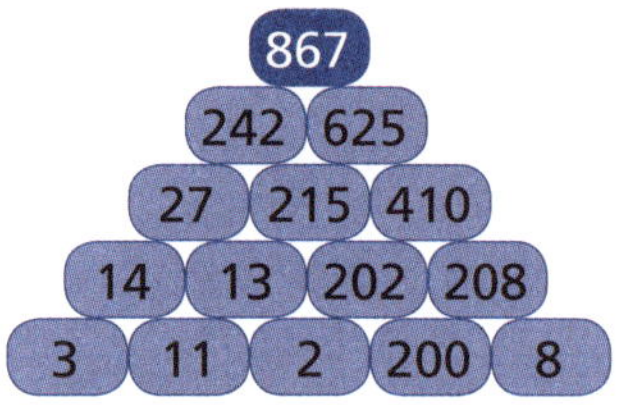

SUITE LOGIQUE

N° 4 : les pastilles tournent d'un huitième de tour autour de l'octogone à chaque étape. Quand elles franchissent la ligne diagonale, elles changent de couleur.

Les citations de l'almanach

Almanach de **l'humour** et des **jeux** de l'esprit
est publié par Sélection du Reader's Digest

Achevé d'imprimer : septembre 2020
Dépôt légal en France : octobre 2020

Imprimé en Espagne
Printed in Spain